高校海外办学战略与路径比较研究

王 璐 曾晓洁 等◎著

人民出版社

责任编辑:郭星儿

封面设计:源　源

图书在版编目(CIP)数据

高校海外办学战略与路径比较研究/王璐 等著. —北京:人民出版社,
　2021.11

ISBN 978-7-01-023771-8

Ⅰ.①高…　Ⅱ.①王…　Ⅲ.①高等学校-国外-办学方针-研究-中国
Ⅳ.①G647

中国版本图书馆 CIP 数据核字(2021)第 195932 号

高校海外办学战略与路径比较研究

GAOXIAO HAIWAI BANXUE ZHANLÜE YU LUJING BIJIAO YANJIU

王　璐　曾晓洁 等　著

人民出版社 出版发行
(100706　北京市东城区隆福寺街 99 号)

北京汇林印务有限公司印刷　新华书店经销

2021 年 11 月第 1 版　2021 年 11 月北京第 1 次印刷
开本:710 毫米×1000 毫米 1/16　印张:33　字数:490 千字

ISBN 978-7-01-023771-8　定价:98.00 元

邮购地址 100706　北京市东城区隆福寺街 99 号
人民东方图书销售中心　电话 (010)65250042　65289539

目　录

序　言

改革开放以来，我国在合作办学方面的总体思路是抱着仰视的态度学习发达国家的先进经验，"教育进口"与"教育出口"之间严重不平衡，在高等教育国际市场激烈竞争中，我国高等教育国际贸易长期处于逆差状态，这与我国世界第二大经济体的地位极不相称，与我国在国际社会的影响力极不相称。

随着我国综合国力以及国际影响力的不断上升，以及我国高等教育数量与质量的不断提升，为进一步改变教育逆差局面，推动中国教育理念、教育模式、价值观念的国际传播，推动教育"走出去"势在必行。高校赴境外办学作为打破"教育进口"与"教育出口"不平衡局面、进一步提高我国教育国际化水平以及国际影响力的重要抓手，在服务中国特色大国外交理念、构建人类命运共同体理念以及"一带一路"倡议、服务教育强国战略以及全面深化改革等国家战略方面发挥着巨大作用。高校海外办学也是国家软实力的体现，是文化输出的一种形式。从战略高度看，推动我国高校海外办学的发展对于提升我国在国际上的地位和影响力、推广中国文化、推动"一带一路"战略的实施具有重要的长远意义。从教育对外开放的角度看，我国高校海外办学可以拓展我国高校发展的国际空间。

从我国高校中外合作办学的整体情况来看，"引进"与"输出"之间仍存在较大不平衡。目前我国高校海外办学数量十分有限，办学形式单一，国际声望较低。到 2020 年，我国仅有 20 多所大学到海外办学，办学区域大多分布在新加坡、马来西亚、泰国等东南亚地区，海外办学专业集中在汉语言文学、中医学、中药学等传统学科。在政策层面，仅有适用于"引进来"的《中外合作办学条例》，"走出去"办学的政策很不健全。而其他发达国家的海外办学数量呈现上升趋势，凭借自身高等教育的实力和声望、国际化程度、广泛的资源等优势，海外办学已成为英、美、澳等发达国家教育输出的重要形式，并且被新加坡、马来西亚、阿联酋等国家广泛接纳。若想在激烈的国际竞争中赢得主动，亟待加强对于高校海外办学理论与实践的研究，明确各国国家战略对于高校海外办学的期待和要求，了解各国高校海外办学当下的整体现状和发展水平，深入分析办学模式及运行机制，并从中汲取经验教训，更加科学、系统地推进高校海外办学。

正是在此背景下，作为教育部人文社会科学重点研究基地的重大项目，我们开展了"中国高校海外办学战略"的研究，研究的目标为：立足于我国高校海外办学的实际，在教育国际化、我国大国外交和"一带一路"、扩大对外开放的背景下，系统梳理我国高校海外办学的现状与问题，深入研究高校海外办学的理论、探讨不同类型国家推进海外办学的战略，总结其有效海外办学的经验，探讨扩大我国高校海外办学的路径，为国家制定海外办学战略和扩大教育开放战略提供政策依据。在研究构成上包括三大部分：一是高校海外办学的理论与概念研究；二是不同类型国家高校海外办学经验研究，其中包含中国高校海外办学发展与现状研究；三是在横向专题比较的基础上提出中国高校海外办学路径的策略和政策建议。

本专著即是此课题研究的最终研究成果。与以往的研究相比，本研究具有以下显著特色：第一，本研究是国内第一次对高校海外办学主题的系统全面研究。研究涉及8个国家，除美国、英国、澳大利亚三个熟知的海外办学研究对象国外，还拓展了德国、俄罗斯、加拿大，尤其是印度高校海外办学的研究；既包含发达国家，也有发展中国家，既有英语国家，也包含非英语国家，全景式地描绘了高校海外办学的国际发展图景。第二，本研究第一次对涉及海外办学的概念、理论进行了系统梳理，尤其是在对海外分校的研究方面，分析了以"2005年奈特概念集""2018年维金斯概念辨析"为主要代表的理论演进。第三，以往有限的海外办学研究集中在几个发达国家高校海外办学经验上，对我国高校海外办学的研究多集中在孔子学院的研究上，其他类型的海外办学的研究极其缺乏，本研究则加强了对我国高校海外办学整体状况、政策发展、挑战与问题的系统研究，特别是在国别和比较研究的基础上提出了促进我国高校海外办学发展的战略建议，填补了这方面的空白，同时本研究在对我国高校海外办学的研究中，特别关注了高职院校海外办学的模式与特点，突出了高职院校海外办学与"一带一路"倡议的紧密结合。第四，本研究聚焦海外办学的战略研究，注重从国际政治、地缘政治的视角分析海外办学的发展趋向，从历史发展到现状，纵向分析了不同国家不同时期推动高校海外办学的动因、政策及战略规划的发展与变化。

　　国别研究是比较教育研究的重要基础，国别研究纬度建构直接关系到全书的学术水准，本研究在国别研究纬度构建上强调历史性、战略性与政策性，强调历史与现状相结合，宏观与微观相结合，学术探讨与政策发展相结合。主要围绕以下问题对案例国家高校海外办学进行了系统梳理与分析：1.历史、背景、战略、动因：（1）不同国家高校海外办学的历史发展；（2）不同国家高校海外办学的发展战略、动机、政策分析；（3）不同国家对高校海外办学的定义和定位、相关理论。2.办学状况与机制：（1）不同国家高校海外办学的类型与模式；（2）不同国家高校海外办学在世界不同地区的布局和分布；（3）不同国家高校海外办学的运行机制：经费、治理、专业设置、教师配制、招生策略；（4）不同国家高校海外办学不同类型和模式典型案例；（5）不同国家高校海外分校与母校的关系问题、如何解决在境外国家的本土化问题。3.经验总结：（1）不同国家高校海外办学面临的挑战与问题；（2）不同国家高校海外办学成功与失败的经验教训；（3）对中国高校发展海外办学的启示。通过国别报告的系统研究，对高校海外办学的相关概念、历史发展、战略动因、办学模式与机制、存在问题与挑战有了全面深入的了解，为课题的顺利完成奠定了坚实的基础。

在研究方法上，本研究采用文献研究法，比较系统收集和分析所研究的8个国家有关海外办学的政府文件、高校海外办学的第一手文献资料以及国内外有关高校海外办学的研究论文、相关报告；采用实地调研，注重收集第一手资料，特别是在中国国别研究中进行了大量实地调查研究，先后调研了厦门大学、苏州大学、温州大学、温州肯恩大学、温州医科大学、温州职业技术学院、无锡职业技术学院、无锡商业职业技术学院、北京工业职业技术学院等学校，还调研了华南师范大学、广西艺术学院、广西大学、广西民族大学、南宁职业技术学院、广西农业职业技术学院和广西师范大学等院校，通过对不同群体的访谈收集到关于我国普通高校和高职院校开展海外办学实践方面很有价值的第一手资料和数据；在美国、加拿大、印度的研究中进行了对有关人员的深入访谈；同时，采用案例研究法，对一些有代表性的院校进行了深入分析；研究采用比较研究方法，分析不同国家高校海外办学的特色及比较优势。

本专著全书共分为十章。第一章高校海外办学概念辨析与相关理论研究，主要对"海外办学"以及所涉及的"高等教育国际化""跨国教育""跨境教育""跨境高等教育""海外分校"等概念，加以梳理和辨析，并对简·奈特（Jane Knight）的跨境教育理论、菲利普·阿特巴赫（Philip G. Altbach）的高等教育教育国际化、斯蒂芬·维金斯（Stephen Wilkins）的海外分校等理论与研究进行了介绍。第二章到第九章，是关于高校海外办学的国别研究，研究对象国既包括美国、英国、加拿大、澳大利亚等在海外办学占据主导地位的英语国家，也包括德国、俄罗斯等在海外办学颇有建树的非英语国家，还包括中国、印度等积极探索向外输出本国高等教育的发展中国家。这八章分别对每个研究对象国高校海外办学的战略动因、历史发展阶段及现状、海外办学的类型与模式（代表性案例）、问题与挑战、经验与借鉴等进行了系统性分析。第十章比较、总结、建议，在理论研究与国别研究的基础上，对海外办学的历史发展与动因、海外办学的区域分布、海外办学的办学类型与模式、海外办学的运行机制、海外办学面临的挑战等专题进行了横向比较与分析，试图提炼出带有规律性的模式与特点，最后将落脚点落在了为我国高校海外办学的发展提出了理念性、政策性和实践性建议。

研究发现在高校海外办学的战略动因方面，各国推动高校海外办学的战略动因可以归为两个层面：一是国家层面的经济动因、政治及外交动因（国家发展战略、地缘政治、国家安全）、文化动因（软实力、国际理解）等；二是高校层面的动因，如提升本国高等教育的国际化水平、积极参与世界教育贸易市场的国际竞争等。虽然现在一些分析高校海外办学的动因比较强调经济动因，如指出澳大利亚、英国都将高校海外办学纳入"出口产业"的范畴，但开展海外办学的战略动因并不单一，美国开展海外办学叠加了以上多个动因，德国、俄罗斯、印度等国家则更注重政治及外交动因、文化动因。而且，在不同发展阶段，这些国家高校海外办学的主要动因也会发生变化。例如，加拿大在20世纪50年代之后开始实施柔性外交政策，注重以教育援助在亚非拉一些发展中国家开展海外办学，但20世界70年代以后由原来对政治利益、外交动因的强调转为侧重经济利益，2019年新出台的国际教育发展战略报告不仅明确提出"知识外交"，还进一步将海外办学的产业地位提升到新的战略高度。

在发展历史及现状方面，美国、英国高校海外办学的历史最为悠久。美国早在19世纪初就开始了海外教会大学的办学实践，英国高校海外办学起始于19世纪中叶；德国、俄罗斯、澳大利亚、加拿大四国的高校海外办学则起步于二战之后；中国、印度高校海外办学则出现于近20年。目前，美国、英国、澳大利亚、德国、俄罗斯为世界最主要的海外办学国家，其海外办学的数量多、规模大、影响广，海外办学模式多样。但中国、印度作为海外办学的新兴力量，近十几年来发展迅速。因此，从世界范围来看，高校海外办学除"北—南模式"外，"南—北模式""南南模式"也有发展。

在海外办学的类型与模式方面，所研究的8个国家呈现出丰富的实践样态。归纳起来，可以分为两类：一是海外办学的项目类，包括联合项目和学位项目，以及远程海外项目，办学层次从预科到博士层次均有涉及。

二是海外办学的实体机构类，包括海外中心、海外校区、海外分校（包括独立建制的海外分校和联合建制的海外分校）、海外独立大学等。其中，项目制海外办学模式投入成本少，办学风险比较小，比较容易开展；而实体机构类海外办学模式投入大，涉及法律问题比较复杂，风险较高。美国纽约大学、印度阿米提大学等高校基于"全球教育体系"的办学模式改变了传统海外分校办学模式下的母校—分校上下派生关系，母校与分校共同组成了具有"全球网络结构"的共生关系，更强调资源的共享，是海外办学发展新趋向。德国、俄罗斯的海外独立大学则更多凸显了国家海外办学的战略意图。不同国家海外办学的比较优势各有不同，美国、英国、加拿大、德国、澳大利亚凸显其优质高等教育的国际竞争力，印度的理工学院、管理学院凸显海外办学的专业优势，海外远程教育项目也很有成效，中国的职业教育海外办学具有优势和特色。

在本课题结题、形成书稿之际，恰逢我国"十四五规划"谋划制定过程中，本研究为新时期扩大教育对外开放出谋划策，提出了《加强战略谋划，优化布局，稳妥推进高校境外办学可持续发展》咨询报告，从前瞻性的十四五规划战略高度提出了我国未来发展海外办学面临的主要挑战与策略，我们认为面临的挑战主要有：1.国际形势巨变，高校境外办学面临的外部政治风险加大；2.受外部政策制约，高校境外办学的"双边"教育合作制度与机制不够完善；3.资金管理政策供给不足，高校境外办学资金缺乏、资金出境困难问题突出，已成境外办学发展的瓶颈；4.高校境外办学吸引力和国际竞争力不足；5.办学师资、生源问题突出，严重影响境外办学可持续发展。提出的战略性建议包括：1.加强顶层设计，管控风险，优化布局；2.制定资金新政，提供国家经费，鼓励社会和企业团体投资境外办学；3.坚持错位发展，突出我国境外办学的比较优势，打造"中国品牌"；4.拓宽高校境外办学招生渠道，改进教师派出及聘用机制，保障境外办学的可持续发展和教育质量。在挑战方面，研究指出，目前我国高校所面临的主要挑战有：1.办学面临的外部政治风险日益加大；2.受外部政策制约，高校境外办学的"双边"教育合作制度与机制不够完善，在办学许可、教师资格及工作签证、学历学位互认方面还存在政策缺失；3.资金管理政策供给不足，高校境外办学资金缺乏、资金出境困难问题突出，已成境外办学发展的瓶颈；4.我国高校境外办学吸引力和国际竞争力不足；5.办学师资、生源问题突出，严重影响境外办学可持续发展。

此专著的完成倾注了课题组全体成员的大量心血，也倾注了出版社编辑同仁的全力支持，在此深表感谢！

第一章 高校海外办学概念辨析与相关理论研究

第一节 高等教育国际化与高校海外办学

一、全球化与高等教育国际化

当今世界人类社会已经进入了全球化时代。20世纪中叶以来，随着人类站在新的历史起点上对世界格局、国际秩序、国家关系进行深度审思和重构，国际合作逐渐成为民族国家交往的应然和必然状态，经济的全球化和人类现代文明活动的国际化也随之成为不可逆转的趋势。所谓全球化，按照大卫·赫尔德（David Held）的说法，就是"全球联系的扩大、深化和加速"①。随着全球化的兴起，各个国家的教育资源不再局限于本国范围内的流动，资源跨国流动已经成为各国教育发展的常态。20世纪80年代以来，教育人力、物力、财力资源更加便捷地跨国流动也为教育国际化进程的加速奠定了基础。在这样的背景下，国际化已经成为高等教育机构、高校管理层、大学师生必须直面的课题与挑战。

全球化带来了"教育国际化"。在一些文献中，"教育全球化"和"教育国际化"往往被不加区别地混用，简·奈特（Jane Knight）和彼得·斯

---

① Held，David；Goldblatt，David；*McGrew*，*Anthony*；*Perraton*，*Jonathan. Global Transformations*：*Politics*，*Economics and Culture.* Cambridge Polity Press，1999，p.225.

科特（Peter Scott）等研究者认为应对这两个概念加以区分。奈特指出，全球化是技术、经济、知识、人员、价值观、思想等要素的跨境流动；国际化则是一个国家对全球化的影响作出反应，同时强调对国家个性的尊重。两个概念既存在差异又有机联系在一起，全球化可视为催化剂，而国际化是一种主动回应。[①] 斯科特提出，国际化以民族国家的存在为前提，而全球化既不关注也不敌视民族国家；国际化以外交、文化等"高级"形式表现，全球化以大众消费主义和全球资本主义等"低级"形式表现；由于国际化依归现存的（不平等的）民族国家关系，因而会复制——甚至合法化——等级和霸权，全球化则是一股躁动、颠覆性的力量。[②] 从上述观点中可知，国际化的意蕴更加符合教育的特征。

应该指出，虽然"二战"以来的全球化浪潮极大地推动了教育国际化，但是国际化从大学诞生之日起就与高等教育相伴相生。大学起源于中世纪的欧洲，以追求普遍的知识为己任，教师和学生们在欧洲范围内流动。学者们游离于故土内外，接触新的风土人情和思想观念，孕育了国际化的"萌芽"。文艺复兴后，民族国家开始形成，大学的任务主要是发展国家认同、满足国家需要，高等教育体系的建制更加完备。这一时期，教育国际化已经表现出一些具体形式并延续至今，例如：高等教育体系从欧洲传入世界其他地区；少数学生到国外留学；学术研究的合作和交流等。

20世纪，高等教育领域的国际合作和交流日益增多，该趋势推动了一些国家相关专业组织的成立，今天为人们熟知的美国"国际教育协会"（IIE）、德国"德意志学术交流协会"（DAAD）、"英国文化委员会"（British Council）均肇始于这一时期，分别于1919、1925和1934年成立。第二次世界大战以来，虽然仍然充斥着"冷战"和局部热战的阴霾，但合

---

① de Wit H., *Internationalization of Higher Education in the United States of America and Europe：A Historical，Comparative，and Conceptual Analysis.* Greenwood Publishing Group，2002，p.143.

② de Wit H., *Internationalization of Higher Education in the United States of America and Europe：A Historical，Comparative，and Conceptual Analysis.* Greenwood Publishing Group，2002，pp. 143-144.

作交流已经逐渐成为国际关系的主旋律，"联合国教科文组织"（UNESCO）成立、美国颁行《富布赖特法案》（*Fulbright Act*）等均进一步促进了高等教育的国际合作。"二战"后至"冷战"结束前，教育的国际合作多体现为发展中国家向发达国家的学生流动，以及发达国家向发展中国家提供的国际援助等。"冷战"结束后，一方面，欧洲共同体的迅速发展、日本经济水平的攀升，对美国在政治、经济、科研和教育方面的主导地位提出了挑战；另一方面，随着政治局势的缓和，各国开始将重心转移到经济竞争力，因而在教育国际合作中，经济因素开始取代政治因素成为主导。随着高等教育对于国家综合实力的重要性不断凸显，高等教育国际化逐渐演变成一项战略手段，成为高等教育机构发展不可分割的部分。

二、高等教育国际化与跨国高等教育

关于高等教育国际化，有学者认为，随着社会要素的国际维度演变为战略过程，教育要素的国际维度因而被称为"教育国际化"（Internationalization），并日益与全球化及区域化相联系。随着全球化的进一步发展，国际维度会演变为教育的有机组成部分之一，而不再是独立的活动、独立的战略或过程。① 奈特指出，所谓高等教育国际化，就是"在大学与国家的层面上将跨国的、跨文化的或全球的考量融入高等教育的目的、功能或教学中"。概括起来，高等教育国际化的策略主要见于：学生和教师的双向国际流动、课程设置的国际化、构建国际合作伙伴关系、以互联网技术作为工具和基础、远程教育、加盟教育、跨国／跨境合作办学、建设海外分校等。② 这些策略已经得到了许多国家的广泛应用。

高等教育国际化经历了不断完善、丰富和深化的过程。新世纪初期，蒂姆·马扎罗（Tim Mazzarol）等人提出：学生流动（第一代）、跨境学位

---

① 冯国平：《跨国教育的国际比较研究》，博士学位论文，华东师范大学，2009年，第3—4页。

② 曾满超、王美欣、蔺乐：《美国、英国、澳大利亚的高等教育国际化》，《北京大学教育评论》2009年第7期。

合作项目（第二代）之后，大学到异国市场建设分校、通过信息通信技术（ICT）修读海外学位项目是当时高等教育国际化的新模式（第三代）。① 2015 年，奈特补充道，师生流动、合作项目等常见举措是高等教育国际化的第一代；第二代可称为"卫星模式"，指一国的高校走向海外，在全球范围内建设的联络办公室、研究中心、海外分校等，可统称为"卫星办公室"；第三代则是指多国、多主体共同投资建设的国际大学，也包括区域教育中心或教育枢纽（Educational Hubs）。②③ 对于高等教育国际化的阶段划分并非后一代对前一代的取而代之，理论的演进充分表明，新的实践形式在不断涌现、机制在不断创新，其内涵也在不断丰富。从中延续下来的核心是，民族国家的高等教育系统更加积极主动地离开本土、走向海外，采取多种创新手段开展跨国合作、推进海外办学。

高等教育国际化进程加速推动着海外办学的发展，在实践的带动下，跨国教育（Transnational Education）逐渐成为一个国际通用的规范性学术概念。跨国教育在教育国际化的背景下产生，是一个国家在另一个国家开展教育活动、提供教育服务的各种形式的统称。宏观上，跨国教育主要包括三种形式：学生流动、项目流动、机构流动。④ 具体形式则主要包括远程教育（Distance Education），特许经营项目（Franchised Programmes），合作项目（Collaborative Ventures）和国际分校（International Branch Campuses）等。

"冷战"结束后，知识经济高速发展，互联网技术不断推陈出新，效

① Mazzarol T., Soutar G., Seng M. "The Third Wave：Future Trends in International Education", *International Journal of Educational Management*，Vol. 17，No. 3（2003），pp. 90-99.

② Knight J. "International Universities：Misunderstandings and Emerging Models?", *Journal of Studies in International Education*，Vol. 19，No. 2（2015），pp.107-121.

③ ［加］简·奈特、叶林、向好：《区域教育中心：时尚，品牌还是创新?》，《复旦教育论坛》2012 年第 3 期。

④ 杨天平、王宪平：《OECD 展望：高等教育至 2030》，重庆大学出版社 2012 年版，第 65—66 页。

率至上的新自由主义在 20 世纪中后期席卷了主要的西方发达国家，至今仍产生着重要影响，传统教育的社会功能较之经济功能（为社会提供高素质劳动力从而提升国家经济竞争力）很大程度上黯然失色，高等教育的商品化、私有化、市场化乃至公司化在全球范围内成为潮流。随着国家财政投入的减少，高等教育的成本不再完全由国家承担，其作为一项纯粹的公共事业的性质发生了变化。由于教育对个人具有增益作用，一部分教育成本转移到了个人身上。在成本的"倒逼"下，跨国教育逐渐成为一些高等教育机构的重要收入渠道，招收国际学生、将教育项目引入发展中国家、开办海外分校、开展远程教育等，均是高校拓展经费渠道、增加收入的有效措施。跨国教育的规模虽然还不能同传统的留学生规模相比，但发展速度却远超后者，呈现出方兴未艾的态势。

三、跨国高等教育与海外分校

保罗·班尼特（Paul Bennett）等人对欧盟范围内跨国高等教育活动的研究指出，跨国高等教育机构的兴起具有商业和经济渗透的特性，是跨国合作增长的产物，属于跨国精英体系的范畴。[①] 可见，跨国高等教育具有多重属性和复杂性，其中，海外分校（International Branch Campus，简称 IBC）又表现出诸多的特殊性和重要性。

首先，在跨国高等教育的学生流动、项目流动、机构流动三种形式中，建立海外分校成为机构流动中重要性不断提升的一个分支。当前，海外分校已成为许多国家和高校推进国际化进程的重要策略，被视为 21 世纪以来跨境高等教育实践中增长最快的部分。[②] 其次，海外分校的建立具有诸多独特性，有别于师生等人员的国际流动、有别于课程和学位项目层

[①] Bennett P., Bergan S., *Cassar D. Quality Assurance in Transnational Higher Education*. Helsinki Finland：European Association for Quality Assurance in Higher Education Workshop Report 11，2010，pp. 1-38.

[②] Wilkins S., Huisman J. "The International Branch Campus as Transnational Strategy in Higher Education"，*Higher Education*，Vol. 64，No. 5（2012），pp. 627-645.

面的国际合作、也有别于以互联网为基础的跨境在线教育，海外分校是一个跨境的、完整的、实体的学校系统，开办一所海外分校面临的复杂性和挑战性明显大于其他国际化措施，因此，海外分校也是发展跨国教育的一种更高层次的路径。同样由于其独特性、复杂性和挑战性，对于高等教育国际化而言，海外分校所蕴含的价值、体现的程度也高于人员、课程、教学、项目等单项层面的国际化。

近年来，因各自发展战略选择不同，个别输出国高校在海外办学方面选择了收缩，但也有许多大学在经费紧张等情况的推动下选择扩张，期望在海外教育市场中占一席之地。虽然进退成为一种常态，但从过去十数年间的整体情况看，海外分校的参与国家和参与高校数量保持稳定增长。根据美国纽约州立大学奥尔巴尼分校（SUNY-Albany）"跨境教育研究团队"（Cross-Border Education Research Team，简称 CBERT）和英国"无国界高等教育观察组织"（the Observatory on Borderless Higher Education，简称 OBHE）的统计，2006 年至 2010 年，全球范围内海外分校新建数量为66 所；2011 年到 2015 年，新建数量为 67 所，[1] 增长趋势持续而稳定。从总量上看，截至 2017 年 1 月，海外分校的数量为 247 所。[2] 至 2017 年 12月，数量增长至 263 所，同比增长 5.6%。[3] 数量稳增的同时，也有学者指出海外分校的发展越发成熟，逐渐成为高等教育全球版图中的重要组成部分。[4] 上述事实表明，对于积极融入高等教育国际化进程、谋求成为高等教育强国的国家而言，应该对海外分校给予充分的重视，并审慎、适时

---

[1]　Garrett R.，Kinser K.，Lane J.，Merola，R.，*Success Factors of Mature IBCs*，*2017.* London，United Kingdom：*The Observatory on Borderless Higher Education*，2017，pp. 18.

[2]　Cross-Border Education Research Team：*Quick Facts*，2017 年 1 月 20 日，见 http：// cbert.org/。

[3]　Observatory on Borderless Higher Education：Abstract of 2017 IBC Report，2017 年 12 月 6 日，见 http：//www.obhe.ac.uk/documents/view_details？id=1076。

[4]　Kinser K，Lane J．"*International Branch Campuses*：*Evolution of a Phenomenon*"，Vol. 85，（2016），pp.3-5.

地参与其中。因此，对海外分校建设相关问题进行深入的研究显得十分必要。

四、海外办学与我国高等教育国际化

改革开放伊始，我国就积极探索推动高等教育国际化，随着综合国力不断提升、全面开放新格局逐渐形成，我国已经成为高等教育国际化的重要参与者。从积极融入者到重要参与者，我国高等教育国际化的进程也经历了奈特所归纳的三个阶段：首先是人员的国际流动：邓小平同志 1978 年 6 月有关派遣留学生的讲话——"我赞成留学生的数量增大……要成千成万地派，不是只派十个八个"①——拉开了人员流动的序幕。到今天，我国已经是最主要的留学生源地国之一，也是世界第三、亚洲最大的留学目的地国；② 随后是中外合作办学项目的出现：随着改革开放的不断深入、人员往来的日益密切，20 世纪 80—90 年代，我国境内开始出现南京大学—约翰·霍普金斯大学中美文化研究中心（1986）、延边大学科学技术学院（1992）、上海交通大学中欧国际工商学院（1994）等较早的一批合作办学项目，在这些探新项目的推动下，"中外合作办学"成为我国教育领域的重要学术话语以及教育政策的规范性术语，国家出台了相关政策加以引导和规范办学行为。当前，我国中外合作办学的规模不断扩大，28 个大陆省级行政区域开设了合作办学项目，截至 2018 年，国内已经有约 2600 个中外合作办学机构和项目。仅北京一地，合作办学机构就达 8 个，合作办学项目达 82 个。③ 总体而言，作为高等教育新兴国家，我国在国际合作中侧重于引进服务，当前的"引进来"已取得诸多成效，中外合作办学资源持续增多、模式趋于多样。在新的时代背景下，随着高等教育能力的不断提

---

① 《邓小平作出扩大派遣留学生的战略决策》，《光明日报》2009 年 9 月 30 日。
② 新华网：《陈宝生：中国已成为世界第三、亚洲最大的留学目的地国》，2017 年 10 月 22 日，见 http://www.xinhuanet.com/politics/19cpcnc/2017-10/22/c_129724590.html。
③ 教育部中外合作办学监管工作信息平台：《经审批的中外合作办学机构和项目名单》，2018 年 7 月 5 日，见 www.crs.jsj.edu.cn/aproval/getbyarea/1。

升，我国也开始在以"走出去"为导向的海外办学市场寻求新的增长点。

2019年9月，在教育部的指导下，中国高等教育学会颁布了《高等学校境外办学指南（试行）》（以下简称《指南》），"境外办学"被界定为"中国高等学校独立或者与境外政府机构、具有法人资格并为所在地政府认可的教育机构或其他社会组织合作，在境外举办以境外公民为主要招生对象的教育机构或者采用其他形式实施高等学历教育的教育教学活动。"[①]《指南》为高等教育国际化的中国路径指明了"走出去"的方向。目前而言，我国高校的境外办学仍然处于初探阶段，境外办学机构和项目总共才128个，[②]与"引进来"为导向的中外合作办学相比，二者之间存在鲜明的落差。而国家颁行《指南》的目的，正是在于"进一步加快和扩大中国教育对外开放"。因此，可以预见，促进中国大学积极开展境外办学、开办海外分校是我国高等教育国际化下一阶段面临的重大课题。

自2013年我国提出"一带一路"倡议以来，中国与沿线国家加强了双边合作，开展了多层次、多渠道的沟通磋商，教育的互联互通合作也得到了强化。我国先后与46个国家和地区签订了学历学位互认协议，其中"一带一路"国家有24个。在"一带一路"倡议的政策环境和知识经济的时代背景下，我国高等教育"走出去"迎来了前所未有的"时代良机"。然而，如前文所述，我国高校的境外办学仍处在初始阶段，海外分校的建设能力薄弱、建设经验欠缺。为切实提高我国高校的海外办学能力，仍然需要广泛地汲取国际上的先进经验，重视并持续关注他国的海外办学和海外分校建设，从中汲取营养、总结教训，思考并提出推动我国高等教育走出去的切实对策。

应该认识到，对其他国家海外办学和海外分校建设的研究，对我国而言具有重要的学术价值、政策价值和实践价值。近几年，海外分校的输

---

① 中国高等教育学会：《高等学校境外办学指南（试行）》，2019年9月26日，见 https://news.eol.cn/yaowen/201909/t20190926_1684905.shtml.

② 徐瑞哲：《中国的高等教育"走出去""引进来"极不平衡》，2018年11月7日，见 http://www.js-edu.cn/n/434613.html.2018-11-07。

出与输入方向开始发生变化，英语国家主导输出、"由北向南"输出（即发达国家向发展中国家输出）的格局出现了一定的松动。美国、英国、加拿大、澳大利亚等英语国家仍然占据输出主导地位的同时，德国、俄罗斯等非英语国家也在海外办学和海外分校建设中颇有建树，中国、印度等发展中国家也在积极探索向外输出本国的高等教育。因此，将我国作为一个传统的输入大国和新兴的输出国家，置身国际坐标上，对其他国家进行研究、与我国进行并置，我们可以从理论和实践两个方面汲取多维度、多层次的经验。

第二节　高校海外办学的基本内涵和相关概念辨析

一、相关概念体系及其概念之间的逻辑关系

第一节的背景分析中涉及与高校海外办学的一系列术语和概念：全球化——高等教育国际化——跨境教育 / 海外办学——海外分校，它们之间的隶属和层次关系如表 1.1 所示。首先，高等教育国际化可以理解为一种状态或者目标，在这些概念层次关系中处于统合的位置。其次，跨国高等教育、跨境高等教育、无国界高等教育属于同义概念，是高等教育国际化的表现形式之一，也是高等教育国际化的策略和措施。我国政策话语下的中外合作办学、境外办学 / 海外办学也属于这一层次。第三，海外校园、国际分校、国外校园、离岸校园等的所指具有一致性，是跨境教育 / 境外办学 / 海外办学的具体形式之一，是层次关系中的下位概念。层次 1 到 3 具有包含关系，层次 3 到 1 是从策略 / 实践到目标 / 概念的实现过程。

表 1.1　高校海外办学相关概念的层次关系

层次	概念 / 术语
1 ⇩	高等教育国际化
2 ⇩	跨国 / 跨境 / 无国界高等教育、海外办学 / 境外办学、中外合作办学
3 ⇩	海外分校、国际分校、离岸分校

在国内学界，居于不同层次的最为通行的概念分别是"跨境高等教育"和"海外分校"；与之相对应的，在国外的相关研究中，被使用最广泛的概念分别是"Transnational HE"和"International Branch Campus"。事实上，从上述对概念体系的梳理和译名不难看出，这两组概念的词义并不能直接对应，两个英文术语的直译分别是"跨国高等教育"和"国际分校"。但在学术研究中，"跨国"基本被等同于"跨境"，"国际"基本被等同于"海外"。这些概念之间虽然存在一定的字面差异，但多为语用习惯的差异，本质内涵是相近的，因此常常存在交替使用的情况。本研究将重点对"跨境高等教育、Transnational HE""海外分校、International Branch Campus"两个核心概念进行辨析，同时探讨其他近似概念的含义及其之间的区别。

二、概念辨析

（一）海外办学

海外办学，顾名思义，就是一个国家的教育机构到其他国家开展的办学活动。由于高等教育具有显著的国际性，高等教育层次的人员跨国流动已经越发普遍，加之高等教育允许市场化的改革探索，所以，当前在政策和学术层面探讨的海外办学主要聚焦于高等教育层次。延续海外办学的基本定义，概言之，高校海外办学就是一个国家的高等教育机构到其他国家进行的办学活动。

值得注意的是，随着高等教育的专业化程度越来越高，高校已经成为高等教育层次海外办学活动最重要的主体。之所以要指明这一点，是因为在一些国家，部分海外办学行为是由于政府的推动而并非高校的自发，例如我国的孔子学院。尽管如此，政府依旧需要调动高校的人力资源和学术资源作为这类海外办学活动的基本依托。而高校自主到其他国家的办学行为，自然蕴含了高校作为主体的基本逻辑。因此，在"政府推动"和"高校自主"两种推动逻辑的海外办学中，高校都已经成为最重要的主体。

高等教育活动的形式、类型和层次多样，同样地，高校海外办学也具有多重的形式、类型和层次。学历和学位是现代教育制度体系中的核心概念，也是区别正规教育系统和非正规教育系统的根本标准。从这个意义上，可以大致将高校海外办学分为学位型和非学位型两类，前者即涉及学位授予的高校海外办学活动，包括实体性的、授予学位的海外办学机构和非实体性的海外学位项目等，形式上还包括线上和面授两种；后者包括海外学习和学术交流中心等实体机构，以及作为一段海外学习经历的学者学生交流交换项目等。虽然自20世纪末以来，教育学研究的关注重点已经从正规教育扩展到非正规教育，① 但对于高校海外办学而言，学位型海外办学活动的学术性和教育性、正式制度意义、办学的深度广度难度、对不同文化系统和政策环境的协调程度均高于非学位型的海外办学活动，因此，在该领域，政策制定者的关注重心和监管重点主要集中于学位型，国内外学术研究人员也更多地对学位型海外办学进行探讨和分析。

根据上述分析，本研究将高校海外办学的推动逻辑和宏观分类整合为下图：

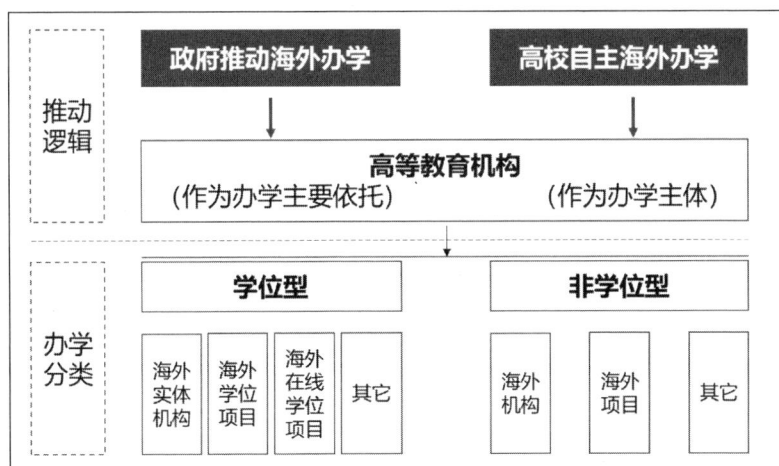

图 1.1　高校海外办学的推动逻辑和宏观分类图示

① 全国十二所重点师范大学联合编写：《教育学基础》（第 2 版），教育科学出版社 2008年版，第 22 页。

　　我国学者曾提出，海外办学是一个有自主权的办学机构（不限于学校）到海外建设一所独立的大学（区别于分校），该大学属于某国的教育系统，但在其所属国不一定有大学校园。① 本研究认同该定义对来源国办学主体多样性的界定，但需要指出的是，本研究的范畴已经明确为"高校海外办学"，因此将来源国的办学主体界定为大学，而不包括其他机构。此外，本研究并不认同该定义对海外办学形式的界定，本研究认为海外办学的形式和类型不仅仅局限于"一所独立的大学"。因此，如图1.1所呈现的，本研究对"高校海外办学"作出的一般性定义是：高校海外办学是一国高等教育机构在其他国家或地区的办学活动的统称，办学可能来自本国政府的战略推动，也可能是出于高校自身的发展需求。高校海外办学是高等教育国际化的必然产物，办学活动广义上包括学位型和非学位型两类，两种类别下，既有实体性的机构，又有非实体性的项目。

　　当前，学界对授予学位的海外办学实体机构和项目给予了最多的关注和广泛的讨论，本研究同样聚焦于学位型，主要从战略动因、发展历史、办学现状与机制等方面剖析我国与世界其他主要国家高校海外办学活动和海外分校建设的情况，力图通过横向比较研究海外办学的普遍规律、经验与挑战，为服务我国高校更好地开展海外办学、建设海外分校提供有价值的政策借鉴和经验参考。

　　中外文献梳理发现，围绕"海外办学"的常见术语及其英文包括：高等教育国际化（Higher Education Internalization，以下用HE代替Higher Education）、国际高等教育（International HE）、跨国高等教育（Transnational HE）、跨境高等教育（Cross-Border HE）、无国界高等教育（Borderless HE）、海外校园（Overseas Campus）、国际分校（International Branch Campus）、国外校园（Abroad Campus）、离岸校园（Offshore Campus）等。分析上述术语及其含义，不难发现："海外办学"很大程度上是一个中国本土的概念，目前的英文文献中很难找到与之直接对应的

---

① 张伟江：《教育服务产业研究：拓展与运营》，教育科学出版社2005年版，第75页。

术语。参考教育部"涉外监管信息网"可知，在我国相关的官方政策里，将"办学"译作"Running Schools"，但在当前以英文为语言载体的研究中，并不存在与"海外办学"直接对应的"Overseas Running Schools"或"Schools Overseas-Running"这样的表达。究其本质，我国话语体系下的"海外办学"是一个涵盖性的术语，"海外"实际上等同于"境外"和"国外"。"海外办学"是学界惯用的术语，而政府层面的政策则多使用"境外办学"一词。因此，可以将我国"海外办学"等同于政策话语中的"境外办学"，或者西方学术话语中的"跨国教育"（Transnational）或者"跨境教育"（Cross-border）。

（二）跨境高等教育及其近似概念

1. 近似概念及使用情况

（1）西方学界

澳大利亚教育研究委员会（Australian Council for Educational Research，简称 ACER）开发的国际教育研究国际数据库（International Database of Research on International Education，简称 IDRIE）系统地收录了 1990 年至今，全球范围内国际教育研究的相关成果。[①] 安娜·科斯穆茨基（Anna Kosmützky）等学者对 1990—2015 年 IDRIE 数据的研究表明，20 世纪 90 年代前后，离岸高等教育（Offshore HE）最早出现在西方学界；20 世纪 90 年代中期以来，跨国高等教育（Transnational HE）的概念出现并迅速发展；进入 21 世纪，无国界高等教育（Borderless HE）和跨境高等教育（Cross-border HE）的概念相继出现并沿用至今。从术语使用情况看，跨国高等教育（Transnational HE）从出现起就保持稳定的增长，从 2010 年起成为使用频率最高的术语；使用频率次之的术语是离岸高等教育（Offshore HE），而其他两个后来提出的与 Border 相关的术语，无国界高

---

① IDRIE 收录的研究成果包括期刊文字、专著、著作章节、会议论文、研究报告、学位论文等。由于语言问题，这些成果主要来自欧美澳等西方国家，亚洲国家的科研成果收录有限。整体而言，IDRIE 的数据能够较好地代表西方国家对海外办学相关概念的使用和理解情况。

等教育（Borderless HE）和跨境高等教育（Cross-border HE）使用频率相对较低。[1]

奈特较早于 2005 年探讨了不同术语所指的细微差别，她指出，国界／边界（Border）一般指地理学意义上的国家边界，但在教育领域，Border 具有更广泛的含义，无国界或跨境高等教育指高等教育活动地理边界、学科边界、时间边界、概念边界的模糊和消失；离岸（Offshore）或跨国（Transnational）则主要指向学生求学所在地与教育提供方处于不同的位置。奈特认为，当涉及跨境高等教育的质量保障、财政资金、认证等管制责任时，跨境（Cross-border）这一术语的重要意义在于，它有助于厘清相关教育活动的责任和管理主体。[2] 简要概括奈特的观点，Border 既有"边界"也有"国界"的含义，英文中的 Borderless 既可泛指一切边界模糊的高等教育活动，又可以特指跨越国界的高等教育活动。科斯穆茨基等人对此的理解是，学者出于不同的偏好使用不同的术语，但其本质含义是相似的。整体上，上述四个术语构成了跨境高等教育的主要概念体系，它们在表达上的差异并不影响其基本含义的相近，学界在这一方面达成了共识。出于话语习惯，西方学者多使用 Transnational Higher Education，我国学者则多使用跨境高等教育。近年来，学界已经不再对相似概念的细微差异进行广泛讨论，关注重心转移到了办学实践中的诸多现实问题。

（2）我国学界

从"中国知网"等中文相关学术资料库的检索情况看，跨境高等教育是 2000 年前后在世界贸易组织（WTO）、联合国教科文组织（UNESCO）、经济合作与发展组织（OECD）等国际组织的推动下，由国外传入我国

---

[1] Kosmützky A, Putty R. "Transcending borders and traversing boundaries: A systematic review of the literature on transnational, offshore, cross-border, and borderless higher education", *Journal of Studies in International Education*, Vol. 20, No.1 (2016), pp.8-33.

[2] Knight, J. *Borderless, offshore, transnational and cross-border education: Definition and data dilemmas*. London, England: The Observatory on Borderless Higher Education, 2005, pp.1-26.

的。国内学者陈剑琦较早在《比较教育研究》期刊对这一话题进行了引介。① 此后，王剑波、赵丽、张进清等学者分别采用跨国高等教育、跨境高等教育、跨国办学等术语对相关问题进行了深入的研究。虽然三位学者使用了"跨国"和"跨境"两个概念，但在我国更多的文献中，"跨境"是更为通行的话语。

本研究认为，"跨境"更为通行很大程度上与我国的行政区划有关。根据《中华人民共和国出境入境管理法》第八章附则第八十九条的规定，中国公民由内地前往中国香港特区、中国澳门特区、中国台湾地区被列为"出境"，意指上述三个地区属于我国国境之内、关境之外。《中外合作办学条例》虽然指我国和其他国家的合作，但也特别说明，其条款适用于内地高校和中国港澳台地区高校的合作。基于上述原因，"跨境教育"能够涵盖海峡两岸暨香港、澳门的跨境办学活动，而"跨国教育"显然不能指向这类活动。所以，就我国的实践而言，"跨境"的适用范围显然较之"跨国"更为广泛。

在我国的实践中，与跨境高等教育并行的一个重要概念是"中外合作办学"。中外合作办学一般被视为跨境／跨国高等教育在我国的独特实践，② 也成为西方学界认可的中国高等教育在地国际化的重要策略之一。根据教育部的定义，中外合作办学是指"外国教育机构与中国教育机构在中国境内合作举办的、以中国公民为主要招生对象的教育机构的活动"。③ 教育部的定义指明了中外合作办学的三个要素：一是中外教育机构的合作，二是在中国境内办学，三是以中国学生为培养对象。三个要素实质上框定了中外合作办学是一种"引进来、为我所用"的跨境高等教育，其他

① 陈剑琦：《UNESCO/OECD：加快"跨境高等教育质量保证"进程》，《比较教育研究》2004 年第 7 期。
② 王剑波：《跨国高等教育理论与中国的实践》，博士学位论文，华东师范大学，2004 年，第 102 页。
③ 中华人民共和国国务院：《中华人民共和国中外合作办学条例》，2003 年 9 月 1 日，见 http://www.gov.cn/gongbao/content/2003/content_62030.htm。

国家的教育资源（有形的＋无形的）跨域了国界／国境，成为中国高等教育的组成部分。

本研究以四川大学匹兹堡学院（Sichuan University-Pittsburgh Institute，简称 SCUPI）为例，尝试从不同的视角加深对相关近似概念的理解。如果站在超越民族—国家系统的"上帝"视角，SCUPI 是高等教育国际化的表现形式之一，是跨境／跨国高等教育的一种；如果站在美国匹兹堡大学（University of Pittsburgh）的视角，SCUPI 则是其海外办学／国外办学／境外办学／离岸高等教育的成果；如果站在四川大学的视角，SCUPI 则是其引进来、中外合作办学的成果之一。因此，当站位和视角发生改变，相关概念的使用和适切性也要作出相应的调整，但不难看出这些概念和术语均指向同一个事物。

对我国而言，以"引进来"为主要定位的中外合作办学实施多年后，对我国高等教育系统产生了广泛而深刻的影响，尤其深刻推动了我国高等教育国际化的进程。与此同时，我国的政策制定者和学术研究人员也注意到，在我国高等教育国际化的进程中，"进口"和"出口"之间长期存在较大的不平衡，尤其是随着我国成为世界第二大经济体，高等教育取得了前所未有的发展成就，上述进出之间的矛盾就引起了更多的关注和讨论。在这样的背景下，我国政策制定者和高等教育从业人员都产生了在国际舞台构建高等教育中国模式、生成高等教育中国话语、更多发出高等教育中国声音的诉求。与"引进来"的中外合作办学并行，中国高校更加主动地参与跨境高等教育，"走出去"开展海外办学成为我国高等教育国际化的一个重要路向。

2. 跨境高等教育的内涵

（1）定义

已有政策文件和学术文献中，对跨境高等教育及其近似概念进行界定的主要包括：2002 年，欧洲理事会（Council of Europe）将跨国高等教育（Transnational HE）定义为在高等教育的各类学习项目、课程、教育服务中，学习者所在地与教育提供机构不在同一个国家。① 2006 年，联合国教科文组织（UNESCO）和亚太质量网络（Asia Pacific Quality Network，简称 APQN）提出，跨境教育（Cross-Border）指一国的教育活动全部或部分来源于其他国家，是国际高等教育的一种形式。在这一语境下，进行跨国流动的不再是学生，而是教育机构和项目。② 2008 年，经济合作与发展组织（OECD）指出，跨境高等教育（Cross-Border HE）是学生、教师、项目、机构、课程材料的跨国流动，形式和内容多样，路径和载体有线上和线下两类。③

上述国际组织作出的定义共同指向了跨境高等教育活动发生于不同国家之间这一核心，但又存在一定区别。欧洲理事会和 OCED 的定义更加广泛，囊括了一切国与国之间的教育活动，而 UNESCO 和 APQN 的定义则明确将师生人员的跨国流动排除了，特指实体机构和非实体项目的跨国。将跨境高等教育限定在机构和项目的流动也成为后续定义的主要趋势。例如，OECD 也在此后更新了概念，和世界银行（World Bank）共同提出：人员、项目、机构的在线和实体跨国流动均为跨境高等教育，但实践中，跨境高等教育的重心已从学生流动转为项目和机构的流动。④ 现有相关研究普遍采纳 OECD 和 World Bank 的定义，将机构和项目的流动明确为核心内容。

延续本研究对"海外办学"的界定，本研究认同 OECD 和 World Bank 的定义，认为机构和项目流动才是跨境高等教育的核心，师生人员的国际流动已经生成了"留学生""访问学者""联合培养学生""海外特聘/客座教授"等诸多概念，因此，有必要将机构和项目的跨国流动与人员的

---

① Europe Council. "Code of Good Practice in the Provision of Transnational Education", *Centre for Policy on Ageing*, Vol. 93,（2002），pp. 4.

② Davies T., Wong W. *UNESCO-APQN Toolkit：Regulating the Quality of Cross-Border Education*. Bangkok, Thailand：UNESCO Bangkok, 2006, p. 7.

③ Stéphan Vincent-Lancrin. *Building Capacity Through Cross-Border Tertiary Education*. Paris, France：OCED, 2008, p. 4.

④ 张进清：《跨境高等教育研究》，博士学位论文，西南大学，2012 年，第 138 页。

跨国流动进行区分，跨境高等教育无疑是进行区分的一个合理的立足点。

（2）类型

以机构和项目流动为核心，学界进一步对跨境教育的类型进行了梳理。奈特在 2005 年归纳了五种主要形式：海外分校（Branch Campus）、海外独立机构（Independent Institution）、海外收购 / 合并（Acquisition/ Merger）、学习中心 / 教学点（Study Center/Teaching Site）、附属机构和合作网络（Affiliation/Networks）、虚拟大学（Virtual University）。[①]

2015 年，奈吉尔·希利（Nigel Healey）指出，随着跨境教育的维度越发多元、各类办学的活动之间的边界越发模糊，传统的分类模式已经不能回应当前的现实，继而补充指出了远程教育（Distance Education）、特许项目（Franchise）、学位认可项目（Validation）等类别。希利对具有海外分校工作经验的人员进行访问、分析英国高等教育质量保障署（QAA）审计报告，提出跨境教育风险分析的六个维度：组成（Composition）、结构（Structure）、功能（Function）、范围（Scope）、过程（Process）、成果（Outcome）。组成指合作方的性质，包括大学、企业、政府部门等；结构指合作方的数量，包括双边、多边等；功能是学校的使命定位，包括提升母校国际声誉、构建输入国的高等教育能力、商业利益等；范围指课程、学位的层次和类型；过程指目标实现的方式，即人员和资源配置的方式；结果指双方是否形成了长期的双赢关系，还是仅共同举办教育项目。[②] 希利的核心观点是，通过上述六个维度分析跨境教育伙伴关系的风险层次，比传统的简单分类更有意义。

采用同样的方法，希利和露西·迈克尔（Lucy Michael）提出了研究和认识跨境教育的三维框架：目标学生群体（招生面向的范围）、专业设

[①] Knight J. *Borderless*，*Offshore*，*Transnational and Cross-border Education*：*Definition and Data Dilemmas*，London，United Kingdom：The Observatory on Borderless Higher Education，2005，pp. 13-15.

[②] Healey N. "Towards A Risk-Based Typology for Transnational Education"，*Higher Education*，Vol. 69，No. 1（2015），pp. 1-18.

置（单一学科还是多元学科）、教学与研究工作的关系（研究导向还是教学导向）。① 他们认为，在新自由主义的背景下，这个框架有助于更好地分析跨境教育的组织形式和变革方式，从而更好地理解跨境教育实践。厘清这些问题也是规划和发展跨境教育的关键所在。立足我国"中外合作办学"的实践，我国学者林金辉关于跨境教育分类的观点是：按照政府管制形式，包括无管制型、宽松型、严厉性三类；按照项目或机构性质，可分为公立性项目、私立性项目、公私立项目三类；按照办学形式，有合作办学（课程衔接、特许项目、合作办学机构）、独立办学（分校、离岸教育机构、远程学习、虚拟大学）两类。②

从希利、林金辉等学者的研究可以看出，中外学者对于分类既有共同点也有不同的侧重点，国内学者倾向于从基于客观现实的视角出发，对跨境高等教育的存在形式进行归纳和探讨。国外学者则将主要视野聚焦于跨境教育活动更好地存续和发展上，他们提出的分类方法或者分析框架的根本指向是为了更好地促进跨境高等教育活动的发展。但总体而言，国内外学者的研究均揭示了跨境高等教育发展越发成熟、也愈加复杂的现实。

（3）理论视角

新旧世纪之交，菲利普·阿特巴赫（Philips Altbach）基于"中心—边缘"（Center-Periphery）理论的高等教育机构划分深刻影响着西方学界对跨境高等教育的认知③，尤其是在当时的情境下，跨境高等教育的输出者只有发达国家和阿特巴赫所言的中心大学。类似的还包括奈特的要素的跨境流动④，也主要指向从发达国家到发展中国家的流动。

当跨境高等教育日益引起我国学界关注时，学者们也对围绕这一领

---

① Healey N., Michael L. "Towards a New Framework for Analysing Transnational Education", *Higher Education Policy*, Vol. 28, No. 3 (2015), pp. 369-391.

② 林金辉：《中外合作办学教育学》，厦门大学出版社 2011 年版，第 67—73 页。

③ 杨洁、王建慧：《阿特巴赫高等教育国际化研究的理论框架》，《长春理工大学学报》（社会科学版）2013 年第 6 期。

④ 刘晓亮、赵俊峰：《美国跨境教育问题研究——基于简·奈特的跨境教育理论框架视角》，《教育科学》2014 年第 4 期。

域的理论起源、关键理论等问题进行了探讨。赵丽分析了推动跨境教育发展的理论思潮，她指出，跨国高等教育受到国际教育服务贸易理论和国际市场进入模式理论的影响，尤其是比较优势和新自由主义等言说。[①]王剑波结合我国的实际，建议应该关注经济全球化时代的教育主权理论，他认为发展中国家在跨境高等教育中处于相对劣势，就我国而言，曾经在教会大学广泛发展的阶段经历教育主权旁落的问题，因此，有必要认真对待教育主权这一核心概念。[②]

进入新世纪以来，在全球经济危机等因素的影响下，跨境高等教育的主要聚落之一——中东石油富国，对引进西方高等教育作出了更加理性的研判，立足于贸易性质的跨境教育活动呈现式微的趋势。除了经济考量和回应国家外交战略需求之外，跨境高等教育也开始转而回归学术理性和教育理性，直观表现就是输入国对学术研究、人才培养、质量考核提出了更高的要求。因此，本研究认为，定位为国际教育贸易服务的跨境教育活动，受到新自由主义经济理性的影响和世界贸易组织的推动，但当前这种价值取向正在经历深刻的转型和变革。

（三）海外分校及其近似概念

1. 海外分校同层次的概念

本研究按照时间线，将不同时期，不同学者对海外分校及其同层次概念的梳理和定义整理为表 1.2。

从表可知，自 2005 年至 2017 年，国内外学者对跨境高等教育下属形式的梳理具有明显的延续性，并没有超出奈特于 2005 年提出的范畴。从办学路径上，可以分为线上和线下两类，线上即依托信息技术的虚拟大学、远程教育项目等；线下的常见概念包括：海外分校、双联项目、特许项目。从办学参与方的角度，可以分为合作建设和独立建设两类。其

---

① 赵丽：《跨国办学的理论与实践研究》，博士学位论文，华东师范大学，2005 年，第 72 页。

② 王剑波：《跨国高等教育理论与中国的实践》，博士学位论文，华东师范大学，2004 年，第 101 页。

中，最为核心和常用的概念是"海外分校"，英文术语为"International Branch Campus"。根据林金辉的定义，海外分校是一种由输出方独立建设的机构，但在实践中，有许多合作建设的机构和项目也被视为海外分校。可见，学界和高等教育机构本身对这一概念的理解和使用还存在一定的争议。

表 1.2　海外分校同层次的相关概念

来源 / 年度	相关概念（跨境高等教育的下属形式）
奈特 2005	分校 Branch Campus、独立机构 Independent Institution、收购 / 合并机构 Acquisition/Merger、学习中心 / 教学点 Study Center/Teaching Site、附属机构 / 合作网格 Affiliation/Networks、虚拟大学 Virtual University
林金辉 2011	合作办学：课程衔接、特许项目、合作办学机构 独立办学：分校、离岸教育机构、远程学习、虚拟大学
黄健如等 2011	学分转移项目 Credit Transfer Programs、双联课程项目 Twinning Programs、认证或特许经营项目 Accredited Or Franchised Programs、海外分校 Foreign Branch Campus、远程教育项目 Distance Education Programs
希利 2015	上述＋远程教育 Distance Education、特许项目 Franchise、学位授权项目 Validation
亨德森等 2017	海外分校 International Branch Campus、特许 / 双联项 Franchise/Twinning Programs、结对协议 Articulation Agreements、联合学位项目 Joint Degree Programs、授权项目 Validation Programs、其他 Others

本研究在此引述奈特 2005 年对相关概念的定义，以呈现跨境高等下属概念的基本含义，并在下一节重点对核心概念"海外分校"的定义发展和变迁、争议和探讨进行分析。奈特从教育提供方和办学项目两个视角出发，对相关概念进行了界定。

（1）以教育提供方为出发点①

海外独立机构（Independent Institution）：外国教育提供方——通常是

---

① Knight J. *Borderless*, *Offshore*, *Transnational and Cross-border Education*：*Definition and Data Dilemmas*, London, United Kingdom：The Observatory on Borderless Higher Education，2005，pp. 17-18.

一所大学，也可能是一个商业公司或商业联盟——在其他国家建立的一所独立的、开设课程、授予学位的高等教育机构。

收购/合并机构（Acquisition/Merger）：外国教育提供方，在其他国家购买了一所当地高等教育机构的部分所有权或全部所有权。

学习中心/教学点（Study Center/Teaching Site）：外国教育提供方 A 在其他国家建设的学习中心，目的在于帮助 A 校学生修课、完成学位项目。学习中心既包括独立建设的，也包括和所在国合作建设的。

附属机构/合作网格（Affiliation/Networks）：多个国家的合作方采用创新形式搭建的合作关系，建设了相应的合作网络和机构，通过远程和面授的方式，在所在国及外国共同开设课程和学位项目。

虚拟大学（Virtual University）：教育提供方向位于其他国家的学生授予学分和学位，主要采取远程教育的模式，不需要提供面对面的授课和学生支持服务。

（2）以项目为出发点①

特许项目（Franchise）：A 国的教育提供方授权 B 国的教育提供方，在 B 国或第三方国家开设课程、学位项目等教育活动。最终，参与相关教育活动获得的资格由 A 国的教育提供方授予。特许项目通常是一种营利性的商业活动。

双联项目（Twining）：A 国的教育提供方（发起方）与 B 国的教育提供方合作，达成结对关系，A 国发起方的学生能够到两个机构修读学分课程，但最终只能获得发起方的资格。双联项目可以以商业的形式存在，也可以不是。

双学位/联合学位项目（Double/Joint Degree）：不同国家的教育提供方合作开设学位项目，学生能够同时获得双方授予的学位（2 个）或者获得一个联合学位（1 个）。通常以学术交换的形式存在，不是商业行为。

---

① Knight J. *Borderless*，*Offshore*，*Transnational and Cross-border Education*：*Definition and Data Dilemmas*，London，United Kingdom：The Observatory on Borderless Higher Education，2005，p. 18.

这种形式常见于工商管理硕士（MBA）项目。

结对项目（Articulation）：不同国家、不同教育提供方达成的形式多样的结对协议，参与方的学生能够到所有参与机构修读学分。

授权项目（Validation）：来源国教育提供方（A）允许接收国教育提供方（B）向学生授予 A 的学位。

虚拟 / 远程项目（Virtual/Distance）：教育提供方通过远程教育或在线教育的形式向位于其他国家的学生授课、开设学位项目。在特定的情况下，也可能涉及一些面对面的线下活动。

虽然上述概念同时存在并在不同的情境下使用，但通过其定义不难看出，多个概念之间存在交叉和模糊地带，尤其是特许项目、双联项目、结对项目、授权项目四个概念之间就缺乏明确的边界。此外，奈特的上述概念体系于 2005 年提出，一些定义也不再能够反映当前的实际。例如，双学位项目当前已经不再主要见于 MBA，也不仅仅只有特许项目和双联项目能够作为商业存在。一个清晰的演变是，在目前的学术讨论中，"海外分校"逐渐成为最为通行的概念，甚至很多上述机构和项目也被概称为"海外分校"。

2. 海外分校的内涵

（1）基本定义

新世纪以来，国际组织、学术团体和不同学者对"海外分校"与"International Branch Campus（简称 IBC）"做了各有侧重的界定，随着时间的推移，相关的定义处于演变和发展的过程中，共同构成了海外分校的定义体系。2002 年，斯蒂芬·吉莱斯皮（Stephen Gillespie）指出，与一般意义上的海外学习项目不同，海外分校给学生（本科）提供的是完整的四年制大学教育。[①] 奈特 2005 年对 IBC 的定义是 A 国教育提供方在 B 国建设的一个卫星校园，开设课程和学位项目，主要招收 B 国的学生，也

---

① Gillespie S. "The Practice of International Education in The Context of Globalization：A critique", *Journal of Studies in International Education*, Vol. 6, No. 3（2002）, pp.262-267.

为 A 国输出校的学生提供海外学习的经历和课程，最终由 A 国输出校授予学位。从上述定义中可见，海外分校作为跨境高等教育的一种形式，包含跨境高等教育的诸多特性，包括：①跨国性；②立足其他国家。同时，"海外分校"也有一些新的含义，包括：①以所在国学生为主要培养对象；②必须是完整的四年制大学教育，授予输出方的学位；③也可以兼有其他功能，包括为输出方学生提供海外学习机会等。

这意味着，海外分校在跨境教育诸多形式中的独特性在于：学段完整、授予学位、与母校紧密关联。此后，对海外分校的界定呈现出更加具体、更加细分的特征，"学段的完整性"和"学位授予"也成为定义变迁的焦点所在。

2009 年，无国界高等教育观察组织（简称 OBHE）对 IBC 的定义是"一所位于他国的、具有办学实体的高等教育机构，由输出国大学进行管理，学生至少获得一个由输出国家认证的、输出大学授予的学位。"在此基础上，2012 年 OBHE 将仅提供一段海外学习经历、不授予学位的海外办学点也纳入了海外分校的范畴。① 但此后，OBHE 再次将定义的核心聚焦于"学位授予"，剔除了非学位的海外学习项目。自此以后，学界对海外分校是否必须授予学位的争论已经基本取得一致，"学位授予"成为海外分校的必要条件。

2015 年，OBHE 主席理查德·加内特（Richard Garrett）指出，IBC 应该"具有完整的实体校址，有自己的机构名称；开设学位项目，有学位授予的资格；学生在该校能完整地修读一个学位，而不是学位项目的部分阶段或仅在此参加短期课程；是一所外国高等教育机构的分支，而不是纯粹的本国高等教育机构。"② 延续加内特的逻辑，2016 年，OBHE 与美国

① Lawton W., Katsomitros, A. *International Branch Campuses*: *Data and Developments.* London, United Kingdom: The Observatory on Borderless Higher Education, 2012, p. 3.
② Garrett R: Indian Business School Becomes Australian!? The Latest on International Branch Campuses of Indian Universities, 2015 年 1 月 22 日, 见 http://www.obhe.ac.uk/documents/view_details? id=1021。

跨境教育研究团队（简称 CBERT）合作提出了海外分校的最新定义，即"一个以外国教育机构命名的大学，学校所有权归属于（或至少部分）该外国教育机构，具有办学实体、提供完整的学术项目，最终由该外国机构授予学位。"①

由于 OBHE 和 CBERT 统合了研究海外分校的一批主要学者，因此他们的定义在当前的研究中得到了普遍采用（下文简称"2016 通用定义"）。同时，也有一些学者结合研究需要做了补充，例如，斯蒂芬·维金斯（Stephen Wilkins）和杰伦·惠斯曼（Jeroen Huisman）补充道，海外分校的教学方式必须是"面对面"的线下教育②，呼应了"2016 通用定义"提出的"办学实体"这一要素。大卫·斯坦菲尔德（David Stanfield）提出分校和母校之间保持紧密关联也是一个重要特征。③ 苏洋等人对"实体"进行了补充，认为其外延比较宽泛，包括完整的校园、某几个教学研究场所，甚至可以是几个房间。④

可以发现，一方面，对于海外分校没有一个准确的规定性定义；另一方面，当前更为通行的海外分校的定义方式是一系列特征的描述。杰森·莱恩（Jason Lane）和金凯文（Kevin Kinser）曾指出，海外分校既简单又复杂，一言以蔽之，它就是一种建在海外的授予学位的高等教育机构，但实际情况往往复杂得多，各分校的建设方式、权属、学术治理、财务、法律身份都存在较大差异，因而还难以对其下一个单一的通行定义。⑤ 他们也指出，对于学术研究而言，无论是将研究问题操作化还是提

---

① Garrett R., Kinser K., Lane J., Merola, R. *Success Factors of Mature IBCs*, 2017. London, United Kingdom: The Observatory on Borderless Higher Education, 2017, p.71.

② Wilkins S., Huisman J. "The International Branch Campus as Transnational Strategy in Higher Education", *Higher Education*, Vol. 64, No. 5 (2012), pp.627-645.

③ Stanfield D：《*International Branch Campuses*：*Motivation*，*Strategy*，*and Structure*》，博士学位论文，Boston College，2014 年，第 25 页。

④ 苏洋、赵文华：《世界一流大学发展海外分校的特征与启示》，《教育发展研究》2013 年第 23 期。

⑤ Lane J., Kinser K. "Five Models of International Branch Campus Facility Ownership", *International Higher Education*, Vol. 70 (2013), pp. 9-10.

出政策建议，界定海外分校的概念都是必要的。

本研究尝试采用"标准描述"的方式界定海外分校，认为，一所海外分校/IBC 应该满足如下条件：①一所大学在其他国家开设的办学机构，可以单独建设，也可以与当地大学合作建设；②名称含有母校的元素；③具有实体且相对独立的办学场所；④是一所大学或者校属二级学院，而非没有实体的办学项目；⑤得到所在国政府的认可，具有法人地位；⑥具有独立而完整的学制和课程体系；⑦具有学位授予的资质，学位授予方是输出的母体机构，或者海外办学机构自身；⑧母体机构与海外办学机构保持关联和合作。

（2）概念的发展与分化

随着规模和数量的快速增长，西方学者提出的海外分校"2016 通用定义"与越发复杂多元的实践形式之间产生了张力，参与国家和办学高校都对海外分校概念的适切性提出了新的质疑。例如，中外学界普遍将我国的宁波诺丁汉大学、昆山杜克大学、上海纽约大学等学校视为海外分校；但在我国的政策语境下，上述学校被官方界定为中外合作办学的独立法人大学。如果按照我国学者林金辉的观点，海外分校必须由国外大学独立举办，那么，海外分校和中外合办大学便在一定程度上存在着逻辑冲突。此外，当昆山杜克大学被普遍视为一所海外分校时，学校自己发声"昆山杜克并非杜克的中国分支，是一所国际大学而非海外分校"，诸如此类的分歧和论争还普遍存在。①

基于实践的发展和变迁，奈特梳理了高等教育国际化的三次迭代，第一代即人员流动、合作项目等；第二代即建在海外的办公室、研究中心、学术中心、海外分校等；第三代便是更加贴合昆山杜克大学等实际的"国际大学"，通常由多国、多主体共同投资建设。② 尽管有学者尝试提出

---

① 尤铮、王世赟：《高校海外分校建设现状、挑战与经验探析》，《江苏高教》2019 年第 11 期。

② Knight J. "International Universities：Misunderstandings and Emerging Models?"，*Journal of Studies in International Education*，Vol. 19，No. 2 (2015)，pp. 107-121.

了新的概念，但海外分校在学术文献中仍然表现出强大的话语惯性，仍然是被使用最为广泛的术语。

为了进一步厘清相关概念，更好地回应实践，2018 年，迪拜英国大学（The British University in Dubai）教授、CBERT 和 OBHE 重要研究成员斯蒂芬·维金斯（Stephen Wilkins）系统地针对海外分校及其近似概念进行了辨析。首先，延用 OBHE 和 CBERT 的"2016 通用定义"，维金斯认为"海外分校"（IBC）是一个办学实体，学校所有权归属于（或至少部分）某个外国教育机构，该外国机构对分校的整体发展战略和质量保障负有一定责任。分校以该外国教育机构的名义办学，所提供的学位项目、授予学位证书中具有该外国教育机构的名称。他进一步指出，"海外分校需要有基本的办学基建设施，例如图书馆、开放式机房、餐饮设施，整体上，分校学生和母校学生具有相似的就读体验。"① 在"2016通用定义"的基础上，维金斯紧扣"校园"这一核心实质，特别强调了办学实体、办学规模、办学一致性的重要性。

此外，他从场地规模、学生、运行方式、权属四个角度，重新界定了另外四种与海外分校相似但又存在区别的海外办学机构：②

首先，从场地规模的角度，一些机构应该定义为"国际学习中心"（International Study Center），他们的招生数不足千人、不具备完整校区的硬件设施，提供的学位数量也有限。其次，从学生的角度，一些机构应该定义为"海外国际学习中心"（International Study Abroad Center），他们的主要功能是满足母校学生语言学习、国际经历等需求，不在项目所在国招生。第三，从运行的角度，一些机构应该被定义为"接受外国支持的机构"（Foreign-backed Institution），他们由所在国独立运行，但是与外国高等教育系统建立了合作关系，在发展规划、课程、资源、质保等方面接

---

① Wilkins S，Rumbley L E. "What an international branch campus is，and is not：A revised definition"，*International Higher Education*，Vol. 93，No. 2（2018），pp.12-14.

② Wilkins S. "Definitions of Transnational Higher Education"，*International Higher Education*，Vol. 95，（2018），pp. 5-7.

受外国大学的帮助，例如迪拜英国大学（British University in Dubai）、阿联酋美国大学、沙迦美国大学（American University of Sharjah）等皆可列入此类。最后，从权属的角度，一些机构应该被定义为"国际合营机构"（International Joint Venture Institution），它们由不同国家的两个甚至多个高等教育机构合作运行，参与方都对该机构的发展战略和质量保障负有一定责任，共同从合作中获益、共同承担风险。这类机构包括如西交利物浦大学、耶鲁国大学院等。

本研究认为，维金斯对海外分校及其近似概念作出的上述辨析较好地反映了当前的实际。2019年12月，在杜克昆山大学组织召开的第五届杜克国际论坛"迎接中美高等教育合作新时代"上，创办于我国的中美合作大学（杜克昆山、上海纽约等）、中英合作大学（宁波诺丁汉等）的参会代表，普遍使用"Joint-Venture"这个术语指代自身的建设模式，也更好地契合我国教育主管部门提出的"中外合作办学"的政策定位。可见维金斯"国际合营机构"等概念得到了相关高校的广泛认同。随着海外办学的深入发展，与海外分校等实践形式相关的概念体系必将日趋细分和多元。

第三节　不同国家对"海外办学"的诠释

如前文所述，在与海外办学相关的概念体系中，居于层次二的跨境高等教育（Transnational Higher Education）、居于层次三的海外分校（International Branch Campus）成为中英文学术话语中使用最为广泛的概念，也常常被用于指代与之相似的办学活动。虽然学术研究领域对概念使用达成了较高的一致性，但由于国与国的国情和教育体制存在较大差异，不同国家间针对海外办学的概念使用、概念诠释和定义也不尽相同。但整体上，随着高等教育国际化的深入推进、国与国之间高等教育合作往来越发密切，尤其是海外办学学术共同体的构建，各国对海外办学诠释的差异性之下也蕴含着越来越多的互通性。

一、英语国家

在英语国家中，英国从政府的层面对本国高校的海外办学相关活动作出了界定，美国、加拿大、澳大利亚则是通过高等教育的专业行会协会对海外办学相关活动进行界定。

1. 英国

英国高等教育统计署（Higher Education Statistics Agency，简称HESA）使用跨国教育（Transnational Education）的术语，将其定义为在学位授予机构以外的其他国家提供的教育，例如学生在中国修读由一所英国大学提供的学位项目即属于跨国教育的范畴。英国跨国高等教育（UK Transnational HE）是指在英国境外授予学位项目的办学活动，与我国的境外办学具有很强的相似性。

此外，HESA 也对跨国高等教育的平行概念离岸教育（Offshore）进行了界定。在英国的政策语言中，离岸和跨国通常同时出现，HESA 还曾将两个术语并用，提出离岸跨国教育（Offshore Transnational Education）。HESA 在对这类教育活动进行统计时，纳入了在英国以外国家或地区学习的英国学生的离岸总记录，以及在位于英国以外国家和地区的英国高等教育机构注册或攻读学位的英国学生数。[1] 可见英国政府对离岸跨国教育界定的范畴非常广泛，包含英国大学作为提供方的海外办学活动，也包括英国学生的海外学习活动。

如果剔除"离岸"一词，仅聚焦于跨国高等教育，则纯粹指向英国高等教育机构在海外开展的教育活动，这与本研究对"海外办学"的定义是契合的。HESA 列举的离岸高等教育的诸多形式包括：海外分校、远程学习、合作项目等等，符合学界对 Transnational HE 具体形式的总结。可见，英国虽然保持着自己特有的概念术语，但其界定的跨境高等教育的内涵与国际惯例相符合。

---

[1]　HESA：Aggregate Offshore Definitions，2019 年 11 月 6 日，见 https：//www.hesa.ac.uk/support/definitions/offshore。

2. 澳大利亚

澳大利亚高等教育研究组织澳大利亚大学（Australia University，简称 AU）采用"离岸办学项目"（Offshore Programs）的概念指代本国高校的海外办学活动。众所周知，澳大利亚是一个四面环水的岛国，"离岸"一词较好地统合了澳大利亚的地理特征和该国高校的海外办学活动。

AU 指出，本国高校举办"离岸办学项目"需要满足下列要求：第一，澳大利亚大学与海外高等教育机构签署正式协议，这里的海外高教机构包括澳大利亚大学的海外分校。如果涉及远程教育，还需要进一步与课程或学位项目的购买人（学生）签署协议。第二，澳大利亚大学提供的课程有部分或全部需要在其他国家开展。第三，向受教育者授予经过认证的高等教育学历或证书。第四，澳大利亚的输出方要制定海外办学计划，并负责监督实施。[①] 澳大利亚虽然从自身的地理特征出发，将"离岸"作为本国海外办学的主要话语，但其内涵与国际通行概念也是一致的。

3. 加拿大

加拿大使用了一个更加宏大的术语——"世界范围内的加拿大大学"（Canada Universities in the World）。根据加拿大大学与学院协会（Association of Universities and Colleges of Canada）2014 年发布的报告，加拿大将本国大学的海外办学活动概括为以下四种：联合学位项目、双学位项目、非学位证书项目、海外分校。[②] 通过对其内涵的分析，这些形式同样符合学界对 Transnational HE 具体形式的总结，例如，"海外分校"被定义为：由加拿大高校在国外独立建立或者与所在国合作伙伴共同建立的一个校区，老师和学生面对面授课，学生完成学业后可以获得加拿大高校的学位。

---

① Australia University：Offshore Programs of Australian Universities 2014，2019 年 12 月 14 日，见 https://www.universitiesaustralia.edu.au/search.aspx？ModuleID=2550&keywords=offshore%20programs&multiSite=False。

② Association of Universities and Colleges of Canada：*Canada's Universities in the World：AUCC Internationalization Survey*，2019 年 12 月 20 日，见 https://www.univcan.ca/media-room/publications/canadas-universities-in-the-world-survey/。

4. 美国

美国对本国大学海外办学活动作出界定的专业行业协会主要有：美国教育理事会（American Council on Education，简称 ACE）和六大地理区域的高等教育认证机构。ACE 是美国较早对本国大学海外办学情况进行梳理的专业组织，其 2008 年发布的研究报告里采用了"美国国外学位项目和分校"（US Degree Programs and Branch Campuses Abroad）的术语，同时也使用"跨境"（Cross-border）"美国教育提供方和海外项目"（US Providers and Programs Abroad）等概念。[①] 这些概念的具体定义和学界对跨境高等教育的界定是一致的。此外，ACE 还特别使用了"Degree"一词将海外办学的类型限定为学位型。

随着海外办学的快速发展、美国成为最大的输出国，对美国大学海外办学项目的监管成为不可回避的问题。顺延美国高等教育的管制模式，州政府和高等教育机构认证成为高校海外办学项目的监管主体。根据美国《高等教育法》的规定，输入国政府邀请美国大学到本国办学，需要与受邀大学所属州的州政府签署合作协议。例如，匈牙利政府邀请圣母大学（University of Notre Dame）到布达佩斯开办学位课程，要与印第安纳州签署协议。在印第安纳州，具体对接的政府部门为商务部门而非教育部门。[②] 认证方面，以中部高等教育委员会（Middle States Commission on Higher Education，简称 MSCHE）为例，MSCHE 将其辖区范围内的美国大学在海外举办的学位型机构界定为美国大学的"分校"（Branch Campus）或"额外校址"（Additional Location）[③]，将海外办学项目和机构

---

① Green M.，Kinser K.，Eckel P. *On the Ground Overseas：US Degree Programs and Branch Campuses Abroad*. Washington DC，The United States of America：American Council on Education，2008，p.15.

② Ministry of Foreign Affairs and Trade of Hungary：*Another American University to Begin Operating in Hungary Next Year*，2018 年 7 月 13 日，见 https：//www.kormany.hu/en/ministry-of-foreign-affairs-and-trade/news/another-american-university-to-begin-operating-in-hungary-next-year。

③ Middle States Commission on Higher Education：New York University，2018 年 10 月 29 日，见 https：//www.msche.org/institution/0360/#locations。

作为对应的美国大学的一部分，也把对这些海外机构和项目的认证纳入了相应的美国母校的认证范畴。

二、非英语国家

非英语国家中，一类是德国、俄罗斯等传统的主要输出国；另一类是印度、中国等传统的输入国。与英语国家主导输出的格局相似，非英语国家的概念体系、学术话语在很大程度上受到英语国家的影响。一个值得关注的动态是，世界上最大的两个发展中国家——中国和印度，以"后来者"的姿态，已开始在国家层面积极推行跨国高等教育战略。

1. 德国

德国采用和英语"跨国"（Transnational）同义的概念"跨国教育"（Transnationale Bildung）。根据德意志学术交流中心（Deutscher Akademischer Austausch Dienst，简称 DAAD）的界定，跨国教育是"在其他国家举办的、主要为办学所在地（国家或地区）学生提供教育的大学、学位项目以及学习模块等教育产品"。DAAD 认为，对跨国教育的界定，需要重点考量由谁来承担办学活动的学术责任，[①] 即明确学术责任和学术标准的主体。在以德国为输出方的海外办学活动中，跨境教育等同于"出口教育"（Bildungs export），德方高校主要承担学术责任，包括设计课程、负责部分教学活动、提供学位，并制定质量保障措施等。

2. 俄罗斯

俄罗斯语境中的海外办学、跨境教育（Транснациональное образование）等概念均来源于英语，泛指与跨国相关的所有类型的高等教育课程、学习项目、教育服务和远程教育。[②] 目前，俄罗斯对相关问题进行研究的学者主要有谢度诺娃（С.Ю. Седунова）和阿列菲耶夫（А.Л. Арефьев）。关于海外办学的定义，俄国学界大多引用格林·约翰斯

---

① 肖军：《德国跨国高等教育：动因、模式与特征》，《比较教育研究》2018 年第 8 期。

② С.Ю. Седунова "Трансграничное образование теория и практика возможность и реальность", 204-209.

(Glenn R. Johns）的观点，认为海外办学活动是主权国家在其他国家实施的各种高等教育计划，以及提供的各类教育服务或一系列培训课程，包括远程教育。[①]

2009 年，俄罗斯在联邦教育发展专项项目框架内颁布了《联邦教育服务出口构想》（Концепция Экспорта Образовательных Услуг Российской Федерации）。《构想》在政策层面为俄罗斯大学的境外分校厘清了战略定位和功能，在外国设立合作大学、分校和代表处被定义为俄罗斯教育服务出口的方式之一，其功能包括提高俄罗斯"教育出口"的收入、增加"教育出口"在俄罗斯国内生产总值中的比重等。[②]

3. 印度

印度高校的海外办学活动与我国高校的"走出去"有着相似的背景和动因。21 世纪以来，印度政府颁行了一系列外交战略，例如"季风行动""佛教外交"等等，力图通过独特的文化优势提升本国在周边国家乃至全球范围内的文化影响力，教育自然成为一股不可或缺的重要力量。2001 年，印度大学协会《迈索尔声明》确立了推动印度高等教育国际化、利用教育海外发展推广印度文化、允许印度大学建设海外分校等基本方略。《迈索尔声明》以来，印度政府也开始研判制定相关政策推动国立大学开展海外办学。阿米提大学在印度私立高校中率先践行海外办学，并取得积极成效。

印度并没有在政策层面厘定究竟何为海外办学，但印度高校的海外办学实践并没有脱离国际上通行的主要形式，包括跨国远程教育、海外教育基地、海外学习中心、海外联合学位项目、独立建制海外分校、合作建制海外分校等等，可见其背后的理念也与国际通行理念差异甚微。

---

① Аветисян П.С. Влияние основных факторов глобализации на сферу образования. Трансграничное образование. Проблемы университетского образования..

② Министерство образования и науки РФ. Концепция Экспорта Образовательных Услуг РоссийскойФедерации. Москва：Министерство образования и науки РФ，2009.

4. 中国

如前文所述，"海外办学"在很大程度上是一个中国本土的概念，在西方学界并没有直接与之对应的英文术语。就分析相关术语的内涵而言，我国的"海外办学"基本等同于西方国家普遍使用的"跨境教育"（Transnational）或者"离岸教育"（Offshore）。"海外办学"一词当前已经普遍地出现在我国学者发表的学术文献中，但在政策层面，教育部出台的相关政策里均使用"境外办学"一词，而非"海外办学"。

2002年，教育部曾出台《高等学校境外办学暂行管理办法》，但在2015年被废止。2019年，教育部指导中国高等教育学会研究制定了《高等学校境外办学指南》（试行）（以下简称《指南》）。《指南》将境外办学定义为"中国高等学校独立或者与境外政府机构、具有法人资格并为所在地政府认可的教育机构或其他社会组织合作，在境外举办以境外公民为主要招生对象的教育机构或者采用其他形式实施高等学历教育的教育教学活动。"[①]对照《中外合作办学条例》对"中外合作办学"的定义，不难看出"境外办学"与"中外合作办学"具有很强的对称性，基本的话语风格和术语使用高度一致，但在办学方向上出现了根本的转向，"中外合作办学"完全指向境外大学进入中国本土，"境外办学"则完全指向中国大学走向境外。这与德国政府界定的"出口教育"和俄罗斯政府界定的"教育出口"的内涵是一致的，均强调以本国为主体的向外输出。《指南》的开篇语提出，编制的目的是"为进一步加快和扩大中国教育对外开放"，从中可以窥见我国政府对高校境外办学的战略定位。

小　结

通过对国内外学界学术文献的梳理，以及对世界主要海外办学参

---

① 中国高等教育学会：《高等学校境外办学指南（试行）》，2019年9月26日，见 https://news.eol.cn/yaowen/201909/t20190926_1684905.shtml。

与国家（输出国）的政策分析，本研究认为，高校"海外办学"是我国特有的一个学术概念，在我国的政策语言中，规范性的术语是"境外办学"，但在学术话语和办学实践中，海外办学、跨国高等教育、跨境高等教育均是常用的概念。以英语国家为代表的西方学界倾向于使用"跨国高等教育"（Transnational HE）以及"无国界高等教育"（Cross-border / Borderless HE）来指代这一类活动，而且这种话语习惯也影响到了俄罗斯、德国等非英语国家。就英文术语的使用情况看，近十年来，跨国高等教育（Transnational HE）的使用频率最高。

无论是我国的"高校海外办学"，还是英文的"跨国高等教育"，以及概念相近的其他术语，它们的核心所指是一致的，即表示以教育机构和项目为主要内容的教育活动在国与国之间的流动（重心不再是人员流动）。因此，海外办学、跨境教育本质上是内涵十分广泛的概念，本研究也从更加宏观的视角对其进行了界定。本研究建议，在认识和区分这几个相近概念时，应该以办学主体和观察视角为出发点，而不是拘泥它们之间的细微差别。例如前文对四川大学匹兹堡学院的案例讨论一样，应该根据不同主体和观察视角使用不同的概念。

尽管海外办学、跨境教育的概念体系和实践形式十分多元，但毫无疑问，海外分校（International Branch Campus）已经成为其中增长最快、最引人注目的部分。从国际惯例来看，区分与海外分校居于同一层次的诸多近似概念，应该紧扣"学位授予"和"办学实体"两个要素，避免将其他不符合这两个核心条件的海外办学形式归入海外分校的范畴。

近年来，OBHE 和 CBERT 的专门研究人员、开展海外办学的西方国家大学、海外办学机构的教职员工等相关机构和学者，越来越重视进一步细分和完善"海外分校"的概念体系，区分海外分校与近似概念的差别，以"2005 年奈特概念集""2018 年维金斯概念辨析"为主要代表的理论演进较好地回应了实践。由于海外分校在海外办学 / 跨境教育诸多形式中的独特性，随着办学实践的发展，海外分校的概念更加细分将成为必然的趋势。

第二章　美国高校海外办学研究

第一节　美国高校海外办学的历史演进

美国高等教育具有"与生俱来"的海外办学基因，1636—1776 年间，哈佛学院（Harvard College）等 9 所殖民地学院拉开了美国高等教育的序幕。随着美国独立建国以及国力渐盛，19 世纪初，美国的宗教力量借由政治力量推动的殖民扩张在海外建立了一批教会大学，成为美国高等教育海外办学的先驱。

第二次世界大战后，美国高等教育逐渐成为一个具有全球影响力的"品牌"，美国高等教育机构也把握住时代契机，率先于 20 世纪 50 年代开始了现代意义上的海外办学的尝试。20 世纪末，美苏争霸结束、亚洲经济崛起、全球政治格局重组，美国高等教育受到更多国家的青睐，多重因素推动美国成为高等教育海外办学第一输出大国。进入 21 世纪的 20 年来，依托数量和规模优势、成熟的办学经验，美国又走到了海外办学探索创新的前沿。总体上，可以将美国高等教育海外办学的历史分为三个阶段。

一、19 世纪至 20 世纪初期的海外教会大学

（一）海外办学背景和过程

18 世纪后半叶至 19 世纪中期，在独立建国的重要背景下，美国高等教育体系和制度逐渐形成了自己的特色，主要包括：州立大学兴起、服

务世俗职业的专业高等教育发展、"博雅教育"高校课程改革、赠地学院发展、研究生学位体系初创等，在这些特征的驱动下，高等教育的美国道路初步形成。① 在本土高等教育体系迅速发展的同时，19 世纪初期，美国的宗教力量掀起了一场"外国传教运动"（The Foreign Missionary Movement），新教福音派（Evangelical Protestantism）主张维护《圣经》权威、积极主动地传播福音、走平民化路线，率先迈开了向美国本土以外传教的步伐。它们一方面积极开办教堂、传播宗教；另一方面，为了更好地为传教创造文化基础，它们也力主推广美国的文化价值观和社会制度。② 因此，在南亚、东亚、太平洋海岛、非洲等等，美国新教徒主导建设的面向幼童和青少年的教会学校应运而生。

1870 年后，海外文化扩张的趋势不断强化，学校、医院等象征美国文明的机构在传教士步之所及的国家进一步发展壮大。随着传教士认识到，培养基督教事业的高级人才只能靠高等学校才能实现，③ 提升教育层次成为他们的办学选择。第一次世界大战前后，美国在海外举办的教会学校数量增多，前期的一些基础教育学校逐渐增设高等教育，教会大学开始踏上历史舞台。1835 年创立于黎巴嫩首都贝鲁特（Beirut）的美国女子学校（American School of Girls）是海外教会学校的代表之一，该校于 1933 年升级为黎巴嫩美国大学（Lebanese American University，LAU），成为现存最古老的美国海外教会大学。在我国教育史上产生过重要影响的圣约翰大学、金陵大学等也正是建成于这一时期。

（二）海外办学特征和属性

从办学主体和学校性质的角度来看，宗教性和殖民性是海外教会大

① ［美］罗杰・L. 盖格：《美国高等教育的十个时代》，刘红燕译，《北京大学教育评论》2006 年第 2 期。

② Bays D.，& Wacker G. "The Foreign Missionary Enterprise at Home：Explorations in North American Cultural History"，Catholic Historical Review，Vol. 90，No. 6（2004），pp. S93.

③ 赵厚勰、陈竞蓉主编：《中国教育史教程》（第二版），华中科技大学出版社 2018 年版，第 158—159 页。

学的本质属性。宗教性方面，教会大学的办学主体是美国基督教的各教派组织，传教士首先开办了基础教育层次的学校，后来逐步增设高等教育内容。然而无论其层次如何，办学的根本目的均在于培养宗教人才、服务宗教传播，因此，办学主体以及由此影响的办学目的从本质上决定了海外教会大学的宗教属性。殖民性方面，教会大学的殖民性反映在这类学校的地理分布上，西方国家在亚洲、非洲等地进行的殖民入侵客观上为传教士进入其他国家产生了推动作用，也为传教士在殖民地开办教育提供了便利，因此，可以看到美国海外教会大学的广泛分布的地区均是美国直接参与或间接参与殖民的地区，黎巴嫩、中国、埃及、阿富汗等概莫能外。

宗教性和殖民性消解了这一时期高等教育海外办学的合法性，办学行为和特征也决定了其不能等同于当前定义下的海外办学。然而，海外教会大学与今天的高等教育海外办学存在着重要的历史和逻辑关联：首先，从高等教育系统的外部环境来看，跨境高等教育的发展很大程度上受制于国际关系格局、国与国的外交关系状态，这条规律从教会大学时期便已显现，今天仍然是一国高等教育机构研判海外办学形势的重要因素。区别在于，教会大学时期的殖民、侵略等外交要素已经被今天的合作、和平等外交要素所取代；其次，这一时期以宗教为主要推动力的海外办学，体现了美国新教徒积极主动传播福音的"走出去"的基因，以及对美国文明深信不疑的"文化自信"。今天来看，美国高等教育专业人员承袭了其新教徒先辈的诸多特质，积极向外探索的诉求、对自身能力的深刻自信仍然是美国高等教育走向海外的内部动因；此外，宗教力量的办学实践为此后美国高等教育机构的海外办学进行了一次可行性实验，且奠定了制度基础。二战以后，教会大学纷纷退出了历史舞台，黎巴嫩、埃及等国的教会大学的办学权收归本国，成为本国主办的高等教育机构，中国的教会大学则被彻底关停。但以黎巴嫩美国大学为代表，这类学校虽然完成了办学权的回归，却仍然冠名美国，且与美国保持着复杂的联系；中国的教会大学关停后，也留下了"协和""辅仁"等文化遗产，这些情况均在不同程度上表明，美国高等教育在海外发展具有一定的制度基础和较强的可行性。

二、二战后美国大学成为主导

借由战争创造的机缘和优势，二战后美国的综合国力全面提升，美国高等教育迎来了贯穿 20 世纪 40 年代至 70 年代的第一个"黄金时期"（Golden Age），高等教育飞速发展、全面勃兴。[①] 70 年代至 20 世纪末，伴随着规模扩张引发的系列问题，以及对这些问题的应对，美国高等教育逐渐进入成熟期。国内高等教育的发展和国际秩序的重建使得二战期间中断的海外办学得以恢复，美国大学取代了宗教力量，成为海外办学的主体。

（一）宗教力量的分化和淡出

1. 恢复

"二战"以后，国际秩序的缓和使得美国的跨境教育活动得以恢复。1962 年，巴黎美国大学（American University of Paris，AUP）落成，成为第一所在欧洲建立的美国大学。与宗教力量主办的教会大学不同，巴黎美国大学由个人发起，仅在建设初期得到教会的支持。办学目的也与教会大学迥异，主要为长期旅居欧洲和法国的美国公民子女提供教育服务，一般而言，学生在巴黎接受两年的学历教育后将回到美国本土完成本科学位。随着美国驻军的削减、教育需求的剧变，1975 年，巴黎美国大学转型为本国主办主管的高等教育机构。[②]

2. 嬗变

巴黎美国大学的建设方式延续了教会大学的部分特征，又与之存在根本的差异，标志着宗教力量在海外办学活动中的隐退。最终，与黎巴嫩、埃及等地的教会大学一样，巴黎美国大学也转型为本国主办的教育机构。从办学主体的角度分析，这类机构的办学主体转接到所在国，已经不再属于美国高等教育海外办学的范畴，但它们仍然冠名美国，采用美国的

[①]　Thelin J R. *A History of American Higher Education* (*Second Edition*)，Baltimore，Md.：Johns Hopkins University Press，2011，pp.41-42.

[②]　The American University of Paris：History of AUP，2019 年 7 月 25 日，见 https：//www.aup.edu/about/history-of-aup。

高等教育模式、邀请美国大学和学者参与学术建设，冷战末期至 20 世纪末，又有亚美尼亚美国大学（American University of Armenia）、迪拜美国大学（American University in Dubai）等类似机构先后成立。这些学校虽然不是美国大学主动走出去的海外办学，脱离了美国高等教育海外办学的范畴，但它们发挥着历史纽带的作用，上承教会大学的历史遗产、下接美国大学的海外办学，继续探索和验证美国高等教育在其他国家的可行性，又为美国大学的海外发展积累了经验知识。

（二）美国大学主导下的海外办学活动

1. 20 世纪 40—70 年代：项目和校区并行发展

"二战"后，学生人数激增、公立社区大学出现、师范学院扩充学术内容升级为大学，美国高等教育逐步迈进大众化的阶段。在规模的推动下，高等教育机构对学术研究的重视上升到前所未有的高度，美国高等教育逐渐赢得广泛的国际认可，成为一个全球品牌。[①] 1955 年，约翰·霍普金斯大学（Johns Hopkins University）高级国际问题研究院（School of Advanced International Studies，SAIS）在意大利博洛尼亚（Bologna）建立了欧洲中心（SAIS Europe），成为美国大学在欧洲建立的第一个全日制研究生教育和学位授予机构，[②] 拉开了二战后美国大学主导下高等教育海外办学活动的序幕。

SAIS 欧洲中心具有多重创新意义：首先，它是美国大学主动到海外的第一次办学尝试，前一时期的教会大学均以宗教团体为主体，从 SAIS 欧洲中心开始，大学逐渐取代了宗教团体在跨境教育活动中的主体地位；其次，SAIS 欧洲中心以国际关系、国际经济等为主要内容，推动战后国家间的交往、对话和合作成为其重要使命，代表着二战后海外办学的主要

---

① Thelin J R. *A History of American Higher Education* (*Second Edition*), Baltimore, Md.：Johns Hopkins University Press，2011，pp.41-42.

② Johns Hopkins University School of Advanced International Studies：Mission & History-Defining International Relations for 75 Years，2019 年 7 月 22 日，见 https：//sais.jhu.edu/about-us/mission-history.

学术方向；此外，SAIS 欧洲中心的选址突破了对殖民关系的依附和局限，国家间良序的外交关系成为其选址的动因。因此，从办学主体、办学内容、办学选址等方面，SAIS 欧洲中心都体现出二战后美国高等教育海外办学从宗教性、殖民性向教育性、学术性的重要转向。

成立于该时期的类似机构还包括：纽约大学马德里学术中心（New York University Madrid Academic Center，西班牙马德里，1958 年）、罗马天普大学（Temple University Rome，意大利罗马，1966 年）、圣路易斯大学马德里校区（Saint Louis University Madrid Campus，西班牙马德里，1967 年）、纽约大学巴黎学术中心（New York University Paris Academic Center，法国巴黎，1969 年）等。上述机构初步显露出了美国大学主导下海外办学的两种普遍模式：一是海外研究机构，包括研究中心、研究院、学术中心等，例如纽约大学的两个海外中心；二是海外校区，例如天普大学在罗马建立的机构，以及圣路易斯大学的马德里校区等。

2. 20 世纪 70 年代至 20 世纪末：办学重心转向亚洲

20 世纪 70 年代以来，高等教育海外办学的规模进一步扩大，更多国家的高等教育机构加入到海外办学的阵营，大学取代宗教团体作为海外办学主体的地位进一步巩固。至 20 世纪末，高等教育海外办学已经成为全球的普遍现象，与此同时，一些具有规律性的办学特征不断凸显：大学几乎成为唯一的办学主体，海外研究机构和海外校区两种模式继续发展，跨国高等教育（Transnational Higher Education，TNHE）、海外分校（International Branch Campus，IBC）等学术话语生成，高等教育海外办学的实践和理论均取得长足发展。

1982 年，天普大学突破了冷战前美国大学海外办学长期集中于欧洲的地理界线，率先来到亚洲国家，在日本开办天普大学日本校区（Temple University，Japan Campus，简称 TUJ）。除了首次进入亚洲国家，TUJ 在美国大学海外办学史上还具有多重特殊意义。20 世纪 80 年代至 90 年代，日美两国结为战略合作伙伴，各个领域的合作往来加深，随之出现了一股美国大学到日本办学的热潮。但是，因为这股办学热潮体现出更多的贸易性质和营利目的，使得日本政府对来势汹汹的美国大学一直保持谨慎的态度，并未轻易给予其官方层面的认可，导致了 5 年间近 30 所学校的关停。① 关停风波促使美国高等教育相关专业组织和大学认真审思到海外办学的若干问题，天普大学日本校区作为唯一一所学位体系健全、最早得到日本政府认可且存续至今的美国大学，无疑为这一段历史的反思提供了有价值的样本。

天普大学之后，约翰·霍普金斯大学、韦伯斯特大学（Webster University）等 20 世纪 60—70 年代率先在欧洲地区开办海外项目的学校，也突破了地理边界，将办学版图扩展到亚洲，两所学校分别在这一时期进入中国（1986 年）和泰国（1999 年），开办南京大学—约翰·霍普金斯大学中美文化研究中心（the Johns Hopkins University-Nanjing University Center for Chinese and American Studies）、泰国韦伯斯特大学（Webster University in Thailand）。到新旧世纪之交，亚洲已经成为美国大学最重要的办学目的地。地理版图的扩展反映着冷战结束、亚洲国家经济崛起等因素的推动。

三、21 世纪以来的延续和创新

进入 21 世纪，在高等教育国际化的浪潮下，海外办学发展迅速，参与的国家和学校数量都呈现稳定增长的趋势，围绕跨国高等教育（TNHE）、海外分校（IBC）等关键词的学术研究成果层出不穷，极大丰富了海外办学的理论体系、夯实了海外办学的学理基础。美国高等教育海外办学延续了"二战"以来形成的主要特征：美国大学为主导、办学阵地以亚洲为中心、海外办学机构和海外办学项目为主要模式。随着高校海外办学机构和项目在全球范围内的广泛建立，行业竞争也愈演愈烈，因此，一些大学开始关注如何在质量和创新上探索海外办学新的增长点；此外，在教育信息技术的辅助下，海外办学能够依托的技术手段不断迭代更新，

---

① 叶林：《美国大学在日分校的历史、现状和将来》，《清华大学教育研究》2005 年第 1 期。

为创新和变革带来了更多可能。

（一）地理区位和主要办学模式的延续

高等教育国际化为美国带来了多维度的利益，高教声誉和品牌得到巩固，在全球范围内网罗了一批顶尖人才，日益壮大的规模也带来了可观的经济收入。然而，这些欣欣向荣的趋势随着"9·11"事件进入了一个拐点。"9·11"事件后，美国高等教育国际化的进程受到了明显的制约①，主要表现为向国内吸聚人才的路径受阻。"引进来"的国际化策略受阻促进美国大学向"走出去"的国际化策略转向，加速了向国外寻找办学增长点的步伐。

20世纪末至21世纪初，也是亚洲国家普遍提升高等教育在本国战略地位的关键时期，多个国家先后推行了一系列促进高等教育发展的规划。中国政府先后实施"211"工程、"985"工程、"世界一流大学和一流学科"建设计划。韩国政府相继出台21世纪智慧韩国（Brain Korea 21，BK21）、区域创新大学（New University for Regional Innovation，NURI）、世界一流大学（World Class University，WCU）等高等教育卓越计划。② 阿联酋及其下属酋长国政府先后颁布《阿联酋2021愿景国家议程》（UAE Vision 2021 National Agenda）、《阿布扎比2030经济展望》（Abu Dhabi Economic Vision 2030）等战略政策，突出高等教育在其中的战略地位。整体上，加强和世界高水平大学的合作、引进以美国英国等西方国家的高等教育机构和项目成为上述行动计划的共同策略。

在这样的历史背景下，美国高等教育外向型的发展需求和亚洲国家提升高等教育水平的诉求进一步达成契合，20世纪末基本成形的美国主导输出、亚洲主导输入的格局得到了巩固和强化。这一时期进入亚洲市场的美国大学包括纽约大学、罗彻斯特理工学院、乔治城大学（Georgetown

---

① 高鹏：《美国高等教育国际化的历程研究》，博士学位论文，吉林大学，2015年，第125—126页。

② 赵俊芳、胡函、安泽会：《韩国高等教育卓越计划研究》，《高教研究与实践》2013年第4期。

University)、肯恩大学（Kean University）、纽约州立大学、乔治梅森大学（George Mason University）、犹他大学（University of Utah）等。在形式多样的办学活动中，"海外分校"（IBC）成为新世纪以来跨境高等教育中增长最快的部分①，也是上述新进入亚洲国家的美国大学普遍采用的办学模式，例如纽约州立大学、乔治梅森大学在韩国开办的校区，罗彻斯特理工学院在迪拜开办的校区都被界定为海外分校。同时，办学项目仍然是与海外分校并行的主要的模式之一，这在中国体现得尤为明显，美国大学与中国大学在中国境内合作举办的各级各类项目（校属二级学院、学位项目）等均属于海外办学项目的范畴。

（二）办学模式和学科选择的创新

2010 年以来，全球范围内高等教育海外办学格局和模式稳定延续，一些美国大学也开始尝试在主流模式——海外分校——的基础上进行革新。例如，纽约大学（New York University）、杜克大学、耶鲁大学分别在阿联酋阿布扎比和中国上海、中国江苏昆山、新加坡进行有别于传统海外分校模式的改革探索。它们倡导跨校区融合治理、多主体参与治理、给予分校充分的独立性和自主权、健全专业和课程布局、助推跨学科教学和交叉学科研究，成为顶尖大学领衔的共同探新举措，将海外办学推上了一个新的台阶。这类改革的核心在于重新审思海外分校的办学独立性和自主权，在更大程度上回应办学所在国的需求，更多地将海外办学机构作为一个独立的办学实体，赋予其更大的自主权，而不是纯粹作为美国母体大学的分支、下级和从属。尤其是近 5 年来，部分学校已经开始修正甚至放弃了"海外分校"的概念。

在学术学科仍然占据海外办学主流的同时，一些专业技能和职业取向的办学项目也逐步出现。2007 年，纽约电影学院（New York Film Academy）在阿布扎比开办了分校；美国烹饪学院（Culinary Institute

---

① Wilkins S., Huisman J："The International Branch Campus as Transnational Strategy in Higher Education"，*Higher Education*，Vol.64，No. 5，（2012），pp.627-645.

of America）和以游戏设计见长的迪吉彭理工学院（DigiPen Institute of Technology）分别于 2007 年和 2011 年在新加坡开办分校；2019 年，茱莉亚学院（The Juilliard School）在中国天津开启了音乐领域的合作办学，这些机构的成立进一步丰富了美国高等教育海外办学的学科类别和学位层次。

第二节　美国高校海外办学的动因

在美国高等教育海外办学的不同阶段，由于时代背景和办学主体的差异，办学动因也表现出一定差异，不同的办学主体和不同的动因之下，办学策略也体现出差异。由此可见，像其它任何形式的教育活动一样，海外办学的特征也是由时代和关键行为者共同塑造的。

一、宗教传播时期的动因

在宗教传播的时期，美国高校并不是海外办学的主导者。这一时期海外办学的主要推动者是美国新教传教士，根本动因是服务宗教传播、培养宗教人才。从教会大学建设的地理分布来看，传教士将美国政府参与的海外殖民入侵作为他们走向海外所依托的重要路径，在教会组织的支持下，举办教会学校是传教士办教育的基本策略。

然而，正如前文所分析的，这一时期的海外办学并不能等同于今天的高等教育海外办学，其时的办学主体并非美国大学，办学的属性和性质与今天的高等教育海外办学也不相同。然而，本研究认为，要理解今天美国大学主导的海外办学的动因，必须回到历史源头。美国是一个新教立国的国家，有着强大的新教文化传统，今天的美国人也承袭了"新教徒前辈"们向外扩张、向外传教、向外传播美国文化的基因，这种内生动力仍然存在且不容忽视。

二、美国高校主导时期的动因

"二战"以后，美国大学取代宗教力量，成为海外办学的重要主体，这一现状同样是历史和时代的产物。将动因分为内部动因和外部动因两个层面。外部动因方面，前文所阐述的其它国家和地区对美国高等教育的认可与需求，是美国大学走向海外的重要拉力，尤其是经济崛起的亚洲国家普遍如此。内部动因可以分为两个层面，一是前文所述的承袭新教徒前辈的向外发展的特质，另一方面的内部动因要回到美国大学本身，在这部分动因中，整体表现出源于经济诉求、逐渐衍生出多元价值诉求的动因。整体而言，走向外交关系良好、经济水平稳定、教育需求量大的亚洲国家，输出美国高等教育品牌和理念，开办通识教育，发挥学校和学科的专业所长，推动海外机构与美国本土的衔接融合是这一时期美国大学开展海外办学的共同策略。

（一）经济利益的驱动

在探索高等教育海外办学的动因时，追求经济利益一直被视为一个普遍的原因。尤其是 20 世纪 90 年代以来，美国为主要代表的西方高等教育模式在全球范围内受到广泛认可，阿联酋、韩国等经济腾飞的亚洲国家投入大量财政资金，引进西方高等教育机构。曾有美国学者不无骄傲地说：美国大学发现，到别国办分校并不需要花太多的钱，很多输出项目都受到所在国的邀请、推动甚至是直接的财政支持。[①] 也有加拿大学者指出，亚洲市场十分看重品牌，亚洲人只认为美国和英国的大学是最好的。[②] 这些主观客观因素共同推动美国英国主导输出、亚洲国家主导输入的海外办学格局。卡塔尔、阿联酋等石油富国的强力引进一方面的确使向外输出的西方大学获得可观的经济收入，另一方面也强化了人们对海外办学经济推动的普遍认知。

---

① Dessoff A："Branching Out"，*International Educator*，Vol. 16，No. 02 (2004)，pp. 24-30.

② 孙端：《加拿大专家：开设分校不应是加拿大大学国际化的主要途径》，《世界教育信息》2012 年第 19 期。

经济作为海外办学的动因还有更宏观的历史原因和国际政策原因。历史方面，20世纪70年代后半期，美国联邦政府高等教育财政经费削减，激发了高等教育机构经费变革的努力，此后，市场、盈利等皆成为美国高等教育的重要特征。进入20世纪80年代，在冷战格局缓和、亚洲国家经济发展、美国高等教育领先优势等因素的共同作用下，海外办学进一步扩张。从这个意义上说，亚洲国家潜在的经济价值为美国大学谋取经济利益产生了推动作用。国际政策方面，20世纪末，世界贸易组织（World Trade Organization，简称WTO）倡导各个国家开展国际教育贸易服务，海外分校被定义为"商业存在"，可以说，WTO推动的《服务贸易总协定》一定程度上赋予了以经济为驱动的海外办学的行为合法性。

然而，经济驱动总是具有负面的含义，教育具有公共事业的属性，似乎与经济逐利存在与生俱来的逻辑悖论。即使在市场化高度发展的美国高等教育领域，对高校海外办学动机的质疑也从未停止过，"大学领导应不应该承认，钱就是海外扩张的主要原因？……海外分校就是一种精准算计的投资行为。"① 前文所述，新旧世纪之交，美国大学在日本短时间内的规模化兴起和规模化败退无疑加剧了人们对高校海外扩张"商业属性"的刻板印象，加之日本项目多以失败告终，又强化了人们对商业属性中盲目扩张、经济逐利等负面特征的认识。

（二）经济驱动的转型

21世纪的第一个十年是经济驱动的传统模式逐渐开始的阶段。在这十年内，输入方—输出方的磨合不断深入，双方对高等教育海外办学的收益和评估均产生了变化。对于以石油富国为主要代表的亚洲国家而言，"用钱买教育"并不如预期般容易；对于对本国高等教育保持高度信心的西方大学而言，自己的品牌和模式在海外发展面临的考验也比预想的更为艰巨。在2007—2009年环球金融危机的冲击下，人们对海外办学

---

① Ross A：《Not Just Another Profit-Seeking Venture》，《The Chronicle of Higher Education》，2011年12月4日。

经济逐利的认知进一步解构，随着乔治梅森大学哈伊马角分校（George Mason University Ras Al Khaimah，2009 年关停）、密歇根州立大学迪拜分校（Michigan State University Dubai，2010 年关停）等短时间内的草草收场，① 参与双方都开始放缓脚步，逐渐转向更加审慎的态度。

　　2008 年，当纽约大学与迪拜沟通合作办学意向时，由于缺乏具体的建设规划而被迪拜政府拒绝。对此，迪拜知识村（Dubai Knowledge Village）的官员曾向媒体透露："除了担负学校的建设和运行经费，如果对方一开始就向你提出五千万美元的预付款，首先我们没有这样的钱，其次你不得不质疑他们的动机。"② 迪拜的近邻，阿布扎比同样在办学实践中重新评估了引进西方大学的策略。2009 年，阿布扎比教育委员会（Abu Dhabi Education Council）的官员曾坦言："许多西方大学并没有将工作聚焦于研究，在海外办学中，他们更加看重高等教育的商业属性，而不是研究属性。此外，由于彼此之间竞争关系的存在，很难促进他们开展合作。阿布扎比政府今后将着力解决这个问题。"③ 另一阿拉伯地区的石油国家卡塔尔在 1998—2008 年间引进了 6 所美国大学，政府倡导的"教育城"初步建成，2008 年至今，并未再引进其他高校，策略重心转向了结合已有的西方资源建设、创新、改革本国高等教育体系。显然，2007—2009 年全球金融危机后，纯粹从经济效益的角度分析海外办学动机已经不能有效反映实践。

　　（三）回归教育的国际化动因

　　2010 年至今，随着一批海外分校发展成熟，表现出良好的办学效益，一些学校在高竞争、高风险的整体环境中突破了十年的办学历史，高等教

---

① Mahani S., Molki A. "Internationalization of Higher Education：A Reflection on Success and Failures among Foreign Universities in the United Arab Emirates", *Journal of International Education Research*, Vol. 7, No. 3, （2011）, pp.1-8.
② Krieger Z：The Emir of NYU (on New York Magazine)，2019 年 8 月 1 日，见 http：// nymag.com/news/features/46000/。
③ Davidson C.M.：Abu Dhabi：Oil and Beyond. London：Hurst & Company，2009，p.153.

育海外办学的教育属性越发凸显。对海外办学动机的分析也更多回到教育本身，探讨海外发展对高等教育机构的多元价值。通过海外办学，扩大生源、提升国际声誉、增加学费收入、增进国际学术合作①，以促进学校发展，是当前研究对西方大学海外办学动机的普遍概括。

2010 年以来，耶鲁大学、杜克大学等顶尖高校先后加入海外办学的行列，纽约大学提升了海外办学的层次，它们一方面引领海外办学实践模式的创新、推动核心概念的演进；另一方面，它们表露出叙事更加聚焦于"高等教育国际化"本身的办学动机。以上述学校为代表的美国顶尖高校认为，高等教育国际化成为不可逆的趋势下，高等教育机构进一步、深层次的突破很可能成为普遍趋势，拥有多个跨国校区很可能成为顶尖高校的必然状态。

耶鲁大学时任校长理查德·莱文（Richard Levin）和教务长彼得·萨洛韦（Peter Salovey）就其新加坡海外办学机构的建立，向本校师生人员表示："美国和英国主导了当今的全球教育，吸引了世界各国最优秀的学生。但是，这种局面不会无限期延续下去。中国、印度、新加坡等新兴国家都已经把教育和研究作为推动经济发展和社会进步的双引擎，不断加大对高校的投入力度。如果美国大学仍然想在 21 世纪延续上个世纪的辉煌，便需要更加全球化的物理存在。可以预见，到 21 世纪中叶，顶尖大学会普遍拥有国际校区。"② 纽约大学力推海外办学的时任校长约翰·萨克斯顿（John Sexton）和麻省理工学院（Massachusetts Institute of Technology）校长苏珊·霍克菲尔德（Susan Hockfield）等美国高教界的执牛耳者都对耶鲁大学的"预测"表示认同。

萨克斯顿领导下的纽约大学还将通过高等教育海外办学探寻人类共

① 苏洋、赵文华：《世界一流大学发展海外分校的特征与启示》，《教育发展研究》2013年第 23 期。
② Yale University：NUS and Yale to create Singapore's first liberal arts college，2011 年 3 月 31日，见 https://news.yale.edu/2011/03/31/nus-and-yale-create-singapore-s-first-liberal-arts-college。

享的普世主义（Secular Ecumenism）视为大学的新使命，对这项新使命的探索，在机构的微观层面，能够直接服务纽约大学的国际化进程，推动纽约大学全球校园师生人员的学术合作和思想交流；在宏观层面，能够冲击高等教育的教条沉疴，推动高等教育系统的改革创新。① 当前，耶鲁大学、纽约大学等顶尖高校对海外办学动因的宏大叙事还显得"和者甚寡"，但是，这批精英大学近十年里的办学实践、办学成效不断推动海外办学理念和模式的更新，具有前沿性。它们的创新意义和价值或许能够成为风向标，引领下一阶段的趋势。

除了聚焦高等教育国际化的办学动机，已有研究还从政府的视角出发，挖掘了其他方面的办学动因。包括：美国在西亚和中东地区的海外办学有缓解文化冲突的考量②，冲突的缓和进而有助于保障国家安全③。美国高等教育相关人员也认同教育在这一方面具备的价值，康奈尔大学前任校长大卫·斯科顿（David Skorton）曾指出，"高等教育是我们最重要的外交优势，我相信美国大学的海外教育项目可以切实减少国与国、文化与文化之间的摩擦与冲突"④。本研究对上述观点持保守地认同，因为当前鲜有证据表明，美国大学主导的海外办学行为是政府的布局和策略。与其将外交和缓解国际冲突视为动因，或许，将它们视为海外办学活动的附加价值更为贴切。

第三节　美国高等教育海外办学现状

如本书第一章理论探析所言，高等教育海外办学可以分为学位授予和非学位授予两类，前者是当前办学实践和学术研究的重点。学位授予类

---

① Sexton J：Standing for Reason：The University in a Dogmatic Age. New Haven the United States of America：Yale University Press，2019，p. 87.
② 樊鹏飞：《外国大学"海外分校"模式》，《教育》2014 年第 20 期。
③ 王璞：《美国大学海外分校全球扩张历史和战略研究》，《比较教育研究》2017 年第 1 期。
④ 唐昀：《美国大学全球撒网开分校　海外办学显现财富身影》，《经济参考报》2008 年 3 月 3 日。

可以进一步分为实体海外大学、实体海外二级学院、非实体的海外学位项目等子类。从无国界高等教育观察组织（the Observatory on Borderless Higher Education，简称 OBHE）等机构的数据库、已有的学术文献看，当前研究普遍将实体的海外大学和海外二级学院统称为"海外分校"。以 OBHE 的数据为基础，紧扣"实体机构"和"学位授予"两个标准，本研究进一步完善了对美国高等教育海外办学现状的梳理和分析。

一、数量与地理分布

在 OBHE 数据库基础上，笔者完善数据的方式主要有三：（1）删除已经关停的机构，例如密歇根州立大学迪拜分校（MSU Dubai）、中山大学—卡内基梅隆大学联合工程学院（JIE）等；删除不授予学位、仅作为一段海外学习经历的机构，包括霍特国际商学院上海校区（Hult Shanghai）等；（2）增加机构，到办学所在国政府、教育主管部门、高等教育主管部门等机构查证，增列所在国政府认可的机构，例如乌兹别克斯坦韦伯斯特大学（Webster University in Uzbekistan）、耶鲁—国大学院（Yale-NUS College）、河南大学迈阿密学院（Miami college of HENU）等；（3）排除非实体性的海外学位项目，例如纽约城市大学巴鲁克学院中国台湾校区（CUNY Baruch College Taiwan）等。基于上述工作，本研究认为，美国一共在六大洲34个国家和地区开办了92所实体性海外高等教育机构，所在国家和地区、数量分布、占比等情况见表 2.1 所示。

表 2.1　美国高等教育海外办学机构地理分布及数量占比

大洲	机构数	机构数占比	国家/地区数	国家/地区数占比	国家/地区及数量（按数量降序）
亚洲	53	58%	11	32%	中国内地 28、中国香港 3；卡塔尔 6；阿联酋迪拜 2、阿联酋阿布扎比 2；韩国 4；新加坡 3；日本 2；泰国 1；以色列 1；乌兹别克斯坦 1

续表

大洲	机构数	机构数占比	国家/地区数	国家/地区数占比	国家/地区及数量（按数量降序）
欧洲	21	23%	13	38%	法国 3、西班牙 3、德国 3、意大利 2、英国 2、瑞士 1、荷兰 1、奥地利 1、斯洛伐克 1、匈牙利 1、克罗地亚 1、科索沃 1*、俄罗斯 1
北美洲	14	15%	6	18%	加拿大 7、墨西哥 2、圣卢西亚 2、尼加拉瓜 1、哥斯达黎加 1、巴拿马 1
非洲	2	2%	2	6%	卢旺达 1、加纳 1
南美洲	1	1%	1	3%	厄瓜多尔 1
大洋洲	1	1%	1	3%	澳大利亚 1
总计	92	100%	34	100%	

* 备注：科索沃并非联合国和我国承认的独立国家，本表中的科索沃是塞尔维亚共和国领土的一部分，享有高度自治，下同。

资料来源：笔者在 OHBE2017 年统计数据的基础上，根据相关国家政府或教育主管部门的文件做了补充和修改。例如：OBHE 认为中国内地一共有 12 所美国大学的海外分校，但根据中国教育部发布的中外合作办学机构审核名单，以及部分美方高校的办学定位，本研究将美国大学在中国内地的实体海外办学机构统计为 28 所。

表中的数据清晰呈现了亚洲作为美国高等教育海外办学最大聚落的基本特征，中国、韩国、阿联酋（含阿布扎比和迪拜）、新加坡等国的聚落效应尤其显著，形成了东亚、中东、东南亚三个子聚落。位于亚洲的机构总数为 53 所、占比 58%，两项数据均超过了其他大洲的总和。相较而言，在欧洲的办学并没有集中于某几个国家，分布较为均匀。

二、办学类型

当前针对高等教育海外办学分类的研究中，长期存在分类标准和边界不清的问题。例如，已有研究主要将海外办学的类别概括为：海外分校、双联项目、特许项目、双学位项目等等，但这样的分类过于简化且忽略了办学过程中的许多实质问题，仅海外分校一种便存在海外大学、海外二级学院等不同的子形态和特征。基于此，本研究选取三个维度：机构建设类型、机构层次类型、学科和专业类型，对美国高等教育海外办学机构进行分类。

表 2.2　美国高等教育海外办学机构的主要类型

维度	类型	案例
1 机构建设类型	1.1 独立建设海外分校	天普大学日本校区、德州农工大学卡塔尔分校
	1.2 合作建设且相对独立的办学机构	柏林巴德学院、昆山杜克大学
	1.3 合作建设且依托当地实体的办学机构	耶鲁—新加坡国立大学学院、四川大学匹兹堡学院
2 机构层次类型	2.1 海外大学	昆山杜克大学、圣路易斯大学马德里分校
	2.2 海外二级学院	康乃尔大学威尔医学院卡塔尔分院
3 学科和专业布局类型	3.1 综合性	上海纽约大学、昆山杜克大学
	3.2 学科门类有限	韦伯斯特大学位于全球多个国家的校区
	3.3 学科门类单一	美国烹饪学院新加坡学校

备注：不同维度下有不同的分类，但不同维度下的分类之间可能存在重合，例如昆山杜克大学既属于 1.2 类，又属于 2.1 类和 3.1 类。这也充分反映了从单一维度进行分类难以有效回应海外办学的实践。

（一）机构建设类型

根据机构建设的方式，可以将美国大学海外办学机构的类型分为三类：独立建设的海外分校、合作建设且相对独立的办学机构、合作建设依托当地实体的办学机构。在现有研究和通行概念中，三类机构常常被统一概括为海外分校，但应该注意到它们之间存在的许多实质性差异。

1. 独立建设的海外分校

这类机构由美国大学在异国独自举办，美国母校是单一的办学主体，分校得到了所在国政府的支持，但并无所在国其他办学主体的加入。例如，天普大学日本校区（Temple University，Japan Campus，TUJ）、德州农工大学卡塔尔分校（Texas A&M University at Qatar，TAMUQ）、卡耐基梅隆大学非洲分校（Carnegie Mellon University-Africa，CMUA）等。

在不同国家的不同政策环境中，这些机构的发展历程和办学策略往往大相径庭。其中，天普大学早在 1982 年便以教育贸易服务的形式进入日本，直到 2005 年才得到日本官方的认可，被认定为一所在日本拥有校区、开设高等教育学位项目、授予学位的外国大学。[①] 德州农工和卡耐基梅隆均开办于新世纪，采用和当地政府洽谈高等教育合作、构建高校—政府合作关系、受当地政府邀请等形式进入所在国，办学得到当地政府的多方面支持：TAMUQ 每年从卡塔尔政府获得的办学资金超过 7600 万美元；[②] 即便卢旺达属于世界银行界定的低收入国家，也向 CMUA 提供了十年 9600 万美元的办学资金。[③] 两所学校的办学策略均表现为用自己的优势学科对接所在国的教育需求，TAMUQ 聚焦工程类学科，开设化学、电气、机械、石油等工程相关专业，CMUA 同样聚焦于工程，开设电气、计算机信息技术两个专业。

2. 合作建设且相对独立的办学机构

这类机构由美国大学和所在国家的高等教育机构合作建设，保持相对独立的建制，通常是一所独立的大学。它们具有多重属性，既是美国大学的海外分校，又是办学所在国的法人实体。这类机构的主要代表包括柏林巴德学院（Bard College Berlin，BCB）、上海纽约大学（New York University Shanghai，NYUSH）、昆山杜克大学（Duke Kunshan University，DKU）等。与上一类机构相比，核心区别在于：首先，这类机构等均拥有自己的学位授予体系；此外，这类机构的行政地位略高，机构的领导职务通常是校长（President / Chancellor）。而再上一类独立建设的海外分校中，即便学科和专业体系健全的天普大学日本校区，其领导职务仍然是院长（Dean），与美国母体机构之间保持着更明显的隶属关系和上下级关系。

---

① 日本文部科学省：《外国大学等の日本校の指定》，2019 年 08 月 5 日，见 http：//www.mext.go.jp/a_menu/koutou/shitu/08052204/1417852.htm。

② Texas A&M University Qatar：Strategic Plan，2019 年 8 月 5 日，见 https：//www.qatar.tamu.edu/about/strategic-plan。

③ Ian Wilhelm："Carnegie Mellon U. to Open Campus in Rwanda，a Milestone for Africa"，*Physics Today*，DOI：10.1063/PT.5.025580（2011）.

3.合作建设依托当地实体的办学机构

与第二类机构相似，这类机构由美国大学和所在国家的高等教育机构合作建设，但独立性相对较弱，它们与所在国大学具有一定依附关系，通常为所在国合作大学的二级学院，耶鲁—新加坡国立大学学院（Yale-NUS College，YNC）、四川大学匹兹堡学院（Sichuan University-Pittsburgh Institute，SCUPI）等均属于这个类别。依附关系体现为两方面：一是对校舍等物理资源的依托，二是对学位授予资格的依托。YNC 和 SCUPI 分别建在新加坡国立大学和四川大学校内，属于两所大学的二级学院。学位资格方面，YNC 只能授予新加坡国立大学的学位，SCUPI 能够授予四川大学或匹兹堡大学的学位，但两个学院本身均不具备自己的学位体系和学位授予资格。

应该注意的是，这类机构与非实体性的合作学位项目（不在本研究的范畴）具有一定相似性，但是二者又在组织形态和性质上存在根本差异，因为 YNC 和 SCUPI 也是建制性的实体组织。而合作学位项目不需要新的实体建制，依托合作双方既有的硬件、师资等资源，通过教师和学生的互相流动就能完成学位项目的学习，深度和难度均低于此类合作建设的二级学院。

（二）机构层次类型

1.海外大学

大学和上述按"机构建设类型"分类中的第一类和第二类有一定重合，它们中一些是与美国大学存在较强依附关系的海外分校，另一些是合作开办且有一定独立性的大学。除了上文已经列举的天普大学日本校区、上海纽约大学等，这类机构还包括：霍特国际商学院伦敦分校（Hult International Business School London）、圣路易斯大学马德里分校（Saint Louis University Madrid Campus）、佐治亚理工学院洛林分校（Georgia Tech-Lorraine）等等。

2.海外二级学院

二级学院可以进一步细分为依托所在国大学的合作建设二级学院、

美国大学二级学院的海外分院。合作建设海外二级学院即上述按"机构建设类型"分类中第三类，以中国、新加坡的合作办学机构居多。有一部分美国大学在开办海外机构时，办学主体不是大学，而是其下属的二级学院，例如：卡耐基梅隆大学澳大利亚分校（Carnegie Mellon University in Australia）的定位便是该校海因茨信息系统与公共政策学院（Heinz College of Information Systems and Public Policy）的海外分院。[①] 约翰斯霍普金斯大学高级国际问题研究院欧洲中心（School of Advanced International Studies，SAIS Europe）和康乃尔大学威尔医学院卡塔尔分院（Weill Cornell Medical College in Qatar，WCMCQ）的机构名称已经表明了以二级学院为办学主体。此外还包括芝加哥大学布思商学院的英国伦敦校区（Chicago Booth London）和中国香港校区（Chicago Booth Hong Kong）等。

（三）学科和专业类型

以学科和专业类型为维度，可将美国大学海外办学机构分成三类：第一类是综合型，这类学校的学科门类和专业设置比较齐全；第二类是学科门类有限，围绕相关门类开设多个专业的机构；第三类是学科门类单一、专业聚焦于该学科的机构。

1.综合性大学

显然，学科布局和专业设置类型与海外办学机构的建设方式和定位息息相关。一般而言，按照综合性大学、四年制文理学院等定位建设的学校，学科和专业类型都比较丰富，除了上文列举的天普大学日本校区、上海纽约大学等高校，这类机构还包括阿肯色州立大学克雷塔罗分校（Arkansas State University Campus Querétaro）、厄瓜多尔布罗沃德学院（Ecuador Broward College）等。

2.学科门类有限的办学机构

学科门类有限，即围绕数个学科开设多个专业的机构，这是当前

---

① Carnegie Mellon University：CMU in Australia，2019 年 8 月 5 日，见 https://www.australia.cmu.edu/about。

的常见模式，大部分机构采用这种办学策略。这种模式既有利于发挥美国母校的优势，又能有效对接办学所在国的需求，办学成本相对较低、办学效益高，例如韦伯斯特大学、西雅图城市大学（City University of Seattle）、杜鲁学院（Touro College）、席勒国际大学（Schiller International University）等在全球范围内建设了多个海外校区的大学，均采用这种模式。

3. 学科门类单一的办学机构

围绕单一学科开设相关专业的学校，集中在管理学、理学、工学等强调实用性的学科门类，上文所述的美国大学二级学院开设的海外分院均采用这一发展模式，他们分别属于理学、工学、医学、管理学领域。这类模式还集中体现在艺术类学科，以及游戏设计、烹饪等职业取向的学科。艺术类的机构包括帕森斯设计学院/新学院大学巴黎分校（Parsons Paris, the New School）、伯克利音乐学院瓦伦西亚分校（Berklee Valencia）、天津茱莉亚学院（The Tianjin Juilliard School）、萨瓦纳艺术设计大学中国香港分校（Savannah College of Art and Design, SCAD Hong Kong）；游戏设计类的机构主要有迪吉彭理工学院新加坡分校（DigiPen Institute of Technology Singapore）；烹饪类的学校是美国烹饪学院新加坡学校（Culinary Institute of America Singapore）。这些机构大多建于 2010 年前后，属于美国高等教育海外办学中较新的部分，除了本硕博学位项目，它们还开设一些学历证书（Certificate）课程，丰富了海外办学的层次和类型。

第四节　案例分析：纽约大学"全球教育体系"

一、案例选择

审视美国大学海外办学的整体情况，纽约大学具备一定的独特价值。首先，从学校性质的角度，纽约大学是一所私立非营利性大学，在美国卡内基高等教育机构分类中，被归为"授予博士学位大学/研究程度极高"的类别，即研究型大学。笔者分析了世界排名 1—100、在亚洲办学的美国大学群像，发现私立、研究型是美国母校的主要类型，因而，纽约大学具有较好的代表性。其次，从学校水平的角度，纽约大学是一所具有多重量化指标支撑的世界顶尖大学，在主要的世界大学排名中，纽约大学均位列全球 1—100，具体数据为 QS2020—39 位、US News20—28 位、THE20—29 位、ARWU19—30 位。[①] 同时在四个排名系统中位于全球 30 左右，充分说明了纽约大学的学术水平和教育质量。

　　海外办学情况方面，纽约大学构建了"全球教育体系"（Global University Network）的整体架构。冷战期间，纽约大学作为较早走向海外的美国大学之一，先后在西班牙马德里（Madrid，1958）和法国巴黎（Paris，1969）举办了以语言学习为主的海外学术中心。进入 20 世纪 90 年代，随着学校发展状况跃升、全球冷战结束，在沉寂近 30 年后，纽约大学重启了向海外发展的步伐，几个重要的节点包括：1998 年，进入东欧国家，建立捷克布拉格（Prague）学术中心；2004 年，进入非洲，举办加纳阿克拉（Accra）学术中心；2006 年，首次进入亚洲，与华东师范大学合作建立上海学术中心；2008 年，进入南美洲，建立阿根廷布宜诺斯艾利斯（Buenos Aires）学术中心；2009—2010 年，进入中东地区，先后在以色列特拉维夫（Tel Aviv）和阿联酋阿布扎比建立了学术中心。截至 2020 年，纽约大学一共建成了覆盖 6 个大洲、12 个国家和地区 15 座城市的全球办学网络，成为学校的重要发展战略（University Initiatives）之一。

　　2011 年至今，全球教育体系的格局产生了重要变化：一是发展速度整体放慢，随着 2012 年澳大利亚悉尼（Sydney）中心的建设，全球体系遍及六大洲，"全球"二字从构想成为现实；二是方向发生变化，悉尼之后，纽约大学新建了华盛顿特区、洛杉矶 2 个学术中心，均位于美国本土，初

---

① 四个大学排行的全称是：英国 QS 世界大学排名 2020（QS World University Ranking）、美国新闻与世界报道最佳全球大学排名 2020（U.S. News & World Report Best Global University Ranking）、英国泰晤士高等教育世界大学排名 2020（Times Higher Education World University Ranking）、中国软科学世界大学学术排名 2019（Academic Ranking of World Universities）。

步表现出从海外向美国本土回收的趋势；第三，也是最重要的变革，位于亚洲的阿布扎比和上海两个学术中心先后完成了机构类型和层次的实质性转型，升级成为两所授予学位且独立完整的大学，深刻推动着全球教育体系的结构性变革，亚洲也成为纽约大学全球教育体系中最重要的组成部分。

因而，无论是办学数量（12 个中心、2 所大学）、地理分布（6 个大洲、12 个国家和地区 15 座城市），还是办学类型（学位型、非学位性；独立建设、合作建设），纽约大学的海外办学实践表现出了较高的水准、较为领先的模式，以及较强的代表性。

二、纽约大学海外办学概况

本研究在概念界定和美国现状分析的部分，将海外办学聚焦于学位型，然而，从广义上看，非学位型的海外办学活动也广泛存在。纽约大学的海外办学体系包括非学位型和学位型两类，且前期以非学位型为开端，开启了海外办学的探索，因此，本部分也对纽约大学的这类活动进行陈述，以丰富对其海外办学整体情况的认识。

（一）非学位型海外机构——全球学术中心

1. 建设概况

地理分布上，纽约大学全球学术中心（Global Academic Center）6 个位于欧洲、2 个位于美国本土，位于亚洲、非洲、大洋洲、南美洲的均为1 个，建设概况如下表所示。

表 2.3 纽约大学全球学术中心办学概况

大洲	国家/地区	成立时间	教员数量	职员数量	学生数量
欧洲	西班牙马德里	1958	40	7	80—110
	法国巴黎	1969	70		150—200
	意大利佛罗伦萨	1995	60+	25	350—375
	捷克布拉格	1998	40	10	200
	英国伦敦	1999	60+		450
	德国柏林	2006	N/A（当地兼聘）		75—110

续表

大洲	国家／地区	成立时间	教员数量	职员数量	学生数量
美国本土	华盛顿特区	2012	31	15	119
	洛杉矶	2019	N/A		
非洲	加纳阿克拉	2004	N/A	6	15—20
南美洲	阿根廷布宜诺斯艾利斯	2008	20＋		80—200
亚洲	以色列特拉维夫	2009	N/A（当地兼聘）		25—35
大洋洲	澳大利亚悉尼	2012	25	8	150
总计	前后跨度 61 年，教职工规模 417＋，学生规模 1679—1969				

备注：上表根据地理分布和各中心的建设时间排序。

资料来源：笔者根据纽约大学官方网站提供的数据整理和汇总。New York University. Studying Abroad［EB/OL］.（2019-08-26）［2019-08-26］. https：//www.nyu.edu/academics/studying-abroad.html.

2.学术保障机制

学术中心的建设目的是为纽约大学师生提供海外学习和国际交流的机会，丰富师生的国际经历和视野，虽然不具有学位授予的资格，但纽约大学始终将"学术性"作为全球学术中心的核心工作，采取多项制度性措施确保海外学习的学术性，包括：按照校历规划学习周期，学生在海外的学习时长从一个学期到一个学年不等；海外学习以严肃的课程修习和学分要求为路径。

纽约大学采用构建"学术伙伴"和"学术关联"的方式鼓励纽约校区的 18 个学院参与海外中心的学术建设。学术伙伴（Academic Partnership）指对海外中心的课程开发和执行产生重要贡献、愿意为海外中心提供学术规划的纽约校区院系，学术关联（Academic Affiliation）则是直接在海外中心开设必修选修学分课程的纽约校区院系。[①]

运行机制上，学术中心以合作建设为主，也有小部分为独立建设；学

---

① New York University：Global Academic Partnerships and Affiliations，2019 年 8 月 26 日，见 https：//www.nyu.edu/faculty/global-academic-partnerships-and-affiliations.html。

术内容上，地理位置和课程领域主要体现了全球学术中心服务"师生国际交流、国际视野、语言学习、课程修习"的建设定位，全球学术中心遍布六大洲，结合所在地的语言环境和学术优势，开设了德法意等西欧语言课程、捷克波兰等东欧语言课程，以及阿拉伯语、希伯来语、特维语等中东和非洲语言课程，语言教育的体系较为健全，涵盖常见的通用语言和部分非通用语言。与语言课程并行的，还有区域研究相关主题的课程。这些课程被列入学校通识教育的模块和一部分学科的专业课程，从制度上鼓励了学生海外学习的意愿。整体上，各个中心之间表现出以人文社会学科为重点的共性特征，伦敦、巴黎以及美国本土的学术中心课程门类更加全面，开设了商学、计算机科学相关课程。

（二）学位型海外机构——两所实体大学

1. 阿联酋阿布扎比

2007 年，纽约大学和阿布扎比政府共同宣布了合作建设高校的计划，学校命名为阿布扎比纽约大学（New York University Abu Dhabi）①。学校的建设定位、发展愿景体现为三个"第一"：美国顶尖研究型大学在阿布扎比建设运行的第一所高校；美国顶尖研究型大学在中东地区开设的第一所综合文理学院；阿布扎比地区第一所精英型、综合性大学，以本科生教育为主体，开展通识教育，开设文学、理学、工学等相关学科的学位项目。②

从 2010 年开始招生，到 2019 年迎来第十届学生，阿布扎比纽约大学的本科在校生规模达到 1500 人，根据规划，在读规模将控制在 2200 人左右。2008—2010 年，纽约大学在阿布扎比政府的支持下，顺利度过了建

---

① New York University Abu Dhabi，英文简称 NYU Abu Dhabi 或 NYUAD。在当前以中文为媒介的文献和研究中，通常将其翻译为"纽约大学阿布扎比分校"，通过对学校管理人员的访谈、对阿拉伯语校名顺序的分析、考虑上海和阿布扎比两个校区的建设定位以及校名的一致性，本研究认为"阿布扎比纽约大学"的表达更为合理。

② NYU Abu Dhabi：Class of 2023：NYUAD's Tenth and Largest Incoming Class，2019 年 10 月 9 日，见 https://nyuad.nyu.edu/en/news/latest-news/community-life/2019/october/class-of-2023.html。

设初期的四个关键节点，分别涉及学校学术资源和政府资金资源的有效对接、统筹启动科研工作、明确校园建设规划、逐步启动招生工作，为学校发展打下了重要基础。

2. 中国上海

2001 年前后，纽约大学委托华裔教授到上海寻找合作高校，随后与华东师范大学达成合作意向，双方于 2006 年在华东师大校内成立了纽约大学上海学术中心。[①] 2008 年，学术中心运行两年之际，纽约大学时任校长带队访问上海，与浦东新区初步达成合作意向，采用类似阿布扎比的模式在上海建设一个实体校区。双方在 2010 年达成框架合作办学协议，厘清了用地、校园建设、财产权属等关键问题。[②] 2013 年，学校迎来首届本科生，当前在校生规模到达 1300 余人，在读规模将控制在 4000 人左右。

2011 年，上海纽约大学的筹建工作顺利突破数个关键节点：1 月，教育部批复《关于批准华东师范大学与美国纽约大学合作筹备设立上海纽约大学的函》；2 月，华东师范大学成立上海纽约大学筹建中方工作组；3 月，上海市政府、浦东新区、华东师范大学、纽约大学共同签署操作协议，举办奠基仪式。上海纽约大学被上海市政府列为重点工作，明确为上海落实《国家中长期教育改革发展规划纲要》、扩大教育开放的第一号改革试点项目。

三、实体大学的运行机制

（一）治理结构

美国大学通常以"被引进 / 受邀"的方式进入其他国家，当地政府将

[①] 韩晓蓉、石剑峰：《"中美混血"上海纽约大学奠基　重点培养金融人才》，《东方早报》2011 年 3 月 29 日。

[②] 政协上海市委员会文史资料委员会、中共上海市委党史研究室、政协上海市浦东新区委员会编著：《口述上海·上海改革开放系列：浦东开发开放》（下册），上海教育出版社 2014 年版，第 5—10 页。

美国大学视为高等教育先进模式和理念的代表，给予充足的政策和资金支持。与所在国本土的高等教育机构相比，美国大学主导的办学机构往往具有较大的办学自主权。纽约大学亦是如此，与所在地形成了一种高度依赖地方政府资源、地方制度环境对学校影响较弱的办学合法性模式[①]，这在阿布扎比和上海两所门户校园的筹建方式、学校定位和办学实践中均有体现。两个校区的建设运行经费、校舍校产等物力资源均由所在国政府提供。

治理结构方面，一校三园的架构基本上采用了统一标准进行治理，治理、人事、学术、招生等工作的标准由纽约大学参照美国校区的惯例而厘定。首先，两个海外校区均采用董事会/理事会领导下的校长负责制，成立由多元利益相关者组成的学校董事会/理事会，设立校长、教务长、院长/系主任/学术机构负责人、大学评议会、各类教工委员会、各类行政工作部门，由校长全面统筹学校工作，这样的治理结构基本上沿用了美国的模式，且与美国校区保持紧密的联系。此外，在师资建设、招生、跨校区人员流动等办学运行的关键环节，也体现了全球统一标准的原则。

（二）学生构成

1. 阿布扎比

2013 年至今，阿布扎比纽约大学一直保持着高申请数、低录取率。根据学校公布的数据，2011 年本科申请人数为 5858 人[②]，至 2012 年，这一数据增长至 15520 人[③]，而录取率常年保持在 3%。在年均开销 7 万多美

---

① He L.，Wilkins S.："Achieving Legitimacy in Cross-Border Higher Education：Institutional Influences on Chinese International Branch Campuses in South East Asia"，*Journal of Studies in International Education*，10.1177/1028315317738774，（2017）.

② NYU Abu Dhab：NYUAD Welcomes Class of 2015，2011 年 9 月 19 日，见 https：//nyuad.nyu.edu/en/news/latest-news/community-life/2011/september/nyuad-welcomes-class-of-2015.html。

③ NYU Abu Dhabi：NYU Abu Dhabi Welcomes Class of 2016 Comprising 151 Students from 65 Countries2012 年 9 月 10 日，见 https：//nyuad.nyu.edu/en/news/latest-news/community-life/2012/september/nyu-abu-dhabi-welcomes-class-of-2016-comprising-151-students-fro.html。

元的情况下，阿布扎比纽约大学的申请人数也一直居于万人规模，高申请量、低录取率两项数据常年并行不悖，为学校巩固精英型定位提供了基础保障，也成为体现学校声誉和办学效益的重要指标。

学校的学生国籍结构具有明显的多元性。建校初期，阿布扎比纽约大学的学生多来自阿联酋和美国，办学运行三年后，自 2013 年起，学校的招生结构逐渐形成以阿联酋、美国为主，学生国籍多元的特征。

从 2010 年至 2019 年，学生来源国家和地区数从 40 个扩大到 81 个，随着 2019 级新生的加入，在读学生来源国超过 120 个、学生母语超过 120 种，实现了多元化、国际化的办学定位，也成为代表学校国际影响力的重要指标。

2. 上海

与阿布扎比纽约大学一样，上海纽约大学同样有较大的申请者基数和较低的录取率，即便年均开销高近 7 万美元，学校每年依然收到来自 40 多个国家上万名学生的申请。2018 年至 2019 年，申请人数从 13400 人增长至 16750 人，增长率 25%。其中，中国学生的申请数量从 2000 余人增长至 3000 余人，增长率 45%，而录取率仅为 7.3% 左右；累计至 2019 年秋季，上海纽约大学的国际学生录取率同样维持在 7% 左右。[①] 与阿布扎比的学生多元构成不同，根据建校协议，上海纽约大学的中国学生和国际学生各占一半，因而中国学生成为了主体部分；国际学生中，美国学生占据大多数，此外，学生主要来自韩国、巴基斯坦、加拿大、印度、泰国等地，学生来源国家和地区约 47 个。

（三）教师构成

1. 阿布扎比

2010 年至今，阿布扎比纽约大学的专职教员规模超过 300 人，一共来自 45 个国家和地区，绝大多数在全球顶尖大学获得最高学历。十年间，

---

① NYU Shanghai：NYU Shanghai Admits 7% of International Applicants to Class of 2023，2019 年 4 月 19 日， 见 https://shanghai.nyu.edu/news/nyu-shanghai-admits-7-international-applicants-class-2023。

除了所在国政府的投资，阿布扎比纽约大学从其他校外渠道获得科研经费2000 余万美元，发表 3000 余项科研成果，成果发表量和引用量位列阿联酋第一，自然指数（Nature Index）在西亚地区 416 所科研机构中位列第28 位①，整体表现出良好的科研发展状况和发展趋势。师资构成方面，各研究领域的情况如下表所示：

表 2.4　阿布扎比纽约大学各学科专业师资构成

学科	教员数 *			阿布扎比全职教员中★				
	总数	AD 全职	NY 联聘	博士学位	教授	副教授	助理教授	讲师
人文	93	72	5	62	15	8	29	13
工程	43	42	0	31	9	4	14	13
科学	95	72	6	62	9	19	28	13
社科	125	90	22	53	11	21	32	24
总计	356	276	33	208	44	52	103	63
占比	100%	77.5%	9.2%	75.4%	15.9%	18.8%	37.3%	22.8%

注：* 教员数中，"总数"并非后两项的加总，还有其他类型的教师，例如访问教授，本表未予呈现；"AD 全职"指阿布扎比全职教员、"NY 联聘"指纽约和阿布扎比校区联合聘用的教员。★阿布扎比全职教员数中，"博士学位"表示获得博士学位（含 PhD、JD、EdD 等）的全职教员数；除了教授、副教授、助理教授、讲师四类，还有其他类别，例如访问教授，本表未予呈现；该部分的比例为各类人员在阿布扎比全职教员（276 人）中的占比，而非在教员总数（356 人）中的占比。

资料来源：阿布扎比纽约大学官方网站教师名录和简历，笔者自行统计和分类。NYU Abu Dhabi. Faculty [EB/OL]．(2019-08-26)［2019-08-26］．https：//nyuad.nyu.edu/en/academics/faculty.html.

2. 上海

截至 2018 年，上海纽约大学的师资规模达 200 余人，来自 20 多个国家和地区，学校当前的师生比为 1∶6，发展规划的师生比将维持在 1∶8。各个学术领域的师资构成情况如下表所示。

---

① 　NYU Abu Dhabi：UAE Highlights Report 2018-2019，Abu Dhabi，the UAE：NYU Abu Dhabi，2019，p. 5.

表 2.5　上海纽约大学各学科专业师资构成

学科	教员数 *			上海全职教员中★				
	总数	SH 全职	NY 联聘	博士学位	教授	副教授	助理教授	讲师
文理	171	121	5	68	10	14	49	47
商	24	16	2	16	1	2	12	1
工	12	12	0	12	1	1	10	0
总计	207	149	7	96	12	17	71	48
占比	100%	72.0%	3.4%	64.2%	8%	11.4%	47.7%	32.2%

注：* 教员数中，"总数"并非后两项的加总，还有其他类型的教师，例如访问教授，本表未予
　　呈现；"SH 全职"指上海全职教员、"NY 联聘"指纽约和上海校区联合聘用的教员。★上海
　　全职教员数中，"博士学位"表示获得博士学位（含 PhD、JD、EdD 等）的全职教员数；除
　　了教授、副教授、助理教授、讲师四类，还有其他类别，例如访问教授，本表未予呈现；该
　　部分的比例为各类人员在上海全职教员（149 人）中的占比，而非在教员总数（207 人）中
　　的占比。

资料来源：上海纽约大学官方网站教师名录和简历，笔者自行统计和分类。上海纽约大学 . 教师
　　目录［EB/OL］.（2019-08-30）［2019-08-30］. https：//shanghai.nyu.edu/cn/academics/
　　faculty-directory.

（四）专业设置

1.阿布扎比

根据文理学院、通识教育的定位，阿布扎比纽约大
学按照美国大学通识教育的传统，将研究领域分为四个类别：人文学科（Arts and
Humanities）、工学（Engineering）、自然科学（Sciences）、社会科学
（Social Sciences）。根据建设综合性大学的定位，阿布扎比纽约大学四个
研究门类下设有多个学位项目，通过跨学科的方式支撑学位项目，形成了
综合性的学科和专业布局，构成情况如下表：

表 2.6　阿布扎比纽约大学学科构成

学科	本科学位项目
人文学科	古代世界、阿拉伯音乐研究、阿拉伯语、艺术与艺术史、中文、设计学、电影与新媒体、法语、历史学、交互媒体、文学与创作、音乐学、哲学、戏剧、写作（15 个）
工学	计算机工程、木土工程、电子工程、通用工程、机械工程（5 个）

续表

学科	本科学位项目
自然科学	生物学、化学、计算机科学、数学、物理学、心理学（6个）
社会科学	经济学、政治科学、社会研究与公共政策（3个）
交叉学科领域	人文＋社会：非洲研究、人类学、阿拉伯区域研究、法律研究；自然＋社会：环境研究；人文＋自然＋社会：和平研究、城市研究（7个）

资料来源：笔者根据阿布扎比纽约大学官方网站提供的数据整理和汇总。NYU Abu Dhabi. Academic Divisions [EB/OL]．(2019-08-26)[2019-08-26]．https：//nyuad.nyu.edu/en/academics.html.）

2. 上海

与阿布扎比相似，通识教育同样是纽约大学在上海办学的核心内容，区别于纽约校区和阿布扎比校区的在于，上海纽约大学进一步细化了通识教育的内容维度，设置了7个课程板块：社会（Social Foundations）、文化（Cultural Foundations）、自然科学（Science）、数学（Mathematics）、算法思维（Algorithmic Thinking）、语言（Language）、写作（Writing）。

在当前许多中国高校探索实施通识教育的改革背景下，上海纽约大学为中国同行提供了一定借鉴，也在对美国传统通识教育模式的不断改革中履行"试验田"的建校定位。以7个课程板块为基础，上海纽约大学开设了19个本科专业，构成了研究领域的主体部分，如下表所示。

表2.7　上海纽约大学学科构成

学术组织	本科学位项目
文理学部	生物科学、化学、经济学、全球中国学、综合人文、数学与应用数学、交互媒体、交互媒体与商学、数学、神经科学、物理学、世界史、自主设计（13个）
商学部	商学与金融、商学与市场营销（2个）
工程与计算机科学部	计算机科学、计算机工程、数据科学与大数据技术、电子信息工程（4个）

资料来源：笔者根据上海纽约大学官方网站提供的数据整理和汇总。上海纽约大学．专业与辅修专业 [EB/OL]．(2019-8-26)[2019-8-26]．https：//shanghai.nyu.edu/cn/academics/majors.

（五）质量保障

作为美国高等教育质量保障的重要一环，认证制度（Accreditation）也随着高等教育机构的跨国流动延伸到了海外。在美国本土，纽约大学所在的纽约州隶属于"中部院校与学校协会"（Middle States Association of Colleges and Schools），高等教育院校认证工作由"中部高等教育委员会"（Middle States Commission on Higher Education，简称 MSCHE）执行。随着海外项目的普遍发展，近些年来，美国各大院校认证机构也将海外项目纳入认证的范畴，纽约大学正是通过认证制度在美国本土取得了向海外发展的合法性。

针对海外办学，2014 年，MSCHE 对将阿布扎比和上海两个门户校园作出定性，将它们定义为纽约大学的额外校址（Additional Location)[①]，采用同样的标准，纳入纽约大学的认证范畴。MSCHE 特别指出，在对海外校园进行认证时，需要额外考量当地的政治和文化因素、开展教学工作的实际人数、各种办学必须资源的可得性、远距离对质量监督的影响、语言和交流问题[②]，为海外分校的认证工作提供了一个柔性的框架，也为美国大学到海外办学提供了有益的参考。2019 年 6 月，两所学校先后向MSCHE 提交了定期报告，通过初轮认证。

除了得到来源国的认可，海外机构的办学还要符合所在地的法律和政策，质量保障体系也因此更加复杂。[③] 阿布扎比纽约大学的办学许可机构是阿联酋高等教育部（Ministry of Higher Education of the United Arab Emirates），审批许可程序以及学位项目的质量认证由高等教育部下属机

---

① Middle States Commission on Higher Education：*New York University*，2018年10月29日，见 https://www.msche.org/institution/0360/#locations。

② Middle States Commission on Higher Education：*Substantive Change Visits to Branch Campuses and Additional Locations*，Philadelphia, United States：MSCHE, （2007）.

③ Yokoyama K.："Quality Assurance and the Changing Meaning of Autonomy and Accountability between Home and Overseas Campuses of the Universities in New York State"，*Journal of Studies in International Education*，Vol.15, No.3, （2011）, pp.261-278.

构学术认证委员会（Commission for Academic Accreditation）来完成，法律标准是《高等教育机构办学许可和学位项目认证标准》（Standards for Institutional Licensure and Program Accreditation，下文简称《认证标准》）。上海纽约大学的办学许可机构是中华人民共和国教育部，审批程序和相关要求按照《中华人民共和国中外合作办学条例》（下文简称《办学条例》）执行。

四、实体大学的本土化调整

在办学运行过程中，纽约大学结合阿布扎比和上海的法律政策和制度环境，在招生制度、学制设计和课程实施、师资构成等方面进行了本土化调适。

（一）招生政策统筹执行

招生方面，阿布扎比纽约大学和上海纽约大学均采用和纽约大学相同标准、相同流程的招生政策。不同的调试策略在于，阿布扎比的招生政策表现出与美国完全接轨又高度国际化的特征，上海的招生政策则是在国际化和中国化之间努力寻求平衡。

虽然阿布扎比纽约大学在招生方面并没有特别凸显阿联酋的政策环境和地方需求，但在国际化的建设定位下，阿布扎比从建校伊始就保持了极高的生源国际化程度，根据纽约大学公布的数据，三个校区本科生的来源国（历年累计）数量分别约为纽约160、阿布扎比120、上海70[①]，综合考量建校历史、本土学生占比两项因素，因为阿布扎比校园的学生群体中不存在真正的"大多数"，所以其国际化的均衡程度实际上高于纽约和上海两地。

上海纽约大学作为中国教育部批准的具有授予学位资格的独立法人机构，招生政策与美国同步的同时，又作出了中国学生占比51%、国际

---

① New York University：NYU Facts，NYU Abu Dhabi，NYU Shanghai，2019 年 9 月 10 日，见 https：//www.nyu.edu/admissions/undergraduate-admissions/nyu-facts.html。

学生占比 49%，以及中国学生招生与高考统筹兼顾两点重要调整。对于中国学生而言，入读上海纽约大学的必要条件是参加高考且高考分数达到生源地一本线或自主招生控制分数线；① 在"试验田"的建设定位下，中国政府又批准上海纽约大学探索建设由校园日活动、高考、高中学业水平考试、综合素质评价等构成的招生综合评价体系，高考作为重要参考而非唯一的招录指标。

（二）教学与课程因地制宜

校历是当代高等教育机构运行的重要内容，是教学工作安排的路径，也直观反映着一个国家的法律制度和文化传统，不同国家的大学校历往往存在较大差异。在这一方面，阿布扎比和上海采用与纽约大学同步的校历体系，同时结合本地实际做了调整。以 2019—2020 学年的校历为例，三个校区的工作安排大致与美国同步，又有诸多传统文化、宗教文化、政治文化等地方要素的体现，例如在中国和阿联酋的传统节日，也按照两个国家的法律和习俗作出了相应的安排。

课程执行层面，阿布扎比和上海两所校园并没有照搬似地引进纽约大学通识教育模式，而是设计了更符合时代特征、更具探索性和变革意义的通识教育模型②，具体举措就是在课程设计和学生培养环节分别加入阿联酋和中国两个国家的文化元素。

在阿布扎比纽约大学的通识教育课程体系中，本科专业设有阿拉伯语、阿拉伯音乐、阿拉伯区域研究，为了体现阿布扎比和上海两个门户校区的独特意义，增进门户校区的学术往来，阿布扎比还开设了中文专业。上海纽约大学通过三个措施在课程体系中厚植中国文化：首先，在核心课程《全球视野下的社会》（Global Perspective on Societies）增加中国

---

① 上海纽约大学：《2020 年本科招生简章（中国大陆学生）》，2019 年 9 月 10 日，见 https：//shanghai.nyu.edu/cn/zsb/fangan/mainland。
② 中国教育在线：《40 年 40 人　探索、改革、创新　走向世界的中国高等教育　中国教育在线总编辑陈志文专访上海纽约大学校长俞立中》，2019 年 9 月 10 日，见 https：//www.eol.cn/e_html/2018/40/yulz/。

古代和现代哲学家、思想家的文章；其次，在通识教育课程中设立中国社会和中国文化两个模块，对中国进行全方位的介绍；此外，设立中文教育部，中文列为国际学生的必修课程，中文学分和中级语言水平成为毕业要求。[①]

为服务阿拉伯语言文化、中国语言文化相关课程的教学工作，两所学校因地制宜，在本土招聘了一批教师，从学校教师名录看，阿布扎比校园承担阿拉伯语教学的老师一共7位，承担中国语言教学的老师1位，上海校园承担中国语言教学的老师一共22位，30名教师中大多为母语者，毕业于阿拉伯国家及中国的本土高校。

（三）师资招聘权转向当地

师资构成始终是学校发展的关键问题，招聘政策调整首先体现在前文所述的，两个门户校园因地制宜招聘本地教师，承担阿拉伯语和中文的教学工作。从更深层次的制度调适的角度，办学至今，纽约大学的海外教师招聘制度一直在改革发展中，经过了从纽约大学全面把关到尊重地方实际、适度赋予地方自主权的变迁。

纽约大学人事制度的演变过程实际上映射了海外分校研究领域"子母关系"这一重要议题。子母关系是一个敏感而复杂的问题，海外分校要实现健康良序的发展，母校必须赋予分校一定的自主权。[②]虽然纽约大学用全球教育体系、有机循环系统等创新定位取代了海外分校，也取得了突破传统海外分校瓶颈的办学成效，但在运行过程中仍然面临多校区之间关系协调的难题，门户校园终身制教师招聘的自主权是一个集中体现。

自两个海外门户校园建立以来，协同推进多校区之间终身制/终身轨教工聘任、晋升与终身制考核的工作（Coordinated Hiring, Promotion and Tenure Review，下文简称"联合聘任"）就成为一个关键议题。2013

---

① 孟蕾：《养成完全人格　培育硕学闳才——专访上海纽约大学校长俞立中》，《留学》2018年第16期。

② Clifford M., & Kinser K.：*"How Much Autonomy do International Branch Campuses Really Have"*，Vol. 87，No. 3，（2016），pp.7-9.

年学校成立全球教育体系教工委员会（Faculty Committee on the Global Network University，下文简称"教工委"）后，联合聘任成为教工委议事议程上最重要的内容。建校初期，出于对两个门户校园学术水平和教学质量担负的责任，纽约大学提出了联合聘任的工作构想，按照全球融合治理的架构和教工共享治理的原则，学校委托教工委在实践中不断商议、完善工作制度。随着两个门户校园研究生学位项目的开设，联合聘任得到了进一步巩固。

简言之，"联合聘任"就是纽约大学对阿布扎比和上海两地终身制教学科研人员的聘任和晋升具有终审权，按照彼此兼顾（Both/And）的用人理念，两地的教师必须与纽约大学产生联聘关系（Affiliation）。门户校区教师招聘的计划拟定、人才招聘、聘期考核等工作需要跨校区人员共同参与，聘用和考核决定经门户校区学科负责人和教务长批准后，还需经过纽约大学对应学院院长和教务长的批准。最初，联合聘任是一项强制要求，随着门户校区规模逐渐扩大，制度越发滞后于实践，引起了很多争议。

2016—2017 年，受纽约大学教务长委派，教工委开展调研后指出，联合聘任制度存在诸多弊端：首先，阿布扎比和上海校区没有院系的建制，因而很难明确究竟与纽约的哪个学院建立联聘关系；其次，联合聘任工作加重了纽约教员的工作量，他们的实际参与度并不高；再次，纽约单方面拥有决策权，校区之间权力不对称，违背了全球教育体系的理念；此外，按照纽约的标准，许多人事事务只有终身教员才能参与决策，门户校区终身教员数量有限，很多发挥重要作用的合同制教师被排除在决策权外，不符合门户校区的实际。① 基于此，教工委向学校建议，随着两个门户校区教师数量和机构复杂性的发展，应该逐步将行政力量主导的人事工作转变为学术力量主导，维护终身教职事务自治自决，取消纽约校区的评

---

① Faculty Committee on The Global Network：*Progress Report on Coordinated Hiring and Tenure Review across The Global Network*，New York，The United States of America：New York University，2017.

价权。① 可见，处理这对复杂的"子母关系"，因地制宜、尊重实际或许才是更为可行的路径。

第五节 总结与启示

结合对美国高等教育海外办学历史阶段、战略动因、办学现状的整体梳理，在重点对纽约大学全球教育体系案例分析的基础上，本研究对美国高等教育海外办学当前的问题挑战、经验启示总结如下。

一、问题与挑战

（一）国家层面归约体系的失位

针对美国大学在海外的办学行为，美国政府延续了在美国本土的高等教育模式，主要在办学资格审查等环节履职，并不对办学运行进行干预和介入，高校享有较高的办学自主权。这一方面有助于保障美国大学海外办学的活力，同时也导致海外办学行为缺乏更为有效的规约。美国虽然是海外办学的第一大输出国，但同时也是海外机构关停数量最多的来源国。美国跨境教育研究团队（Cross-Border Education Research Team，简称 CBERT）的数据显示，1998 年至 2017 年，全球范围内关停的 41 所海外分校中美国占 25 所②，占比高达 61%。新旧世纪之交美国大学在日本的集中办学和集中关停无疑就是最好的例子。

新旧世纪之交日本的经验，以及 21 世纪以来在中东地区办学失败的经验表明，缺乏政府的合理制约，美国大学的海外办学行为往往体现出较强的贸易性和商业性，未能聚焦于教育机构本身办学，一定程度上扭曲了

---

① Faculty Committee on The Global Network：*Report and Recommendation on*：*NYUAD/NYUSH Coordinated Hiring & Review of Tenure-Stream Faculty at NYUAD and NYUSH*，New York，The United States of America：New York University，2018.

② Cross-Border Education Research Team：Quick Facts，2017 年 1 月 20 日，见 http：//cbert.org/。

教育机构的本质属性，因而导致办学的失败。虽然美国仍然是海外办学的最大输出国，美国高等教育仍然具有广泛的国际认可度，但是机构的大规模关停无疑对美国高等教育品牌的一种无形稀释，更是对高等教育海外办学整体生态的一种有形损害。

（二）政治阴影下的海外办学争议

虽然政府对海外办学的介入有限，但在特定的战略地区、关键的科研领域，联邦政府仍然有权力对高校产生实质性的影响。2011 年，阿布扎比纽约大学在阿联酋政府的资金支持下，协助当地有关部门建立了创新研究院（Innovation Institute），该研究院的建设定位是一家从事科学研究的公司。后有美国媒体披露，创新研究院与美国的航空航天公司存在财务关系，而后者曾经向阿联酋售卖武器。因而，该命名为研究院的公司实际上将纽约大学的科研力量应用到了两国政府间的军事合作上，而且受到美国商务部的干预和监管。[①]

该信息一经曝光就引起了纽约大学教职工的普遍反对，他们指出，涉足两国政府间的军事合作违背了学校保持政治中立的办学立场，学校沦为美国政府的外交工具，服务了阿联酋的军事扩张。[②] 虽然纽约大学对此予以否认，且类似的案例并不多见，但上述一例也足以说明，尽管美国大学一贯强调学术独立、学术自由等原则，但其海外办学行为仍然受到政府的制约甚至利用。

（三）文化偏见导致的舆论压力

海外办学的主要方向是欧美为主的西方大学进入亚洲为主的东方国家，经常见诸《纽约时报》（*New York Times*）、《高等教育纪事报》（*The Chronicle of Higher Education*）等西方媒体的报道常常折射着西方世界诸多根深蒂固的负面价值立场。它们认为，引进西方大学数量最多的阿联

---

① Lindsey U.: "Nyu-Abu Dhabi Behaves Like Caveful Guest in Foreign Land", *The Chronicle of Higher Education*，2012 年 6 月 3 日。

② John M. Archer. J.: *NYU in Abu Dhabi: The Future Is Upon Us*, the Chronicle of Higher Education，2012 年 6 月 27 日。

酋、新加坡等亚洲国家多为专制政府领导的威权政体①，不具备适合西方高等教育发展的民主土壤。继而，这些媒体往往将矛头指向相关的美国大学，批判它们的海外办学活动。

纽约大学全球教育体系创始校长约翰·萨克斯顿（John Sexton）将外界对全球教育体系的批判归结为四个方面：构建知识帝国主义、复刻教育精英主义、降低学术标准、妥协核心原则②，代表了绝大多数西方大学海外办学机构面临的舆论压力。然而，这些观点本质上仍然体现着文化偏见，回顾 2010 年以来诸多海外机构的发展轨迹，许多批判已经不堪反驳。但是，这些批评声音的长期存在、西方价值立场上对东方国家政治文化根深蒂固的偏见长期存在，仍然给海外办学活动的有序发展带来了不小的压力。

（四）办学运行的常规难题

像普通大学一样，海外分校始终面临运行办学的各种基本问题，包括招生、师资、区位、经费、专业设置、教学方式质保等等③，然而，与普通大学最大的差异在于，海外分校面临的输出国和输入国的文化差异会增加上述问题的复杂性。从文化的角度，挑战包括大至自由主义与宗教传统的冲突，小至学生活动、学生住宿、设备采购等行政工作；从环境的角度，两地的政策差异、地理间隔、分校与母校的协作等方面都存在一定界限。美国大学海外办学机构在运行过程中，也常常面临不同文化系统带来的挑战和难题。

从当前研究和相关机构的实践看，海外机构办学运行的常规难题包括：结合输出国—输入国两套文化系统设计科学有效的跨文化课程、学校

---

① Name Withheld.：*Is NYU a Guest in Abu Dhabi，or a Sanitizer?*，The Chronicle of Higher Education，2012 月 8 月 15 日。

② Sexton J.：Global Network University Reflection，2010 年 12 月 21 日，见 https：//www.nyu.edu/about/leadership-university-administration/office-of-the-president-emeritus/communications/global-network-university-reflection.html。

③ Forest J.，Altbach P.（ed.）*International Handbook of Higher Education*. New York，the United States of America：Springer，（2007），pp.229-242.

启动阶段招募师资①，与地方的关系统筹、招生和生源质量、学费定价和资金来源②，建立本校可持续发展的师资体系③，使母校的教育理念等隐性知识带到分校④，调动母校人员的参与、构建共同的学术标准、促进学术人员的融入等⑤。目前主导输出的西方大学都在不同程度上遇到了这些问题，美国也不例外。

二、策略与启示

(一) 塑造本国高等教育品牌

美国高等教育海外办学的"小历史"，深刻嵌套在本国高等教育体系不断建立和完善的"大历史"中：(1) 18 世纪后半叶至 20 世纪初，美国成为一个独立的国家，美国特色的高等教育体系和制度不断建立。这一时期，宗教力量向外传播和扩展时，将教育作为一项主要工作，其制度自信很大程度上来源于本国高等教育的飞速发展。(2) 第二次世界大战后，美国成为资本主义阵营第一强国，综合国力的全面跃升带动了本国高等教育进入第一个黄金时期，高等教育海外办学恢复，大学逐渐取代宗教团体，成为海外办学的最大主体，推动了海外办学的正规化和制度化。(3) 至 20 世纪末期，美国已经是唯一的超级大国，其高等教育体系进入成熟期，成为服务国家发展的一个战略支点，也成为一个全球知名的品牌。苏联解

---

① Miranda M.："Branching out"，*Diverse*，Vol.6，No. 3（2014），pp.14-15.

② Mahani S.，Molki A.："Internationalization of Higher Education：A Reflection on Success and Failures among Foreign Universities in the United Arab Emirates"，*Journal of International Education Research*，Vo.7，No.3，（2011），pp. 1-8.

③ Salt J.，Wood P.："Staffing UK University Campuses Overseas：Lessons from MNE Practice"，*Journal of Studies in International Education*，Vol. 18，No.1，（2014），pp. 84-97.

④ Boyle B.，Mcdonnell A.，Mitchell R.，et al.："Managing Knowledge in Internationalizing Universities through Foreign Assignments"，*International Journal of Educational Management*，Vol. 26，No. 3（2012），pp.303-312.

⑤ Dumbre J.：*Curriculum Implementation at International Branch Campuses of United States Higher Educational Institutions in The Gulf Region：A narrative study*，博士学位论文，Lamar University，2013 年，第 111—112 页。

体、亚洲经济崛起等国际因素使得亚洲国家的教育需求和美国的教育优势进一步对接。（4）进入 21 世纪，经过 20 世纪末的快速发展期，海外办学逐渐由重规模的工具理性到重质量的价值理性过渡。受 2007—2009 年全球金融危机的冲击，中东石油富国作为曾经最大的输入地区，也放缓了引进脚步、抬高了引进的门槛。加之规模推动下竞争的加剧，一批美国顶尖大学开始推动海外办学模式更新和迭代，美国优势得到了巩固。

纵观美国高等教育海外办学的历程，最为显著的特征是美国综合国力和高等教育实力为其海外办学奠定了最重要的基础。尤其是在 20 世纪末期，美国的发展模式使得高等教育成为国家发展的战略手段，塑造了美国高等教育的品牌。因此，对于谋求在海外办学中提高话语权的国家而言，首先应强调"内功"，着力于本国高等教育能力的培养、本国高等教育品牌的塑造，这是受到其他国家认同，继而能向他国输出的根本保障和重要前提。

（二）聚焦教育这一根本属性

美国的发展历程从正面给予了诸多启发，其战略动因则更多从负面引发思考。美国高等教育海外办学的第一阶段，即海外教会大学的建立，是搭乘本国对其他国家殖民入侵的"顺风车"、以宗教传播为根本属性的办学；第二阶段，即二战后海外办学的恢复和快速发展，曾经集中出现以经济为导向的办学动机，办学的贸易属性和经济属性显著高于教育属性；新世纪以来，美国政府对中东地区高等教育事务的介入和干预，又突出了政治目的和外交目的。回顾三个阶段，无论是宗教性和殖民性、贸易性和经济性，还是政治性和外交性，都在很大程度上消解了海外办学的合法性。因而，第一阶段的办学成果——教会大学在亚洲国家恢复国家主权、收回教育主权后，纷纷以转制或停办的形式湮没在历史洪流中；第二阶段的办学成果以在日本的经验为负面案例，迅速退出了历史舞台。

海外办学无疑是一项重要的外交策略，但是，对我国而言，要切实以构建"人类命运共同体"为基本的方法论，将海外办学具有的外交价值聚焦于文化和教育的层面，坚持海外办学文化性和教育性的根本属性，将海外办学与政治外交和军事外交去耦。此外，美国和其他海外办学输出大国的经验共同表明，学位授予型的实体机构是海外办学发挥成效的基本依托，我国在 16 年的"孔子学院"海外办学实践中聚焦于文化性，取得了丰厚的成果。近年来，国家开始倡导中国大学走出去办学，实际上已经开始了从单维的文化性向多维的文化性教育性兼具的过渡。长远地看，建设更多学位授予型的实体机构，应该成为我国海外办学坚持的方向。

（三）建立合理的规约体系

美国作为海外办学的第一大输出国，在世界范围内产生了广泛的影响。但是，由于美国高等教育高度自治这一特性，也引发了海外办学过程中乱象丛生的问题。目前，低效粗放的美国大学海外办学仍然存在，以营利为目的、公司化经营的机构仍然普遍存在。这些负面存在不利于海外办学整体生态的构建。此外，海外办学通常是发达国家向后发国家输出，双方国家的经济发展水平、劳动待遇水平、工人工作条件往往存在较大差异，如何在这种既有差异的基础上平衡好本国大学和海外办学的对称性，也是近年来逐渐引起关注的话题，其中存在问题主要包括：海外分校的教职工能否和美国母校的教职工同工同酬、不对等的国家经济关系是否导致美国母校在异国攫取不正当利益等等。

美国在这一方面存在的问题可以概括为本国政府的失位，对照美国存在的问题，我国实际上有相应的制度优势。对于我国而言，政府在宏观层面进行必要的顶层设计有其必要性。2002 年，教育部曾出台《高等学校境外办学暂行管理办法》，但在 2015 年被废止。2019 年 9 月，教育部指导中国高等教育学会研究制定的《高等学校境外办学指南（试行）》颁布，为我国高校海外办学相关政策制度体系的建立提供了重要基础。显然，《指南》是合理规约体系的一个框架性基础，我国学位型高等教育海外办学尚处于起步探索阶段，未来，仍然需要根据国际的普遍规律和我国的办学实际，不断完善政策制度体系，以保证我国高等教育海外办学始终处在正确的方向。

（四）以办学成效消减文化偏见

美国等输出型国家面临着西方价值观念下的舆论压力，本国舆论认为海外办学是一种与政治和军事捆绑的外交手段，办学过程中学术原则、学术标准都被削弱，具有明显的贩卖品牌等经济逐利的特性。我国在以孔子学院为主要海外办学依托的阶段，同样面临着西方国家带有文化偏见的舆论攻讦。近年来，美国、加拿大、比利时等西方国家不断有孔子学院被叫停，甚至掺杂了"中国经济威胁论""中国军事威胁论"等负面声音。

通过分析以纽约大学为代表的成功案例，它们应对文化偏见的普遍策略是切实提升海外机构的办学质量、保持开放透明的对话沟通机制。纽约大学建在阿布扎比和上海的两所学校都已经进入稳定发展的状态，尽管受到全球新冠肺炎疫情的冲击，两校的高层人事变动、招生等工作仍在有序推进。疫情之下，学校还通过就近入学（Go Local）项目在上海校园安置了2300名纽约校区和阿布扎比校区的中国学生，凸显了作为一个整体的一校三园的建设架构优势。高申请、低录取的招生情况也说明其海外办学得到全球的广泛认可。与此同时，阿布扎比和上海两个门户校园的师生，坚持邀请世界各地的同行到学校访问交流、开展学术合作。但凡长期扎根海外校园工作的学者以及曾经到访开展学术活动的学者，都对海外办学的努力给予肯定。对我国而言，在逐渐鼓励学位型海外办学的过程中，同样应该以卓越的办学质量为依托，保持开放透明的沟通机制，用办学实践和成效回应文化偏见，创造有利的舆论环境。

（五）用科学分析指导办学

基于对21世纪初美国大学海外办学得失成败的分析，美国教育理事会（American Council on Education，ACE）于2007年提出了建设高等教育海外机构和海外学位项目应该重点考虑的决策因素，包括12个方面，如下图所示。① 具体说来：（1）区位选择即考虑在哪个国家开展海外办学。

① Green M.，Eckel P.，Calderon L.，et al.：*Venturing Abroad：Delivering U.S. Degrees Through Overseas Branch Campuses and Program*，Washington DC，The United States of America：American Council on Education，2007，pp.147-148.

（2）办学活动的广度即为学科和专业布局的定位，建设一所综合性大学，开设若干专业还是开设单一专业。（3）合作伙伴即考虑是否建立合作关系，如果考虑，与哪类机构开展合作：企业、政府还是非营利性机构。（4）法律地位指机构的法律属性和法律身份：私立机构、公立大学还是何种定位。（5）该机构是否接受了认证，接受美国认证还是所在国认证。（6）学位层次是大学预科、本科还是研究生教育。（7）联合学位、学士、硕士、博士、专业学位，海外机构授予哪一种。（8）研究领域有哪些，工程、建设、人文与艺术、法律等等。（9）是否针对该海外机构设计了专门的课程，母校和分校的课程体系关联如何。（10）如何聘用教职员工，教职员工是否与母校产生人事关系。（11）招生规模、学生来源国别的规划。（12）办学设施是租用、购买、借用还是怎样。

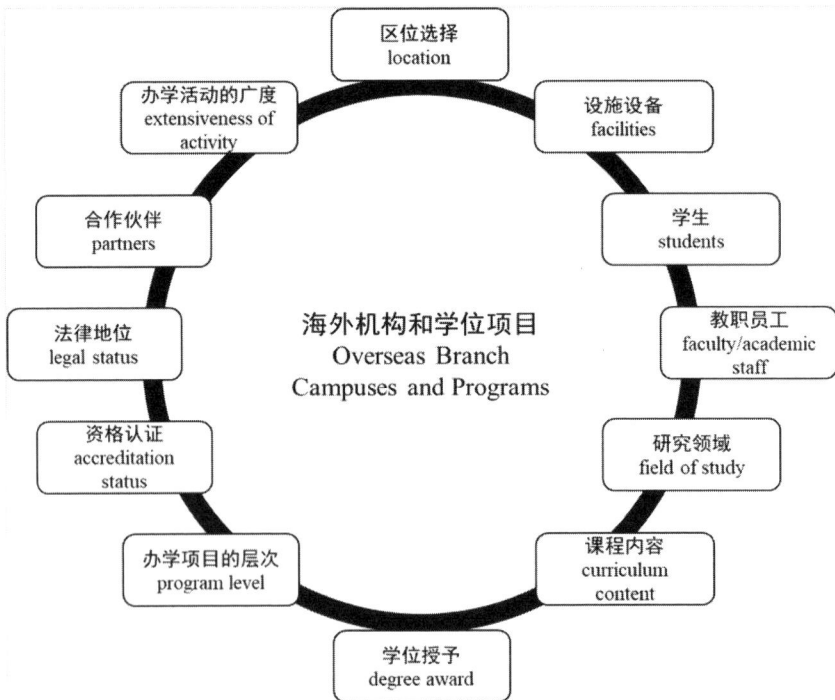

图 2.1　美国 ACE 海外办学机构和学位项目分析框架

资料来源：American Council on Education，2007，pp.147-148.

ACE 的分析框架发布于 2007 年（下文简称"ACE2007 框架"），对此后走出去的美国大学产生了影响，多所学校的办学实践体现了对这一框架因地制宜的应用。透过 ACE2007 框架分析本研究选取的案例，纽约大学具有启发意义的方面包括：（1）区位，纽约大学认为，只有国际化大都市才能服务全球教育体系的发展需求和改革目标①，因此，无论是实体大学还是学术中心，纽约大学均选择国际化大都会或者所在国家的首都，形成了自己独特的区位观。（2）在办学运行的广度、合作关系、法律身份、认证、学位层次、学位授予、课程、师资、招生、设施等环节，纽约大学对海外实体大学和学术中心两类机构进行了因地制宜的区分，以清晰准确的办学定位为导向。在两所综合性大学定位的门户校园，采用国际化、高质量、小规模的建设路径，有效发挥了纽约大学的学术优势和所在国的资源支持，取得良好的办学成效。

对我国高等教育海外办学的后期推进而言，ACE2007 框架列出的 12 项关键因素仍然有较高的参考价值。区位选择应该注重与我国有深厚合作关系、需要我国高等教育的国家和地区。在对活动广度、学位授予、专业设置等环节的定位中，我国应当充分考虑到海外办学的高风险性，通过小规模、集约化的办学路径，发挥专业所长，准确对接目标国的教育需求是一条切实可行的道路。在办学运行的过程中，尊重地方宗教习俗、文化传统、民众心理，妥善处理好跨文化的差异，才能为办学实施创造良好的环境。

我国高等教育海外办学已经有一些阶段性成果，课题组初步统计，我国共有 21 个省级行政区域的 84 所高校开展海外办学活动，主要有机构和项目两类，数量共 128 个。近年来，多层次多类型的海外办学活动仍然在积极发展。以 2019 年《高等学校境外办学指南（试行）》的颁行为标志，我国高校海外办学的进程可能进一步加快。站在这样的历史节点，有

---

① Sexton J. *Standing for Reason*：*The University in a Dogmatic Age*. New Haven the United States of America：Yale University Press，2019，pp.73-74.

必要对我国当前海外办学的基本面貌、质量成效、经验得失进行全面的检视，总结问题、树立典范，为构建高等教育海外办学的中国模式提供切实可行的顶层设计指引和实践经验参照。

第三章 英国高校海外办学研究

第一节 英国高校海外办学的历史发展与动因

一、英国高校海外办学的历史发展和政策环境

(一)历史发展

英国是世界上最早开展海外办学的国家之一。自 19 世纪中叶，英国就开始广泛拓展海外高等教育，经历了百年发展，其高等教育的全球影响力日益扩大，自 20 世纪 80 年代以来，英国高校海外办学逐渐形成了规范化和多样化的海外办学格局。

基于已有文献和以往研究，英国高校海外办学的发展自 19 世纪中叶开始，时至今日，历经四个阶段：(1)萌芽阶段(1858—1979 年)，主要以英国海外殖民地办学为主，伦敦大学开创了英国海外办学的先河。1858 年，伦敦大学面向无法到校参加课程的殖民地和世界各地的学生建立了校外学位(External Degree)制度；1865 年，伦敦大学首个海外中心在毛里求斯成立。如今，校外学位仍然是伦敦大学远程学习课程的一部分，并随着信息和通信技术以及在线学习的出现而大大扩展。(2)起步阶段(1979—1997 年)，撒切尔政府实施新自由主义经济政策，开始将高等教育推向市场，削减了高校的经费，鼓励高校将海外办学作为重要的收入来源。(3)规范化阶段(1997—2010 年)，布莱尔政府和布朗政府执政期间成立了高等教育质量保障部门，并制定了海外办学的质量保障准则，加速

了英国高校海外办学的进程，英国高等教育呈现产业化特征。(4) 全面发展阶段（2010 年至今），卡梅伦政府执政期间发布了新的国际教育战略，重视高等教育的经济效益，促进高校海外办学全面发展。[①]

经过百余年的发展，英国高校海外办学的数量和质量均位居世界前列。其海外办学形式分为五种：海外分校、特许经营项目、授权认证项目、以远程教育为主的灵活与混合式学习项目、其他形式。尽管国内对于英国大学海外分校的研究仍很有限，但对英国大学海外办学的历史演变已有了较为清晰的认识，并将海外分校作为其海外办学过程中的新兴领域给予一定的关注。随着英国国家发展的需要和有关跨国高等教育政策和实践的变迁，其海外办学各方面也发生了一定的变化。

（二）政策环境

自撒切尔政府以来，历届英国政府均一贯支持高等教育国际化，出台了一系列政策法令，为英国高校进行海外办学创建了有利环境。

1. 1979—1997 年起步阶段：创造条件

撒切尔政府（1979—1990 年）期间，推行新自由主义经济政策，减少政府公共开支，削减高等教育经费，鼓励高校拓展收入来源[②]，这成为英国大学将海外办学作为收入来源的诱因之一；梅杰政府（1990—1997年）期间，英国作为欧盟成员国之一加入世界贸易组织并签订《服务贸易总协定》（*General Agreement for Trade of Service*，GATS），参与到教育服务的国际贸易体系中来，为英国高校发展海外办学提供了有利的条件。

2. 1997—2010 年规范化阶段：进行质量监管

布莱尔政府（1997—2007 年）和布朗政府（2007—2010 年）执政期间，于 1997 年英国成立了高等教育质量保障局（the Quality Assurance

---

① 张湘洛：《英国大学海外办学实践及启示》，《高等教育研究》2008 年第 5 期；张湘洛：《英国诺丁汉大学海外办学之探索》，《洛阳师范学院学报》2013 年第 4 期；赵丽：《跨国办学的理论与实践》，上海教育出版社 2014 年版。

② 易红郡、缪学超：《英国高等教育市场化趋向：经费筹措视角》，《清华大学教育研究》2012 年第 33 期。

Agency，QAA)。1999 年，QAA 制订了带有行业自律性质的《高等教育海外合作办学学术质量和标准保障的实施准则》(*Code of Practice for the Assurance of Academic Quality and Standards in Higher Education：Collaborative Provisions*)，为跨国高等教育服务提供了规范化的支持，加快了高等教育市场化的进程，鼓励大学到海外输出高等教育，扩大教育服务贸易，不少高等教育机构都制定了国际化的战略，越来越多的高校加入到了海外办学的大潮。

3. 2010 年至今全面发展阶段：制定跨国教育新战略

卡梅伦政府（2010—2016 年）期间，英国商业、创新与技能部（BIS）于 2013 年发布新的国际教育战略——《国际教育：全球增长与繁荣战略图景》(*International Education：Global Growth and Prosperity*)，并指出，2008—2009 年，英国教育出口值约为 141 亿英镑，到 2011 年这一数字提升到 175 亿英镑。将国际教育纳入产业战略，足以显示英国政府对高等教育经济功能的重视。特蕾莎·梅政府（2016—2019 年）执政后，出台了《高等教育与研究法案（2017）》(*Higher Education and Research Act 2017*)，该法要求高等教育质量保障部门对跨国高等教育的质量进行严格监测与审查，通过针对性的审查活动和运用基于风险的方法提升英国跨国高等教育的质量。①

4. 小结

英国各地区对以上政策作出了积极响应，英格兰地区各大学纷纷制定国际化战略，包括诺丁汉大学在内的几乎所有大学都致力于大学的国际化事业。同时，位于英国北部的苏格兰也不例外。英国实行地区自治的教育体制，苏格兰的教育主要由苏格兰议会和地方教育行政部门负责。但是中央政府出台的一系列高等教育国际化政策对苏格兰教育也产生了深远影响，苏格兰当局也根据自身特点，制定了相应的国际化战略。以开设海外

① Higher Education and Research Bill：*Technique note on market entry and quality assurance*，2017 年 10 月 15 日，见 https：// www.gov.uk/government/publications/higher-education-and-research-bill-market-entry-and-quality。

分校为例，不少苏格兰地区的高等教育机构陆续设立了海外校区，如赫瑞瓦特大学（Heriot-Watt University）投资 3500 万英镑在迪拜开办了分校，纳皮尔大学（Napier University）于 2016 年在香港开设了一个生物燃料研究中心；苏格兰最古老的大学之一阿伯丁大学（Aberdeen University）于 2017 年 3 月在韩国启动了分校计划。[①] 其他苏格兰高校相继与其他国家或地区的大学建立了合作关系，积极开展跨国教育活动。

二、英国高校海外办学的发展动因

英国是世界上最早将高等教育产业化的国家之一。依靠深厚的历史传统和不断完善的体制，英国高等教育建立了良好的质量声誉，对海外学生产生了巨大的吸引力，为英国高等教育机构进行海外办学奠定了基础。[②] 自 20 世纪 90 年代，英国越来越多的大学将国际化融入其办学目标。其国际化战略包含多个方面，如开办海外分校，创设双联学位、特许经营，实施跨国流动计划，开展在线学习等。目前，英国高校在跨国高等教育方面已取得一定的成绩，这与英国政府政策支持密不可分，可以说，复杂的地方和全球驱动因素塑造了不断变化的英国高校海外办学的发展格局。

（一）政治动因：发挥英国国际影响力

英国最初鼓励高校海外办学的原因是为了发挥其国际影响力，巩固自身地位。大英帝国时期（1857—1947 年），英国为了培植和控制殖民地的文化教育，确立了为每个殖民地培养一大批大学教师的目标。为此，英国在殖民地建立了大量的高等教育机构。由此，英国一方面向海外大学不断派遣教师，另一方面又接受殖民地的学生在英国本土接受教育。当时的伦敦大学还专设殖民教育系，专门研究殖民教育的发展，为殖民地培养教

---

① Holyrood：*Scotland's universities seek to boost their overseas influence*，2017 年 12 月 2 日，见 https：//www.holyrood. com/articles/inside-politics/scotlands-universities-seek-boost-their-overseas-influence。

② 兰军：《跨境教育研究》，中国社会科学出版社 2012 年版，第 224 页。

师和教育行政人员。"二战"后，英国殖民地纷纷独立，但英国继续在高
等教育海外办学方面投入大量资金，以扩大英国在新兴独立国家和英联邦
国家的政治影响和长远利益。①

　　如今，全球各区域、许多国家和地方政府都希望协力发展跨国教育，
意在促进学生数量增长和可持续发展，以解决本土和全球挑战。基于此，
英国高校进行海外办学符合全球化的趋势，有利于增强英国在国际社会中
的地位。

　　(二) 经济动因：拓展高等教育收入来源，将国际教育纳入产业发展
战略

　　1973 年，中东石油战争爆发引发了世界性的经济危机，也使英国的
经济状况直线下滑，受到强烈冲击。自此，奉行新自由主义市场经济理论
的保守派逐渐占据主导地位，以撒切尔夫人为首的保守党政府于 1979 年
上台执政，推行"大市场、小政府"的新自由主义经济政策。该政策旨在
减少政府公共支出、削减福利和在公共部门推行注重效率和市场机制的市
场化改革措施。高等教育首当其冲受到影响。自 1980 年起，中央政府对
高等教育的拨款缩减 20%。由于政府拨款是英国大学的主要收入来源之
一，经费削减迫使英国大学寻找新的出路，以克服所面临的高等教育财政
危机。为解决这一困境，撒切尔政府提出"全额成本学费"政策，规定从
1981 年起，国际学生需支付 5 倍于英国本土学生的学费。② 这也意味着英
国跨国高等教育逐渐转变为以营利为目的之一的贸易活动。

　　根据英国高等教育统计署的统计，自 21 世纪以来，英国跨国高等教
育海外学费收入在高等教育机构总的教学收入中所占的比重越来越大 (如
图 3.1)。

　　卡梅伦政府时期，英国政府明确将高等教育出口纳入经济发展的战
略，为国家经济发展作出了巨大贡献。根据英国高等教育统计署的统计数

---

① 　兰军：《跨境教育研究》，中国社会科学出版社 2012 年版，第 221—222 页。

② 　兰军：《跨境教育研究》，中国社会科学出版社 2012 年版，第 222 页。

据，2014—2015 年间共有 665000 名学生为获得英国学位在海外学习；根据英国大学联合会国际部门（Universities UK International，UUKi）的分析，在 2012—2013 年和 2014—2015 年期间，英国跨国高等教育的规模以 13.4% 的速度增长；更多的学生选择由英国高等教育机构提供的跨国教育项目，而不是选择到英国本土留学；2012—2013 年英国跨国高等教育估值为 4.96 亿英镑。①

（三）人才动因：增加英国人才资源

人口老龄化是英国面临的人口问题，由此导致的直接问题就是英国劳动力不足，而且往往缺少一些高素质的人才。英国政府采取跨国办学等多种措施，可以吸引到更多国际学生与优秀人才来英学习或工作，以增加英国的人才资源，缓解人才匮乏和人才断层的压力；同时，随着英国高等教育国际化水平的提升，英国政府和大学将会与更多的国家和地区开展科研合作项目，进行人员和资源的流动，有利于英国保持在科研领域和其他尖端领域的国际领先地位，并使高校师生及员工在国际化和多元化的背景下做充分的准备，面对全球化社会的影响和挑战。

第二节　英国高校海外办学的规模与类型

一、有关英国高校海外办学的概念界定

在本研究中，需要辨析跨国教育、离岸跨国教育、海外办学、海外分校的概念和它们之间的关系。这里的所有概念都是在高等教育的语境下讨论的。

（一）跨国教育

根据英国高等教育统计署（Higher Education Statistics Agency，HESA）的界定，跨国教育（Transnational education，TNE）是在"教育国际化"

---

① UUKi：The scale of UK HE TNE 2017-18：Trend Analysis of HESA Data，2019 年 12 月 1 日，见 https：//www.universitiesuk. ac.uk/policy-and-analysis/reports/Documents/2019/the-scale-of-uk-he-tne-2017-18.pdf。

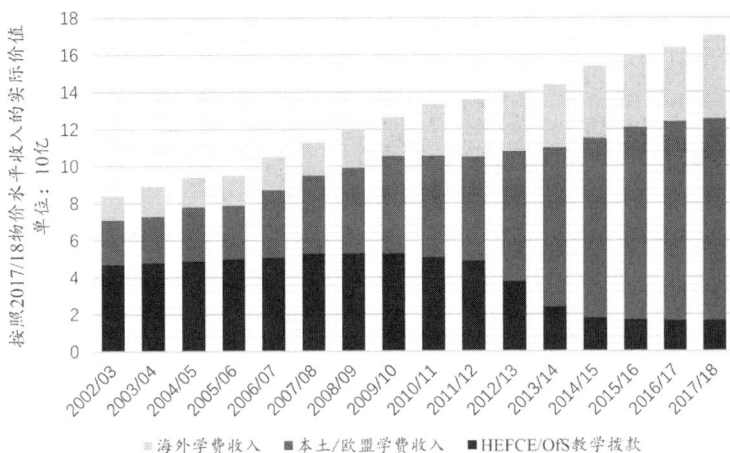

图 3.1　英国高等教育机构收入比重（同比 **2017/2018 年物价水平**）

资料来源：英国高等教育统计署（HESA）高等教育机构各年数据［EB/OL］. https：//www.hesa. ac.uk/data-and-analysis/finances/income. 2019-11-10.

的背景下产生的，指一个国家在另一个国家基于授权机构提供教育服务——如在马来西亚学习的学生通过多种形式在英方授权的高等教育机构学习从而获得英国大学的学位，包括远程教育（distance education）、特许经营项目（franchised programmes）、合作项目（collaborative ventures）及国际分校（International Branch Campuses，IBCs）等。①

综上，跨国教育是指在颁证机构以外的其他国家提供的教育，例如学生在 Y 国修读来自 Z 国一所大学的学位。英国跨国高等教育（UK Hihger Education Transnational Education，UK HE TNE）指的是在英国境外授予学位项目的办学活动。因此在英国高等教育的语境下，"跨国高等教育"相当于我国"高校海外办学"的用法，但由于在中文语境中，"跨国高等教育"容易引起字面上的歧义，无法分清是在"境内"还是"境外"开展，故本研究采用"海外办学"这一术语，并将其等同于英文语境中不容易引起歧义的"离岸跨国教育"。

---

① 　UUKi：The scale of UK HE TNE 2017-18：Trend Analysis of HESA Data，2019 年 12 月 1 日，见 https：//www.universitiesuk. ac.uk/policy-and-analysis/reports/Documents/2019/the-scale-of-uk-he-tne-2017-18.pdf。

英国跨国高等教育通过在线 / 远程学习（在当地支持或没有支持的情况下），或通过当地实施合作方，如特许经营、联合（joint）和双（dual）学位、双联（twining）课程、认证与质量保证来实施，或通过英国高等教育机构在其他国家的实体机构，如分校校园、学习中心或通过飞行教员来实现。英国跨国高等教育涵盖所有学历层次（本科、教学型研究生和研究型研究生），通常学生可以选择全日制或半日制的修读方式。

（二）离岸跨国教育

根 据 英 国 高 等 教 育 统 计 署（Higher Education Statistics Agency，HESA）2007—2008 年和 2017—2018 年的离境高等教育记录（aggregate offshore record，AOR），离岸跨国教育（offshore TNE）是指在英国以外的其他国家和地区，在英国高等教育提供者（Higher Education Provider，HEP）或其合作机构① 注册或攻读学位的教育活动，涵盖了继续教育（further education，FE）、本科教育及研究生教育（含授课型和研究型）。离岸高等教育实施形式的类型包括海外分校，远程学习、灵活性学习或分布式学习，合作项目（包括双联学位、特许经营等），在英国境外为了获得英国高等教育机构证书的各类学习形式等。②

综上所述，笔者认为，英国高等教育统计署所用的"离岸跨国高等教育"（Offshore Transnational Higher Education）精确等同于我国高等教育领域"海外办学"的概念，为符合中文语境，本研究更偏向于使用"海外办学"的用法，所用数据来源大多为英方关于跨国教育中的离岸数据（AOR）。

（三）海外分校

自 21 世纪以来，国际分校的建立逐渐占据了跨国高等教育的大半壁

---

① 自 2012—2013 年起，英国高等教育统计署（HESA）将所有英国高等教育机构（higher educational institutions，HEI）和一些其他机构（alternative providers）统称为高等教育提供者（higher education providers，HEP）。

② HESA：*Aggregate offshore definitions*，2019 年 1 月 6 日，见 https：//www.hesa.ac.uk/support/definitions/offshore。

江山。根据英国研究机构无边界高等教育观察组织（The Observatory on Borderless Higher Education，以下简称 OBHE）及其他研究者对"海外分校"（International Branch Campuses，IBCS，也译为国际分校）作出的定义，海外分校是一所大学在海外建立的实体机构，该实体授予与主校相同的学位，具体判定基准如下：海外分校必须是一个实体机构（独立运营或与他方合作经营）；该实体可以是指实体校园（campus），也可以是一所大学的某个场所（building），或者是几间教室办公室（office）；教学形式必须包含面授；授予主校的学位，不包含项目证书。①

海外分校与跨国教育一样，包含输入国（Host country）和输出国（Home Country）两方面，国内研究也称之为"母国"（或母体国）和"东道国"（或举办国）；与之对应的是母体机构 / 母校 / 主校（Home institute）和海外分校（International branch campus，或称 offshore campus，overseas branch campus，foreign affiliate university/institution）。

据 OBHE 最新统计数据，近几年高校海外分校数量的增长幅度年均在 15% 左右。在过去十年间，美国、英国和澳大利亚的高等教育机构都纷纷在国外建立分校和提供学位项目，到目前为止全世界大约有 200 多所海外分校运行，其中美国是作为母国建立海外分校最多的国家，英国、澳大利亚紧随其后。作为最重要的海外分校输出国之一，英国海外分校发展迅速，自 20 世纪 90 年代起，英国的高校已开办了 30 余所海外分校，数量不断增长，规模不断扩大。② 英国高校海外办学在融资模式、治理结构、师生管理、专业设置、教学与学习、质量保障等办学实践的各个方面均积累了较为丰富的经验。

---

① 苏洋、赵文华：《世界一流大学发展海外分校的特征与启示》，《教育发展研究》2013 年第 23 期。

② OBHE：International Branch Campuses-Trend and Development 2016，2017 年 1 月 19 日，见 http：//www.obhe.ac.uk/ documents/view_details？id=1035。

二、英国高校海外办学的规模

英国大学联合会国际部门（UUKi）于 2018 年发布了《2016—2017 年英国跨国高等教育规模：HESA 数据趋势分析》报告，基于该报告所提供的数据，作出以下分析：2016—2017 年，英国跨国高等教育（HE TNE，higher education transnational education）在大学参与数量、办学地点、学生数量等各方面持续增长，以下为基本情况：

1. 2016—2017 年，138 所英国高校参与海外办学，遍及 228 个国家和地区。

2. 在英国境外攻读学位或项目的学生有 707915 人，从 2013—2014 年到 2016—2017 年增长了 11.2%，是英国境内国际学生数量的 1.6 倍。

3. 84.7% 的英国高等教育机构在实施跨国学位项目，其中少数大学占据了绝大多数的学生份额：75% 的英国跨国高等教育学生通过 16 所英国大学进行学习。

4. 英国高校海外办学主要针对本科生教育，其中本科生人数占 65.3%，研究生占 34.7%。

5. 从英国高校海外办学学生分布的区域来看，亚洲学生人数最多，占据了 48.7%，而后依次为非洲（22.5%）、欧盟（10.9%）、中东（9.6%）、北美（4.6%）、非欧盟的其他欧洲国家和地区（2.8%）、澳大利亚（0.6%）以及南美（0.4%）。

6. 从学生分布的国家来看，人数最多的为马来西亚，为 74180 名，占总人数的 10.5%，其次为中国 69885 名（9.9%），新加坡 48290 名（6.8%），巴基斯坦 43870 名（6.2%），尼日利亚 32925 名（4.7%）。①

---

① Universities UK International：*The Scale of UK Higher Education Transnational Education 2016-17_Trend Analysis of HESA Data*，2019 年 11 月 10 日，见 https：//www.universitiesuk.ac.uk/International/Documents/UUKi%20the%20 scale%20of%20HE%20 TNE%20education%202016-17.pdf。

三、英国高校海外办学的类型

英国是拥有世界上规模最大和最多样化的跨国高等教育体系的国家之一。根据英国大学联合会的分类，其跨国高等教育类型包含以下五种：海外分校、合作项目（特许经营等）、在合作机构学习授权认证项目、远程教学及其他形式。英国高校海外办学的离岸数据集（AOR）分为两个分组，一组涵盖了参与海外办学的所有机构，另一组不包括牛津布鲁克斯大学、开放大学和伦敦大学这三所以远程教学为主进行海外办学的大学数据，因为这三所机构跨国高等教育人数占离岸数据集（AOR）的54%，这一过重的比例会影响人们对其他办学类型比例的认知偏差，因此下表3.1的统计数据排除了这三所大学。

表 3.1 英国跨国高等教育类型

注册或认证	办学类型	含义	案例	学生人数占比
学生在母体机构注册	海外分校（Overseas campus）	学生在母体机构开办的海外校园学习，获母体机构学位	独立或联合经营的校园	7.8%
	远程、灵活或分布式学习（Distance，flexible or distributed learning）	通过远程、灵活和分布式学习的方式学习英方高等教育机构的项目，学生学习地点为其他国家和地区	在线教学项目	19.6%
	合作项目（Collaborative provision）	包括合作项目在内的其他安排	联合或双学位、特许经营	44.7%
学生获得母体机构认证	在合作机构学习授权项目（Studying for an award of the reporting provider）	在海外合作机构注册—通过英方机构的授权在海外学习	认证或其他大部分教学在输入国实施模式	25.6%
	其他形式	其他任何获母体机构授权的学习方式	英国多方或与国际合作者实施的其他类型的项目组合	2.4%

资料来源：[1] The scale of UK higher education transnational education 2016-2017 [EB/OL]．https：//www.universitiesuk.ac.uk/policy-and-analysis/reports/Documents/UUKi%20

Scale% 20of%20TNE%202018.pdf. 2019-12-11. [2] The scale of UK higher education transnational education 2017-18 [EB/OL]. https：//www.universitiesuk.ac.uk/policy-and-analysis/reports/ Pages/The-Scale-of-UK-Higher-Education-Transnational-Education-2017-18.aspx. 2019-12-11.

（一）海外分校

海外分校即为学生在母体机构开办的海外校园学习，获母体机构学位的办学形式，其一般为独立或联合经营的校园。英国高校海外分校的成功案例层出不穷。例如，在与卡塔尔 Al-Faleh 教育和学术服务集团（AFG）的密切合作下，阿伯丁大学的卡塔尔校区于 2017 年开始招生，并将最初提供的专业学位从只提供本科学位扩展到研究生工商管理硕士（MBA）和国际商务硕士学位，不久还将增加教育和法律专业的研究生项目。2018—2019 年有 350 多名全日制本科生和 80 名全日制和非全日制研究生，其中包括卡塔尔国民和外籍学生。校园由当地的 AFG 员工（他们的选择得到阿伯丁的批准）和阿伯丁大学的"飞行教员"组成。

阿伯丁大学还计划将面积为 6 万平方米的卡塔尔校区进一步扩建，一个可容纳约 3000 人的校园将于 2022 年 9 月开工。基于阿伯丁大学的优势，以及卡塔尔政府制定的 2030 年国家愿景，阿伯丁大学卡塔尔校区的发展将获得更高的发展机会，成为卡塔尔跨国教育的典范，为该地区建设了一所世界领先的大学（分校），并允许学生在不出国的情况下获得高质量的英国教育。除了促进不同文化间的了解外，它还在通过提高劳动力技能实现卡塔尔经济发展优先事项方面发挥着积极作用。除以上案例，下文还将重点分析诺丁汉大学马来西亚分校和赫瑞瓦特大学迪拜分校的成功运营经验。

（二）特许经营课程

海外办学中的特许经营是指一国的高等教育机构授权其他国家或地区等教育机构使用母体机构的品牌、课程体系、评价标准等，在其他国家开设授权高等教育机构的课程，授予学位资格。由于具有吸纳多方面投资、周期短、见效快、不受地域限制等优势，特许经营受到很多高等教育机构和输入国的青睐，英国与国外大学合作设立了不少特许课程。

以英国坎特伯雷基督教会大学（Canterbury Christ Church University，CCCU）为例，2013 年坎伯雷基督教会大学与设在斯里兰卡首都科伦坡的赛吉斯大学（Saegis Campus）签署合作协议，基于共同的价值观，致力于在当地和为当地环境提供最好的接受专业高等教育的机会。该伙伴关系采用特许经营模式，由赛吉斯大学教授学生坎特伯雷基督教会大学的课程，坎特伯雷基督教会大学根据英国高等教育质量保障局（Quality Assurance Agency，QAA）的规定和认证提供学术支持和质量保证。坎特伯雷基督教会大学和赛吉斯大学目前提供工商管理（荣誉）学士、市场营销（荣誉）学士、会计和金融（荣誉）学士、计算机科学（荣誉）学士、软件工程（荣誉）学士和工商管理硕士学位课程，使更多的学生能够获得高质量的英国高等教育。

在母体机构注册的合作项目形式除了特许经营，还有联合学位、双学位等。例如，雷丁大学（The University of Reading）和莫斯科国立国际关系学院（Moscow State Institute of International Relations，MGIMO University）已合作多年，开设了法学、国际关系和商学的双硕士课程项目（Double Masters programmes）。2017 年，增设第一个英俄双学位本科。这两所大学共同设计了一系列政治学与国际关系、投行和金融，以及国际商业和金融的双学位课程。学生需要在莫斯科国立国际关系学院学习两年，然后在雷丁大学完成最后两年的课程。除此以外，两所大学还推出了商学的双博士课程项目。

（三）授权认证项目

海外办学中的授权认证项目指的是在海外合作机构注册，在海外学习英方机构授权认证的项目。与特许经营不同的是，授权认证项目往往有更大的自由度，联结授权方与被授权方之间的纽带是授权方的"品牌"，而特许经营的联结纽带则是统一的、标准化的运行和评价体系。比如，丹麦的尼尔斯布罗克哥本哈根商学院（Niels Brock Copenhagen Business College）是英国德蒙福特大学（De Montfort University，DMU）时间最久的合作伙伴之一。两所院校的伙伴关系建立于 1994 年，最初侧重于为丹麦学生提供留学机会。1999 年，英方授权哥本哈根商学院，启动了经英方大学认证的工商管理（荣誉）学士项目，不久，伙伴关系扩大到提供工商管理研究生证书，为国际工商管理硕士提供了一条途径。学生通过在哥本哈根商学院的申请和注册，可以获得经由英国德蒙福特大学认证项目的学习机会，并获得经由英方认证的相关资格。

英方为该授权项目专门设立了互联人员（Link Tutor），其作用是保障合作业务的顺利开展和实行质量监督的关键，他们与哥本哈根商学院的人员保持密切接触，这也是为确保第三方认证机构——国际商学院促进协会（Association to Advance Collegiate Schools of Business，AACSB）① 对其项目进行成功认证的做法。这些项目每年吸引 300 名新生。双方的伙伴关系实现了持续发展和成功，并于 2019 年 9 月成功启动了为期三年的商业研究学士学位项目，目前已有 130 名新生入学。

（四）远程教学

英国为远程学习的学生提供高等教育服务已有近 160 年历史。远程教学大学至少分为以下五种：基于虚拟技术的大学（主要通过新的信息和通信技术向学生提供教学的大学）、远程教学大学（通过广泛的远程教育方法和技术向学生授课的大学）、单轨模式远程教学（专门为远程学生教学的大学，这些大学多数于 20 世纪 70 年代初期建立，并遵循了英国开放大学的模式）、双轨模式（同时在校内和校外教学的大学，通常两种类别的学生有着相同的入学要求和相同的学习材料）和混合模式远程教学（为校内学生和远程学生提供传统面对面学习和在线课程的大学）、扩展远程教学（校外部门在大学内部运作，主要提供继续教育和职业进阶课程，这种模式常见于美国的大学）、联合远程教学（几所大学之间或大学与其他合作伙伴之间共同提供远程教学项目）。② 成立于 1836 年的伦

---

① 注：其核心任务是推动全球管理教育品质的认证，其会员院校学分可通行全球，此认证为世界三大商学院认证机构之一，另外两家为 EQUIS 和 AMBA。

② Diverse Models of Distance Teaching Universitie，2020 年 10 月 21 日，见 https：//www.igi-global.com/chapter/diverse-models-distance-teaching-universities/11829。

敦大学（University of London）于 1858 年成为第一所提供真正远程教学的大学。1969 年，英国开放大学（Open University，OU）获得皇家特许状（Royal Charter），时至今日英国开放大学仍是英国唯——所单轨模式（Single-Mode Distance Teaching）[①] 远程教学机构。[②] 除此以外，牛津布鲁克斯大学（Oxford Brookes Univeresity，OBU）与英国特许公认工程师工会（Association of Chartered Certified Accountants，ACCA）联合提供的应用会计学士（荣誉）学位也是英国海外办学中学生人数众多的远程跨国教育项目，与其合作的英国特许公认会计师工会成立于 1904 年，是提供特许公认会计师资格的全球专业会计机构，其业务遍布在 52 个国家或地区，拥有 104 个办事处和中心，在全球拥有 323 个获批准的学习合作伙伴，牛津布鲁克斯大学是其重要的合作伙伴之一。

1. 开放大学

英国开放大学于 1969 年建立，其发展已逾 50 年，其招收的学生来自英国本土以及其他 157 个国家和地区，较大比例的学生接受远程教学，以灵活、创新的教学方式著称。自建校以来，开放大学已有超过 200 万名学生修习过该大学所开设的课程。就学生数量而言，它是英国本土及欧洲最大的学术单位，也是世界上最大的大学之一。[③]

开放大学作为世界上第一批成功的通过其跨国教育提供远程教学大学之一，有着丰富的经验，惠及了世界 157 个国家和地区的学习者。1992 年，开放大学建立了认证伙伴关系（Open University Validation Partnerships，OUVP）管理的验证模型，目的是使开放大学为没有自己的学位授予权但希望提供高等教育课程的机构提供认证途径。一旦获得批

---

① 注：单轨模式远程教学大学即专门为远距离学生而设立的大学，这些大学大多是自 20 世纪 70 年代初期建立，英国的开放大学是最具代表性的单轨模式远程教学大学。来源：What is Single-Mode Distance Teaching Universities［EB/OL］. https://www.igi-global.com/dictionary/diverse-models-distance-teaching-universities/27015. 2020-10-21。

② ［英］安妮·盖斯凯尔、彭一为、肖俊洪：《数字时代远程开放教育：英国篇》，《中国远程教育》2019 年第 5 期。

③ The Open University：About，2020 年 9 月 20 日，见 http://www.open.ac.uk/about/main/。

准，各机构就会根据英国皇家宪章授予开放大学的认证。通过与开放大学的伙伴关系，各机构可以获得开放大学支持的世界通用教材，涵盖本科和研究生层次的广泛学科领域。该伙伴关系现在支持欧洲和中东地区的 40 多个伙伴机构，于 2018—2019 年交付了 390 个项目。目前大约有 4 万余名学生正在学习开放大学认证项目，已有 17 万余人获得了开放大学认证的项目证书。此外，开放大学还通过其内容许可模式，与全球 23 所教育机构合作，帮助其建设自身能力，从而实现长期的可持续增长。

2. 牛津布鲁克斯大学

牛津布鲁克斯大学历史悠久，始建于 1865 年，前身为牛津理工大学，自 1992 年成为综合大学，已经发展为英国最具特色的综合性大学之一，有着良好的声誉，提供卓越的教学支持和学习体验，同时专注于提升学生的职业能力。该校在 2015 年《泰晤士报》大学排名中位居英国大学综合排名第 50 位。牛津布鲁克斯的应用会计（荣誉）理学士学位由于充分考虑了会计职业、实际工作及雇主对财会方方面面的要求，而受到高度评价。[①]

20 年来，牛津布鲁克斯大学与特许注册会计师协会（ACCA）合作开展应用会计（荣誉）学士远程教育项目，使学生能够在攻读应用会计学士（荣誉）学位的同时，也帮助他们顺利通过注册会计师考试。专业考试与研究和分析项目相结合，使学生能够发展业务技能，提升他们的职业前景。所有特许注册会计师协会的学生都注册为牛津布鲁克斯大学学生。应用会计学士（荣誉）旨在允许来自世界各地的学生参与。到目前为止，来自 133 个国家的 30000 名学生已从该项目毕业。该项目吸引了来自巴基斯坦、马来西亚、新加坡以及英国的学生，印度、越南、乌兹别克斯坦和菲律宾的机构也越来越感兴趣，愿与之合作。

3. 伦敦大学

伦敦大学创建于 1836 年，是多所大学联合组成的大学联盟，包括 17

---

① ACCA：关于牛津布鲁克斯大学 OBU 和伦敦大学 UoL 的学位资讯分享，2020 年 9 月 10 日，见 https://reurl.cc/3LOb 00。

所独立的高等教育机构，分别为伦敦大学伯贝克学院（BBK）、科陶德艺术学院、伦敦大学金史密斯学院、癌症研究院（ICR）、伦敦国王学院（KCL）、伦敦商学院（LBS）、伦敦政治经济学院（LSE）、伦敦卫生与热带医学院（LSHTM）、玛丽王后学院（QMUL）、皇家音乐学院（RAM）、中央演讲与戏剧学院（RCSSD）、皇家霍洛威学院（RHUL）、皇家兽医学院（RVC）、伦敦大学亚非学院（SOAS）、伦敦大学城市学院（CUL）、伦敦大学圣乔治学院（SGUL）、伦敦大学学院（UCL）。这些机构的学生既属于本机构，也属于伦敦大学。自1858年以来，伦敦大学持续与世界各地的合作伙伴合作，通过伦敦大学校外课程扩大人们受高等教育的机会，向学生提供远程教学和授予学位。其逐渐加强全球联系并不断创新，2010年伦敦大学校外课程被重新命名为伦敦大学国际课程。通过国际课程，国际学生可以选择通过网络或伦敦大学分布在全世界的200多个独立的机构进行学习，其采用的远程教学方式是非常灵活的，尽可能地利用多种方式来促进学生的学习，因此也被称为"远程和灵活学习"（distance and flexible learning）。目前，有190个国家的5万名学生参与伦敦大学项目。伦敦大学的联盟性质意味着学生有机会在伦敦大学学院（UCL）、伦敦政治经济学院（LSE）和伦敦大学亚非学院（SOAS）等世界领先的机构攻读学位和课程，这些机构反过来可以通过伦敦大学独特的跨国教育足迹大大扩大其全球影响。

同时，伦敦大学还与60个国家的120所大学和高等教育机构合作，建立经认证的教学中心网络，通过教学中心认证框架（Teaching Centre Recognition Framework）和监管，为学生提供高质量的面对面学术支持，在本地教学支持下学习。80%的学生为全日制本科生，选择以这种方式进行面对面学习，其他学生则通过远程和灵活教学进行学习。此外，自20世纪初以来，伦敦大学在发展中国家的高等教育能力建设中发挥了关键作用。在非洲和加勒比地区，伦敦大学设立了学院，现在这些学院逐渐发展为大学，绝大多数毕业生仍然留在当地、国家和区域，为各自社会的长期发展作出了巨大贡献。①

（五）其他形式

由于英国高等教育深深植根于整个欧洲体系，因此在执行欧盟高等教育计划中扮演了非常重要的角色。英国积极参与"欧洲高等教育区"（EHEA，European Higher Education Area）一体化建设项目，推进教育的国际交流与合作，促进学生和教职员工流动，在欧洲学分转移制度、开发联合学位计划等方面发挥着积极作用。英国大学作为"欧盟伊拉斯谟学生流动项目"（Erasmus+）和"领先的国际研究型大学网络"（Universitas 21，U21）的创始成员之一，积极与世界各地志同道合的大学开展一系列合作活动。这种与欧盟其他国家和地区达成协议的跨国高等教育项目也日益成为英国海外办学中的重要组成部分，但随着英国脱欧（Brexit）带来的变化，其在欧盟的角色及其参与各类跨国高等教育项目的程度也会受到影响。

第三节　英国海外分校的分布及运行机制

在所有海外办学形式和类型中，开办海外分校已经成为跨国高等教育越来越重要的一部分。据"无国界高等教育观察组织"最新统计数据，近几年高校海外分校数量的增长幅度年均在 15% 左右。

在 2014 年 11 月英国商业、创新与技能部（Department for Business innovation and skills，BIS）发布的报告《跨国教育对英国的价值》（*The Value of Transnational Education to the UK*）中，其调查数据显示，在 2875 个英国运营的跨国教育项目中，共有 253695 名学生参与，其中英国海外分校所运营的项目有 418 个（占所有项目的 15%），共有 22938 名学生（占所有参与跨国教育学生数量的 9%）参与。② 同时，在英国大学联合会对

---

① University of London，2020 年 10 月 21 日，见 https：//london.ac.uk/。

② BIS：The value of Transnational Education to the UK，2017 年 1 月 19 日，见 https：//assets.publishing.service.gov.uk/govern-ment/uploads/system/uploads/attachment_data/file/387910/bis-14-1202-the-value-of-transnational-education-to-the-uk.pdf。

离岸数据集（AOR）进行的分析报告中，提及自 2016 年以来，在英国高校海外分校学习的学生数量是所有跨国高等教育类型中比例增长最大的（10.7%）。英国高校海外分校发展如此迅速，因此，本研究重点对其发展规模、地理分布及运行机制进行进一步分析。

一、英国高校海外分校的规模与分布

（一）英国高校海外分校的规模

自 1989 年谢菲尔德大学在希腊开办英国高校的第一所海外分校以后，英国其他高校也陆续在世界各地建立分校，海外分校的发展历程较长，在海外分校的运行机制如融资途径、教职工聘任、文凭认证、质量保证等各个方面，无论是经验还是教训，都有相对丰富的探索。较为成功的案例有诺丁汉大学在亚洲开办的两所分校（马来西亚和中国），赫瑞瓦特大学迪拜分校、米德塞克斯大学迪拜分校。英国目前已有的和计划建立的分校主要集中于阿联酋、中国、马来西亚和新加坡，还有一些独立的分校——如威斯敏斯特大学分校——建在乌兹别克斯坦等国家。近年来英国高校海外分校的数量呈线性增长趋势（见表 3.2）。

表 3.2　英国高校海外分校数量年度增长统计

年份	海外分校数量	比上年增加数量
1989	1	1
2002	2	1
2004	4	2
2005	6	2
2006	10	4
2007	12	2
2008	13	1
2009	16	3
2010	20	4
2011	21	1

年份	海外分校数量	比上年增加数量
2012	26	5
2013	31	5
2014	39	8

资料来源：Cross-border Education Research Team：Branch Campus Listing［EB/OL］.http：//cbert. org/？ page_id=34. 2017-1-17.

据 C-BERT2016 年 12 月 8 日发布的统计数据显示，英国高校共开办了 44 所海外分校：截至 2017 年 1 月处于运营状态的有 39 所，由 30 所英国高校开办（见表 3.3）；已关闭的有 3 所；仍待开发和筹建的有 3 所。①

表 3.3　英国高校海外分校一览表（按建校时间排序）

序号	母体高校名称	输入国	分校名称	建校时间
1	谢菲尔德大学	希腊	谢菲尔德大学国际城市学院	1989
2	诺丁汉大学	马来西亚	诺丁汉大学马来西亚分校	2000
3	曼彻斯特大学	美国	曼彻斯特商学院北美中心	2002
4	曼彻斯特大学	巴西	曼彻斯特商学院南美中心	2004
5	诺丁汉大学	中国	宁波诺丁汉大学	2004
6	曼彻斯特大学	新加坡	曼彻斯特商学院新加坡中心	2005
7	赫瑞瓦特大学	阿联酋迪拜	赫瑞瓦特大学迪拜分校	2005
8	利物浦大学	中国	西交利物浦大学	2006
9	米德塞克斯大学	阿联酋迪拜	米德塞克斯大学迪拜分校	2006
10	曼彻斯特大学	阿联酋迪拜	曼彻斯特商学院中东国际中心	2006
11	威斯敏斯特大学	乌兹别克斯坦	威斯敏斯特大学塔什干分校	2006
12	伦敦商学院	阿联酋迪拜	伦敦商学院迪拜分校	2007
13	埃克塞特大学	阿联酋迪拜	埃克塞特大学迪拜分校	2007

① C-BERT：British campus listing（Updated December 8，2016），2016 年 12 月 21 日，见 http：//cbert.org/？ page_id=34。

续表

序号	母体高校名称	输入国	分校名称	建校时间
14	肯特大学	法国	肯特大学巴黎与文化学院	2009
15	伦敦城市大学	阿联酋迪拜	卡斯商学院迪拜分校	2009
16	布拉德福德大学	阿联酋迪拜	布拉德福德大学迪拜分校	2009
17	博尔顿大学	阿联酋哈伊马角	博尔顿大学哈伊马角分校	2010
18	格拉斯哥喀里多尼亚大学	孟加拉	格莱珉喀里多尼亚护理学院	2010
19	伦敦大学学院	澳大利亚	伦敦大学学院澳大利亚分校	2010
20	肯特大学	比利时	肯特大学布鲁塞尔国际研究学院	2010
21	米德塞克斯大学	马耳他	米德塞克斯大学马耳他分校	2010
22	伦敦大学学院	卡塔尔	伦敦大学学院卡塔尔分校	2011
23	中央兰开夏大学	塞浦路斯	中央兰开夏大学塞浦路斯分校	2012
24	曼彻斯特大学	中国香港	曼彻斯特商学院东亚国际中心	2012
25	纽卡斯尔大学	马来西亚	纽卡斯尔大学马来西亚医学院	2012
26	米德塞克斯大学	毛里求斯	米德塞克斯大学毛里求斯分校	2012
27	亚伯大学	毛里求斯	亚伯大学毛里求斯分校	2012
28	兰卡斯特大学	加纳	兰卡斯特大学加纳分校	2013
29	萨里大学	中国	东北财经大学萨里国际学院	2013
30	伦敦大学	法国	伦敦大学巴黎分校	2013
32	南安普顿大学	马来西亚	南安普顿大学马来西亚分校	2013
32	赫瑞瓦特大学	马来西亚	赫瑞瓦特大学马来西亚分校	2013
33	爱丁堡大学	中国	东华大学·上海国际时尚创意学院	2014
34	班戈尔大学	中国	中南林业科技大学班戈尔学院	2014
35	中央兰开夏大学	中国	河北大学—中央兰开夏传媒与创意学院	2014
36	贝尔法斯特女王大学	中国	中国医科大学—贝尔法斯特女王大学中英联合学院	2014

序号	母体高校名称	输入国	分校名称	建校时间
37	利兹大学	中国	西南交通大学—利兹联合学院	2014
38	雷丁大学	马来西亚	雷丁大学马来西亚分校	2014
39	伍尔弗汉普顿大学	毛里求斯	伍尔弗汉普顿大学毛里求斯分校	2014

资料来源：Cross-border Education Research Team：Branch Campus Listin ［EB/OL］.http：//cbert. org/？ page_id=34. 2017-1-17.

（二）英国高校海外分校的区域分布

英国高校开办的这些海外分校分布于除南极洲以外的其他六大洲。其中，亚洲有 29 所，欧洲 6 所，非洲 5 所，北美洲 2 所，南美洲和大洋洲各 1 所。在亚洲地区东亚和东南亚地区有 18 所，西亚（中东地区①）有 11 所。可以看出，英国高校开办海外分校的重点在亚洲地区。而英国高校分校数量排名前三位的东道国分别为阿联酋、中国和马来西亚（见表 3.4）。

表 3.4 英国高校海外分校东道国数量分布表（由高到低）

输入国	分校数量
阿联酋	8
中国	8
马来西亚	5
毛里求斯	3
法国	2
澳大利亚	1
美国	1

① 中东地区一般指阿拉伯国家联盟，包括阿尔及利亚，巴林，埃及，伊拉克，科威特，黎巴嫩，利比亚，摩洛哥，阿曼，巴勒斯坦，卡塔尔，沙特阿拉伯，苏丹，叙利亚，突尼斯，阿联酋（UAE）和也门等。

续表

输入国	分校数量
巴西	1
比利时	1
新加坡	1
中国香港地区	1
卡塔尔	1
孟加拉	1
塞浦路斯	1
加纳	1
希腊	1
马耳他	1
乌兹别克斯坦	1

资料来源：Cross-border Education Research Team：Branch Campus Listing［EB/OL］．http：// cbert. org/？page_id=34. 2017-1-17.

另外，一些英国高校拥有多所海外分校，其分布情况如表 3.5。

表 3.5　拥有多所海外分校的英国高校

序号	母体机构名称	分校名称	办学地点	建校时间
1	伦敦大学学院	伦敦大学学院卡塔尔分校	卡塔尔	1999
		伦敦大学学院澳大利亚分校	澳大利亚	2010
2	曼彻斯特大学	曼彻斯特大学商学院北美中心	美国	2002
		曼彻斯特大学商学院南美中心	巴西	2004
		曼彻斯特大学商学院新加坡中心	新加坡	2005
		曼彻斯特大学商学院中东国际中心	迪拜	2006
		曼彻斯特大学商学院东亚国际中心	中国香港	2012
3	诺丁汉大学	诺丁汉大学马来西亚分校	马来西亚	2000
		中国宁波诺丁汉大学	中国	2005

续表

序号	母体机构名称	分校名称	办学地点	建校时间
4	赫瑞瓦特大学	赫瑞瓦特大学迪拜分校	阿联酋迪拜	2005
		赫瑞瓦特大学马来西亚分校	马来西亚	2013
5	米德塞克斯大学	米德塞克斯大学迪拜分校	阿联酋迪拜	2006
		米德塞克斯大学马耳他分校	马耳他	2010
		米德塞克斯大学毛里求斯分校	毛里求斯	2012

资料来源：Cross-border Education Research Team：Branch Campus Listing［EB/OL］．http：// cbert. org/？page_id=34. 2017-1-17.

自 1989 年英国高校开办第一所海外分校后，其数量持续增长，目前处于运营状态的英国高校海外分校共有 39 所，主要分布在亚洲地区（包括东亚、东南亚和中东地区），分校数量最多的东道国为中国和阿联酋，均为 8 所，其次为马来西亚，有 5 所。在英国开办海外分校的这些高校中有 5 所母校各拥有两所或两所以上的分校，分别是伦敦大学学院、曼彻斯特大学、诺丁汉大学、赫瑞瓦特大学、米德塞克斯大学。

综上，开办海外分校在英国各高校间已屡见不鲜，且涵盖了英国不同的大学类型，其中不乏历史悠久、声名卓著的顶尖大学。在罗素大学集团①成员中，埃克塞特大学、爱丁堡大学、伦敦大学学院、纽卡斯尔大学、南安普顿大学、诺丁汉大学、谢菲尔德大学、曼彻斯特大学、利物浦大学、贝尔法斯特女王大学等 10 所高校开办了海外分校。

二、英国高校海外分校运行机制：基于案例分析

（一）案例选取与分析框架

本研究重点探究和分析 20 世纪末以来已发展"成熟"的海外分校成

---

① 罗素大学集团（Russell）成立于 1994 年，由 24 所英国一流的研究型大学组成，被称为"英国的常春藤联盟"，代表英国最顶尖的大学。

功运作的原因。以诺丁汉大学马来西亚分校和赫瑞瓦特大学迪拜分校为例，两个个案的选取理由如下：

（1）马来西亚和阿联酋迪拜酋长国是全球重要的也是发展较为成熟的区域教育枢纽（Regional Education Hub），二者作为主要的海外分校输入国，输入英国高校海外分校的积极性和参与度很高。马来西亚目前有 6 所英国高校海外分校处于运营状态；阿联酋作为中东地区一个成功的高等教育中心（枢纽），吸引了 11 个不同国家的 37 所国际分校在此开办，是全球数量最多的开办国际分校的国家，而英国作为其最大的教育输出国，到 2012 年有 7 所分校在阿联酋运营，且均位于其迪拜酋长国。①

（2）诺丁汉大学马来西亚分校和赫瑞瓦特大学迪拜分校是发展历程较长，较为成功的海外分校案例。自 20 世纪 90 年代起，作为首个在海外开办分校的英国大学，诺丁汉大学的国际化战略已发展了 20 年，较为成熟和具有代表性，2017 年有 4532 名在校生②；赫瑞瓦特大学迪拜分校2017年在校学生和毕业生共计5038名③，在所有分校中学生数量位居前列，且呈不断增长趋势，其成功的经验值得探讨。

（3）马来西亚和阿联酋是我国"一带一路"的沿线国家，研究英国高校在这些国家开办分校的实践经验，对我国高等教育在"一带一路"背景下，在沿线国家和地区开展海外办学活动具有借鉴意义。阿联酋和马来西亚作为英国高校海外分校的主要输入国，有生活成本较低、多元的社会文化等优势，并大力发展高等教育的规模与效率，在质量保障和监管措施方面做了大量工作，建立了有效的管理体系。中国作为海外分校的输入国之一，同时作为发展仍处于初级阶段的输出国之一，如果能从以上国家和地区的经验中学习经验，汲取教训，或能对我国输入和输出海外分校产生

---

① OBHE：*International Branch Campuses-Trend and Development 2016*，2017 年 1 月 19 日，见 http://www.obhe.ac.uk/documents/view_details? id=1035。

② The University of Nottingham Malaysia Campus Annual Review 2016，2018 年 4 月 3 日，见 https://www.nottingham.edu. my/AboutUs/documents/Annual-review/Annual-review-2016. pdf。

③ KHDA：*Open Data*，2017 年 09 年 25 日，见 https://www.khda.gov.ae/en/open-data。

借鉴意义。

在本研究中，出于对高校和分校运行机制作为系统整体的考量，按照机构运行的主要环节进行分类，即将高校海外分校的运行机制分为战略机制、管理机制（包括决策机制和动力机制）、资源配置机制、质量保障机制五个要素。其中，战略机制包含国际化战略和融资模式；管理机制中的决策机制即治理结构，动力机制对应师生管理；资源配置机制包括专业与课程设置；质量保障机制分为内外部质量保障体系。各要素之间交互作用、相互联结，共同构建了一个稳态的可持续发展的分校系统。如图3.2所示。

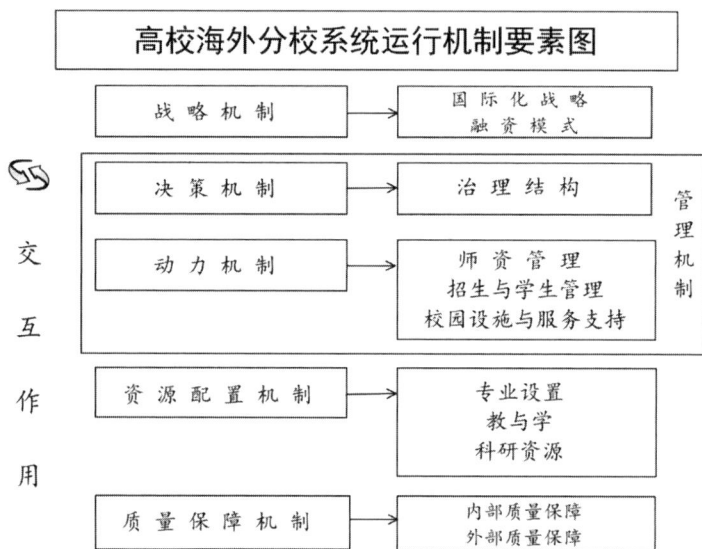

图3.2　高校海外分校系统运行机制要素图

（二）案例一：诺丁汉大学马来西亚分校运行机制

诺丁汉大学作为一所成人进修学校始于1798年，并于1881年发展为大学学院。1948年，被授予皇家特许状，正式成为诺丁汉大学。其大部分建筑位于距诺丁汉市中心3英里的大学城（University Park）。诺丁汉大学排名世界84位（2017—2018年度QS世界大学排名）①，毕业生就业率

___

① QS World University Rankings，2019年7月29日，见 https：//www.topuniversities.com/
university-rankings/world-university-rankings/2018。

位居英国首位，在全球有超过 25 万名校友（包括所有校区：英国，中国，马来西亚）。卓越的教学质量加上重大科研项目基地的身份，诺丁汉大学吸引了来自世界各地的学生，是理想的学习与工作之地。

诺丁汉大学于 2000 年在马来西亚开办了海外分校，这是英国第一所在海外开办分校的大学，4 年后，诺丁汉大学在中国宁波也开设了分校。2020 年，有来自 85 个国家的约 5000 名学生在诺丁汉大学马来西亚分校（University of Nottingham Malaysia Campus，UNMC）攻读学位。自开办以来，诺丁汉大学马来西亚分校吸纳了来自世界各地的学生，并在艺术、工程学、科学和社会科学等领域赢得了世界一流水平的研究与教学声誉。[①]

1. 诺丁汉大学创建马来西亚分校的历程

（1）马来西亚作为英国海外分校输入国的优势

马来西亚高等教育在对外合作办学中采取的是输入式的路径，起主导作用的是私立高等教育。这是由于几乎所有的对外合作办学组织和项目都设置在私立院校中，私立学院是马来西亚开展国际交流与合作的重要渠道。私立教育机构较早就与英国、美国等国家展开教育合作，引进西方先进的教育资源，发展本国教育事业，取得了较好的成效。

马来西亚自 1957 年独立起，就开始了对外合作办学的历史，但当时还只局限于组织技能和与商业相关的专业资格培训。当时私立高等教育机构为学生提供学费支援，使学生能够在外部考试中取得证书、文凭和高级文凭。由于历史原因，占主导地位的是英国机构，如皮尔曼（Pitman）、伦敦工商联合会（LCCI）及商业执行协会（ABE）[②]。20 世纪 60 年代，马来西亚政府对私立高等教育的发展持消极态度，甚至控制其发展。《1961

---

① QAA：UK collaboration in Malaysia：institutional case studies-University of Nottingham，2018 年 1 月 1 日，见 http://www.qaa.ac.uk/en/Publications/Documents/University-of-Nottingham-Malaysia-Campus-AOP-ICS-10.pdf。

② Fernandez-Chung R. M.，Director P. A.，*Quality Assuring Transnational Education：The Malaysian Experience*，2008，12。

年教育法》允许私立学校的建立，但规定所有教育机构需获得教育部学校与教师首席注册官的批准方可设立，而且该注册官还有权处置所有不符合注册条件的私立学校。《1969 年高等教育机构基本规章》不允许授予学位给私立院校，国外的大学也不能在马来西亚建分校，这使得马来西亚对外合作办学的发展受到限制。

进入 20 世纪 70 年代以来，马来西亚私立高等教育有了一定程度的发展。在对外合作办学活动中，私立学院主要是和英国的院校或协会建立联系，如提供英国工程师协会的工程学位课程以及伦敦大学的校外课程，但当时还不能获得学位。此外，还有一些校外考试机构，如伦敦工商联合会和特许合格会计师协会的文凭或证书课程。20 世纪 80 年代，马来西亚私立高等教育获得了真正发展，并成立了马来西亚私立学院学会（Malaysian Association of Private Colleges，MAPCO）。为了提高自己的教育质量、社会声誉和拓展办学空间，许多马来西亚私立高等教育机构都采取了"捆绑"发展的策略，即国内学院通过学分转移与国外大学进行"双联"（twinning），使学生到外国完成学业，并获得学位。马来西亚第一所提供学士学位课程的是伯乐学院（Kolej Damansara Utama，KDU），它也是首家拥有自己校园提供学分转移课程的私立学院。至 1984 年，伯乐学院已有 150 名学生到美国攻读学分转移课程。① 之后，一些私立学院也进一步开展对外合作办学活动。

20 世纪 90 年代以来，马来西亚的经济飞速发展，既提供了众多的就业机会，又需要大量具有专业知识的专门技术人才；然而，马来西亚当时的大学数量远远不能满足人们对高等教育的需求。因此，马来西亚政府极力发展私立高等教育，相继颁布了 5 个关于保障私立高等教育机构发展的法案；同时自 1997 年起又先后建立了国家学术鉴定局（LAN）、管理公立高等教育机构质量的质量保障部（QAD），逐步建立起马来西亚资

① 李毅：《马来西亚私立高等教育法规探析》，硕士学位论文，厦门大学，2003 年，第 6 页。

格认证体系（Malaysia Qualifications Framework，MQF），之后又建立了马来西亚资格认证部（Malaysia Qualifications Agency，MQA），1996 年之后还相继成立了马来西亚私立高等教育联合会（Union of Malay Private Higher Education Institution）和全国私立与独立教育学院协会（National Association of Private and Independent Educational Institutions，NAPIEI）。这些都为马来西亚私立高等教育发展以及开展对外合作办学提供了极大的发展空间。在此背景下，马来西亚对外合作办学的发展形式主要有学分转移项目（credit transfer programs）、双联课程项目（twinning programs）、认证或特许经营项目（accredited or franchised programs）、海外分校（foreign branch campus）和远程教育项目（distance education programs）5 种形式。①

1996 年，马来西亚政府为了进一步缓解学生出国留学导致的人才和金融资本流失，加强马来西亚本国的教育和经济实力，颁布了《马来西亚私营高等教育机构法》（*Malaysian Private Higher Education Institutions Act 1996*），该法案允许私立大学建立分校，与此同时也积极招募全球大学在其海岸地区设立分校。这也是马来西亚政府把马来西亚发展成区域高等教育中心的主要策略之一。之后，海外分校成为马来西亚对外合作办学的新形式，并发展迅速。1998 年，澳大利亚莫纳什大学与马来西亚政府协商，建立了马来西亚第一所外国大学的海外分校——双威大学（Sunway University）。随后，其他国家大学也相继在马来西亚建立海外分校。截至 2017 年 1 月，马来西亚共设立了 17 所海外分校（含 3 所已关闭的分校），其中英国高校开设的分校有 6 所（含 1 所已关闭的分校）。

在高等教育方面，马来西亚在过去几年已经取得了一定成就。首先，2015 年马来西亚分配给高等教育系统的教育经费占总教育经费的 7.7%，对比亚洲其他国家：日本（1%），韩国（3.9%），印度尼西亚（3.1%），泰

---

① 黄建如、黄敏：《马来西亚之模式，为两岸高校合作办学之用》，《中国高等教育评论》2010 年第 1 期。

国（3%）和新加坡（6.4%），显得极为重视高等教育。马来西亚政府发布的 2015—2025 年十年高等教育战略蓝图制定了 2025 年要实现的目标，包括提高高等教育的绩效、高等教育机构的区域和全球排名；继续扩大国际招生，计划在 2025 年之前招收 25 万名国际学生。2014 年，马来西亚的高等教育机构共招收了 135500 名国际学生，其中大部分来自孟加拉国、中国、印度尼西亚、尼日利亚、印度和巴基斯坦。①

总之，马来西亚政府重视高等教育领域的发展，积极引进西方高等教育资源，并提供支持性的政策环境是其作为开办海外分校对象国的重要优势。

（2）诺丁汉大学的国际化战略

诺丁汉大学自 20 世纪 90 年代起就把高等教育国际化作为其核心战略。随着诺丁汉大学马来西亚和中国两所分校的开办和进一步发展，诺丁汉大学的国际化战略继续保持快速发展，且再次在 2017 年"泰晤士报高等教育领导力与管理奖"（Times Higher Education Leadership and Management Awards，THELMAs）评选中荣获"年度国际战略奖"（International Strategy of the Year Awards）。

诺丁汉大学的国际化是一个对学生、学术和商业伙伴双向互惠的过程，凸显了它的全球影响力，在教学、研究和知识转移方面建立了丰富的多边合作关系。其目的和目标包括：通过更全面的整合、协调和扩展，充分利用所有机会，确保其两所亚洲分校的成就；与一系列地区层面的主要机构发展多方合作关系；扩大其研究和商业化活动的国际影响力，并显著提高学生和员工的流动性；进一步提升其课程项目和学生体验的国际化水平。②

诺丁汉大学的 2020 全球战略继续专注于长期的可持续发展，包括收

---

① Malaysia competing for a greater share of international students，2018 年 3 月 5 日，见 http://monitor.icef.com/2016/08/ malaysia-competing-greater-share-international-students/。

② University of Nottingham：Stratege，2018 年 4 月 15 日见 https://www.nottingham.ac.uk/global/strategy/index.aspx。

入来源多样化，优先致力于卓越的教学、学习与研究活动。在其2020年的愿景及战略中，诺丁汉大学认识到高等教育的环境正在使学生的期望不断变化、高等教育的不断全球化、不断出现的颠覆性新技术和为获取优秀人才不断加剧的竞争，都意味着一所大学要取得长期成功，就必须定期审视其目标和行动，同时要记住其价值观和传统。总体而言，诺丁汉大学在全球范围内处于优势地位，学生数量不断增加，完成了对重点研究领域的投资，在过去的20年间创立了两个国际校区（马来西亚分校和中国宁波分校）。通过对其当前业绩、优势和存在的挑战进行分析、思考及广泛对话，诺丁汉大学继续专注于巩固并加强其作为世界领先大学的地位，将资源集中于以下五个方面：①丰富其教学和研究项目；②满足学生不断变化的期望；③加大对其优势学科的科研投资力度，提高科研质量和影响力；④着眼于提高质量；⑤通过提升学生体验和国际化的行动，在国际高等教育竞争中表现更出色。在诺丁汉大学2020年的愿景和核心价值观中，也嵌入了国际化、全球化的元素：①为才华横溢的学生提供出色、无限制的国际化教育；②培养有技能、有思想的全球公民和领袖；③进行根本和具有变革型的发现探索；④致力于卓越、进取心和社会责任；⑤维持并改善其所在的场所和社区；⑥国际参与，提升行业、健康和福祉，改善政策制定、文化，培养目的型公民。为实现2020年的愿景，诺丁汉大学反思了当前具有优势和存在挑战的领域，找出机遇实现进一步发展，将工作焦点集中到以下方面：①注重所做事情的质量；②满足学生不断变化的期望；③改变与学生的工作方式；④提高科研质量和影响力；⑤发展外部合作伙伴关系以支持教学、科研和学生就业；⑥嵌入国际化元素；⑦确保财务可持续性。为实现其对2020年的愿景，诺丁汉大学将核心原则和价值观确立为：①以学生为中心；②重视所有教职和非教职员工并支持他们不断超越；③注重质量、追求卓越；④重视多样性、促进平等；⑤全球化思考、本地化践行、亲身参与体验；⑥以全球化的视野看待其所有活动；⑦坚持履行其承诺：综合性、研究型、对社会负责；⑧丰富其所继承的并延续杰西·布特公爵所留下来的传统①，向当前及未来的学生、校友和全体员工以及其所在社区履行其公共义务。

（3）诺丁汉大学马来西亚分校前期筹备及融资模式

自 20 世纪 40 年代以来，诺丁汉大学一直与马来西亚保持着密切关系。因此，1998 年诺丁汉大学当时的副校长（vice-chancellor）科林·贝尔（Colin Campbell）开始思考将海外分校的想法变为现实时，亚洲顺其自然成为首要选择。

1989 年，阿兹兰·沙阿（Sultan Azlan Shah）当选为马来西亚国王，他是诺丁汉大学法律系的毕业生，出于诺丁汉大学的国际声誉，加之国王的母校情结，于 1998 年发起了在马来西亚开发分校的项目。②

诺丁汉大学马来西亚分校的融资模式是外部资助模式（与东道国私营企业合资）。马来西亚的法律规定在马来西亚设立的合资公司可经营分校，该合资公司必须经由马来西亚投资委员会（Malaysia Foreign Investment Committee，FIC）批准。马来西亚投资委员会的准则要求马来西亚本土居民（Bumiputera）的参与度至少达到 30%，其余 70% 由外国利益方单独或与本土利益方共同承担。此外，1996 年法案要求建立海外分校的申请须通过高等教育部长的批准和许可。像马来西亚所有的私立大学一样，诺丁汉大学成立了诺丁汉大学马来西亚私人有限公司，作为一家

---

① 这里所说的传统指的是杰西·布特爵士（Sir Jesse Boot）对诺丁汉大学愿景的一番描述。1928 年 6 月 2 日，国王乔治五世和玛丽王后为特伦特大楼剪彩，宣布大学迁至新址——大学园。杰西·布特爵士说道："在国王陛下剪彩之际，这所即将落成的大学的石墙还未经时间侵蚀，很难体会这一教育建筑的全部意义。数以千计现在还未出世的学生将来会穿过走廊，在阶梯教室学习，在实验室里探索大自然的奥秘。他们的工作将使行业和科学更加紧密地联系在一起，为我们的城市增光，为我们的国家提升福祉。在今后的各个时代，这所大学都将传播学问和知识的光芒，将科学和行业紧密联系在一起，这对实现国家繁荣和同胞福祉而言，是如此重要。"资料来源：诺丁汉大学2020 全球战略，https://www.nottingham.ac.uk/about/documents/gs2020-chinese-web.pdf. 2018-4-3。

② The University of Nottingham：*History of Malaysia Campus*，2018 年 3 月 6 日，见 https://www.nottingham.ac.uk/z-oldsites/ malaysia10/historyofmalaysiacampus/history.aspx#。

私营公司，诺丁汉大学持有这家公司 29% 的股份，但合资协定诺丁汉大学拥有分校的学术权力。1998 年，诺丁汉大学与马方的宝德集团有限公司（Boustead Holdings Berhad）、杨忠礼集团有限公司（YTL Corporation Berhad）正式宣布合作。诺丁汉大学马来西亚分校于 2000 年 3 月获得批准，并于 2000 年 9 月在吉隆坡的维斯马米斯克（Wisma MISC）正式招生。

诺丁汉大学马来西亚分校最初在马来西亚的校区位于吉隆坡市中心。2000 年 9 月，第一批学生入学；2002 年 1 月，第一批研究生毕业；2004 年 1 月，第一批本科生毕业。马来西亚士毛月（Semenyih）校区于 2002 年举办了奠基仪式，时任马来西亚副总理前总理兼诺丁汉校友的纳吉布·拉扎克（Najib Razak）参与了开幕式；2005 年 8 月，诺丁汉大学马来西亚分校大部分的服务和课程都迁到了士毛月市的校园，自 2005 年 9 月起入学的学生就读于此。新校园占地 125 英亩，是英国大学的第一所海外校园，拥有优质的生活环境和先进的学习与教学设施。2006 年 2 月，诺丁汉大学在吉隆坡市中心的春兰大厦（Chulan Tower）又开设了吉隆坡教学中心（Kuala Lumpur Teaching Center），主要用于提供商学、管理学和教育学方面的课程项目。诺丁汉大学马来西亚分校率先提供的课程项目有商学、电气与电子工程、计算机科学和 MBA 等专业。2000 年，诺丁汉大学马来西亚分校仅有 86 名学生，到 2016 年共有来自马来西亚和其他 70 个国家和地区的 4698 名学生。[①]

2. 诺丁汉大学马来西亚分校管理机制

（1）治理结构

诺丁汉大学是一所公立大学，英国高等教育拨款委员会（Higher Education Funding Council for England，HEFCE）为其主要监管机构。

目前，英国诺丁汉大学、诺丁汉马来西亚和中国分校共有学生 43000 名，年营业额达 5.7 亿英镑。作为一个庞大复杂的机构，诺丁汉大学致力

---

① QAA：*UK collaboration in Malaysia：institutional case studies-University of Nottingham*，2018 年 1 月 1 日，见 http：//www.qaa.ac.uk/en/Publications/Documents/University-of-Nottingham-Malaysia-Campus-AOP-ICS-10.pdf。

于构建一个强大而有效的治理结构，有效的组织设计与治理对于确保正确的领导、决策流程和适宜当地的问责制等方面都是至关重要的。诺丁汉大学的治理主要涉及两个机构：理事会、学术评议会。各类委员会和教务部（Registrar's Department）为英国、中国和马来西亚各地的学生和校区提供专业的行政和支持性服务。如图 3.3 所示。

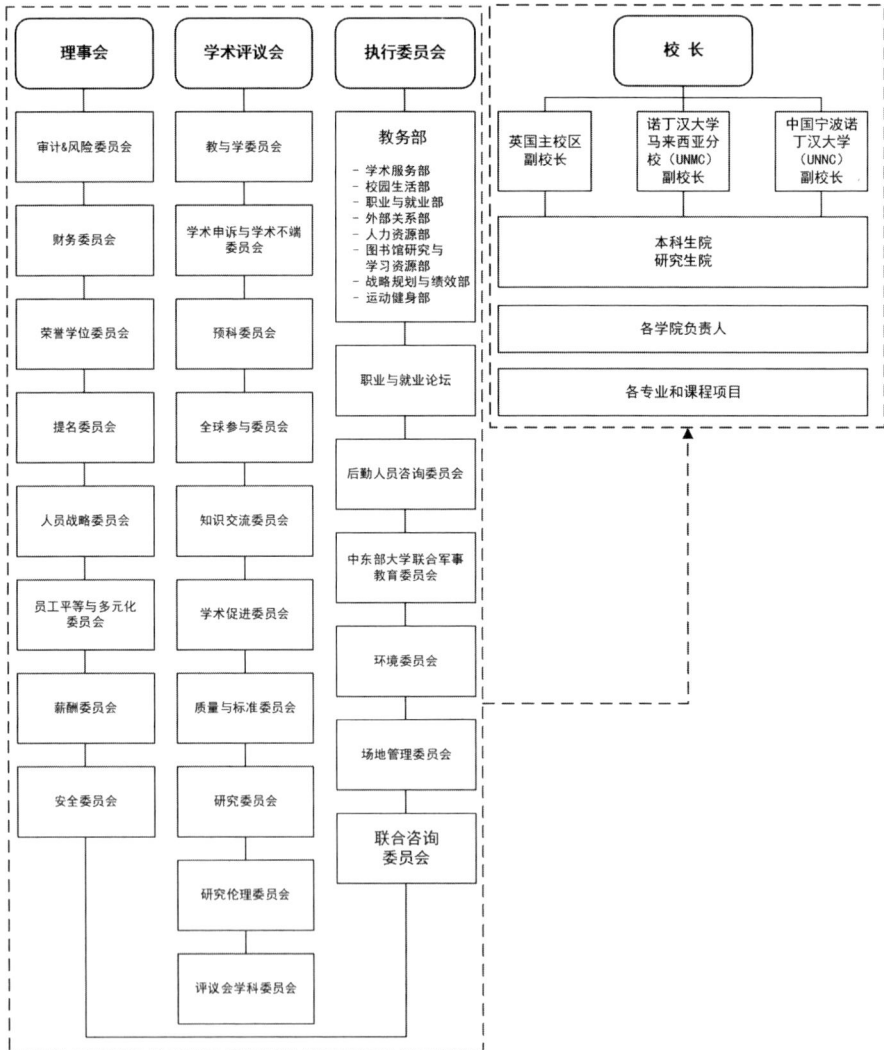

图 3.3　诺丁汉大学治理结构

资料参考：University of Nottingham：governance［EB/OL］．https：//www.nottingham.ac.uk/governance/index.aspx.2018-04-15。

①理事会

大学理事会（University Council）是大学治理结构的重要组成部分，在大学决策、发挥战略作用以及支持校务委员会的工作等方面起着关键作用。

理事会来自不同背景，包括高级管理人员和大学的学术人员，外部成员包括校友，当地、全国以及国际上声名卓著的商人以及富有活力的大学学生团体代表。他们共同为大学的战略、风险、财务三方面出谋划策。理事会主要的财务和业务机构批准各类计划和重大决策，监督业绩和接收有关教学、研究和学生发展的报告。

理事会共有 25 名成员，包括 14 名独立的外部成员，2 名学生代表，9 名学术成员。理事会每年举行 5 次正式会议，并通过特定领域的工作小组开展业务。除此以外，理事会可代表大学参与如颁奖、开学典礼、毕业典礼和发布仪式等重要活动。不属于大学的工作人员或学生若想要成为其外部成员，可向大学的官方邮箱① 发送邮件，外部成员应具备专业知识和经验，以及确保大学成功所需的承诺和热情，这些职位没有报酬，但给予差旅费用报销。目前，诺丁汉大学还在寻求具有丰富经验和技能的杰出战略思想家，以助力大学的战略决策及在本地、国家和国际层面代表大学的利益。此外，诺丁汉大学的理事会作为一个具有高知名度和影响力的机构，成员可担任大学的大使，通过国际校友网络和合作机构在当地社区、员工和学生之中很好地代表大学的形象。②

②学术评议会

学术评议会是诺丁汉大学的学术权威，每年举行 3 次会议，其职责是指导和规范教学和考试，并促进研究。学术评议会由大学副校长（vice-principle）任主席，其成员包括所有学院的院长、副校长、系主任、教授代表、非教授员工及学生代表。

---

① 官邮为 governance@nottingham.ac.uk。

② University of Nottingham：About University Council，2018 年 4 月 3 日，见 https：//www.nottingham.ac.uk/universitycouncil/ aboutcouncil.aspx。

③其他各类委员会①

目前，诺丁汉大学的治理结构中除理事会和学术评议会以外，还包括以下 24 个委员会：学术申诉与学术不端委员会、审计与风险委员会、职业与就业论坛、后勤人员咨询委员会、东中部大学联合军事教育委员会、环境委员会、财务委员会、预科委员会、全球参与委员会、荣誉学位委员会、联合咨询委员会、知识交流委员会、提名委员会、人员战略委员会、学术（研究与教学）促进委员会、质量与标准委员会、薪酬委员会、研究委员会、研究伦理委员会、安全委员会、评议会学科委员会、场地管理委员会、员工公平与多样化委员会、教与学委员会。各委员会各司其职，如教与学委员会职权范围包括：根据大学的全球战略审查和制定大学的教与学战略，供学术评议会批准，以及全面负责和监督大学的学术质量与标准。校务委员会每个月举行一次会议，其成员包括：执行校长（主席），代理校长，副校长，各校区副校长，副院长，教务长（Registrar），首席财务长，地产与设施主任，营销与通信主任，首席信息官，人力资源总监，学生管理主任。②

值得一提的是诺丁汉大学执行委员会在进行风险管理中的作用。所有参与海外办学的高校都极为重视风险管理。为了更方便地对一所复杂的、国际化的大学进行风险管理，诺丁汉大学的风险管理框架涵盖了：第一，利用一个企业级的大学风险登记表，阐明影响大学国际化及三个校区的风险。第二，实体层面的风险登记表，阐明影响每个国家各校区的风险。第三，单元级的风险登记表，阐明影响每个部门、院系或专业服务和主要工作的风险。

该结构旨在提供风险管控活动，清晰、透明和直接的问责，也可适时启动升级和级联。大学风险登记表包括影响大学国际化的三大运营风

---

① University of Nottingham：University Committees，2018 年 4 月 3 日，见 https：//www.nottingham.ac.uk/governance/ universitycommittees/index.aspx。

② University of Nottingham：Management and governance，2018 年 4 月 3 日，见 https：//www.nottingham.ac.uk/about/struc-ture/management/managementandgovernance.aspx。

险。后者是关于核心的学生管理系统进行重大变动的风险，关于信息管理和安全的风险，关于英国脱欧导致的英国校区本科生招生的风险。自从脱欧对英国造成的影响涉及了日常活动，诺丁汉大学已初步选择将移民活动嵌入到已有风险中，而非将其作为一个分割的、具体的风险。

由大学执行委员会（University Executive Board）成员负责管理每个企业级的风险，并配备一名专职人员予以支持。每四年正式审查一次风险，任何被评级的风险每个月会被正式审查一次。对变更情况的审查总结会呈交给大学校务委员会和审计与风险委员会，使它们随时了解变化，并为风险管理活动提供初步保证。

大学的管理风险偏好通过其举措和风险项目体现出来。诺丁汉大学作为两个海外机构的合作伙伴自然会带来各种风险和不确定性，在高等教育领域，各项资助——不管是招生市场、研究资助还是政府资助都日趋激烈、不可预知。如英国脱欧和最新出台的《高等教育与研究法（2017）》（*Higher Education and Research Act 2017*）对诺丁汉大学各校区的招生、教师聘任和留任产生的潜在影响是重大的。这些要通过与合作伙伴及当地其他机构间的密切合作来实现。鼓励和支持校区间职员和学生的流动，可以加强各方之间的关系，更好地理解彼此，也促使诺丁汉大学的职员和学生能够真正成为全球公民。另一个主要风险是在所有校区需涵盖所有核心的学生管理系统的转型项目建设，及其在面对外界攻击、在线欺诈和信息盗窃时充分和适当地保护信息资产的能力。其风险管控框架旨在提高管控和即时回应所面临的任何风险。[①]

④教务部

该部门为大学的治理提供一系列服务支持，包括以下分支部门：注册处，学术秘书处，校园生活部，职业与就业服务部，外部关系部，人力资源部，图书馆、研究与学习资源部，战略规划和绩效部，体育部等。[②]

---

① 《诺丁汉大学 2020 全球战略》，2018 年 4 月 3 日，见 https://www.nottingham.ac.uk/about/documents/gs2020-chinese-web.pdf。

② University of Nottingham：Registrar's Department，2018 年 4 月 19 日，见 https://www.nottingham.ac.uk/about/structure/professionalservices/registrarsdepartment.aspx。

  总体而言，诺丁汉大学马来西亚分校的管理是融入母体机构中的，其在分校设立了副校长、副院长的职位，由他们进行具体的事务管理。但分校的战略实施均由母校管理层来决定。分校融入母校一体化的治理结构为马来西亚分校提供了有效的管理支持。在学术管理方面，各校区的各个学院也均由母校的本科生院和研究生院进行协调，分校管理学术事务的副校长兼教务长向母校的各学院负责。

（2）师资管理

  在 2008—2009 年，诺丁汉大学马来西亚分校共有 211 名学术职员，包括 117 名当地的员工和 94 名外籍员工。更详细地说，有 152 名全职工作人员，28 名兼职工作人员和 31 名来自诺丁汉大学英国校区的"飞行教员"（flying faculty）。除此外，还有 144 个行政与支持人员岗位及 66 名研究助理。根据诺丁汉大学马来西亚分校 2016 年的年度审查报告，其学术人员和非学术员工的数量呈现可持续增长趋势（见表 3.7）。诺丁汉大学马来西亚分校 25% 的员工来自马来西亚以外的 30 个国家，充分体现了其员工的多元性和国际性。

表 3.7　诺丁汉大学马来西亚分校员工数量（2012—2016 年）

年份	2012	2013	2014	2015	2016
学术人员	211	247	266	272	281
非学术员工	276	332	339	390	394
总人数	487	579	605	662	675

资料来源：① The University of Nottingham Malaysia Campus Annual Review 2016 [EB/OL]．https：//www.nottingham.edu.my/AboutUs/documents/Annual-review/Annual-review-2016. pdf. 2018-4-3；② OBHE：International Branch Campuses-Trend and Development 2016 [EB/OL]．http：//www.obhe.ac.uk/documents/view_details？id=1035.2017-1-19.

  尽管借调员工数量近几年有所增长，但在诺丁汉大学马来西亚分校的 280 名学术人员中，最多也只有 20 名由母校借调。马来西亚分校的肯德尔（Kendall）教授指出，"学生想要英国的教授，这也是他们付学费到诺丁汉大学分校就读的原因——因此，这里的员工不会百分之百来自马来西亚本土"①。诺丁汉大学马来西亚分校的国际员工大多是基于当地合同聘任的，且大多数管理者是马来西亚人。诺丁汉大学母校保留对国际分校员工任命的职责，并在内部建立了一套与分校商定的程序来进行教职工聘用。

（3）学生管理与服务

诺丁汉大学马来西亚分校为学生提供一系列细致的服务，帮助学生进行大学生活的过渡并致力于提升学生体验，这也是马来西亚分校一直保持极高的学生满意度的重要原因。这些服务包括：建立学术和个人导师系统；提供职业咨询服务、残疾人服务、英文服务支持、学习支持和免费接送巴士服务；校友办公室、研究生院、健康中心及国际办公室等部门提供联合支持。以下主要从招生、导师制、学术指导与职业生涯指导、学生校际流动以及学生活动及其他服务等五个方面进行阐述。

在招生方面，诺丁汉大学马来西亚分校自 2000 年开办的十余年中，学生数量实现了可持续增长，到了 2012 年以后，学生总人数维持在 4000 余人（见表 3.8）。

表 3.8　诺丁汉大学马来西亚分校历年学生人数（2012—2016 年）

年份	2012	2013	2014	2015	2016	2017
预科生	927	1079	1077	608	588	575
本科生	2740	2972	3195	3413	3248	3212
授课型研究生	495	433	404	352	406	394
研究型研究生	263	285	325	379	374	342
交换生	/	/	/	/	82	不详
总人数	4425	4769	5001	4752	4698	4532

资料来源：① The University of Nottingham Malaysia Campus Annual Review 2016 [EB/OL]．https：//www.nottingham.edu.my/AboutUs/documents/Annual-review/Annual-review-2016. pdf. 2018-4-3；② OBHE：International Branch Campuses：Success Factors of Mature IBCs [EB/OL]．http：//www.obhe.ac.uk/documents/view_ details？id=1076.2018-04-19.

---

① 　OBHE：*International Branch Campuses*：*Success Factors of Mature IBCs*，2018 年 4 月 19 日，见 http：//www.obhe.ac.uk/docu-ments/view_ details？id=1076。

在 2016 年的 4698 名学生中，有 3532 名马来西亚人，1166 名来自 85 个国家的国际学生，充分体现了其生源的国际性和多样性。其各院系的学生人数如表 3.9。

表 3.9 2016 年诺丁汉大学马来西亚分校各院系学生人数

院系	马来西亚籍学生	国际学生	总人数
艺术与社会科学学院	1141	544	1685
工程学院	1446	371	1817
科学学院（理学院）	945	251	1196
总人数	3532	1166	4698

资料来源：The University of Nottingham Malaysia Campus Annual Review 2016 ［EB/OL］. https：// www.nottingham.edu.my/AboutUs/documents/Annual-review/Annual-review-2016. pdf. 2018-4-3.

由上述分析有关资料我们可以看出，诺丁汉大学马来西亚分校的学生群体以本科生为主，研究生人数相对较少；各院系学生人数较为均衡。在诺丁汉大学马来西亚分校，大约 75% 为马来西亚当地的学生，另有大约 25% 的国际学生。按数量由高到低进行排序，国际学生的来源国分别为印度、斯里兰卡、巴基斯坦、埃及、新加坡、中国、印度尼西亚、马尔代夫、孟加拉。

诺丁汉大学规定母校应与国际分校管理层讨论入学标准。这些录取标准由国际分校管理部门根据各地进行各地整体情况最终确定。申请和入读诺丁汉大学马来西亚分校的固定流程如下：学生浏览课程项目并进行选择，马来西亚分校在每年 4 月、6 月和 9 月开学。其中 4 月入学生修读的是 3 个学期的预科课程，6 月入学生修读的是工程专业为期三个学期的预科课程，9 月入学生修读的是两个学期的预科课程和所有的本科生和研究生课程。学生须在学校规定日期的两周内完成申请，校方接收材料予以录取后，申请者应在四周内接受入学；国际学生需提前 2—3 个月办理签证事宜；按照学校的开学日期带上材料到校注册。诺丁汉大学马来西亚分校向学生提供各类奖学金，包括高成就奖学金、校长卓越奖学金、校友奖学金、家庭奖学金等。

在学生的学术指导方面，诺丁汉大学马来西亚分校对所有学生实行个人导师制度（personal tutorial system），可以让学生在非学术问题方面获得帮助和支持。此外，学生的课程活动丰富，包括访问学者的客座讲座、研究研讨会、工作坊和学生会议。马来西亚分校师生比例为 1∶14，能够提供更为亲近的教学和学习体验，还可以在学生需要时提供一对一的支持。

在学生的职业发展方面，诺丁汉大学马来西亚分校向学生提供职业咨询服务（Careers Advisiory Service，CAS），帮助学生确定自己的职业发展方向、评估职业机会，顺利开启职业生涯，同时培养在校学生和毕业生的就业技能。诺丁汉大学有着非常强大和活跃的校友网络，有很多毕业生就职于世界五百强公司，这些出色的校友也会时常回访母校，向在校生分享他们的经验；同时在线的校友导师体系也能够为学生提供及时的专业性支持。

（4）学生校际流动

来自诺丁汉大学马来西亚分校和中国分校的本科生有机会通过校区间交流计划在英国母校学习一学期或一学年。[①] 交流是双向的，母校的学生也有机会到马来西亚分校或中国分校进行交流。2016 年，诺丁汉大学马来西亚分校有 82 名交换生。诺丁汉大学的学生还可在与诺丁汉大学有合作伙伴关系的海外大学学习，同诺丁汉大学建立合作伙伴关系的大学包括法国、德国、意大利、荷兰、中国、韩国、日本、澳大利亚、加拿大、墨西哥和智利等国家的大学。

（5）学生活动与其他服务

诺丁汉大学马来西亚分校向学生提供一切便利设施，包括便利店、自动售卖机、自动取款机、图书馆、健身房、餐饮中心、学生活动中心、伊斯兰中心、健康中心及托儿所等。在宗教信仰方面，向穆斯林学生提供24 小时开放的祷告室和搭乘免费巴士去往清真寺的服务，同时在其所在

---

① University of Nottingham：Inter-campus exchange，2018 年 4 月 3 日，见 https：//www. nottingham.ac.uk/studywithus/international-applicants/spend-part-of-your-degree-here/inter-campus-exchange.aspx。

的士毛月市也有佛教、基督教和印度教的宗教活动场所。此外，母校和国际分校的管理部门联合为所有国际分校的学生安排了残疾人联络员，为残障学生提供最大化的便利条件。

3. 专业设置与教学和学习

（1）专业设置

诺丁汉大学马来西亚分校的专业设置与教学是由母校的各学院负责建设的，提供包括预科、本科生、硕士和博士研究生等不同层次的教育项目。学生人数从 2003 年 9 月的 650 人迅速增长到 2009 年 9 月的 3520 人，尤其在搬到新校区之后增长更为迅猛，2005 年有 1400 名在读学生，2009 年有 3520 名学生。诺丁汉大学马来西亚分校预计学生数量将持续增长，最初国际学生占整个学生群体的 25%，而后比例逐渐上升，截至 2010 年其比例已接近 40%。大约有一半的大一新生在诺丁汉大学马来西亚分校修读了预科课程。[①]

诺丁汉大学马来西亚分校设置了 3 个学院（faculty）、16 个系（academic school）、88 个课程项目，涵盖本科、硕士、博士等学历层次，且所有学院均设有预科，具体情况如表 3.10 所示。

表 3.10　诺丁汉大学马来西亚分校专业与课程项目设置（按学位水平分类）

学院	专业设置	课程项目设置	
		层次	课程项目
艺术与社会科学学院	教育学、英语语言教育，现代语言与文化等	本科	应用心理学，商学，经济学，教育学，英语语言文学，传媒、语言与文化，政治、历史与国际关系
		硕士	应用心理学，商学，经济学，教育学，英语语言文学，传媒、语言与文化，政治、历史与国际关系
		博士	应用心理学，商学，经济学，教育学，英语语言文学，传媒、语言与文化，政治、历史与国际关系

---

① QAA：UK collaboration in Malaysia：institutional case studies-University of Nottingham，2018 年 1 月 1 日，见 http：//www. qaa.ac.uk/en/Publications/Documents/University-of-Nottingham-Malaysia-Campus-AOP-ICS-10.pdf。

续表

学院	专业设置	课程项目设置	
		层次	课程项目
工程学院	化学与环境工程，土木工程，机械、材料与制造工程，电气与电子工程，以及应用数学等	本科	化学与环境工程，电气与电子工程，机械、材料与制造工程学
		硕士	工程学，化学与环境工程，土木工程，机械、材料与制造工程学
		博士	工程学
科学学院（理学院）	药学，生物科学，计算机科学和心理学	本科	生物医学科学，生物科学，计算机科学，环境与地理科学，药剂学，心理学
		硕士	生物医学科学，生物科学，计算机科学，环境与地理科学，药剂学，心理学
		博士	生物医学科学，生物科学，计算机科学，环境与地理科学，药剂学，心理学

资料来源：Nottingham University：Study in Malaysia. Courseguidesbrochures［EB/OL］. http://www.nottingham.edu.my/Study/Download-our-brochures/Courseguidesbrochures.aspx.2018-2-10。

在马来西亚分校，身为马来西亚国民的学生，还需要学习 4 个马来西亚资格局（MQA）规定的 4 门必修科目，包括国语、马来西亚研究、信奉伊斯兰教学生的伊斯兰研究、非穆斯林学生的道德教育。马来西亚分校在学期内的每周六提供这些附加课程，并负责评估这些学科，还须将结果报告给马来西亚资格局。这些强制性的要求适用于马来西亚所有的私立高等教育机构。正如分校的肯德尔（Kendall）教授所指出的，诺丁汉大学提供的是全球性的学位，任何额外的课程要求对适应已有的课程结构而言都是一种挑战，其英国主校区和中国校区不会提供这些非常本土化的课程，因此最终这些课程是在正常的学位要求之外提供的，因为诺丁汉大学不会为了适应当地要求而改变其学位要求。[1]

---

[1]　OBHE：International Branch Campuses：Success Factors of Mature IBCs，2018 年 4 月 19 日，见 http://www.obhe.ac.uk/docu-ments/view_ details? id=1076。

（2）教学与学习

诺丁汉大学马来西亚分校把学生放在中心地位，确保学生在一个有学术激励氛围的环境中学习，并为学生的创业和领导能力等个人发展提供机会。这些承诺以及所取得的成就使其获得了英方教学卓越框架（Teaching Excellence Framework，TEF）评估的金牌（Gold）评级，[1] 并在2017年马来西亚高等教育资格局（Malaysia Qualification Agency，MQA）的 SETARA 评级中获得了五星"卓越"（Excellent）评级。[2] 诺丁汉大学马来西亚分校在教与学方面存在以下特征：

①卓越的学术水平

诺丁汉大学马来西亚分校的所有学术人员都是基于卓越的教学与研究能力选拔出来的，其学术人员来自英国、马来西亚和其他国家。这些教师均通过国际招聘选拔，要求不仅具备学科资格，且须拥有研究生证书。教师还需要在研究和出版、社区与国际参与中有出色表现。

②高质量的课程

诺丁汉大学马来西亚分校提供全面和多样的课程，开设了预科、本科、硕博士研究生等课程项目，以满足各级各类学生的需求。课程专业项目涵盖了从艺术与社会科学、工程学与科学等一系列领域，其学位获得了马来西亚、英国质量保障机构、MBA 协会（Association of MBAs）、欧洲

---

① 英国政府于 2017 年实行基于英国高校的学生满意度、毕业生就业率等指标的"教学卓越框架"的"金银铜"分级排名。根据该框架，若学校课程能够在"激发所有学生全部潜能"方面"表现突出"，学生能够"经常参与前沿研究、实践和获得奖学金"，学校会被授予"金牌"；如果学校开设的课程能够"较高水平"地"激发所有学生潜能"，则被授予"银牌"；获得"铜牌"的大学教学质量基本令人满意，但"在一个或某些领域明显低于基准水平"。

② SETARA 评级由马来西亚资格局基于四项主要标准——综合性、教学和学习、研究与创新、服务向马来西亚全国范围内高等教育机构开展的评级活动。其中六星级为杰出（Outstanding），五星级为卓越（Excellent），四星级为优秀（Very good）。2013—2016年，没有机构在 SETARA 排名中获得六星，直到 2017 年的评级中有 8 所大学获得了六星级，同时有包括诺丁汉大学马来西亚分校在内的 21 所高等教育机构获得了五星级。五星级和六星级的 SETARA 排名确保了该机构拥有高质量的教育服务和独特的大学体验。

质量发展认证体系（European Quality Improvement System，EQUIS）、英国工程委员会（UK Engineering Council）以及英国医药委员会（General Pharmaceutical Council）等专业机构的认证。其本科生和研究生课程项目为学生的学习提供了一个结构性框架，如讲座、研讨会和导师制。学生通常在完成必修核心模块后，在多个选修模块中进行选择。这些课程旨在激发学生的好奇心，加深对该学科的理解，掌握未来职业相关的重要方法和技能。教师的教学内容注重最新的研究成果，同时还定期咨询企业和机构雇主，以确保其课程计划能够为学生提供发展关键就业技能的机会。①

在教学与学习方面，诺丁汉大学的质量与标准委员会每年会按照英国高等教育质量保障局（QAA）的质量准则（Quality Code）在各学院层面对大学所有校区的学术工作进行周期性的审查。其目的是为了第一，审查教学与学习活动和各学院结构的有效性，确保其遵守大学质量手册（Quality Manual）；第二，提升各学院的整体绩效；第三，提升学生在教学和学习方面的体验；第四，发现好的实践经验，并推广到整个大学之中，实现持续的质量改进。审查内容包括课程项目评估、学生参与度、学生辅导系统和学生意见反馈等。②

（3）研究

在科研方面，诺丁汉大学马来西亚分校逐步完善了其科研体系，为跨学科研究活动提供内部资金支持，且分校教师也有途径获得来自英国、马来西亚和国际上更高层次的研究资助。2016 年，马来西亚分校共收到1000 万令吉的研究经费，并于 2017 年投入 3700 万令吉用于研究，2016年诺丁汉大学马来西亚分校的教师发表了逾 370 篇论文。诺丁汉大学马来西亚分校建立了多个研究中心，包括：亚洲航空航天城研究与技术中

---

① University of Nottingham Malaysia Postgraduate prospectus 2018/19：*Achieve it in a world beyond ordinary*，2018 年 4 月 3 日，见 https：//www.nottingham.edu.my/Study/Documents/prospectus/Postgraduate-Prospectus-2018.pdf。

② University of Nottingham：Teaching and Learning Review Handbook，2018 年 4 月 3 日，见 https：//www.nottingham.ac.uk/ academicservices/documents/qmdocuments/tlr-handbook.pdf。

心（Asia Aerospace City Research and Technology Centre，AARTC）、跨学科数据分析中心（Centre for Interdisciplinary Data Analytics，CIDA）、绿色科技卓越中心（Centre for Excellence for Green Technologies，CEGT）、环境可持续性研究中心（Research Centre in Environmental Sustainability，MINDSET）以及可持续棕榈油研究中心（Centre for Sustainable Palm Oil Research，CESPOR）。除此之外，诺丁汉大学马来西亚分校还有 14 个研究团队，包括主动视觉、先进材料、燃烧与燃料、药物递送、食品与制药工程、食物、营养与健康、智能系统、分子药物与生物生产、纳米技术与先进材料、聚合物复合材料、再生能源、纳米超级电容器试点工厂、可持续流程整合、城市气候与污染。① 这些卓越的研究工作不仅使诺丁汉大学马来西亚分校获得了国际大学的声誉和地位，还造福马来西亚当地社区，其研究与本土化相结合，改善了当地环境，推动了经济发展。这也是诺丁汉大学马来西亚分校受到马来西亚政府欢迎的重要原因之一。

4.质量保障

诺丁汉大学马来西亚分校提供的所有学位证书均与母校相同，且有着与母校相同的质量保障流程。

（1）国际化的英国证书认证

目前，马来西亚资格局（Malaysia Qualification Agency，MQA）负责当地高等教育课程项目与资格的授权。若一所海外大学想在马来西亚开设分校，就必须获得马来西亚高等教育部（Ministry of Higher Education）的许可。独立的课程项目须获得马来西亚国家认证委员会（National Accreditation Board，LAN 是其马来语的缩写）的许可。马方高等教育部向诺丁汉大学马来西亚分校颁发了许可证书，允许其运营经英方认证的母体机构的课程项目。除此以外，诺丁汉大学马来西亚分校还可以发展经英方认证的马来西亚本土的课程项目，如机电一体化工程（mechatronic

---

① Science Research：The University of Nottingham Malaysia Campus，2018 年 4 月 3 日，见 https：//www.nottingham.edu.my/ Study/Documents/UNMCScience-Research-Brochure30-8-12.pdf。

engineering)。因此，大学受邀开设分校，不可避免地须符合当地学校的认证（recognition）和授证（awards）要求。这对于想要在马来西亚公共部门找工作的毕业生非常关键，对马来西亚籍的毕业生更为重要。①

马来西亚学生尤为热衷获得专业认证，通常会通过马来西亚各专业法定监管机构（Professional，Statutory and Regulatory Body，PSRB）获得认证证书，这将为他们本地就业提供优势。国际学生则对英国或美国、澳大利亚的专业认证更感兴趣。马来西亚分校提供的所有课程均由马来西亚资格局授权，其大部分本科生课程都是由专业机构认证的，这确保了其课程可以达到行业标准。这些专业机构包括：注册会计师协会、马来西亚工程师理事会、英国计算机协会、英国营养师协会、英国心理学协会、澳大利亚注册会计师协会、英国皇家特许管理会计师工会、欧洲质量发展认证体系、药品委员会、英格兰和威尔士注册会计师协会、机械工程师协会、化学工程师协会、工程与技术协会、工程设计师协会、调解委员会（土木工程）、马来西亚药物委员会等。

诺丁汉大学马来西亚分校的药学专业是第一个在英国境外获得认证的药学专业，由皇家药学协会（Royal Pharmaceutical Society of Great Britain，RPSGB）认证。认证要求学生在诺丁汉大学马来西亚分校学习两年后，转移到英国母校完成学业，皇家药学协会的认证意味着药学的毕业生同时在英国和马来西亚得到了专业认证。

2007年，马来西亚化学工程师协会（Institution of Chemical Engineers，IChmeE）代表英国工程师委员会（Engineering Council UK）通过同一位负责人同时在英国和马来西亚分校进行了两次独立的认证考察，对英国母校及其海外分校的化学工程课程项目予以认证。

会计和金融领域的认证与豁免更复杂一些。来自马来西亚所有公立大学的毕业生中仅有一小部分有资格成为马来西亚会计师协会的会员。但

---

① QAA：UK collaboration in Malaysia：institutional case studies-University of Nottingham，2018年1月1日，见 http:// www.qaa.ac.uk/en/Publications/Documents/University-of-Nottingham-Malaysia-Campus-AOP-ICS-10.pdf。

他们可以利用其学位获得英国会计专业机构的部分豁免，如特许注册会计师协会（Association of Charted Certified Accountants，ACCA），并完成其专业考试。一旦获得 ACCA 资格，他们有资格申请加入马来西亚会计师协会（Malaysian Institute of Accountants，MIA），在马来西亚学习会计学或金融相关课程项目的学生也可通过修读规定的模块达到符合的条件标准，从而获得英国特许管理会计师协会（UK Chartered Institute of Management Accountants）、英格兰与威尔士特许会计师协会（the Institute of Chartered Accountants in England and Wales，ICAEW），澳大利亚注册会计师协会和美国特许金融分析师协会的考试认证。

马来西亚分校的 MBA 课程认证与英方 MBA 协会（Association of MBAs，AMBAs）和英国质量改进系统（European Quality Improvement System，EQUIS）的认证相同。诺丁汉大学还申请了美国大学商学院协会（American-based Association to Advance Collegiate Schools of Business，AACSB）MBA 课程项目外部认证。诺丁汉大学还意在使英国校区和所有的海外分校得到相同的认证。马来西亚分校的工作人员通过视频会议参加了英方的 AMBA 认证活动。EQUIS 对诺丁汉大学的三个校区（母校、马来西亚分校和中国分校）进行了为期三天的认证，并于 2010 年进行了 AACSB 的认证。这使得该 MBA 学位证书更具国际色彩，并利于毕业生在马来西亚当地和世界各地的就业。

在诺丁汉大学马来西亚分校开设之初，艺术与教育类专业仅提供研究生课程，毕业生无法获得教师资格。后来，马来西亚分校对引入本科教育的可能性进行了摸索，在这个过程中主要的挑战之一是在将教学实习作为课程整体的一部分，需要协调英方和马来西亚对教师资格的不同要求，使毕业生能够获得双方的教师资格认证。[①]

---

① QAA：UK collaboration in Malaysia；institutional case studies-University of Nottingham，2018 年 1 月 1 日，见 http：//www.qaa.ac.uk/en/Publications/Documents/University-of-Nottingham-Malaysia-Campus-AOP-ICS-10.pdf。

（2）内部质量保障

诺丁汉大学马来西亚分校所有的质量保障事宜均由英方母校监管。在运营海外分校的初期，母校采取的一个基本原则就是保持所有校区的质量保证和学术标准以及学生学习的机会都是相同的。诺丁汉大学母校根据英国质量保障局（QAA）的高等教育质量准则（UK Quality Code）[①] 开发了《诺丁汉大学质量手册》（*Quality Manual*），该手册涵盖了诺丁汉大学所有校区有关教职员工的政策与各类程序，分为 11 个部分：课程；招生；注册、考勤与学习；教学与学习；不在校的学习；评估与授证；学生支持；学生参与与申诉；研究型学位；践行英国高等教育质量准则；委员会和联系人。针对国际分校在东道国的要求和流程也都被纳入其中，无论是母校还是分校，质量手册中的所有流程都将严格地应用到大学的所有校区。母校和分校同一学科的教职员工都属于同一个学院，各学院的负责人对母校和分校所有校区质量手册的实施负主要责任。[②]

质量手册是诺丁汉大学员工和学生重要的参考信息，概述了学校在多个校区提供教学服务的质量保障政策框架。质量手册和诺丁汉大学其他有关教学与学习的质量管理规定同样适用于英国和亚洲的所有校区。其中个别条例有所修订，以反映某些国家（如马来西亚和中国宁波）当地的需求。但这些条例只有在明确相应的政策或程序已被确定和修改后，才能根据充分的理由予以批准。如果手册中没有单独的特定校区即马来西亚分校或中国宁波分校的条例，则表明这些条例完全适用于所有校区。

---

① 英国高等教育质量准则是一系列国家协定的控制点，给了所有高等教育机构一个设定、描述和保障其高等教育课程质量与标准的共同起点。其由三个部分组成：一是设定和保持最低学术标准；二是学术质量保障及提高；三是向公众提供高等教育信息。该准则就这三种元素向高等教育机构设立标准提供参照。转引自国兆亮《建立高等教育质量国家标准的思考——来自英国的经验和启示》，《现代教育管理》2017 年第 8 期，第 47—52 页。

② QAA：*UK collaboration in Malaysia*：*institutional case studies-University of Nottingham*，2018 年 1 月 1 日，见 http://www.qaa.ac.uk/en/Publications/Documents/University-of-Nottingham-Malaysia-Campus-AOP-ICS-10.pdf。

在所有校区，质量保障（包括课程模块和各类项目）的责任主体是学术评议会和由其各委员会管辖下的各个学院。每所分校的各机构都必须进行联结，以确保在当地条件约束下各学院能够付诸同等的实践。学院院长有责任按照质量手册对学院的各项做法进行审查，同时母校层面的学院审查小组也会检查其是否符合质量手册。

质量手册的各个部分阐述了各学院必须得到母校层面的批准才能采取行动的情况。注册部门（The Registrar's Department）有责任阐释质量手册，并有责任确定学院的行为是否符合质量手册，是否需要母校层面的批准。如果学院被告知某项行动超出了质量手册的规定，但仍希望采取该行动，则注册部门将代表质量与标准委员会（Quality & Standards Committee）考虑对该请求予以处理。各分校的高级管理人员应就学院层面的具体质量保障安排进行协商，并就其影响这些校园运作的事务达成协定。母体机构可以选择给予分校足够大的自主权，但必须保留履行总体监督职能的责任，以确保"质量手册"中的政策和程序得以适当执行。质量与标准委员会通过年度监测（Annual Monitoring）对此进行监督。如果母校的活动对分校的学院事务或整体管理产生影响，分校中的相关管理人员（如学院院长、副校长或系主任）必须充分参与决策，并应就所采取的行动达成共识。同样，分校管理部门对各学院学术活动产生影响的决定应与母校的各学院达成共识。如果各学院与国际分校管理部门之间达不成共识，则应将该问题提交给大学教学与学习委员会（涉及学术政策事宜）或全球参与部门（涉及战略或运营事宜）。

就组织结构而言，分校和英国校区某一特定学科领域的学术人员应被视为母校相关学院的成员（尽管他们的就业合同可能属于不同的法律实体）。在多个校区提供相同课程项目和模块的情况下，母校各学院院长负责这些课程项目在所有校区的变更和实施方式的沟通和完善。在各校区提供的模块必须按照相同的标准达到相同的学习成果，并涵盖相同的核心科目。教学项目内容的等同是基本要求，但未必完全相同。只要学习成果保持不变，名称、结构（必修模块除外）和同一课程项目的内容可能因不同校区而异。各个模块和整体学位课程的发展和提升应被视为一个涉及所有校区相关人员的协作过程。国际分校可能会提出或变更新的课程项目，这些提案应通过各学院和英国校区的母校系统来进行。尽管受到时间和空间的限制，所有校区的员工都应有机会参与评估过程和提出建议（包括期末考试委员会的参与）；正常情况下至少要有一名来自分校内部考试委员会的成员作为母校期末委员会的代表；如果条件受限，各学院必须确保有人能够充分表达分校考官的观点。

海外分校作为母校不可分割的一部分，在审查学术事务方面有着教学与学习审查流程、教育增强与保障审查流程以及年度监测等措施，且出于分校当地的要求可能会进行额外的审查。独立的分校审查将重点关注背景和环境问题，而非针对个别学术单元的具体规定。诺丁汉大学内部审查员的地位是平等的，不管哪个校区，审查委员会在海外分校会面时角色相同。①

（3）外部质量保障

外部质量监管对于保障分校的学术标准和质量、分校未来的发展至关重要。英国和马来西亚两方的高等教育部门均对诺丁汉大学马来西亚分校进行监管。一方面，英国非常重视维护其高等教育部门的声誉；另一方面，为提高当地高等教育水平，马来西亚政府也对外来高等教育机构采取了严格的准入标准和流程措施。

①来自英国的监管

英国高等教育质量保障局（QAA）作为第三方独立机构，对英国高等教育机构进行周期性的评估审查。英国高等教育质量保障局根据其质量准则（QAA Quality Code）中的外部审查标准和流程，制定了对英国在马来西亚跨国教育（主要针对海外分校）的审查方案，2010 年 3 月英国高等教育质量保障局访问了诺丁汉大学马来西亚分校，并就分校的运营与学

---

①　QAA：*UK collaboration in Malaysia：institutional case studies-University of Nottingham*，2018 年 1 月 1 日，见 http://www.qaa.ac.uk/en/Publications/Documents/University-of-Nottingham-Malaysia-Campus-AOP-ICS-10.pdf。

校师生进行了交流，发布了审查报告《英国在马来西亚的跨国审查——机构个案研究：诺丁汉大学马来西亚分校》（*UK collaboration in Malaysia：institutional case studies-University of Nottingham Malaysia Campus*）。①

　　②来自马来西亚的监管

　　马来西亚资格框架（Malaysia Qualifications Framework，MQF）是一个统一的系统，提供马来西亚所有教育与培训机构的资格标准，并确保资格的准确性与一致性。马来西亚资格框架的实施由马来西亚资格局（Malaysia Qualifications Agency，MQA）监管。马来西亚资格局开发了一套实践准则，提供以下一系列支持，包括：愿景、使命、学习成果；课程设计与实施；学生选拔与支持服务；学生评估；教职员工；教育资源；课程监管与审查；领导力、治理与管理；持续的质量认证等等。在准备自我认证角色的自我评估文件过程中，大学必须遵守马来西亚资格局的各项资格准则。

　　虽然马来西亚资格局资格准则取决于公认的国际实践经验，但它与英国的学术规范体系并不相同——因此在外部质量保障方面，诺丁汉大学马来西亚分校面临一些不同的要求，须进行调适。如上所述，诺丁汉大学的基本指导原则是所有的校区都是大学的一部分，因此必须使用相同的监管框架来管理所有校区的运营。诺丁汉大学也坚持主张所有校区的课程项目必须相同，课程不应为了符合当地的要求受到马方操控。在实践中，不同校区的课程模块在实施时须有相同的学习效果，并涵盖相同的核心科目，教学课程的内容需保持大致相当。例如，在马来西亚，工程类硕士生（MEng）必须进行一定时期的行业培训，才能通过马来西亚工程师委员会的认证。起初，分校并没有充分考虑学生就业能力的需求，但随后采取了必要的行动以符合工程师委员会的要求，并对课程项目进行了审查，以符合行业的培训要求。

---

① QAA：UK collaboration in Malaysia：institutional case studies-University of Nottingham，2018 年 1 月 1 日，见 http：// www.qaa.ac.uk/en/Publications/Documents/University-of-Nottingham-Malaysia-Campus-AOP-ICS-10.pdf。

（三）案例二：赫瑞瓦特大学迪拜分校运行机制

位于英国苏格兰爱丁堡的赫瑞瓦特大学始建于 1821 年，其前身是爱丁堡工学院，随着 1963 年《罗宾斯报告》（*Robbins Report*）的发布，赫瑞瓦特学院于 1966 年升格为赫瑞瓦特大学。2018 年，《卫报》（*The Guardian*）最新发布的英国大学排行榜中，赫瑞瓦特大学居于第 26 位①，是一所教学质量较高、受到专业评估机构认可的综合性大学，在英国诸多开办海外分校的高校中具有代表性。

1. 赫瑞瓦特大学创建迪拜分校的历程

赫瑞瓦特大学迪拜分校（Heriot-Watt University Dubai）于 2005 年开办，是赫瑞瓦特大学开办的第一所海外分校，也是迪拜国际学术城自由区（Dubai International Academic City，DIAC）入驻的第一所外国大学分校。

（1）赫瑞瓦特大学的国际化战略

英国赫瑞瓦特大学的办学愿景是在科学、工程、技术和商业等专业方面成为世界领先的大学，因此一直将国际化作为自身追求的目标，并专注于解决全球化带来的挑战，积极在世界各地建立合作伙伴关系。国际化已经成为赫瑞瓦特大学发展战略的核心部分，主要体现在：①设立国际事务的专职部门，开发国际化业务。②在办学目标中体现国际化元素：提高大学的国际声誉和地位；促进赫瑞瓦特大学成为研究与创新中心；成为全球领先的高质量学习和教学院校；促进学术活动的可持续发展；通过国际业务促进大学财政增收。

作为国际化战略的一部分，赫瑞瓦特大学对开办海外分校保持着极高的市场敏锐度，专门开发了市场研究战略，充分利用员工的专业技能和设在各个国家和地区人员所掌握的信息，来提高市场监测和分析能力，并积极利用其广泛的校友网络——瓦特俱乐部（Watt Club），寻求海外办学的机会，使赫瑞瓦特大学有机会接触到更多的合作伙伴。

---

① University League Tables 2018，2017 年 6 月 5 日，见 https：//www.theguardian.com/education/ng-interactive/2017/may/ 16/university-league-tables-2018。

（2）倡议与合作

建立海外分校是赫瑞瓦特大学国际战略的一个重要组成部分。该大学国际部门在搜寻办学目标地区的过程中发现，赫瑞瓦特大学专注于工程学的学科优势与特点正好契合了阿联酋迪拜当地经济发展的目标，与此同时迪拜建成的第二个知识自由区——迪拜国际学术城（DIAC）也正在寻求合作伙伴，因此，赫瑞瓦特大学受到迪拜政府的欢迎，受邀加入了迪拜国际学术城高等教育簇群，并成为迪拜国际学术城第一所入驻的海外分校。

为保证办学的顺利进行，赫瑞瓦特大学进行了精心准备和计划。负责国际学术发展事务的副校长为该校规划和管理执行部门（Planning and Management Executive，PME）起草了指导报告，阐明了机遇、应考虑的因素和具体的推进方案。在此基础上，规划和管理执行部门制定出了更为详细的执行方案，包括母校和基础设施提供者之间的职责分配、教学模式、学术计划和成本方面的初步设想。正式的提案经由校务委员会、学术评议会（the University Court and Senate）许可，按照特定的大学流程要求，赫瑞瓦特大学专门成立一个项目委员会负责推进迪拜海外分校的事宜。2005年，赫瑞瓦特大学迪拜分校在迪拜国际学术城正式成立。

（3）融资与设施提供

融资是创建海外分校的重要环节。按照琳恩·弗比克（Line Verbik）对海外分校融资模式的三种分类：母校独资模式、外部资助模式和输入国提供办学设施模式，① 赫瑞瓦特大学迪拜分校属于输入国提供办学设施的融资模式，在资金、场地和设施方面得到了迪拜TECOM集团旗下迪拜国际学术城的全力支持。

成立于2005年的TECOM集团是迪拜控股（Dubai Holding）的一分子，迪拜控股成立于2004年，是一家投资集团，支持迪拜非石油经济在

---

① Verbik L., The international branch campus：Models and trends, *International Higher Education*, 2007（46）。

各个领域的发展。TECOM集团通过创建商业共同体和创新商业解决方案，与迪拜政府建立合作伙伴关系，在贯彻政府的创新策略、倡导人才发展、支持初创公司和中小型公司，以及其服务部门等方面发挥重要的引领作用。2020年，TECOM集团在各个行业共建立了11个自由区，其中包括两个高等教育自由区：迪拜知识园（DKP）和迪拜国际学术城（DIAC）。TECOM集团为其合作伙伴提供包括教育、学生宿舍、零售、酒店、餐饮或其他综合用途等各类场所和空间。

2006年6月，赫瑞瓦特大学与伊肯国际控股有限公司（Eikon International Holding FZ-LLC）签订合同，由赫瑞瓦特大学负责教学和根据当局的高等教育证书许可标准进行学术输入；伊肯公司负责按照AIP服务标准提供基础设施的服务。伊肯国际控股有限公司成立于2005年，其建立的初衷就是为赫瑞瓦特大学的迪拜分校服务。伊肯公司为赫瑞瓦特大学迪拜分校提供了大部分基础设施，包括专用教室、信息网络、图书馆、实验室、餐厅等；还提供大量的除教员之外的支持类员工和各类服务如信息网络、交通、住宿和签证等，为保证设施和服务的质量，赫瑞瓦特大学负责制定和检测外包服务的标准。

出于某些原因伊肯公司关闭之后，赫瑞瓦特大学迪拜分校与学术基础设施合作伙伴（Academic Infrastructure Partner，AIP）——学习世界（Study World）控股有限公司[1]建立了合作伙伴关系，学习世界公司负责维护分校的建筑和学生宿舍，并提供一系列服务支持。这种合作伙伴关系通过协约共享运营收益建立，双方均由地方当局认证。在分校运营的十余年间，这种合作伙伴关系得以很好运行，实现了成功发展。近几年，赫瑞瓦特大学与AIP开展了更为紧密的合作，并拓展了其合作伙伴关系的新路径，包括引入针对员工的领导力与管理联合发展项目等。[2]

TECOM集团和伊肯公司以及后来的学习世界公司提供的土地、建筑

---

① Study World Education Holding Group，2018年4月19日，见 http：//www.swehg.com/。

② OBHE：International Branch Campuses：Success Factors of Mature IBCs，2018年4月19日，见 http：//www.obhe.ac.uk/documents/view_details? id=1076。

空间、基础设施约占据赫瑞瓦特大学迪拜分校投资费用的四分之一。分校的其他资金主要来自学生学费，住宿、餐饮、会议收入，捐赠与其他投资收入，其科学的运营方式使其一直保持着收支平衡且有所盈余。赫瑞瓦特大学迪拜分校在运营的十余年中，逐渐形成了盈利模式，并由大学和相关的基础设施供应商按照协约规定共享运营收益。① 赫瑞瓦特大学迪拜分校也因此成为一个成功利用东道国资助和设施，实现良性商业运营的海外办学典范。

2. 赫瑞瓦特大学迪拜分校管理机制

（1）治理结构

管理海外分校的教职员工、学生以及海外分校自身的市场准入、与东道国政府的沟通都是分校治理过程中需面临的问题，所以拥有良好的治理结构是海外分校得以发展的保障。② 分校的治理需要平衡母国和东道国之间的需求，使多元文化融洽共存，同时须稳妥解决运营过程中有关风险投资的各类挑战。

英国大学海外分校普遍采取与母校相同的管理方式，多数实行董事会领导下的校长负责制。赫瑞瓦特大学母校的内部治理结构分为三个部分：董事会、学术评议会、校务委员会。为了保障分校按照母校的标准办学，赫瑞瓦特大学在其迪拜分校也设置了校务委员会和学术评议会作为主要管理机构，但暂未设置分校的董事会。③ 迪拜分校的学术评议会和校务委员会受主校区董事会、学术评议会和校务委员会的领导，融入到大学总

---

① Heriot Watt Economic Impact Study，2017 年 10 月 22 日，见 https：//www.warwick. ac.uk/research/warwickcommission/ chancellorscommission/resources/secondary_research/ heriot_watt_university_economic_impact_report.pdf。

② Healey N M. The challenges of leading an international branch campus：The "lived experience" of in country senior managers，*Journal of Studies in International Education*，2016，20（1）：61-78。

③ Quality Beyond Boundaries Group（QBBG）Melbourne：Heriot-Watt University-Case Study，2017 年 10 月 15 日，见 https：// www.khda.gov.ae/hesummit/pdf/QBBG Melbourne Oc2016HWUCase Study. pdf。

的治理结构中，形成了治理一体化的格局（如图 3.4）。

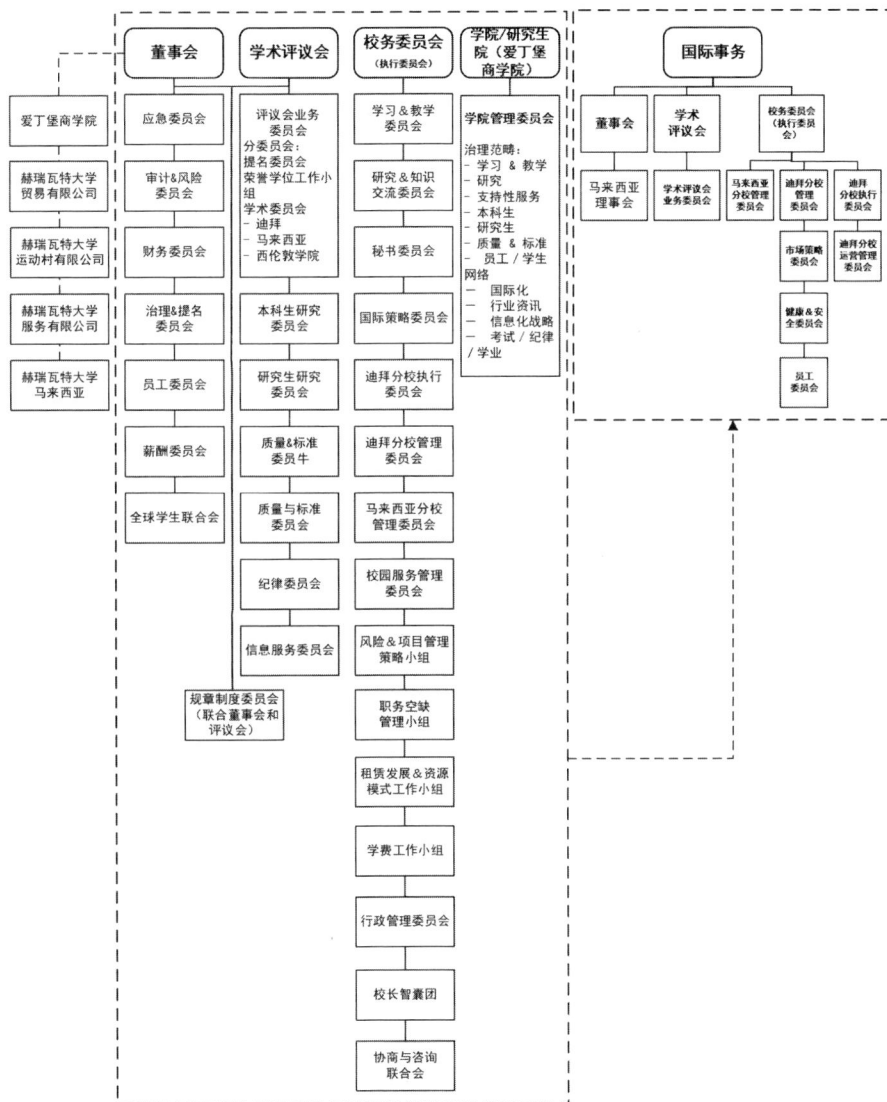

图表内容（图 3.4 赫瑞瓦特大学治理结构）：

顶部框：董事会 ｜ 学术评议会 ｜ 校务委员会（执行委员会）｜ 学院/研究生院（爱丁堡商学院）｜ 国际事务

左侧（虚线连接）：
- 爱丁堡商学院
- 赫瑞瓦特大学贸易有限公司
- 赫瑞瓦特大学运动村有限公司
- 赫瑞瓦特大学服务有限公司
- 赫瑞瓦特大学马来西亚

董事会：
- 应急委员会
- 审计&风险委员会
- 财务委员会
- 治理&提名委员会
- 员工委员会
- 薪酬委员会
- 全球学生联合会

学术评议会：
- 评议会业务委员会
- 分委员会：提名委员会 荣誉学位工作小组 学术委员会 - 迪拜 - 马来西亚 - 西伦敦教学院
- 本科生研究委员会
- 研究生研究委员会
- 质量&标准委员牛
- 质量与标准委员会
- 纪律委员会
- 信息服务委员会
- 规章制度委员会（联合董事会和评议会）

校务委员会（执行委员会）：
- 学习&教学委员会
- 研究&知识交流委员会
- 秘书委员会
- 国际策略委员会
- 迪拜分校执行委员会
- 迪拜分校管理委员会
- 马来西亚分校管理委员会
- 校园服务管理委员会
- 风险&项目管理策略小组
- 职务空缺管理小组
- 租赁发展&资源模式工作小组
- 学费工作小组
- 行政管理委员会
- 校长智囊团
- 协商与咨询联合会

学院/研究生院（爱丁堡商学院）：
- 学院管理委员会
- 治理范畴：学习 & 教学、研究、支持性研究、本科生、研究生、质量 & 标准、员工 / 学生网络 — 国际化、行业资讯、信息化战略、考试 / 纪律 / 学业

国际事务：
- 董事会 ｜ 学术评议会 ｜ 校务委员会（执行委员会）
- 马来西亚理事会
- 学术评议会业务委员会
- 马来西亚分校管理委员会
- 迪拜分校管理委员会
- 迪拜分校执行委员会
- 市场策略委员会
- 迪拜分校运营管理委员会
- 健康&安全委员会
- 员工委员会

图 3.4　赫瑞瓦特大学治理结构

资料参考：Heriot-Watt University：Case Study ［EB/OL］．https：//www.khda.gov.ae/hesummit/pdf/ QBBGMelbourneOct2016HWUCaseStudy.pdf.2017-6-7.

①迪拜分校学术评议会

赫瑞瓦特大学迪拜分校的校长由母校教务长兼任，副校长（vice

principal)① 由母校方面委派，须具备在母校机构长期工作的经验，并熟悉中东文化。迪拜分校学术评议会由迪拜分校的副校长任主席，评议会成员包括迪拜分校和爱丁堡主校区的高层管理人员、迪拜分校各学院院长、负责预科项目的学术负责人、学术人员及学生代表。迪拜分校学术评议会的职权包括：管理各学院迪拜分校课程项目的设置和变更；向本科生研究委员会和研究生研究委员会提供意见；接受和审议与迪拜分校课程项目质量和标准有关的报告，并提交意见和建议；向其下设的质量与标准委员会（University Committee for Quality and Standards，UCQS）提出建议；监测迪拜分校学生的学习体验，并向相关负责人或分校副校长提出改进措施；以及考虑与迪拜分校有关的任何其他学术事宜。

此外，为了对分布在世界各地的分校进行学术方面的管理，赫瑞瓦特大学联合母校和各分校的学术评议会，于 2014 年 9 月建立了一体化的学术管理结构，如图 3.5 所示。在母校校级层面，赫瑞瓦特大学设立一个研究委员会、一个学习和教学委员会；在母校的学院层面，设立各学院的研究委员会、学习和教学委员会；在各分校和各专业层面，设立学习项目主任。从分校校级层面到学院层面，再到母校层面，自上而下的一体化学术管理结构提供了一个管理学术发展和教学活动的统一框架，保证了母校在其整体战略布局、学术信息的整合、信息的上传下达等方面更为高效。

②迪拜分校校务委员会

迪拜分校校务委员会成员包括赫瑞瓦特大学秘书（任主席）、迪拜分校副校长、教务长、迪拜分校管理与注册主管、伊肯公司董事长和伊肯公司执行董事。迪拜分校校务委员会通过大学秘书向母校的校务委员会汇报工作，并通过伊肯公司职员向伊肯国际控股有限公司董事会汇报。

迪拜分校校务委员会向母校校务委员会负责，其目的是引导迪拜分

① 英国大学的副校长（Vice-chancellor）（笔者注：也称为执行校长）是名副其实的权力主体，除了握有相应的任免权，还负有科研、教学、人事和学生管理方面的责任，对数亿的财务决策具有重大影响力。转引自郑文《论英国大学副校长的角色、特征及权力》，《比较教育研究》2006 年第 7 期。

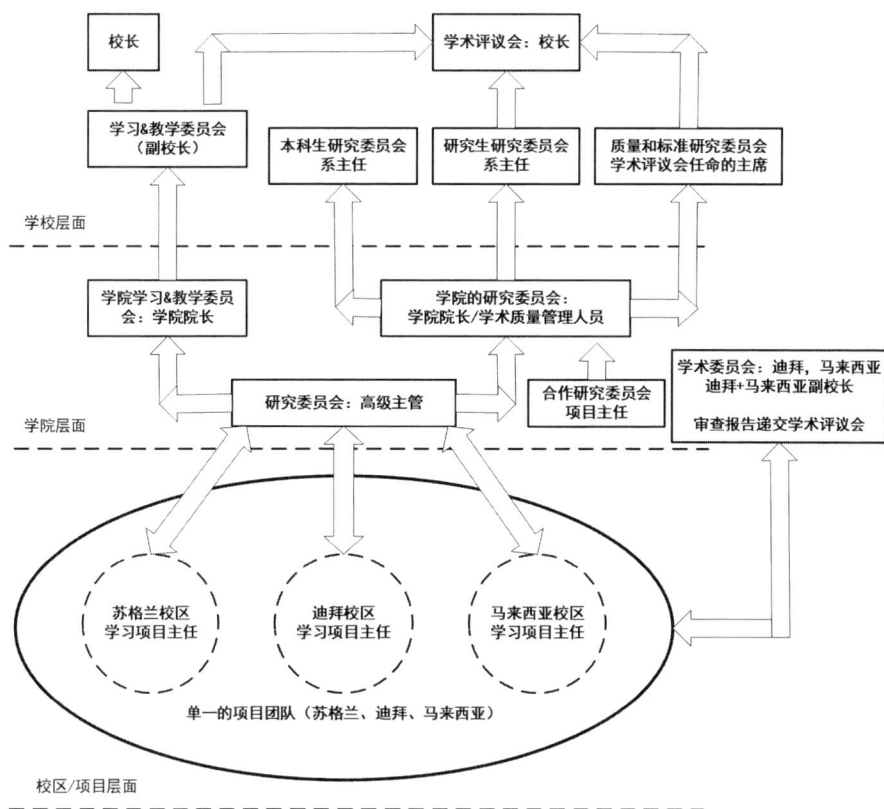

图 3.5　赫瑞瓦特大学一体化学术管理结构

资料参考：Heriot-Watt University：Case Study〔EB/OL〕. https：//www.khda.gov.ae/hesummit/pdf/
QBBGMelbourneOct2016HWUCaseStudy.pdf.2017-6-7.

校服务于母校的整体发展战略，支持大学的战略规划，促进与合资方的业务合作。其职责包括：制定校园服务和基础设施长期发展的策略、提供服务的业务流程规划；审查区域发展趋势，包括经济、产业和教育的发展；把控迪拜分校服务运营情况；辨识和解决任何关键问题；保持营销策略的大方向；树立该地区赫瑞瓦特大学品牌的良好口碑；讨论并达成一致策略，以维持和提升学生体验。

（2）师资管理

截至 2017 年 4 月，赫瑞瓦特大学教职员工共有 2362 人，其中迪拜分校员工占5%，共104人，其中学术人员79人，专业服务支持人员25人。①迪拜分校的教职员工基本上是国际招聘和本地招聘、全职与兼职相结合。办学初期，迪拜分校多依赖于来自母校的访问学者进行教学，但目前这种情况已经越来越少。只有非常特殊的项目如MBA或石油工程学院的项目，才会使用"飞行教员"（flying faculty，又称"访问学者"）。

在职员的资格方面，尽管不是强制要求，赫瑞瓦特大学一直以来都鼓励其教学人员获得高等教育教学资格（Postgraduate Certificate in Academic Practice，PGCAP）。与母校职员一样，分校的长期职员须符合试用期要求并通过个人发展性审查（Personal Development Review，PDR），目前迪拜分校已有49位员工通过了该审查。

同时，赫瑞瓦特大学在2013—2018年战略计划中指出，大学将为教职人员提供更多国际流动机会。借调政策就是举措之一，涵盖教师在大学各部门的流动、各校区之间的流动。借调属于自愿性质，分为短期和长期，短期借调一般为1—6个月，长期借调一般为半年到两年。对于借调到其他校区的员工将有合理的住宿、补贴安排。借调也可以使教职人员获得另一部门或另一校区的工作经验，并在借调过程中分享他们的知识与学习；加强了与大学或外部组织更广泛的人际关系网络；增加了教师的职业发展机会；促进其日后更多的和长期的合作。② 这一政策的推出，也为迪拜分校提供了新的师生来源和教师新的专业发展机会。

（3）学生管理与服务

①招生

随着全球海外分校的数量不断上升，竞争也日趋激烈。以往也有不少海外分校陆续关闭，其原因主要有两个：一是不符合监管机构所要求的学术标准；二是没有足够的生源。可见一所海外分校的可持续发展，足够

---

① Heriot-Watt University Employee Information，2017年10月22日， 见 https：//www.hw.ac.uk/services/docs/EmployeeInfo. pdf。

② Secondment Policy，2017年10月22日，见 https：//www.hw.ac.uk/services/docs/Secondment Policy Final APRIL2017.pdf。

的生源是必要条件。赫瑞瓦特大学迪拜分校自 2005 年开办的十余年中，学生数量实现了可持续增长，从 2005 年的 120 名学生到现有从本科生到研究生层次的学生近 4000 名，学生规模不断扩大（见表 3.11）。

表 3.11　赫瑞瓦特大学迪拜分校学生人数增长情况（2010—2016 年）

学年	2010/11	2011/12	2012/13	2013/14	2014/15	2015/16
本科生	1145	1815	2265	2450	2506	2492
硕士研究生	790	935	1185	1305	1314	1366
博士研究生	—	—	—	—	5	7
总人数	1935	2750	3450	3755	3825	3865

资料来源：赫瑞瓦特大学年度决算和财务报表 [EB/OL]．https：//www.hw.ac.uk/services/management-accounts.htm. 2017-10-22.

其招生策略主要有三个方面的经验：

第一，改善学习环境，提供更好的校园设施和服务。2013 年，赫瑞瓦特大学完成了在 DIAC 的第二期扩建，新的迪拜校园面积扩大到 10 万平方米，能够容纳 6000 名学生，同时在后勤服务方面更加趋于完善。第二，提供全面且与当地就业市场相吻合的课程项目。迪拜分校开办之初仅有 120 名学生就读于管理学、语言和数学与计算机科学的课程项目。此后，分校不断推出新的课程项目。到目前为止，迪拜分校已有 57 个涵盖本科生和研究生层次在内的课程项目。为了在迪拜这个海外分校密集的地区抢占生源，迪拜分校在其专业设置上充分考虑满足当地社区的需求。譬如，迪拜分校于 2011 年提供的能源学硕士项目，与阿联酋面临的淡化水资源问题息息相关。同时，迪拜分校还通过与本地企业建立合作伙伴关系，为毕业生增加就业机会。第三，多渠道的宣传活动。赫瑞瓦特大学迪拜分校发展了非常完善的招生市场策略，可以保证连续数年招生数量的可持续增长，学生可以通过一系列市场活动如学校博览会、开放日、校内开放支持系统或通过网站获取入学机会。同时，负责录取团队通过核实各项指标作出录取决定，若学生不满足录取标准，有预科项目可供选择，为学生提供具有深度和广度的学术技能训练。

②导师制

在赫瑞瓦特大学的所有校区，每名学生都会被分配一名学术人员作为他们的个人导师。个人导师的职责包括：学生重要的咨询、指导和支持来源，若学生有关于学术和非学术方面的任何问题，个人导师将是第一联系人，联合学校的其他机构，为学生提供妥善的支持服务。

③学术指导与职业生涯指导

赫瑞瓦特大学迪拜分校同母体机构一样，在职业发展方面为学生提供了充足的支持：设有职业服务办公室，为学生提供职业辅导计划，举办职业展览会和各类互动式就业研讨会，提供专门的职业网站为学生提供各类职业发展信息。[①] 但向学生提供的学术服务，比起英国校区，分校则显得更为有限。在迪拜校区没有咨询和学术建议服务，目前赫瑞瓦特大学也正在规划使这些服务能够在任何校区都保持一贯的高水准。

④学生校际流动

赫瑞瓦特大学的 Go Global 全球计划，涵盖了学生的校际流动（Inter-campus Transfer）、伊拉斯谟项目（Erasmus Programme）、交换生项目。其中，学生的校际流动即在赫瑞瓦特大学三个校区——英国本土、迪拜和马来西亚之间流动，旨在使学生有机会领略周围的世界，了解不同的文化，获得新的学习和生活体验。学生的校际流动的时间一般 1 学期或 1 年，并可获得学校资助。但目前来看，从迪拜向英国本土校区的学生流动远多于其他校区向迪拜的学生流动数量（见表 3.12）。

表 3.12　2016—2017 年赫瑞瓦特大学学生校际流动情况

	一年	一学期
英国到迪拜	0	13
英国到马来西亚	13	15

---

① Heriot-Watt Dubai Campus Careers，2017 年 10 月 22 日，见 https：//hwudubai-careers.hw.ac.uk/。

续表

	一年	一学期
迪拜到英国	79	6
马来西亚到英国	48	1
迪拜到马来西亚	3	1
马来西亚到迪拜	0	0
总计	143	36

资料来源：赫瑞瓦特大学年度决算和财务报表［EB/OL］．https：//www.hw.ac.uk/services/management-accounts.htm. 2017-10-22。

⑤学生活动

学生活动组织和一切形式的游说组织在迪拜都是非法的，因此在爱丁堡主校区向学生提供的民主结构不可能在迪拜分校得以复制。但母校投入了大量的精力和思考来建立学生的代表性结构以弥补学生会的缺失，设置了迪拜校区学生委员会（Student Council）。该委员会由 7 名学生代表组成，代表不同学生群体的利益诉求。学生们高度重视学生委员会的价值，虽然一些政治上的约束，但在代表学生与学校及其合作伙伴沟通方面非常活跃和有效。赫瑞瓦特大学迪拜分校这种因地制宜的学生管理方式是一大亮点。

⑥其他服务

在课外活动方面，赫瑞瓦特大学迪拜分校和母校一样，鼓励学生参与各项活动，并提供体育俱乐部、各类社团、学生委员会、学生发展支持团体等相应的支持；在信息传达方面，迪拜分校的学生都会拿到一本关于就读项目的详细手册，手册内容涵盖赫瑞瓦特大学及分校关于图书馆、职业服务和学生委员会等各类设施和服务等信息；在学习资料方面，包括赫瑞瓦特大学在线学习平台上的电子资料，可为所有校区的学生共享。

3.专业设置与教学和学习

（1）专业设置

迪拜分校开办之初有 120 名学生就读于管理学与语言学、数学与计算机科学的课程项目，此后迪拜分校不断推出新的课程项目。目前，赫瑞瓦特大学迪拜分校同母校一样，有 6 个学院：工程与自然科学学院、社会科学学院、数学与计算机科学学院、纺织与设计学院、爱丁堡商学院和能源、地球科学、基础设施和社会学院，共设置了 58 个课程项目（见表3.13）。

表 3.13　赫瑞瓦特大学迪拜分校专业与课程项目设置（按学位水平分类）

学院	专业设置	课程项目设置	
		层次	课程项目
工程与自然科学学院（EPS）	化学，物理学，电子工程，机械工程，化学工程，食品、饮料与人类健康	预科	工程学
		本科	自动化工程
			化学工程
			电气与电子工程
			机械工程
		博士	工程与物理科学
数学与计算机科学学院（MACS）	理论数学与应用数学，保险精算学与数据学，计算机科学	预科	计算机科学
		本科	计算机科学
			计算机系统
			计算机系统（游戏编程方向）
		硕士	计算机系统管理
			数据科学
			信息技术（软件系统方向）
			网络安全
			软件工程
		博士	数学与计算机科学
能源、地球科学、基础设施与社会学院（EGIS）	建筑环境工程，石油工程，生命与地球科学研究	本科	建筑工程
			建筑学
			土木工程

续表

学院	专业设置	课程项目设置	
		层次	课程项目
		硕士	土木工程与施工管理
			商业管理与工料测量
			施工项目管理
			能源学
			设施管理
			卓越运营的精益六西格玛
			物流与供应链管理
			利用精益六西格玛进行物流与供应链管理
			石油工程
			可再生能源工程
		博士	能源，地球科学，基础设施与社会
纺织与设计学院（TEX）	纺织技术，时尚设计	预科	设计研究
		本科	时尚学
			时尚市场与零售
			室内设计
		硕士	室内建筑与设计
社会科学学院（SoSS）	会计学，金融学，经济学，管理学、语言学与心理学	预科	管理心理学（3 学期 /2 学期）
		本科	会计学与金融学
			工商管理
			商学与金融学
			国际商务与管理
			心理学
			管理心理学
		硕士	商业心理学
			商业心理学培训
			商业策略领导力与变革
			金融学

续表

学院	专业设置	课程项目设置	
		层次	课程项目
			金融与管理
			信息技术（商学方向）
			国际会计与金融
			国际商务与管理
			国际市场营销的数字化营销
			运营管理
			房地产投资与金融
			房地产管理与发展
			战略项目管理
		博士	管理学与语言学
爱丁堡商学院（EBS）	工商管理硕士（MBA 项目）		

资料来源：Courses in Dubai Campus ［EB/OL］．https：//search.hw.ac.uk/s/search.html？collec-tion=courses&f. Locations%7Clocation=Dubai#content-main. 2017-10-15.

通过分析其专业与课程设置，可以看出赫瑞瓦特大学迪拜分校涵盖了工程类、能源类、计算机科学类、设计类、管理类的各个学科，而这些领域既是母校的优势专业，也是迪拜当局近年来大力扶植并急需人才的热门行业，与阿联酋当地经济发展需求和就业市场相契合。据英国第三方经济咨询公司——比格经济研究所（Biggar Economics）的调查，赫瑞瓦特大学迪拜分校每年为中东当地的经济带来 9400 万英镑的收益，创造 1215个工作岗位，主要包括三个方面：①直接就业，商品、服务和资本投资对阿联酋经济贡献达 4300 万英镑，创造 518 个工作岗位；②学生消费贡献达 4400 万英镑，创造 581 个工作岗位；③学生、职员及其家庭、朋友对旅游业和旅游服务行业贡献约为 640 万英镑和 116 个工作岗位。[①] 由此看来，赫瑞瓦特大学迪拜分校毕业生有丰富的工作机会可供选择，与其专业与课程设置的合理性密不可分。

（2）教学与学习

在"提供世界一流的以研究为导向的教育，培养卓越的，拥有全球胜任力的毕业生"办学愿景下，赫瑞瓦特大学制定了适用于所有校区的学习与教学战略框架，包括四个战略目标和四项组织推动因素。[②] 四个战略目标分别是：重塑教育环境，改进学生学习，学生群体数量增长和多元化，员工发展。重塑学习环境和改进学生学习的主要目标是提供高质量、支持性和富有挑战的学习体验，使学生充分发挥自身潜力，并为未来的职业生涯做准备；员工发展的主要目标是促进大学成为一个重视和支持员工持续改进学习和教学的环境；学生群体数量增长和多元化旨在通过包容性和全球性的项目实现学生群体的数量增长和多样化。为实现上述战略目标，赫瑞瓦特大学将其四项组织推动因素定义为：科研、教学一体化和全球化，学术规划进程的发展，服务与学校战略的一致性，加强改进机构文化。

在教学方面，赫瑞瓦特大学迪拜分校以面授和远程教学相结合。母校是大多数课程的开发方，但也有部分课程是由迪拜分校开发的，且赫瑞瓦特大学计划中将有更多的课程开发者基于迪拜和其他分校开发课程。

在学生学习方面，赫瑞瓦特大学迪拜分校对学生的语言和学分有一定要求：赫瑞瓦特大学在招生过程中对所有校区学生在英语语言方面均有一定要求，对于那些尚未达到录取标准的学生提供为期一年的学习准备，并在预科项目教学中嵌入了英语课程。

赫瑞瓦特大学是苏格兰学分和资格框架（Scottish Credit and Qualifica-

---

① Heriot Watt Economic Impact Study，2017 年 10 月 22 日，见 https：//www.warwick. ac.uk/research/warwickcommission/ chancellorscommission/resources/secondary_research/ heriot_watt_university_economic_impact_report.pdf。

② Learning and Teaching Strategy 2013-2018，2017 年 10 月 22 日，见 https：//www.hw.ac. uk/services/docs/LTS-Strategy.pdf。

tions Framework，SCQF）的成员之一，一个标准的本科生／研究生模块为 15 个学分，一名学生通常需要在一个模块上花费 150 小时（包括上课与自学时间）。对于本科生学位项目，普通学位须修读 360 个学分准予毕业，荣誉学位须修读 480 个学分；对于研究生学位项目，硕士文凭（PG Diploma）须修读 120 个学分；硕士学位须修读 180 个学分准予毕业。如一名全日制硕士研究生在一个学年内修读 8 个模块，可达到 120 个学分的毕业要求。其迪拜分校也严格执行该学分标准和要求。

（3）研究

赫瑞瓦特大学的"研究影响力"（Research Impact）在全英排名第九位，在苏格兰地区位居首位，从发现到研究，赫瑞瓦特大学的开创性研究取得了对全球发展有深远影响的成果，有助于改变社会并推动经济发展，这些研究主要包括人工智能、计算机科学、细胞生物学、医学、能源学、语言学、金融与投资等领域。同样地，赫瑞瓦特大学迪拜分校也一直在母校的资源整合和支持下拓展加深各研究领域，同时与学术城区域内的其他分校密切合作，建立了一个加强研究和协作的社区。赫瑞瓦特大学迪拜分校还成立了研究指导委员会（Research Steering Committee，RSC），旨在提供一个鼓励研究和创新的信息分享与协作平台，在研究和创新中建立互惠互利的伙伴关系；推动迪拜成为研究和创新的卓越中心；促进分校与企业、政府和其他利益相关者的合作，促进多学科合作研究；寻找全球参与研发的机会。①

4.质量保障

赫瑞瓦特大学迪拜分校不仅受其母校内部质量保障的制约，在外部的质量保障方面也同时受到来自英国和阿联酋高等教育部门的监管。

（1）内部质量保障

赫瑞瓦特大学作为一个追求国际化的学术组织，其各校区之间一体

---

① Heriot-Watt University：Research Connect，2018 年 4 月 19 日，见 https：//www.hw.ac. uk/documents/research-connect-news-letter-iss-1.pdf。

化的质量保障和标准管理是其发展的前提条件，不管哪个校区、哪种项目模式，赫瑞瓦特大学所有的质量保障活动和所有的课程项目都有总的实施准则，即多校区、多模式项目的工作准则，也即在学生体验、课程项目和伙伴关系的管理、质量和标准的管理、质量提升四个方面保持一致性。

在总的工作准则下，赫瑞瓦特大学对其所有的跨国教育活动都遵循一致性的策略：迪拜分校学术评议会通过了《大学学习和质量提高手册》(*Learning and Quality Enhancement Handbook*，QEH)，设定了与母校相同的学术标准，保证每个学生都能得到相应的学习支持。分校的学生享有与母校区相同的学习资源，遵循相同的校历安排以及与母校相同的评估标准。尽管赫瑞瓦特大学鼓励学习内容的本土化，但学位要求并不因学习地点的不同而有所不同。

除了一致性的工作准则，在赫瑞瓦特大学迪拜分校内部的质量保障工作由母校学术评议会中的质量与标准委员会负责，协同分校的学术评议会和各学院对各项活动进行周期性的内部审查，审查内容包括四个部分：第一，学术审查。以提升为导向，对所有的学术项目进行审查，五年为一个周期，在学院层面进行。第二，内部审计：以保障为导向，对高风险的管理活动进行审查，三年一个周期，在学院层面进行。第三，专题审查。选择性地对有关学习、教学和评估的领域进行审查，在大学层面进行。第四，与学术相关的专业服务审查。对各类服务进行审查以支持学习与教学工作，在大学层面进行。最终的审查报告将提交给母校的学术评议会、校务委员会，以及苏格兰高等教育拨款委员会和苏格兰高等教育质量保障局这两家外部质量保障机构，这些机构均对审查结果进行评估，并采取相应措施。①

（2）外部质量保障

英国和阿联酋两方的高等教育部门均对赫瑞瓦特大学的迪拜分校进

---

① Internal Audit，2017 年 12 月 2 日，见 https：//www.hw.ac.uk/services/docs/briefing-internal audit.pdf。

行监管。一方面，英国非常重视维护其高等教育部门的声誉；另一方面，为提高当地高等教育水平，阿联酋政府也对高等教育学术准入采取了严格的标准和流程措施。

①来自英国的监管

英国高等教育质量保障局（QAA）根据其质量准则（QAA Quality Code）中的外部审查标准和流程，制定了对英国在阿联酋跨国教育（主要针对海外分校）的审查方案，并于2014年2月QAA对阿联酋的英国高等教育进行了跨国教育审查（QAA Review of Transnational Education），在对赫瑞瓦特大学迪拜分校进行审查后发布了审查报告《英国在阿联酋跨国教育审查：赫瑞瓦特大学迪拜分校》（*Review of UK Transnational Education in the United Arab Emirates：Heriot-Watt University Dubai Campus*）。

此外，苏格兰高等教育质量保障局（QAA Scotland）以质量提升为导向的机构审查（Enhancement Led Institutional Review，ELIR）针对涵盖海外分校在内的苏格兰高校海外合作项目进行监测；由苏格兰高等教育拨款委员会（Scottish Funding Council）进行的学术审查，以五年为一个审查周期，主要针对课程项目的重新认证，学术标准与项目质量的管理，同时开展提升工作坊（Enhancement Workshop）以加强对海外分校的质量管理。①

②来自阿联酋的监管

赫瑞瓦特大学与阿联酋政府部门和迪拜当局密切合作，以确保它满足阿联酋及迪拜的法定要求。迪拜分校所有的授权和资格证书都须经迪拜知识与人类发展局（KHDA）每年一度的审查。

迪拜知识与人类发展局于2007年4月由阿联酋政府建立，负责阿联酋的教育法规制定、教育许可授予和教育质量保障等业务，并于2008年建立了迪拜高等教育质量保障系统——大学质量保障国际委员会

---

① Heriot-Watt External Examiners，2017年10月22日，见 https：//www.hw.ac.uk/services/docs/external-examiners-presentation.pdf。

（Universities Quality Assurance International Board，UQAIB），以保障迪拜自由区的高等教育质量。大学质量保障国际委员会还是国际高等教育质量保障局网络（International Network for Quality Assurance Agencies in Higher Education，INQAAHE）的正式成员，致力于使其高等教育达到国际最高水平标准。大学质量保障国际委员会手册提供了关于高等教育需求的信息和质量保障的标准和流程。自由区内、所有高等教育机构提供的每个学术课程都必须由迪拜知识与人类发展局进行注册，符合大学质量保障国际委员会的质量保障要求，才能获得学术授权，学术授权的有效周期为一年。迪拜知识与人类发展局"学术授权"（Academic Authorization）也称为"KHDA 许可"（KHDA Permit）。在迪拜，任何高等教育机构都必须通过迪拜知识与人类发展局的申请流程，获得"KHDA 许可"后才能在迪拜自由区开展教育服务。①

③联合监管

2014 年，英国高等教育质量保障局和迪拜知识与人类发展局出于在私营和跨境高等教育提供者方面共同的愿景和目标，以及为了保障机构的良好运营和国际学生的利益，双方希望继续加深合作，签署了谅解备忘录（*Memorandum of Understanding between the Quality Assurance Agency for Higher Education*，*United Kingdom and the Knowledge and Human Development Authority*，*Dubai*），其目的在于通过该谅解备忘录进行合作，使双方获益，建立战略联盟，提高英国高等教育和迪拜私营教育机构的管辖范围和质量。二者合作的领域包括以下几个方面：第一，相互理解。增进对彼此保障高等教育质量保障方案的理解，并提升双方高等教育部门的质量和标准。第二，信息交流。双方的信息交流及提供有关双方活动和流程的专业意见，以及给管辖内的高等教育提供者的质量保障和提升。第三，员工发展。如果可能的话，通过员工交流、观察彼此的审查流程以及

---

① KHDA：Higher Education Permit Issurance，2017 年 10 月 22 日，见 https：//www.khda. gov.ae/en/educationpermits。

培训服务等方面，支持两个机构的员工发展。第四，利用双方的专业性。如果可能的话，协调各种运营限制，利用彼此的专业性，加强含跨国教育在内的机构审查和 / 或认证的国际维度。第五，认证。如果可能的话，在一方管辖范围内但源于另一方的管辖权的高等教育质量保障事宜，应适当顾及另一方的有关决定和评判。第六，合作。如果可能的话，就相互达成共识的项目或活动事宜建立合作，包括跨国教育的质量保障，存在欺诈行径的机构鉴定，英方和迪拜双方的授权机构或认证代理机构，支持学生流动，并承担研究的质量保障事宜。

其他更为具体的合作，包括就在迪拜运营的英方的高等教育机构分享数据和质量保障结果、建议，针对在迪拜监管环境下的英国高等教育机构发布跨国教育的报告，包括英国高等教育质量保障局和迪拜知识与人类发展局协力合作发展跨国教育的方式，保障和提高英国海外分校的质量，发展和交付国际质量保障计划（International Quality Assurance Programme，IQAP）。①

（四）比较分析

通过对两所分校国际化战略、融资模式、治理机制、师生管理、校园设施、专业设置及质量保障等各方面的考查，可以从以下五点总结出两所海外分校在战略机制、决策机制、动力机制、资源配置机制、质量保障机制方面的一些特征。

表 3.14　两所分校运行机制的比较

分校名称		诺丁汉大学马来西亚分校	赫瑞瓦特大学迪拜分校
战略机制	国际化战略	开办和运营海外分校是其国际化战略的重要组成部分	
	融资模式	外部资助模式 （与东道国私营企业合资）	输入国提供办学设施 （在政府支持下与私营公司 Study World 合资）

---

① Memorandum of Understanding between QAA and KHDA，2018 年 1 月 1 日，见 http：// www.qaa.ac.uk/en/AboutUs/ ocuments/Memorandum-of-Agreement-KDHA-QAA.pdf。

续表

分校名称			诺丁汉大学马来西亚分校	赫瑞瓦特大学迪拜分校
管理机制	决策机制	治理机制	分校与母校治理结构一体化	
	动力机制	师资管理	教师校际流动、国际招聘及本地招聘相结合	
			675人（2016年）	104人（2016年）
		学生管理	进行国际招生，导师制、学生校际流动、学术与职业咨询、学生活动尽可能与母校趋同	
			4698人（2016年）	3865人（2016年）
		校园设施	独立校区，设施完善	位于学术城，共享设施
资源配置机制	院系与专业设置		三个学院：艺术与社会科学学院、工程学院、科学学院，共有88个课程项目	六个学院：工程与自然科学学院，数学与计算机科学学院，能源、地球科学、基础设施与社会学院，纺织与设计学院，社会科学学院，爱丁堡商学院，共有58个课程项目
	教与学		教学内容与科研成果相结合；持续的教与学改进系统	面授和远程教学相结合；与母校的学分框架保持一致
	研究		建立多个具备母校特色和符合当地发展需求的研究中心	在母校的资源整合和支持下拓展加深各研究领域，并与东道国当地各机构合作开展研究
质量保障机制	内外部质量保障	内部	诺丁汉大学质量手册	赫瑞瓦特大学质量手册
		外部	MQA认证与质量保障	KHDA认证与质量保障
			QAA认证与质量准则	

1.战略机制：国际化战略与融资模式

（1）国际化战略

总体而言，有关英国高校分校未来的发展计划大多致力于不牺牲质量为前提的发展，包括提高学生数量、提升研究水平、加强基础设施建设等方面。例如，诺丁汉大学马来西亚分校在其战略计划中提及要在2020年达到6500名学生人数，使学生群体更为多元化，获取更多资源，并加强各校区之间的战略联盟关系。赫瑞瓦特大学在其战略计划中提到建立各校区的研究基地，增加学生流动，将建立全球合作伙伴关系作为其长期发展目标。诺丁汉大学和赫瑞瓦特大学目前均没有开办新分校的计划，而要使其现有分校的效益最大化，并继续构建全球的合作伙伴关系。

（2）融资模式

按照母校独资模式、外部资助模式、输入国提供办学设施模式三种融资模式的划分，海外分校与其合作伙伴及东道国政府的关系主要有六种：母校全权负责、合资经营、战略联盟、政府合作伙伴、教育合作伙伴和私营合作伙伴。随着分校日趋成熟，其与合作伙伴及东道国政府的关系也会有所演变。例如，赫瑞瓦特大学与其学术基础设施伙伴（AIP）和迪拜知识与人类发展局（KHDA）的合作关系，这两者确保了其迪拜分校成功开办和运营，并不断发展。根据 KHDA 的数据，2015—2016 学年共有 26000 余名学生就读大学，比上一年增长了 7.5%，其中 55% 的学生就读于其自由区内的各个分校，分校已经成为迪拜高等教育提供者中不可或缺的一部分。[1] 至于诺丁汉大学马来西亚分校，作为一家私营公司，并没有得到来自马来西亚政府的财政支持，除了初期母校进行分校建设的投资，其日常运营有 98% 来自学费、住宿费和餐饮等收入。已经运营了 18 年的诺丁汉大学马来西亚分校已形成了可持续的良好稳定的财务状态，且每年会有所盈余。除了运营费用，诺丁汉大学马来西亚分校也会向当地的各利益相关者或银行进行借贷，并对这些支持给予相应的回报。

海外分校常面临重大的经济风险[2]，一般要经历数年来自各个途径的资助才能实现最终的可持续发展。但值得注意的是，尽管英国高校目前一些成熟的海外分校已经开始营利，但其发展趋势明显更关注所提供的学术

---

[1] OBHE：*International Branch Campuses*：*Success Factors of Mature IBCs*，2018 年 4 月 15 日，见 http://www.obhe.ac.uk/docu-ments/view_ details? id=1076。

[2] 截至 2010 年，已有 47 所海外分校因经营不善而关闭，母校因此要承担巨额的成本损失。资料来源：Lane J E. Joint ventures in cross-border higher education [J]．Cross-border partnerships in higher education：Strategies and issues，2010：pp.67-92。

质量，而非经济回报。

2. 决策机制：治理结构

英国高校海外分校的治理结构有所不同，目前也没有任何主流的治理结构，但值得注意的是，大多数成熟的海外分校有着与母校一体化的治理方案。例如，诺丁汉大学马来西亚分校和赫瑞瓦特大学迪拜分校的教务长兼副校长（Provost/Pro-vice Chancellor）直接向母校副校长（Vice Chancellor）负责，且作为大学执行委员会的一员参与母校管理工作；赫瑞瓦特大学已经形成了一体化的学术管理体系，分校各学院的学术活动直接由母校的各学院管理，并最终由母校的本科生院和研究生院进行统一协调。

3. 动力机制：师资管理和学生体验

（1）师资管理

英国海外分校明显偏好聘用东道国的员工，无论是本地招聘还是国际招聘，尽可能少地从母校派遣员工，即母校教职员工临时流动到分校。诺丁汉大学马来西亚分校的 280 名学术员工中仅有不到 20 名由母校调遣。但在 OBHE 对其分校教务长肯德尔（Kandell）教授的访谈结果中指出，分校的学生还是希望由英方教授进行教学和指导，这也是他们愿意到诺丁汉大学分校来学习的原因之一。当然，诺丁汉大学马来西亚分校的师资队伍绝非百分之百的本土化，除了少量英方人员，还有来自 30 个国家占总员工人数 25% 的国际员工，而大部分的管理者是马来西亚籍人员。

相对于高等教育的漫长历史而言，海外分校发展时间尚短，仍存在经验上的不足。目前英国海外分校在师资队伍建设方面还存在一定问题，如赫瑞瓦特大学对任命和管理长期员工、定期合同的员工以及兼职员工的策略有显著差异。对长期员工给予标准化的职工支持，使其明确地感受到自己属于整个大学职员体系中的一分子，但对于兼职员工或定期合同员工的支持有所欠缺，使得一些学生对定期合同教师、兼职工作人员的技能和资质感到不太满意。留任好的学术人员，维持机构声誉是分校需要解决的问题。如果英国高校想要继续在海外分校上投资财力、名声资本的话，还要继续从已有的丰富的实践经验中汲取教训，不断改进。对此，赫瑞瓦特大学母体机构和分校也已采取措施，引入了学术员工发展计划和母国的学术准则，以提升学术人员队伍的专业水平。

（2）学生体验

判断一所海外分校成功与否，不仅与其学术服务质量、毕业生就业率有关，而且与学生体验密切相关。所有的海外分校领导层都希望其学生群体多元化，且拥有国际化的思想，对教育的新兴模式持开放心态。

尽管母体机构可能永远也不会被分校真正复制——尤其是在硬件环境或学生构成的方面——但这并非最终目标，本研究个案中的两所英国大学海外分校均有着完备的校园设施和服务系统，在教学方面，与母校的课程项目学术标准保持一致，或趋于一致，使分校学生获得与母校相对等值而又不同的体验。这是分校发展应达到的目标之一。

虽然学生流动也是分校战略的重要方面，但并不如管理者所期望的那么活跃。如诺丁汉大学有三个校区——英国、马来西亚和中国，其中马来西亚校区的学生向英国主校区和中国分校的流动更多一些。在管理者的战略计划中，希望50%的学生能够拥有跨国的学习经验，但实际上诺丁汉大学只有25%的学生在亚洲校区注册。赫瑞瓦特大学战略计划中一个关键的部分就是学生流动，大学为此采取了很多措施鼓励学生出国交换，并尽可能地减少校区间流动的障碍。为了促进学生流动，赫瑞瓦特大学开展了"全球计划"（Go Global），促进学生校区间的流动，并强调学生校际流动的优势。赫瑞瓦特大学的这种模式使学生避免学业上的落后，能够在其他国家上修读与母校机构相同的课程。该计划第一年吸引了各校区的108名学生参与，第二年增加到150名，2017年有336名学生申请校际流动，2/3的学生申请到英国主校区，1/3的学生申请从英国主校区到迪拜或马来西亚分校。大多数情况下，由分校流动到母校的学生人数相对母校到分校的人数要多一些，但也有趋势表明由母校流动到分校的学生人数也在不断增长。英国大学的管理者均希望能够提高学生的流动性，使学生能够受到不同国家文化、行业或工作机会的熏陶，同时使学生的校际流动能够成为大学的重要特征之一。①

对于许多海外分校而言，就业率也是衡量其成功与否的关键方面。如诺丁汉大学马来西亚分校的毕业生就业率达到了90%，以及赫瑞瓦特大学迪拜分校的毕业生也受到了当地及国际雇主的欢迎，足以证明两所分校在人才培养方面的成功。

4.资源配置机制：专业设置、教学与研究

（1）专业设置、教与学

由于母体机构的专业优势不同，英国这两所大学海外分校开设的专业也各有特点。诺丁汉大学马来西亚分校和赫瑞瓦特大学迪拜分校提供全面和多样的课程，通过预科、本科、硕博士研究生的课程项目，以满足各级各类的学生需求，且适应当地经济发展。诺丁汉大学马来西亚分校拥有88个课程项目，其课程项目涵盖了从艺术与社会科学，工程学及理学等领域；赫瑞瓦特大学迪拜分校拥有58个课程项目，涵盖了能源、地球科学、基础设施和社会学，工程与自然科学，社会科学，数学与计算机科学，纺织与设计，商学等领域。② 在教学与学习方面，诺丁汉大学马来西亚分校和赫瑞瓦特大学均遵循了与母校基本一致的学分框架，提供全面和多样的通识和选修课程，并将教学内容与最新的研究成果相结合，通过对分校学术工作进行周期性审查实现教与学持续的质量改进。

（2）研究

尽管为符合当地环境与需求进行了一些微调，英国大学海外分校与母校所提供的学术服务还是较为相似的，但在不同分校所进行的研究大有不同。由于不同分校所在东道国研究资助管理体制、地理环境以及经济发展需求的不同，分校的研究活动也会因地制宜，与母校有所差异。例如，诺丁汉大学马来西亚分校开展了有关大象保护和热带植物的研究，这在英

---

① OBHE：International Branch Campuses：Success Factors of Mature IBCs，2018年4月15日，见http://www.obhe.ac.uk/docu-ments/view_details? id=1076。

② OBHE：International Branch Campuses-Trend and Development 2016，2017年1月19日，见http://www.obhe.ac.uk/docu-ments/view_details? id=1035。

国主校区是无法实现的。另外，由于母体机构的专业优势不同，其所从事的研究重点也有所差异，如诺丁汉大学马来西亚分校的研究重点包括先进技术、商业创新、通信、国际关系、政治科学、工程学、生物科学；赫瑞瓦特大学迪拜分校的研究重点包括工程学、物理科学、管理学、语言学、建筑环境、食品科学、时尚学，这些研究方向均符合迪拜当地的经济发展需求。

（3）学术自由

学术自由可以从多种角度衡量，包括个体的言论、写作与研究、课程的设计等，不同的东道国有关言论自由和学术自由的规则和氛围不同，因此难以量化比较。但相对于母国而言，由于东道国环境的不同，分校的学术自由度可能相比母校会略低一些，但分校也会采取相应的措施来适应东道国环境。在 OBHE 对分校研究人员的访谈结果中，发现在分校并未有明显的限制，学术共同体通常可以就在东道国其他地区禁止谈论的话题进行讨论和辩论。这在某种程度上可以成为学生入读和员工入职分校的原因之一。①

5. 质量保障机制：内外部监管

英国高校海外分校的监管环境主要分为外部监管和内部监管。外部监管包括当地监管、外国机构的监管、跨国监管；内部监管包括远程管理、跨文化管理、自治权、学术自由。一所成熟的海外分校，会与母国和东道国监管机构紧密积极地展开工作。如诺丁汉大学马来西亚分校的任何专业和学位都需经过马来西亚资格局（MQA）和英国高等教育质量保障局（QAA）以及诺丁汉大学内部的质量保障流程，分校不能单独开设母校所没有的专业，这就确保了分校提供的专业和学位认证的国际化，确保了师生校际流动的衔接，但同时为了符合 MQA 的质量保障要求，分校开设了伊斯兰研究、马来西亚历史等课程，但并不算计入学位的学分要求。

---

① OBHE：International Branch Campuses：Success Factors of Mature IBCs，2018 年 4 月 15 日，见 http://www.obhe.ac.uk/docu-ments/view_ details？id=1076。

同样，在迪拜开办的海外分校也只能提供母体机构已有的课程项目，但可以为了达到东道国质量保障的要求进行相应的本土化调整。

6.小结

通过对以上两所分校的个案分析，英国大学海外分校及其母体机构具有开放性、一体化、因地制宜的系统特征。母校作为主要的战略计划方，从机构的国际化出发规划分校的建立；在海外分校的运行机制方面，注重与母校机构保持各方面联结；分校的运营充分遵守东道国的法律法规并顺应当地就业市场需求，保证学术服务质量的同时使资源配置效益最大化。

英国在开办海外分校方面积累了诸多经验，从以上两个案例可以看出二者有着较为相似的运行机制，尽管个案数量有限，但从这两所分校的成功经验可以窥见一所成功的海外分校系统化的运行机制。完备的战略机制、管理机制（含决策机制和动力机制）、资源配置机制以及质量保障机制等四个方面交互作用，共同促进分校的稳定发展。

第四节　英国高校海外办学的经验与启示

以上分析表明，英国各届政府出台一系列支持性政策，推动本国高校走出国门，进行海外办学，且取得了较大发展。这些成功经验为我国高校海外办学的理论与实践提供了以下启示。

一、政府为高校海外办学提供积极的政策环境

英国一贯积极地推动高等教育改革，制定有关发展高等教育的战略规划，为高校海外办学提供了良好的政策支持。自撒切尔政府执政以来，英国推行新自由主义经济政策，鼓励高校进行海外办学以拓展收入来源；并出台了一系列法律法规和规范性文件，如《1988 年教育改革法》将市场作为促进英国高等教育发展的有效契机，梅杰政府期间英国加入世贸组织并签订《服务贸易总协定》（GATS），参与到教育服务的国际贸易体系

中来；以及发布各类规范性文件、制定各时期的国际教育战略，这些都为英国高校进行海外办学提供了良好的政策和制度支持。

二、高校积极培植多元伙伴关系

以英国海外办学中的海外分校为例，诺丁汉大学在开办马来西亚分校之前，很早就开始了国际化的战略布局，借助马来西亚高等教育国际化的政策，积极寻求与马来西亚政府的接洽合作，最终使其第一所分校落地马来西亚。赫瑞瓦特大学制定在迪拜开设分校的计划时花费了很多时间和精力，与利益相关者合作，如校友会和专业机构，采取措施争取东道国的支持，保证分校项目被当地接纳，同时与英方及阿联酋和迪拜政府、私营部门建立多元的合作伙伴关系，使赫瑞瓦特大学迪拜分校能够更好地融入当地，形成了良性运作态势。

三、母体机构建立可持续的资金和管理机制

良好的运营策略和高质量的教学服务保证生源是高校海外办学可持续发展的重要因素。英国高校海外分校选择放弃母校独资模式，转而选择外部资助模式和输入国提供办学设施模式，使母校减少了初创时期的开支，并与输入国建立了公私合作伙伴关系，共同承担和降低相关风险。同时，海外办学的发展离不开科学的管理机制，以高校开办海外分校为例，一般包括以下四个方面：一体化的治理结构、优秀的师资队伍、全面的学生管理和齐全的校园设施。治理结构方面，案例中两所分校的各个部门与母体机构紧密联结，实现了一体化的治理；师资队伍方面，形成了较为完备的教职员工招聘和培训体系，并实行校区间员工流动政策，有利于各校区间师资力量的均衡化发展；学生管理方面，多样的信息渠道和入学机会，对于不符合入学标准的学生有预备项目可供选择，以及其他诸如咨询、资助、职业与生涯规划等服务，这些都为学生提供了在分校学习和生活的良好体验；校园设施方面，便利的信息网络服务、充足的图书馆在线资源和在线学习的互动平台都会很大程度上提高学校的学术文化和水平，

同时在宿舍、餐饮等生活服务方面的支持也提升了学生的体验。

四、高校处理好本土化与一体化的关系

高校海外办学的各项活动都与本土化的议题密不可分，母体机构应在发挥自身优势的同时遵循东道国发展需要。在本研究中，两所英国高校的海外分校——诺丁汉大学马来西亚分校和赫瑞瓦特大学迪拜分校的发展顺应了东道国政府在高等教育领域的初衷，分校专业设置视当地经济发展的需求而定，使当地政府愿意大力支持其办学。在专业设置上，目前各大学的海外分校开设的专业大多以办学成本较低、收费较高，拥有广阔就业前景的工商、财经和管理类为主，而往往忽略投资大、需要昂贵教学设备条件的工程和机械类专业，也较少涉及传统的人文学科。而诺丁汉大学和赫瑞瓦特大学既发挥母校的专业优势，也适应当地发展的需要，其分校的课程项目与东道国的就业市场需求相吻合，提供多科教学，涵盖工程类、能源类、计算机科学类、设计类、管理类等专业课程，这些都与当地政府人才发展的方向相一致。在科学研究方面，诺丁汉大学马来西亚分校和赫瑞瓦特大学迪拜分校均开展了与全球发展以及东道国未来经济、环境、医疗等各方面发展相适应的科研活动，这意味着其既有服务当地的意识，承担了部分社会责任，同时又能广纳研究型人才，增强自身院校实力，不失为分校繁荣发展的重要路径。

五、完善海外办学质量保障体系

完备的质量保障体系是一直以来英国高校拥有良好声誉的重要原因。英国高校对海外办学活动的质量保障，不仅要实现东道国的合法性和学历认证要求，同时还有来自内外部的质量监管——分校内部、母校、英国的质量保障局和高等教育拨款委员会均要对海外分校进行定期的监测与审查，基于审查结果提出进一步完善和改进的措施。这些都为高校海外办学的良性运营提供了强有力的支持。

综上，良好的政策支持、建立多元合作伙伴关系、分担海外办学的

风险，母体机构的有效管理，适应当地发展的学科和专业布局，完善的质量保障体系都是影响高校海外办学可持续发展的关键。中国当前处于"一带一路"倡议的政策支持背景下，政府和各高校应汲取以上英国政府在推动高校海外办学发展方面的有益经验，积极地开展与沿线国家教育的交流与合作，加快我国高等教育走出去的步伐，为高校进行海外办学提供更多机遇，同时促进已有合作办学的良性发展。

第四章　澳大利亚高校海外办学研究

第一节　澳大利亚高校海外办学的历史发展与战略动因

一、澳大利亚高校海外办学的历史发展与战略动因

高校海外办学是高等教育国际化的一个重要方面，因此高校海外办学的发展历程与一个国家高等教育国际化的历程息息相关。澳大利亚高等教育国际化是在政治、经济、文化、外交等多种动因的推动下演进的，其高校海外办学的开展也同样受到了政治、经济、文化、外交等多种动因的推动。我国学者杨尊伟① 以及国外学者托尼·亚当斯（Tony Adams）、梅丽莎·班克斯（Melissa Banks）和艾伦·奥尔森（Alan Olsen)② 对澳大利亚高等教育国际化的历史发展进程进行了研究，发现澳大利亚高等教育国际化进程大致经历了对外援助、对外商贸、国际化三个阶段。在澳大利亚高等教育国际化发展的不同历史阶段，推动其海外办学发展的战略动因在侧重点上也会有所不同。

---

① 杨尊伟：《澳大利亚高等教育国际化探析》，硕士学位论文，东北师范大学教育学系，2004 年，第 13—15 页。

② Adams T & Banks M & Olsen A，"International Education in Australia：From Aid to Trade to Internationalization"，in：*International Students and Global Mobility in Higher Education. International and Development Education*，Bhandari R.，Blumenthal P.（eds），New York：Palgrave Macmillan，2011，pp.107-128。

（一）20 世纪 70 年代以前：政治动因推动澳大利亚国际教育起步

20 世纪 50 年代以前，澳大利亚的国际人员流动是自发的、零散的，尚未形成有组织的人员跨国教育流动。直到二战之后，在苏联、美国为了遏制对方在发展中国家的影响力，开始把高等教育援助作为对外势力渗透的重要方式这一国际背景下，澳大利亚为了扩大自己的政治影响，政府于 1950 年出台了"科伦坡"教育援助计划（Colombo Plan），向来自南亚和东南亚发展中国家的学生提供巨额援助性奖学金，以鼓励海外学生赴澳留学，这一计划推动了澳大利亚高校发展的国际化进程。澳大利亚之所以对南亚、东南亚这些发展中国家开展援助，主要是基于其对于国家和地区安全利益的考虑。从地缘上看，亚洲、东南亚国家在地理上与澳大利亚相邻近，与邻近国家处理好外交关系有助于澳大利亚保障自身安全，提高国际地位。其次，在苏美冷战背景下，一些东南亚国家在走上独立道路后为了改善国内贫穷、落后的状况，必然要就加入美国为首的资本主义阵营还是加入苏联为首的社会主义阵营作出选择。澳大利亚为了阻挡东南亚国家卷入共产主义，在美英没有制定相应政策的情况下，承担起了阻挡共产主义渗透、维护南亚和东南亚地区安全的重任。在教育援助上，澳大利亚在"科伦坡"教育援助计划开始的前 10 年提供了约 3125 万英镑信贷，此外拨出 325 万英镑作为奖学金，提供给亚洲大学生，让他们在澳大利亚的大学、师范学院和专业技术学院学习。[1] 1951—1965 年，澳大利亚共接收来自 15 个国家的 5500 名学生和培训者。随着 1966 年"白澳政策"[2] 的废除以及 1972 年惠特兰领导的劳工党"取消学费"政策的出台，赴澳留学的国际学生越来越多，到 1968 年，受"科伦坡"计划资助的学生和受训人员高达 9400 名[3]，澳大利亚也初步建立起国际学生教育体系。这一系

---

[1]　张天：《澳洲史》，社会科学文献出版社 1996 年版，第 364 页。

[2]　白澳政策（White Australia Policy）：它是澳大利亚联邦政府在 1901 年确立的反亚洲移民的种族主义政策的统称。在这一政策下，只许白人移居，而许多华人没有移居的资格或者因受不了被欺压，被迫离开澳大利亚。

[3]　李志良：《南十字照耀在星空》，知识出版社 1991 年版，第 83—84 页。

列教育援助活动和"引进来"的教育政策也在无形之中建立起并加深了澳大利亚与南亚、东南亚国家的友好关系，并且扩大了澳大利亚教育的影响力，为之后海外办学的启动和实施奠定了国际关系以及地缘基础。

（二）20 世纪 70—90 年代：经济动因推动澳大利亚开始开展海外办学

到了 20 世纪 70 年代，国际石油危机使澳大利亚经济遭受重创，政府不得不削减了高等教育经费，改革高等教育的资助政策。再加上国际社会"两极世界"的逐步解体和"多极世界"的形成，各个国家开始强调发展"经济竞争力"。澳大利亚也不例外，导致其高等教育国际合作领域的政治动因开始被经济动因所取代，高等教育政策开始了以"援助"向"贸易"的转变，大学也开始从主要依赖政府资助的传统办学模式向自筹经费的模式发展。为缓解经济压力，提高国家的"经济竞争力"，1984 年澳大利亚政府发布了《杰克逊报告》（*The Jackson Report on Australia's Overseas Aid Program*），提出向国际学生征收全额学费的建议，认为这样一种政策的转变将为澳大利亚带来一笔效益可观的出口收入。[①]《杰克逊报告》指出教育服务的国际贸易作为一个重要的新兴产业在澳大利亚已经颇具潜力，而有效的市场营销和撤销限制则可以促使澳大利亚教育机构成功占领国际市场。[②] 1987 年、1988 年，澳大利亚政府又相继发布了绿皮书《高等教育：一份政府讨论书》（*Higher education：A Policy Discussion Paper*）和白皮书《高等教育：一份政策声明》（*Higher Education：A Policy Statement*），明确了澳大利亚高等教育市场化改革的方向，强调了高等教育的产业化地位和发展导向。在政府产业和贸易导向的高等教育政策推动下，澳大利亚大学开始参与到高等教育海外市场的国际竞争中，大力开展海外办学项目，甚至陆续向那些因费用过高而难以全程留学的学生推出了

---

① Australian Parliament Joint Committee on Foreign Affairs and Defense，*The Jackson Report on Australia's Overseas Aid Program*，Canberra，Australian Government Publishing Service，1984，p.2.

② Australian Department of Employment，*Education and Training. Programmes and Policies for Foreign Stu-dents s in Australia*，Canberra：Higher Education，1991，pp. 379-388.

远程教育等新的跨国教育模式。

（三）20 世纪 90 年代至今：外交动因推动澳大利亚海外办学进一步发展

1992 年澳大利亚副总理比兹利（Beazley）倡导一种更加包容的国际化，以取代较为保守（inward-looking）的民族主义，① 这一理想在新开元得到了澳大利亚政府的高度重视。2003 年 10 月 14 日，澳大利亚教育、科学与培训部发表了题为《通过教育融入世界》（*Engaging the World through Education*）的国际教育政策和战略，该政策对澳大利亚过去的国际教育与培训进行了总结，并强调了澳大利亚未来进一步开展国际教育活动的重要性，尤其是国际教育活动的开展对于增进对贸易伙伴文化、语言、社会和经济的了解方面所起到的重要作用。该政策特别指出，澳大利亚政府支持教育培训机构和研究人员在更多的国家以及研究的各个层次和领域中开展国际教育活动，对于澳大利亚的大学开展在线教育和海外办学进一步鼓励。除此之外，该战略还具体对澳大利亚未来应如何实现及扩大海外办学或跨国教育进行了描述。首先，该政策框架文件对澳大利亚发展海外办学所需要达到的战略目标进行了解释说明，主要包括以下三个战略目标：（1）澳大利亚高校在海外获得进行高水平研究所需的专业知识和基础设施；（2）向更多的、范围更广的海外学生以及机构提供商业教育服务；（3）向海外学生或机构提供的商业教育服务得到认可、欢迎，并一定程度上帮助其他国家的教育和培训系统的发展。② 其次，该政策还对澳大利亚应如何在政府以及社会各方的帮助下实现海外办学的行为进行了描述。该政策强调政府在促进海外办学过程中负有及其重要的责任，其主要任务在于制定国际教育战略，并保障所提供的教育服务具有多样性和高质量。另外，澳大利亚政府国际教育司（AEI）、澳大利亚贸易发展局、

---

① Sidhu，R，*Universities and globalization：to market to market.* London Lawrence elbaum associates，2006，p.186.

② Australian Government，*Engaging the World through Education*，2019 年 10 月 11 日，见 https：//www.voced.edu.au/content/ngv%3A22546。

澳大利亚移民局等机构在促进海外办学方面也需要发挥作用，其中特别强调了澳大利亚政府国际教育司（AEI）应该通过在澳大利亚和海外的网络，促进澳大利亚教育和培训参与的多样化，担负起建立与加强政府间的联络，并向教育当局和机构，以及潜在的海外学生推广澳大利亚的教育等职责。总而言之，综上可以看出，增进对贸易伙伴的了解，与贸易伙伴结成良好关系已经成为澳大利亚开展海外办学的出发点和落脚点，外交动因也慢慢超越经济动因成为推动澳大利亚海外办学进一步发展的最主要的推动力。

第二节　澳大利亚高校海外办学的规模与类型

一、澳大利亚对高校海外办学的定义

澳大利亚高等教育研究组织澳大利亚大学（Australia University，AU）将澳大利亚海外办学项目定义为"离岸办学项目"（Offshore Program）。澳大利亚是一个四面环水的岛国，"离岸办学"更加形象地展示出了澳大利亚海外办学的特征，这是从地理角度对澳大利亚高校办学项目进行的区分。根据澳大利亚大学官网对于"离岸办学"的定义，澳大利亚高校要想开展离岸办学，也即是海外办学，需要达到以下几个方面的要求：一是澳大利亚大学与海外高等教育机构和组织（包括澳大利亚大学的海外分校）之间要签署正式协议。其中，远程教育要与购买课程的学习者达成正式的协议。二是澳大利亚大学提供的课程部分或是全部在海外进行授课。三是学生参与澳大利亚大学开设的海外办学项目要能够获得公认的高等教育学历或证书。四是澳大利亚高校制定了海外办学项目计划，并能够对其负责与监督。①

---

① Australia university（AU），Offshore Programs of Australian Universities 2014，2019 年 12 月 14 日，见 https：//www.universitiesaustralia.edu.au/search.aspx？ModuleID=2550& keywords=offshore%20programs&multiSite=False。

二、澳大利亚海外办学的数量与分布

根据澳大利亚大学网 2014 年的数据统计，澳大利亚已有 34 所大学开展了海外办学项目（具体见表 4.1），约占澳大利亚大学总数的 81%，其开办的海外办学项目总数现如今已经达到了 821 个，各个项目时间不等，大约为 6 个月至 5 年。从表中可以发现，昆士兰大学（USQ）、悉尼大学（Sydney University）、莫纳什大学（Monash University）、皇家墨尔本理工大学（RMIT）、科廷大学（Curtin University）提供的海外教育项目较多，大多数澳大利亚大学提供的海外课程项目较多的是本科生课程以及研究生教学课程，只有昆士兰大学、悉尼大学、詹姆斯库克大学等 13 所大学提供海外研究生研究课程项目。除此之外，还有一些是澳大利亚大学与海外其他国际教育机构合作提供，颁发联合证书的课程项目。

表 4.1　澳大利亚不同大学海外教育项目开展情况

开办海外教育项目大学名称	本科生课程项目数（Undergra-duate）	研究生教学课程项目数（PGCW）	研究生研究课程项目数（PGR）	联合学位项目数（Joint degree）
邦德大学（Bond University）	0	1	0	0
迪肯大学（Deakin University）	0	3	0	0
墨尔本大学（Melbourne University）	0	6	2	0
新南威尔士大学（The University of New South Wales）	0	2	0	0
西悉尼大学（University of Western Sydney）	0	9	0	0
中央昆士兰大学（CQUniversity）	1	0	0	0
昆士兰大学（the University of Queensland）	1	0	3	4
堪培拉大学（University of Canberra）	1	6	0	0
麦考瑞大学（Macquarie University）	2	6	0	0
悉尼科技大学（University of Technology Sydney）	2	2	2	1

续表

开办海外教育项目大学名称	本科生课程项目数（Undergra-duate）	研究生教学课程项目数（PGCW）	研究生研究课程项目数（PGR）	联合学位项目数（Joint degree）
阿德莱德大学（The University of Adelaide）	3	6	3	6
澳大利亚国立大学（The Australian National University）	3	7	2	6
昆士兰科技大学（The Queensland University Technology）	3	0	0	0
西澳大学（The University of Western Australia）	3	5	0	0
查尔斯特大学（Charles Sturt University）	3	2	0	0
弗林德斯大学（Flinders university）	3	6	0	0
南十字星大学（Southern Cross University）	3	5	2	0
悉尼大学（Sydney University）	3	1	48	52
塔斯马尼亚大学（University of Tasmania）	4	0	0	2
格里菲斯大学（Griffith University）	4	2	0	5
詹姆斯库克大学（James Cook University）	4	18	0	0
纽卡斯尔大学（Newcastle University）	4	1	0	0
埃迪斯科文大学（Edith Cowan University）	5	3	0	0
维多利亚大学（Victoria University）	9	4	0	0
乐卓博大学（La Trobe University）	12	12	0	18
莫道克大学（Murdoch University）	12	9	0	0
卧龙岗大学（University of Wollongong）	12	12	2	0

开办海外教育项目大学名称	本科生课程项目数（Undergra-duate）	研究生教学课程项目数（PGCW）	研究生研究课程项目数（PGR）	联合学位项目数（Joint degree）
南澳大学 （University of South Australia）	15	7	1	0
澳洲联邦大学（Federation University）	23	4	0	0
莫纳什大学（Monash University）	26	18	26	20
斯为本科技大学 （Swinburne University of Technology）	26	9	6	0
南昆士兰大学（University of Southern Queensland），	42	74	0	0
科廷大学（Curtin University）	48	20	2	0
皇家墨尔本理工大学 （RMIT University）	54	16	8	2

注：PGCW：postgraduate coursework：研究生教学课程。

PGR：postgraduate research：研究生研究课程。

资料来源：作者根据相关数据归纳整理。Australia university（AU）. Offshore Programs of Austra-lian Universities 2014.［EB/OL］.https：//www.universitiesaustralia.edu.au/search.aspx? ModuleID=2550&keywords=offshore%20programs&multiSite=False. 2019-6-9.

　　而就澳大利亚海外办学项目在不同地区的布局和分布情况而言，虽然澳大利亚海外办学项目涉及亚洲、大洋洲、非洲、欧洲、北美洲及中东42 个国家和地区，但正如图 4.1 所示，主要是向马来西亚、新加坡、中国大陆、中国香港这四个地区提供海外办学项目，其海外办学项目主要分布在东亚地区，办学具有很高的集中度。而澳大利亚之所以将亚太地区作为海外办学项目的主要输入地，主要有两个原因：一是由于历史上自"科伦坡计划"以来，澳大利亚与亚太地区已经具有了良好的关系基础，在合作方面有了一定的前期经验，能够更好地进入地区市场、开展合作；并且随着 20 世纪 70 年代以来东亚经济的快速发展，使澳大利亚认识到与亚太国家合作能够为澳大利亚的未来发展注入巨大的活力。二是亚太地区经济的飞速发展使其对于具备跨文化沟通能力的人才需求旺盛，但本国的教育资源难以满足人才培养的需求，需要引进外来的教育资源来促进本国教育的可持续发展。因此澳大利亚在亚太地区的海外办学活动具有广阔的市场。

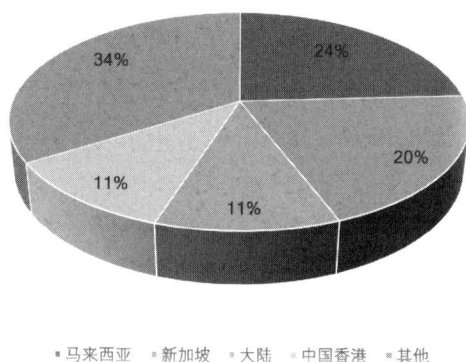

■马来西亚　■新加坡　■大陆　■中国香港　■其他

图 4.1　澳大利亚海外办学项目在不同地区的分布情况（%）

资料来源：Australia university（AU）. Offshore Programs of Australian Universities 2014.［EB/OL］. https：//www.universitiesaustralia.edu.au/search.aspx？ModuleID=2550&keywords=offshore%20programs&multiSite=False. 2019-6-9.

三、澳大利亚高校海外办学的类型与模式

总体上来看，澳大利亚进行的跨国办学形式主要有四种类型，分别为开展特许项目、开展联合课程、开展远程教育以及建立海外分校。

（一）开展特许项目

开展特许项目是澳大利亚海外办学的一种类型，是指澳大利亚的高等教育机构"特权授予者"授权澳大利亚或者其他国家的教育机构或教育组织"特许经营者"以开设课程、提供项目、授予学位文凭等形式在他国提供澳大利亚的教育服务。参与其中的学生可能来自"特权授予者"澳大利亚，或者"特许经营者"所属国，或者其他的国家。特许项目是一种授权与经营的关系，通过双方的授权与经营，既能使授权者获得一定的经济利益，提高知名度，也能促使"特许经营者"在分享权利的同时履行自己的义务，为所在国家的学生及其他外国学生提供多种多样的选择，满足不

同层次的需求。①

　　澳大利亚高等院校开展特许项目的主要合作对象是马来西亚的一些私立高等教育机构。从 2000 年开始，马来西亚作为亚非及太平洋地区的外国学生和马来西亚本地学生接受高等教育并取得外国大学高等教育文凭及学位的首要选择地，已逐渐形成了一个国际性的教育中心。澳大利亚在推进本国跨国高等教育发展进程中，也十分看好马来西亚教育市场的潜力和活力。澳大利亚国立大学（The Australian National University）、堪培拉大学（University of Canberra）、悉尼大学（Sydney University）、麦考瑞大学（Macquarie University）、巴拉瑞特大学（The University of Ballarat）、维多利亚大学（Victoria University）、墨尔本大学（Melbourne University）、新南威尔士大学（The University of New South Wales）、邦得大学（Bond University）、悉尼科技大学（University of Technology Sydney）以及皇家墨尔本理工大学（RMIT University）等知名大学纷纷和亚太科技大学（Asia Pacific University of Technology & Innovation，APU）、林顿大学学院（Linton University College）、英迪国际大学（Inti international university）、史丹福学院（Stamford College）、双威学院（Sunway College）、学邦理工学院（Sepang Institute of Technology）、林国荣创意工艺学院（Limkokwing College）等经过马来西亚教育部批准的 22 所私立高等教育机构签订协议，开展合作办学，其主要的办学形式就是开展特许项目，在马来西亚这一项目则被称为"3＋0 学位特许课程"。澳大利亚大学授权马来西亚合作办学院校开设该大学的全部特许课程，学生成功修完特许课程后，将获得授权方澳大利亚大学颁发的学士学位资格。例如，澳大利亚维多利亚工艺大学授权马来西亚双威学院开设会计、银行与金融、国际贸易、市场行销、国际旅游等特许课程，学生成功修完特许课程后，将被授予维多利亚工艺大学商业学士学位。再如，南澳大学特许马来西亚学邦理工学院教授电脑与

---

① 刘娜：《关于澳大利亚跨国高等教育的初步研究》，硕士学位论文，福建师范大学教育学系，2006 年，第 25 页。

资讯课程，学生修业 3 年，毕业后，可被授予电脑与资讯科学学位。①

（二）开设海外联合课程

所谓开设海外联合课程，是指两个或两个以上的高等教育机构同意联合开发共同开设的课程或教学项目，学生主修项目的学分在两个参与的高等教育机构之间可以认可和互换，学生最后可能会被授予"证书"或者联合学位和双学位文凭。

就澳大利亚大学而言，其双联课程的合作院校主要是位于中国内地、中国香港、马来西亚、新加坡、泰国、印尼等国家和地区的高校。在双联课程计划下，学生一般在本地高校学习一部分课程，其余一、二年则去澳大利亚主办大学继续学业，通过课程考核后不仅可以获取本地高校的学位证书，还可以获得澳大利亚主办大学的学位证书。例如，澳大利亚科廷科技大学与中国东北财经大学国际商学院在会计学这一国际热门专业开展合作项目。项目全部课程由双方共同制定教学计划，专业课使用原版英文教材，由中澳双方共同授课。双方以"3＋1""3＋1＋1"等模式联合培养学生，互相承认课程与学分。"3＋1"为中澳双方合作的基础模式。在这一模式中，学生在中国东北财经大学学习 3 年，最后 1 年到澳大利亚科廷科技大学完成本科课程，成绩合格者，可以分别获得中国东北财经大学的本科毕业证书和管理学学士学位证书以及澳大利亚科廷科技大学的会计学学士学位证书。"3＋1＋1"模式为"3＋1"的延伸模式，是指学生成绩合格得到中国东北财经大学的本科毕业证书和管理学学士学位证书以及澳大利亚科廷科技大学的会计学学士学位证书后，可继续申请攻读研究生课程，1 年后成绩合格并修满学分者可获得澳科廷科技大学的硕士学位证书。学生还可以选择"4＋0"培养模式，即全程引进澳大利亚科廷科技大学的教学模式及课程体系，科廷科技大学派教师讲授专业课，在中国东北财经大学完成 4 年课程成绩合格者，可分别获得中国东北财经大学的本科毕业证

---

① 刘娜：《关于澳大利亚跨国高等教育的初步研究》，硕士学位论文，福建师范大学教育学系，2006 年，第 26 页。

书和管理学学士学位证书以及澳大利亚科廷科技大学的会计学学士学位证书，从而真正实现"留学不出国"的目的。再如，墨尔本皇家理工大学在教育和培训服务出口方面是澳大利亚较成功的一所高等院校之一，它和包括中国内地、中国香港、新加坡、日本、马来西亚、越南等国家和地区的高等教育机构广泛开展合作课程培养模式，为学生在澳大利亚境外参加部分课程的学习提供了机会。据统计，截至 2003 年，在境外修读墨尔本皇家理工大学课程的学生大约有 5500 名。墨尔本皇家理工大学已经成为澳大利亚举办跨国联合课程实践的成功典范，为其他高校开展跨国联合课程合作提供了有益的借鉴。2004 年 4 月，墨尔本皇家理工大学和韩国的仁荷大学（Inha University）、中国的厦门大学、法国的勒阿佛尔大学、美国的罗德岛大学、华盛顿大学以及以色列的海法大学成立了"国际七校联盟"。该联盟开设共同课程，并互认学分，在全球物流学、工商管理学、海洋工程及技术学等四个专业共同开发综合性教育项目，毕业以后授予联合学位。"国际七校联盟"打破一对一的合作模式，进行多边合作，以达到资源共享、提高师生素质和科研水平的目的。①

（三）开展海外远程教育

澳大利亚各级政府对远程教育都非常支持，在各方面尤其是资金和基本建设方面投入相当大，极大地促进了澳大利亚的远程教育发展。澳大利亚高校积极扩大远程教育的出口，以网络教育的方式进军海外教育市场。在澳大利亚政府的鼓励下，一些本土大学纷纷与海外的一些企业、大学、教育部门及社会团体结成伙伴和联盟关系，分别通过在合作对象所在地建立海外学习中心、与合作院校在当地联合开办网络课程、为境外学生提供澳大利亚本土讲师和指导教师短期的面授课程以及在线的互动课程等形式提供远程教育的跨国服务。

澳大利亚南昆士兰大学是开展海外远程教育的成功范例。南昆士兰

---

① 刘娜：《关于澳大利亚跨国高等教育的初步研究》，硕士学位论文，福建师范大学教育学系，2006 年，第 27 页。

大学非常重视远程教育的发展，其成就获得来自澳大利亚国内及国际上的肯定。目前，在南昆士兰大学，75%的学生采用远程学习的方式修读学位，其中包含18000位居住于不同国家地区的国际学生通过远距离教学课程获得学位。南昆士兰大学自1977年投入远程教育的开发以来，其入学标准、课程内容、成绩评估方法和学位证书与传统驻校上课要求一致，极大地确保了该校为全球学员提供的证书、专科文凭、学士、硕士、博士等不同水平、不同学科的课程的含金量，其教育质量也通过了全球ISO9001认证。1999年，南昆士兰大学被联合国教科文组织国际开放与远程教育协会（ICDE）评选为"最佳远程教学大学"，2002年通过澳大利亚联邦政府高等教育品质委员会评鉴。南昆士兰大学还成立了远程教育中心（DEC），负责远程教育的理论和实践的研究。该校负责环球教育事务的副校长，现任国际开放与远程教育协会（International Council for Open and Distance Education，ICDE）主席的詹姆斯·泰勒（James Taylor）教授对南昆士兰大学在传统的校园教育与现代远程教育两方面都努力开拓的做法给予了高度评价。①

查尔斯·斯塔特大学（Charles Stuart University）在提供远程教育方面也很有特色。该校校园学生有大约10000人，远程教育学生有大约40000人，其中大约7000人为境外学生，每年约有2000个不同的科目为学生学习提供教学上的多种支持服务。目前，查尔斯·斯塔特大学已与40多个国家和地区教育机构签署正规合作办学协议，其中与中国约20家高等教育机构进行了合作，主要集中在中国的上海、大连、江苏、天津以及云南地区，几乎全部是MBA和商务学士学位的合作培养。莫那什大学和迪肯大学的远程教育也办得非常成功。莫那什大学以国际交流和远程教育见长，是"澳大利亚公开大学联盟"（Open University Australia，OUA）的一员，通过远程教育方式在该校接受训练和培养的本国和国外学生不

---

① 刘娜：《关于澳大利亚跨国高等教育的初步研究》，硕士学位论文，福建师范大学教育学系，2006年，第31页。

计其数。迪肯大学的远程教育研究所为促进本校远程教育发展扮演了重要角色。此外，还有澳大利亚开放与远程学习协会（Open and Distance Learning Association of Australia，ODLAA）、开放培训与教育网络（Open Training and Education Network，OTEN）等机构也负责远程教育的研究和有关学术交流活动，为澳大利亚远程教育的健康发展作出了很大贡献。①

（四）建立海外分校

20 世纪 90 年代澳大利亚开启了在海外建立分校的征程。卧龙岗大学（University of Wollongong）于 1993 年在迪拜建立分校，是澳大利亚在中东地区建立的最早的一所分校。澳大利亚一直重视自己在亚太地区的地位，强调与亚太地区国家之间的合作是澳外交政策的主要原则。因此，澳大利亚对外开放教育市场的主要地区是东亚和东南亚。20 世纪 90 年代末期和 21 世纪初期，澳大利亚在马来西亚、新加坡和越南共建立了 7 所分校，占其所有分校总数的 50%。近年来，澳大利亚也抓住时机在迪拜大学城和科威特建立了 4 所海外分校。在澳大利亚的努力下，根据无国界高等教育观察台在 2017 年发布的第五份关于国际分校（IBCs）报告的第二部分的内容可知：澳大利亚在海外总共建立了 14 个海外分校：分别是在中国 2 所、科威特 1 所、马来西亚 3 所、新加坡 3 所、南非 1 所、阿联酋 2 所、越南 2 所。② 但是经笔者查证，澳大利亚大学在中国所建立的两所海外分校性质为非独立法人二级学院，不属于海外分校的范围。莫纳什大学南非分校也由于已经于 2018 年底将校园的所有权转让给南非最大的私立高等教育提供商、上市公司爱德技术集团（ADvTECH），不再提供莫纳什大学相关课程，也不属于海外分校的范畴。因此，排除不满足海外分校界定的学校，澳大利亚在海外总共建立了 11 所海外分校。其详细分布情况可见表 4.2。

① 刘娜：《关于澳大利亚跨国高等教育的初步研究》，硕士学位论文，福建师范大学教育学系，2006 年，第 32 页。
② OBHE，International Branch Campuses：*Success Factors of Mature IBCs*，*2017*，2019 年 6 月 9 日，见 http://www.obhe.ac.uk/documents/view_details? id=1076。

表 4.2　澳大利亚海外分校分布情况

输入国	大学 / 机构名称
科威特 （1 所）	博士山学院科威特分校（Box Hill Institute Kuwait）（2007）
马来西亚 （3 所）	莫纳什大学马来西亚分校（Monash University）（1998）
	科廷大学马来西亚分校（Curtin University，Malaysia）（1999）
	斯威本科技大学沙捞越校区 （Swinburne University of Technology，Sarawak Campus）（2000）
新加坡 （3 所）	纽卡斯尔大学国际新加坡分校 （University of Newcastle International Singapore）（2002）
	詹姆斯库克大学新加坡分校（JCU Singapore）（2003）
	科廷新加坡分校（2008）
阿联酋 （2 所）	卧龙岗大学迪拜分校（University of Wollongong in Dubai）（1993）
	迪拜莫道克大学迪拜分校（Murdoch University in Dubai）
越南 （2 所）	皇家墨尔本理工学院越南校区（南西贡校区） RMIT Vietnam（South Saigon Campus）（2001）
	皇家墨尔本理工学院越南校区（河内校区）RMIT Vietnam（Hanoi Campus）（2004）

　　相对于其他海外教育投资项目，海外分校建设项目由于其创建过程中耗资巨大、相关利益群体牵扯较广、合作过程极为繁琐、面向的各类群体、政策环境极为复杂多变等原因，在建设以及可持续发展过程中毋庸置疑面临着巨大的挑战与风险。一些海外分校在风险中有幸拼搏出一番天地，一些海外分校则在风险中不得不关门倒闭。例如皇家墨尔本理工学院就是因为其马来西亚方面的合作伙伴因亚洲经济危机损失惨重，导致分校运营的资金链断裂，只能将其在马来西亚的分校于 1999 年关闭。澳大利亚南威尔士大学也因为在投资巨额成本后却无法吸引到足够学生，只好不到一年就关闭了其新加坡分校。澳大利亚中央昆士兰大学斐济分校也是由于生源无法达到预期的目标，学费无法支付运营成本而被迫关闭。而邦德大学则因为无法认同南非不一样的监管标准法规而选择终止两者之间的合

作。高成本的投入、复杂的交往环境让许多已经成立的海外分校在未来发展中仍面临着巨大的不确定性，这些不确定性也极大影响着海外分校未来的生存。截至 2007 年，因为不同原因关闭的澳大利亚海外分校已经有 5 所，其详细情况可见表 4.3。

表 4.3　澳大利亚关闭的海外分校

学校	分校所在地	建立时间	关闭时间
邦德大学（Bond University）	南非	1997	2004 年
中央昆士兰大学（Central Queensland university）	斐济	1998	2007 年
皇家墨尔本理工学院	马来西亚	1996	1999 年
新南威尔士大学（University of New South Wales）	新加坡	2007	2007 年（4 个月后）
南昆士兰大学（University of Southern Queensland）	迪拜	2005	2005 年（一年之内关闭）

资料来源：OBHE. International Branch Campuses：*Success Factors of Mature IBCs*，2017，http：//www.obhe.ac.uk/documents/view_details？id=1076.2019-6-9.

第三节　澳大利亚海外分校运行机制：基于案例分析

一、融资模式

澳大利亚海外分校的办学模式主要有两种：联合举办和单独创设。除了墨尔本皇家科技学院越南分校是由母校独资设立外，其他的海外分校都是与当地政府或者私营企业合作建立。例如斯威本科技大学马来西亚分校就是由马来西亚砂拉越州政府（Sarawak）出资 75%，母校出资 25% 共同联合举办。科廷大学马来西亚分校的建立过程中虽然其母校投资了部分资金，但马来西亚州政府也提供了长期的支持，包括提供土地，资金以及对分校校园建筑物的所有权。卧龙岗大学、莫道克大学迪拜分校的建立也获得了迪拜政府的支持，迪拜政府投资建立的迪拜国际学术城（Dubai International Academic City，DIACl）为以上两所分校的运营提供了教学楼、学生宿舍、零售、餐饮等场地和设施。莫纳什马来西亚分校则是在与企业进行合作的基础上建立的。它在 1990 年开始与马来西亚当地的房地产开发商企业——双威（Sunway）集团合作，通过前期开展联合课程再到之后逐步建立起了莫纳什大学马来西亚分校。

　　除此之外，对于大部分澳大利亚海外分校来说，在建立运行初期一定时期内都一定程度上依赖于母校资助，但是海外分校仍然需要随着时间的推移在财务上拥有可持续性。为此大部分分校都与主办国政府达成一致决策或与其他合作伙伴达成一致的协议，将澳大利亚海外分校的部分或全部净收入再投资于园区未来的建设与发展。例如科廷大学马来西亚分校就将部分收入盈余又重新投入到分校校园未来建设，同时与母校又共同分享一定的收益。

　　皇家墨尔本科技学院越南分校之所以是母校独资设立的，是因为在当时皇家墨尔本科技学院意外获得了一笔高达 2500 万美元的慈善捐款，再加上得到了亚洲发展银行、世界银行国际金融公司的贷款，这使得墨尔本科技学院越南分校自身就拥有了充足的资金来实现 16 年前提出的建立一个独立的、永久性的海外校园的计划。并且，当时皇家墨尔本科技学院受越南政府的邀请，希望皇家墨尔本理工学院可以通过教育推进帮助越南，推进越南经济的发展。皇家墨尔本理工学院当时在澳大利亚是一个大型的教育组织，国际口碑很好，且经济效益良好，拥有充足的资金盈余。为此，皇家墨尔本技术学院与越南政府签订了一份服务水平协议，承诺只接收一定的相关服务费，大部分的收入盈余将用于越南分校内，支持分校的基础设施、人员配备和研究软实力的进一步发展。

二、师资管理

　　总体上来看，澳大利亚海外分校偏爱聘用东道国的教职员工，也会聘请一部分的国际员工，母校的教员往往只是短期飞往分校开展教学研究活动。母校教师短期服务与当地教师长期聘用相结合是大多数澳大利亚海外分校师资管理的常见模式。就莫纳什马来西亚分校来看，莫纳什马来西亚分校截至 2019 年招募教职员约为 919 多名，来自 36 个国家，其中外籍教职员所占比例约为 30%，65% 的员工是从当地雇佣的，来自澳大利亚母校的教职员工数量很少，大约占比 5%—10%。① 母校员工多是通过"莫纳什校区间师资流动项目"（Inter-campus Faculty Mobility Program in Monash）被鼓励参与到分校的教学、课程开发，研究或者管理工作中去的。"莫纳什校区间师资流动项目"计划的目的旨在扩大莫纳什大学各校区内教师进行学术交流的机会，促进研究和教学，提高师资队伍的整体水平。该计划规定只有符合以下要求的莫纳什教师可以提交申请：（1）须是在职的终身聘任或定期聘任教师；（2）在申请该项目前须在就职学校工作至少一年；（3）在该项目结束前，申请教师与澳大利亚母校、马来西亚分校和南非分校的聘用合同须保持有效；（4）在各校区间的访学时间不超过 8 周；（5）提交的访学申请需要获上级主管的批准。大学将为符合条件的教师提供上限为 6000 澳元的资助。2008 年，莫纳什大学一共资助了 50 名教师到其海外分校开展教学和研究工作。②

　　再如，詹姆斯大学新加坡分校截至 2019 年总共有学术教师 74 人，其中在新加坡本地招聘的教师有 23 人，在国际上招聘的教师有 40 人，来自母校的教师有 11 人。③ 詹姆斯库克大学新加坡分校招收的主要还是本地以及国际员工，来自母校长期工作在分校的员工也多是快退休的教师，担任的也多是教务长、院长等职务。而母校会短期派遣"飞行教员"（flying faculty）来分校开展一个月左右的教学与研究活动，并且多数是以讲座、

① Monash university Malaysia，*University Profile*，2019 年 11 月 13 日，见 https://www.monash.edu.my/study/why/brochures#University_Profile_Various_Languages-2。

② Andys Onsman，*Cross-border Teaching and Globalization of Higher Education：Problems of Funding Curriculum Quality，and international Accreditation*，Ontario：the Edwin Mellon Press，2010。

③ JCU Singapore. Staff profiles，2019 年 11 月 13 日，见 https://www.jcu.edu.sg/about-us/staff-profiles。

工作坊以及合作项目的形式开展。

除此之外，在行政职位和学术职位上聘请分校毕业校友作为师资力量也是澳大利亚海外分校一大师资的招聘渠道。例如，莫纳什大学马来西亚分校就在其官网上号召其优秀毕业生留在本校区或者是去莫纳什大学的其他校区工作。卧龙岗大学迪拜分校也充分利用了国际校友资源，鼓励校友留下来工作，为卧龙岗大学迪拜分校未来的发展尽力。

三、专业设置

就澳大利亚各个海外分校所开设的专业来看（详见表4.4），并没有完全复制照搬母校的课程及专业设置，而是依据主校区的优势学科和当地法规、经济发展情况以及市场需求，有选择性地在其分校开展专业和课程。例如，莫纳什大学马来西亚分校之所以设立了药学这一专业，就是因为这一学科是澳大利亚莫纳什大学的优势学科，在2019年QS世界专业排名中曾被排名为世界第三。斯威本科技大学作为以艺术设计闻名的澳大利亚大学也在马来西亚分校开设了设计专业。除此之外，澳大利亚纽卡斯尔大学在新加坡分校开设了海洋工程、近海工程和造船等母校优势的专业，这一专业曾在2018年《世界大学学术排名：海洋工程》专业排名中排名世界第29名。博士山学院科威特分校（Box Hill Institute Kuwait）则是在了解到中东女性的教育日益受到社会的重视，才开设了一系列管理与设计类的课程，而非工程与信息技术类课程来吸引女性，为科威特的穆斯林女性提供所需要的高等教育知识。再如，皇家墨尔本理工学院则是根据越南2001—2005年科技发展总体规划中提出的对于软件发展领域的重视设置了信息技术专业和通讯专业，并且基于越南对湄公河旅游资源的开发，设置了旅游和酒店管理专业。科廷大学马来西亚分校也主要是为了开展针对马来西亚婆罗洲环境的研究设置了环境工程专业。

除此之外，通过对表4.4澳大利亚各个海外分校开设的专业与课程进行分析，可以发现澳大利亚大多数海外分校都会倾向于开设商业类、信息技术类、管理类、工程类、金融与会计类等实用性较强的专业，心理学、哲学等思辨性较强的人文专业只在部分海外分校开设，并不能成为大部分澳大利亚海外分校专业和课程设置的首选。

表 4.4　澳大利亚海外分校专业设置情况

海外分校	开设的学院 / 课程	专业设置	办学层次	开设时间
莫纳什大学马来西亚分校	艺术与社会科学学院	通讯、全球研究、性别研究、电影、电视和屏幕研究、数字媒体与传播	预科、本科、硕士、博士	2005 年
	商学院	会计、应用经济学、银行和财务管理、商业分析、商法和税收、国际商务管理等	本科、硕士、博士	1998 年
	工程学院	化学工程、土木工程、电气和计算机系统工程、机械工程、机电一体化工程、软件工程	本科、硕士、博士	1998 年
	信息技术学院	计算机科学、软件工程、数据科学、商务信息系统	本科、硕士、博士	1998 年
	药学院	药学	本科	2009 年
	科学学院	应用微生物学、生物技术、基因组学和生物信息学、药物化学专业、热带的环境生物学	本科、研究生、博士	1998 年
	Jeffrey Cheah 医学与健康科学学院	医学科学、心理科学、生物医学、专业咨询	本科、硕士、博士	2004 年
科廷大学马来西亚分校	工程与科学学院	化学工程、土木与建筑、电气电子、机械、应用地质、环境工程、心理科学等	预科、硕士、博士	1999 年
	商学院	工商管理、会计、银行与金融、管理与人力资源、财务与管理、创业、营销等	预科、本科、硕士	1999 年
	人文学院	通信技术、政策科学	预科、本科、硕士	2003 年

续表

海外分校	开设的学院/课程	专业设置	办学层次	开设时间
斯威本科技大学马来西亚校区	商业	会计、金融、人力资源管理、国际商贸管理、市场营销、管理和数字媒体	预科、本科、硕士、博士	2000年
	设计	设计、多媒体设计	预科、硕士、博士	2000年
	工程学	化学工程、民事工程、电子和电气工程、机械工程、机器人和机电一体化工程	预科、硕士、博士	2000年
	计算机信息处理	信息与通信技术、多媒体、计算机	预科、硕士、博士	2002年
	科学	生物技术	预科、硕士、博士	2000年
纽卡斯尔大学新加坡分校	工程学院	化学工程、电气工程、海洋工程、近海工程和造船、机械设计和制造工程、过程安全与风险管理等	本科、硕士	2007年
詹姆斯库克大学新加坡分校	预科课程	英语预备课程、研究生资格课程（商务）、大学预科课程、大学预科扩展	预科	2003年
	商科课程	会计专业	本科	2003年
	商业课程	水产养殖、银行与金融、商业智能与信息系统、财务管理、酒店与旅游管理；创意营销、创业等	本科、硕士	2003年
	早期儿童教育课程	幼儿教育	本科	2008年
	指导与咨询	指导与咨询	硕士	2009年
	环境科学课程	水产养殖	本科、	2003
	游戏设计课程	信息技术、互动技术与游戏设计	本科、研究生	2006年
	计算机信息技术课程	信息技术、计算机与网络、工商管理等	本科、硕士	2006年

海外分校	开设的学院/课程	专业设置	办学层次	开设时间
	心理学课程	心理科学、临床心理学	本科、研究生	2009 年
	艺术类课程	心理学研究	本科	2009
	酒店与旅游管理课程	酒店与旅游管理、国际旅游和酒店管理	本科、硕士	2003 年
	规划与城市设计课程	规划与城市设计	硕士	2006 年
	卫生保健课程	糖尿病研究	硕士	2008 年
科廷新加坡分校	预科课程	英语语言、商业	预科	2008
	通讯课程	新闻学与网络媒体、新闻学与市场营销、网络媒体与营销	本科	2008 年
	商学课程	健康、安全与环境、国际商务、工商管理、供应链管理、项目管理	本科、硕士	2008 年
	双学位课程	会计与银行、会计与金融、财务与管理、管理与人力资源等	本科	2012 年
卧龙岗大学迪拜分校	卧龙岗学院	英语语言课程、基础研究课程等	预科	1993
	商业与管理	人力资源管理、管理学、市场营销、国际业务、工商管理	本科、硕士	1994 年
	财务与会计	会计、金融	本科、硕士	2003 年
	工程与信息科学	计算机科学、数字系统安全、多媒体和游戏开发；土木、电气、机械、电信等	本科、硕士	2003 年
	人文与社会科学	护理、数字和社交媒体、视觉传达设计等	本科、硕士	2010 年
莫道克大学迪拜分校	预科课程	高级学术交流技巧、基础数学、信息技术以及不同专业基础知识等	预科	2008 年
	文学院	心理学	本科、	2013
	商学院	会计、银行学、金融学、人力资源管理、管理学、市场营销、工商管理、国际商贸等	本科、硕士	2008 年
	新闻学院	新闻学、战略传播	本科	2010 年

续表

海外分校	开设的学院／课程	专业设置	办学层次	开设时间
	科学院	计算机科学、网络安全与取证	本科	2008 年
	教育学院	教育学	硕士	2010 年
	健康管理	卫生保健管理	硕士	2009 年
皇家墨尔本理工学院越南西贡校区	商业	会计与金融、国际商贸、物流及供应链管理、人力资源管等	本科、硕士、博士	2001 年
	设计	平面设计、服装设计、室内设计、插图和数字影像设计	本科	2001 年
	时尚管理	设计与产品开发、零售与商品、客户关系管理与沟通	本科	2001 年
	语言	语言学	本科	2005 年
	信息技术与通讯	电气和电子工程、机器人和机电工程、软件工程	本科、博士	2001 年
皇家墨尔本理工学院越南河内校区	旅游和酒店管理	旅游和酒店管理	本科	2004 年
	传播学	公共关系、数字内容开发等	本科	2006 年
博士山学院科威特分校	应用艺术与设计课程	网站开发、平面设计、室内设计与装饰	相当于专科文凭	2007 年
	商业研究课程	银行服务管理、市场营销、管理	相当于专科文凭	2007 年
	外语课程	英语	相当于专科文凭	2007 年

注：资料收集时间截止于 2020 年 3 月。

资料来源：11 个澳大利亚海外分校的官方网站。

四、招生策略

目前，招生问题是许多海外分校在运营管理过程中面临的重大问题之一。现如今，许多大学都因为缺乏足够的生源惨遭关闭。例如美国乔治梅森大学（George Mason University）的海外分校、澳大利亚南威尔士大学（the University of New South Wales）的新加坡分校、美国密歇根州立大学（Michigan State University）的迪拜分校等。虽然澳大利亚在海外办学进程中也曾有过一两所分校遭受到了生源不足而被迫关闭的残酷命运，但总体上来看其招生情况还是非常好的。

根据澳大利亚教育国际开发署（IDP Education Australia Ltd）的调查统计显示，1996 年澳大利亚大学在海外开展的课程教学总招生人数在 1 万人左右，而到 2008 年总招生人数增长到 6 万人左右，其招生人数变化曲线呈明显上升趋势，招生人数处于稳定增长的态势，并且增长势头强劲。[①]。除此之外，澳大利亚政府 2015 年 4 月《国际教育国家战略草案》（*Draft National Strategy for International Educational*）所发布的资料显示，在 2008 年至 2013 年期间，澳大利亚大学在海外开展的课程教学招生人数仍在不断攀升，2010 年其招生总人数达到 7.2 万人左右，至 2013 年其招生总人数达到 8.5 万人以上，[②] 而 2018 年澳大利亚大学在海外开办的课程教学的总人数已经达到了 10.95 万人以上[③]。这也就意味着澳大利亚海外分校作为海外课程教学的重要提供者在这 23 年中其招生人数也处于不断增长的态势。

就全球海外分校总体招生情况来看，澳大利亚的海外分校在国际招生市场上无疑是成功的。无国界高等教育观察台在 2012 年所做的一项调查指出：澳大利亚的海外分校数量仅占全球海外分校数量 6%，却在国际

---

① IDP Education Pty Ltd., *Survey of International Students in Australian Universities*，1996-2008. Data set unpublished，Op. Cit.

② Government of Australia，*Draft National Strategy for International Education*，2019 年 7 月 20 日，见 https：//apo.org.au/node/53019。

③ Chirstoher Ziguras，*The Changing Face of Australian Transnational Education*，2020 年 2 月 7 日，见 http：//www.obhe.ac.uk/documents/view_details？id=1039。

招生市场上占有显著的市场份额。美国海外分校数量占全球的 39%，但其招生市场份额却低于其预期水平。① 澳大利亚莫纳什大学海外分校从建校招生的 427 人到 2017 年招生超过 7000 人，足以看出莫纳什马来西亚分校在全球范围内深受学生的欢迎。澳大利亚皇家墨尔本理工学院越南分校在 2016 年在校生也已经超过 6000 人，成为了越南国内最受欢迎以及最为成功的海外分校。

虽然澳大利亚高校各个海外分校具体的招生策略都有所不同，但通过对澳大利亚一些发展成熟的海外分校进行分析，可以发现它们使用的招生策略还是呈现出了一些相同的特点：

第一，澳大利亚高校都注重对输入国的社会环境进行详细的分析，并在此基础上作出招生目标群体的定位。例如，莫纳什大学马来西亚分校就是在充分了解了马来西亚的实情，才确立了自己的招生策略。马来西亚是一个多元种族社会，但马来人在政治上却享有各种特权，当地的公立学校也在马来人的政治霸权的控制下限制了其他种族的学生的录取，非马来人的学生入学陷入困境，而就读于海外分校对于那些非马来人的学生来说是十分具有吸引力的，因为相对于出国留学，他们可以拥有一个更经济的入学选择，并且还可以在一个思想相对自由，不受马来人霸权的大学环境中学习。为此，莫纳什大学马来西亚分校将招生市场重点放在马来西亚国内，招收国内的非马来人，以获得广阔的生源。再如，卧龙岗大学迪拜分校也是在了解到迪拜因为资本主义经济发达，拥有众多的外来务工人员，但因为根据迪拜国内的教育制度外籍学生无法入读公立学校，陷入相对受限的入学困境，才将卧龙岗大学迪拜分校的招生对象定位于阿联酋的外籍人员，以此获得广泛的生源基础。除此之外，博士山学院科威特分校也是在充分了解到中东现如今对于女性教育日益重视，女性教育市场具有很大发展潜力的情况下，将招生群体定位于国内的女性群体。

---

①　William Lawton & Alex Katsomitros，*International Branch Campuses Data And Developments*，2020 年 2 月 3 日，见 http：//www.obhe.ac.uk/documents/view_details? id=894。

第二，澳大利亚高校都重视从小型项目入手打造学校品牌，继而扩大规模。例如，莫纳什大学在前期主要是通过以奖学金援助等政策吸引留学生赴澳就读以及与马来西亚的一些私立大学合作开展双联课程等途径在马来西亚教育领域中首先积累了一定的名气和口碑，扩大了马来西亚校友的人数，其良好的口碑以及校友丰富的留学经历为莫纳什大学在马来西亚进行了很好的宣传，为之后莫纳什大学马来西亚分校的建立与招生提供了一定的生源基础。澳大利亚的卧龙岗大学起初也并没有打算在迪拜建立一所海外分校，而是建立了一个规模较小的语言培训中心。由于该培训中心创立时间早，教学质量好，为此逐渐在当地积累了一定的名气，学生也越来越多，当学生超过 600 人的时候，其语言中心所在地才由原来的一所租来的办公楼搬到了朱美拉路的一个购物中心。后来，直到 2003 年，由于越来越多不同国籍学生前往学校学习，学校为了保障学生的利益开始首次提供住宿设施，到 2003 年正式建立了迪拜校区，更名为"迪拜卧龙岗大学"。其建校的过程也是从一个小的语言中心着手，逐步发展壮大。这两所海外分校都是通过从小型项目着手一步一步先在输入国打出名声、树立品牌，有了一定的品牌积累后再考虑建设规模较大的海外分校的。

第三，澳大利亚高校都强调通过视觉吸引、线上线下互动、利用校友关系等方式强化宣传攻势，促进营销。例如，莫纳什大学马来西亚分校会定期开放校园，欢迎学生入校参观，并且发放广告和宣传图册吸引未来学生。卧龙岗大学迪拜分校则是在主楼设立了巨大的学校名称牌以及在城际巴士和电视上做广告吸引学生和家长的注意力。除此之外，两校还大力举办线下与线上的宣传活动，发挥学校的主动性，让学校主动走入社会。就线上的推广活动而言，莫纳什马来西亚分校和卧龙岗大学迪拜分校都关注到了在网络时代招生媒介的选择，在不完全抛弃传统媒介的基础上开始加强社交媒体的利用，通过 Facebook、微博等与潜在的学生进行互动，与学生建立了良好的沟通和交流机制。此外，两校还关注到了校友关系在开展营销方面的重要作用，邀请校友在世界各地的学生招募活动中开展志愿活动，就自己的在校经历向有意向学生提供信息咨询。

第四，在招生工作中充分关注学生的用户体验与需求。就招生团队的设立来看，除了外国的招生代理商，莫纳什马来西亚分校的线下招生团队多是由受过培训的专门人员来进行招生。除此之外，学校各个二级学院的师生以及校友也参与其中，为申请学生提供相关信息。卧龙岗大学迪拜分校的线下招生团队也是由来自本国和其他不同国家的校友组成，包括来自阿联酋、尼日利亚、巴基斯坦、苏丹、俄罗斯、伊朗等各地的校友，为来自不同生源国的学生提供 10 多种语言的招生咨询服务，保证他们在入学沟通的顺畅，充分关注学生的用户需求与体验。

五、管理结构

澳大利亚各高校海外分校的管理结构有所不同，但就分校内部的管理结构来看，澳大利亚的海外分校一般会沿用主办高校的管理模式，实行董事会（理事会）领导下的校长负责制。董事会（理事会）的成员一般由主办高校管理人员与输入国政府、企业或社会人士共同组成。简而言之，分校在东道国实质上不是单独进行着海外分校的管理工作，而是多与东道国政府或者合作的企业与机构合作，共同参与分校的管理。以莫纳什大学马来西亚分校为例，分校内部成立了董事会，由莫纳什大学马来西亚分校的教务长兼副校长（pro-vice chancellor）与双威集团执行董事（Executive Director）共同主持（详见图 4.2）。科廷大学马来西亚分校也是如此，为了回报马来西亚砂拉越州政府对于分校建设与运行给予的财力与物力的支持，同意州政府参与其分校的管理，并有权任命马来西亚科廷大学董事会主席和马来西亚科廷大学理事会主席。理事会的成员中有许多马来西亚州政府代表，例如现任理事会主席就是马来西亚州政府的前副部长。该理事会每年都会召开四次会议，与科廷大学马来西亚分校共同努力以实现分校所设定的目标。

就分校与母校的关系来看，澳大利亚的海外分校与母校保持着密切的联系，海外分校的副校长兼教务长往往会和母校的副校长通过视频会议等形式沟通与交流，如莫纳什大学马来西亚分校的副校长兼教务长就需要

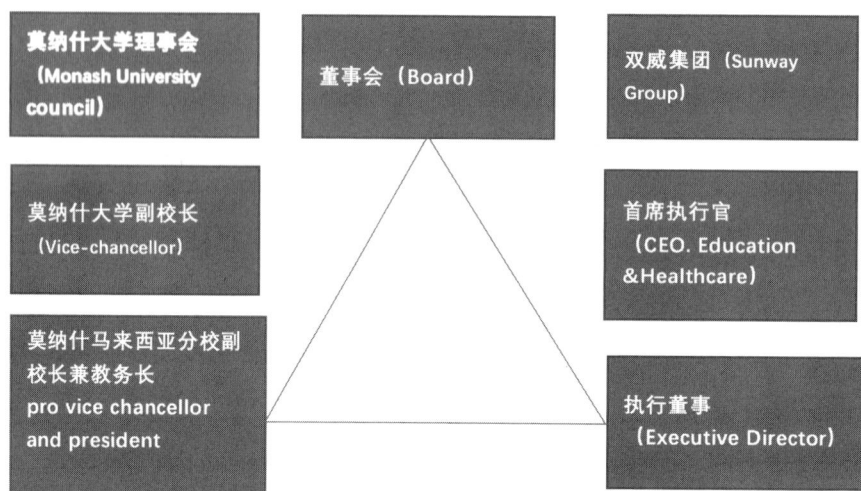

图 4.2 莫纳什马来西亚分校管理结构图

资料来源：Monash Malaysia. Structure and governance［EB/OL］https：//www.monash.edu.my/about/
　　　　who/structure.2019-11-13.

向母校的副校长负责，长期向其汇报分校的情况。但海外分校在与母校保持密切联系的同时，往往也会保持着一定的自主权来进行校园内部事务的决策。例如，皇家墨尔本理工大学越南分校除了拥有一定的权利根据当地需求确定适当的课程外，还拥有对分校所收学费的数额和折扣的决定权，这也是母校在考虑到分校更接近市场，更能作出符合市场需求这一背景后的最终决策。

六、质量保障

澳大利亚政府、一些澳大利亚大学自治机构、海外分校的母校以及海外分校自身对于其分校的教育质量保障都十分看重。对于政府以及一些大学自治机构来说，主要是通过颁布一系列的质量保障政策来规范海外分校的质量保障工作。在母校和分校层面，则是通过开展内部质量认证和参与外部资格鉴定的方式来构建海外分校的质量保障体系。

（一）政府层面

澳大利亚政府以及一些大学自治机构为了保障海外办学的教育质量，

自 20 世纪 80 年代后期就开始陆续出台一系列有关规范教育质量的政策以及法律条文。2005 年 11 月，澳大利亚教育、就业、培训、青年事务部长理事会和澳大利亚教育、科学与培训部联合发表了《跨国教育质量战略》（*The Transnational Quality Strategy*），其中对澳大利亚跨国教育与服务的内涵作出了明确的规定，并且明确了该战略要达到的一个目标、实行的四项原则以及三个行动领域的综合计划。该战略的实施表明了澳大利亚政府对确保海外办学教育培训质量的重点关注。2006 年 7 月 7 日，澳洲教育、就业、培训、青年事务部长理事会（MCEETYA）为适应新的高等教育办学情况，修订了 2000 年颁布的旧政策，批准出台了新的《国家高等教育批准程序协议》（*National Protocols for Higher Education Approval Processes*），这一协议包括 5 个具体的协议，适用于所有澳大利亚高等教育机构的离岸（境外）教育活动。其中协议 E 还正式表明，当澳大利亚在海外所办高等教育机构的水平和规格符合协议所设定的标准，获得澳大利亚承认的认证机构认证，且教学活动的安排和开展顺畅且合理，就能够被批准获得颁发海外学历的资格。① 澳大利亚政府出台的这一新的政策协议反映了其对海外办学教育质量进行规范的急切需求，政府也多次强调澳大利亚海外办学须达到的质量要求，即海外办学的教育质量要和国内质量保持一致。

2016 年 4 月 30 日，澳大利亚政府为了在新时代仍然能够保持其在向海外学生提供教育服务方面所处的领先地位，发布了第一份有关国际教育发展的国家战略蓝图——《国家国际教育战略 2025》（*National Strategy for International Education 2025*）。该战略强调，为了充分实现国际教育事业的潜力，澳大利亚需要借助合作伙伴关系和创新这两大强有力的重要支柱开展海外办学，把高质量的国际教育传播到全世界。所谓的合作伙伴关系，包括与商业产业、他国合作伙伴，其他教育机构以及与全球校友之间

---

① Australian Government Department of Education，*Science and Training*，*National Protocols for Higher Education Approval Process*，2019 年 10 月 11 日，见 http：//www. Dest.gov.au/sectors/higher-education/policy-issue-review/MCEETYAS /default.htm。

的合作关系。所谓的创新，指的是发现新的机遇，开发和改进其国际教育的产品和服务。这一战略的出台对澳大利亚在新世纪面临新的未知挑战下该如何开展海外办学制定了宏观上的战略指导，进一步保障了澳大利亚高校在新时代开展海外办学活动的教学质量。[1]

（二）大学自治机构层面

除了澳大利亚政府部门，一些大学自治机构也陆续出台了一系列相关的政策指导文件。从 1990 年 1 月开始，澳大利亚校长委员会（Australia Vice-Chancellors' Committee）（2007 年 5 月 22 日更名为"澳大利亚大学联盟"，Universities Australia）就颁布了一个《澳大利亚高等教育机构为国际学生提供教育的实施准则》（*Code of Ethical Practice in the Provision of Education to Overseas Students by Australian Higher Education Institutions*），并在 1994 年对准则进行进一步的修订，就澳大利亚高等教育机构为在海外学习澳大利亚专业课程的学生提供教育活动的具体实施标准进行了规定。到了 1995 年，澳大利亚校长委员会又专门针对海外教育颁布了《澳大利亚高等教育机构提供海外教育和教育服务的实施准则》（*Code of Ethical Practice in the Provision of Offshore Education and Educational Services by Australian Higher Education Institutions*）。1998 年，大学校长委员会又将上述两准则合二为一，于 2005 年发布了《向国际学生提供服务：针对澳大利亚大学的实践规范和指导原则》[2]（*Universities and their Students：Principles for the Provision of Education by Australian Universities*）。这一准则内容包含课程开发、学生招生、教学与评价、学生支持等各个方面，为澳大利亚大学的海外办学活动提供了更加统一、细致的框架范围，使得澳大利亚的海外办学机构可以根据约定的标准，自主

---

[1] Australian Government Department of Education，Science and Training，*National Strategy for International Education 2025*，见 https://www.austrade.gov.au/australian/education/services/australian-international-education-2025。

[2] Universities Australia. *Universities and their Students：Principles for the Provision of Education by Australian Universities*，2019 年 10 月 11 日，见 https://www.universitiesaustralia.edu.au/documents/publications/policy/statements/principles。

规范自己的办学活动。2008 年，澳大利亚国际教育司委托澳大利亚国际教育协会（the International Education Association of Australia，IEAA）编写了《良好的跨境教育：提供者指南》（*Good Practice In Offshore Delivery*：*a guide for Australian providers*）。这一指南旨在协助澳大利亚所有教育部门的跨国教育从业人员在实施跨国教育计划方针方面取得良好实践。该指南涉及的主题包括质量管理系统、商业管理、学习教学与学生经历。[①] 这一指南的出台，不仅为澳大利亚高等教育机构、还为澳大利亚其他类型的教育机构的海外办学活动提供了科学的指导。

（三）母校和分校层面

1. 学校内部

澳大利亚海外分校及其母校则主要通过内部质量认证和外部资格鉴定的方式来构建海外分校的质量保障体系。就以莫纳什大学来说，其内部质量认证是指莫纳什大学母校在内部设立海外质量保障机构进行自评。莫纳什大学内部成立了海外质量保障委员会（The Offshore Quality Assurance Committee，OQAC），制定有关文件、对海外分校的课程及教学活动进行持续的质量检查与评估，并确实运用评估成果提高质量。海外质量保障委员会采用两种方式来监控质量：一是对海外学位项目申请进行审核；二是成立评估小组到海外分校现场评估。通常评估小组的成员包括母校各学科领域的专家和跨国教育质量研究领域的专家。莫纳什大学海外分校的课程内容和标准与母校的所有课程一样，都要经过大学的审核与批准。负责此项工作的是教育委员会和学术委员会，前者由各学院主管教学的副院长组成，后者则由学校各学科的资深教授组成。

2. 外部质量保障

外部资格鉴定则是指：（1）澳大利亚海外分校积极参与跨国教育全球联盟（Global Alliance for Transnational Education，GATE）的资格审

---

① *Good Practice In Offshore Delivery*：*a guide for Australian providers*，2019 年 10 月 11 日，见 https：//www.voced.edu.au/content/ngv%3A5895。

核和认定。跨国教育全球联盟根据其制定的"授证手册"（Certification Manual），派遣国际同行专家组对申请单位进行评审，跨国教育全球联盟为评审合格单位颁发独立的质量证书。1996 年，莫纳什大学马来西亚分校的课程获得跨国教育全球联盟评审合格的证书。科廷大学马来西亚分校则参与了国际标准化组织（International Organization for Standardization，ISO）——这一全球的非政府组织的资格审评，并且于 2013 年获得了 ISO 9001：2008 认证。斯威本科技大学砂拉越校区也积极参与了全球性非盈利协会——AACSB International（AACSB）对于大学商学院教学质量的认证，获得了认证证书。澳大利亚大学海外分校通过积极参与国际组织的资格审定，不仅证明了自己的实力，还提高了海外分校的声誉。(2) 积极接受澳大利亚国家质量监管机构的审查。所谓的澳大利亚的质量监管机构，在 2011 年前主要是指 2000 年成立的澳大利亚大学质量保障署（Australian Universities Quality Agency，AUQA），2011 后则由于 AUQA 将职能转移，所以主要指的是高等教育质量和标准署（Tertiary Education Quality and Standards Agency，TEQSA）。大学质量保证署（AUQA）曾作为一个独立的第三方全国性机构，在国内大学或海外分校自愿的情况下，会根据一套较为完备的指标体系，从办学理念、伙伴选择、语言、教学、考评、学术支持、生活支持、评估和评级等 14 个方面对海外分校进行审查和评估。根据相关情况，海外教育评估小组还可能会亲自到项目实施地进行现场审核，其间为了保证结果更加科学会邀请相关的工作人员及学生进行面谈，也会和项目负责人及合作方的领导人进行沟通交流。访谈结束后，评估小组会根据调查得来的信息，草拟一份调查报告供小组讨论，小组讨论后得出评估报告。例如莫纳什大学的海外分校就曾积极接受过 AUQA 的审查。

目前海外分校项目的审查主要由高等教育质量和标准署（TEQSA）负责。高等教育质量和标准署（TEQSA）对海外分校的审查与 AUQA 审查方式存在很大的不同。根据 TEQSA2013 年发布的《TEQSA 对跨国高等教育的监管方法》（*TEQSA's approach to regulating the offshore provision of regulated HE awards*）中所提到的，澳大利亚海外分校不需要获得

TEQSA 的批准就可以建立海外分校，但是前提是需要在 TEQSA 申请注册，并且需要以书面形式向 TEQSA 申请注册并提交符合 2015 高等教育标准框架（Higher Education Standards Framework 2015）的证明材料。对于已经开办的分校，TEQSA 只有当发现分校活动不符合标准或通过年度风险评估（多是审查海外分校学生注册情况）发现存在重大不合常规风险时，才会进行干预。平常多是通过与东道国的质量保障机构信息共享合作来监控海外分校的办学质量，例如 TEQSA 已经与新加坡私立教育委员会以及马来西亚资格认证机构（MQA）签署了合作备忘录。只有当分校机构注册新课程或重新认证课程时才会因为考虑是否将其注册进行续期评估海外分校的整体情况。但根据《TEQSA 法案》（*TEQSA Act*）的规定，如果跨国高等教育供应商所做的认为任何"重大变更"可能会严重影响其达到基本质量要求，则跨国高等教育供应商必须在指定的时间段内向 TEQSA 报告。除此之外，TEQSA 可以随时进行评估，并且可以为此目的使用虚拟方式，例如通过视频或电话会议。也可以进行实地视察，但只是针对不同具体的风险，不需要固定的评估，并且需要有一名获授权人员在场。获授权人员为 TEQSA EL1 及以上职级人员。如果在现场访问中使用外部专家，他们必须由授权人员陪同。①

第四节　澳大利亚高校海外办学的经验与启示

一、澳大利亚高校海外办学面临的挑战

海外办学作为"学术行为"与"商业活动"的混合体，在办学过程中毋庸置疑会面临许多未知的风险和挑战。而澳大利亚在办学过程中所面临的最大的挑战主要是机构管理的挑战以及可持续发展的挑战。

---

① Comparative Study of Quality Assurance Agencies International Branch Campus（IBC）Tertiary Education Quality and Standards Agency，2018 年 11 月 7 日，见 https：//www.khda.gov.ae/hesummit/pdf/CSQAA_IBC_TEQSA.pdf。

（一）机构管理方面的挑战

随着越来越多私立赢利性教育机构的出现，澳大利亚的海外办学活动被蒙上了越来越多的商业化色彩。澳大利亚大学的许多海外办学项目也在国际上多次被嘲讽、诟病为"质量不高，太过于商业化"，而这多是由于澳大利亚一些私立赢利性高等教育机构的不合规、不合法的办学造成的。澳大利亚一些私立赢利性高等教育机构在开展国际合作项目的过程中，为了追求利益，达到自己的商业目的，不惜通过发布虚假广告，夸大自己的教学实力和所颁发的文凭价值来招收更多学生，使得这些学生沦为这些劣质教育机构甚至是虚假教育机构的受害者。这些学生不仅没有获得他们所希望的那种不出国门就能享受到的澳大利亚优质教育，还损失了大把的时间、精力和金钱。这些"文凭作坊"所提供的质量低下、有效期有限的证书对他们未来的人生发展也造成了巨大的影响和损害。随着这些问题的不断加重，一些国家例如北美与北欧甚至给在澳大利亚大学留学这一学习过程贴上了"没有学习价值""只是沙滩阳光与性行为的享受"这些标签，使得澳大利亚大学的国际声誉遭受了严重的挫折。澳大利亚急需对高等教育机构进行更加严格的管理，为了挽救澳大利亚大学在国际上的"声望地位"，澳大利亚高等教育机构管理面临着严峻的挑战。

（二）可持续发展的挑战

为了减少财务、人员、声誉等方面的损失，保护海外学生的利益，海外办学的可持续发展对于澳大利亚高校来说非常重要，但澳大利亚高校的海外办学活动却由于财务、与合作方的合作以及师资招募等多种问题的存在，在可持续发展方面面临着严峻的挑战。就财务方面来说，澳大利亚海外办学项目之一——建设和运营海外分校，其过程中就曾多次面临过重大的财务问题。例如，1996年澳大利亚皇家墨尔本理工大学在马来西亚开办的分校就是因为其马来西亚方面的合作伙伴因亚洲经济危机损失惨重，导致分校运营的资金链断裂，其校园只能于1999年关闭。① 澳大利亚莫纳什南非分校也因为到 2005 年仍未实现盈利面临严重的财务风险而不得不将校园的所有权转让。财政的不足和不稳定毋庸置疑严重影响着澳大利亚海外办学的可持续发展。

　　就与合作方的合作这一层面而言，由于历史、文化、政治等原因，澳大利亚海外分校与东道国政府的合作存在合作破裂的风险，这也让澳大利亚海外办学的可持续发展面临严峻的挑战。澳大利亚邦德大学南非分校商学院的工商管理课程就曾在 2004 年被南非监管机构——高等教育理事会（Council on Higher Education）按照本国的监管规定认定其课程为未能达到法规设立的最低标准而被取消。但邦德大学南非分校校长却表示分校的工商管理课程获得了澳大利亚本国的认证，质量是完全可以保证的。并且他还批评了南非审查机构所使用的审查标准，认为其"审查的重点只关注教学流程和课程治理手段，而不是毕业生的成就表现"②。最终，邦德大学与南非政府合作关系破裂，所有共同合作的海外办学项目都走向了尽头。

　　就师资方面来说，由于目前仍有许多海外分校因为面临着师资招募难、留任难、母校教师不愿去海外分校执教等一系列问题，使其可继续发展遭受到了挑战。莫纳什大学马来西亚分校副校长安德鲁·沃克尔（Andrew walker）就曾表示说："尽管我们试图在教育教学的所有领域让马来西亚分校和澳大利亚母校之间保持一致，但在一个领域中我们仍然无法保持一致。我们负担不起澳大利亚母校教师的工资。他们无法向马来西亚分校教师支付与澳大利亚大学教师一样的薪水。马来西亚学校工作人员的薪水是根据马来西亚标准支付的，由当下马来西亚学生支付的学费提供资金。从马来西亚人的角度来看，这是一个不错的薪水，但在一些国际教

① OBHE. *Malaysia to offer foreign universities greater incentives to open branch campuses, but why has no new branch campus opened since 2000?*，2020 年 1 月 3 日，见 http://www.obhe.ac.uk/documents/view_details? id=420。

② *MBA saga claims 1st victim*，2020 年 1 月 3 日，见 https://www.fin24.com/Companies/MBA-saga-claims-1st-victim-20040618。

职工看来却是相差太大，无法与澳大利亚相比。因此，作为一所具有高全球排名的国际大学，这使我们很难招募人员。对我们来说吸引并留住高素质的员工是一个持续的挑战。"而缺乏了办学主体——师资力量的支持，澳大利亚海外办学的发展必然难以维持。

二、澳大利亚高校海外办学成功与失败的经验教训

在澳大利亚高校漫长的海外办学历程中，澳大利亚高校经历过成功，也经历过失败。通过对其成功以及失败的历程进行反思，可以发现澳大利亚海外办学现如今之所以能够发展到如此规模，拥有如此丰硕的办学成果，与其能够找准目标市场、做好风险评估、注重质量保障以及注重政府、学校、社会三者通力合作是分不开的，这也是澳大利亚海外办学能够发展至今的重要原因。

（一）找准目标市场

澳大利亚高校开展海外办学所面向的目标国家主要是亚太地区的国家，这些国家不仅拥有广泛的学生市场、强大的发展潜力，而且还与澳大利亚之间拥有浓厚的历史情谊和广泛的社会认同，这些就使得澳大利亚在开拓其海外市场时获得了一定的优势，相对于开拓别的地区、别的国家的海外办学市场面临较小的阻力。找准目标市场是海外办学决策实施的第一步，也是极其重要的一步。这一步的选择对于海外办学未来能否获得可持续发展有着深远的影响。在这一步的选择上，澳大利亚顺应了历史潮流，抓住了时代契机，积极转变观念，不断与亚太地区建立更加密切的联系。在这一决策中，澳大利亚的领导人也发挥了一定的推动作用。1991 年执政的基廷总理在上台后仅四个月就在悉尼举办的亚澳学会演说中强调说："如果我们死抱着历史上与英国的传统关系以及价值观念不放，那会削弱我们的民族文化、我们的经济前途以及我们作为亚洲和太平洋国家的未来。"①

---

① 孙红雷：《20 世纪 90 年代以来澳大利亚海外教育的发展及其对澳大利亚关系的积极影响》，2019 年 5 月 4 日，见 http://ayzx.x211u.cdu.cn/Australia/aylt/sun.htm。

总理对于澳大利亚局势的思考，对于未来发展的建议，一定程度上为澳大利亚高校在历史发展的岔路口指明了方向。总而言之，澳大利亚海外办学的长久发展得益于澳大利亚政府和高校所树立的长远发展眼光，得益于他们对于海外办学目标市场的良好选择。

（二）做好风险评估

澳大利亚在开展海外办学的过程中十分注重对于海外办学活动风险进行评估，对于海外办学模式的选择也会基于风险大小进行考虑，这也是他们在经过了失败的教训之后不断地反思所获得的成长。正如莫纳什大学马来西亚分校副校长安德鲁·沃克尔（Andrew walker）在日本接受采访时所说："如果日本政府愿意给予我们非常慷慨的协助，那么我们是愿意在日本建立分校的，但如果没有日本政府足够的协助，基于目前澳大利亚大学中日本学生因英语水平不足人数不多，市场较小，澳大利亚将不会考虑在日本建立分校。"[①] 澳大利亚国立大学的校长也曾表示现阶段不打算建设海外分校，更想把注意力放在办好双联课程上。总而言之，澳大利亚高校对于海外办学是否开展以及以何种形式开展不是"一拍脑袋"所做的决定，也不是盲目跟风、盲目攀比所做的决策，而是立足于本国、本校的发展实际以及他国所拥有或给予的资源情况，在经过学校理事会讨论后所做的慎重决定。其良好的风险评估以及讨论工作也使得澳大利亚在海外过程中拥有了更多发展的底气，也使得其能够发展得更持久、更顺利。

（三）政府、社会组织以及学校三者的通力合作

澳大利亚高校海外办学的成功不仅仅是高校——这一办学主体的广泛参与所造就的，它还需要政府的积极主导以及社会组织的引导和监督。澳大利亚政府自20世纪80年代以来就实施了一系列推动海外办学发展的举措，除了出台一系列上文所述的促进澳大利亚海外办学发展的规划和政策，澳大利亚政府还特别成立澳大利亚国际教育开发署（IDP Education）、

---

① 大学改革志愿·学位授予机构. 平成30年度大学質保証フォーラム「国境を越える大学」[EB/OL]. https://www.niad.ac.jp/event/event2018/uqaforum2018.html.2020-2-19。

澳大利亚教育国际署（The Australian Government International Education Network，AIE）等组织在全世界推广澳大利亚的教育。澳大利亚国家开发署是由澳大利亚政府 1969 年出资设立的，已在全球 30 多个国家设立了120 多个国际学生服务中心[①]，成为澳大利亚独有的全球领先的留学服务机构之一。澳大利亚教育国际署也是澳大利亚教育、科学和培训部下属的一个机构，其网络目前在北美、印度、南美、马来西亚、印度尼西亚、日本、中国、韩国、越南和中东都有分支机构。近些年来，它主要代表了澳大利亚政府向海外宣传了澳大利亚的教育理念与教育体系，致力于树立澳大利亚教育、培训和科研强国的形象。除了政府的引导，澳大利亚的社会组织也在海外办学的过程中发挥了巨大的作用。例如澳大利亚大学校长委员会（University Australia）作为澳大利亚大学事务的咨询机构，通过与世界各国高校、教育团体的密切联系来为澳大利亚的海外办学提供各种相关信息和服务，进一步促进了澳大利亚高校的国际化发展。

（四）注重海外办学的质量保障

注重质量保障是澳大利亚海外办学长久发展的基石，也是澳大利亚海外办学的一大特点。由于澳大利亚海外办学曾因为质量低下、商业化气息过重问题被国际社会所诟病，所以为了提高国际声誉，改善在国际上的恶劣形象，澳大利亚政府对于海外办学的质量保障十分看重，积极主动出台了一系列政策为海外办学提供更加全面有效的指导。澳大利亚高校也将教学质量放在了海外办学管理的中心位置，建立了内部的质量认证体系以及积极参与外部来自澳大利亚政府和国际社会的资格鉴定。除此之外，澳大利亚还通过积极参与联合国教科文组织和世界经济贸易与发展组织对跨国教育质量保障指导方针制定向国际社会展示出澳大利亚对高等跨国教育质量保障的重视。在宣传澳大利亚对于质量保障的重视方面也作出了许多的努力。例如澳大利亚驻华使馆教育处曾与中国教育部和上海教育评估院围绕"跨国教育质量保障"这一主题共同举办了"中澳跨国教育质量保障

---

① IDP Education，*About us*，2020 年 9 月 22 日，见 https：//www.idp.cn/aboutus/。

与管理研讨会""跨国教育及质量保障——中澳合作办学研讨会"等会议，向国际社会展示出澳大利亚政府对于输出的海外教育教学质量保障问题的强烈重视。总而言之，注重办学质量保障、展现对教育质量保障问题的重视也是澳大利亚海外办学项目能够发展至今的重要原因。

三、对中国高校发展海外办学的启示

通过以上分析，可以看出澳大利亚在海外办学尤其是海外分校建设方面还是有许多成功的做法与经验，这些经验做法对我国高校未来海外办学具有以下启发意义：

第一，在海外分校融资过程中，获得东道国政府以及东道国大型企业物力和财力的支持十分重要。海外分校在初创时期，物力、财力消耗巨大，虽然分校可以用收取的学费收入以及母校给予的资金支持给海外分校发展"回血"，但这并不是长久之计。母校只可能在一定时期内给予分校强有力的支持，学生市场在分校建立初期也易遭受波动甚至远远达不到所估计的预期，为此，寻找一个可靠的合作伙伴获得可持续发展的物力和财力支持就显得十分重要。莫纳什大学马来西亚分校就通过与双威集团合作获得了双威集团给予的物力，也即是办学设施的支持，这为莫纳什马来西亚分校的可持续发展扫除了许多潜在的障碍。科廷马来西亚分校也与马来西亚州政府合作，获得了大量资金的支持，降低了办学相关的风险。

第二，在海外分校招生的过程中，具有足够的耐心、细心和创新精神是十分重要的。通过以上对澳大利亚海外招生策略进行分析，可以发现澳大利亚大学的海外分校在进行招生的过程中并没有急功近利，而是在对输入国的社会环境做好了充分了解的基础上才开始面向固定的招生群体开展招生活动，并且招生的过程对于细节也十分注重，例如考虑到了潜在学生的语言沟通可能存在障碍，招聘了多语种的工作人员在学生咨询和报名过程中来为学生解决问题和困惑，使学生能够在学校报考过程中获得更加亲切和清晰的指导，在招生的过程也更容易获得来自学生和家长的好感。除此之外，在招生过程中澳大利亚海外分校也充分展现了其创新精神。例

如卧龙岗大学迪拜分校就通过设立巨大的学校名称牌以及在城际巴士上做广告等创新性的举动来吸引学生和家长的注意力，促进海外分校的招生。

第三，积极主动地建立多维质量保障体系，高调打造高品质、高追求的学校形象对于海外分校的发展也十分重要。澳大利亚海外分校在质量保障方面形成了以国际组织审核、国内政府认定、自我评估三层多维的质量保障体系，这一保障体系使得澳大利亚海外分校的教学质量得到了国际社会的关注和认可。在建立质量保障体系的过程中，澳大利亚海外分校并不是被动等待监管与监测，而是积极主动让外部审核机构对所开设的海外分校进行审核与评价，通过这一行为展现其海外分校对于教学质量的重视，打造高品质、高追求的学校形象，并积极推广，使其深入人心。澳大利亚海外分校对教学质量的完善与发展十分重视，在展现其教学质量方面也十分高调。莫纳什马来西亚分校充分发挥主观能动性，不仅主动参与了跨国教育全球联盟的外部资格评审，还在其官方网站以及宣传手册上多次强调其优质的教学质量。在官方网站设置的关于"选择马来西亚莫纳什大学的十大理由"板块中，第一条就着重强调了马来西亚莫纳什大学的学位不仅受到马来西亚教育部与马来西亚资格鉴定机构的认可，其学术品质也受到位于澳大利亚高等教育质量与标准署的认可，宣传中在最醒目的位置多次高调强调其备受国际认可的优质的教育水平。

第四，在科目的设置上处理好本土化和一体化的关系也十分重要。澳大利亚海外分校的专业及课程的设置不仅体现了其母校的优势学科，也体现了东道国政府对于高等教育领域发展的期望与要求，顺应了输入国市场的需求。课程的一体化与本土化不仅有利于分校的专业和课程能够更容易获得本地的认可，也充分保障了学生的利益，有利于学生未来的就业与发展，在未来的招生过程中形成一个良性循环。

第五，海外分校与母校之间紧密但又相对自由的关系对于海外分校的发展也十分重要。根据上述可知，虽然澳大利亚海外分校的副校长兼教务长需要定期向母校的副校长汇报分校的发展情况，但是海外分校、母校副校长在海外分校运行管理的过程中，相互之间相处的关系并不是紧张的、命令式的，而是沟通的、协商式的，分校的副校长可以根据自己长期对于分校发展过程的观察与思考，向母校提出对分校未来发展的建议与规划，与其进行协商。有的分校甚至可以拥有根据当地需求确定适当的课程以及分校所收学费的数额和折扣的决定权。所以，海外分校与母校之间形成良好的、成熟的互动关系也十分重要。

第五章　加拿大高校海外办学战略研究

在过去的几十年间，特别是 20 世纪 80 年代以来，全球化、新自由主义和高等教育国际化的发展潮流推动了海外办学的迅猛发展。[①] 为了满足世界各国日益增长的多样化的高等教育需求，姐妹项目、双学位项目、联合学位项目、海外分校、特许经营、远程教育等不同类型的海外办学活动获得了长足发展。[②] 以形式最为激进的海外分校为例，全球正在运营的 247 所海外分校中，有 239 所是在 1980 年后成立的。[③] 加拿大作为世界高等教育领域的佼佼者，也参与了全球海外办学的热潮，并形成了与美国、英国、澳大利亚等重要的高等教育输出国不同的海外办学战略。

[①]　Moutsios Stavros，"International Organisations and Transnational Education Policy"，*Compare：A Journal of Comparative and International Education*，Vol. 39，No. 4（July 2009），pp. 469-481.

[②]　Knight Jane，"Transnational Education Remodeled：Toward a Common TNE Framework and Definitions"，*Journal of Studies in International Education*，Vol. 20，No. 1（February 2016），pp. 34-47.

[③]　Cross-Border Education Research Team. *Branch Campuses*，2019 年 12 月 10 日，见 http://cbert.org/resources-data/branch-campus/。

第一节　加拿大高校海外办学的发展历程与创办动机

一、加拿大高校海外办学的发展历程

（一）二战后—20 世纪末

加拿大高校的海外办学活动起源于二战后的海外教育发展援助。20世纪 50 年代之后，为了展现反对帝国主义霸权，支持创建公平、公正世界秩序的国际形象，加拿大开始实行柔性外交政策，这种外交政策在教育领域表现为对外实施教育援助。[①] 在联邦政府的极力倡导下，加拿大高校逐渐意识到自身在促进国际社会公平方面应该履行的责任，开始与第三世界国家的高等教育机构进行交流与合作，帮助它们进行教育能力建设。1961 年，在加拿大外交部[②] 外部援助办公室[③]（External Aid Office of Department of External Affairs）的资助下，英属哥伦比亚大学（University of British Columbia）与马来西亚的马来亚大学（University of Malaya）合作设立了会计学和商务管理专业的姐妹项目，由此成为加拿大第一个参与海外办学的高等院校。[④] 此后，加拿大高校的海外办学活动逐渐增多，到 20 世纪 60 年代末，英属哥伦比亚大学、多伦多大学（University of Toronto）、麦吉尔大学（McGill University）、阿尔伯塔大学（University

---

① Trilokekar Roopa Desai & Kizilbash Zainab, "Imagine：Canada as a Leader in International Education. How Can Canada Benefit from the Australian Experience？"*Canadian Journal of Higher Education*，Vol. 43，No. 2 (2013)，pp. 1-26.

② 该部门在20世纪80年代与外贸部（Department of International Trade）合并为一个部门，并在 1995 年正式更名为外交外贸部（Department of Foreign Affairs and International Trade）。该部门后来又经历了数次分裂与合并，从 2015 年 11 月开始，法定名称被确立为外交、贸易与发展部（Department of Foreign Affairs，Trade and Development），公开指定名称是加拿大全球事务局（Global Affairs Canada）。

③ 该机构于 1968 年更名为加拿大国际开发署（Canadian International Development Agency），后者沿用至今。

④ Shute James，"From Here to There and Back Again：International Outreach in the Canadian University"，in *A New World of Knowledge：Canadian Universities and Globalization*，S. Bond & J. P. Lemasson (eds.)，Ottawa：IDRC Books，1999，pp. 21-44.

of Alberta)、西安大略大学（University Of Western Ontario）、拉瓦尔大学（Universite Laval）、萨斯喀彻温大学（University of Saskatchewan）、圭尔夫大学（University of Guelph）以及曼尼托巴大学（University of Manitoba）与印度、肯尼亚、泰国、卢旺达、突尼斯、加纳、牙买加、尼日利亚等亚非拉国家的高校合作设立了十多个姐妹项目。① 值得一提的是，虽然外部援助办公室及其后的加拿大国际开发署为这些项目的创建和发展提供了资金支持，加拿大高校的海外办学活动完全是自主自发的，它们可以自由决定海外办学的形式和教育教学内容，而不会受到联邦政府的政治干预。②

　　在国际局势改变以及国内经济过热、地区发展不平衡、魁北克寂静革命等多种因素的影响下，加拿大的外交政策在 20 世纪 70 年代初发生重大转变，由原来对政治利益和文化利益的强调转向侧重经济利益③④。外交部在 1970 年发布的题为《加拿大人的外交政策》（*Foreign policy for Canadians*）白皮书中强调，加拿大的外交政策应该服务于国内事务，特别是服务于国内经济发展。⑤ 自 20 世纪 70 年代末，联邦政府开始逐渐削减海外援助的财政拨款，加拿大国际开发署对包括海外办学在内的海外教

---

① Shute James，"From Here to There and Back Again：International Outreach in the Canadian University"，in *A New World of Knowledge：Canadian Universities and Globalization*，S. Bond & J. P. Lemasson（eds.），Ottawa：IDRC Books，1999，pp. 21-44.

② Shute James，"From Here to There and Back Again：International Outreach in the Canadian University"，in *A New World of Knowledge：Canadian Universities and Globalization*，S. Bond & J. P. Lemasson（eds.），Ottawa：IDRC Books，1999，pp. 21-44.

③ Department of External Affairs，*Foreign Policy for Canadians*，2020 年 1 月 8 日，见 http：//gac.canadiana.ca/view/ooe.b1603784E/6？r=0&s=1。

④ Trilokekar Roopa Desai，"The Department of Foreign Affairs and International Trade （DFAIT），Canada：Providing Leadership in the Internationalization of Canadian Higher Education"，in *Canada's Universities Go Global*，R. D. Trilokekar，G. A. Jones，& A. Shubert（eds.），Toronto：JamesLorimer & Company Ltd，2009，pp. 7-15.

⑤ Department of External Affairs，*Foreign Policy for Canadians*，2020 年 1 月 8 日，见 http：//gac.canadiana.ca/view/ooe.b1603784E/6？r=0&s=1。

育发展援助也随之减少。① 因此，在 20 世纪 70、80 年代，虽然加拿大高校依然通过海外教育发展援助促进发展中国家的人力资源开发，但是它们参与创办的海外教育项目数量增速放缓。② 与此同时，来自私营部门的行业精英开始增加游说，建议联邦政府强化对海外教育发展援助的经济利益的考量。尽管有国会议员一再强调应该保持海外教育发展援助的人道主义价值取向，联邦政府并没有采纳这些议员的建议。③ 从 90 年代起，特别是1995 年世界贸易组织（World Trade Organization）在《服务贸易总协定》（*General Agreement on Trade in Services*）中将教育列为可以进行贸易的服务类型之后，加拿大高校开始强调海外办学的经济价值。④ 高等院校的管理者们主张通过与私营部门、国际金融机构合作或者向受教育者收取学费的方式开展海外办学活动。⑤ 为了满足不同学生群体多样化的教育需求，加拿大高校参与海外办学的方式也变得丰富起来，不仅包括最初的姐妹项目，还包括海外分校、远程教育、特许培训等许多不同的形式。⑥

① Pratt Cranford（eds.），*Canadian International Development Assistant Policies：An Appraisal*，Montreal：McGill/Queen's University Press，1996.

② Shute James，"From Here to There and Back Again：International Outreach in the Canadian University"，in *A New World of Knowledge：Canadian Universities and Globalization*，S. Bond & J. P. Lemasson（eds.），Ottawa：IDRC Books，1999，pp. 21-44.

③ Canada Parliament House of Commons Standing Committee on External Affairs and International Trade，"*For Whose Benefit?*：*Report of the Standing Committee on External Affairs and International Trade on Canada's Official Development Assistance Policies and Programs*"，Ottawa：Queen's Printer for Canada，1987.

④ Canadian Bureau for International Education，*A World of Learning：Canada's Performance and Potential in International Education*，Ottawa：Canadian Bureau for International Education，2012.

⑤ Canadian Bureau for International Education，*A World of Learning：Canada's Performance and Potential in International Education*，Ottawa：Canadian Bureau for International Education，2012.

⑥ Shute James，"From Here to There and Back Again：International Outreach in the Canadian University"，in *A New World of Knowledge：Canadian Universities and Globalization*，S. Bond & J. P. Lemasson（eds.），Ottawa：IDRC Books，1999，pp. 21-44.

(二) 21 世纪以来

加拿大是联邦制国家。按照各省教育自治、大学自治的治理原则，加拿大高校的海外办学活动基本上是依靠自身力量来推动的，依照本校的发展使命和战略规划来实施。在国家层面，联邦政府没有设置专门管理教育事务的部门。除了加拿大国际开发署提供的经费赞助，高校的海外办学活动很少可以获得国家的其他支持。因此，与美国、英国、澳大利亚等国相比，加拿大的海外办学活动和整体的国际教育事业发展较为缓慢。直到 20 世纪末，随着全球国际教育市场竞争的日益加剧，加拿大外交外贸部（Department of Foreign Affairs and International Trade）才逐渐承担起推动全国国际教育事业发展的职责，致力于增加加拿大的教育出口。1998 年，时任外贸部部长塞吉奥·马奇（Sergio Marchi）在外交外贸部内创建了一个专门负责加拿大国际教育全球推广的部门。① 在此之后，外交外贸部也不断通过《全球商务战略》（*Global Commerce Strategy*）、《全球市场行动计划》（*Global Markets Action Plan*）等政策，鼓励高校向外输出教育产品和教育服务，增加加拿大教育产业的经济价值。2009 年，为了解全国后中等教育机构海外办学的基本情况，外交外贸部国际教育与青年处（International Education and Youth Division of Department of Foreign Affairs and International Trade）委托加拿大社区学院协会②（Association of Canadian Community College）和加拿大大学与学院协会③（Association of Universities and Colleges of Canada）开展了一项有关加拿大后中等教育机构海外办学情况的调查。④ 根据加拿大社区学院协会在 2010 年发布的统

---

① Trilokekar Roopa Desai, *Federalism, Foreign Policy and the Internationalization of Higher Education: A Case Study of the International Academic Relations Division, Department of Foreign Affairs and International Trade*, Canada (Doctoral dissertation), Retrieved from ProQuest Dissertations & Theses. (Accession No. NR28112).

② 该协会于 2014 年更名为加拿大应用技术与职业学院协会（Colleges and Institutes Canada）。

③ 该协会于 2015 年更名为加拿大大学协会（Universities Canada）。

④ Government of Canada, *International Education: Knowledge Export*, 2019 年 12 月 13 日, 见 https://www.international.gc.ca/education/knowledge_exports-exportation_des_connaissances.aspx? lang=eng。

计数据，参与此次调查的 85 所社区学院① 在 2007—2008 学年共参与运作了 110 个海外教育项目，提供了 52 项海外教育服务和 42 个远程教育项目②。加拿大大学与学院协会同年发布的统计数据表明，加拿大大学和学院也在积极开展海外办学活动。在参与此次调查的 54 所大学和学院③ 中，有 39 所在 2007—2008 学年参与提供了某种形式的海外教育项目或海外教育服务④。

　　为进一步发挥国际教育产业在加拿大经济发展中的积极作用，以及确保加拿大在全球国际教育市场中的领导地位，外交外贸部决定制定一份专门指导加拿大国际教育发展的战略报告，并在 2011 年成立了国际教育战略顾问小组（Advisory Panel on Canada's International Education Strategy），负责对国际教育战略的制定、实施和评估提供指导意见。⑤ 在广泛征询专家学者和社会公众意见的基础上，该小组于 2012 年发布了《国际教育：加拿大未来繁荣的关键》（International Education：A Key Driver of Canada's Future Prosperity）。针对海外办学，该报告提出要"鼓励加拿大高校与国外教育机构建立伙伴关系""增加加拿大教育服务在海外提供的数量"。⑥ 2014 年，外交外贸部正式出台了加拿大首份专门指导

---

① 该年，加拿大社区学院协会共有 111 个成员单位。

② Association of Canadian Community Colleges，*Educational Programs and Services Offered Abroad by Canadian Colleges：Key Results from A National Survey Supported by the Department of Foreign Affairs and International Trade*（*DFAIT*），2019 年 12 月 13 日，见 https：//www.international.gc.ca/education/assets/pdfs/accc_off-shore_en.pdf。

③ 该年，加拿大大学与学院协会共有 93 个成员单位。

④ Association of Universities and Colleges of Canada，*Educational Products and Services Offered Abroad by Canadian Universities：An AUCC Survey*，2019 年 12 月 13 日，见 https：//www.international.gc.ca/education/assets/pdfs/aucc_off-shore_en.pdf。

⑤ Government of Canada，*International Education：A Key Driver of Canada's Future Prosperity*，2019 年 12 月 13 日，见 https：//www.international.gc.ca/education/assets/pdfs/ies_report-rapport_sei-eng.pdf。

⑥ Government of Canada，*International Education：A Key Driver of Canada's Future Prosperity*，2019 年 12 月 13 日，见 https：//www.international.gc.ca/education/assets/pdfs/ies_report-rapport_sei-eng.pdf。

国际教育发展的政策报告《国际教育战略：利用知识优势，推动创新与繁荣》(*Canada's International Education Strategy：Harnessing our knowledge advantage to drive innovation and prosperity*)①。该政策报告按照国际教育战略顾问小组提出的建议，要求加拿大高校增加与国外高等教育机构以及科研院所合作的广度和深度，建议合作的方式包括学生与教师的跨境交流、联合研究、课程合作开发、联合教学以及联合学术和技能发展项目。② 由此可以看出，这份政策报告为加拿大高校开展海外办学活动提供了强有力的政策支持。2019 年，国际贸易多元化部部长（Minister of International Trade Diversification）与就业、劳动力发展和劳工部部长（Minister of Employment，Workforce Development and Labour）以及移民、难民及公民部部长（Minister of Immigration，Refugees and Citizenship）联合出台了加拿大第二份国际教育发展战略《立足成功：加拿大国际教育战略（2019—2024)》(*Building on Success：International Education Strategy 2019—2024*)③。该战略要求政府"为加拿大教育机构提供支持，帮助他们争取海外涌现的新机会，增加教育服务出口"④。这项政策成为新战略中继（1）鼓励加拿大学生赴海外学习和工作、（2）增加赴加拿大留学的国际学生的多样化之后的第三大发展目标，将海外办学在加拿大国际教育产业中的地位提升到新的战略高度。

---

① Government of Canada，*Canada's International Education Strategy：Harnessing Our Knowledge Advantage to Drive Innovation and Prosperity*，2019 年 12 月 15 日，见 https：// www.international.gc.ca/education/assets/pdfs/overview-apercu-eng.pdf。

② Government of Canada，*Canada's International Education Strategy：Harnessing Our Knowledge Advantage to Drive Innovation and Prosperity*，2019 年 12 月 15 日，见 https：// www.international.gc.ca/education/assets/pdfs/overview-apercu-eng.pdf。

③ Government of Canada，*Building on Success：International Education Strategy（2019-2024)*，2019 年 12 月 15 日，见 https：//www.international.gc.ca/education/assets/pdfs/ies-sei/Building-on-Success-International-Education-Strategy-2019-2024.pdf。

④ Government of Canada，*Building on Success：International Education Strategy（2019-2024)*，2019 年 12 月 15 日，见 https：//www.international.gc.ca/education/assets/pdfs/ies-sei/Building-on-Success-International-Education-Strategy-2019-2024.pdf。

二、加拿大高校参与海外办学的动机

研究表明，在广大发展中国家对本国高等教育体系进行改革的过程中，加拿大的大学、职业学院和技术学校应该利用自身的教育优势，通过课程开发、联合学位项目、海外分校等多种海外办学形式为它们提供指导和支持。[①] 就具体动机而言，这些高校是在海外办学诸多现实利益的推动以及教育输入国的拉动下参与的。根据加拿大跨境教育领域知名学者简·奈特（Jane Knight）的研究结果，推动跨境教育发展的动因主要分为经济动因、政治动因、学术动因和文化/社会动因四类。[②] 本部分将按照简·奈特提出的分析框架对加拿大高校参与海外办学的动机进行梳理。

（一）经济动因

经济收入是加拿大大力发展包括海外办学在内的国际教育产业的主要原因。[③] 从 20 世纪 70 年代末开始，随着加拿大政府对高等教育部门财政拨款的不断削减[④]，高校不得不通过科研成果转化、发展国际教育等手段来增加额外收入，确保学校的正常运营[⑤]。实践也已经证明，向国外出售教育产品和教育服务，利用现代高科技手段增加对外教育提供可以为加拿大高校创造丰厚的利润。据不完全统计，在 2007—2008 年，加拿大高

① Toope Stephen, *Strengthening Education and Research Connectivity between Canada and Asia：Innovative Models for Engagement*，2019 年 12 月 15 日，见 http：//www. ceocouncil.ca/wp-content/uploads/2012/08/Strengthening-education-and-research-connectivity-between-Canada-and-Asia-Stephen-Toope.pdf。

② Knight Jane，*A Time of Turbulence and Transformation for Internationalization*，Ottawa：Canadian Bureau for International Education，1999.

③ Bozheva Alexandra，"From Neoliberal to Supra-neoliberal：Canadian Education Industry Formation"，*International Journal of Qualitative Studies in Education*，2019 年 12 月 18 日，见 https：//www.tandfonline.com/doi/pdf/10.1080/09518398.2019.1693069？needAccess=true。

④ Fisher Donald，Rubenson Kjell，Clift Robert，Lee Jacy，MacIvor Madeleine，Meredith John，Shanahan Theresa et al. *Canadian Federal Policy and Post-secondary Education*，Vancouver：University of British Columbia，2006.

⑤ Knight Jane，*A Time of Turbulence and Transformation for Internationalization*，Ottawa：Canadian Bureau for International Education，1999.

校的海外办学项目（不包括远程教育）创造了3134万加元的学费收入。① 除了学费收入，海外办学也为加拿大人创造了新的就业岗位。统计数据显示，参与海外办学的高校平均需要3位工作人员专职处理海外办学的相关业务。② 除此之外，高校的海外办学活动还可以为私营部门创造参与技术转化和创新创业事业的社会环境，有利于提升加拿大的经济发展活力。③

（二）学术动因

为推动科技发展和社会进步，加拿大高校每年都开展丰富的科研活动。通过海外办学，加拿大高校的研究人员可以与教育输入国的科研人员建立合作关系，在健康科学、工程、通信技术等前沿领域开展联合研究，并通过建立企业孵化器、科技园区以及创新中心等形式促进科研技术产品转化。此外，海外办学项目或海外分校的科研人员还有机会获得教育输入国的科研经费，为他们从事科研活动提供更加充足的资金支持。④

（三）政治动因

高等教育机构在国际交流与合作中承担着重要的角色。英属哥伦比亚大学时任校长斯蒂芬·杜普（Stephen Toope）指出，世界各国政府都已经认识到了高等教育在"知识外交"中的重要作用。⑤ 通过开展海外办学

① Association of Universities and Colleges of Canada，*Educational Products and Services Offered Abroad by Canadian Universities*：*An AUCC Survey*，2019年12月18日，见 https：//www.international.gc.ca/education/assets/pdfs/aucc_off-shore_en.pdf。

② Association of Universities and Colleges of Canada，*Educational Products and Services Offered Abroad by Canadian Universities*：*An AUCC Survey*，2019年12月18日，见 https：//www.international.gc.ca/education/assets/pdfs/aucc_off-shore_en.pdf。

③ Canadian Bureau for International Education，*A World of Learning*：*Canada's Performance and Potential in International Education*，Ottawa：Canadian Bureau for International Education，2012.

④ Canadian Bureau for International Education，*A World of Learning*：*Canada's Performance and Potential in International Education*，Ottawa：Canadian Bureau for International Education，2012.

⑤ Toope Stephen，*Strengthening Education and Research Connectivity between Canada and Asia*：*Innovative Models for Engagement*，2019年12月18日，见 http：//www.ceocouncil.ca/wp-content/uploads/2012/08/Strengthening-education-and-research-connectivity-between-Canada-and-Asia-Stephen-Toope.pdf。

活动，加拿大高校可以展现它们国家的文化软实力，增强教育输入国对加拿大文化的理解，由此强化加拿大与教育输入国之间的双边关系。① 此外，海外教育项目和海外分校还可以为加拿大和教育输入国两国的学者提供寻求解决全球性挑战的集体方案的对话平台。②

（四）社会动因

促进社会公平是加拿大社会的重要价值追求。通过开展海外办学活动，加拿大高校不仅可以在国家层面帮助教育输入国进行教育能力建设，提高它们的高等教育质量，而且可以在个体层次上为那些因为经济、文化等原因无法出国的学生提供高质量的教育机会，增强他们的跨文化交流能力和全球胜任力，使其在竞争激烈的就业市场中更具优势。③

（五）教育输入国的拉力

21 世纪以来，马来西亚、新加坡、卡塔尔、阿拉伯联合酋长国等多个亚洲国家确立了建立区域教育枢纽的发展目标。④ 为了实现这个目标，它们极力邀请美国、英国、澳大利亚、加拿大等国家的高等教育机构赴其境内办学，并且承诺为它们提供强有力的政策和资金支持。例如，在 2000 年，卡塔尔政府向加拿大政府发出合作倡议，邀请加拿大的社区学院前去开办一所海外分校。作为支持条件，卡塔尔政府承诺提供该海外分校运营所需要的全部基础设施。⑤ 经过协商，双方决定由位于加拿大纽

① Knight Jane，*A Time of Turbulence and Transformation for Internationalization*，Ottawa：Canadian Bureau for International Education，1999.

② Canadian Bureau for International Education，*A World of Learning：Canada's Performance and Potential in International Education*，Ottawa：Canadian Bureau for International Education，2012.

③ Canadian Bureau for International Education，*A World of Learning：Canada's Performance and Potential in International Education*，Ottawa：Canadian Bureau for International Education，2012.

④ Knight Jane，"Education Hubs：A Fad，A Brand，or An Innovation"，*Journal for Studies in International Education*，Vol. 15，No.3（July 2011），pp.221-240.

⑤ Knight Jane，*A Time of Turbulence and Transformation for Internationalization*，Ottawa：Canadian Bureau for International Education，1999.

芬兰和拉布拉多省的北大西洋学院（College of the North Atlantic）在卡塔尔多哈教育城成立北大西洋学院卡塔尔校区（College of the North Atlantic-Qatar），设置数十个有关健康科学、信息技术、工程技术、商业研究、金融服务等学科的本科生项目，以支持卡塔尔向知识经济社会转型。[①]

三、加拿大高校海外办学的定义和定位

为满足全世界高等教育需求的迅猛增加，加拿大一直在积极寻求向外出口高等教育产品的机会。高校一方面通过向内引进国际学生促进教育出口，另一方面也通过各种方式开展海外办学活动，构建了不同的海外办学模式。根据加拿大大学与学院协会在2014年发布的调查报告，加拿大大学的海外办学活动主要包括以下四种[②]：

1. 联合学位项目：加拿大高校与国外教育机构共同为该项目提供课程和教学，学生完成学习任务后会获得一个由加拿大高校与国外教育机构共同签发的学位证书。

2. 双学位项目：加拿大高校与国外教育机构共同为该项目提供课程和教学，学生完成学习任务后会获得由两所学校分别签发的学位证书。

3. 非学位证书项目：加拿大高校与国外教育机构共同为该项目提供课程和教学，学生完成学习任务后会获得由加拿大高校颁发的结业证书，但不能获得加拿大高校签发的学位证书。

4. 海外分校：由加拿大高校在国外独立建立或者与教育输入国的合作伙伴共同建立的一个校区。在该校区，老师和学生面对面授课，学生完成学习任务后可以获得一个由加拿大高校签发的学位证书。

---

① Canadian Bureau for International Education, *A World of Learning: Canada's Performance and Potential in International Education*, Ottawa: Canadian Bureau for International Education, 2012.

② Association of Universities and Colleges of Canada, *Educational Products and Services Offered Abroad by Canadian Universities: An AUCC Survey*, 2019 年 12 月 10 日，见 https://www.international.gc.ca/education/assets/pdfs/aucc_off-shore_en.pdf。

第二节 加拿大高校海外办学的基本状况与运行机制

一、加拿大高校海外办学活动在世界不同地区的分布

加拿大高校的海外办学活动是按照社区学院和大学两个层次来统计的。社区学院向外提供的教育产品和教育服务中有高达 51% 输往中国，印度（13.3%）是其第二大输入国，新喀里多尼亚（4.8%）在所有输入国中位居第三。[1] 其他的重要输入国还包括特立尼达和多巴哥、卢旺达、尼日尔、尼泊尔、莫桑比克和摩洛哥。[2] 社区学院在这几个国家开展的海外办学活动分别占其总体的 2.4% 左右。[3] 加拿大大学向外提供的教育产品和教育服务遍布全球 41 个国家。[4] 和社区学院一样，加拿大大学向外提供的教育产品和教育服务也主要输往中国和印度。[5] 仅就双学位项目而言，它们的输入国则主要是中国和法国。根据 2014 年的统计数据，加拿大大

---

[1] Association of Canadian Community Colleges，*Educational Programs and Services Offered Abroad by Canadian Colleges*：*Key Results from A National Survey Supported by the Department of Foreign Affairs and International Trade*（*DFAIT*），2019 年 12 月 22 日，见 https：//www.international.gc.ca/education/assets/pdfs/accc_off-shore_en.pdf。

[2] Association of Canadian Community Colleges，*Educational Programs and Services Offered Abroad by Canadian Colleges*：*Key Results from A National Survey Supported by the Department of Foreign Affairs and International Trade*（*DFAIT*），2019 年 12 月 22 日，见 https：//www.international.gc.ca/education/assets/pdfs/accc_off-shore_en.pdf。

[3] Association of Canadian Community Colleges，*Educational Programs and Services Offered Abroad by Canadian Colleges*：*Key Results from A National Survey Supported by the Department of Foreign Affairs and International Trade*（*DFAIT*），2019 年 12 月 22 日，见 https：//www.international.gc.ca/education/assets/pdfs/accc_off-shore_en.pdf。

[4] Association of Universities and Colleges of Canada，*Educational Products and Services Offered Abroad by Canadian Universities*：*An AUCC Survey*，2019 年 12 月 22 日，见 https：//www.international.gc.ca/education/assets/pdfs/aucc_off-shore_en.pdf。

[5] Association of Universities and Colleges of Canada，*Educational Products and Services Offered Abroad by Canadian Universities*：*An AUCC Survey*，2019 年 12 月 20 日，见（2017-12-20）[2019-12-20].https：//www.international.gc.ca/education/assets/pdfs/aucc_off-shore_en.pdf。

学与中国高校共同举办了 19 个本科双学位项目、12 个硕士双学位项目和
4 个博士双学位项目；与法国高校共同举办了 4 个本科双学位项目、11 个
硕士双学位项目和 6 个博士双学位项目。① 联合学位项目与双学位项目情
况类似，其输入国也主要是中国和法国。②

二、加拿大高校海外办学不同模式的典型案例

如上文所述，加拿大高校开展海外办学的模式主要包括联合学位项
目、双学位项目、非学位证书项目以及海外分校。根据加拿大大学与学院
协会在 2014 年公布的调查结果，在参与此次调查的 75 所高校中，有 60
所高校开展至少一种模式的海外办学活动。在这 60 所高校中，又有 63%
的高校提供双学位项目，45% 的高校提供联合学位项目，16% 的高校提
供非学位证书项目，以及 9% 的高校建立了海外分校。③ 本部分将对加拿
大高校创办的海外办学的不同模式及其典型案例进行详细介绍。

（一）双学位项目

加拿大高校与国外高校举办的双学位项目涉及不同的教育层次和广
泛的学科领域，既有副学士学位项目、学士学位项目，也有硕士和博士学
位项目；既有生物学、地理信息学等自然科学，医学、农学、环境科学、
计算机科学、工程等应用科学，数学、统计学等形式科学，也有教育学、
商业管理、法律等社会科学和历史、哲学等人文艺术科学。尽管这些双学
位项目涉及不同的教育层次和学科领域，它们的项目安排却大致相似。在

---

① Association of Universities and Colleges of Canada, *Canada's Universities in the World*：*AUCC Internationalization Survey*, 2019 年 12 月 22 日，见 https：//www.univcan.ca/media-room/publications/canadas-universities-in-the-world-survey/。

② Association of Universities and Colleges of Canada, *Canada's Universities in the World*：*AUCC Internationalization Survey*, 2019 年 12 月 22 日，见 https：//www.univcan.ca/media-room/publications/canadas-universities-in-the-world-survey/。

③ Association of Universities and Colleges of Canada, *Canada's Universities in the World*：*AUCC Internationalization Survey* [EB/OL]，2019 年 12 月 22 日，见 https：//www.univcan.ca/media-room/publications/canadas-universities-in-the-world-survey/。

大多数情况下，在双学位项目注册的学生需要在本国高校完成一部分课程的学习，然后到加拿大高校进行另一部分课程的学习。完成全部课程任务之后，学生方可获得由本国高校和加拿大高校分别签发的学位证书。

　　以双学位项目较多的阿尔伯塔大学（University of Alberta）为例，截至 2019 年底，该校的商学院分别与法国北方高等商学院（EDHEC Business School）、日本名古屋商学院大学（Nagoya University of Commerce and Business）以及德国奥托贝森管理研究院（WHU-Otto Beisheim School of Management）设置了三个双学位硕士学位项目。[①] 根据阿尔伯塔大学的规定，在这些项目注册的学生需要在本国高等教育机构完成 60 个欧洲学分[②]的学习任务后，才可以进入阿尔伯塔大学商学院继续学习。在阿尔伯塔大学学习一年、修完至少 39 个学分的课程，并获得原国高校签发的硕士学位证书后，学生才会获得由阿尔伯塔大学签发的另一个学位证书。[③]

　　在某些情况下，攻读双学位的学生也可以只在本国高校完成全部课程的学习，但是在这种状况下，他们的课程一半由本国高校教师授课，另一半由加拿大高校教师授课。例如，在由加拿大麦吉尔大学（McGill University）与中国浙江大学两校联合创办的全球制造与供应链管理双学位硕士学位项目中，学生的学习都是在位于中国杭州的浙江大学完成，学习时间为 2.5 年。但是他们 50% 的课程是由浙江大学管理学院的教授授课，另外 50% 的课程则由加拿大麦吉尔大学管理学院的教授亲临杭州授课。课程修满后，成绩合格的学生方可获得浙江大学的工商管理硕士学位

---

① University of Alberta International：*Joint and Dual Degree Programs*，2019 年 12 月 29 日，见 https://www.ualberta.ca/international/international-relations/academic-funding-mobility/joint-dual-degree-programs。

② 按照欧洲学分互认体系（European Credit Transfer System），一学年相当于 60 个学分，对应 1500—1800 小时的学习。

③ Alberta School of Business：*Dual Degree Program Requirements*，2019 年 12 月 29 日，见 https://www.ualberta.ca/business/international/incoming-exchange/academic-information/mba-dual-degree。

和研究生学历证书以及加拿大麦吉尔大学的管理硕士学位。[①]

（二）联合学位项目

与双学位项目一样，加拿大高校与国外高校共同举办的联合学位项目涉及的教育层次和学科领域也非常广泛。在绝大多数情况下，在联合学位项目注册的学生需要在本国高校完成一部分课程的学习，然后到加拿大高校进行另一部分课程的学习。学生在两所高校学习的具体时长会根据高校签署的合作协议规定而有所不同。目前在本科教育层次较为流行的模式有"2＋2"（学生在国外高校和加拿大高校分别学习两年）、"3＋1"（学生在国外高校学习三年，然后到加拿大高校学习一年）、"3＋X"（学生在国外高校学习三年，然后到加拿大高校学习 X [X≥2] 年）和"1＋3"（学生在国外高校学习一年，然后到加拿大高校学习三年）。[②] 与双学位项目不同的是，学生在完成联合学位项目的学习之后，只能获得一个由加拿大高校与国外高校共同签发的学位证书。统计数据显示，自 2002 年约克大学舒立克商学院（Schulich School of Business at York University）与美国西北大学凯洛格管理学院（Northwestern University's Kellogg School of Management）合作设立加拿大首个联合学位项目以来，加拿大高校已经创建了数百个联合学位项目[③]，滑铁卢大学（University of Waterloo）是其中的成功典范。截至 2019 年底，滑铁卢大学与中国、英国、德国、伊朗、伊拉克、尼德兰等国高校合作设置了 50 个联合学位项目。[④]

---

① 浙江大学管理学院：《2020 全球制造与供应链管理硕士项目招生》，2019 年 12 月 29 日，见 http：//mba.zju.edu.cn：81/mba/iteminfo/gmscm。

② University of Waterloo：*Undergraduate Joint Academic Programs*，2019 年 12 月 30 日，见 https：//uwaterloo.ca/future-students/joint-programs。

③ World Education News+Review，Making Sense of International Joint Degrees in Canada and beyond [EB/OL] . [2019-12-30] . https：//wenr.wes.org/2008/11/wenr-november-2008-feature.

④ University of Waterloo International，Agreements Map，2019 年 12 月 30 日，见 https：//sites.google.com/view/waterloo-int-agreements-map/home。

（三）非学位证书项目

对于那些不需要获得加拿大学位证书，但是想要体验加拿大高质量教育的学生，加拿大高校还会向他们提供非学位证书项目教育机会。这些项目有的是以实地教学的方式进行，有的则以远程教育的形式进行。对于实地教学项目，学生需要经过严格的背景考察和审核程序，被正式录取后才能开始学习。① 而对于远程教育项目，学生则在网上注册缴费后即可开始学习。完成规定的学习任务后，学生可以获得就读高校认证的学分或者颁发的结课证书，作为修课的一项证明。近些年来，随着现代信息技术的快速发展，越来越多的加拿大高校开始通过慕课这种远程教育的形式向全世界的学生提供教育产品。据报道，多伦多大学（University of Toronto）、麦吉尔大学（McGill University）、英属哥伦比亚大学（University of British Columbia）、阿尔伯塔大学等多所加拿大高校在 Coursera、edX 等国际知名慕课平台上架了本校的优势学科课程。② 其中，英属哥伦比亚大学是加拿大提供慕课课程数量最多的高校，而阿尔伯塔大学的课程恐龙 101：恐龙古生物学（Dino 101：Dinosaur Paleobiology）则是学生注册量最大的加拿大慕课课程。③

（四）海外分校

从已有数据可以看出，加拿大高校主要是通过与国外教育机构合作办学向外输出教育产品和教育服务，而很少参与创办海外分校。④ 根据

① The University of British Columbia，Non-degree Studies，2019 年 12 月 30 日，见 https：//students.ubc.ca/enrolment/courses/non-degree-studies。

② Canadian Bureau for International Education，*A World of Learning：Canada's Performance and Potential in International Education*，Ottawa：Canadian Bureau for International Education，2012.

③ University Affairs，*MOOCs Are Not Dead*，*But Evolving*，2019 年 12 月 30 日，见（2018-2-22）[2019-12-30]．https：//www.universityaffairs.ca/news/news-article/moocs-not-dead-evolving/。

④ Toope Stephen，*Strengthening Education and Research Connectivity between Canada and Asia：Innovative Models for Engagement*，2019 年 12 月 15 日，见 http：//www.ceocouncil.ca/wp-content/uploads/2012/08/Strengthening-education-and-research-connectivity-between-Canada-and-Asia-Stephen-Toope.pdf。

跨境教育研究小组（Cross-Border Education Research Team）在 2017 年发布的统计数据，加拿大当时正在运营的海外分校只有 6 所，包括麦吉尔大学日本工商管理硕士项目（McGill MBA Japan）、西安大略大学艾维亚洲校区（Western University Ivey Asia Campus）、北大西洋学院卡塔尔校区（College of the North Atlantic-Qatar）、卡尔加里大学卡塔尔校区（University of Calgary in Qatar）、上海温哥华电影学院（Shanghai-Vancouver Film School）以及亚岗昆公立学院吉赞校区（Algonquin College-Jazan）。① 在过去的两年间，亚岗昆公立学院吉赞校区因学生注册数量低于预期等原因而关闭②，而爱德华王子岛大学（University of Prince Edward Island）则力推海外办学，于 2018 年在埃及首都开罗成立了一个海外分校，并计划在索哈杰（Sohag）建设另一个校区③④。因此，加拿大高校目前仍然是有 6 所海外分校在运营，其中运营时间最长的是麦吉尔大学日本工商管理项目，规模最大的是北大西洋学院卡塔尔校区。

三、加拿大高校海外办学的运行机制

为确保海外办学活动能够顺利进行，加拿大高校投入了大量的人力、物力和财力。本部分将从经费筹集、治理结构、专业设置、教师配置、招生策略以及质量保障六个方面来进行阐述。

---

① Cross-Border Education Research Team，Branch Campuses，2019 年 12 月 30 日，见 http：//cbert.org/resources-data/branch-campus/。

② Algonquin Times，What Went Wrong at Algonquin's Jazan Campus?，2019 年 12 月 30 日，见 http：//algonquintimes.com/news/what-went-wrong-at-algonquins-jazan-campus-documents-show-a-history-of-unrealistic-assumptions-bad-timing-and-a-poor-cultural-match-led-to-the-9-million-closure-of-its-saudi-arabia-campus/。

③ Egypt Today，Branch of Prince Edward Island University to Be Inaugurated in Egypt，2019 年 12 月 30 日，见 https：//www.egypttoday.com/Article/1/63298/Branch-of-Prince-Edward-Island-University-to-be-inaugurated-in。

④ University of Prince Edward Island. University of Prince Edward Island Expands Global Reach，2019 年 12 月 30 日，见 https：//www.upei.ca/communications/news/2018/05/university-prince-edward-island-expands-global-reach。

（一）经费筹集

从经费来源来看，加拿大高校开展海外办学活动大致可以分为三类：与教育输入国的高校联合创办、与教育输入国的公立／私营机构联合创办以及加拿大高校独立创办。其中，教育输入国高校和私营机构对加拿大高校海外办学活动的资助集中体现在基础设施的提供方面，而较少直接投入经费。根据加拿大社区学院协会发布的统计数据，在加拿大社区学院举办的海外教育项目和海外分校中，82% 的基础设施由教育输入国的合作高校提供，8% 的基础设施由教育输入国的公立／私营合作伙伴提供，只有 6% 左右由加拿大社区学院独立投资建设或在租用的海外分校进行，另有 4% 未报告基础设施的经费来源。① 加拿大大学与学院协会公布的统计数据则表明，在加拿大大学举办的海外教育项目和海外分校中，83.5% 的基础设施由教育输入国的合作高校提供，2% 左右通过远程教育的形式进行，11% 通过教育输入国合作高校提供基础设施和远程教育相结合的方式进行，还有 3.5% 是在加拿大大学独立投资建设或在租用的海外分校进行。② 这些不同的经费或基础设施来源会对利益相关方在海外教育项目或海外分校治理过程中的话语权及其后的利润所得产生影响。

（二）治理结构

总体来看，加拿大高校创办的海外教育项目和海外分校的治理结构会依照加拿大高校与其在教育输入国合作伙伴关系的密切程度而有所不同。对于麦吉尔大学日本工商管理项目和西安大略大学艾维亚洲校区这样的由加拿大高校独资创建的海外分校，麦吉尔大学管理学院和西安大略大学商学院分别为它们单独创建了一个由母校教师领导的 5—10 人管理

① Association of Canadian Community Colleges，*Educational Programs and Services Offered Abroad by Canadian Colleges*：*Key Results from A National Survey Supported by the Department of Foreign Affairs and International Trade*（*DFAIT*），2019 年 12 月 22 日，见 https：//www.international.gc.ca/education/assets/pdfs/accc_off-shore_en.pdf。

② Association of Universities and Colleges of Canada，*Educational Products and Services Offered Abroad by Canadian Universities*：*An AUCC Survey*，2019 年 12 月 22 日，见 https：//www.international.gc.ca/education/assets/pdfs/aucc_off-shore_en.pdf。

团队。这些管理团队虽然需要接受来自母校的内部监督，但是它相对独立，可以自主决定海外分校发展的相关事务。对于卡尔加里大学卡塔尔校区和爱德华王子岛大学开罗校区这样仅接受教育输入国政府资助但是没有建立深度合作关系的海外分校，它们的治理结构与加拿大高校独资创建的海外分校治理结构相似，也是由加拿大母校组建的团队进行管理，全权决定海外分校运作的相关事宜。对于那些与教育输入国高校深度合作、共同开设的海外分校和海外教育项目，加拿大高校会与合作高校分别派出代表，双方协商决定海外分校或海外教育项目运作的重大事务。对于那些接受教育输入国政府资助且建立深度合作关系的海外分校，它们则由加拿大高校代表与教育输入国的政商代表共同组成的团队领导，其中教育输入国的政商代表在董事会的决策中占据主导地位。以加拿大高校创办的规模最大的海外分校北大西洋学院卡塔尔校区为例，该海外分校实行董事会领导下的校长负责制。其中，董事会由卡塔尔石油公司（Qatar Petroleum）董事长、卡塔尔石油化工公司（Qatar Petrochemical Company）首席执行官、海湾研究与开发组织（Gulf Organization for Research and Development）创始董事兼总经理、教育和高等教育部（Ministry of Education and Higher Education）副部长、教育和高等教育部高等教育司（Higher Education Institutions' Affairs Department，Ministry of Education and Higher Education）司长、北大西洋学院负责企业服务和运营事务的副校长、北大西洋学院负责伙伴关系和创新创业的副校长以及北大西洋学院卡塔尔校区现任校长八位代表组成，他们共同对海外分校未来发展的战略方向和重大事务进行决策。①

（三）专业设置

加拿大高校创办的海外教育项目和海外分校设置的专业基本上是由教育输入国的高等教育发展需求和加拿大高校的学科优势共同决定的。例

---

① College of the North Atlantic-Qatar，*Board of Trustees*，2020 年 1 月 2 日，见 https：//www.cna-qatar.com/aboutcnaq/boardoftrustees。

如，卡尔加里大学卡塔尔校区之所以设立护理专业是因为卡塔尔政府在其2030 年国家愿景中提出要建设"一个能够维持自身发展、为所有人提供高质量生活的先进社会"的发展目标。卡塔尔高等教育管理部门的领导者们认为，要实现这一发展目标，一批高素质的、高度专业化的护理人员是必不可少的。为了迅速培养出社会发展所需的大批健康护理人才，卡塔尔政府向加拿大护理专业较为先进的卡尔加里大学寻求合作。经过协商，双方决定于 2007 年在卡塔尔多哈教育城成立仅设有护理专业本科生项目的卡尔加里大学卡塔尔校区。在此后的十余年间，卡尔加里大学卡塔尔校区逐渐扩充，分别于 2013 年和 2014 年设置了护理专业硕士项目（课程型）和护理专业硕士项目（研究型）[1]。总体而言，加拿大高校的海外办学活动主要集中在商业、管理、信息技术、计算机科学、工程、教育、旅游管理、酒店管理、健康科学、农业、食品科学等学科领域[2][3]。

（四）教师配置

为加拿大高校海外办学活动服务的教职员工主要来自于两个渠道：一是从母校借调的教职员工；二是专门为海外教育项目或海外分校招聘的教师。来自第二个渠道的教师类型比较多样，既包括从教育输入国招聘的教师，也包括从其他国家招聘的教师；既包括全职教师，也包括兼职教师。以麦吉尔大学日本工商管理项目为例，该项目每年大概需要 24 名教师完成教学任务，其中 23 名来自母校，即麦吉尔大学管理学院，这些教师会分别飞赴日本，进行为期两周的集中授课，剩下一名则是从日本另一所高

---

[1]　Critchley Kim & Saudelli Mary Gene，"Helping Qatar Achieve Its National Vision 2030：One Successful International Branch Campus"，*Journal of Educational Thought*，Vol. 48，No.1/2（2015），pp.9-24.

[2]　Association of Canadian Community Colleges，*Educational Programs and Services Offered Abroad by Canadian Colleges：Key Results from A National Survey Supported by the Department of Foreign Affairs and International Trade（DFAIT）*，2020 年 1 月 2 日，见 https：//www.international.gc.ca/education/assets/pdfs/accc_off-shore_en.pdf.

[3]　Association of Universities and Colleges of Canada，*Educational Products and Services Offered Abroad by Canadian Universities：An AUCC Survey*，2020 年 1 月 2 日，见 https：//www.international.gc.ca/education/assets/pdfs/aucc_off-shore_en.pdf.

校招聘的兼职教师。① 除此之外，该项目还在当地招聘了 3 名行政管理人员，负责处理财务、市场营销等日常事务，在母校招聘了 1 名工作人员，负责课程协调、选课等学术相关的行政工作。② 在加拿大高校举办的所有海外办学活动中，从母校借调的教学人员与在教育输入国招聘的教学人员比例相当，另外大约有 63% 的海外教育项目或海外分校是从母校借调工作人员开展行政管理活动的。③

（五）招生策略

招募足够数量的学生是海外办学活动可持续发展的关键。无数的失败案例已经证明，当招募不到预期数量的学生时，海外办学活动便面临停办的风险④⑤⑥。为增加学生的注册数量，加拿大高校的海外办学项目，特别是独立创办的海外分校，采取了多样化的招生策略。首先是精准定位目标学生群体。以麦吉尔大学日本工商管理项目为例，考虑到日本已

① Jing Xiaoli，Liu Qiang，Ghosh Ratna，Wang Lu，& Sun Zhaohui，"Global Integration and Local Responsiveness in Managing International Branch Campuses：The Practice of McGill MBA Japan Program"，*Journal of Higher Education Policy and Management*，Vol.42，No.3（June 2020），pp.300-315.

② Jing Xiaoli，Liu Qiang，Ghosh Ratna，Wang Lu，& Sun Zhaohui，"Global Integration and Local Responsiveness in Managing International Branch Campuses：The Practice of McGill MBA Japan Program"，*Journal of Higher Education Policy and Management*，Vol.42，No.3（June 2020），pp.300-315.

③ Association of Universities and Colleges of Canada，*Canada's Universities in the World：AUCC Internationalization Survey*，2019 年 12 月 22 日，见 https：//www.univcan.ca/media-room/publications/canadas-universities-in-the-world-survey/。

④ Algonquin Times，What Went Wrong at Algonquin's Jazan Campus？，2019 年 12 月 30 日，见 http：//algonquintimes.com/news/what-went-wrong-at-algonquins-jazan-campus-documents-show-a-history-of-unrealistic-assumptions-bad-timing-and-a-poor-cultural-match-led-to-the-9-million-closure-of-its-saudi-arabia-campus/。

⑤ University of New South Wales，*UNSW Asia to Close*，2020 年 1 月 4 日，见 https：//newsroom.unsw.edu.au/news/unsw-asia-close。

⑥ The Observatory on Borderless Higher Education，*Too Risky A Territory？Australia's Central Queensland University Closes Its Fiji Operation*，2020 年 1 月 4 日，见 http：//www.obhe.ac.uk/documents/search？region_id=&theme_id=&year=All+Years&keywords=&author=&document_type_id=2&search=Search&pageID=12。

经有很多优质的日语工商管理硕士项目，麦吉尔大学日本工商管理项目将其目标学生群体定位为希冀获得北美学历证书、渴望体验英语教育项目的商务管理领域的在职工作人员。如此明确的目标市场定位帮助它们清晰地确定了自己的宣传渠道。其次是通过广告传媒、网络宣传、校友网络、社区参与等途径扩大宣传。在确定目标群体之后，加拿大高校的海外教育项目和海外分校会通过线上线下的不同渠道，在目标群体易接触的环境投放广告，介绍其办学优势、申请要求、录取程序等相关信息。此外，它们也会透过知名校友和参与社区活动的机会开展营销工作，为潜在的学生提供更多了解该海外教育项目或海外分校的机会。再次是举办校园开放参观日。对于那些产生浓厚兴趣并计划提交申请的学生，加拿大高校举办的海外教育项目和海外分校还会为他们举办校园开放参观日，提供参观校园、深度了解项目或分校运作以及与学生招募人员、教师和现有学生交流的机会，对他们关心的问题予以解答，解除他们心中的疑虑。

（六）质量保障

加拿大高校海外办学活动的质量保障方式有四种：第一种是通过加拿大本省教育部门的认证，第二种是通过教育输入国教育部门的认证，第三种是通过相关专业团体的认证，第四种是由母校或海外分校进行内部教育质量审查。已有的统计数据显示，在加拿大高校举办的海外教育项目或海外分校中，有 39% 既要通过加拿大本省教育部门的认证，也要通过输入国教育部门的认证；22% 只需通过教育输入国教育部门的认证；17% 只需通过加拿大本省教育部门的认证；11% 需要通过加拿大工程认证委员会（Canadian Engineering Accreditation Board）、商学院认证委员会（Accreditation Council for Business Schools and Programs）、加拿大护理学院学会（Canadian Association of Schools of Nursing）、加拿大技术认证委员会（Canadian Technology Accreditation Board）等相关专业团体的认证；其余 11% 则不需要通过外部机构的认证，由加拿大母校或海外分校进行内部的教育质量审查即可。① 这些数据表明加拿大高校的海外办学活动在教育质量保障方面存在较大的差异。如果这些海外教育项目或海外分校提供的教育质量明显低于加拿大母校提供的教育质量，这会对母校的办学声誉产生一定的负面影响。

四、海外分校的国际化与本土化问题

研究表明，在运作过程中，海外分校既需要与母校提供的教育质量保持一致，维护学校的整体声誉，也需要符合教育输入国的政策法规、文化规范和就业市场的独特需求②③。因此，每一所海外分校的管理层都不得不处理国际化与本土化这个棘手的问题。加拿大高校创办的海外分校主要位于卡塔尔、中国、日本、埃及这些与加拿大的政治文化差异较大的国家，因此这一问题的解决难度更大。从已有资料来看，在加拿大高校创办的海外分校中，麦吉尔大学日本工商管理项目较好地处理了国际化与本土化这一矛盾，具有典型的代表性。

总体而言，麦吉尔大学日本工商管理项目最大限度地保持了与母校一致的教育质量。④ 在国际化方面，该项目的学分要求、课程设置、教学语言、教学材料、评价方法等方面与其母校麦吉尔大学管理学院设置的工商管理项目保持一致。在本土化方面，为了适应日本企业的加班文化，麦

---

① Association of Universities and Colleges of Canada，*Canada's Universities in the World：AUCC Internationalization Survey*，2019 年 12 月 22 日，见 https：//www.univcan.ca/media-room/publications/canadas-universities-in-the-world-survey/。

② Shams Farshid & Huisman Jeroen，"Managing Offshore Branch Campuses：An Analytical Framework for Institutional Strategies"，*Journal of Studies in International Education*，Vol.16，No.2（May 2012），pp.106-127.

③ Shams Farshid & Huisman Jeroen，"Managing Offshore Branch Campuses：An Analytical Framework for Institutional Strategies"，*Journal of Studies in International Education*，Vol.16，No.2（May 2012），pp.106-127.

④ Jing Xiaoli，Liu Qiang，Ghosh Ratna，Wang Lu，& Sun Zhaohui，"Global Integration and Local Responsiveness in Managing International Branch Campuses：The Practice of McGill MBA Japan Program"，*Journal of Higher Education Policy and Management*，Vol.42，No.3（June 2020），pp.300-315.

吉尔大学日本工商管理项目调整了课程安排，将原本在工作日夜间授课改为周末集中授课。在这种情况下，为确保日本项目的学生与在母校就读的学生拥有类似的学习体验和学习效果，授课教师对各自的教学行为作出了许多调整，例如在上课前为学生提供更多的网络资料，供他们课前学习使用；教学过程中融入更多的与日本企业相关的案例，帮助学生快速进入教学情境；采用更多的经验学习和互动型教学手段，确保学生深度理解教学内容，等等。除此之外，该项目的管理者们还为增加选修课程提供采取了多种举措，满足学生多样化的学习需求。措施之一是为学生创造到越南、缅甸、印度等周边国家游学的机会，帮助学生近距离了解亚洲企业，为他们日后的投资和贸易活动打下基础。措施之二是允许学生选修由麦吉尔大学与浙江大学联合创办的全球制造与供应链管理双学位硕士项目提供的课程。选修课程的学生可以到位于中国杭州的浙江大学学习，这不仅可以帮助学生了解中国企业，扩大他们的学习视野，而且增加了日本项目学生与中国学生面对面交流的机会，丰富了他们的学习体验。措施之三是允许学生在日本项目注册的第二年到母校麦吉尔大学管理学院学习，切身体验母校的课程和教学。麦吉尔大学日本工商管理项目的这些补偿性措施获得学生们的高度评价，极大地提高了学生们的就读体验和学习满意度。

第三节　加拿大高校海外办学的经验总结

一、加拿大高校海外办学面临的挑战

尽管已经认识到向外输出教育产品和教育服务能够产生巨大的经济价值，加拿大高校对开展海外办学活动依然持有非常谨慎的态度。[①] 高校管理者们认为，海外办学不能只受经济利益的驱动。在创办海外教育项目和海外分校之前，管理层应该衡量这些活动需要投入的人力和资源情况，

---

① Trilokekar Roopa Desai & Kizilbash Zainab,"Imagine：Canada as a Leader in International Education. How Can Canada Benefit from the Australian Experience?"*Canadian Journal of Higher Education*，Vol. 43，No. 2（2013），pp. 1-26.

并对教育输入国的法律、政策、市场等因素进行充分的了解，这样才能保证海外教育项目或海外分校的成功。① 目前来看，加拿大高校的海外办学活动主要面临以下四个方面的挑战。

（一）国际教育市场竞争激烈

加拿大高校在海外办学领域的竞争对象主要是美国、英国、澳大利亚等主要英语国家的高等教育机构。② 一方面，从教育输出国的角度来看，以上三个国家都出台了国际教育发展战略，通过强有力的政策手段支持高校开设海外教育项目和海外分校③④⑤，因此它们的高校参与海外办学的动机和积极性更加强烈。已有的统计数据也证实了这一点，截至2017年1月，全球正在运营的247所海外分校有77所由美国高校创办，38所由英国高校创办，14所由澳大利亚高校创办。⑥ 美国、英国和澳大利亚这三个国家的高等教育机构创办的海外分校数量占全球海外分校总量的一半以上。另一方面，从教育输入国的角度来看，高校合作伙伴和学生理

① Trilokekar Roopa Desai & Kizilbash Zainab, "Imagine：Canada as a Leader in International Education. How Can Canada Benefit from the Australian Experience？" *Canadian Journal of Higher Education*，Vol. 43，No. 2 (2013)，pp. 1-26.

② Canadian Bureau for International Education，*A World of Learning：Canada's Performance and Potential in International Education*，Ottawa：Canadian Bureau for International Education，2012.

③ U.S. Department of Education，*Succeeding Globally Through International Education and Engagement* [EB/OL]．(2018-11-13) [2020-1-05]．https：//sites.ed.gov/international/files/2018/11/Succeeding-Globally-Through-International-Education-and-Engagement-Update-2018.pdf.

④ Department for Education & Department for International Trade，*International Education Strategy：Global Potential*，*Global Growth*，2020 年 1 月 5 日， 见 https：//assets.publishing.service.gov.uk/government/uploads/system/uploads/attachment_data/file/799349/International_Education_Strategy_Accessible.pdf。

⑤ Australian Government Department of Education and Training，*National Strategy for International Education 2025*，2020 年 1 月 5 日， 见 https：//nsie.education.gov.au/sites/nsie/files/docs/national_strategy_for_international_education_2025.pdf。

⑥ Cross-Border Education Research Team，*Fast Facts*，2020 年 1 月 4 日，见 http：//cbert.org/。

所当然地认为美国和英国的高等教育质量更高，并因而更加倾向于引进
这两个国家的高等教育产品和教育服务。① 相比之下，加拿大在全球国际
教育市场的竞争中则处于劣势地位，其高等教育品牌的国际知名度有待
提高。

（二）前期投入成本较高

许多海外办学活动，特别是海外分校，需要高校独立承担包括土地
购置、校园建设和人力资源投入在内的全部经济成本和相关风险。对于双
学位项目和联合学位项目，由于高校可以使用自身或教育输入国合作高校
已有的基础设施来开展教学工作，它们的成本和风险会相对较低一些。②
鉴于此，加拿大国际教育署（Canadian Bureau for International Education）
前主席凯伦·迈克布莱德（Karen McBride）建议加拿大高校尽量与其他
国家的高等教育机构合作提供教育产品和教育服务，不要单纯为了参与
国际竞争而去建设海外分校。③ 此外，由于加拿大媒体和社会公众对高校
经费使用情况的问责日益增强，他们反对高校将政府财政拨款投入到海
外④，加拿大高校开展海外办学活动的阻力也逐渐加大。

（三）教育输入国的政策环境复杂

教育输入国有关海外教育项目和海外分校的政策法规会对海外办学
活动的成功与否产生至关重要的影响。世界各国对国外高校在其境内开展
海外办学活动的态度迥异，相关的政策也复杂多样，很少有统一的标准或

---

① Wilkins，S.，& Huisman，J. (2012) . The international branch campus as transnational
strategy in higher education. *Higher Education*，64 (5)，627-645.

② Canadian Bureau for International Education，*A World of Learning：Canada's Performance and Potential in International Education*，Ottawa：Canadian Bureau for International Education，2012.

③ The Globe and Mail，Where in the World are Canada's universities?，2020 年 1 月 5 日，见 https：//www.theglobeandmail.com/news/national/time-to-lead/where-in-the-world-are-canadas-universities/article4614819/。

④ CBC News，*UPEI Announces Campus in Egypt*，*Green Leader Questions Decision*，2020 年 1 月 5 日，见 https：//www.cbc.ca/news/canada/prince-edward-island/pei-upei-university-prince-edward-island-egypt-campus-international-canada-school-1.4647412。

者模式供国外高校参考,因此加拿大高校在与教育输入国教育部门沟通的过程中需要投入大量的资源,以通过它们的审核,获得最终批准。① 例如,为在印度海得拉巴(Hyderabad)建立一个工商管理硕士项目,约克大学舒立克商学院与印度各级政府开展了大量的协商工作,但是由于印度国会始终未能通过允许境外高校在其境内建立海外分校的法案,该校不得不无限期搁置在印度建设分校的提案。②

(四)质量保障难度较大

加拿大高校海外办学活动的教育质量主要是通过聘任高素质的教师来进行保障的。最新的研究结果也表明,加拿大高校创办的海外教育项目和海外分校的成功与否在很大程度上取决于它们是否能够吸引和留住优秀的学术人才。③ 然而,在现实中,加拿大高校的终身教职岗位比较匮乏,这导致它们的海外教育项目和海外分校很难招聘和留住优秀教师。④ 另外,研究基础薄弱、待遇不高、与家人分离等因素则导致加拿大高校的在职教师不太愿意长期借调到海外分校⑤,因此海外分校的教师流动性非常强,这给它们的教育质量保障工作带来了一定的难度。

---

① Canadian Bureau for International Education,*A World of Learning:Canada's Performance and Potential in International Education*,Ottawa:Canadian Bureau for International Education,2012.

② University Affairs,*Universities Open Campuses in Foreign Countries,With Mixed Results*,2020 年 1 月 5 日, 见 https://www.universityaffairs.ca/news/news-article/universities-open-campuses-in-foreign-countries-with-mixed-results/。

③ Canadian Bureau for International Education,*A World of Learning:Canada's Performance and Potential in International Education*,Ottawa:Canadian Bureau for International Education,2012.

④ Critchley Kim & Saudelli Mary Gene,"Helping Qatar Achieve Its National Vision 2030:One Successful International Branch Campus",*Journal of Educational Thought*,Vol. 48,No.1/2(2015),pp.9-24.

⑤ Critchley Kim & Saudelli Mary Gene,"Helping Qatar Achieve Its National Vision 2030:One Successful International Branch Campus",*Journal of Educational Thought*,Vol. 48,No.1/2(2015),pp.9-24.

二、加拿大高校海外办学的成功经验与失败教训

经过几十年的实践，加拿大高校在开展海外办学活动方面积累了丰富的经验。本部分将对加拿大高校海外办学的成功经验与失败教训进行阐述，希冀对未来的海外办学活动提供有益启示和经验借鉴。

（一）寻求教育输入国的支持，主动融入当地教育发展大局

教育输入国的支持力度是决定海外办学活动成功与否的重要因素之一。全球高校数十年的海外办学实践证明，在那些愿意对海外办学进行投资的国家举办海外教育项目或海外分校更容易取得成功。这一点也可以从加拿大现存的海外分校得到证实。加拿大高校正在运作的6所海外分校中，有3所是在教育输入国政府的邀请和资助下建立的，其中的第一所是北大西洋学院卡塔尔校区。为了培养国家经济发展所需的技术人才，卡塔尔教育与高等教育部（Ministry of Education and Higher Education）与加拿大北大西洋学院于2002年合作成立了北大西洋学院卡塔尔校区。经过十几年的发展，北大西洋学院卡塔尔校区已经成为卡塔尔第二大后中等教育机构和最主要的技术学院，目前拥有超过600名教师和2100多位在读学生。[1] 在这个发展过程中，卡塔尔政府除了最初向北大西洋学院卡塔尔校区提供了运营所需的基础设施，还在后期不断加大支持力度，三度续约，追加投资[2][3][4]。与此同时，北大西洋学院卡塔尔校区也以实现卡塔尔2030年国家愿景为使命，通过提供国际认证的职业教育培训项目为卡塔尔培养一流的技术人才，向卡塔尔的城市发展和经济增长输送优质的劳动力

---

[1]　College of North Atlantic，*Living and Working in Qatar*，2020年1月5日，见 https：//www.cna.nl.ca/qatar。

[2]　Knight Jane，*Crossborder Education：Programs and Providers On the Move*，2020年1月5日，见 https：//files.eric.ed.gov/fulltext/ED549966.pdf。

[3]　College of North Atlantic-Qatar，*Comprehensive Agreement Signed*，2020年1月5日，见 https：//www.cna-qatar.com/newsroom/newsreleases/agreement。

[4]　College of North Atlantic，*CNA*，*State of Qatar Ratify Three-year Agreement*，2020年1月5日，见 https：//www.cna.nl.ca/news/News-Article.aspx? MessageID=1262&newstype=REG。

资源。①

　　卡尔加里大学卡塔尔校区同样是在卡塔尔政府的资助下建立的。为实现2030年国家愿景中提及的"为所有国民提供高质量的生活"这一发展目标，卡塔尔政府与加拿大卡尔加里大学在2007年合作开办了仅设有护理专业的卡尔加里大学卡塔尔校区，致力于培养专业化、高技能的护理人才，以此增强国民的身体健康和病人的护理质量。自成立之后，卡尔加里大学卡塔尔校区的教师和研究人员不断融入卡塔尔的医疗教育体系，不仅与政府组织、医院和其他医疗教育机构共同创建了卡塔尔学术卫生系统（Academic Health System），为卡塔尔医疗体系的进一步完善出谋划策，而且通过教学、科研、社会服务等实践活动切实改善卡塔尔卫生保健的质量和有效性，确保卡塔尔国家健康战略（National Health Strategy）能够得到落实。②

　　除了以上两所海外分校，上海温哥华电影学院也是在教育输入国的邀请和资助下建立的。在上海市政府的重点支持下，上海温哥华电影学院由中国上海大学和加拿大温哥华电影学院于2014年联合成立③，其发展目标被设定为用10—15年的时间发展成为世界一流、亚洲最好的电影学院，助力上海的亚洲影视制作和娱乐行业制作中心建设，为快速成长的上海影视及娱乐产业提供必要的人力资源支撑。④ 从以上描述可以看出，教育输

① College of North Atlantic，*CNA*，*State of Qatar Ratify Three-year Agreement*，2020年1月5日，见 https：//www.cna.nl.ca/news/News-Article.aspx? MessageID=1262&newstype=REG。

② Critchley Kim & Saudelli Mary Gene，"Helping Qatar Achieve Its National Vision 2030：One Successful International Branch Campus"，*Journal of Educational Thought*，Vol. 48，No.1/2（2015），pp.9-24.

③ Vancouver Film School，*VFS Partners with Shanghai University to Create Shanghai Vancouver Film School* [EB/OL]．(2014-07-08) [2020-1-05]．https：//vfs.edu/press-room/2014/07/08/vfs-partners-with-shanghai-university-to-create-shanghai-vancouver-film-school.

④ 《上海大学：上海温哥华电影学院执行院长招聘启事》，2020年1月5日，见 http：//www.shu.edu.cn/info/1051/63320.htm。

入国政府的大力支持是加拿大高校海外办学活动取得成功的重要条件，而海外教育项目和海外分校不断融入教育输入国的发展大局，不仅有助于增强教育输入国的教育能力建设，而且可以为其自身发展获取更多的资源和发展机会，有利于高校海外办学活动的可持续发展。

（二）积极寻求合作伙伴，维持友好稳定的合作关系

先前的研究结果已经表明，与教育输入国的合作伙伴共同提供教育产品和教育服务有利于降低高校开展海外办学活动的风险。教育输入国的合作伙伴不仅更加了解当地的教育政策和市场环境，而且可以提供海外办学活动所需的基础设施，分担海外办学活动的相关成本。加拿大高校目前在运作的 6 所海外分校中有两所与教育输入国的高校建立了合作关系。其中，上海温哥华电影学院由加拿大温哥华电影学院与中国上海大学联合创建。上海大学负责制定上海温哥华电影学院的战略发展方向，温哥华电影学院负责课程开发和教育教学，双方密切合作，确保上海温哥华电影学院的成功运作。爱德华王子岛大学与埃及加拿大大学（University of Canada）联合创建了爱德华王子岛大学开罗校区。加拿大大学负责提供爱德华王子岛大学开罗校区建设所需的经费，爱德华王子岛大学则负责建设爱德华王子岛大学开罗校区的学术项目和课程教学，以此培养埃及经济发展所需的工程、数学、计算机科学、环保以及工商管理等领域的人才。[1] 此外，麦吉尔大学日本工商管理项目主管也提出，他们正在筹划与东京某高校建立合作关系，这样一方面可以降低他们的运营成本，另一方面也可以为学生提供一个校园化的学习场所，改善学生的学习体验。

相反，在教育输入国没有合作伙伴或者合作伙伴不恰当作为可能会导致高校海外办学活动的最终失败。以亚岗昆公立学院吉赞校区为例，该海外分校由加拿大亚岗昆公立学院与沙特阿拉伯的一所公立教育机构卓越

---

[1]　University of Prince Edward Island. University of Prince Edward Island Expands Global Reach，2019 年 12 月 30 日，见 https：//www.upei.ca/communications/news/2018/05/university-prince-edward-island-expands-global-reach。

学院（College of Excellence）于 2013 年创办，但是仅在运行五年后就因为经营不善而关闭。亚岗昆公立学院的分析报告指出，亚岗昆公立学院吉赞校区被迫关闭的原因主要可以归结为招生不足和财政困难两个方面，而这两个问题相当程度上是由其合作伙伴卓越学院的不恰当作为以及亚岗昆公立学院与卓越学院之间的摩擦造成的。在招生方面，卓越学院不仅过高地估计了亚岗昆公立学院吉赞校区可以招收的学生数量，而且在后期将其本应承担的市场营销和推广工作推卸给亚岗昆公立学院，这导致吉赞校区的学生招募工作日渐混乱，注册的学生数量也持续走低。在财政方面，由于卓越学院在前期提供了错误的信息，亚岗昆公立学院吉赞校区在教学空间、设施设备、网络服务等方面的花费严重超支；因为领导团队变更，卓越学院在后期撕毁了先前签署的合作协议，大幅削减了对吉赞校区的投资力度。为及时止损，亚岗昆公立学院不得不关闭已经造成 900 万加元损失的吉赞校区。①

（三）保证教育教学质量，提高海外办学活动对目标学生群体的吸引力

实践证明，招募到足够数量的学生才能确保高校海外办学活动的经济效益和可持续性，而充分了解目标学生群体的学习基础和学习需求，提高海外办学活动对目标学生群体的吸引力才能确保海外教育项目或海外分校实现这一目标。以上海温哥华电影学院为例，考虑到中国电影产业急需后期专业制作人才的现实状况，上海温哥华电影学院在成立之初开设了电影制作、3D 动画和视觉特效、视觉传媒声音设计和影视造型设计四个专业，吸引那些有志于从事影视相关的创作生产者前来就读。相较于中国传统的电影学院，上海温哥华电影学院更加强调理论与实践的结合。学生在学习过程中，不仅需要接受高强度的、以产业为导向的理论学习，而且需

---

① Algonquin Times：What Went Wrong at Algonquin's Jazan Campus?，2019 年 12 月 30 日，见 http://algonquintimes.com/news/what-went-wrong-at-algonquins-jazan-campus-documents-show-a-history-of-unrealistic-assumptions-bad-timing-and-a-poor-cultural-match-led-to-the-9-million-closure-of-its-saudi-arabia-campus/。

要参与高密度的实践训练。经过一年的理论学习和专业技能的累积，学生在毕业后可以直接进入电影产业，快速走上电影制作人的职业发展道路。这对于那些基础薄弱或者从业多年、希冀进一步提升的电影人来讲具有极强的吸引力。此外，为了确保课程教学能够满足市场需求，上海温哥华电影学院还成立了一个专门从事课程研发的教学支持部门，负责对电影市场进行调研，协助导师更新教学内容。① 另一所加拿大高校创建的海外分校北大西洋学院卡塔尔校区也十分重视教育教学工作，并为此开展了多个科研项目，调查其职业教育与培训项目的教育教学质量。研究结果表明，北大西洋学院卡塔尔校区提供的教育教学是卡塔尔职业教育与培训的最佳实践。② 也正因为此，北大西洋学院卡塔尔校区能够吸引越来越多的学生前来就读，在校生数量从 2002 年的 300 多名增加至 2020 年的 3000 多名。③

　　与此相对，亚岗昆公立学院吉赞校区由于未能向学生提供符合他们学习基础的项目，注册学生数量逐年降低。其中最为突出的问题是亚岗昆公立学院吉赞校区的教育项目需要学生具备一定的电脑操作技能，而沙特阿拉伯的学生并不具备这样的素质。除此之外，沙特阿拉伯的学生在数学、科学和英语三个学科的表现都比较差，明显低于世界平均水平，这样的学业基础也并不能够满足亚岗昆公立学院吉赞校区的入学条件。因此，虽然在学期初会有比较多的学生选择在吉赞校区学习预科课程，但是在学习过程中，相当一部分学生会因为学习难度过高或者缺乏学习兴趣等原因而退学。例如在 2013—2014 学年，吉赞校区的预科项目招收了 1095 名学生，学位项目招收了 78 名学生，但到学年末，两个项目加起来

---

① 中外合作办学教育网：《上海温哥华电影学院开学欲孵化世界级影视艺术人才》，2020 年 1 月 7 日，见 http://www.cfce.cn/a/news/gddt/2014/1009/2736.html。

② College of North Atlantic-Qatar, *President's Report 2015-2016*，2020 年 1 月 7 日，见 https://www.cna-qatar.com/aboutcnaq/Documents/CNA-Q_Pres_Report_2016-17.pdf。

③ College of North Atlantic. *Living and Working in Qatar*，2020 年 1 月 7 日，见 https://www.cna.nl.ca/qatar。

仅剩 581 名在读生。[①] 此外，滑铁卢大学迪拜校区（University of Waterloo Dubai Campus）也由于招收学生数量远低于预期而不得不在运营三年后选择关闭。[②] 这些成功与失败的案例一次次地表明，向学生提供适切的教育产品与教育服务，提高学生的学习热情与学习积极性，才能确保高校海外办学活动的可持续发展。

结　语

通过以上分析可以发现，加拿大高校在以经济创收为主，兼顾科研国际化、文化交流和社会公平等因素的情况下，积极与其他国家和地区进行教育交流与合作，开展海外办学活动，向外输出加拿大优质的高等教育资源。加拿大高校海外办学的形式多样，以双学位项目、联合学位项目、非学位证书项目和海外分校为主，在专业上集中于商业、管理、信息技术、计算机科学、工程、教育、旅游管理、酒店管理、健康科学、农业、食品科学等学科领域。历经 20 余年的发展，加拿大高校海外办学在经费筹集、治理结构、专业设置、教师配置、招生策略以及质量保障等方面形成了一套行之有效的运作机制，但是与美国、英国、澳大利亚等高等教育主要输出国相比，其总体规模比较小，效益相对有限。下一阶段，加拿大高校海外办学将如何在 2019—2024 年国际教育战略的指导和推动下获得进一步发展，值得继续关注。

---

① Algonquin Times，What Went Wrong at Algonquin's Jazan Campus？，2019 年 12 月 30 日，见 http：//algonquintimes.com/news/what-went-wrong-at-algonquins-jazan-campus-documents-show-a-history-of-unrealistic-assumptions-bad-timing-and-a-poor-cultural-match-led-to-the-9-million-closure-of-its-saudi-arabia-campus/。

② The Globe and Mail，*University of Waterloo Closes Dubai Campus*，2020 年 1 月 7 日，见 https：//www.theglobeandmail.com/news/national/education/university-of-waterloo-closes-dubai-campus/article5173582/。

第六章　德国高校海外办学研究

随着高等教育日益全球化和国际化，海外办学扮演了越来越重要的角色。这一趋势也刺激着各大学要在全球高等教育市场上占有一席之地，开展海外办学的国际竞争也越来越激烈。除了传统的海外办学强国外，一些发展中国家，如中国也转变了单一的教育进口国角色，开始输出高等教育项目。为了实现高等教育国际化、提升大学海外办学水平、增强大学科研实力，德国政府积极推动跨国高等教育的发展，为开展境外办学的高校提供了大量资金和政策指导。因此，德国高等教育海外办学在短短十几年内取得了很大成就。截至2016年，参加德意志学术交流中心资助的海外高等教育项目的学生已达2.8万人，合作开设专业260多个，其中德语授课专业大约30个，项目遍布36个国家。[①] 德国海外高等教育发展迅速，且有着独特的发展理念和模式。

第一节　德国海外办学的发展历程和动因

一、德国高校海外办学的发展历程

自从20世纪90年代以来，教育服务出口开始获得重要地位。特别是

---

① DAAD：2016，Jahresbericht，2017年4月，见https://www.daad.de/medien/daad_jahres bericht_2016.pdf。

英国、澳大利亚和美国在国际教育市场上占据了重要位置。2003 年，已经有 14 万多名学生在英国海外办学项目、45000 名学生在澳大利亚的海外办学项目中学习。德国海外办学历史并不悠久，算是海外办学的后来者。二战后，德国出于教育援助的目的，在发展中国家开展了一些零星的海外办学项目，大规模的海外办学活动还是出现在 2000 年后。在 2000 年开始的《服务贸易总协定》（GATS）谈判开始后不久，德国政府就提供海外办学专款，鼓励大学在国外开展教育活动。这里列出两项长期资助措施：德意志学术交流中心的德国高校海外学习项目、联邦职业技术教育研究所推出的"职业教育国际推广"（international Marketing of Vocational Education，简称 iMOVE）。

2001 年，在联邦教育科研部资助下，德意志学术交流中心设立了"海外高等教育项目"（Studienangebote deutscher Hochschulen im Ausland），该项目旨在鼓励德国大学在国外开设收取学费的专业或院系。大学可以向德意志学术交流中心申请初始创校资金。由于需求巨大，本计划仅资助数年的计划一再延长。德国海外兴办的高校学费从 100 欧元—10000 欧元不等，平均每学期的学费为 2000 欧元。2011 年，德意志学术交流中心年度预算总计为 3.836 亿欧元，其中 44% 资助来自外交部（AA），24% 来自联邦教育和研究部，14% 来自欧盟，9% 来自联邦经济合作与发展部，9% 来自其他部门。这其中用于资助"海外高等教育项目"的经费为 389.5 万欧元。[①] 这些项目经费总额并不多，因为德国大学并未投入到海外项目的建设和运作，而只是提供咨询指导、课程建设、德国教师和工作人员赴国外的差旅等方面的费用。

2001 年在联邦教育和研究部资助下，德国联邦职业教育研究所（BIBB）的职业教育国际化部门设立了"iMOVE"项目，其目标是促进职业培训与进修领域的国际合作，协助全球对职业教育感兴趣者与德国培

---

① Adick Christel, "Deutschland als Bildungsexportland", *Zeitschrift für Pädagogik*, 2014 (5)：S.744-763.

训机构之间开展合作与建立业务关系。项目以"培训——德国制造"为宣传口号，在网上以阿拉伯语、中文、德语、英语、法语、俄语和西班牙语发布那些在国际上活跃的德国继续教育机构的简介，并邀请他们参加相关活动。iMOVE 支持各种形式的合作和业务关系：支持政府机构在建立职业培训和进修体系方面寻求富有经验的组织机构；支持企业通过 iMOVE 寻找培训机构为其员工进行培训；支持国际教育与培训机构同德国伙伴建立联系并开展合作。同时，iMOVE 支持德国职业培训机构开发和拓展国际业务，定期举办教育展以及国别讨论会。iMOVE 在 2011 预算年度花费了约 1.3 亿欧元，其中约 53% 用于行政任务，46.8% 用于人力资源。①

　　接下来，本研究的重点将聚焦于由德意志学术交流中心资助的德国"海外高等教育项目"。首先是因为本研究探究德国高校海外办学，而德国职业教育的海外出口多是由于中高职院校甚至是职业公司进行的，不是高校的办学行为。二是很多私立高校的海外办学（多集中在双学位项目）并不是由德意志学术交流中心资助，因此其办学数据也没有统一的采集，这也使研究变得十分困难。通过梳理德国海外办学的文献，发现大多数研究也是以德意志学术交流中心的数据为基础。但在后面的案例介绍时，本文也适当地介绍个别职业教育出口的案例。因此，接下来对德国海外办学历史的梳理，也是以"海外高等教育项目"的发展历程为主，这一历程大致分为六个阶段。

　　1999—2000 年设计阶段：这一阶段海外项目处于设计阶段，由于高等教育政策的时代背景和战略框架的变化，海外办学被提上日程，政府开始着手制定发展规划。2000 年，德国政府将售卖电信 UMTS 证书获得的 500 亿欧元中的部分收益拨给德意志学术交流中心，使德意志学术交流中心拥有了充足的资金开展大学国际化项目。

---

① Adick Christel，"Deutschland als Bildungsexportland"，*Zeitschrift für Pädagogik*，2014
（5）：S.744-763.

2001—2003 年开始阶段：项目开始进入试运行阶段，为期三年。第一阶段共有 200 多个高校向德意志学术交流中心提交了申请意向书，由大学代表组成的委员会遴选后确定了 20 个资助项目（见表 6.1）。

表 6.1　申请德意志学术交流中心海外办学资助的高校数量（2000—2012）

年份	意向书	完整申请	批准	后续申请	后续申请的获批数量	现有的资助项目数
2001—2003	＞200	132	20	0	0	20
2004	38	15	8	20	12	20
2005	27	12	7	0	0	25
2006	22	10	3	0	0	25
2007	22	8	6	1	1	22
2008	19	13	9	3	2	27
2009	11	5	3	3	3	25
2010	15	9	3	5	4	28
2011	22	13	8	7	6	31
2012	9	5	4	5	3	27

数据来源：Nadin Fromm，*Zur Transnationalisierung von Hochschulbildung*，Baden-Baden：Nomos Verlagsgesellschaft，2017，S.103.

2003—2005 年评估阶段：项目名称"德国教育服务出口"改为"德国海外办学项目"。评估由外部专家进行。评估结果被写成报告，提供给项目负责人作为项目反馈以及德意志学术交流中心与联邦教育和研究部，作为继续管理的依据。

2005—2008 年巩固阶段 I：向德意志学术交流中心提交申请意向的高校数量开始减少。在这一阶段，项目的特性发生了变化，即海外办学项目不断政治化。此时出现了很多项目，这些项目不是或很少由大学教授或校友等学校成员（师生员工层面）提议发起，而是更多地基于政策决策流程。这一趋势在接下来的阶段中不断增强，日益国际化的大学和德国政府对海外办学表现出浓厚的兴趣。

　　2008—2013 年巩固阶段 II：除了对外政策外，国内政策的影响也在德国开展海外办学过程中扮演了重要角色。联邦内阁于 2008 年通过了教育国际化战略。从那时起，该项目不再仅仅是创新和前瞻性的，而是政治议程设置所必需的。因为只有在国家层面将海外办学置于联邦政府的战略框架内，海外办学才能获得战略性价值。在 2008 年之后的几年内，除了那些高校合作产生的项目，还制定了一系列政治需要和政策倡导产生的项目。

　　2013 年至今：从这一阶段开始，原来大部分的项目在获得初始资金后已经不再获得德意志学术交流中心的资助。这些项目要自负盈亏，并寻找其他的资助来源。虽然没有了德意志学术交流中心的初始创业资助，但仍可以从德意志学术交流中心获得奖学金等方面的资助。但这个规定并不涉及"双国家大学"①，"双国家大学"的建设依然通过公共资金获得支持。近些年，由高校内成员提交的申请意向仍旧在减少。联邦教育和研究部以及德意志学术交流中心已经意识到这种变化，并调整海外办学项目，将整个项目调整为"基本项目"（Basisprogramm）。在过去几年，国家承认的私立高校对海外办学表现出浓厚的兴趣，因此"德国海外办学项目"开始将申请对象扩大到这一类型的高校。私立高校参与海外办学导致了海外办学出现新的合作形式，即特许经营。但目前这种海外办学的形式还很少。可以预见，未来应用科学大学的海外办学项目的出口将会超过职业教育和继续教育的出口。鉴于参与主体类型的增加，项目的资助也呈现出不同的形式。那些"基础项目"将会在初始资助结束后继续获得德意志学术交流中心的资助，以促进其专业教育的发展。这些区别于最开始的资助项目被称为"跨国教育—通过专业教育实现强大和卓越（TNB-STEP）"。可以看出，这一项目更加着眼于未来，即要在项目内促进德国海外办学项目的研究导向，使其成为国际科研合作的代表，以及地区的科研中心，从而可以和经济界更多地合作并吸引工业界的资金。这是德国海外大学实现财务自

───────────

①　详见本章第二节德国高校海外办学的类型。

主、自负盈亏的重要途径。①

二、德国开展海外办学的动因

谈及跨国教育②参与者的动机时，讨论大都落到"教育出口国"和"教育进口国"上。传统上更多的讨论聚焦在跨境教育供给方。而简·奈特（Jane Knight）指出，发展跨国教育的理由、影响、政策以及规制会因为是进口国或出口国而有很大的不同。③ 经合组织（OECD）总体上将跨境教育的动机解释为三类，即院校导向、政策导向、学生导向。有学者从"文化扩散和全球化"及"文化借鉴和本地化"的视角阐释跨境高等教育的发展。④ 安永—帕特侬咨询管理公司的一份报告中定义了跨境教育中的四个利益相关者，即当地合作院校、教育输出院校、学生、东道国政府／管理者，并从国家政策、经济、教育文化等角度阐述了跨境教育利益相关者的动机。⑤ 可以说，开展跨境教育的动机并不是单一的，它是学术上的、经济上的、政治上的、文化上的多种因素相互叠加的结果，这也是造成不同国家不同地区的跨境教育各具特色的原因。

（一）吸引国际人才，打造一流大学

二战后，德国大学衰落，美国取代德国成为世界高等教育中心。20世纪90年代，大学国际化逐渐成为了高等教育发展中的重要话语，被

---

① Nadin Fromm，*Zur Transnationalisierung von Hochschulbildung*，Baden-Baden：Nomos Verlagsge-sellschaft，2017，pp.83-86.

② 海外办学这一说法更适用于教育出口方，当涉及教育进口方或双方时，本章使用跨国教育这一术语。

③ Jane Knight，"Transnational Education Remodeled：Toward a Common TNE Framework and Definitions"，*Journal of Studies in International Education*，2016，Vol. 20（1），pp.34-47.

④ Cynthia Miller-Idriss，ElizabethHanauer，"Transnational higher Education：offshore Campuses in the Middle East"，*Comparative Education*，2011，47（2），pp.181-207.

⑤ EY：Going global in higher education International branch campuses across emerging markets，2019 年 3 月，见 https：//www.ey.com/Publication/vwLUAssets/ey-going-global-in-higher-education/%24File/ey-going-global-in-higher-education.pdf。

视为是促进科研和教学发展的重要手段，不论是国家还是高等教育机构都将国际化提升到了战略发展的地位。2017 年，德国政府出台了最新的"教育、科学和研究国际化战略"，该战略旨在应对全球化、数字化、欧洲科研合作等方面面临的一系列新挑战。德国大学也纷纷出台了自己的国际化战略，设置了国际化目标及措施，并逐渐使其制度化。国际化不仅是一种目标，更是促进大学发展的手段。德国高校不断地和世界上其它大学开展合作和交流，提升自身的国际影响力。而海外办学是德国高校实施国际化战略的重要组成部分。德国政府通过提高大学国际化水平等手段来增强大学的科研实力和国际竞争力。国际化水平是衡量世界一流大学的重要尺度，也是高等教育发展的必然趋势。德国联邦教育与科研部（BMBF）秘书托马斯·雷切尔（Thomas Rachel）在2010 年 6 月的德意志学术交流中心"高等教育无国界——德国高校跨国教育项目"主题大会上指出：国际交流和合作是建立一流大学、一流科研以及实现创新的前提条件。[1] 打造世界一流大学必须要扩大教育开放，开展国际教育合作，吸引一流人才。但当前德国面临严重的人才外流问题。据估算，德国每 7 个理学博士中就有一位离开德国，前往美国就业。[2] 开展海外办学是德国大学吸引国外人才的重要举措之一。这些德国海外高校毕业的学生都是德国未来潜在的学术后备人才和优质移民。

（二）传播德国文化，承担大国责任

德国历来将文化和教育政策作为其外交政治的"第三支柱"，而跨国

---

[1] Thomas Rachel：Rede bei der DAAD-Tagung，Hochschulbildung ohne Grenzen-Projekte deutscher Hochschulen im Ausland，2010 年 6 月 21 日，见 https：//www.daad.de/medien/hochschulen/projekte/studienangebote/pstr-rede__hochschulbildung_ohne_grenzen_210610_mit_foto.pdf。

[2] The Observatory on Borderless Higher Education：Germany proposes 'elite universities' to enhance com-petitiveness；German affiliated university to open inBahrain-is internationalisation part of the solution？ 2014 年 1 月 14 日，见 http：//www.obhe.ac.uk/documents/view_details？ id=488。

高等教育是科学政策、文化和教育政策、发展合作三者的交叉点。[1] 国家间的教育合作，可以促进政治、经济、文化等全方位的交流。特别是在经济全球化的今天，教育仍然是文化共同理解的重要载体[2]，开展跨国高等教育，不仅能够传递教育理念，也可以促进不同文化的交流和理解。此外，德国跨国高等教育在初期带有教育援助的性质，是德国作为国际大国承担国际责任的体现。德国跨国教育项目大多在发展中国家开展，一开始就带有加强与发展中国家教育和科研合作的目的。德国为发展中国家开设相关专业、提供德式教学方法和教学内容、传递德国教学和科研结合的理念、改进其大学管理水平，促进当地大学的现代化和国际化，提高了当地大学的办学能力和科研能力。2011 年德国发起了一项"转型伙伴"项目来资助阿拉伯国家的学术教育和科学创新能力，提高教学质量。其中项目之一就是双方开设双学位专业。除了该项目外，德意志学术交流中心还设置了很多特别项目，如加强教育领域的人道主义援助，在中东和北非地区设立"难民接受继续教育奖学金"，为在中东和北非地区德国跨境大学里接受教育的难民提供奖学金。截至 2020 年，有超过 1000 名难民在埃及德国大学、约旦德国大学、阿曼德国工业大学、柏林工大埃及分校以及埃及海尔温大学（Helwan University）学习。约旦德国大学还专门开设了一门"针对国际难民和移民的社会工作"硕士课程。在德意志学术交流中心资助下，海尔温大学及约旦德国大学和德国高校及考古研究所合作开设了和文化保护及重建相关的硕士课程。

（三）开拓国际教育市场，参与国际竞争

为了更好地满足学生对跨国教育的需求，跨国高等教育的重心将会从当前的学生跨国流动转移到教育项目和机构的跨国流动。随着各国加快高等教育国际化步伐，国际教育市场日益变大，特别是中东和非洲地区教育市场由封闭转为开放，随之而来的竞争也越来越激烈。美国、英国、澳

---

[1]　DAAD，Transnationale Bildung in Deutschland，Report，2012，p.10.

[2]　袁琳：《德国高等教育国际化研究》，博士学位论文，西南大学，2011 年，第 60 页。

大利亚等国的教育出口已经获得巨大的经济利益。虽然德国跨国高等教育初期有德意志学术交流中心的大量资金支持，但其仍是一种公司性质的投资（unternehmerisch）。德国高等教育研究会第一会长芭芭拉·凯姆（Barbara Kehm）教授也认为，为了更好地回应外部环境的需求，高等教育机构有时被迫变得更加企业化并采用更加具有竞争力的市场化行为。它们都必须承担起社会的甚至是经济的角色，为财富创造和提升国际竞争力作出贡献。[①] 德国作为开展跨国教育的后来者，积极追赶英美澳等跨国教育传统强国，以国家为推动力量，探索各种跨国教育办学模式，积极开拓国际高等教育市场。

三、德国对高校海外办学的定义和定位、相关理论

过去数十年，跨境教育快速发展，出现了更多的参与者，更多样的办学形式，更加复杂的伙伴关系，因此对跨境教育的讨论和分歧也开始出现。派遣国和东道国共同面临的一个重要挑战就是跨境教育的术语问题。各国对跨境教育的含义以及实践形式、模式等定义十分混乱。这一点在关于各种跨境教育项目和跨境学生数量的数据统计上有着最直接的体现（见表 6.2）。十年前，有四个术语主导了关于项目和供应商流动性的辩论。它们是跨境教育（cross-border education）、离岸教育（offshore education）、跨国教育（transnational education）、无国界教育（borderless education）。这些术语在含义上存在重要差异，但在实践中，它们被互换使用，导致人们对这一术语认识的混乱。当前，跨境高等教育（CBHE）和跨境教育（TNE）已经成为最常用的术语。然而跨境教育是通过它的日常使用而不是术语的概念基础获得了它的意义和流行度。[②] 跨境教育在本质上意味着教育项目和教育提供者在不同国家间的流动，并试图和更加

---

① 　袁琳：《德国高等教育国际化研究》，博士学位论文，西南大学，2011 年，第 58 页。

② 　Nadin Fromm，2014.“Transnational higher education by German universities：Main drivers and components”，TranState Working Papers 181，University of Bremen，Collaborative Research Center 597：Transformations of the State.

侧重学生流动的国际教育（international education）区分开来。从范围来说，国际教育更加宽泛，涉及教育机构、教育者乃至教育理念。针对这一术语的认识乃至使用在英语国家尚且存在很多的不同意见，非英语国家在使用这一术语时会更加谨慎。在中国，海外办学①是一个比较明晰的概念，2019 年教育部出台的《高等学校境外办学指南（试行)》（以下称境外办学指南）规定，我国高校境外办学是指中国高等学校独立或者与境外政府机构、具有法人资格并且为所在地政府认可的教育机构或其他社会组织合作，在境外举办以境外公民为主要招生对象的教育机构或者采用其他形式实施高等学历教育的教育教学活动。如果考虑到中文语境下的海外办学，那么德国德意志学术交流中心界定的"跨国教育"（transnationale Bildung）更加与中文的海外办学 / 境外办学含义对应。德意志学术交流中心在下定义时主要的标准是学术责任由谁承担，据此将跨境教育定义为"在其他国家举办的、主要为办学地（国家或地区）学生提供的大学、专业以及学习模块等教育产品"。在跨国教育项目中，德方高校主要承担学术责任，包括制定课程、负责部分教学活动、提供学位，并提供质量保障措施等。在实践中，跨国教育还包括远程教育或在线教育（教育内容由另一个国家提供）。在德意志学术交流中心语境下，跨国教育等同于出口教育（Bildungsexport）。②

表 6.2　各国际组织对海外办学的定义

利益相关者	年份	定义	核心因素
全球跨国教育联盟（GATE）	1996	跨国教育是指任何在教育机构的母国（the home country）外的其它国家（the host country）所进行的任何教学活动	学习者和教育供给机构的地点

---

① 教育部文件中逐渐使用境外办学，但在实践话语中，海外办学仍被普遍使用。
② 肖军：《德国跨国高等教育：动因、模式与特征》，《比较教育研究》2018 年第 8 期。

续表

利益相关者	年份	定义	核心因素
关于"无国界教育（borderless education）贸易"的报告	2000	无国界教育是指高等教育传统上固有的概念、学科和地理边界的模糊化	边界模糊
联合国教科文组织和欧盟委员会的"跨国教育（transnational education）实践准则"	2001	在与授课机构所属的国家/地区不同的国家/地区举办的所有类型和方式的高等教育专业或系列课程集或教育服务（包括远程教育）	学习者和学位授课机构的地点
教科文/经合组织"跨境高等教育（Cross-Border Higher Education）质量提供准则"	2004	在教师、学生、课程、机构/提供者或课程材料跨越国家管辖边界的情况下发生的高等教育	穿越国家管辖边界
无国界高等教育观察组织（OBHE）关于跨国教育（Transnational Education）的报告	2005	跨国教育用于表明一个国家为另一个国家提供的高等教育服务，而不是仅指学生出国留学	国家之间
国际大学联盟（IAU），高等教育认证委员会（CHEA），美国教育委员会（ACE），加拿大高校协会（AUCC）	2004	跨境共享优质高等教育	边界
服务贸易总协定	1994	跨境供应侧重于跨境服务，不是消费者的物理移动	服务跨域边境，而不是消费者跨越边境

资料来源：Jane Knight，*Borderless*，*Offshores*，*Transnational and Cross-border Education*：*Definition and Data Dilemmas*，London：Observatory for Borderless Education. 2005，p.11.

第二节　德国海外办学的状况与机制

一、德国高校海外办学的类型与模式

与跨国教育术语相关的另一个挑战是跨国教育活动的多样性。当前

国际上的跨国办学模式，可以分为特许经营、授权许可项目、双学位项目、分校区，企业大学、远程教育等多种类型。跨国教育模式的多样性也为教育研究和实践带来一定困扰。当前，在国际上，跨国教育按照不同维度可以分为不同的模式（见表6.3）。TNE框架中的两个主要类别：联合模式与独立模式。通用的TNE框架和定义见表6.3。

表 6.3　国际上跨国教育的类型和模式

TNE 模式	定义	备注
联合跨国教育项目		
双联项目（Twinning program）	外国派遣高等教育机构通过东道国高等教育机构提供学术课程；外国高等教育机构提供课程和毕业证书	来自东道国高等教育机构和外国高等教育机构的联合学位/双学位逐渐成为双联项目的主要形式。双联课程的质量保证取决于东道国和派遣国的国家法规。在一些国家，双联课程被称为特许经营
联合/双/多学位项目（Joint/double/multiple degree programs）	课程由所有本地和外国合作伙伴共同设计、交付和监控。根据东道国的规定，提供不同的学位证书组合	一个联合学位项目提供一个学位证书，证书上有外国和本地高校的徽章。双学位项目提供两个学位证书，分别来自外国高校和当地高校。多学位项目根据合作伙伴数量提供三个或更多证书/资格。质量保证通常是由每个合作的高校负责
共同创办/发展的大学（Cofounded/developed universities）	在东道国与外国高校合作建立的高校。学术课程通过双联或联合/双/多学位安排提供。当地的高校也会开发独立于外国合作伙伴的学术项目	授予不同类型的学位，包括1.东道国高校的学位；2.与外国高校联合授予学位证书；3.根据外国高校的数量，办理双学位或多重学位证书。质量保证取决于东道国和外国法规
地方支持的远程教育项目	外国远程教育高校/提供者为当地实体教育机构的学生提供学术支持。外国远程教育提供商提供课程和证书	通常由外国高校和国家来进行质量保证

续表

TNE 模式	定义	备注
独立的跨国教育项目		
分校区	外国高校通过其所在国的分校（satellitecampus）提供学术课程；外国高校提供的证书和课程	质量保证取决于东道国和派遣国的国家法规
特许大学	一家独立的私立高等教育机构提供一系列来自不同外国高等教育机构／提供商的特许学术课程；外国高校提供证书和课程	质量保证取决于东道国和派遣国的国家法规
远程教育	外国远程教育机构直接为东道国学生提供学术课程，没有当地的学术支持；外高校提供证书、课程和质量保证	外国质量认证机构

资料来源：Jane Knight，"Transnational Education Remodeled：Toward a Common TNE Framework and Definitions"，*Journal of Studies in International Education*，2016，Vol. 20（1），pp.34-47.

在德国的教育研究中，也有不同的学者根据不同的维度对跨国教育进行了不同的区分。有的学者将国际教育分为广义和狭义的教育产品，并认为跨国教育是狭义的国际教育（见表6.4）。

表6.4　广义上的国际教育

		提供模式	定义	案例
广义国际教育项目	跨国教育项目	（1）商业代表（kommerzielle Präsenz）	提供者在接受教育者的国家开设机构提供服务或者使用那里的外国教育机构	通过外国分校或者合作伙伴高校提供教育产品
		（2）自然人代表（Präsenz naürlicher Personen）	外国人员在东道国停留一定时间以提供服务	教师，研究人员等在国外高校任职
		（3）跨境供应	服务跨境提供，而教育者或教育提供者不需要物理移动	远程教育，网络学习

狭义国际教育项目	（4）赴国外学习	教育服务在教育提供者的国家被提供，受教育者要前往外国	留学生教育

资料来源：Jochen Krauß，*Deutsche Hochschulen im Ausland：Organisatorische Gestaltung transnationaler Bildungsangebote*，Wiesbaden：Deutscher Universitätsverlag，2006，p.16.

有的学者根据教育供给者的参与度以及服务深度对跨国教育进行分类（见图 6.1）。

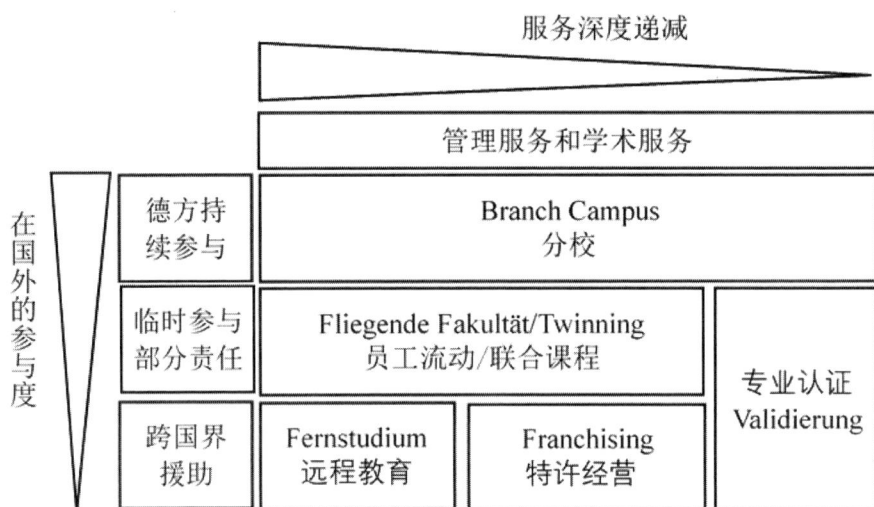

图 6.1 跨国教育类型分类

资料来源：Nadin Fromm，*Zur Transnationalisierung von Hochschulbildung*，Baden-Baden：Nomos Verlagsgesellschaft，2017，p.87.

派遣国和东道国面临的共同挑战是术语问题。直截了当地说，各国内部以及各国之间对于总的 TNE 的实际含义，特别是 TNE 的不同模式，存在着很大的混乱。

十年前，有四个术语主导了关于项目和供应商流动性的辩论，它们是跨境、跨国、离岸和无国界教育。这些术语在含义上存在重要差异，但在实践中，它们被互换使用（Knight，2005 年）。十年后，跨境高等教育（CBHE）和 TNE 是最常用的术语。各有利弊。CBHE 认识到边界对国家教育政策和法规的重要性和影响。即使在当今这个更加独立和无边界的世界，这也是一个重要的考虑因素。"跨境高等教育"一词在联合国教育、科学及文化组织／经济合作与发展组织（教科文组织／经合组织；2005 年）的《CBHE 质量提供指南》和教科文组织关于承认这些资格的区域公约中得到了一些合法性，就像《里斯本公约》。

然而，TNE 已经通过日常使用而不是通过术语的概念基础获得了它的意义和流行度。这意味着各国之间的学术项目和提供者的运动，并试图将自己与更注重学生运动的国际教育区分开来。这是一个非常细微和模糊的区别，很难被那些新到国际高等教育和非英语国家的人理解。虽然每一个术语都有其支持者和批评者，但跨国教育这一术语的解释是指"国家间教育计划或高等教育机构（HEI）／提供者的流动性"，以确保国际教育研究特别期刊（JSIE）期内术语的一致性，以反映它的常见用法。不过，一般来说，cbhe 是一个更为明确、更具描述性的术语。

与 TNE 术语相关的第二个挑战是用于描述相同 TNE 活动的标签的多样性，相反，相同的标签应用于各种不同的 TNE 活动，结果就是混乱。例如，最近对主要在欧洲、亚洲、北美和拉丁美洲提供的 JDM 学位课程的回顾生动地说明了这一点（Knight，2014 年）。超过 20 个不同的术语被用来标记这种 TNE 活动。它们包括联合、双、双、多、三国、综合、协作、国际、连续、并发、联合、重叠、联合、并行、同时和普通学位课程。对于通常被称为国际分院（IBC）的校园也可以这样说。2015 年对东道国数据收集系统的一次审查（McNamara 和 Knight，2015 年）表明，用于描述 IBC 的术语包括海外机构提供的私人项目、跨国项目等。很明显，随着 TNE 的数量和形式的扩大，TNE 的词汇数量激增。术语问题需要尽早解决。

为了国际统一和统计的需要，德国 DAAD 的国际教育年度报告《全球科学》（*Wissenschaft Weltoffen*）按照独立和合作的维度将跨国教育分为了四类（见表 6.5）。

表 6.5　德国跨境教育形式

跨境教育形式		专业		学生	
		数量	百分比	数量	百分比
独立	特许经营	8	2.9%	382	1.2%
	海外独立分校①	13	4.7%	819	2.6%
合作	联合开设专业	118	42.8%	8085	25.2%
	联合开办大学	137	49.6%	22747	71.0%
总计		276	100.0%	32033	100.0%

资料来源：DAAD，Wissenschaft Weltoffen 2018，2018-08-08，http：//www.wissenschaftweltoffen. de/wwo2018/index_html.

　　跨国教育类型和形式的划分在学术界和实践层面依然存在一些争议。即使在德语语境下，也存在着不同意见。本章认为 DAAD 在其跨国教育的官方文件中对跨国教育的分类简单明了，且符合德国跨国教育的实际状况，故将德国跨国教育模式分为以下四类。

　　（一）联合开设专业（Deutsche Studiengänge im Ausland）

　　该模式是德国跨国教育的传统模式②，是由德国高校和国外高校联合开设专业。这些专业大多都是本科或硕士阶段，极少有博士阶段。该模式中，外方合作高校主要为一些基本的教学活动提供必要的基础设施和师资、与德方共同制定课程标准、创建共享的教学和学生服务体系等。德国高校负责学术和部分管理工作。合作双方处于平等地位，并以互惠互利为合作前提。这种模式高效简单，合作高校双方直接对话，而且合作伙伴是组织结构完整的高校，合作项目较容易开展。比如中国美院和与德国柏林

---

① 全球海外分校逐渐增加，发展迅速。但德国高等教育机构很少开设海外分校，在全球只有 4 所海外分校。由于对海外分校的定义不同，德国科学委员会认为德国有 6 所海外分校。这是因为海外分校和联合大学（foreign backed University）的区分混乱。这些数量说明海外分校目前并不是德国海外办学的重点。

② Anne Clausen：Beate Schindler-Kovats，Nina Stalf，Transnational Education "made in Germany"，2017 年 10 月 27 日，见 https：//www.daad.de/medien/hochschulen/projekte/ studienangebote/ausgabe_ehea_2011_gesamt.pdf。

艺术大学合作的美术学硕士学位项目，该项目于 2006 年 9 月正式启动，分为综合艺术和综合设计两个研究方向，学制为五个学期，第四学期将在柏林艺术大学研修三个月。课程由双方教师共同承担，毕业后获得柏林艺术大学颁发的美术学硕士学位。

（二）德国高校支持下建立的独立高校（German-backed University）

为了与一些国际上的跨境教育概念相一致，德国在其出版的"世界学术概览 2018"中使用的是联合大学（Joint university）这一术语，将这种模式称为"外国高校支持下建立的大学"（Foreign-backed University），在一些文献中也被称为"双国家大学"（bi-national university）。韦比克（Verbik）将其定义为："在当地教育系统内建立的新的教育机构，并得到教育供给方持续的支持，特别是在初创阶段。"[①] 外方高校并不参与利润分成，只是提供技术、课程制定、质量保障、师资培训等方面的支持。这类高校不是由德国建立，而是由当地政府、公司或个人按照本国高等教育法、在德国的支持下建立的。这些新建立的高校在法律上是独立的，只是在学术上和德国大学建立联系。这类项目属于大型项目，实施难度大，因此有的项目会有多个大学共同参与。德方高校作为顾问主要负责课程的制定和完善，教学质量保障以及当地师资的培训。这种模式由德国首创[②]，并被美国、英国、新西兰等国家效仿。这种模式的优点在于主办国新建的院校完全独立，德国高校只是提供支持，并不参与管理，学校财政权和决策权最终都属于学校创办者。在学校运行稳定后德方高校就会退出。而且德方高校只是学校新建时期从创办人处获得报酬，并不会从学校日后的学费等收入中获利。对德方高校来说，这种模式既可以加强其国际影响，又可以规避组织上和财务上的风险。[③] 这类项目有 2003 年建立的私立开罗

---

① Sanaa Ashour, "Branding of Germany's transnational Education and its Potentials in the Arabian Gulf Region", *Cogent Education*, 2018, 5, pp.1-15.

② 这种模式被德国教育专家 Ute Lanzendorf 称为"German-backed University""foreign-backed University"，DAAD 将其称为"德国制造"（made in Germany）。

③ Ute Lanzendorf, "Foreign-Backed Universities: A New Trend", *international higher education*, 2005 (5), pp.3-5.

德国大学，它是德国支持的最大跨国高等教育项目；2008 年建立的国立越南德国大学以及土耳其德国大学等（见表 6.6）。

表 6.6　德国高校支持下建立的独立高校

名称	建立年份	德国合作高校	学生数量（2015 年）	专业 / 学科
开罗德国大学（GUC）	2003	乌尔姆大学、蒂宾根大学、斯图加特大学	11.870	工程学、经济学和健康学
约旦德国大学（GJU）	2005	马格德堡应用技术大学	4054	数学、工程学、自然科学、经济学
阿曼德国工业大学（GUTech）	2007	亚琛工业大学	1105	数学、工程学、自然科学、经济学
越南德国大学	2008	达姆斯塔特大学	1167	工程学、自然科学、经济学、健康学
土耳其德国大学	2008	柏林工业大学、柏林大学、比勒菲尔德大学、科隆大学、明斯特大学	535	数学、工程学、自然科学、经济学、法学、社会学

资料来源：根据德意志学术交流中心数据整理。

（三）海外分校或研究所（branch campus）

这类模式指德国大学在境外按照当地教育法建设的独立分校或研究所，德国的总校承担全部管理和教学职责并授予德国学位。由于基础设施的原因，这类学校通常都借用合作国家某个高校的校园和教学设施，但并不和其产生任何其它联系。在德意志学术交流中心的资助项目中，这类分校区并不是主要形式。①2009 年 11 月，德国纽伦堡大学在韩国建立了釜山分校。该分校设置有一个研究生院和一个生命科学研究中心，招收"化学—生物工程"专业的硕士研究生，学生通过考试后由纽伦堡大学颁发德国学位。

---

① DAAD，Transnationale Bildung in Deutschland ［R］，2012，p.10.

（四）海外独立高校（offshore University）

在前三种模式中，建立的境外教育机构和德国大学都有或多或少的联系，比如共同管理学校、共同制定课程，或者有德国大学的支持，或是德国某大学的分校区。而德资海外高校就是德方在外国投资建立的独立运营的大学，其创办者可能是德国的某个企业或基金会。比如由"德国哈萨克斯坦教育合作基金"建设的德国—哈萨克斯坦大学（DKU）。该大学是德意志学术交流中心在中亚地区资助的最大的一个高等教育项目，并被视为"2007 欧盟中亚倡议"的"模范项目"（Leuchtturmprojekt）。[①]

结合上述四种跨国高等教育模式，可将德国跨国教育办学途径梳理为下图：

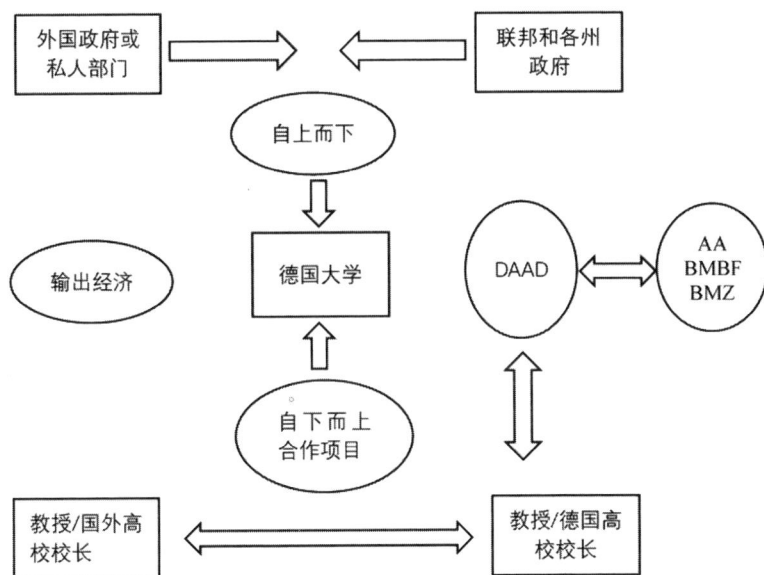

图 6.2 德国跨国高等教育输出途径

资料来源：袁琳：《德国高等教育国际化研究》，博士学位论文，西南大学，2011 年，第 58 页。

由图 6.2 可以看出，德国跨国教育输出途径有"自上而下"和"自下

---

① DAAD：Deutsch-Kasachische Universität（DKU），2019 年 9 月 27 日，见 https：//www.daad.de/laenderinformationen/kasachstan/kooperationen/de/9961-deutsch-kasachische-universitaet-dku/。

而上"两种。在"自上而下"途径中，外国政府和德国政府产生教育合作意愿，然后通过德意志学术交流中心展开具体合作；在"自下而上"途径中，外国高校和德国高校产生教育合作意愿，同样会向德意志学术交流中心寻求支持和协调。可见，在两种途径中，德意志学术交流中心是最重要的中介组织。德意志学术交流中心拥有多重身份，它既是资金的接受者，又是资金的分配者，即接受联邦教育与科研部、德国联邦经济合作与发展部（BMZ）和德国外交部（AA）的拨款，并将拨款分配给开展跨国教育的高校；既是跨国高等教育项目的审批者，也是项目运营的监督者。

二、德国高校海外办学的区域布局与专业设置

在德意志学术交流中心的资助协调下，德国海外办学在全球 35 个国家有序开展，目前接受德意志学术交流中心资助的项目有 80 多个，提供 276 个本硕专业。①2018 年，德国海外办学学生人数达到 32249 人，比上一年增长了 7.6%（见表 6.7）。

表 6.7　德国海外项目中的学生数量（2016—2018）

年份	学生数量	增长率
2016	28557	10.6%
2017	29982	5.0%
2018	32249	7.6%

资料来源：DAAD，Wissenschaft Weltoffen 2018，2018-08-08，http：//www.wissenschaftweltoffen. de/wwo2018/index_html.

从德国海外办学项目的地理分布来看，中东和北非地区比重最大，人数接近两万人（见表 6.8），超出第二的亚太地区多达 41.4%。

---

① 这里的数据是指受到德意志学术交流中心资助的跨境项目，不包括注册在德国高校校长联合会"高等教育指南针（HRK Higher Education Compass）"内的和国外高校合作伙伴开展的 680 个双学位专业。校长联合会的数据显示，66% 的双学位专业位于欧洲，8% 位于美国。但本章的其它德国海外办学数据皆来自德意志学术交流中心。

表 6.8　德国海外办学区域分布

地区	2018 年	
	数量	百分比
北非和中东	19690	61.1%
亚太	6343	19.7%
中欧和东南欧	3447	10.7%
东欧和中亚	2591	8.0%
拉美	136	0.4%
南部非洲	42	0.1%

资料来源：DAAD，Wissenschaft Weltoffen 2018，2018-08-08，http：//www.wissenschaftweltoffen. de/wwo2018/index_html.

而从德国海外办学学生分布国家来看，德国海外高校学生数量最多的国家位于埃及和约旦。这是因为埃及德国大学和约旦德国大学是德国两所最大海外办学院校，招收了大量的学生（见表 6.9）。

表 6.9　参加德国海外办学学生数量

国家	总计：32249	百分比
埃及	12963	40.2%
约旦	4345	13.5%
中国	3373	10.5%
阿曼	1962	6.1%
土耳其	1502	4.7%
越南	1285	4.0%
罗马尼亚	705	2.2%
新加坡	666	2.1%
吉尔吉斯斯坦	627	1.9%
哈萨克斯坦	620	1.9%

资料来源：DAAD，Wissenschaft Weltoffen 2018，2018-08-08，http：//www.wissenschaftweltoffen. de/wwo2018/index_html.

德国海外教育项目主要分为三类：德国高等教育海外项目、德语授课学位课程、跨文化研究三类（见表6.10）。

表 6.10　德国海外教育项目类型

地区	国家	分布城市	项目类型
东欧	保加利亚	索菲亚	德国高等教育海外项目
			德语授课学位课程
	波兰	罗兹	德语授课学位课程
		克拉科夫	德语授课学位课程
		华沙	德语授课学位课程
	土耳其	伊斯坦布尔	德国高等教育海外项目
		安卡拉	德国高等教育海外项目
	罗马尼亚	布拉索夫	德语授课学位课程
		克卢日—纳波卡	德语授课学位课程
		蒂米什瓦拉	德语授课学位课程
	俄罗斯	巴尔瑙尔	德语授课学位课程
		莫斯科	德语授课学位课程
		新西伯利亚	德国高等教育海外项目
		雅罗斯拉夫尔	德国高等教育海外项目
		喀山	德国高等教育海外项目
		克拉斯诺亚尔斯克	德语授课学位课程
		圣彼得堡	德国高等教育海外项目
			德语授课学位课程
	斯洛伐克	布拉迪斯拉发	德语授课学位课程
	捷克	布拉格	德语授课学位课程
	匈牙利	布达佩斯	德国高等教育海外项目
			德语授课学位课程
		塞格德	德语授课学位课程

续表

地区	国家	分布城市	项目类型
	乌克兰	哈尔科夫	德语授课学位课程
		顿涅茨克	德语授课学位课程
		基辅	德语授课学位课程
		苏梅	德语授课学位课程
		捷尔诺波尔	德语授课学位课程
	白俄罗斯	明斯克	德语授课学位课程
中东和中亚	亚美尼亚共和国	埃里温	德语授课学位课程
	阿塞拜疆	巴库	德国高等教育海外项目
	格鲁吉亚	第比利斯	德国高等教育海外项目
			德语授课学位课程
	约旦	安曼	德国高等教育海外项目
			跨文化研究项目
	哈萨克斯坦	阿拉木图	德国高等教育海外项目
	吉尔吉斯斯坦	比什凯克	德国高等教育海外项目
			德语授课学位课程
	黎巴嫩	贝鲁特	跨文化研究项目
	阿曼	马斯喀特	德国高等教育海外项目
	阿联酋	阿布扎比	德国高等教育海外项目
南亚、东南亚、东亚	中国	广州	德国高等教育海外项目
		合肥	德国高等教育海外项目
		南京	德国高等教育海外项目
		青岛	德国高等教育海外项目
		上海	德国高等教育海外项目
	日本	别府	德国高等教育海外项目
	印度	班加罗尔	德国高等教育海外项目
	印度尼西亚	泗水	德国高等教育海外项目
		布米·塞尔彭·达迈	德国高等教育海外项目
		三宝垄	德国高等教育海外项目

续表

地区	国家	分布城市	项目类型
	马来西亚	班吉	德国高等教育海外项目
		关丹	德国高等教育海外项目
		吉隆坡	德国高等教育海外项目
	新加坡	新加坡	德国高等教育海外项目
	韩国	釜山	德国高等教育海外项目
	泰国	曼谷	德国高等教育海外项目
	越南	胡志明	德国高等教育海外项目
		河内	德国高等教育海外项目
非洲	埃及	艾尔古纳	德国高等教育海外项目
			跨文化研究项目
		开罗	德国高等教育海外项目
	埃塞俄比亚	亚的斯亚贝巴	德国高等教育海外项目
	摩洛哥	梅克内斯	德国高等教育海外项目
	南非	开普敦	德国高等教育海外项目
南美	阿根廷	布宜诺斯艾利斯	德国高等教育海外项目
	巴西	库里提巴	德国高等教育海外项目
		里约热内卢	德国高等教育海外项目
	智利	圣地亚哥	德国高等教育海外项目
	墨西哥	圣路易斯波托西	跨文化研究项目

资料来源：DAAD，Wissenschaft Weltoffen 2018，2018-08-08，http：//www.wissenschaftweltoffen.de/wwo2018/index_html.

德国高校海外办学学位类型主要为本科，2018 年占比达 80.4%，而硕士和博士一起还不超过 20%（见表 6.11）。这主要是因为合作国家为发展中国家和新兴国家，其高等教育实力和科研实力比较薄弱，难以开展高水平的研究生项目。而在学位授予权方面，德方授予学位的比例较小，而双学位和当地高校学位占比较高（见表 6.12）。

表 6.11 德国海外办学学位类型

学位类型	2015/16		2016/17		2017/18	
	数量	百分比	数量	百分比	数量	百分比
本科（或同等学力）	23446	82.1%	24623	82.1%	25915	80.4%
硕士（或同等学力）	4751	16.6%	5033	16.8%	5768	17.9%
博士生	122	0.5%	71	0.2%	281	0.9%
其它	238	0.8%	255	0.9%	285	0.9%

资料来源：DAAD，Wissenschaft Weltoffen 2018，2018-08-08，http：//www.wissenschaftweltoffen.de/wwo2018/index_html.

表 6.12 合作办学学位授予方

学位	专业数		学生	
	数量	百分比	数量	百分比
a. 双学位／联合学位	112	40.6%	6382	19.9%
b. 德方大学授予学位	30	10.9%	3099	9.7%
c. 当地国家授予学位	129	46.7%	22399	69.9%
经过德国认证	36	27.9%	10790	48.2%
没有经过德国认证	93	72.1%	11609	51.8%
d. 其它	5	1.8%	153	0.5%
总计	276	100.0%	32033	100.0%
经过德国认证的专业占总专业数量比重	36	13.0%		
经过德国认证专业学生数占总学生数量比重			10790	33.7%

资料来源：DAAD，Wissenschaft Weltoffen 2018，2018-08-08，http：//www.wissenschaftweltoffen.de/wwo2018/index_html.

从海外办学学科类型上，体现出明显的德国特色，即工科比例占比超过一半，而人文学科比例较低（见表 6.13）。

表 6.13 海外办学学科类型

学科	数量	百分比
工程学	16975	52.6%
法律、经济、社会科学 1	9875	30.6%
数学和自然科学 2	3571	11.1%
艺术、体育、音乐	1427	4.4%
语言、文化研究	401	1.2%
总数	32249	

注：1 包括兽医，农业和环境科学；2 包括制药学。

资料来源：DAAD，Wissenschaft Weltoffen 2018，2018-08-08，http：//www.wissenschaftweltoffen. de/wwo2018/index_html.

三、德国高校海外办学的运行机制：经费来源和教师配置

(一) 经费来源

德国跨国高等教育包括部分德国高校和合作国直接开展的双边合作，但大部分的跨国教育活动是通过德意志学术交流中心的"跨国教育——海外高等教育项目"开展的。该项目开始于 2001 年，由联邦教育与科研部资助，德意志学术交流中心提供具体指导和支持。德意志学术交流中心既是资金的接受者（从联邦教育与科研部），又是项目资金的分配者（分配给海外办学的高校）。资金将通过两个阶段的竞争程序后发放。首先，有意开展跨国教育的高校可以向德意志学术交流中心提交意向书，阐明和国外高校的合作方式、合作内容、人员配备、办学目标等。经过初步筛选后，遴选委员会决定将哪些项目需要继续提交完整的提案。随后，遴选委员会决定为哪些项目提供资金。该遴选委员会仅由德国大学的代表组成，而德国大学的代表又由 50% 的学术人员和 50% 的行政人员组成。德意志学术交流中心与联邦教育和研究部的成员参加会议，一般没有决定权，除非出现特殊情况可以行使否决权。项目通过后德意志学术交流中心就会为其开展跨国教育提供资金支持、项目咨询管理以及项目后续跟踪方面的服务。"海外高等教育项目"的资助对象为考虑在境外办学的德国公

立高校以及国家承认的私立高校，或者多个大学组成的联盟。资助的范围包含在境外设置合作专业、建立学院和研究所以及设立独立高校等，为项目的认证、课程标准的制定、管理人员和教学人员的国际流动、语言培训等提供资金，提供的是"软件"。而当地合作方则负责当地的后勤（首先是学校建筑），也就是说外国合作方提供"硬件"，包括建设、运营和维护。①

　　但目前资助的项目大多在发展中国家和地区，比如亚洲、东欧和中东地区。资助的重点是工程类和经济类项目，分别占到总数的 42% 和 31%。项目资助并不是长期资助，而是有期限的启动资金（活跃初创资金 / 种子资金）。项目的资助期限为 4 年，到期后可申请延期 2 年。该项目起初每年招标一次，后来两年招标一次。② 在资助结束后，办学项目要实现自主资助，这包括当地政府资助、学费收入、校企合作、校友捐款等。当然，在讨论具体的海外办学案例时，其具体的办学经费又有不同，比如当地政府或者合作院校出资以及出资比例。以下将以一些具体案例做说明。泰国德国工程研究生院：Sirindhorn 国际泰德工程研究生院（TGGS）是由德国亚琛大学（欧洲顶级大学之一）和它的泰国合作伙伴 KMUTNB（北孟库特国王科技大学）建立的联合机构。其办学目的是将亚琛工业大学面向工业的工程教育、技术创新和业务发展的研究生培养模式转移到东南亚。亚琛工业大学各个研究所的教授与 KMUTNB 的教授和讲师之间也建立了合作关系，包括研究合作、研究生交换以及德国教授定期进行的集体讲座。每个学期有两名德国教师会到泰德工程研究生院进行集中授课（Blockveranstaltungen）。研究生院是按照泰国法律在国王科技大学校园内建立的独立学院。在学校创建过程中，德国亚琛工业大

① Nadin Fromm, *Zur Transnationalisierung von Hochschulbildung*, Baden-Baden：Nomos Verlagsgesellschaft, 2017, S.95.

② Nadin Fromm：Transnationale Hochschulbildung——Wer exportiert eigentlich die deutsch-en Studienangebote ins Ausland？, 2013 年 9 月 10 日，见 http://www.diskurs-zeitschrift.de/transnationale-hochschulbildung-wer-exportiert-eigentlich-die-deutschen-studienangebote-ins-ausland/。

学、联邦教育和科研部、北威州科学部、德国公司以及德意志学术交流中心提供了创校资金。在泰国方面，国王科技大学提供了全部 2500 万欧元建校经费的另一半。在接下来的运营中，研究生院除了学费外，还有奖学金和研究项目资金作为额外的收入。泰国本国硕士学生学费大约每学期 60000 泰铢（约 1800 欧元），国际学生学费为 85000 泰铢（约 2500 欧元）。博士生每学期学费为 100000 泰铢（约 3000 欧元）。虽然学费不低，但学校也为学生提供了丰富的奖学金，比如学费减免奖学金、泰国政府奖学金、来自工业界的奖学金、研究助理奖学金（只针对泰国学生）以及德意志学术交流中心奖学金（只针对国际学生）。奖学金可以覆盖 80% 的学生。①

2002 年，波鸿鲁尔大学和南非西开普大学管理学院联合开设了为期三个学期的"发展管理学"硕士专业，首期招生 10 人。但是南非政府通过严格的办学条件将外国跨境教育者挡在门外，或者将已经存在的外国高校排挤出市场，以此避免南非高等教育的产业化和市场化。因此，德国在此办学就要避免过重的盈利色彩。该联合专业由德意志学术交流中心和波鸿鲁尔大学共同资助。此外还有大众汽车基金会、德国科学基金会（DFG）的科研项目资金，而南非方面不要提供任何资金。由于这个专业是个管理学科，因此不需要太多资金支持。德方教授和协调人员的差旅费用由德意志学术交流中心项目资金资助，而且教授授课没有课时费，所以办学费用完全可以通过学费覆盖掉。

德国不莱梅大学和俄罗斯圣彼得堡国立大学共同建立应用极地和海洋科学硕士专业，由德意志学术交流中心和参与的高校资助，其中包含四个学期的基础学习以及在德国的一个实习期。课程由德国教师和俄国教师共同教授，两国教师各占 50%。授课语言为英语和俄语。德方高校教授的授课以及德方协调员的管理服务都需要俄国支付费用。俄方需要负责提供教学场所，而德意志学术交流中心提供改造及安装教室的资金。此外，

① 数据来源：学校官方网站。

秘书处和行政服务的费用需要俄方支付。①

（二）教师配置

在德国许多合作项目中，德方赴合作国家授课并不会被支付额外的课时费用，许多教师只是利用学术年假的时间参与合作项目，比如亚琛大学泰德工程研究生院、德国波鸿大学在南非的发展管理项目等。教师到泰国参与教学的费用由德意志学术交流中心项目经费承担一次性的差旅，因此亚琛大学不会产生直接的费用。但是参与授课的教师不会得到亚琛大学的报酬，其服务也不会被计算到其课时量中。这种模式被认为是利他主义的②，所以这种模式强烈依赖教师的个人意愿并具有很大的不确定性，影响项目的可持续发展。甚至有的合作项目为了吸引德国教师赴外国授课，特意将学校地址选在风景优美的旅游地区。在德国为合作项目寻找教师是一个严峻的挑战。近年来，德意志学术交流中心开始利用约翰·戈特弗里德·赫德（Johann Gottfried Herder-Programm）项目寻找教师。该项目是1999年至2013年间在公共组织和私人基金会的支持下进行的一项合作。自2014年以来，该项目由德意志学术交流中心继续进行。该计划支持和安排德国高校退休教授到外国大学长期授课（至少一个学期），在特殊情况下，还包括来自商业和行政管理领域退休的领导。该计划对所有学科开放。赫德讲师可以促进外国高校和德国高校更紧密的联系，为合作高校的课程更新和现代化作出贡献，同时还能传播德语和德国文化。该计划的参与者应在每学期开始时开始工作，该计划特别着重于派遣德国讲师参加由国外德国大学进行或与之合作的德意志学术交流中心项目。此外，已经收到外国大学邀请的感兴趣的团体也可以申请。资助的先决条件是对外国文化、科学或发展政策有明确的兴趣。

---

① Jochen Krauß, *Deutsche Hochschulen im Ausland：Organisatorische Gestaltung transnationaler Bildungsangebote*, Wiesbaden：Deutscher Universitätsverlag，2006，S.103.
② Jochen Krauß, *Deutsche Hochschulen im Ausland：Organisatorische Gestaltung transnationaler Bildungsangebote*，Wiesbaden：Deutscher Universitätsverlag，2006，S.96.

第三节　德国高校海外办学的经验总结

一、德国高校海外办学面临的挑战与困难

2013 年英国文化教育委员会（British Council）和德意志学术交流中心发起了一项针对跨国教育对东道国（hostcountry）影响的国际调查。调查结果显示，跨境教育对东道国的学术、社会文化、经济以及科技等方面产生了很大影响，特别是当地大学和国际大学的学术交流增多，东道国大学的教学方法、专业管理能力以及教学质量保障水平等得到提高。同时跨国教育也面临着一些问题。

（一）语言学习成为跨国教育的瓶颈

德国跨国高等教育的动机之一是要建立文化沟通的桥梁，加强国家间相互理解，因此大多数的项目都提供了赴德国交换或深造的机会，所以学习德语是非常必要的。但是德语学习成为了跨国教育项目的瓶颈。比如用德语授课的项目中，学生的德语水平不能胜任一些书面作业，更不能适应研究工作。即使是英语授课，个别国家学生的英语水平也较低，学生不能理解专业课的内容。特别是在中等教育阶段英语教育比较薄弱的国家，这一现象尤其突出。比如，埃及开罗德国大学的大部分学生英语能力十分欠缺，导致专业考试通过率过低。另外，作为辅修的德语，有时也不能达到日后去德国交流和深造的语言要求。这其中存在一个矛盾：从培养国际化的人才和就业的角度出发，英语授课是更好的选择，但这会给人一种德国跨国教育是"英美大学糟糕的复制品"的印象；从促进文化交流，为德国大学输送潜在生源角度看，应更多采用德语授课，但是大多数国家的中等教育并不提供德语教学，大学新生没有德语基础。目前大多数项目以英语授课为主，德语授课为辅。为了保证教育质量，当前跨国高等教育项目普遍提高了对语言的要求（英语雅思、托福、德语德福等）。

（二）教育体制和治理体系产生冲突

世界各国高校有着不同的教育体制和治理体系，教育体制和治理体

系的冲突成为跨国高等教育发展的一大难题。比如土耳其的本科学制 4 年，要求获得 240 学分。而德国的本科为 3 年，要求 180 学分。特别是在联合学位项目中，学分带来许多问题。另外教学方式不同，双方需要合作、协商，将德国的教学方式和管理方法融入土耳其的高等教育中。组织结构上，特别是人员聘用上也出现了一些问题，比如按照土耳其法律公办大学教师的聘任要遵照公务员法，由国家统一分配，因此德方没有招聘教师和管理人员的自主权。[①] 埃及开罗德国大学在人员聘用上也受到批评，学校聘用人员任人唯亲，使学校变成了一个家族企业，员工冗杂没有经验，整个学校有 2000 多名学生，却有超过 500 多名教职工。[②]

德国高校十分重视学科的认证和评估，自博洛尼亚进程以来，德国形成了很多认证标准和文件，采取很多内部和外部教学质量保障措施。第三方的外部质量评估机构已经成为参与大学治理的一种重要力量。对于跨国高等教育，质量保障尤其重要，因为教学质量的好坏不仅关系到学生切身利益，也关系到德国高校的声誉。但是跨国高等教育目前缺乏统一的质量标准及认证措施，实施认证的主体还不明确。如果由德方认证，那么办学费用就会大大增加。如果按照项目所在国的标准认证，那么当地的认证标准是否真的能保证质量？处理不好这些问题，会影响到学生学历的承认及到德国交流的机会。当前德国学界认为，要尽量避免双重认证和审核体系，秉持协商的原则来共同制定认证和审核标准。

（三）国际高等教育市场竞争激烈

德国跨国高等教育面临着跨国教育传统强国和后起之秀的双重竞争。首先，相比于英美澳，德国并非跨国高等教育办学强国，德国开展的跨国教育项目相对较少。正如上节所提到的，德国跨国高等教育项目学生入学人数少，又着眼于研究，开办的专业以工科和自然科学为主，而且初期带

---

① Halil Akkanat，"Hohe Erwartungen，viele Herausforderungen"，*Duz Special*，2015（01），p.23.

② Frederik Richter：Die Studenten tun mir leid，2005 年 10 月 20 日，见 http：//www.zeit. de/2005/43/_ Die_Studenten_tun_mir_leid_。

有非营利性质。而英美澳等国的跨国教育模式恰恰与德国相反，它们的招生量大，开设的专业以商科、教育、IT 等专业为主，相比之下，其跨国教育项目的营利能力比德国强得多。德国跨国教育的非营利性目的给德国财政带来负担，这是德国跨国高等教育存在的隐患，德国模式能否以价格优势取得市场优势也有待讨论。其次，当合作国家的高等教育办学能力提高之后，德国的跨国教育还要面临曾经合作伙伴的竞争。除了传统跨国教育强国外，一些发展中国家也转变单一的教育进口国的角色，开始输出高等教育项目。全球跨国教育 20% 的输出国已不是传统印象上的教育出口国，跨国教育的输入输出格局正在改变。[①] 比如，中国已经和许多亚洲国家开展了合作办学项目，甚至很多中国高校开设了海外分校，比如厦门大学马来西亚分校、老挝苏州大学、云南财经大学曼谷商学院等。

二、德国高校海外办学的经验

当前，德国跨国教育的开展处于不断摸索和学习的过程。德国在博洛尼亚进程后引入英美的本硕二级学制，因此，德国开展跨国高等教育，也是对本国新学制的探索和经验积累。

(一) 办学性质：援助与商业相结合

跨国教育出现的前奏是留学教育的商业化。[②] 从 20 世纪 80 年代开始，英国、澳大利亚等国率先对国外留学生收取学费，并使其成为了重要的创收手段。但是，不断增加的学费超出了留学生的承受范围，并影响了留学生的数量。为了降低留学生学费，开发新的学生客户群，澳大利亚等国家开始了境外教育模式，比如合作办学、开办海外分校或独立高校。德国的跨国教育当然也带有一定的商业性质[③]，但这并不是德国开展跨国教育的

---

① 鄢晓：《我国高校境外办学的动因分析和对策建议》，《高校教育管理》2016 年第 5 期。
② 果晓红、姜凤云：《西方关于跨国高等教育的研究：概念与问题》，《北京大学教育评论》2007 年第 2 期。
③ 果晓红、姜凤云：《西方关于跨国高等教育的研究：概念与问题》，《北京大学教育评论》2007 年第 2 期。

主要动机，因为德国高校财政收入主要是财政拨款，并不依赖学费，即使是外国留学生也是免学费的。而且德国的跨国教育项目收费相比于英美等国家也比较低。从德国的视角看，学费不是跨国教育需要优先考虑的问题。① 因此，德国模式不同于英美澳的纯粹市场化模式。当前，德国政府承担着跨境教育的大部分费用，通常占到总费用的90%。② 每年，德意志学术交流中心为跨国教育提供大概400万欧元资金。③ 但是，不优先考虑不代表不考虑经济收益、无私奉献。德意志学术交流中心的申请规则指出：任何通过德意志学术交流中心资助的跨国高等教育项目必须具有创业性质，清楚表明在政府资助结束后经济上具有长期发展的可行性（比如通过学费、私人投资、母校的补贴，等等）。④

（二）专业设置：工科与自然科学为主体

英、美、澳国家的大多数跨国教育专业集中在工商管理硕士（MBA）和计算机类⑤，这类专业生源广、学费高，能带来更多收入。而德国跨国教育专业大多集中在工科和自然科学上。这两类学科在德国教育系统中有着悠久历史，并且在世界上也实力强劲，因此作为教育出口产品更能吸引生源。此外，在参与跨国教育的德国高校中，应用科学大学（Fachhochschue）和综合大学的比例大致为1∶1，而应用科学大学更是以

---

① Halil Akkanat，"Hohe Erwartungen，viele Herausforderungen"，*Duz Special*，2015（01），p.23.

② Dorothea Rüland：Die Absolventen fassen auf dem Arbeitsmarkt sehr schnell Fuß，2014年12月18日，见 https：//www.daad.de/der-daad/daadaktuell/de/32197-die-absolventen-fassen-auf-demarbeitsmarkt-sehr-schnell-fuss/。

③ Thomas Rachel，Rede bei der DAAD-Tagung，Hochschulbildung ohne Grenzen-Projekte deutscher Hochschulen im Ausland，2010-06-21，see：https：//www.daad.de/medien/hochschulen/projekte/studienangebote/pstr-rede__hochschulbildung_ohne_grenzen_210610_mit_foto.pdf。

④ 冯国平：《德国高等教育国际化的最新进展：跨国高等教育的兴起》，《金华职业技术学院学报》2008年第3期。

⑤ Anne Clausen：Beate Schindler-Kovats，Nina Stalf，Transnational Education "made in Germany"，2017年10月27日，见 https：//www.daad.de/medien/hochschulen/projekte/studienangebote/ausgabe_ehea_2011_gesamt.pdf。

开设实践导向的工科专业为主。这样，为合作国培养的人才可以和当地劳动力市场更好地对接。德国跨国高等教育提供的学位层次 81% 是本科，19% 是硕士；专业方向为工科、数学和科学的学生超过 80%。[①] 比如阿曼德国大学的 6 个本科专业中有 5 个工科专业，越南德国大学 5 个本科专业中有 3 个工科专业，开罗德国大学的招生专业为工科、自然科学和管理三大类。

（三）办学理念：教学与研究相结合

洪堡的教学和研究相统一是德国大学的重要理念，德国的教学都是以尖端科学研究为基础[②]，以此成就了德国在世界高等教育中的地位。德国跨国高等教育项目大多在发展中国家开展，因为发展中国家的科研实力相对较弱，因此希望引入德国教育项目来弥补自身的科研短板，提升科研水平。比如，越南德国大学（VGU）的办学定位就是成为一所研究型的世界一流大学，建立卓越的研究文化。2010 年，越南德国大学成立"交通研究中心"，所有的研究中心和研究重点都围绕所开设的专业展开，并在 2014 年任命了专门负责科研的副校长，负责建立科研基础设施和科研中心、强化和德国伙伴高校的科研合作、扩大和国际学者的学术交流。2016 年，越南德国大学又将原来五个不同研究方向的研究中心整合为新的"高科技工程和可持续发展研究中心"，使其成为一个科学创新以及技术转化的平台。在开罗德国大学，科研也是学校的战略目标。开罗德国大学和德国的伙伴高校保持着紧密的科研联系，学生可以参与德国伙伴高校的研究项目、参加学术工作坊、科研暑期学校以及短期的科研交流等活动。德国跨国教育不仅要输出教育内容，还要输出德国大学教学和科研相结合的理念。

---

① DAAD：British council，Transnational education datacollection systems：awareness，analysis，action，见 https：//www.daad.de/medien/hochschulen/projekte/studienangebote/2015_tnb_study_daad-bc_2_data_collection.pdf。

② 袁琳：《德国高等教育国际化研究》，博士学位论文，西南大学，2011 年，第 116 页。

（四）办学特色：强化德语在跨国教育中的地位

一战后，德语作为国际学术性语言的世界地位开始下降。跨国高等教育的动机之一就是要促进德语作为学术语言的传播。承认德语（作为学术语言）已经衰落，而没有采取行动来促进德语在学术界以及全世界的传播，是一种十分短视的行为。[①] 因为从长远看，世界语言发展的格局是会改变的。在过去几十年，中国的学术出版物占全世界出版物的比例从 4.5% 上升到 13%[②]，而德国位于美国、英国和中国之后，位列第四位。因此，德国跨国高等教育也承担着复兴德语作为学术语言的使命。德国跨国教育项目都有对德语的要求，或者是用德语授课（保加利亚索菲亚工业大学），或者是英语授课加辅修德语（约旦德国大学），或者是目的国母语加德语（中国美术学院）。大约有三分之二的学生将德语作为必修课（见表 6.13）。而且大多数项目都给学生提供了赴德国交换或深造的机会（见表 6.14）。通过跨国教育，不仅要开展教育合作，还要促进德语和德国文化的传播。

表 6.13 专业学习中对德语学习的要求

	专业		学生数量	
	数量	百分比	数量	百分比
总计	276	100.0%	32033	100.0%
德语作为必修	171	62.0%	25629	80.0%
德语作为选修	63	22.8%	5031	15.7%
没有德语学习的专业	30	10.9%	981	3.1%
未说明	12	4.3%	392	1.2%

资料来源：DAAD，Wissenschaft Weltoffen 2018，2018-08-08，http：//www.wissenschaftweltoffen. de/wwo2018/index_html.

[①] Uwe Koreik：Sprachenkonzepte in transnationaler Bildung，2012 年 10 月 24 日，见 https：//www.daad.de/medien/hochschulen/projekte/studienangebote/2012_sprachenkonzepte_koreik.pdf。

[②] BMBF：International Cooperation-Action Plan of the Federal Ministry of Education and Research，2014 年 10 月，见 https：//www.bmbf.de/pub/Action_Plan_International_Cooperation.pdf。

表6.14 跨境教育中海外交流情况

包含赴德国交流的专业	数量	百分比	学生数量	百分比
1. 强制性要求	90	32.6%	9102	28.4%
2. 自愿，但安排在课程中	145	52.5%	19781	61.8%
3. 自愿，没有安排到课程中	19	6.9%	1158	3.6%
4. 其它情况	22	8.0%	1992	6.2%

来源：DAAD，Wissenschaft Weltoffen 2018，2018-08-08，http：//www.wissenschaftweltoffen.de/wwo2018/index_html.

（五）推动主体：政府作为主要推动者

跨国高等教育的推动者通常有三类：一是国家，即国家为了应对高等教育国际化而采取跨国办学的战略；二是一些大型国际组织，比如联合国教科文组织、经济合作与发展组织及国际贸易组织等；三是高校组织，它们是跨国教育的最直接推动者。英、美、澳等国的跨国教育主要发生在教育机构层面。[1] 比如，美国完全由高校自行开展跨国教育。在英国，跨国教育受到政府的影响也极其有限。而德国的跨国教育的最大推动者是政府。德国海外办学的一个基本特征是，大学的建立不是基于学术需求，而是基于德国国际化战略框架内的政治考量，它建立在已经存在的国家关系以及合作的基础上。[2] 德国海外办学嵌入国家战略意图可以从两个方面佐证：一是国家通过德意志学术交流中心为德国高校开展海外办学提供资金和技术支持。通过国家层面的激励来推动海外办学的发展是德国海外办学区别于其他国家的最重要特征。德国国家资助的公办院校体系，使得大学没有权限在国外从事跨国办学的市场行为，而国家的资助意味着大学在这方面获得了法律许可，并有了坚强的后盾，也可以说大学不仅获得合法

---

[1] 果晓红、姜凤云：《西方关于跨国高等教育的研究：概念与问题》，《北京大学教育评论》2007年第2期。

[2] Nadin Fromm，"Die binationalen Hochschulen：Ein Beispiel für gelungene Koordination deutscher Hochschulpolitik，In，*Governance und Interdependenz von Bildung*，*Josef Schmid et al*（eds.），Baden-Baden：Nomos Verlagsgesellschaft，2017，S.227.

性，还获得了道德许可。因为在德国，高等教育一直被视为一种公共产品，大学也被视为一种国家公共机构。如果大学利用财政拨款到国外进行商业性的高等教育活动，不论在教育界还是公众中都会被认为是不道德的行为。二是海外办学越来越多地呈现出"自上而下"的原则，许多项目是政府间的谈判促成的。即使很多项目依旧是以"自下而上"的形式开展的，但国家的介入和资助才使这些项目有了从最初个人间的学术交流转变为了院校间合作的可能。由于德国联邦政府部门的资助和协调，海外办学这一领域日益体现政治化的倾向。这种发展似乎与不断扩大的学术资本主义中跨境高等教育项目的利润取向和市场导向相冲突。但从长远来看，如果德国海外办学通过当前非营利的模式占领国际高等教育市场，打造自己的品牌，那么未来也有可能参与到营利性的跨境教育项目中。比如亚琛工大已经成立一个基金会参与到约旦德国大学的运营中，虽然这所大学是非营利性的，但资金的投入也说明海外办学出现了市场化的倾向。

为了支持跨国高等教育的发展，德国联邦教育与科研部资助并委托德意志学术交流中心统一负责跨国高等教育项目。跨国高等教育项目在起步阶段会面临资金短缺、项目运营和管理、师资和员工的聘用及培训、财务管理和监督等方面的问题，而德意志学术交流中心在这些问题上积累了丰富经验，可以提供全方位的帮助。德意志学术交流中心为跨国高等教育活动统筹规划，使德国高校更加轻松地开展跨国教育项目，提高了项目的成功率和效率。可见，联邦教育与科研部的资助和德意志学术交流中心的统筹负责，使跨国高等教育不仅仅成为高校的行为，而且具有了更多国家战略的色彩。

三、德国海外办学对中国高校发展海外办学的启示

考虑到德国与我国一样是一个国立高校占主体的国家，海外办学都带有很强的政策色彩，特别是在"一带一路"倡议提出后，我国高校加快了在"一带一路"沿线国家办学的步伐。但是目前看来，我国的海外办学成绩并不十分理想。在利润上不如英美国家高校可以实现创收；在办学体

制上，我国高校办学体制不能和当地教育文化和教育实际相融合；在政策层面，高等教育的海外办学也未能实现政策先行者的功能，为其它政策的推进铺开道路。德国海外办学也体现着国家政策指挥棒的特征，这点与我国海外办学目的有相似之处，从动机来看，德国海外办学可以为我国海外办学提供一些启示。

（一）国家成立专业机构协调海外办学事务

德国海外办学目前主要以德意志学术交流中心为媒介，德国教育部将援助资金拨给德意志学术交流中心，再由其分配给海外办学申请高校。这一方面体现了海外办学的国家政策导向，一方面又将海外办学交给专业的机构去管理控制，保障海外办学的目的性和有序发展。德意志学术交流中心作为德国对外教育文化事务的专业机构，对海外教育市场开展专业研究和了解，并拥有专业工作团队和经验。德意志学术交流中心在全球布局的对外办公室对德国大学的海外推广起到了巨大的推动作用，并对项目的协调管理、质量保障、成果评估等都有着规范的操作程序。而中国目前海外办学多是由高校单打独斗，高校对外投资时对国外教育市场并不了解，导致盲目投资，导致后期出现师资不足或生源不足、课程建设滞后、与所在国产生文化冲突等各种问题。借鉴德国经验，我国可以组建统筹海外办学发展事务的机构，对海外教育市场进行系统的调研，并负责海外办学的申请、资金分配、教师调配、双方高校的协调事务以及质量保障等事务，从而保障海外办学的办学效益和效率，提高成功率，也可以发挥宏观调控的功能。

（二）海外办学要丰富投资渠道和投资形式

德国海外办学的一大特色就是教育援助与市场模式相结合。一方面，德国海外办学市场集中在新兴国家和地区以及不发达国家，比如德国海外高校生源最多的国家就分布在埃及和约旦；另一方面，德意志学术交流中心的申请规则指出：任何通过德意志学术交流中心资助的跨国高等教育项目必须具有创业性质，清楚表明在政府资助结束后经济上具有长期发展的可行性（比如通过学费、私人投资、母校的补贴，等等）。德方只是提供初创发展资金，并不是对学校发展全程资助。特别是德国高校支持下的海外高校，德方与海外高校的经济关联并不强。这既使海外办学实现了政策目的，又可以规避组织上和财务上的风险。而当前中国海外办学以援助和文化交流、扩大国际影响为主，大学投资多由中国方面全部负责。这给中国大学造成了很大的财政负担，也影响了高校海外办学的积极性，这也违背了 2019 年《境外办学指南》中的"防控风险、量力而行"的基本原则。而德国的有限参与、背后支持模式更值得中国借鉴。另外，中国当前海外办学主要以公办学校为主。目前中国民办高等教育蓬勃发展，完全有参与海外办学的能力，政府应鼓励民办教育积极走出去，投资海外办学。政策＋市场的双重力量才能推动海外办学健康发展。

（三）完善海外办学的法律法规

我国现行财政政策明文规定不允许公办高校对境外办学进行投资，因此要保障境外办学的校园建设、教师聘任、管理人员配备、教学设备资料购买等所需的经费，高校所面临的压力不小。与在国内其他地区设立分校不同，高校在海外设立分校承担了很高的财务风险。目前高校海外办学经费均需依靠募集社会资金来提供，如果无法在办学经费上得到保障，那么就很可能面临巨大的损失，甚至是被迫终止境外办学项目。这一点和德国法律规定是一样的，德国高教法也明确规定禁止公办高校进行海外投资，所以德国高校海外办学大多数是由德意志学术交流中心提供资金，而且德方高校并不参与利润分成。所以，中国高校要扩大走出去的步伐，首先要明确海外办学方面的法律法规，明确海外办学的投资规则。

第七章　俄罗斯高校海外办学研究

俄罗斯高校海外办学活动起步于苏联时期，分布国家地区较广，在独联体、亚洲、欧洲、美洲、非洲均有分布，但主要集中在独联体国家，旨在维护俄罗斯在该地区的影响力；与此同时俄罗斯将海外办学作为公共外交提升自身软实力、刺激经济增长和加速高等教育国际化的重要途径。但面对国际教育市场的激烈竞争，俄罗斯高校海外办学还存在俄语普及率低、教育竞争力较弱、频遭西方制裁等问题，俄罗斯政府仍需不断调整对策、应对挑战。

第一节　俄罗斯高校海外办学的历史沿革

俄罗斯高校海外办学活动的发展进程可以分为三个阶段：苏联时期的起步阶段，苏联解体至新世纪头十年的迅速扩张阶段和新世纪第二个十年的收缩平稳运行阶段。

一、起步阶段：对社会主义阵营的援助

二战后，20世纪70年代末到苏联解体是俄罗斯高校海外办学的起步阶段，这一时期其海外办学的动因主要是政治动因——通过教育援助来维系社会主义阵营。在两极对峙、冷战的背景下，苏联的海外办学多集中在社会主义阵营和第三世界国家，旨在提供教育援助、培养经济建设人才，

并输出意识形态、联合这些国家来对抗西方国家。应该说，苏联时期的高校海外办学已经形成了一定的特色与规模。其中比较有代表性的是在开设理工学院方面，如：喀布尔（阿富汗）理工学院、孟买（印度）理工学院、仰光（缅甸）理工学院、科纳克里（几内亚）理工学院、金边高等技术学校（柬埔寨）、安纳巴（阿尔及利亚）矿业和冶金学院，等等。当时，这些苏联在海外开设的理工学院培养近 3 万名学生，几乎所有学生接受的都是全日制教育。[①]

就学科分类来看，苏联时期除了在海外开设理工学科教育和培训之外，还开办语言文化教育中心。其中一类比较有特色的海外分校是普希金外国语学院在海外的分校，当时普希金外国语学院在 14 个国家开设了分校，每年选派去当地授课的苏联教师总数达到了上千人。

截至 1991 年，苏联共在 33 个国家开设 66 所海外分校、研究中心、语言文化中心等，并且派遣苏联教师，当时有超过 10 万外国学生接受苏联教育并且使用苏联出版的课本和文教、文献资料。[②] 在 1991 年苏联解体后，国家的教育经费急剧下降，俄罗斯停止了对这些海外教学机构的支持和援助，这些学校开始选择新的合作伙伴、寻求其他国家的赞助，一些海外分校就此关闭。

二、积极拓展阶段：政府主导下的国际化尝试

20 世纪 90 年代初苏联解体至 21 世纪头十年是俄罗斯海外办学在政府主导下的积极拓展阶段。苏联解体后，俄罗斯全面继承了苏联主权及主要资源，在国民教育领域，则是在保留苏联模式的基础上逐渐展开顺应国际国内发展需求的变革。为实现高等教育国际化、推动经济社会发展，俄罗斯在高等教育领域不断进行改革，其中也包括海外办学的变革。此外，

---

① А.Л.Арефьев, *Тенденции экспорта российского образования*, Москва：Центр социального прогнозирования и маркетинга, 2010, p.100.

② А.Л.Арефьев, *Тенденции экспорта российского образования*, Москва：Центр социального прогнозирования и маркетинга, 2010, p.99.

由于苏联解体，原来的兄弟 15 个加盟共和国现在都作为平行的主权独立国家出现在世界舞台上，这使得在这些独联体国家、波罗的海国家办学也属于海外办学，这直接影响到俄罗斯海外办学的数据规模。

20 世纪 90 年代中期以后，原苏联一些加盟共和国中出现了俄罗斯高等院校的分支机构。因为苏联解体后，在这些已经独立的国家，有很多讲俄语的年轻人希望能接受俄罗斯的高等教育。到 21 世纪初，在独联体国家和波罗的海国家开设俄罗斯海外教育机构中注册报名的学生总数达到 5 万人，而且随后的报名人数逐年增加，平均每年报名注册的新生在 5000 名左右。①

21 世纪头十年俄联邦政府对内面临国家社会转型危机、对外顺应全球化浪潮。在教育领域积极同国际接轨，制定颁布了一系列保障俄罗斯高等教育国际化、市场化的政策法令，将俄罗斯高等教育国际化提升到国家战略的高度，其中包括对恢复海外办学的批示。据俄联邦教育科学部统计，2007—2008 学年俄罗斯共在 45 个国家开设 10 所联合大学和学院、50 所海外分校和 190 所分支机构。其中，国立大学共设立 129 所，非国立大学设立 121 所，培训超过 95000 名学生，这些海外教育分支机构分布在亚洲、欧洲、中东和拉丁美洲。②

三、放缓平稳阶段：走向规范化的"教育服务出口"

21 世纪第二个十年期间是俄罗斯海外办学的放缓平稳发展阶段。这一阶段俄罗斯海外办学的形式逐渐走向规范，一些代表处、培训中心等非严格意义上的海外分校被合并、关闭，并停止在美洲、非洲的办学活动，这导致俄罗斯海外办学的数据规模有所下降。但是俄联邦政府对于海外办学的目的、职能提出了更加明确详细的要求。2012 年，俄罗斯新版

---

① А.Л. Арефьев, "Экспорт российского образования: основные показатели и тенденции", *Высшее образование в России*, No.1 (2010), pp.125-142.

② А.Л.Арефьев, *Тенденции экспорта российского образования*, Москва: Центр социального прогнозирования и маркетинга, 2010, p.99.

《联邦教育法》将教育领域的国际合作目的表述为三个层面：1. 扩大联邦公民、外国公民及无国籍人员接受教育的可能性；2. 协调俄罗斯联邦与外国及国际组织在教育发展方面的协作关系；3. 完善国际及国内教育发展机制。围绕此目的，新版《联邦教育法》明确了开展国际合作的具体方向，相关内容包括：与国际或外国组织共同制定并落实教育计划及教育领域的科研计划；开展合作科研，在教育领域开展基础性和实用性科学研究，合作开展创新活动；以协同合作形式参与落实教育计划。此外，新版《联邦教育法》在诠释俄罗斯教育组织结构的条款（第 27 条第 10—11 款）中还特别涉及教育组织的"国外分校或代表处"，规定此类海外教育机构的设立、撤销、其经济活动须要依据所在国当地法律法规进行。

　　随后，2017 年俄联邦总统普京批准并由俄联邦教育科学部颁发了《发展教育出口潜力项目》，对教育服务出口进行进一步规划，包括制定"教育服务出口"规则制度体系，创建俄罗斯教育市场销售系统，全面打造俄罗斯知识教育品牌。据俄联邦教育科学部统计，截至 2015 年，俄罗斯共设立 116 所跨境高等教育机构（包括分校、伙伴机构和联营性机构）。[1] 随着其他国家对于俄罗斯海外办学的限制，以及俄罗斯自身办学资金支持、教学质量欠缺等原因，截至 2017 年，俄罗斯海外办学机构减少到 70 所。[2]（如图 7.1 所示）

　　从 1991—2017 年俄罗斯海外办学的数量变化来看，俄罗斯海外办学经历了积极扩张到收缩放缓的趋势。由图 7.1 可见，1991—2008 年为俄罗斯海外办学的快速增长时期，由于苏联解体后，俄罗斯积极甚至急于推动高等教育国际化进程，在政府的支持下迅速开展海外办学活动、开拓市场，海外办学活动数量迅速上升，2008 年达到最顶峰，海外办学机构达

① Министерство образования и науки Российской Федерации，2015，"*Экспорт Российских Образовательных Услуг：Статистический сборник*"，Москва：Социоцентр，p.109.

② А.Л.Арефьев，"Тенденции экспорта российского образования Экспорт Российских ОбразовательныхУслуг"，*Москва：Центр социального прогнозирования и маркетинга*，2018，pp.485-497.

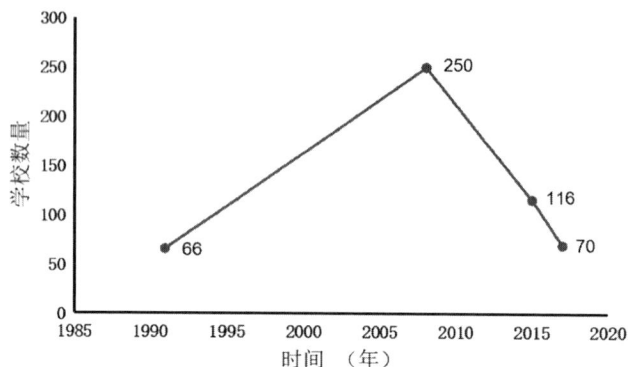

图 7.1 不同阶段俄罗斯海外办学机构数量变化情况

250 所；而后由于他国的限制以及俄罗斯自身办学经验不足、相应的配套保障机制没有建立健全以及资金管理不善等问题，导致一些海外办学机构被迫关闭，俄罗斯进而调整海外办学战略及发展进程，使得俄罗斯海外办学数量持续下降，2008—2017 年进入海外办学的收缩放缓阶段。

第二节　俄罗斯高校海外办学发展战略动因与政策

一、俄罗斯高校海外办学发展战略动因

苏联解体后，俄罗斯高校海外办学发展的战略动因可以从公共外交平台、经济结构转型、高等教育国际化三个视角来分析。

（一）服务外交政策，维护"后苏联——独联体教育空间"

俄罗斯联邦继承苏联的一系列遗产，成为独联体的主导国家，与独联体国家的关系是俄联邦外交政策的优先事项之一。2000 年和 2008 年版的《俄罗斯联邦对外政策构想》，均把独联体地区放在俄罗斯外交次序的优先地位。2016 年 11 月 30 日，普京批准通过的新版《俄罗斯联邦对外政策构想》也阐明，发展与独联体国家的双边及多边合作、进一步巩固包括俄罗斯在内的独联体空间现有一体化结构是俄罗斯对外政策的最优先方向。①

---

① Об утверждении Концепци внешней политики Российской Федерации，2016 年 11 月 30 日，见 http://www.kremlin.ru/acts/bank/41451。

通过与独联体国家开展教育合作、俄语教学、人员培训来维护双边关系、帮助独联体国家提升教育质量、保护独联体国家共同的历史文化传统，是加强独联体国家人文交流合作的重要途径。① 虽然苏联解体后，原各加盟共和国都成为独立的国家，但共同的历史以及俄语的通用，使这些国家对于苏联教育模式仍然认可并有依赖；而提供苏联教育资源、用俄语教学，不仅是俄罗斯教育的自身优势，而且还是用以维系与原兄弟共和国睦邻关系的最有效、最便捷的方式。在独联体国家办学，既有助于互利互惠的双边发展，客观上又成为国际化视野下俄罗斯海外办学的主体角色；既具有数量规模上的含义，更具有国际合作与战略发展层面的深远意义。

（二）推动国内经济结构转型，满足向创新型社会过渡的人才需要

21 世纪进入知识经济时代，知识的生产、传播成为推动社会发展与变革的重要因素。教育担负起国家社会最重要的战略资源——拥有先进技术和最新知识，尤其是具有知识创新能力的人才的培养任务。自 1995 年 1 月《服务贸易总协定》正式将教育服务作为世界贸易服务的新兴领域，纳入到世界贸易组织的管辖范围内以来，世界教育服务市场的消费额达到 1000 亿美元，这使得当今国际教育市场发展非常活跃，并且每年前往国外不同教育机构学习的学生总数达到 500 万人，包括对外国公民的中等、高等和职业教育等，其中高等教育为外国学生提供了最多的教育服务。② 俄罗斯作为传统教育大国，自苏联时期便有教育出口项目，目前在欧洲、亚洲、中东等地区均有其高等教育分支机构。对于高等教育对经济作用正如俄国学者、俄罗斯教育和科学部社会学研究中心主任阿·列·阿列菲耶夫（А.Л.Арефьев）所指出的：高等教育是培养人才的重要途径，它在社会经济活动中的作用愈来愈突出，其经济效益也日益明显。一直以来，俄罗斯都需要以原料出口的方式来补充国家预算，通过教育出口获取经济效益，将教育发展成为支柱产业之一，通过智力、科学

---

① 刘淑华、姜炳军：《独联体统一教育空间的建构》，《比较教育研究》2014 年第 1 期。

② А.Л.Арефьев, "Международный рынок образовательных услуг и российские вузы", *Народное образование. Педагогика*，No.2（2008），pp.144-157.

等非物质性因素来创造社会经济价值则可成为支持俄罗斯向创新型社会过渡的有效基础。① 苏联解体后，俄罗斯从计划经济转向市场经济的过程中充满危机和动荡。尽管在普京执政后，俄罗斯借助有利的世界石油市场行情实现了较长时间的经济增长，但 2008 年金融危机和 2015 年经济危机暴露了俄罗斯在宏观经济政策和经济增长路径方面的问题，这些问题都映射出俄罗斯资源依赖和去工业化的经济结构的弊端。② 高等教育是科技创新、培养创新型人才的基础。坚持科教融合，加强科技创新，提升教育服务经济社会发展能力，将有助于推动经济增长。作为传统的教育大国，俄罗斯致力于以教育系统带动国家经济发展。2000 年《俄罗斯联邦政府关于教育兴国思想的决议》中强调：教育的战略目标与俄罗斯社会的发展密切相关，其中包括为将与世界经济融为一体的、具有高度竞争能力及投资吸引力的发达市场经济提供人力资本保障。而据俄联邦2001 年前颁发的《2010 年前俄罗斯教育现代化构想》中表示，教育作为国民经济发展的优先领域，在其现代化的过程中国家将根据需求持续增加对教育的财政投入，发展海外办学也是实现教育经济价值的重要途径之一。

(三) 促进高等教育国际化、积极扩大高等教育的世界影响力

新世纪以来，随着世界经济一体化趋势不断发展，全球化成为国际化发展的新阶段。在全球化条件下，人类文明既紧密联系又冲突不断，教育领域的表现也十分特别，教育的国际化和全球化直接导致了高等教育系统的演变。③ 各个国家的高等教育在立足于本国发展的基础上，也逐渐注意面向世界的发展趋势。全球范围内的跨国高等教育活动，海外分校、教育合作项目、教育出口服务是高等教育国际化的重要项目。其中，海外办

---

① А.Л.Арефьев，"Международный рынок образовательных услуг и российские вузы"，*Народное образование. Педагогика*，No.2 (2008)，pp.144-157.
② 苑承丽：《俄罗斯经济转型与增长的教训》，《学术交流》2018 年第 11 期。
③ [俄] 鲍·里·伍尔夫松：《比较教育学——历史与现代问题》，肖甦、姜晓燕译，教育科学出版社 2006 年版，第 93 页。

学作为近些年发展较为迅速、较为直接的国际化手段也被许多国家所重视。据统计2006—2013年，全球海外办学的总数量由82所增加至188所，以美、英为代表的西方发达国家在这方面尤为积极。[①]

普京执政以来推行适合俄罗斯国情的改革策略，在社会各领域对原有政策进行了调整。其中，为提高高等教育在世界教育市场中的竞争力、创建俄罗斯教育市场销售系统、全面打造俄罗斯知识教育品牌，开始把高等教育国际化作为一项重要教育政策。2000年，《俄罗斯联邦教育发展纲要》首次提出了发展俄联邦在教育领域内的国际合作和国际活动，制定并落实相应措施，以保障俄联邦与国外高等教育机构互认教育文凭的国际合同执行的任务。2003年，俄罗斯正式加入博洛尼亚进程，并于2005年颁布了《俄联邦高等职业教育体系2005—2010年落实博洛尼亚宣言条款的措施计划》，适当调整俄罗斯高教体制和教学大纲，促使高等教育与国际接轨。[②] 新世纪初这一系列的国家政策与举措表明，俄罗斯开始积极开启了高等教育国际化进程，并努力将本国高等教育体系融入世界高等教育体系，将国际化纳入教学、科研和社会服务等整个办学过程。在此背景下，俄罗斯通过派遣教师、签署合作协议、开展合作研究来提升高等教育质量并与国际标准接轨，为俄罗斯教育国际化提供了新的动力。俄罗斯由于急需恢复大国影响力，因此，俄罗斯首先以独联体国家为"主阵地"和重点，广泛开展海外办学活动。

二、俄罗斯高校海外办学的相关政策

"海外办学"概念多来自西方，俄国学者对于海外办学概念的界定也主要参照西方学者的观点。俄语中"海外办学""跨国教育"（Транснац-иональное образование）的概念来源于英语，是指所有类型的高等教育课

---

① Rosa Becker，"International Branch Campus"，*International Higher Education*，Vol.58，No.（2010），pp. 14-15.

② 肖甦等：《俄罗斯转型时期重要教育法规文献汇编》，人民教育出版社2009年版，第649页。

程，学习课程、教育服务和远程教育。① 21 世纪以来，俄罗斯颁布了一系列政策来推进海外办学的发展。

　　俄罗斯海外办学活动是在政府的支持下开展的，因此持续性政策支持是海外办学得以发展的必要保障。俄罗斯国家治理的鲜明特点之一是"法令先行"，为保障海外办学活动的顺利进行，俄罗斯十分注意通过相关政策提供支持与保障。2004 年在《俄罗斯联邦教育法》的修订中首次正式提出在海外开展教育活动，其中第 57 条和 58 条规定：教育管理机关和教育机构均有权按照俄罗斯联邦法律规定的程序独立自主地开展对外经济活动；教育管理机关和教育机构均享有与外国企业、机构和组织建立直接联系的权利。② 2009 年，俄罗斯在联邦教育发展专项项目框架内颁布《联邦教育服务出口构想》（*Концепция Экспорта Образовательных Услуг Российской Федерации*），明确提出：俄罗斯海外分校将有利于提高"教育出口"的收入，未来将增加"教育出口"在俄罗斯国内生产总值中的比重，将在外国设立合作大学、分校和代表处定为俄罗斯教育服务出口的第三种方式。此外，《联邦教育服务出口构想》还规定，在国外根据俄罗斯教育标准实施教育大纲，支持有潜力的俄罗斯海外分校的基础设施建设和教学质量的提高，以增强俄罗斯在全球教育空间的竞争力和吸引力。③

　　2012 年，俄罗斯颁布的新版《联邦教育法》将教育领域国际合作目的表述为三个层面：1. 扩大联邦公民、外国公民及无国籍人员接受教育的可能性；2. 协调俄罗斯联邦与外国及国际组织在教育发展方面的协作关系；3. 完善国际及国内教育发展机制。围绕此目的，新《联邦教育法》明确了开展国际合作的具体方向，相关内容包括：与国际或外国组织共同制

①　С.Ю. Седунова，"Трансграничное образование теория и практика возможность и реальность"，*Вестник Псковского государственного университета*. Серия：Социально-гуманитарные науки，Vol.378，No.4（2011），pp.204-209.

②　Закон РФ "Об Образовании"，2004 年 7 月 20 日，见 http：//www.edu.ru/abitur/act.34/index.php。

③　Министерство образования и науки РФ，2009："*Концепция Экспорта Образовательных Услуг РоссийскойФедерации*"，Москва：Социоцентр，p.239.

定并落实教育计划及教育领域的科研计划；开展合作科研，在教育领域开展基础性和实用性科学研究，合作开展创新活动；以协同合作形式参与落实教育计划。此外，新《联邦教育法》在诠释俄罗斯教育组织结构的条款（第 27 条第 10—11 款）中还特别涉及教育组织的"国外分校或代表处"，规定此类海外教育机构的设立、撤销、其经济活动须要依据所在国当地法律法规进行。

2017 年 5 月 30 日，俄罗斯联邦启动"发展教育出口潜力"项目。该项目包括确立俄罗斯大学教育出口的发展目标，建构和完善及对海外教育机构不同模式的保障机制。目前俄罗斯海外办学的形式（模式）主要有 6 种：以独立法人开设的俄罗斯高校海外分校、合作办学、独立大学、海外中心代表处、联合课程和远程教育，海外办学的目的旨在提高俄罗斯教育对于外国留学生的吸引力与俄罗斯教育品牌在国际市场中的地位，改善俄罗斯出口产业结构，增加教育服务出口收入等。[1]

第三节 俄罗斯高校海外办学的现状

据俄联邦教育科学部统计，截至 2017 年，俄罗斯设立在海外的 72 所办学机构中，在独联体国家有 44 所（占总数比约 61.1%），欧洲 9 所（占比约 12.5%），亚洲 16 所（占比约 22.2%），中东 3 所（占比约 4.1%），其中在独联体国家和中国的海外办学态势较好。[2] 俄罗斯在世界不同地区的海外办学有不同考量，在独联体地区主要出于通过传播俄语、扩大文化和教育影响力以巩固政治外交战略的动因，在欧洲主要动因为推进博洛尼亚进程，在亚洲出于开拓市场与维护国际关系的考量。

---

[1] О приоритетном проекте «Экспорт образования»，2017 年 3 月，见 http://government. ru/info/27864/。

[2] 肖甦、王玥：《21 世纪俄罗斯高校海外办学：动因、现状与特征》，《比较教育研究》2020 年第 4 期。

一、俄罗斯在独联体国家的海外办学

在独联体国家中，俄罗斯在中亚国家的办学规模最大，其主要原因是中亚国家的俄罗斯族人较多，中亚国家与俄罗斯有着深厚的历史及文化渊源，使得该区域对于俄罗斯高等教育的需求较多且对于俄语授课的适应度高。

（一）俄罗斯最大的海外办学目的国：哈萨克斯坦共和国

哈萨克斯坦地理位置北临俄罗斯，与俄罗斯有着共同的历史与文化渊源，且俄语普及率高，因此成为俄罗斯最大的海外办学目的国。俄罗斯在哈萨克斯坦的办学类型包括分校、合作办学和远程教学。在哈萨克斯坦，现拥有 1000 多万讲俄语的公民，俄罗斯在此开展海外办学的巅峰时期是 2005—2006 学年，办学数量为 26 所，在读学生总数近 3 万人。[①] 从 2007 年起，由于哈萨克斯坦共和国教育科学部进行国家教育体制改革和国外大学分支机构活动采取了限制性措施，从而导致俄罗斯在这里办学的规模起伏性很大。2007—2008 学年在俄罗斯海外办学教育机构接受教育的哈萨克斯坦学生总数减少到 22300 人，在哈萨克斯的俄罗斯大学海外机构数量减少了 20%，新西伯利亚—哈萨克斯坦人道主义研究所等学校相继关闭；2008—2009 年，托木斯克州管理和无线电电子学院的分支机构和代表处也相继关闭。到 2009 年，在哈萨克斯坦运营的俄罗斯大学的分支机构仅剩 8 所。俄罗斯现代人道主义学院的学生数量急剧下降（减少了 55000 人），在莫斯科航空学院"拜科努尔市"分校——"日出"学校学习的学生人数也急剧减少（从 980 人减少到 332 人）。不过与此同时，2005—2008 年间，在一些位于哈萨克斯坦的俄罗斯大学分支教育机构中在读学生的数量却有所增加。例如，车里雅宾斯克州立大学——科斯塔奈分校学生数量从 1270 人增加到 2768 人，库尔干州立大学——阿拉木图分校的学生人数从 322 人增加到 608 人，莫斯科国立大学莫斯科人文与经济

---

① А.Л.Арефьев，*Тенденции экспорта российского образования*，Москва：Центр социального прогнозирования и маркетинга，2010，p.117.

研究所分校全日制学生人数从 210 人增加到 437 人，莫斯科国立大学——阿斯塔纳分校全日制学生人数从 433 人增加到 542 人，等等。①

此外，哈萨克斯坦对于俄罗斯的远程教育也非常感兴趣，2009 年夏天在阿斯塔纳举行了俄罗斯国家展览会，在此次展览会期间哈萨克斯坦教育科学部与托木斯克州立大学就俄罗斯在哈萨克斯坦共和国为实施远程教育而建立网络信息计算机系统进行了会谈。参加同一展览的乌里扬诺夫斯克国立技术大学与哈萨克斯坦—俄罗斯大学签署了协议，并与哈萨克斯坦人道主义大学、哈萨克斯坦经济大学经济与金融研究所和人文与法学院就远程教育领域的合作和相关方法的交流达成协议。

在哈萨克斯坦最大的海外办学机构俄罗斯现代人文学院（共培训了23000 名哈萨克斯坦学生），在卡拉干达市开办哈萨克斯坦—俄罗斯大学。该大学在哈萨克斯坦 16 个主要城市设有培训点（分支机构）；第二名是车里雅宾斯克州立大学在科斯塔奈设立的分校，共招收 1270 名学生；第三名是圣彼得堡人道主义工会大学在阿拉木图设立的分校，共招收学生1060 人；第四名是莫斯科航空学院在拜科努尔设立的分校"日出"，共招收 980 名学生；第五名是秋明国立大学的分支机构，共招收学生 851 人。

（二）俄罗斯第二大海外办学目的国：吉尔吉斯斯坦共和国

吉尔吉斯斯坦也由于地理位置、历史文化及讲俄语人口众多而成为俄罗斯第二大海外办学目的国，主要办学类型有分校和合作办学。吉尔吉斯斯坦总人口为 640 万人（2019 年 3 月常驻登记），约 150 万人常用俄语，其中 60% 居民的母语是俄语。据 2007—2008 年统计数据，俄罗斯在吉尔吉斯斯坦共设有 8 个分校、7 个培训中心与代表处和 13 所俄罗斯大学的其他教学科研机构，在俄罗斯教育分支机构中学习的吉尔吉斯斯坦学生人有 14884 人。② 与所有其他前苏联加盟共和国不同的是，近年来设立在吉

---

① А.Л.Арефьев，*Тенденции экспорта российского образования*，Москва：Центр социального прогнозирования и маркетинга，2010，p.118.

② А.Л.Арефьев，*Тенденции экспорта российского образования*，Москва：Центр социального прогнозирования и маркетинга，2010，p.117.

尔吉斯斯坦的俄罗斯大学教育分支机构的数量、发展状况一直保持稳定。

俄罗斯国家高等教育的文凭在吉尔吉斯斯坦拥有非常高的声望，拥有俄罗斯高等教育文凭在吉尔吉斯斯坦就业也非常占有优势。在吉尔吉斯斯坦教育部的协助下，俄罗斯在新西伯利亚、圣彼得堡、托木斯克等城市的一些大学会定期向吉尔吉斯斯坦共和国派遣访问学术委员会，为有意向来俄读大学，或在俄罗斯—吉尔吉斯斯坦分支教育机构学习的学生举办咨询、讲解、介绍和面试活动。在吉尔吉斯斯坦的俄罗斯教育分支机构就读学生每年学费大至为最低每人230—500美元、最高每人3000美元，低收费使吉尔吉斯斯坦的普通居民也负担得起。

按俄罗斯教育出口服务表现、当地学生在校学习人数等数据的计算，俄罗斯在吉尔吉斯斯坦的海外办学中，排在首位的是俄罗斯—吉尔吉斯斯坦斯拉夫大学，有近8000名全日制学生在此就读，还有超过2.5万人通过函授或夜校在该学校学习，该大学已成为中亚最大的科学和教育中心。排名在第二位的是一所俄罗斯的私立大学——莫斯科企业和法律研究院吉尔吉斯斯坦分校，共有1169人在比什凯克、卡拉科尔和奥什等地的分支机构就读，其中全日制学生共有498名。排在第三名的是位于奥什城市的俄罗斯国立社会大学分校，该大学始建于1996年，共有959名学生。此外，俄罗斯高校还在其他地方设立了海外机构，如比什凯克城市的莫斯科信息技术大学—吉尔吉斯斯坦分校（共有在读学生690人），位于比什凯克城市的乌里扬诺夫斯基波罗的海技术大学—吉尔吉斯斯坦分校（共有在读学生380人），以及俄罗斯设立在吉尔吉斯斯坦其他城市的国际斯拉夫研究所（共有在校学生379人）等等。2010年，莫斯科国立大学也与吉尔吉斯斯坦国立大学开始合作，并在吉尔吉斯斯坦开设了分校。

目前，俄罗斯设立在吉尔吉斯斯坦的分校中，只有欧亚开放大学—吉尔吉斯斯坦建筑与设计学院停止了办学活动，但与此同时，莫斯科能源研究所与吉尔吉斯斯坦国立技术大学开展合作，由来自莫斯科的教授在吉尔吉斯斯坦讲授本科课程。

（三）俄罗斯在塔吉克斯坦共和国的海外办学

在塔吉克斯坦共和国，俄罗斯高等教育海外办学受到欢迎，俄罗斯在此办学主要类型有海外分校、合作办学项目、代表处和远程教育。尽管自 1989 以来俄语居民大量外流，由于受国家语言政策和内战的影响，塔吉克斯坦共和国的俄罗斯族人数量减少到原来的 1/10，从 50 万减少到 5 万，但因为有 15% 的居民讲俄语，全国总体上讲俄语的居民人口超过 100 万，所以俄罗斯教育、或者说是原苏联的高等教育模式乃至用俄语施教，仍然被该国公民接受并认可。

在 1998—2000 年期间，俄罗斯在塔吉克斯坦首都杜尚别以及其他城市建立了塔吉克斯坦—俄罗斯现代人道主义学院。此外，还有 355 人在俄罗斯—中亚大学分校学习；与此同时，在塔吉克斯坦独立后最早建立的俄语大学（1996 年建立）——俄罗斯—塔吉克斯坦大学还有 3500 名学生学习，其中包括全日制学生 2200 名。在 2005 年，俄罗斯大学在塔吉克斯坦设立分支机构、代表处、培训中心及其他相关教育机构，其当地学生人数一直稳步增加。俄罗斯大学的这些海外机构不仅在塔吉克斯坦共和国首都杜尚别进行，而且也建立在其他一些大型和偏远的区域城市。在 2005—2006 学年，俄罗斯大学的这些海外机构学生总人数超过 8000人，其中一半以上接受俄罗斯非国立教育机构的高等教育，其中现代人道主义学院学生最多。据 2007—2008 年数据统计，在俄罗斯—塔吉克斯坦大学分校全日制上课的居民有 1877 人，选择函授的学生有 5000 人（其中包括军事院校）。此外，另外 118 名学生在秋明国立大学—塔吉克斯坦大学远程教育学院学习，有 31 人在莫斯科技术大学—塔吉克斯坦代表处学习。①

2007—2008 学年，为保证海外办学的教育质量、规范市场，塔吉克斯坦教育部制定条例鼓励增加俄罗斯设立在塔吉克斯坦国立大学的数量，

---

① А.Л.Арефьев，*Тенденции экспорта российского образования*，Москва：Центр социального прогнозирования и маркетинга，2010，p.123.

并且逐步减少俄罗斯设立在塔吉克斯坦的非国立教育机构的数量。① 因此，现代人道主义学院被迫重组其教育单位（具有合作组织的地位）并大幅减少学生人数：杜尚别的远程和教育技术中心仅剩有 350 名学生，全俄教育基金会—塔吉克斯坦区域中心仅剩 159 名学生，这些学生都使用函授或远程教育。同样，在塔吉克斯坦方的压力下，在塔吉克斯坦成功运行 8 年的俄罗斯—中亚大学也被迫停止办学活动。

需要重点提及的是，截至 2008 年数据统计，俄罗斯在塔吉克斯坦设立的高等教育组织机构中，声望最高的是俄罗斯—塔吉克斯坦现代人道主义学院，它提供广泛的语言学、新闻学、历史、文化研究、国际关系、经济学、金融和信贷、会计和审计、应用信息学和法律等专业教育。其本科生和研究生人数增加到近 4000 人（其中 2/3 人全日制，1/3 人函授）。此外，俄罗斯—塔吉克斯坦现代人道主义学院的毕业生在毕业以后不仅容易在国家机构和私营公司找到工作，而且也容易在塔吉克斯坦的国际组织代表处谋得职位。这是因为俄罗斯—塔吉克斯坦现代人道主义学院拥有最强大的教学人员团队（在职教师超过 250 人，其中 50 名科学博士，160 名副博士，10 名当地院士也提供讲座），教职人员的工资水平很高（符合俄罗斯标准）。当然，该校学生的奖学金也明显高于该国的平均工资水平，这也是其入学录取比例达到 10：1 的原因。此外，该校在招生录取方面还特别注重学生录取的母语比重分配，力求保证 50% 的学生是来自俄语和俄语家庭的孩子，另 50% 录取来自塔吉克语家庭的孩子。2007 年，俄罗斯—塔吉克斯坦现代人道主义学院还开设了普通学校（主要是小学），共有 780 名在读学生。

2009 年 9 月，俄罗斯在塔吉克斯坦国立教育大学设立了俄罗斯教育学院，这是促进塔吉克斯坦俄语教学的标志性事件，第一批学生共 45 人。就长远来看，塔吉克斯坦国立教育大学计划将俄罗斯教育学院（历史学、

① А.Л.Арефьев, *Тенденции экспорта российского образования*, Москва：Центр социального прогнозирования и маркетинга, 2010, p.124.

法律、物理、地理学院）迁至独立的教学楼，但是由于资金短缺问题，尚未落实。2010 年，莫斯科动力工程学院和圣彼得堡国立矿业大学等俄罗斯著名大学相继在塔吉克斯坦开设了教育分支机构，由来自俄罗斯高校的教师帮助当地培养工程技术类专业人才。

近年来，其他国家也积极在塔吉克斯坦扩大其文化和教育影响力。例如，五所土耳其教育机构在塔吉克斯坦首都杜尚别成功运作，伊朗大学在塔吉克斯坦设立的英语学院正在开展工作，这对俄罗斯在此办学构成竞争局面。

（四）俄罗斯在乌克兰的海外办学

与乌克兰的关系对俄罗斯具有重要战略意义与价值。一方面，俄罗斯与乌克兰有着共同的祖先，俄罗斯民族、文化、宗教发源于基辅，俄乌还有着 300 多年融合史，因此在乌克兰办学、加强文化语言影响力也是俄罗斯海外办学布局的重要考量因素。另一方面，乌克兰是俄罗斯西部应对北约的战略屏障，俄海军黑海舰队驻扎在乌克兰塞瓦斯托波尔港，俄乌关系更关乎俄罗斯的核心利益。乌克兰独立后，许多俄罗斯高校积极在乌克兰开展办学活动，海外教育机构主要分布在俄罗斯族裔同胞集中的地方乌克兰东部，具体城市有基辅、切尔尼戈夫、顿涅茨克、敖德萨和哈尔科夫。截至 2000 年共有 20 所俄罗斯高校在乌克兰设立了 35 个教育分支机构，虽然乌克兰对于俄罗斯教育服务一直保有需求，但由于乌克兰教育科学部立法改革，对高等教育办学许可规则、各级教育（包括高等教育）教学与工作用语以及教学材料和技术提出新的要求，来乌办学的俄罗斯高校数量有所减少。

2005—2006 学年，有 17 所俄罗斯高校在乌克兰设立了 30 个教育分支机构，共有 11356 人接受培训。其中在塞瓦斯托波尔，大约有 4000 名学生（全日制和非全日制都包括在内），在哈尔科夫有 600 名学生，在基辅，超过 4000 人接受俄罗斯教育服务。开展海外办学的俄高校有：莫斯科国立大学劳动和社会关系学院、现代人道主义学院、圣彼得堡人道主义大学、萨拉托夫州立社会经济大学、乌沙科夫海军上将国立海事大学、别尔哥罗德州立建筑材料学院和莫斯科国立开放大学。与此同时，在乌克兰西部最"反俄"的城市之一——利沃夫也有俄罗斯大学分校。2005 年，俄罗斯东正教圣吉洪人道主义大学在此开设分校，约 100 名信仰东正教的当地学生在此学习。

2007—2008 年，乌克兰教育科学部和俄罗斯代表组成的审计组向包括莫斯科国立大学黑海分校在内的 5 所俄罗斯大学提出了各种要求，随后它们不得不缩减在乌克兰开展的政治、公共行政与法律高等教育课程。

截至 2017 年，在乌克兰共有 3 所俄罗斯海外办学机构，分别是俄罗斯 LINK 国际管理学院在乌克兰首都基辅和乌克兰第二大城市哈尔科夫开设咨询处和 MBA 中心，莫斯科物理技术学院与乌克兰国家科学院的物理技术教育和科学中心合作培养科研人才。

（五）俄罗斯在独联体其他国家的海外办学

除上述国家外，俄罗斯还在乌兹别克斯坦共和国、阿塞拜疆共和国、亚美尼亚共和国、格鲁吉亚共和国等开展海外办学项目。

乌兹别克斯坦是中亚人口最多的国家，其总人口超过 2500 万人，其中 500 万是日常使用俄语的居民。俄罗斯有 13 所大学在乌兹别克斯坦设立了 4 所分校和 11 处分支机构与代表中心，约 3.5 万人在这些机构中接受全日制俄罗斯高等教育，约 6.5 万人以函授或夜校的形式接受俄罗斯高等教育。据 2007—2008 年数据统计：在乌兹别克斯坦的俄罗斯教育分支机构中，在读学生规模排在前五位的是：俄罗斯国立旅游与服务大学—塔什干分支机构和代表处（891 人接受函授教育），南俄罗斯经济和服务州立大学—塔什干分支机构和代表处（882 人接受函授教育），秋明国立大学—塔什干分支机构和代表处（634 人通过远程教育接受培训），莫斯科国立经济、统计和信息学大学培训中心（320 人通过远程教育接受培训），俄罗斯经济学院—塔什干分支机构（591 人接受全日制培训）。

在阿塞拜疆共和国，约有 200 万城市居民讲俄语，俄罗斯在阿塞拜疆共和国办学也有一定市场。截至 2005—2006 年共有 14 所俄罗斯大学的 8 个分支机构、6 个代表处和培训中心以及教育合作组织，共有 5.7 万阿塞拜疆共和国公民在这些教育机构中学习，所有这些俄罗斯高校的分支机构都设在阿塞拜疆的首都巴库。据 2005—2006 年统计，在阿塞拜疆的俄罗斯海外分校中，最受当地学生欢迎的学校是阿塞拜疆—俄罗斯学院（Азербайджанско-Российский институт）。该学院是莫斯科国立开放大学的分支机构，其中开设的专业相当广泛，包括世界和应用经济学、管理、法律、汽车和汽车工业、语言学和教育学等，共有 1769 名学生。其次是塔吉斯坦国立大学分校，共有 1057 名学生在这所学校学习，其中 615 人学习金融和信贷专业，心理学，法律和管理学，另外的 942 名学生主要专攻国家和政府管理与法律领域等专业。此外，还有 635 人在劳动和社会关系学院分院学习，532 人在俄罗斯国立社会大学代表处学习，432 人在俄罗斯南方人文学院学习，233 人在圣彼得堡对外经济关系、经济和法律研究所。2008 年 9 月，应阿塞拜疆教育部的邀请，俄罗斯莫斯科国立大学在巴库开设了分校，包括 5 个学院，主要是自然科学学科，有 581 名学生就读，全部课程由俄罗斯教师讲授。阿塞拜疆—俄罗斯研究所是阿塞拜疆最受欢迎的俄罗斯海外分校，2007—2008 学年共有 1552 名学生；排在第二位的是俄罗斯现代人文学院，这也是俄罗斯在巴库的唯一一所学生人数明显增加的大学分校，在 2005—2006 年只有 62 人，但到 2007—2008 年已增加到 273 人。除了以上两所学校，在阿塞拜疆的教育服务市场上很有代表性的俄罗斯海外分校是莫斯科茹科夫斯基国际管理学院。值得注意的是，土耳其和美国大学以及欧洲和亚洲的一些国家正在越来越多地与俄罗斯竞争阿塞拜疆的高等教育服务市场。

在亚美尼亚共和国，几乎 1/3 的人口讲俄语，达 100 万人之多，因此俄罗斯教育服务出口的情况比阿塞拜疆更为有利。在亚美尼亚共和国境内，共有 17 所俄罗斯大学的分支机构、培训中心以及联合教育机构，2007—2008 学年在俄罗斯—亚美尼亚（斯拉夫）大学学习的亚美尼亚公民共有 2471 人。亚美尼亚比较有代表性的俄罗斯大学海外分校是俄罗斯国立旅游与服务大学（莫斯科国立服务大学的分支机构），2007—2008 学年在该大学学习的学生人数为 887 人。这些学生中不仅仅是来自亚美尼亚共和国的，还来自其他独联体国家以及其他国家，他们都是接受全日制形式高等教育。俄罗斯—亚美尼亚现代人文学院办学效果也比较好，有673 在校生。圣彼得堡对外关系、经济和法律学院—亚美尼亚分校也以全日制和非全日制的方式培训各种专业人员（478 人），其中很大一部分学员群体来自驻扎在亚美尼亚的俄罗斯军人及其家庭成员。俄罗斯国际旅游学院—亚美尼亚分院在 2007—2008 年共有 151 名全日制学生和 11 名非全日制学生，莫斯科商业和政治学院—亚美尼亚分校共有 300 名学生，莫斯科新法学院—亚美尼亚分校共有 503 名学生在此学习。据有关调研，亚美尼亚很多青年希望莫斯科国立师范大学来亚美尼亚办学，但是当时没有成功，原因是亚美尼亚教育部要求莫斯科国立师范大学分校使用亚美尼亚语教学。与此同时，还有 3 所莫斯科的大学（劳动和社会关系学院、俄罗斯联邦司法部下属的国际法学院和莫斯科企业与法律学院）仍表示希望在亚美尼亚共和国首都埃里温开设分支机构。俄罗斯在亚美尼亚共和国海外分校的学费最低的机构是圣彼得堡对外关系经济和法律学院—亚美尼亚分校，学费为 29000 卢布 / 年，最高为亚美尼亚—俄罗斯（斯拉夫）大学，学费为 8 万卢布 / 年。2020 年，俄罗斯在亚美尼亚以及其他许多前苏联加盟共和国开展海外办学面临的最大问题是当地懂俄语的学生数量在不断减少。

在格鲁吉亚共和国，俄语是外语，俄语在格鲁吉亚共和国国家教育系统、媒体中的使用程度在逐步降低。现在格鲁吉亚仍能讲俄语的居民虽然占到总人口的 1/3，但大多数是中老年人，因此俄罗斯教育服务的出口、海外办学规模在格鲁吉亚共和国相对较小。俄罗斯在此的海外办学主要是位于首都第比利斯的第比利斯现代人文学学院，莫斯科国家经济关系学院—格鲁吉亚分校，莫斯科经济、统计信息大学—格鲁吉亚分校。在格鲁吉亚曾有传统：取得的俄罗斯高等教育文凭由俄罗斯驻格鲁吉亚大使馆颁发。截至 2008 年莫斯科经济统计信息大学—格鲁吉亚分校培训了 1200 多名讲俄语的格鲁吉亚公民（许多学员来自俄罗斯族人的家庭）；第比利斯现代人文学院也比较受欢迎，2007—2008 学年在该校就读的学生有 236

人。莫斯科国家经济关系学院—格鲁吉亚分校于 2000 年设立，该校与第比利斯商学院合作，培训了大约 300 名学生，但 2006 年莫斯科国家经济关系学院—格鲁吉亚分校终止了办学活动。由于 2008 年 8 月俄格战争后格鲁吉亚退出独联体，俄罗斯在格鲁吉亚的办学活动变得更加艰难。不过，在与格鲁吉亚分离的阿布哈兹共和国，位于阿布哈兹共和国首府苏呼米市的乌拉尔国立技术大学的代表处还在正常运转，2008—2009 学年以全日制的形式培养了 78 人（也比上一年增加了一倍）；在此地的另一所俄罗斯高校分校喀山州立大学—阿布哈兹代表处也有 30 多名全日制阿布哈兹学生。

从 1991 年苏联解体至今已经 28 年之久，俄罗斯与昔日的加盟共和国变成各自享有独立主权的各独联体成员国。在世界舞台上亮相并前行也已经走过 28 个年头，这个特殊时代的特殊国家联盟对于俄罗斯立足国际舞台、提升国际化水平都起到了重要作用。应当说，直到新世纪的头十年之前，俄罗斯在独联体国家的海外办学规模与影响相对而言还是比较稳定的，但进入 21 世纪第二个十年，由于非严格意义的海外办学被停止、俄语使用的学生人数减少以及与俄罗斯关系恶化等原因，俄罗斯在这些国家海外办学的情况有非常大的变化，在多数国家的规模在缩小，在个别国家甚至终止。

二、俄罗斯高校在欧洲国家的海外办学

据 2014—2015 年数据统计，俄罗斯在欧洲设立的教育分支机构中学习人数最多的地区为波罗的海三国，另外，俄罗斯在东欧、西欧、北欧和南欧也设有教育分支机构。在欧洲地区设立的分校，其开设的学科中大多以艺术学科为主，并与当地的艺术高校开展合作，比较受欢迎的课程是莫斯科国立大学分校的艺术课程、法律课程和戏剧课程。

（一）俄罗斯在波罗的海国家的海外办学

波罗的海三国拥有一定数量掌握俄语的居民，起初俄罗斯在该地区的办学规模较大，但近年来这些地区的国家"去俄化"进程加剧，使俄罗斯办学活动受阻，推进艰难。截至 2017 年，俄罗斯在波罗的海三国办学仅剩 3 所。

在波罗的海国家中，讲俄语的居民人口数量最少的国家是立陶宛共和国（仅有 25 万人讲俄语），然而在立陶宛共和国接受俄罗斯高等教育出口服务的学生人数却是在波罗的海国家中最多的（2005—2006 年有 1269 人，2007—2008 年有 689 人）。2007 年在立陶宛的俄罗斯大学的海外分支机构共有 7 所：分别是加里宁格勒国立大学—克莱佩达分校（18 名学生接受教育培训），俄罗斯—维尔纽国际管理学院（18 人接受教育培训），莫斯科国际—考纳斯代表处（18 人接受教育培训），加里宁格勒国立大学—维尔纽斯金融工业学院代表处（231 名学生接受教育培训，包括 48 名全日制学生），莫斯科工业大学—罗塞尼亚代表处和莫斯科工业大学—维尔纽斯代表处（共 533 名学生接受教育培训），莫斯科法学院—维尔纽斯代表处（67 名学生接受教育培训）。

在爱沙尼亚有 47 万人讲俄语，自 20 世纪 90 年代以来，一共只有 4 所俄罗斯大学的分支教育机构在爱沙尼亚正式运行，它们分别是：莫斯科国立工业大学—爱沙尼亚分校（161 人接受教育），俄罗斯国立社会大学—塔林分校（170 人接受培训），加里宁格勒国立大学——爱沙尼亚（工业渔业）培训中心和俄罗斯—爱沙尼亚国家管理学院。所有这些俄罗斯大学教育分支机构都在爱沙尼亚的首都塔林运营，其学生基本都来自俄语家庭。

在拉脱维亚共和国，有 86 万人讲俄语（占总人口数的 36%），俄语在这个国家被视作外语，俄罗斯海外办学在这个国家呈现一定幅度的缩减趋势。据数据显示，在 2005—2006 学年共有 10 所俄罗斯大学的分支机构在拉脱维亚运营，其中包括欧亚开放大学—波罗的海区域分校（120 人接受培训）、俄罗斯区域中心（50 人接受培训）、俄罗斯—里加世界经济研究所（300 名学生接受培训），莫斯科国立经济统计和信息大学代表处（30 名学生接受培训）、莫斯科汽车和道路国家技术大学分支教育机构（100 名学生接受培训）、俄罗斯戏剧艺术学院分校（14 名学生接受培训），以及俄罗斯北部 4 所大学的分校和代表处——圣彼得堡国立大学、圣彼得堡国立理工大学、圣彼得堡国立技术与设计大学、圣彼得堡通信技术与设计的教育分支机构。

但由于波罗的海国家"去俄化"政策实施，俄罗斯在波罗的海三国的办学受阻、教育机构先后关闭。截至 2017 年仅保留在拉脱维亚的普斯科夫州立大学—信息技术咨询中心以及立陶宛和爱沙尼亚的两所国际管理学院。

（二）俄罗斯在东欧和巴尔干地区的海外办学

俄罗斯海外办学在东欧国家也呈减弱趋势，这与该地区为消除苏联时期的影响而开展"去俄化"进程有关。截至 2017 年，在该地区俄罗斯仅余 3 所海外办学机构。在东欧和巴尔干地区的国家中，在俄罗斯海外教育机构学习的学生人数最多的是保加利亚（2007—2008 学年为 1421 人）。在苏联时期，保加利亚有超过 400 万人会俄语，但今天只有 20 万人使用俄语。今天，在保加利亚开设分支教育机构的俄罗斯大学主要有两所：一所是俄罗斯—索菲亚俄语教育中心（近 900 人在此接受教育培训），另一所是国际斯拉夫大学（有 486 人在此接受教育培训）。2007 年俄罗斯劳动和社会关系学院在瓦尔纳开设代表处。但是之后保加利亚教育和科学部的规定，不得在保加利亚开展任何教育活动，因此俄罗斯在此的教育活动被取消。

在捷克共和国，自 2005—2006 学年以来，接受俄罗斯教育出口服务的学生呈减少趋势。现在在捷克共和国的俄罗斯大学教育分支机构主要有莫斯科企业与法律研究所—布拉格分校（有 151 人在此接受教育培训）、俄罗斯欧洲开放大学—政治与经济学院（68 人在此接受教育培训）等。自 2007 年以来，莫斯科国际大学—布拉格代表处、俄罗斯门捷列夫化学技术大学国际现代化教育中心已相继关闭。

此外，俄罗斯在匈牙利、波兰、斯洛伐克等国家的办学多集中在艺术科目。办学机构有：莫斯科国立大学—文化艺术学院、雅罗斯拉夫尔国立大学、莫斯科国际经济与法律研究所代表处等教育分支机构，培训学生数量超过百人。

截至 2017 年俄罗斯在该地区的海外办学仅保留设立在保加利亚的莫斯科天文学院、皮亚季戈尔斯克国立大学和在马其顿共和国设立的坦波夫州立大学分校。

（三）俄罗斯在北欧、南欧和西欧的海外办学

与原来东欧国家不同的是，北欧、南欧和西欧这些没受苏联影响的国家对俄罗斯海外办学都持比较开放和欢迎的态度。俄罗斯在丹麦设立了戏剧艺术学院，培养了 47 名全日制学生；在芬兰与拉普兰塔理工大学合作，培养 4 名学生；在意大利博洛尼亚大学开设俄语教学计划，培养了 100 名学生。在西欧国家也开设了一些俄罗斯教育分支机构或者培训中心，其中大多数的培训中心设在德国。在德国有一些社区，其居民大都来自前苏联加盟共和国。据统计，在德国有近 300 万人讲俄语，在德国的俄罗斯教育中心主要有莫斯科国家行政学院—柏林、法兰克福代表处，目前有 30 人在这里学习（主要来自俄罗斯移民家庭）。此外，莫斯科人道主义学院推出了硕士课程，目前培养了全日制硕士 14 人。德国伊尔梅瑙技术大学曾与莫斯科动力工程学院合作，共培养了 20 名全日制学生。

在法国，俄罗斯高等学校曾有两所大学代表：莫斯科国立大学—阿尔萨斯分校，莫斯科国立大学—米卢斯分校。在瑞士曾设立俄罗斯大学的分支机构"莫斯科国立大学国际中心"，该中心以私立大学的形式，主要提供法律课程培训，后续增设地理学科培训，共培训 200 人。

但以上海外办学因招生困难、资金缺乏等因素相继停办。截至 2017 年，俄罗斯在欧洲的区域布局为北欧（瑞士）、西欧（法国）、南欧（意大利）各 1 处办学项目，分别是莫斯科国立大学在瑞士与当地私立大学合作设立的"莫大国际中心"、北方联邦大学与法国上阿尔萨斯大学合作开设的短期"项目课程"和皮亚季戈尔斯克国立语言大学与意大利坎帕尼亚路易吉万维泰利大学合作、在该大学开设的俄语课程。自 2009—2010 年起，俄罗斯在日内瓦设立了在莫斯科国立大学—日内瓦医学中心。塞浦路斯对于俄罗斯高等教育服务的需求更加明显，俄罗斯多所高等院校在此设立海

外机构：如俄罗斯经济管理研究院在利马索尔市开设的代表处已经培训了
30 名学生；托木斯克理工大学、莫斯科开放大学在塞浦路斯的代表处，则
致力于为苏联时期各加盟共和国的移民提供俄语教学和培训。①

　　总之，自苏联解体后至新世纪的头十年，俄罗斯在欧洲国家的海外
办学还处于起步和探索阶段，其形式不仅有高校海外分校，还有教育培训
中心、代表处。但是随着俄罗斯海外办学的形式逐渐规范，这些代表处、
培训中心等非严格意义上的海外分校逐渐被关闭，停止工作，这也导致进
入 21 世纪第二个十年，俄罗斯海外办学在欧洲数据规模大幅度下降。虽
然这种教育服务不是严格意义上的海外办学，但也是俄罗斯试图开展高校
海外办学、高等教育国际化不可分割的一部分。

三、俄罗斯高校在部分亚洲国家的海外办学

　　俄罗斯在亚洲开设海外办学主要集中在五个国家：越南、中国、蒙
古、韩国和日本。据 2014—2015 年数据统计，在亚洲国家中，俄罗斯在
中国设立的教育分支机构中学习的人数最多，为 885 人，这也与近年来中
俄关系不断升温、中俄战略协作伙伴关系不断深化有关。

　　随着"一带一路"倡议不断推进、中俄战略协作伙伴关系日渐深化，
中国青年对于俄语的学习兴趣逐步增长，两国政府开展的人文、教育交流
合作规模日趋扩大，使得近年来俄罗斯来华办学趋势总体向好。自 2007
年起，与中国东北毗邻的俄罗斯远东地区大学——布拉戈维申斯克国立师
范大学开始在中国东北地区设立俄语语言中心，随后俄罗斯在中国的海外
办学分布城市向东南、西北扩展。截至 2019 年 11 月，依据我国《中外合
作办学条例》和《中外合作办学条例实施办法》，俄罗斯高校与中国高校
合作办学机构共 10 所。②除合作办学外，中国境内共有中俄合作办学项

① А.Л.Арефьев，*Тенденции экспорта российского образования*，Москва：Центр
　социального прогнозирования и маркетинга，2010，pp.149-152.
② 中华人民共和国教育部中外合作办学监管工作信息平台：《中外合作办学机构与项目名
　单》，2019 年 11 月 4 日，见 http://www.crs.jsj.edu.cn/aproval/orglists.

目 132 个。

表 7.1　俄罗斯来华合作办学一览表

地区	数量	合作办学机构名称	办学层次	开设专业课程
北京	1	北京联合大学俄交大联合交通学院	本科	电器工程及其自动化、机械工程、物流工程、交通工程
江苏	1	江苏师范大学圣彼得堡大帝理工大学联合工程学院	本科、硕士	机械设计、电子科学技术、电子信息工程、工业设计、光学工程
浙江	1	杭州电子科技大学圣光机联合学院	本科、硕士	计算机工程、控制工程、自动化
广东	1	深圳北理莫斯科大学	本科、硕士、博士	经济学、语言学、应用数学与信息学、材料化学、物理与力学、生物学、地理学
河南	2	中原工学院中原彼得堡航空学院、华北水利水电大学乌拉尔学院	本科	电气工程及自动化、测控技术仪器、软件工程排水科学与工程、能源动力与工程、测绘工程、建筑学
山东	1	山东交通学院顿河学院	本科	交通运输、土木工程
黑龙江	1	哈尔滨师范大学国际美术学院	硕士	油画、版画、雕塑
辽宁	1	大连交通大学远交大交通学院	本科	机械工程、土木工程、车辆工程
陕西	1	渭南师范学院莫斯科艺术学院	本科	音乐学、美术学、学前教育

数据来源：根据中国教育部中外合作办学监管工作信息平台 2019 年数据整理。

越南是俄罗斯高校在亚洲开展海外办学的目的国之一。2007—2008学年越南接受俄罗斯海外教育分支机构教育培训的学生数量为 4.6 万人。但与英语相比，越南学生缺乏对俄语的了解，在越南俄语的普及程度很低（当地学童和学生不到 0.1% 掌握俄语），俄罗斯大学很难进入越南教育市场。起初，俄罗斯只有 3 所高校办学：它们分别是莫斯科信息技术大学—河内分支机构、俄罗斯人民友谊大学—越南分支机构和俄罗斯越南热带研究与技术中心—河内和岘港教育学院，这 3 所大学在开展广泛专业课程以外还提供俄语教学培训。自 2004 年起，俄罗斯莫斯科鲍曼大学与越南高校开展合作项目，开展 2＋2 项目，前两年在越南高校学习俄语和专业课程，从第三学年开始来到俄罗斯鲍曼大学就读，毕业时获得俄罗斯高等专业工程和技术教育文凭。除此之外，莫斯科国立文化艺术大学也与河内的一些高校开展合作、开设分支机构、联合办学等，但由于生源等问题到 2017 年这些机构全部关闭。

在蒙古国，俄罗斯高等教育的声誉很高。蒙古国将俄语列入义务教育的外语课程，不仅蒙古一些中学开设有俄语课程，而且还有 20 余所专门俄语学校。俄罗斯有 9 所高等教育机构在蒙古国设立了 11 个分支机构，如莫斯科信息技术大学与蒙古国国立大学合办的培训咨询中心、莫斯科动力工程学院与乌兰巴托大学合办的教育中心。2010 年，俄罗斯伊尔库茨克国立大学在蒙古国开设分校，该分校与乌兰巴托铁路研究所合作创建。

在韩国，俄罗斯于 2007—2008 学年设立了 3 所海外办学，分别是俄罗斯人民友谊大学、莫斯科国立柴可夫斯基音乐学院和堪察加州立大学的分校。这 3 所大学的海外分校主要开办于首尔和釜山，其中俄罗斯人民友谊大学在 14 所韩国大学开设了俄语课程，但截至 2017 年这些教育分支机构均已关闭。在日本运营的俄罗斯大学海外分支机构有远东联邦大学。远东联邦大学在日本分校开设的课程主要是俄语和国别区域研究。此外，莫斯科国立柴可夫斯基音乐学院也曾在日本开设分校，但 2017 年该分校关闭。在印度和斯里兰卡没有俄罗斯大学开设海外分校，但是有俄罗斯人民友谊大学曾开设语言文化中心、代表处，主要功能是俄语教育，这些中心及代表处主要分布在新德里和科伦坡。在泰国、伊朗伊斯兰共和国、土耳其也都设有俄语语言文化培训中心。①

---

① 　А.Л.Арефьев，*Тенденции экспорта российского образования*，Москва：Центр социального прогнозирования и маркетинга，2010，p.158.

四、俄罗斯高校中东国家的海外办学

在冷战结束和苏联解体后，俄罗斯从中东地区撤出，在该地区的影响力大幅度下降。在叶利钦执政时期，俄罗斯在中东地区与西方国家有着激烈的交锋，2000 年普京执政后，俄罗斯重视在此办学，并将之视为俄罗斯国家软实力和文化的输出。但由于中东地区西方国家的势力一直强势存在，俄罗斯在此办学数量并不是很大。①

2007 年，俄罗斯在突尼斯设有一所俄罗斯大学海外分支教育机构——莫斯科国立通讯与信息技术大学和突尼斯电信研究所合作开办的咨询培训中心，自 2007 年以来平均每年约有 600 名当地学生来此参加全日制俄罗斯教育培训。

在中东地区，埃及作为俄罗斯教育服务的第二大使用国家，与俄罗斯人民友谊大学和伊热夫斯克国立技术大学合作开设了埃及—俄罗斯大学，但不能授予俄罗斯高等教育文凭。俄罗斯马卡洛夫国立海事大学曾与埃及教育部签订开设海外分校，但最终未能实现。在开罗，各国的高等教育海外办学活动非常丰富，据统计，截至 2007 年美国大学的海外分校已经在开罗运营了 80 多年，加拿大、法国和德国在埃及的海外分校也已开办 10 年，主要培养自然科学方面的专家。俄罗斯大学很难进入埃及教育市场。

叙利亚是所有阿拉伯国家中讲俄语人数最多的国家，据 2005 年数据统计共有 13 万人讲俄语。在叙利亚，俄罗斯人民友谊大学和叙利亚阿勒颇大学合作开办了人文科学教育中心，2008 年卡巴尔达—巴尔卡尔国立大学在大马士革大学也曾开设过代表处，但现已关闭。

据 2006 年数据统计，在中东国家中俄罗斯教育服务的最大进口国是以色列，这里有 120 万讲俄语的公民。在 21 世纪初，俄罗斯在以色列开设了现代人文学院、莫斯科国立工业大学—以色列区域代表处（培训中心）、俄罗斯经济信息和技术学院—以色列区域代表处（培训中心）、莫斯科金融与工业学院—以色列区域代表处（培训中心）。这些俄罗斯在以色

---

① 唐志超：《俄罗斯强势重返中东及其战略影响》，《当代世界》2018 年第 3 期。

列开设的海外办学活动项目主要培养商业管理专家、数学家和程序员。①
但是由于国际政治局势、教育市场竞争、招生困难等因素，截至 2017 年，
这些俄罗斯海外办学项目活动均被停止。

五、俄罗斯高校在美洲及非洲的海外办学

（一）俄罗斯在北美洲的海外办学

俄罗斯在北美的海外办学活动计划很少，俄罗斯大学通常跟美国大
学签订合作协议开展学生和实习生的交流，以及实施一些双学位课程；此
外，俄罗斯在美国提供俄语、法律教学方面也有一定的探索。但是俄罗斯
高校在北美洲的办学活动未能成功维持。

1999 年，位于俄罗斯车里雅宾斯克州的南乌拉尔州立大学在纽约开
设代表处，除开设俄语课程外，还开设了律师培训本科课程。最初，学生
人数为 30 人。完成为期三年的课程后，学生获得了俄罗斯高等法律教育
文凭。其学生主要是前苏联移民到美国俄罗斯公民，这些公民由于英语语
言水平有限、财政资源短缺而无法进入美国大学学习。

由于生源问题营利能力低，2005 年南乌拉尔州立大学—纽约开设代
表处被迫关闭。2007 年俄罗斯经济与管理学院在美国佛罗里达州塔拉哈
西开设了代表处，有 3 名学生。此外，俄罗斯人民友谊大学在墨西哥国立
自治大学推出了俄语教育计划，据统计 2007—2008 学年，在墨西哥国立
自治大学学习俄语（全日制）的学生人数为 30 人，哥伦比亚国立大学学
习俄语的学生为 23 人。与此同时，另外两所俄罗斯大学：俄罗斯当代艺
术学院和俄罗斯戏剧艺术学院也在墨西哥推出教育计划，说明拉丁美洲文
化和艺术领域的俄罗斯教育有一定的需求，全俄国家电影学院曾计划在墨
西哥开设分支机构，但最终未能实现。②但是截至 2017 年，这些俄罗斯

---

① А.Л.Арефьев，*Тенденции экспорта российского образования*，Москва：Центр
социального прогнозирования и маркетинга，2010，p.162.

② А.Л.Арефьев，*Тенденции экспорта российского образования*，Москва：Центр
социального прогнозирования и маркетинга，2010，p.164.

海外办学项目活动均被停止。

（二）俄罗斯在南美洲的海外办学

在拉丁美洲的 30 多个国家中，俄罗斯曾经在其中四个国家提供海外办学项目，分别是巴西、厄瓜多尔、阿根廷、哥伦比亚。在拉丁美洲比较受欢迎的俄罗斯教育项目是艺术（音乐、戏剧），但由于拉丁美洲掌握俄语的人数较少，所以俄罗斯海外分校中的学生数量不是很多，办学数量也较少。而且最终因招生困难、语言不通等问题，俄罗斯在南美洲的海外办学均已停止。

在巴西，俄罗斯国家学术大剧院曾为巴西若安维尔芭蕾舞学校提供教学，每年有 100 多名巴西学生在此接受培训。俄罗斯国立别尔戈罗德大学与巴西一些高校成立了"巴西—俄罗斯高等教育联盟"，并于 2008 年在圣保罗市开设了大学预科培训中心。莫斯科柴可夫斯基音乐学院曾在福塔雷萨市开办学校，但后来停止了办学活动。

在厄瓜多尔，俄罗斯开展海外办学的高校主要是国立别尔戈罗德大学，该学校于 2006 年在基多市与拉丁美洲高等教育协会共同创建了大学预科培训中心，共有 26 人接受教育培训。

阿根廷是拉丁美洲讲俄语人数最多的国家（有近 10 万人讲俄语），俄罗斯联邦驻阿根廷布宜诺斯艾利斯大使馆开设了预科培训中心，专门教授俄语课程。在阿根廷，很少有大学开设俄语专业，据统计目前只有布宜诺斯艾利斯大学和拉普塔大学开设俄语课程，在读学生人数也不多。

在哥伦比亚，俄罗斯人民友谊大学在哥伦比亚国立大学推出了俄语教育计划。但是截至 2017 年，该俄罗斯海外办学项目活动均已停止。

（三）俄罗斯高校在非洲的海外办学

俄罗斯在非洲地区海外办学很少。截至 2017 年，俄罗斯在阿拉伯联合酋长国运营 2 个海外办学项目。

在撒哈拉以南非洲的 50 多个国家中，俄罗斯大学没有设立分支机构、培训中心或代表处。仅在 2002 年，俄罗斯奥廖尔国立技术大学与南非教育基金和威特沃特斯兰德大学合作在约翰内斯堡开设了代表处，该代表处的主要焦点不是学术活动，而是与南非的大学合作研究和开发新型技术，但 2007 年，该代表处关闭。2009 年，别尔哥罗德州立大学在塞内加尔建立了大学预科培训中心。在苏联时期，塞内加尔约有 3000 名高中毕业生前往苏联接受高等教育，但苏联解体后，来俄罗斯学习的人数明显减少（2007—2008 学年，俄罗斯大学只有 52 名来自塞内加尔的学生）。因此，塞内加尔共和国掌握俄语学生数量非常少，绝大多数希望出国留学的塞内加尔年轻人寻求前往法国（因为法语是塞内加尔学校和大学学习的必修课），可见，语言因素已经影响了俄罗斯的海外办学活动。①

截至 2017 年，俄罗斯在阿拉伯联合酋长国运营 1 所高校海外分校和 1 个合作课程项目，分别是莫斯科金融—工业大学迪拜分校（在读 371 人）和莫斯科国际大学与迪拜伦敦美国城市学院合作开设项目课程（在读 38 人）；在埃及设立 1 所海外分校——皮亚季戈尔斯克国立语言大学—艾斯尤特市分校（在读 15 人）。

第四节　俄罗斯高校海外办学类型与运行模式

一、俄罗斯高校海外办学类型

目前俄罗斯海外办学的形式（模式）主要有 6 种：以独立法人开设的俄罗斯高校海外分校、合作办学、独立大学、海外中心代表处、联合课程和远程教育。其中办学规模较多的形式为海外分校、合作办学以及独立大学，下面对这 3 种办学形式进行解释：

俄语中海外分校的表达为 зарубежный филиал российских вузов，是指由俄罗斯母体高校在境外设立的教育分支机构，它至少部分上是由俄罗斯高等教育机构所拥有；以俄罗斯教育机构的名义运营；大部分采用面授的教学方式，派遣俄罗斯教师，提供完整的学术项目。合作办学的俄

---

① А.Л.Арефьев, *Тенденции экспорта российского образования*, Москва：Центр социального прогнозирования и маркетинга, 2010, pp.165-166.

语表达为 совместный университет，其模式多是依托当地高校、科研单位作为合作伙伴设立专门教学和科研中心以及派遣俄罗斯教师开展教学活动。独立大学是指俄罗斯在海外投资兴建的具有俄罗斯特色的独立高等教育机构。学生毕业颁发俄罗斯国家毕业证书，既非分校，也不是合作办学，目前有两种：斯拉夫大学、莫斯科占星学院。此类办学多设立在独联体国家。

（一）海外分校

海外分校是俄罗斯海外办学的重要形式，其办学数量也最多。截至2017 年，俄罗斯共开设 32 所海外分校，其中最为集中在独联体国家（27所，占比 84.4%），在亚洲开设 3 所（占比 9.4%），在中东开设 2 所（占比 6.6%）（见表 7.2）。俄罗斯高校海外分校是指俄罗斯高校在海外办学的附属实体，授予母校学位。海外分校教师多为俄罗斯高校优秀教授、学者甚至科学院院士以借调形式亲自前往分校所在地授课。

表 7.2　截至 2017 年俄罗斯高校海外分校一览表

地区	国家	分校名称	在读人数
独联体27 所	哈萨克斯坦 5 所	莫斯科航空学院—拜科努尔分校	531
		俄罗斯普列汉诺夫经济大学乌斯季—卡缅诺戈尔斯克市分校	635
		圣彼得堡工会人文大学阿拉木图分校	1354
		托木斯克国立大学阿拉木图分校	1480
		切利亚宾斯克国立大学科斯塔奈分校	3829
	吉尔吉斯斯坦 3 所	喀山国立技术研究大学康德分校	212
		俄罗斯国立社会大学奥什分校	723
		普列汉诺夫经济大学比什凯克分校	243
	塔吉克斯坦 4 所	莫斯科国立大学杜尚别分校	561
		莫斯科现代学术教育学院中亚分院	300
		莫斯科动力学院杜尚别分校	275
		莫斯科国立钢铁合金学院杜尚别分校	1202

地区	国家	分校名称	在读人数
	乌兹别克斯坦4所	莫斯科国立大学塔什干分校	371
		俄罗斯国立石油天然气大学卡尔希市分校	
		俄罗斯国立石油天然气大学塔什干分校	
		普列汉诺夫经济大学塔什干分校	659
	亚美尼亚5所	莫斯科国立大学埃里温分校	128
		莫斯科国立兽医与生物工艺学院埃里温分校	30
		普列汉诺夫经济大学埃里温分校	219
		俄罗斯国立旅游与服务大学埃里温分校	191
		圣彼得堡对外经济关系、经济和法律学院埃里温分校	154
	白俄罗斯2所	普列汉诺夫经济大学明斯克分校	1296
		俄罗斯国立社会大学明斯克分校	1551
	摩尔多瓦2所	莫斯科经济和法律学院蒂拉斯波尔分校	654
		莫斯科商务与法律学院蒂拉斯波尔分校	1550
	阿塞拜疆2所	莫斯科国立大学巴库分校	494
		莫斯科第一国立医科大学巴库分校	223
亚洲3所	蒙古2所	东西伯利亚国立技术管理大学乌兰巴托分校	6
		伊尔库茨克国立交通大学乌兰巴托分校	50
	日本1所	远东联邦大学北海道分校	28
中东2所	阿拉伯联合酋长共和国1所	莫斯科金融—工业大学迪拜分校	371
	埃及1所	皮亚季戈尔斯克国立语言大学—艾斯尤特市分校	15

资料来源：根据俄罗斯联邦科学与高等教育部2018年研究报告整理。

（二）合作办学

合作办学相比于海外分校最大的不同在于：海外分校的办学权或不完全归属于分校的开办者；或其课程设置及学位授予不完全由海外分校开办者独自负责，而是与合作的外国院校共同负责课程设置与教学，甚至为学生颁发的学位文凭也是以合作外国院校的名义颁发。如：深圳北理—莫斯科大学由莫斯科国立罗蒙诺索夫大学和北京理工大学合作设立的具有独立法人资格的中外合作大学，其课程设置及学位授予由两个学校共同负责，本科生如顺利通过答辩，可获得莫斯科大学和深圳北理莫斯科大学双毕业证。截至 2017 年，俄罗斯主要是在独联体和亚洲地区合作办学，海外合作办学共 18 所，其中独联体国家 8 所，亚洲 10 所（见表 7.3）。

表 7.3　俄罗斯高校海外合作办学一览表（截至 2017 年）

地区	国家	分校名称	在读人数
独联体 8 所	哈萨克斯坦 3 所	莫斯科国立大学—欧亚国立大学	608
		国际管理学院—哈萨克斯坦市场营销与管理学院	14
		莫斯科动力学院—阿拉木图能源和通信大学	212
	吉尔吉斯斯坦 3 所	圣彼得堡波罗的海国立技术大学—吉尔吉斯斯坦技术大学	23
		吉尔吉斯斯坦—俄罗斯教育学院	1238
		莫斯科动力学院—吉尔吉斯斯坦国立大学	109
	亚美尼亚 1 所	俄罗斯—亚美尼亚国际旅游学院	64
	白俄罗斯 1 所	白俄罗斯—俄罗斯大学	410
亚洲 10 所	中国 10 所	北京联合大学—俄交大联合交通学院	
		江苏师范大学—圣彼得堡大帝理工大学联合工程学院	
		杭州电子科技大学—圣光机联合学院	
		深圳北理—莫斯科大学	
		中原工学院中原—彼得堡航空学院	
		山东交通学院—顿河学院	
		哈尔滨师范大学—国际美术学院	
		大连交通大学—远交大交通学院	
		渭南师范学院—莫斯科艺术学院	
		华北水利水电大学—乌拉尔学院	

资料来源：根据俄罗斯联邦科学与高等教育部 2018 年研究报告、中国教育部中外合作办学监管工作信息平台 2019 年数据整理。

（三）独立大学

独立大学是指俄罗斯在海外投资兴建的具有俄罗斯特色的独立高等教育机构。学生毕业颁发俄罗斯国家毕业证书，既非分校，也不是合作办学，目前有两种：斯拉夫大学、莫斯科占星学院。此类办学多设立在独联体国家。例如吉尔吉斯—俄罗斯斯拉夫大学是由两国政府间签订办学协议，在讲授专业课程的同时，也作为俄语语言和文化的传播中心，成为俄罗斯民间外交、在独联体国家扩大文化影响力的重要载体之一。学校是同时受吉尔吉斯共和国和俄罗斯联邦双重领导的国立高等学府。截至 2017 年俄罗斯分别在吉尔吉斯斯坦、塔吉克斯坦和亚美尼亚各设立 1 所斯拉夫大学，分别在摩尔多瓦和哈萨克斯坦各设立 1 所莫斯科占星学院（见表7.4）。

表 7.4　俄罗斯高校海外开办独立大学情况（截至 2017 年）

独立大学	设立国家	具体名称	设置专业
斯拉夫大学	吉尔吉斯斯坦	吉尔吉斯—俄罗斯斯拉夫大学	自然技术、经济学、法学、国际关系、医学、建筑学、信息学、语言学、吉尔吉斯语、哲学与社会科学、教育学
	塔吉克斯坦	俄罗斯—塔吉克斯坦斯拉夫大学	历史、国际关系、管理与信息技术、新闻学和媒体技术、外语系、经济学、法律
	亚美尼亚	俄罗斯—亚美尼亚斯拉夫大学	数学与技术、工程物理、生物医学与药剂学、媒体广告与电影、法律、经济、国别区域（东方学）
莫斯科占星学院	摩尔多瓦	莫斯科占星学院	占星术、心理学、星盘
	哈萨克斯坦	莫斯科占星学院	占星术、心理学、星盘

资料来源：根据俄罗斯联邦科学与高等教育部 2018 年研究报告整理。

（四）海外中心代表处

早在苏联时期，俄国海外办学的形式就有设立中心或代表处，这种办学规模比海外分校和合作办学小。俄罗斯开办的海外中心或代表处现有：莫斯科国立大学在瑞士与当地私立大学合作设立的"莫大国际中心"；莫斯科占星学院分别在保加利亚首都索菲亚和拉脱维亚首都里加设立的

"占星中心"；国际管理学院分别在爱沙尼亚首都塔林和立陶宛首都维尔纽斯设立的"开放商学院"和"国际管理学院区域中心"；普斯科夫国立大学在拉脱维亚首都里加开设的信息咨询中心。在亚洲，布里亚特国立农学院依托蒙古国立农业大学设立的俄语中心。

（五）联合课程

联合课程是指两个或两个以上的高等教育机构同意联合开发可以由其共同开设的课程或教学项目，学生在各参与机构所在国分别完成一个阶段的学习，这种办学方式的学分在参与的高等教育机构之间是相互认可并可互换的。这种办学模式多存在与俄罗斯在欧洲国家合作开展的海外办学活动中。例如：俄罗斯北方联邦大学与法国上阿尔萨斯大学合作、在该大学开设的短期"项目课程"；皮亚季戈尔斯克国立语言大学与意大利坎帕尼亚路易吉万维泰利大学合作开设俄语课程；莫斯科国际大学与迪拜伦敦美国城市学院合作开设项目课程。

（六）开展远程教育

俄罗斯远程教育采用函授的方式来完成学业，大部分的教育资源需要支付费用获取，只有一小部分针对访问者免费开放。远程教育教学形式灵活，教学资源丰富，信息技术便捷，越来越受到欢迎与肯定。"信息技术网络大学"是俄罗斯免费远程教育教学的典范，为学习者提供大量的教学资源，并为海外的俄罗斯公民提供优质的俄文授课资源。从 1994 年开始，俄罗斯高校积极开展远程教育，其中与中亚国家开展远程教育合作较多，俄罗斯高校通过远程教育为中亚国家提供俄语教育，其学员通过有关考试后，可获得俄罗斯文凭。在塔吉克斯坦，哈萨克斯坦现代人文科学院的远程教育发展最好。截至 2005 年，已有 23000 名学生在现代人文科学院接受远程教育，且现代人文科学院在哈萨克斯坦 16 个大城市设立了分校。

二、俄罗斯高校海外办学运行模式

为确保海外办学活动能够顺利进行，俄罗斯政府和高校投入了大量的人力、物力和财力。本部分将从运行模式、经费划拨、专业设置三方面进行阐述。

在海外办学组织运行模式方面，俄罗斯最突出的特色是政府—高校协作模式。苏联时期，俄国高等教育国际交流被划归国家政治、外交轨道，故其海外办学属于典型的政府主导，办学经费由政府统一划拨，并且海外办学机构由苏联政府自上而下统一管理。进入 21 世纪以来，由于政府财政资金短缺，大幅度缩减高等教育的财政拨款。此外，俄罗斯海外教育机构采用校长负责制，这种自上而下的组织运行模式区别于欧美高校海外教育机构董事会负责制。其中比较有代表性的是深圳—北理莫斯科大学的校长负责制。深圳—北理莫斯科大学设三位校长领导：校长由北京理工大学推荐，负责统筹学校相关事宜；第一副校长由莫斯科大学推荐，负责学术；财务副校长由深圳市政府推荐，负责财务、后勤等相关事务。这种非传统意义上的治理模式被应用于俄罗斯海外合作办学独立法人机构中。

在经费划拨方面，为保证海外教育机构的办学质量，俄联邦政府采取竞争淘汰机制，不再对所有高校均衡提供经费，而是向表现优异的高校优先划拨经费。海外办学呈现市场化趋势，高校获得了很大程度的自主权，管理模式呈现政府与高校协作自下而上的分权模式。[1] 根据"高等教育无国界"专家的观察分析发现，俄罗斯海外分校的管理特征是由俄罗斯大学直接管理或与外国组织共同管理，但在平等条件下需要俄罗斯大学行使管理权。

在专业设置方面：就学科专业来看，俄罗斯海外办学主要涉及经济学、医学、管理学、理学、工学、农学和文学（俄语语言文学）7 个学科门类。并且，在不同的国家区域受欢迎的学科也不同，且开设学科也与俄罗斯在该地区开展商业、经济、文化交流活动的目的和意图相契合。在独联体国家主要以实用技术和人文社科类专业为主，包括经济与商贸、医学、能源技术、航空航天、法律、语言和旅游专业，这些专业符合俄罗斯

---

[1] 刘淑华、姜炳军：《独联体统一教育空间的建构》，《比较教育研究》2014 年第 1 期。

在当地开展商贸活动、有助于对兄弟国家的技术帮扶并促进俄语语言及文化的传播。在欧洲,主要有航空、工业、通信技术、金融专业。值得注意的是,俄罗斯的艺术、戏剧、心理学专业在欧洲也较有市场,旨在融入欧洲、推进博洛尼亚进程,扩大高等教育国际化。在亚洲地区,同样以实用技术和人文社科类专业为主。值得注意的是,近年来俄罗斯与我国教育合作、开展教学科目比较全面,即有工学、实用技术、人文社科和艺术学,包括电器工程及其自动化、机械工程、物流工程、交通工程,计算机工程、控制工程、机械工程、土木工程、车辆工程和俄语语言文学、油画、音乐,还开展基础学科科研合作,有经济学、语言学、应用数学与信息学、材料化学、物理与力学、生物学、地理学。

第五节　俄罗斯高校海外办学的典型案例

本节分别选取俄罗斯在亚洲、欧洲以及在其原来的兄弟加盟共和国联合体——独联体国家的三所海外教育分支机构(吉尔吉斯斯坦—俄罗斯斯拉夫大学、芬兰—俄罗斯跨境大学和深圳莫斯科国立—北京理工联合大学)作为案例具体研究。这三所学校分别对应办学类别为独立大学、联合课程和合作办学三类。通过呈现不同区域、不同类别海外办学的具体办学模式、开设学科、培养方案、师资配置以及学位授予等情况,总结俄罗斯的海外办学经验。

一、吉尔吉斯斯坦—俄罗斯斯拉夫大学

吉尔吉斯斯坦—俄罗斯斯拉夫大学(Киргизско-Российский славянский университет)是根据 1993 年 9 月 9 日由吉尔吉斯斯坦共和国外交部部长和俄罗斯联邦政府共同签署的政府间协议设立的独立大学,1993年招收了第一批学生,共 200 名。吉尔吉斯斯坦—俄罗斯斯拉夫大学校园有 14 栋教育楼,有 43 个实验室和 7 个图书馆阅览室和国际科学研究院;在学科课程方面共有 7 个学院(自然—理工学院、经济学院、法学院、人

文学院、国际关系学院、医学院、建筑设计学院）和 5 个教研室（计算机科学教研室、语言教研室、吉尔吉斯语教研室、哲学社会科学教研室、自然德育教研室）。①

（一）办学目的

吉尔吉斯斯坦—俄罗斯斯拉夫大学的办学目的在于为吉尔吉斯斯坦提供高等教育服务，并在该国加深俄罗斯文化语言影响力，维护其共同的历史文化传统。在社会经济，政治和文化全球化的背景下，为保障吉尔吉斯斯坦及中亚地区的高等教育和社会教育、科学知识、经济潜力、文化和道德价值观的发展，吉尔吉斯斯坦—俄罗斯斯拉夫大学以高质量的职业教育为基础，普及传播俄罗斯语言和文化，促进教育与科学领域的融合，保护吉尔吉斯斯坦和俄罗斯民族的历史和传统。

（二）组织架构

与欧美国家大学海外学校董事会负责制不同的是，吉尔吉斯斯坦—俄罗斯斯拉夫大学管理机制为校长负责制，并任命 5 位副校长分管教学、科研、财务、国际和公共事务。校长为学校的总责任人，5 位副校长对校长负责，他们在校长的领导下，协助校长分管各部门工作并直接领导各自部门。此外，校长还负责管理人力资源、医学中心、法务和教育科学文化中心等部门。可以说，吉尔吉斯斯坦—俄罗斯斯拉夫大学管理机制层级明确、分工细化、指责具体。（具体如图 7.2 所示）

（三）办学成就

吉尔吉斯斯坦—俄罗斯斯拉夫大学在吉尔吉斯斯坦高等院校中排名第一位，为国家和社会的发展，培养了高度专业化的工作人员，在工业、基础设施建设、学术科研、商业界，政府机关任职，并成为领军人才。此外，吉尔吉斯斯坦—俄罗斯斯拉夫大学还积极开展国际交流，该大学的教师和学生在校期间都会被派往国外（英国、德国、意大利、波兰、美国等

---

① 《Кыргызско-Российский Славянский университет Абитуриент 2021》，2019 年 8 月，见 http://abit.krsu.edu.kg/magistr/#documents_magistr。

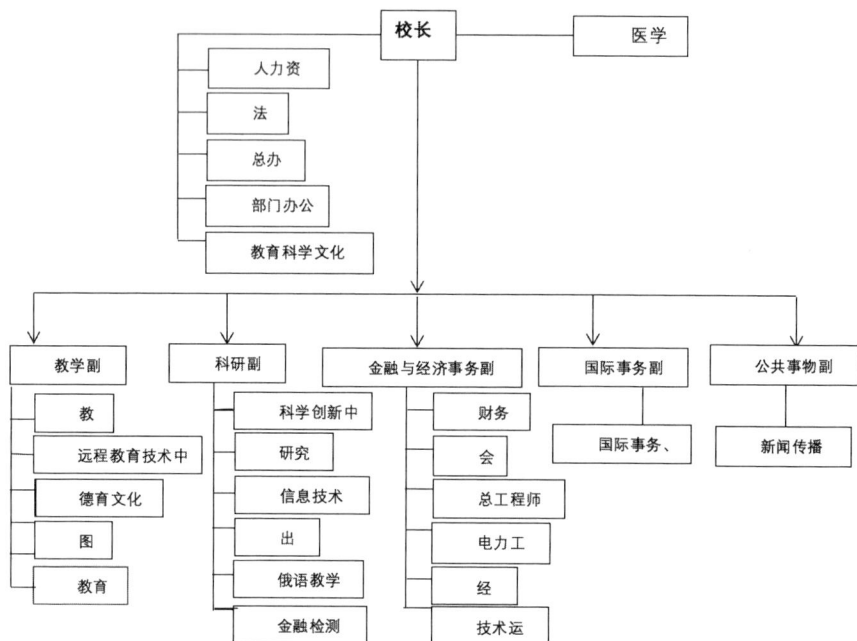

图 7.2 吉尔吉斯斯坦—俄罗斯斯拉夫大学组织架构图

国）进行实习和培训。与此同时还积极邀请来自白俄罗斯、以色列、印度、哈萨克斯坦、中国、巴基斯坦、乌兹别克斯坦和韩国的学生来访交流，并且定期邀请德国、中国、波兰、法国、瑞士、日本和其他国家的教师来访开展讲座。①

二、芬兰—俄罗斯跨境大学

芬兰—俄罗斯跨境大学（Финляндско-российский трансграничный университет）简称"CBU"，是由俄罗斯和芬兰的大学组成的高等教育联盟，由俄罗斯和芬兰大学共同开设联合课程。截至 2019 年，CBU 一共有 6 所大学参与，其中芬兰两所，俄罗斯 4 所，它们分别是芬兰东部大学、

---

① 《Кыргызско-Российский Славянский университет Абитуриент 2021》，2019 年 8 月，见 http：//abit.krsu.edu.kg/magistr/#documents_magistr。

坦佩雷大学、圣彼得堡国立大学、彼得罗扎沃茨克州立大学、莫斯科鲍曼国立技术大学、圣彼得堡国立森林技术大学。毕业生需同时在至少一所俄罗斯和一所芬兰大学学习完两年制硕士课程。CBU 课程是根据博洛尼亚公约的原则制定的，旨在开发联合硕士课程、提高专业水平和深化理论知识。①

（一）专业设置

芬兰—俄罗斯跨境大学现开设林业、国际关系和公共卫生三个硕士专业，所有课程都面向国际劳动力市场的未来需求。其教育理念和办学取向是跨学科、合作伙伴关系、文化民族和性别平等、提高高等教育质量意识。其中林业专业以森林和环境科学领域的双边和国际合作为基础，旨在促进自然资源的生态和社会可持续利用；国际关系专业着重培养学生对于北欧全球、国际和区域政治动态以及俄罗斯政治、社会、文化和语言知识的掌握；公共卫生专业要求学生学习掌握全球卫生、公共卫生营养、流行病学或护理科学知识。除了基于高水平科学研究的教学外，课程的目的是培养学生对不同工作环境的跨文化理解和知识。工作语言是英语，课程、研究活动同时在芬兰和俄罗斯开展。②

（二）培养方案

芬兰—俄罗斯跨境大学的学制为两年，根据欧洲高等教育体系制定。学习内容一共分为三个模块：实习、科研项目和论文撰写。其中，在实习模块中，CBU 为学生提供短期实习机会，招收具有最新专业知识和国际经验的学生。实习通常持续 3 个月，在夏季进行。CBU 可以为学生提供芬兰和俄罗斯领先的国际公司的实习机会；或者也可以培训未来的员工从事特定的工作。在科研项目模块中，学生需要完成各种研究项目。学生可以根据自己的兴趣或者特定主题参与一个研究项目，并运用研究技能和最

---

①　Finnish-Russian Cross-Border University，2019 年 8 月，见 http：//www.cbu.fi/en/web/cbu/employers。

②　Finnish-Russian Cross-Border University，2019 年 8 月，见 http：//www.cbu.fi/en/web/cbu/employers。

新知识来完成研究课题。为了完成学业，每个学生都必须撰写一篇硕士论文。在撰写论文时，CBU 鼓励学生在寻找硕士论文题目时与雇主合作。[①]

（三）招生模式

芬兰—俄罗斯跨境大学招生采用申请制模式，申报学生需要有相关的学科背景，并要取得该学科的学士学位。申请时主要按照以下 5 个考核标准对学生能力进行综合评估：学业优秀（0—5 分）、本科大学的声望和水平（0—5 分）、相关研究和其他背景（如工作经验、国际经验和其他项目 0—5 分）、推荐信（0—5 分）和学习动机（0—5 分）。此外，申请学生需要具备合格的英语水平，需要提供相应的英语水平测试成绩单。[②]

（四）学位颁发

完成研究硕士课程的学生将获得俄罗斯大学和芬兰大学双学位，由提供课程培训的学校颁发学位。例如，国际关系专业是由芬兰坦佩雷大学和圣彼得堡国立大学提供的"芬兰—俄罗斯跨境大学"（CBU）双学位课程，那么毕业生将同时获得这两所大学的学位证，其中接受远程教育的国际学生也可以在完成学业要求后申请获得俄罗斯、芬兰大学的双学位。

三、深圳莫斯科国立—北京理工联合大学

2016 年 10 月 27 日在中国深圳正式开办的莫斯科国立—北京理工联合大学（Совместный университет МГУ-ППИ в Шэньчжэне）是由莫斯科国立罗蒙诺索夫大学和北京理工大学合作设立的具有独立法人资格的中外合作大学。俄罗斯将这所大学的办学目标定为创建国际文化和语言环境、培养具有国际视野的复合型人才，为未来在亚太地区实施两国的经济项目、促进人民之间的文化对话和理解奠定基础。[③] 深圳莫斯科国立—北京

---

① Finnish-Russian Cross-Border University，2019 年 8 月，见 http：//www.cbu.fi/en/web/cbu/employers。

② Finnish-Russian Cross-Border University，2019 年 8 月，见 http：//www.cbu.fi/en/web/cbu/employers。

③ Университет МГУ-ППИ в Шэньчжэне，2019 年 8 月，见 http://szmsubit.ru/。

理工联合大学于 2017 年 9 月 13 日正式启动，是一所"非营利性"的联合大学。

（一）专业设置

深圳莫斯科国立—北京理工联合大学设立了本科、硕士和博士三个层次的学位教育。本科开设六个专业，分别是：国际经济与贸易、外国语言文学（俄语）、数学与应用数学、材料科学与工程、生物科学、工程学。硕士研究生开设五个专业，包括当代俄罗斯语言文化（俄语授课）、对外俄语教学（俄语授课）、纳米生物技术（英语授课）、基础与系统生态学（英语授课）、城市生态学与区域规划（俄语授课）。博士研究生开设两个专业：俄语语言文学、生物学，所有专业均实施莫斯科大学培养方案。

学校的学科专业设置以满足中俄战略发展需求为目标，并结合研究在国际领域开展教学、翻译、编辑、工作的活动合作和商业沟通。课程设置突出理论与应用相结合，教学方法尝试研究讨论式教学、自主和交互式教学和项目驱动式教学等教学方法，注重通过教学改革，培养学生探究问题的兴趣、自学能力和独立思考的能力。[①]

（二）师资配置与招生模式

深圳莫斯科国立—北京理工联合大学 50% 以上的教师来自于莫斯科大学，全部具有博士学位，同时面向全球招聘高水平教学科研人员。2017年学校首次面向全社会招生，采用基于高考的"6：3：1综合评价"招生模式（考生高考成绩占录取成绩比例的 60%，由录取高校自行组织的综合评价测试分占录取成绩的 30%，考生高中阶段的学业水平占录取成绩的 10%）。学校远期办学规模为 5000 人，本科生与研究生比例为 1：1。学校不仅将招收中国学生，还将招收俄罗斯、中亚和东欧地区的留学生，承担东西方文化交流等项目。[②]

---

① Университет МГУ-ППИ в Шэньчжэне，2019 年 8 月，见 http：//szmsubit.ru/。

② Университет МГУ-ППИ в Шэньчжэне，2019 年 8 月，见 http：//szmsubit.ru/。

（三）前景规划

莫斯科国立大学将派出著名的学者（包括世界闻名的教授和院士）在合作大学开展教学科研工作，北京理工大学教授也将参与教学科研活动，根据大学章程，师生比为 1 比 10。① 深圳莫斯科国立—北京理工联合大学将汇集莫斯科大学和北京理工大学的优势学科领域开展教学科研活动，在学科专业设置上文理工并重，服务于中俄两国文化、教育和科技合作，兼顾深圳市社会经济发展需要，培养拥有扎实专业知识、深厚人文素养和实践创新能力的优秀人才，并根据发展需要建立若干研究中心。② 深圳莫斯科国立—北京理工联合大学的未来教学模式以小班授课为主，旨在培养能够推动中俄文化、科技合作，并且符合市场需求的专业人才。一方面可以发挥俄罗斯高等教育的传统理工科科研优势，推动两国科技创新、经济发展，另一方面也为维护两国全面战略协作伙伴关系提供良好的平台依托。

第六节　俄罗斯高校海外办学的经验与启示

一、俄罗斯高校海外办学面临的挑战与问题

（一）教育竞争力问题

与欧美高校相比，俄罗斯高校海外办学缺乏品牌竞争力。近年来，俄罗斯高校在欧美主导的世界大学排行中的名次不尽人意。在 2019 年 QS 大学排行前 100 的榜单中，仅有莫斯科大学排在第 90 位③，其他高校、哪怕是实力雄厚的圣彼得堡国立大学也仅排在第 235 位，这在相当程度上影响了俄罗斯高校的世界影响力。开展海外办学活动的高等教育机构需要具备独立开发市场的能力，拥有必要的财政资源、师资力量以及学术科研能

---

① Университет МГУ-ППИ в Шэньчжэне，2019 年 8 月，见 http：//szmsubit.ru/。

② Университет МГУ-ППИ в Шэньчжэне，2019 年 8 月，见 http：//szmsubit.ru/。

③ QS World University Rankings®2019，2019 年 2 月 27 日， 见 https：//www.topuniversities.com/university-rankings。

力等，而这些恰恰是大学排行榜的指标权重。根据美国跨境教育研究小组（Cross-Border Education Research Team）统计，截至 2017 年，全球共有 34 个国家的大学在海外建立 250 所分校，其中以设立分校数量为指标，排名在前五位的国家有：美国 77 所，英国 38 所，法国 28 所，俄罗斯 21 所，澳大利亚 14 所（见表 7.5）。① 虽然俄罗斯在海外办学市场中占有一席之地，但相较于欧美国家，俄罗斯在世界大学排行榜中处于前列、符合海外办学要求的大学数量较少，这在一定程度上导致俄罗斯海外办学没有品牌效应。

表 7.5 "海外办学热门国家"在 2019 年 QS 大学排行榜中排名表

国家	海外办学热门国家在 QS 大学排行榜中进入前 500 名不同 TOP 的高校数量						
	TOP-10	TOP-20	TOP-100	TOP-200	TOP-300	TOP-400	TOP-500
美国（所）	5	11	30	47	58	75	91
英国（所）	4	5	18	29	38	47	51
法国（所）	0	0	3	5	10	13	17
俄 罗 斯（所）	0	0	1	1	5	10	15
澳大利亚（所）	0	0	6	8	16	21	24

资料来源：根据 QS 大学排行榜官方网站 2019 年信息整理。

此外，在海外办学方面，美国、英国、法国和澳大利亚有着丰富的经验并且取得了一定的成果，它们的海外分校在一些国家正在成为区域集群和知识经济创新战略的重要组成部分（例如知识村—迪拜，阿联酋—卡塔尔）。而相比之下，俄罗斯海外办学的监管法律框架已经过时，与当前的跨境高等教育的总体趋势不相符合，俄罗斯本国的大学实际上也存在监管机制和质量保证机制不完善等问题。俄罗斯大学在海外办学开设方面缺

---

① Cross-Border Education Research Team.information about the branch campuses，2017 年 1 月 20 日，见 http://cbert.org/resources-data/branch-campus。

乏条件和经验。大学的声誉风险与确保分支机构的教育质量直接相关。美国、欧盟、土耳其、日本、伊朗均有在中亚国家的办学或建立校际间合作（例如哈萨克斯坦纳扎尔巴耶夫大学与美国哈佛大学医学院、卡内基梅隆大学开展校际合作项目，土耳其和哈萨克斯坦共同创办的哈萨克—土耳其亚萨维国际大学）。五所土耳其教育机构在塔吉克斯坦首都杜尚别成功运作，伊朗大学在塔吉克斯坦设立的英语学院正在开展工作，这或将对俄罗斯在此办学构成竞争局面，客观环境促使俄罗斯需要不断改进和完善在当地的办学思路与措施。

（二）俄语普及问题

教学语言是影响海外办学能否顺利进行、实现教学目标的重要因素。俄罗斯海外办学大多使用俄语教学，因而俄语有限的普及程度会严重影响俄罗斯的海外办学活动。苏联解体后，俄语在前苏联加盟共和国的地位迅速下降，一些苏联原加盟共和国开展"去俄化"进程，导致俄语在世界上的使用范围和使用人数也迅速缩减。除前苏联加盟共和国以外，其他国家俄语的预备课程和俄语学校较少，俄语普及和影响力远远低于英语、法语和德语，而俄罗斯海外办学当地的俄语的使用人数和地位直接决定了外国学生是否选择接受俄罗斯教育。如何解决语言问题是俄罗斯扩大海外办学规模的一个关键问题。例如：越南是一个传统上适应俄罗斯及其文化以及高等教育的国家。2007—2008 学年越南接受俄罗斯海外教育分支机构教育培训的学生数量为 4.6 万人。但是由于与英语相比，俄语在越南的普及程度很低（当地学童和学生不到 0.1% 掌握俄语），俄罗斯大学很难进入越南教育市场。再如塞内加尔掌握俄语学生数量非常少，绝大多数希望出国留学的塞内加尔年轻人寻求前往法国（因为法语是塞内加尔学校和大学学习的必修课），这一因素也影响俄罗斯在该国开展海外办学活动。

（三）学制对接问题

俄罗斯加入博洛尼亚进程后，将原来的专家—副博士四级学位制度改为本硕博三级学位制度，虽然目前已基本完成修改，但仍存在不完善之处，主要表现为硕士的学制与其他国家不一致，导致海外办学中一些联合学位项目存在对接困难的问题。俄罗斯海外高层次办学中存在联合培养硕士、博士（例如中国深圳—北理莫斯科、芬兰—俄罗斯跨境大学），但在俄罗斯的教育体系中获得硕士学位的学生必须拥有四年制学士学位，硕士学位本身持续两年，而在一些北欧国家（例如芬兰），硕士学习只需一年，要获得本、硕两个学位，俄罗斯学生需要学习 6 年，芬兰大学要求 5 年，中国学制则需要 7 年。所以，在海外联合办学并授予双学位时需要解决学制问题。

（四）资金、教师、教学设备紧缺与招生困难

近些年，俄罗斯经济状况不佳导致教师工资、教学设备无法得到充足的供应与保障，在一定程度也影响海外办学的教学质量与招生情况。例如：2009 年 9 月，在塔吉克斯坦国立教育大学设立了俄罗斯教育学院，这是促进塔吉克斯坦俄语教学的标志性事件，第一批学生 45 人已经开始在该学院上课。就长远来看，塔吉克斯坦国立教育大学计划将俄罗斯教育学院（历史学、法律、物理、地理学院）迁至独立的教学楼，但是由于资金短缺问题，阿塞拜疆开设教育分支机构的俄罗斯高校遇到各种后勤和学术困难（教学人员，教育设备，教学资料不足等问题）。

此外在美国有一批移民来的前苏联的科学家和教授，这些人在美国无法找到合适的工作，因此会为南乌拉尔州立大学—纽约开设代表处工作。直到 2005 年，由于盈利能力低，南乌拉尔州立大学—纽约开设代表处被迫关闭。2007 年俄罗斯经济与管理学院在美国佛罗里达州塔拉哈西开设了代表处，3 名当地居民接受了培训，后因招生困难全部关闭。

（五）国际关系与地区开放程度问题

俄罗斯的海外办学是与世界政治格局、地区局势、双边关系、外交政策及经济发展水平等方面密切相关的。如：由于俄罗斯与一些国家关系恶化而波及海外办学活动的情况时有发生。例如：俄罗斯海外办学在东欧国家呈减弱趋势，这与该地区为消除苏联时期的影响而开展"去俄化"进程有关。2007 年俄罗斯劳动和社会关系学院在瓦尔纳开设代表处，但是根据保加利亚教育和科学部的指示，俄罗斯高校不得在此开展任何教育活

动，因此在此的教育活动被取消。2008 年 8 月俄格战争后格鲁吉亚退出独联体，俄罗斯在格鲁吉亚的办学活动变得更加艰难，到了 2017 年俄罗斯在格鲁吉亚的办学全部停止。在乌克兰西部最"反俄"的城市之一——利沃夫也有俄罗斯大学分校，2005 年俄罗斯东正教圣吉洪人道主义大学在此开设分校，约 100 名信仰东正教的当地学生在此学习。2007—2008 年乌克兰教育科学部和俄罗斯代表组成的审计组向包括莫斯科国立大学黑海分校在内的 5 所俄罗斯大学提出了各种要求，随后它们不得不缩减在乌克兰开展的政治、公共行政与法律高等教育课程。在叙利亚，俄罗斯人民友谊大学和叙利亚阿勒颇大学合作开办人文科学教育中心，2008 年卡巴尔达—巴尔卡尔国立大学在大马士革大学开设过代表处，但后来受国际局势影响全部关闭。由此可见，国际关系与目的国开放程度也是影响俄罗斯高校海外办学的重要因素。

二、俄罗斯高校海外办学的经验

（一）办学理念：传播俄语语言文化，加强文化输出

俄罗斯高校海外教育机构通过俄语教学、开展俄罗斯语言文化课程成为构建文化软实力的重要新生力量。无论是从传播要素还是文化的交融性、传承性来看，它都足以承担向外传播俄罗斯文化的任务，担当建设国家文化软实力的重任。尤其是苏联解体后，俄罗斯加强独联体国家人文交流合作、开展高校海外办学、提供俄语教学与人员培训是服务外交政策、维护双边关系以及保护共同历史文化传统的重要途径。在文化类课程设置方面，俄罗斯海外教育机构会设置俄语语言、俄罗斯历史、社会文化、艺术、戏剧等课程。因此，俄罗斯高校海外办学是促进文化交流、有效提升国家"软实力"的重要平台，这也为俄罗斯的全面发展注入新的生机与活力。

（二）办学性质：教学、科研与生产相结合

自苏联时期，俄国高校便有教学、科研与生产一体化的传统，这一传统一直延续至今，在俄罗斯高校海外教育机构中的办学性质中有所体现。例如莫斯科国立—北京理工联合大学注重培养推动中俄科技合作，并且符合市场需求的专业人才，可以发挥俄罗斯高等教育的传统理工科科研优势，推动两国科技创新、经济发展。芬兰—俄罗斯跨境大学也为学生提供芬兰和俄罗斯领先的国际公司的实习机会，为公司培养未来的员工；学生在撰写毕业论文时，学校鼓励学生在寻找硕士论文题目时与雇主合作。在科研项目模块中，学生可以根据自己的兴趣或者特定主题参与一个研究项目，并运用研究技能和最新知识来完成研究课题。教学，科研，生产一体化的方针是俄罗斯海外办学的一大特色，也传承与发展其历史传统。发展生产力主要依靠科学技术进步，俄罗斯高校海外办学肩负着培养科技革命后备力量的重任。为适应科技革命和市场的要求，海外办学既要培养高质量的专门人才，又要多出科研成果，其采取教学、科研与生产联合体的方案也可以为我国高校海外办学提供借鉴与启示。

（三）办学定位：战略意识、国家主导

俄罗斯将海外办学上升到国家战略的高度，俄罗斯高校分校作为科学技术、经济价值和国家影响力的强大"载体"，在高等教育国际化的背景下，积极推动海外办学以扩大俄罗斯高等教育世界影响力。此外，力求以"教育出口"刺激经济增长向创新型社会过渡。从俄罗斯海外办学的推动力量来看，政府在推动俄罗斯高校海外办学的兴起和发展中发挥主导作用，同时注重引入社会资源。政府对于海外办学的正确引导和支持是办学顺利进行的前提。截至2017年，俄罗斯设立的72所办学机构中有53所（占比约73.6%）办学主体为政府（俄联邦政府、教育科学部、农业部、交通运输部），19所（占比约26.4%）以私立学校和社会组织（俄罗斯独立工会联合会）为办学主体。可以说，俄罗斯国家对于海外办学予以重视和支持。2015年，俄罗斯总统普京就曾在世界同胞大会上表示："莫斯科方面需保障稳定的财政注入来加强俄罗斯高校的海外办学。"2019年8月俄罗斯联邦科学和高等教育部颁发了《2019—2024年国家教育项目》文件，其中明确将"教育出口"作为优先项目，划拨专门经费支持俄罗斯海外办学，并通过外交使团、主要媒体等渠道加强对俄罗斯教育品牌的推广。

俄罗斯作为传统的教育大国，积极开展和推进高校海外办学活动，旨在扩大高等教育世界影响力，在世界舞台上重现大国风范、维系区域性国际关系秩序，提升国家竞争力、促进民生与经济发展，这对于新时期可持续发展都有借鉴经验。

（四）办学规划：维持海外办学的传统空间，积极拓展市场

俄罗斯海外办学的布局规划在维护传统"独联体"教育空间的基础上，积极拓展海外市场。因此，俄罗斯高校海外办学涉及区域较广，在亚洲、欧洲乃至中东都有分布，但主要集中于独联体国家，目的在于巩固对该地区的传统影响力和区域性国际关系秩序；与此同时，近年来中俄战略协作伙伴关系日渐深化也极大地推动了两国高校间的合作。据俄联邦教育科学部统计，截至 2017 年，俄罗斯设立在海外的 72 所办学机构中，在独联体国家有 44 所（占比约 61.1%）、欧洲 9 所（占比约 12.5%）、亚洲 16 所（占比约 22.2%）、中东 3 所（占比约 4.2%）。

（五）办学类型与层次：多元灵活

相较于其他国家而言，俄罗斯海外办学类型较为多样、形式灵活，且办学层次丰富多元，既有分校、也有独立大学，还有合作办学以及中心代表处、短期联合课程、远程教育。首先，在俄罗斯开展海外办学活动初期，没有充足的办学经验，多样化的办学模式为其打开市场奠定基础。其次，由于不同国家的经济水平发展不同，对于人才培养的需求也各有差异。俄罗斯海外办学的多元化符合人才培养的需求。此外，鉴于俄罗斯在不同国家办学的动因不同且受国际关系影响，多元化的办学类型在高校走出去时会更加灵活。最后，受俄罗斯国内经济发展的影响，在海外办学经费划拨有限的情况下，多元化办学类型可以支持俄罗斯高等教育走出去，即使没有充足的经费开办分校、独立大学或合作办学，但仍然可以通过中心代表处以及联合课程的方式输出俄罗斯高等教育，占领海外市场。

三、对中国高校发展海外办学的启示

通过以上分析，可以看出俄罗斯在海外办学方面还是有许多的做法与经验，它们对我国高校未来海外办学具有以下启发意义：

第一，加强顶层设计，进行宏观指导。国家层面做好顶层设计和统筹协调工作，形成各方面优势合力推进高校海外办学的有序、高效开展。此外，国家政策对于"走出去"的高校进行一定的支持是非常必要的，政府应对高校海外办学起到积极的鼓励和推动作用。目前与发达国家的高校相比，我国高校资源优势不明显，政策支持是很多高校"走出去"的重要条件。政府可以通过制定相关的鼓励政策，加强与潜在的东道国的外交和文化联系。这既为我国高校"走出去"搭建桥梁和平台，也在一定程度上为我国高校在东道国办学提供了一个安定的政治环境保障。此外，由于海外办学的成功与否与国际关系和所选国家和地区的教育开放政策密切相关。政府应制定应对重大事件的应急预案，防范所在地政治军事危机、双边关系重大变化；建立应急管理机构，配备必要的应急设备设施，设立应急联系机构。

第二，多形式、多渠道办学，促进中外人文交流、提升我国教育国际竞争力和影响力，为"一带一路"沿线国家培养技术技能人才，助力中国企业"走出去"。俄罗斯高校的海外分校服务于当地社会经济发展和人才培养，这给我国的启示有：根据海外办学输出国当地的需要，实施不同的海外办学形式；拓宽海外办学渠道，鼓励社会、高校、民间机构、爱国志士等主体多方参与，利用自身的资源开展海外交流与合作，投身海外办学之中。高等教育机构在提高自身办学水平的同时，与国外大学建立多层面合作，探索建立高质量海外大学，这不仅能给中国海外办学发展带来新元素，而且能确保"一带一路"的顺利实施。

第三，开展国际科研合作，以高校为依托开展长期的前瞻性、战略性、前沿性基础研究，发挥高校优势、开发高新型技术，促进科技产业形成。中俄是友好邻邦，两国合作与交流源远流长。尤其是新中国成立后，中俄科技合作与交流对我国经济恢复和发展发挥了不可替代的作用。新时

期，我国海外办学过程中，高校应在组织领导、知识产权保护、合作交流模式创新、渠道与平台建设以及人才队伍培养等方面加强工作，推动高校顺利开展科技合作与交流。

第四，以文化特色吸引外国学生，开设特色课程（例如中医、戏曲、武术文化等）。俄罗斯高校海外教育机构通过俄语教学、开展俄罗斯语言文化课程成为构建文化软实力的重要新生力量。无论是从传播要素还是文化的交融性、传承性来看，它都足以承担向外传播俄罗斯文化的任务，担当建设国家文化软实力的重任。我国在海外办学过程中，应立足于推动中国文化走出去，构建中国特色对外话语体系，传播中国声音、讲好中国故事，在海外课堂中充分展现中国文化，以海外办学为依托，加强对外汉语教学与海外华文教育，推动中国文化走向世界。

第五，拓展海外教育市场，依托地缘优势在教育全球化竞争中占领先机。由于独联体国家对俄罗斯文化的认同以及地理位置毗邻，俄罗斯在开展海外办学中以独联体国家为"主阵地"广泛拓展海外办学空间，尤其在中亚国家，俄罗斯以其与中亚国家历史文化传统的优势能够在此长久办学。这给我国的启示：要充分利用与周边国家和地区的友好关系与传统泛中华文化圈的作用，将我国逐步打造成为亚洲高等教育枢纽，集中优势教育资源尝试性地开辟欧美教育市场，扩大我国的海外教育市场份额与国际影响。

第八章　印度高校海外办学研究

在全球化时代，高等教育国际化已成为一个主要的发展趋势，越来越多的高等教育机构开始加入到了跨国流动的行业。[①] 作为发展中国家，20 世纪 90 年代以来，印度也制定了高等教育国际化发展战略，并相继制定了有关政策，设立了推进教育国际化发展的专门机构，其中也把海外办学作为国际化发展战略的重要内容。目前，印度已成为世界上海外分校输出最多的发展中国家，印度高校先后在阿联酋、新加坡、澳大利亚、毛里求斯、尼泊尔等国家创办了 10 多所海外分校，并且在非洲、亚洲一些国家建立了几十个海外远程教育基地及学习中心，与欧美及亚洲国家高校合作开设了不少海外联合学位项目。作为高等教育国际化的后发国家，印度高校的海外办学发展速度及规模引人注目，其发展也凸显自己的特色，具有与欧美发达国家不一样的发展模式和办学特色。

第一节　印度推进高校海外办学发展的战略动因

在全球化背景下，高等教育的国际化已成为许多国家的国家战略。

---

① ［美］菲利普·阿尔特巴赫：《跨越国界的高等教育》，郭勉成译，《比较教育研究》2005 年第 1 期。

海外办学，尤其是海外分校，作为教育输出，不仅可以带来经济利益，而且也逐渐成为一个国家加强与其他国家关系、展示和提升文化软实力、增强国际影响力的重要手段。因此，高等院校的海外办学对一个国家具有重要的政治、经济、文化与外交战略意义。印度政府也明确将高等教育国际化成为其外交战略、文化软实力发展战略的一部分，积极推进高等教育的国际化，参与国际高等教育的市场竞争。具体来讲，印度推进高校海外办学发展的战略动因主要有三个。①

一、服务印度大国发展战略的提出

积极推进高校海外办校是全球化时代印度国家发展战略的一部分，充分体现了印度政府在地缘政治与国家安全、外交与文化传播方面的战略考量。1992 年，印度开始推行"改革开放"政策，20 多年来印度的经济发展迅速。1992 年至 2007 年，印度人均国内生产总值（Gross Domestic Product，GDP）的五年平均增长率达到 7.2%。1992—2017 年，印度人均 GDP 平均年增长率接近 5%。② 根据世界银行和国际货币基金组织的预测，印度将成为未来十年内全球经济增速最快的国家。与此同时，印度也将成为世界上人口最多的国家。

印度作为人口大国，早在尼赫鲁时代就提出了"有声有色的大国"梦想，随着经济的快速发展和综合国力的显著增强，印度政府更是雄心勃勃地提出了大国发展战略。③ 2014 年印度大选，莫迪提出要建设一个"强大、自立、自信的印度"，并在国际社会获得应有的地位。2015 年 2 月，

---

① 曾晓洁：《印度高校海外办学的发展动因及区域布局研究》，《比较教育研究》2019 年第 2 期。

② 世界经济网：《印度历年 GDP 增长率　印度经济增速全球第一　专家：中国 GDP 每年增长半个印度》，2018 年 8 月 3 日，见 https://www.shijiejingji.net/redianxinwen/20180830/92464.html。

③ Indian Press Information Bureau. Prime Minister's Office "PM to Heads of Indian Missions"，2019 年 12 月 26 日，见 http://pib.nic.in/newsite/PrintRelease.aspx? relid=115241。

莫迪政府提出要让印度发展成为"全球领导大国"（A Leading Power）①，即成为和其他大国平起平坐的世界大国。为实现大国发展战略，莫迪政府非常重视教育与文化的作用，将其作为"软实力"纳入印度的大国发展战略。他批评辛格政府在与较小邻国打交道时忘记了印度特有的文化力量，即所谓的"软实力"。2014 年莫迪政府提出了以共同文化为纽带的文化项目——"季风计划"（Project Mausam），旨在从宏观与微观两个层面增强印度在印度洋地区文化圈中的文化影响力。② 2013—2014 年度，印度向南亚邻国派遣了 7 个文化代表团，而 2014—2015 年度向南亚邻国派遣文化代表团则增加至 18 个。基于印度与南亚邻国都有共同宗教文化渊源，莫迪政府在南亚援助中大打宗教牌，倡导"佛教外交"（Buddhist Diplomacy）。2014 年莫迪在访问尼泊尔和不丹期间，承诺为两个国家的佛教遗址开发和维护提供赠款。③

　　为增强国际影响力和提升文化软实力，进入 21 世纪，印度政府还积极调整了海外印度人（包括印度海外移民和印度海外劳工）政策，强化海外印度人与印度的联系。印度是一个人口大国，也是一个移民大国，印度人移居海外有近 200 年的历史。据联合国经济和社会事务部 2017 年 12 月的最新报告统计，全球有 2.58 亿人是移民，占全球总人口的 3.4%，而印度是输出移民人数最多的国家，全世界来自印度的移民为 1700 万人。目前，海外印度人（包括海外移民和海外劳工）总数为 2800 万，分布于 110 个国家和地区。④ 印度总理莫迪非常重视海外印度人的作用，强调"我们不仅要用数字来衡量海外印度人，更要将他们视作一种

---

① 王晓文：《印度莫迪政府的大国战略评析》，《现代国际关系》2017 年第 5 期。

② 陈菲：《"一带一路"与印度"季风计划"的战略对接研究》，2015 年 12 月 1 日，见 http://opinion.hexun.com/2015-12-01/180904703.html。

③ 新华网：《印度总理莫迪留言西安大慈恩寺："每一个印度人都认为高僧玄奘是一位伟大的修行者!"》，2015 年 5 月 18 日，见 http://www.xinhuanet.com/politics/2015-05/18/c_1115318320.html。

④ L. K. Narayan. Indian Diaspora：A Demographic Perspective，2019 年 12 月 25 日，见 http://www.uohyd.ernet.in/sss/cinddiaspo-ra/occ3.html。

力量。"①

2000 年，印度政府组建了一个关于海外印度人的高级委员会，专门负责研究海外印度人的生存发展问题，如文化、教育、健康等问题。2002 年，印度政府成立了印度海外教育促进委员会（COPIEA），积极推动印度高校与国外高校的合作。2004 年，印度成立了海外印度人事务部（Ministry of Overseas Indian Affairs），专门负责海外印度人事务，包括文化和教育事务。成立于 1953 年的印度大学拨款委员会（the University Grants Commission），为推动印度高等教育的海外发展，也在 2004 年制定了高等教育国际化的行动计划。② 印度政府非常重视对年轻一代海外印度人的教育和培养，以加强他们对母国文化的了解与认同，使之成为实现其大国战略的人力资源。为此，印度政府不仅实施了双重国籍政策，给予符合条件的海外印度裔外国公民印度公民身份，还启动了"海外印度人奖学金计划"，制定了有关的文化教育政策支持印度高校海外办学，注重为年轻一代海外印度人提供高等教育。另外，印度海外分校还积极招收其他国家的学生，培养有益于印度发展的国际人才。2018 年，印度政府启动了"留学印度"计划，选出印度 100 所好大学，为国际学生提供 2 万个名额，吸引外国学生来印度留学。③

二、满足印度高等教育国际化发展的需求

当今社会，鉴于高等教育国际化在提升国家人才、科技发展竞争力以及文化软实力等方面的重要作用，印度政府也积极推行高等教育国际化政策，尤其是 20 世纪 90 年代推行"全球化和市场化"改革以来，印度政府更是加快了印度高校国际化推进的步伐。第一，印度政府制定新政，

---

① D. A. Mahapatra. From a Latent to A 'Strong' Soft Power? The Evolution of India's Cultural Diplomacy，2020 年 1 月 23 日，见 http://www.palgrave-journals.com/articles/palcomms201691。

② 刘婷：《印度高等教育国际化历史、现状及特点》，《世界教育信息》2016 年第 18 期。

③ S. K. Mitra. "Internationalization of Education in India：Emerging Trends and Strategies"，*Asian Social Science*，Vol.6，No.6，（May 2010），pp.105-110.

2000 年通过《外商直接投资法》，2010 年颁布《外国教育机构法案》，开放国门，允许外商及外国高校进入印度开办高等教育机构，以满足国内巨大的高等教育需求（截至 2005 年 6 月，印度高中后涉外办学机构共计有 311 个)①。第二，印度政府不断加大对周边国家的教育资助。如，2016 年，印度文化委员会举行了阿富汗国民特别奖学金项目 10 周年纪念活动，印度将在 2017 年至 2022 年期间进一步扩大项目名额，决定从 2018—2019 学年开始为阿富汗国防安全部队烈士家属提供 500 个研究生奖学金名额，向阿富汗国家农业科学技术大学提供超过 20 万美元的实验仪器设备，并为阿富汗国家音乐学院提供乐器设备。2017 年莫迪政府宣布将孟加拉国的"自由战士"(Muktijoddha) 专项奖学金项目延长 5 年，资助 1 万名"自由战士"的子女。第三，印度政府也鼓励印度高校开展海外办学，积极参与高等教育市场的全球竞争。

2001 年，印度大学协会在迈索尔大学举办了"印度高等教育国际化"圆桌会议，专门讨论促进印度高等教育国际化的机制问题。会议最后通过了《迈索尔声明》。②《迈索尔声明》明确提出：在新的"知识时代"，高等教育国际化已是一个不争的事实；应充分认识到国际化对改善高等教育质量的促进作用；高等教育的国际化有利于印度海外文化的传播，具有积极的政治经济效益；政府、学术机构和印度大学协会应采取必要的步骤来促进印度的高等教育国际化。为此，《迈索尔声明》建议：政府应成立一个委员会来促进印度的海外教育发展，采取适当的行动，向海外推广印度文化；允许印度大学在海外开设海外分校，修订 1956 年大学资助金委员会法案和其他法定委员会法案，包括允许大学开设海外分校和通过远程教育输出印度教育的具体条款；简化外国学生注册、入学考试和签证的签发及延期手续；印度驻外使馆应在印度高校国际化方面发挥应有的作用，帮

① 赵叶珠：《印度〈外国教育机构法案〉的出台背景、主要内容及争议焦点》，《复旦教育论坛》2014 年第 2 期。
② S. K. Mitra. "Internationalization of Education in India：Emerging Trends and Strategies"，*Asian Social Science*，Vol.6，No.6，（May 2010），p.107.

助印度高校举办招聘会、入学考试和招生活动；制定相应的资助政策；创
建中央网站，以加强印度高等院校的信息基础建设和信息传播；政府和其
他法定机构应该给予大学更大的自主权和灵活性，让它们可以接收外国学
生，与外国机构达成开展更多合作。

2002 年，印度政府成立了印度海外教育促进委员会，推动印度高校
与其他国家的合作①，印度大学拨款委员在"十五"高等教育发展规划期
间（2002—2007）专门设置了印度海外高等教育项目，积极推进印度高
校与其他国家高校的合作与师生交流，支持印度高等教育机构的海外扩
张。② 2004 年，印度大学拨款委员会倡导成立了印度国际教育中心（India
International Education Centre），专门负责制定印度高等教育国际化的有
关行动方案。2007 年，印度大学拨款委员会发布"十一五"高等教育发
展规划（2007—2012），提出要进一步加强高等教育的国际化，支持印度
高校的海外发展。在"十二五"高等教育发展规划（2012—2017）中，
印度政府提出支持高校建立专门的国际中心，以提升高校的国际化发展
水平。

在全球化背景下，印度一些高校也将开办海外分校作为提升学校国
际声誉及国际竞争力的未来发展方向，积极开办海外分校。正如印度著
名商学院斯皮·简管理与研究学院（SP Jain Institute of Management &
Research）的负责人尼蒂什·简（Nitish Jain）所言，"今天的世界已变得
非常全球化，由于信息科技的发展和贸易壁垒的减少，企业正变得全球
化。因此，教育机构必须适应企业的需求，培养全球化人才，对印度顶
级大学而言，国际性校区和课程是必要的"③。斯皮·简管理与研究学院近
十年来持续向海外扩展，2004 年在迪拜、2006 年在新加坡、2012 年在

---

① 彭慧敏：《印度高等工程技术教育改革的经验、问题与启示》，《复旦教育论坛》2008
年第 2 期。
② 彭慧敏：《印度高等工程技术教育改革的经验、问题与启示》，《复旦教育论坛》2008
年第 2 期。
③ Financial Time：Global Strategy for Meeting Corporate Needs，2020 年 1 月 12 日，见
https：//www.ft.com/content/25f97700-ec67-11dc-86be-0000779fd2ac。

澳大利亚先后开办了海外分校，开设了"全球物流和供应链管理""全球
人力资源"等 MBA 课程。印度排名第一的私立大学阿米提大学（Amity
University）也积极开展海外布局，目前在阿联酋迪拜、新加坡等地开办
了多个海外分校，其校长阿图尔·乔汉（Atul Chauhan）表示："我们的
目标是未来十年打开 50 个国家的市场。"① 可以说，开办海外分校已成为
印度一些大学国际化发展的一种共识和重要路径。

三、拓展印度高校自主发展空间

　　印度高校积极开办海外分校的另一个重要原因是印度高校需要解决
激烈的入学竞争和自主发展的自主权及发展空间问题。印度是一个人口大
国，现有人口 13.4 亿。而且，印度的人口年龄结构比较年轻，据 2017 年
的统计，印度人口年龄的中位数为 27 岁。18 岁以下的人数占印度人口的
三分之一。② 据《印度时报》报道，2014 年印度的大学毛入学率是 17.9%，
到 2017 年"十二五"高等教育发展规划的目标为 25.2%，虽然大学毛入
学率增长很快，但仍低于 27% 的世界平均水平。③ 到 2020 年，印度将有
4200 万高等教育适龄人口，大学入学竞争十分激烈。④。例如，马尼帕尔
大学（Manipal University）卡纳塔克邦本部的医学系每年招收 190 名学生，
却有 6 万名学生竞争，录取率仅为 0.32%。⑤ 又如，印度理工学院（Indian
institute of technology，IIT）创建于 1951 年，是印度最顶尖的大学和研
究机构，2006 年《泰晤士报》全球大学排行榜上，印度理工学院名列前

① 中研网：《医疗健康支出暂时放缓》，2015 年 11 月 12 日，见 http：//www.chinairn.com/news/20151112/163626991.shtml。
② 中国新闻网：《美媒：2024 年印度将超中国成世界人口第一大国》，2017 年 8 月 15 日，见 https：//news.china.com/internationalgd/10000166/20170815/31099574_1.html。
③ 肖莫语：《印度，下一个教育超级大国?》，2015 年 11 月 12 日，见 http：//www.fx361.com/page/2017/0410/1457345.shtml。
④ 袁原：《印度高校瞄准海外办学　走国际路线大势所趋》，2015 年 11 月 19 日，见 http：//www.xinhuanet.com/world/2015-11/19/c_128442485.htm。
⑤ 袁原：《印度高校瞄准海外办学　走国际路线大势所趋》，2015 年 11 月 19 日，见 http：//www.xinhuanet.com/world/2015-11/19/c_128442485.htm。

50 名，工科排名全球第三，仅次于麻省理工学院和加州大学伯克利分校。
2015 年，印度理工学院报考人数为 45 万人，录取人数为 13000 人，录取
率仅为 2.89%；而同年斯坦福大学报考人数 42487 人，录取人数 2144 人，
录取率为 5.05%；哈佛大学报考人数 37305 人，录取人数 1990 人，录取
率 5.33%。① 激烈的入学竞争，促使一部分印度学生不得不将海外留学作
为自己的求学选择。据统计，印度国内每年选择留学海外的印度学生多达
20 万。② 这是一个不小的、非常具有吸引力的海外生源市场。尽管许多印
度学生海外留学首选欧美知名高校，但印度一些高校积极开办海外分校，
也将目标瞄准了这部分流向海外的富裕家庭学生群体，而海外分校对于一
些印度富裕家庭的学生而言也格外有吸引力，因为他们既难被欧美名校录
取，也根本考不上国内同等水平的院校。

　　另外，印度高校积极开办海外分校，还有一个原因就是为了获得自
主发展的权利与空间。为解决教育公平问题，印度从 1973 年起开始实施
为特定种姓和部落的学生预留入学名额的政策。2005 年 12 月印度通过第
93 号宪法修正案，2006 年 1 月《中央教育机构（入学预留）法案》正式
生效，明确要求包括印度理工学院在内的所有中央资助高校必须为其他弱
势阶层保留 27% 的入学名额。2008 年 6 月 9 日，印度政府出台实施了更
加严格的高校招生配额或"预留"制，要求一些高校从 2008 年 9 月的学
年开始，将各院系学生入学名额的 15% 预留给特定种姓，7.5% 预留给特
定部落，27% 预留给其他弱势阶层。③ 这些政策虽然一定程度上保证了高
等教育的入学公平，但也大大限制了高校的招生自主权，影响到高校的自
主发展空间，故也一直备受争议。正如斯皮·简管理与研究学院负责人尼
蒂什·简所指出的，"尽管印度许多行业现在都不必受到政府许可制的限

---

① 排行榜：《全球最难考的四所大学已揭晓　哈佛大学上榜居然不是第一名》，2019 年 4
月 3 日，见 https://www.phb123.com/jiaoyu/gx/33015.html。
② 袁原：《印度高校瞄准海外办学　走国际路线大势所趋》，2015 年 11 月 19 日，见
http://www.xinhuanet.com//world/2015-11/19/c_128442485.htm。
③ 龙腾网：《印度网友讨论为什么印度人才会外流》，2019 年 3 月 14 日，见 2019-03-14)
[2019-12-30] . https://www.bilibili.com/read/cv2250019/。

制，但教育不在其中"，即使是私立院校，但斯皮·简管理与研究学院在招生数量和学费水平方面也必须得到政府批准，并且也会受到备受争议的配额或"预留"政策的限制，为来自社会底层的学生留出入学名额。[①] 因此，为远离政府的限制性政策，获得更大的发展空间，一些印度高校走出国门，去海外开办分校。在海外分校，印度高校不仅可以自行决定招生人数，而且学费也大大高于印度国内的收费标准。例如，阿米提大学迪拜分校本科生每年学费大约为1.3万，相当于印度本校学费的3倍；[②] 在新加坡，斯皮·简管理与研究学院海外分校的学费大约为2.5万美元，而在孟买的学费仅为1万美元左右。[③]

第二节　印度高校海外办学的模式

印度高校海外办学有多种模式，根据有关资料可以将印度高校海外办学的模式归为以下几类：一是建立远程教育海外教育基地及学习中心；二是开设海外联合学位项目；三是开办印度高校的海外分校，其中海外分校又分为独立建制海外分校、合作建制海外分校两种。

一、建立远程教育海外教育基地及学习中心

印度的远程教育发展规模较大，全球受众面广，不仅能够提供本科及硕士的学位教育，也能够提供证书类、文凭类课程教育。为了保证远程教育的质量，在线课程的开设也得到了印度大学拨款委员会、印度奈尼塔尔邦政府（Government of Uttar Pradesh）、全印度技术教育委员会（All India Council for Technical Education）等官方机构的认证。而印度远程教

---

① 龙腾网：《印度网友讨论为什么印度人才会外流》，2019年3月14日，见2019-03-14)[2019-12-30]．https://www.bilibili.com/read/cv2250019。

② 袁原：《印度大学要将分校开遍国外》，2015年11月19日，见 http://xmwb.xinmin.cn/xmwbusa/html/2015-11/19/content_35_1.htm。

③ Financial Time：Global Strategy for Meeting Corporate Needs，2020年1月12日，见 https://www.ft.com/content/25f97700-ec67-11dc-86be-0000779fd2ac。

育最大的亮点是其多样化的办学方式，不仅能在海外设校，如马尼帕尔大学在马来西亚设立的分校 GlobalNxt 大学，也能够加强国际教育合作，如英迪拉·甘地国立开放大学推动了毛里求斯开放大学远程教育学院、埃塞俄比亚圣玛丽大学（St. Mary's University）等高校的远程教育建设。而且，随着"终身学习"教育理念的提出，阿米提大学也推出在线脱口秀节目，践行全球知识共享的发展理念。

（一）海外基地建设

GlobalNxt 大学（GlobalNxt University）不仅是马尼帕尔大学的海外分校，也是印度海外办学最具有创新性的远程教育学术机构。该分校通过独特的在线全球课堂，为学生提供学位课程。例如，工商管理硕士 Masters of Business Administration）、工商管理研究生文凭（Postgraduate Diploma of Business Administration）、信息技术管理理学硕士学位（Masters of Science in Information Technology Management）等。到 2020 年，GlobalNxt 汇集了来自 17 个国家和地区的 75 名教师，精心研制课程内容，为在线教育树立了新的质量标准。[①] GlobalNxt 大学的前身是成立于 2001 年的全球在线研究生院 U21Global。该机构最初与 21 所以教学和研究而著名大学建立合作关系，通过在线学习，为学生提供与世界一流大学相同的高质量课程。而 U21Global 机构也凭借高质量的在线课程，迅速在 72 个国家和地区招收了 9000 多名学生。基于该机构较高的国际声誉，2012 年，应马来西亚高等教育部的邀请，该机构落户马来西亚，获得了大学地位，并更名为"GlobalNxt 大学"，其目标是建设成为一所世界一流的、以技术为专长的大学。GlobalNxt 大学的理想是将 U21Global 的愿景——"全球无边界教育"，提升到新的水平。[②]

[①]　Manipal GlobalNxt University：Overview，2020 年 1 月 22 日，见 https：//www.globalnxt. edu.my/gnxt/about-us.html。

[②]　Manipal GlobalNxt University：Overview，2020 年 1 月 22 日，见 https：//www.globalnxt. edu.my/gnxt/about-us.html。

（二）以就业为主的全球知识分享

阿米提大学的远程教育重视学生的就业需求。该校所有课程都是为全球学生和在职专业人员而专门设计的。同时，阿米提大学信息化程度较高，除了基本的视频课程外，教师与学生、学生与企业、学生与学生之间能够通过网络研讨会和一对一虚拟会议拓展课程的学习。而这些活动均由6000多家知名企业的专家和教职员工设计并提供，其目的旨在让学生的所学与市场的所需相对接。需要强调的是，虚拟招聘会（Amity Virtual Job Fair）是阿米提大学远程教育的一大特色，全球的学生和校友（包括新生和在职专业人员）可以通过多合一的数字职业平台，参加现场视频聊天面试，了解就业信息。而阿米提大学也是印度首家为校友提供虚拟面试机会的大学。[1]

需要注意的是，阿米提大学的远程教育具有时代性和开放性，推动教育方面的先进思想在全球同步共享。该校录制了一档独特的脱口秀节目"思而讲"（ThinkTalks），旨在提供一个平台，让业内最聪明的人在此分享他们对全球发展和事件的见解和经验，并让观众随时了解全球最新热点和话题。该节目汇集了各行各业的CEO、专家以及教育倡导者，就不同的主题进行演讲和辩论，以期深化议题价值，碰撞出思想火花。值得注意的是，阿米提大学的脱口秀节目是对全球开放的，并在Facebook和YouTube上进行直播，全球数百万学子和观众可以同时收看。[2]这也成为阿米提大学树立国际教育品牌，推进终身教育理念的一面旗帜。

（三）加强国际合作

作为印度开放大学的代表，印度英迪拉·甘地国立开放大学在开办远程教育海外学习中心方面成就显著。1985年，印度政府借鉴英国开放大学的发展经验，正式创建了英迪拉·甘地国立开放大学（Indira Gandhi

[1] Amity University Online. Amity University Virtual Job Fair，2020年1月22日，见 https：//amity.vfairs.com。

[2] Amity University Online. Amity University Virtual Job Fair，2020年1月22日，见 https：//amity.vfairs.com。

National Open University），发展迄今，英迪拉·甘地国立开放大学已经成为世界上最大的远程教育中心。[1] 目前，英迪拉·甘地国立开放大学设有11个学院，既有普通教育各专业的学士学位课程或证书课程，也有计算机应用的证书课程、远程教育的硕士学位课程、人力资源开发的证书课程等专业范围广泛的学位与证书课程；共有专业125个，提供各类课程1000余种，在校学生数也由1986—1987年度的4381名发展到2006—2007年度的大约150万人，其注册学生数占全印度在校大学生总数的十分之一以上，成为"世界上最大的大学"。英迪拉·甘地国立开放大学现有教育学、经济学、历史学等16个博士点和20个硕士点。[2]

随着开放大学的快速发展，英迪拉·甘地国立开放大学比较早地提出了国际化发展战略。1997年《英迪拉·甘地国立开放大学法案》修正案规定，经大学视察员批准，英迪拉·甘地国立开放大学可以在印度以外的地方设立学习中心。1997年，国立开放大学成立国际事务组，负责与海外大学、国际教育机构、政府间组织和研究机构等建立双边、多边合作关系，推广学术课程项目。随着国际事务的增加，2002年国际事务组正式升格为国际部门。[3] 目前，英迪拉·甘地国立开放大学在亚洲和非洲的35国家开展了联合办学，设立了41个国外学习中心，这些国家包括阿拉伯联合酋长国、卡塔尔、科威特、阿曼、巴林、塞舌尔、毛里求斯、马尔代夫、埃塞俄比亚、马达加斯加和利比亚等。[4]

借助于英迪拉·甘地国立开放大学的平台，印度政府和非洲联盟签署协议，于2009年正式启动了泛非电子网络计划（Pan Africa e-Network）。

---

① P. J. Lavakare & K. B. Powar. "African Students in India：Why is their Interest Declining?", *Insight on Africa*，Vol.5，No.1，（January 2013），pp.19-33.

② 中国人民大学网络教育学院网络教育研究中心：《印度甘地国家开放大学》，2019年3月16日，见 http://www.cmr.com.cn/websitedm/elearning/guest/magazine/paperpre.asp?PaperID=5237。

③ IGNOU. International Division-Vision，2019年3月16日，见 http://www.ignou.ac.in/ignou/aboutignou/division/id/vision/。

④ 安双宏：《印度国立开放大学的发展及其启示》，《比较教育研究》2007年第12期。

该计划是印度政府"数字外交"的重要项目，印度为此投资 1.16 亿美元，主要借助信息技术将印度一流高等院校的优质教育传播到非洲，实现远程教育。泛非电子网络计划取得了良好的效果，被称为"南南合作的典范"①。2011 年印度总理辛格（Manmohan Singh）在亚的斯亚贝巴峰会上承诺建立印非虚拟大学（Indo-Africa Virtual University），为非洲提供 10000 个远程教育奖学金。② 虚拟大学由印度外交部发起，英迪拉·甘地国立开放大学负责实施。印方认为，印非虚拟大学是通过建立教育联系来推进双方关系的特别行动，是一项非洲导向的教育项目，能够促进印度和非盟成员国之间的跨区域合作，增强非洲参与全球教育发展进程的能力。③

二、开设海外联合课程及学位项目

联合课程及学位项目是海外办学的最常见形式之一，也是加强跨国人才培养的主要路径。所谓联合课程，是指学生在两所或多所跨境合作机构学习，在完成合作机构共同规定的课程学业要求后，由合作机构共同为其授予课程证书的活动。所谓联合学位，是指"学生在两所或多所跨境合作机构学习，在完成合作机构共同规定的学业要求后，由合作机构共同为其授予单一学位的证书活动"④。联合课程项目是教育输出的一种方式。根据简·奈特（Jean Knight）的分类，联合学位本质上则属于国际合作学位项目的一种类型。

在联合课程项目方面，印度管理学院（Indian Institutes of Management）

---

① 胡勇：《印度对非发展合作中的能力建设——以泛非电子网络计划为例》，《印度洋经济体研究》2016 年第 3 期。

② Government of India-Ministry of External Affairs：Indo-African Virtual University，2019 年 6 月 10 日，见 https：//mea.gov.in/articles-in-indian-media.htm？dtl/14198/IndoAfrican+virtual+Univ/。

③ 田小红、程媛媛：《印度对非高等教育合作的路径、特点及对中非高等教育合作的启示》，《比较教育研究》2020 年第 1 期。

④ 李海生：《研究生教育国际合作学位项目类型探析》，《学位与研究生教育》2013 年第 12 期。

的实践具有代表性。印度管理学院是由印度政府拨付资金兴建的综合性商业经济类院校。印度管理学院的 6 所分校分别位于印度的艾哈迈德巴德、加尔各答、班加罗尔、勒克瑙、印多尔和科泽科德。（第七所分校在靠近中缅边境的西隆也新近建成）。印度管理学院从建立到发展一直体现出国际化发展特色。1961 年，印度管理学院艾哈迈德巴德分校创建之时，便一切仿照哈佛商学院的课程及教学，在该校启动的最初 5 年，哈佛商学院为它提供了很多帮助，包括确立严格的课程及教学标准，引入个案研究方法等等。印度管理学院加尔各答分校也创建于 1961 年，一直与麻省理工学院的斯隆商学院（Sloan School of Management）有很紧密的协作。印度管理学院艾哈迈德巴德分校最大的特色是两年制的 MBA 课程，每年招收 250 名学生，但申请者数量高达 17 万。印度管理学院是世界一流的商学院，在 2019 年 1 月 28 日英国《金融时报》（*Financial Times*，*FT*）发布的 2019 年第 35 名，艾哈迈德巴德分校名列第 47 名（2018 年第 31 名）。艾哈迈德巴德分校与法国巴黎高等经济商业学院、意大利博科尼商学院和美国杜克大学富科商学院建立了十分牢固的关系，还与纽约哥伦比亚大学建立了学生交流项目和联合课程项目。2006 年，该校与杜克企业教育（Duke Corporate Education）创建了一家合资公司，提供量身定制的高管教育。班加罗尔分校则与美国斯坦福大学、法国巴黎高等经济商业学院和新加坡的欧洲工商管理学院及加拿大麦吉尔大学等商学院建立了密切的工作关系，开设联合课程项目，并进行学生交流。

在海外联合学位项目方面，印度阿米提大学与北京理工大学、北京大学、中国政法大学、南京航空航天大学等高校合作，开展了学位（双学位）项目。以北京理工大学为例，2009 年，阿米提大学与北京理工大学签订协议，开展学位（双学位）项目合作，共建海外生源基地，联合培养阿米提大学的本科生。该项目中，阿达米提大学的学生在印度阿米提大学学习两年，之后来北京理工大学学习两年。毕业时，北京理工大学为学生颁发学位，阿米提大学颁发学位和学历。随着"一带一路"倡议的推进，阿米提大学在中国的合作动向逐渐增多。2017 年，中国政法大学也受邀前往阿米提大学讨论教师互派、暑期学校、实习项目及博士联合培养等合作事宜。[①]2018 年，北京理工大学继续教育学院受邀前往迪拜阿米提大学参观，讨论未来的交换项目。[②] 除了以上两所高校，阿米提大学也与南京航空航天大学和北京大学开展项目合作。值得注意的是，阿米提大学与中国高校合作时，一般选择合作院校的强势学科和专业，例如北京理工大学信电学院的信息与通信工程和中国政法大学的法学等。

2019 年，印度理工学院与美国纽约大学、新西兰奥克兰大学和中国台湾交通大学合作，开设了博士学位联合项目。印度理工学院创建于 1951 年，在印度全国共设有 7 所分校，分别是：德里理工学院（Delhi Institute of Technology）、坎普尔理工学院（Kanpur Institute of Technology）、卡哈拉格普尔理工学院（Kaharagpur institute of technology）、马德拉斯理工学院（Madras Institute of Technology）、孟买理工学院（Mumbai Institute of Technology）、瓜哈提理工学院（Guwahati Institute of Technology）和卢克里理工学院（Lukri Institute of Technology）。1963 年，根据印度国家技术院校法案，印度理工学院被列为国家重点院校，并赋予独立的学术政策、独立的招生及学位授予权。印度理工学院在全国的 7 所院校均为政府大学，在教学和经济管理上由直属中央政府的印度理工学院委员会管辖。印度人力资源开发部是该委员会的主席，每个分院各设董事会负责全权管理。董事会负责各院校的学术政策的制定，教学大纲的审核及成绩考核。印度理工学院在学术界具有世界声誉，被称为印度"科学皇冠上的瑰宝"，是印度最顶尖的工程教育与研究机构。

2019 年 5 月 16 日，印度理工学院德里分校与中国台湾交通大学签署博士双联学位合约，透过这项合约，修习双联学位的博士生毕业时，可取得交通大学及 IIT 德里分校博士双重学位。台湾的顶尖企业为该项目提供

---

① 中国政法大学国际合作与交流处：《我校学者访问印度阿米提大学》，2017 年 4 月 12 日，见 http://gjhzjlc.cupl.edu.cn/info/1145/3367.htm。

② 迪拜留学通：《北京理工大学代表团参访阿米提大学迪拜分校》，2018 年 4 月 17 日，见 http://www.jinciwei.cn/b153452.html。

奖学金，希望这些学生毕业后，也能为台湾企业所用。①

印度卡哈拉格普尔理工学院与新西兰奥克兰大学也建立了联合博士学位课程。联合博士学位计划旨在加强新西兰和印度之间的经济和研究联系。该计划将于2020年秋季招收第一批学生，最初将侧重于工程学，但对所有其他学科领域开放。联合博士生将在两所大学进行他们的学习与研究，学生毕业时需提交论文，两所大学对其进行审查，如果双方都审查通过，则学生将获得两校的博士学位证书。目前，这一项目确定进行合作的一些研究领域包括先进制造、网络物理安全和材料、医疗保健和智能交通技术等专业方向。②

2019年11月25日印度坎普尔理工学院和纽约大学坦顿工程学院签署了一项为期五年的协议，为计算机或电气工程专业的学生设立了一个联合博士学位项目。坎普尔分校是印度领先的理工科学校之一，也是印度计算机科学教育的先驱。无线通信方案也得到了广泛的认可。同时，NYU Tandon是其卓越的NYU WIRELESS中心之一，是全球五大5G无线技术学术研究中心之一。该联合博士学位协议将扩大2016年正式开始的国际合作，双方将在网络安全研究和教育方面建立伙伴关系，允许计算机或电气工程专业的学生在两所学校同时注册，然后在另一所学校完成最后两年的博士课程，申请者需要通过两所学校的资格考试，所有课程学分都可转移，学生毕业时必须提交论文经由两所学校的导师审查，但被录取的学生只需要一次论文答辩。完成学业、答辩合格的学生可以获得两所大学的博士学位。③

---

① 李侑珊：《交大与印度理工学院签署MOU强化台印产学资源交流》，2017年12月8日，见 https://www.chinatimes.com/cn/realtimenews/20171208002790-260405。
② 大学网：《IIT Kharagpur宣布印度与新西兰的首个联合博士学位课程》，2019年12月19日，见 http://www.cunet.com.cn/jiaoyuxinwen/201912/9021.html。
③ 新东方前途出国综合：《印度和美国领先的研究型大学推出双工程博士学位课程！》，2019年12月3日，见 https://liuxue.xdf.cn/usa/postgraduate/zxzx/1756170.shtml。

三、开办海外分校

海外分校的快速发展是全球化背景下高等教育国际化的一种新趋向。在19世纪末20世纪初，全球海外分校还仅有20所左右[①]，至1999年以前，全球海外分校也只有35所。[②] 但20世纪90年代以来，由于财政危机，一些西方国家逐渐将海外分校的开办作为本土高校全球扩张的一种途径，积极抢占国际高等教育市场，通过招收更多的国际学生来增加学费收入，以获取巨大的经济利益，英国和澳大利亚政府更是将之列为产业发展的战略。与此同时，一些国家和地区也开始建设"国际教育枢纽"，如新加坡、马来西亚、斯里兰卡等国家和中国香港地区纷纷制定优惠政策，提供基础设施及经费支持，吸引国外优质高校来开办海外分校。这些举措促进了全球海外分校的迅速发展。据跨国界高等教育组织统计，2006—2009年，仅新建海外分校就有49所[③]，到2011年全球的海外分校已达162所，2015年更是跃升至280余所。[④] 关于海外分校的发展，跨国界高等教育组织专家莱恩·维比克（Line Verbik）在2006年报告《国际分校校园——模式与趋势》中指出：目前，全球绝大多数的外国大学海外分校都是由西方国家的大学创建。其中，美国高校明显占主导地位，占海外分校的50%以上，其次是澳大利亚约占12%，英国和爱尔兰各占5%。[⑤] 但今天，全球海外分校的发展出现了新的南—南发展模式，甚至南—北发展模式。

自20世纪90年代以来，印度高校也开始走出国门，积极开办海外分校。据统计，截至2016年1月，印度高校先后在阿联酋、新加坡、澳

---

① G. Maslen. Global：Huge Expansion in Overseas Campuses，2018年2月26日，见 http：//www.universityworldnews.com/article.php？story=20091120103411843。

② ［澳］罗伯特·科伦：《海外分校与院校质量保障》，《国际高等教育》2015年第1期。

③ G. Maslen. Global：Huge Expansion in Overseas Campuses，2018年2月26日，见 http：//www.universityworldnews.com/article.php？story=20091120103411843。

④ ［澳］罗伯特·科伦：《海外分校与院校质量保障》，《国际高等教育》2015年第1期。

⑤ GlobalHigherED. Malaysian University Campuses in London and Botswana（and Mel G. too）2018年4月25日，见 https：//globalhighered.wordpress.com/2007/10/25/new-malaysian-university-campuses-in-london-and-botswana/。

大利亚、毛里求斯、尼泊尔等国家创办了十多所海外分校，① 印度成为开办海外分校最多的发展中国家。印度高校海外办学以私立大学为主。作为印度最著名的私立大学，阿米提大学海外办学成效显著，具有代表性。截至 2018 年底，阿米提大学已在英国、美国（纽约、西雅图、旧金山）、澳大利亚、毛里求斯、南非、罗马尼亚、阿联酋（迪拜、阿布扎比）、中国、新加坡等 9 个国家建立了 12 所"全球校园"（global campus）。② 目前，有 1 万多名学生就读阿米提大学海外分校或海外项目。阿米提大学一些海外分校的发展也呈现出良好的发展前景。如，阿米提大学迪拜分校（Amity University Dubai）已成为阿联酋最大的综合性私立大学，其办学质量不仅通过了印度、迪拜和有关国际认证组织的认证，而且还被印度国家评估和认证委员会（National Assessment and Accreditation Council，NAAC）评为"A"等学院，被迪拜知识与人类发展署评为"A＋"院校③；新加坡阿米提全球学院（Amity Global Institute，原名为"新加坡阿米提全球商学院"Amity Global Business College，2017 年更名）也被英国国际学院认证服务机构（Accreditation Service for International Colleges，ASIC）评为"优等学院"（Premier College）。④ 此外，2012—2013 年间，新加坡阿米提全球学院荣获 EDUPOLL 排行榜"十大最佳私立学校"荣誉称号⑤，2015 年被誉为"新加坡 30 个最大的 MBA 课程项目"之一，⑥2019 年获得第六届"新加坡商业评论"（Singapore Business Review）国际商业大

---

① 刘婷：《印度高等教育国际化历史、现状及特点》，《世界教育信息》2016 年第 18 期。

② Amity University. Amity Campuses，2019 年 9 月 21 日，见 https：//www.amity.edu/ admission/campuses.asp。

③ Amity University Dubai. Our Accreditations and Awards，2019 年 9 月 22 日，见 https：// amityuniversity.ae/pages/Accreditations/15/1。

④ Edwise-Study in Singapore. Amity Global Business School，2019 年 9 月 22 日，见 https：// edwiseinternational.com/study-in-singapore/universities/amity-global-business-school.asp。

⑤ Trường Amity. Giới thiệu Học viện Amity，Singapore2019 年 9 月 22 日， 见 https：// duhocsing.vn/hoc-vien-amity-singapore-3060/。

⑥ K. Mesina. *Singapore's Largest MBA Programmes and Largest MBA*，Singapore Business Review，2015，pp.30-31.

奖——教育奖。^① 以下以阿米提大学为例，具体分析印度高校海外分校的两种模式。^②

（一）独立建制海外分校

目前关于海外分校的定义纷杂繁多，但比较有影响力的是跨境教育小组联合负责人、美国纽约州立大学奥尔巴尼分校凯文·金瑟（Kevin Kinser）教授所提及的，所谓海外分校是指："该实体至少部分为一个外国教育机构所有，以该外国教育机构名义运行，开展至少部分面对面教学活动，并提供一个完整教学计划，颁发由该外国教育机构授予的证书文凭。"^③

按照此定义的标准，阿米提大学 2011 年在阿拉伯联合酋长国迪拜国际学术城（Dubai International Academic City）建立的迪拜阿米提大学便是一所典型的海外分校。迪拜阿米提大学归属印度阿米提大学，由阿米提大学全资所有，阿米提大学委任迪拜阿米提大学的校长及管理人员，但迪拜阿米提大学拥有独立的招生权和学位授予权，所有课程也由迪拜阿米提大学自己开设。目前，为满足不同教育需求的学生，迪拜阿米提大学开设了语言培训、预科、本科和硕士教育等不同层次的课程，现已开设 29 门本科及硕士学位课程，基本涵盖了所有商科、设计类、建筑学、工科及法律专业，拥有来自 44 个国家的 2000 多名学生。^④ 学生完成学业，考核合格后获得迪拜阿米提大学颁发的证书及文凭。根据以上介绍，迪拜阿米提大学的办学权归属阿米提大学，并且其学校管理、课程设置和学位授予都是

---

① Singapore Business Review. Amity Global Institute Attains Education Award at 6th SBR International Business Awards，2019 年 9 月 22 日，见 https：//sbr.com.sg/media-marketing/more-news/amity-global-institute-attains-education-award-6th-sbr-international-busin。

② 曾晓洁、王小栋：《印度阿米提大学海外办学模式及特色研究》，《比较教育研究》2020 年第 4 期。

③ ［美］凯文·金瑟、杰森·E. 莱恩：《高校的"海外前哨"》，《国际高等教育》2012 年第 1 期。

④ 迪拜全酋通：《迪拜留学之 Amity University Dubai 阿米提》，2015 年 12 月 6 日，见 http：//www.dubaiqqt.com/news-id-17.html。

由迪拜阿米提大学负责，所以我们把这种海外办学模式称之为"独立建制海外分校"办学模式。

（二）合作建制海外分校

相比独立建制的海外分校，合作建制海外分校与之最大的不同在于：海外分校的办学权或不完全归于分校的开办者，或其课程设置及学位授予不完全由海外分校开办者独自负责，而是与合作的外国院校共同负责课程设置与教学，甚至为学生颁发的学位也是以合作外国院校的名义颁发。跨境教育小组联合负责人、美国纽约州立大学奥尔巴尼分校凯文·金瑟教授把这类不属于前文所述典型海外分校定义的海外教育机构，称之为"海外前哨"（foreign outpost）①，我们将之称为"合作建制海外分校"。印度阿米提大学的伦敦分校和新加坡阿米提全球学院（Amity Global Institute）就是这类合作建制的海外分校。

印度阿米提大学伦敦分校建立于 2009 年，其合作建制的办学特点是：分校校园舍非自己独立建设，而是采用租赁方式，由阿米提大学租赁英国伦敦大学伯克贝克学院（University of London's Birkbeck College）的校舍，但阿米提大学伦敦分校负责招生和管理有关分校的运营；在课程设置与教学方面，它选择与英国波尔顿大学（University of Bolton）合作，由波尔顿大学负责其课程设置及教学，学生完成学业，考核合格后，颁发波尔顿大学的证书及文凭。② 英国波尔顿大学始建于 1824 年，以纺织工业技术为主，以后发展成为多学科的大学，2005 年正式更名为"波尔顿大学"。波尔顿大学为英国政府全额资助并具有完全高等学校权力的大学，开设有 12 个商科专业（包括商业管理、工商管理、供应链管理、系统工程和工程管理等），4 个经济金融专业（会计及财务策略等），高级材料、土木工程等 17 个工科专业，教育管理、环境学、国际多媒体等 28 个社会

---

① ［美］凯文·金瑟、杰森·E. 莱恩：《高校的"海外前哨"》，《国际高等教育》2012 年第 1 期。

② Amity University in London. About Courses, 2019 年 9 月 22 日，见 https：//www.amity.ac.uk/courses。

科学专业，护理、健康与社会关怀等8个医学专业以及美术、材料设计等两个艺术专业。波尔顿大学课程灵活，教学严谨，在最近英国高等教育质量保障局（Quality Assurance Agency for Higher Education，QAA）的评测中被评为最高分（24/24）①，其学生就业率在英国高校中名列前茅。阿米提大学英国分校的创办与管理不仅须严格遵守英国的各项法律法规，而且还须接受QAA的监督与评估。

新加坡阿米提全球学院，原名为"新加坡阿米提全球商学院"（Amity Global Business College，2017年后更名），隶属于印度阿米提大学，是阿米提大学在新加坡开办的另一所合作建制的海外分校，其办学特点是：校舍采用租赁方式，它有两个校区，主校区（东陵）是新加坡教育部的旧址，靠近主要商业区，城市校区租赁新加坡国家图书馆（National Library Building）的办公场地；新加坡阿米提全球学院负责招生和院校管理及运营，但其所有的学位课程均由其合作的3所英国大学——伦敦大学（University of London）、斯特灵大学（University of Stirling）和北安普顿大学（University of Northampton）负责设置，教学由合作的3所英国院校教师和新加坡阿米提全球商学院自己的教师共同承担，学生完成学业且考核合格后获得英国这3所大学相应专业的证书及文凭。目前，新加坡阿米提全球商学院开设有英文类语言基础课程、专科、学士学位和硕士学位课程。其中，新加坡阿米提全球商学院和伦敦大学合作开设了供应链管理和全球物流理学硕士、战略供应链管理研究生证书、供应链分析研究生证书、供应链管理和全球物流研究生文凭以及6个工商管理硕士等学位课程②，与斯特灵大学合作开设了会计与金融文学士、（荣誉）理学士（荣誉）、管理工商管理硕士、理学硕士银行和金融商业数据科学硕士学位课程③，与北

① University of Bolton. *Undergraduate Prospectus*，London：University of Bolton，2007，p.161.
② Amity Global Institute. Courses Offered，2019年9月21日，见 http://www.amitysingapore.sg/courses.asp。
③ Amity Global Institute. Courses Offered，2019年9月21日，见 http://www.amitysingapore.sg/courses.asp。

安普顿大学合作开设了国际商法中的法律硕士文学士（荣誉）、商业研究理学士（荣誉）和计算法学学士以及荣誉工商管理硕士（MBA）等学位课程。[①] 可以说，新加坡阿米提全球学院的办学模式充分体现了阿米提大学灵活、开放、合作的办学特色。

第三节　印度高校海外办学区域分布的战略考量

印度高校海外办学的区域分布体现出服务国家外交战略的战略考量。2015 年，莫迪政府明确将高校海外办学作为政府外交政策的一部分，考虑在斯里兰卡、毛里求斯和阿联酋开设印度理工学院、印度管理学院等国立大学的海外分校，重新审视早些时候搁置的在其他国家设立国立大学高等教育的计划。可以说，自 20 世纪 90 年代以来，无论是印度国立开放大学开办海外教育基地及学习中心，还是印度高校创设海外分校，其区域分布都充分体现出这一特点。以印度高校的海外分校为例，据统计，截至 2016 年 1 月，印度高校先后在阿联酋、新加坡、澳大利亚、毛里求斯、尼泊尔等国家创办了十多所海外分校[②]，主要有：在尼泊尔建立的马尼帕尔医学院（Manipal Collegeof Medical Sciences，NEPAL），在澳大利亚悉尼建立的斯皮·简全球管理悉尼学院（SP Jain School of Global Management Sydney Campus），在新加坡建立的斯皮·简全球管理中心（SP Jain Centre of Global Management），在毛里求斯建立的国际技术研究院（IITRA）以及在阿联酋迪拜建立的 6 所海外分校——比勒拉科技学院迪拜分校（Birla Institute of Technology and Science-Dubai Campus）、管理技术学院迪拜分校（Institute of Management Technology-Dubai）、马尼帕尔大学迪拜分校（Manipal University-Dubai）、斯皮·简商学院迪拜分校（SP Jain Centre of Management-Dubai Campus）、巴哈拉提·维达皮斯大学

[①]　Amity Global Institute. Courses Offered，2019 年 9 月 21 日，见 http：//www.amitysingapore.sg/courses.asp。

[②]　刘婷：《印度高等教育国际化历史、现状及特点》，《世界教育信息》2016 年第 18 期。

（BharatiVidyapeeth University）和马杜赖卡·玛拉大学（Madurai Kamaraj University），等等。可见，印度高校的海外分校目前主要分布于尼泊尔、毛里求斯、新加坡、阿联酋和澳大利亚等国。印度高校海外分校为什么会选址于这些国家？其海外分校发展的区域布局有何战略考量？以下对此进行分析。①

一、区域布局侧重于地缘政治与国家安全的战略考量

分析印度高校海外分校的战略布局，可以看到地缘政治及国家安全是决定印度高校海外分校选址的一个重要因素。印度在南亚开办了1所海外分校——马尼帕尔大学在尼泊尔开办的马尼帕尔医学院。印度马尼帕尔大学成立于1953年，是印度著名的医科大学，也是印度海外办学的先行者，在阿联酋、尼泊尔等地建有多个分校。1992年10月18日，印度马尼帕尔大学所属的马尼帕尔教育和医学集团（Manipal Education and Medical Group）与尼泊尔政府签订协议，决定在尼泊尔第二大城市博克拉开办医学院，1994年尼泊尔马尼帕尔医学院设立了本科医学学位课程，每年招收100名学生，2003年增至150名，1994年12月与加德满都大学合作开办拥有750个床位的教学医院。目前，尼泊尔马尼帕尔医学院除提供护理（PCL/BSc）课程项目外，还提供了一个4年半的医学学士和外科学士（Bachelor of Medicine，Bachelor of Surgery，MBBS）学位课程。这4年半的MBBS课程分为9个学期，每学期6个月。在顺利完成课程后，学生将接受为期1年的强制性巡回实习，教学采用英语教学。1999年，尼泊尔马尼帕尔医学院获尼泊尔医学委员会的正式承认。尼泊尔马尼帕尔医学院的学生来自多个国家，包括印度、斯里兰卡、马尔代夫、孟加拉国、泰国、新西兰等国的学生。因为这所大学是尼泊尔政府和印度高校之间合作的产物，故尼泊尔医学院MBBS项目20%的免费名额预留给尼泊

---

① 曾晓洁：《印度高校海外办学的发展动因及区域布局研究》，《比较教育研究》2019年第2期。

尔政府指定的尼泊尔学生。①

　　印度之所以在尼泊尔建立海外分校，主要是出于地缘政治与国家安全的战略考量。众所周知，地理上，印度是南亚最大的国家，一直奉行"周边第一"的外交政策。尼泊尔与印度相邻，两国都与印度拥有悠久的历史和地缘联系。尼泊尔是南亚的农业国家，经济比较落后，尼泊尔的经济高度依赖印度，尼泊尔的货币也与印度卢比挂钩。长久以来印度在尼泊尔有很大的影响力，印度也一直视尼泊尔为与中国抗衡的缓冲地，与尼泊尔保持着一种特殊的政治和安全关系。印度议会委员会在一份外交事务报告中曾指出，"为应对中国在我们后院日益增加的存在，需要制定战略，政府应致力于根据其优先事项推进发展与不丹和尼泊尔的伙伴关系"。为此，印度政府决定从 2018 年 4 月开始的财年起，将对尼泊尔的援助增加73% 至 65 亿卢比（约合 6.5 亿元人民币），而 2017—2018 财年，印度对尼泊尔援助仅为 37.5 亿卢比。②

　　除加强政治经济联系外，印度政府还一直希望通过教育加强和周边国家的文化交流与政治互信，建构安全的地区环境；通过教育建立更加深入、持久的影响力，以抵制中国在南亚日益增加的影响。除建立海外分校外，印度政府还积极招收来自尼泊尔和斯里兰卡的留学生。2013 年，印度共招收海外学生 39517 人，其中斯里兰卡留学生 991 名、尼泊尔留学生6983 名，合计占来印留学生总数的 20.18%。③2014 年 7 月 26 日，印度宣布启动一项名为 "Bharat Nepal Shiksha Maitri Karyakram" 的计划。该计划将为来自尼泊尔的本科生提供 4—6 周的实习方案，计划将提供夏季 /冬季学校形式的短期课程，以帮助尼泊尔学生加深对印度生活不同方面的认识，以及印度在经济和工业发展、科学技术、通信和信息技术、印度教

①　Indian Institute of Technology Delhi. Introduction，2018 年 5 月 15 日，见 https：//home.iitd.ac.in/about.php。

②　易简：《大出血！印度为应对中国对尼泊尔援助涨七成》，2018 年 3 月 22 日，见 https://world.huanqiu.com/article/9CaKrnK71pM。

③　孔令帅、陈铭霞：《印度教育国际化政策、效果及问题》，《比较教育研究》2017 年第 5 期。

育、艺术、文化等各个领域取得的进展。这些短期课程旨在为尼泊尔青年提供一个机会，使他们更好地了解和欣赏当代印度，从而加强与印度建立更紧密的联系，加强与印度的接触。该计划的全部费用将由印度的政府承担。①

2018 年 4 月，莫迪政府更明确提出要通过有机农业、土壤试验和农业教育在农业领域帮助尼泊尔，以此进一步加强印度与尼泊尔的纽带关系。

二、区域布局侧重于外交与文化传播的战略考量

印度高校海外分校区域布局及选址的第二个重要战略考量是外交与文化传播的战略考量。如前所述，印度拥有 2800 万海外印度人，海外印度人对印度政府而言是一项重要的外交资源。海外印度人委员会就曾在报告中指出，在美国的海外印度人"第一次使印度在美国拥有了一个坚定的支持者，且对加强了印度与这个当今世界唯一的超级大国的关系而言，其价值不可限量"②。另外，"海外印度人是传播印度文化的天然标签，也是提升印度'软实力'的重要渠道"③，这些海外印度人既是印度文化的全球宣传者，也是传播印度文化的天然力量和提升印度"软实力"的重要渠道。印度海外分校选址于海外印度人聚集的国家和地区，可以很好地加强与海外印度人的联系，培养海外印度人对印度的认同和了解，使之成为印度外交及文化传播的宝贵资源。

毛里求斯和新加坡是历史上印度人最早移民海外的目的国。早在 1834—1907 年间，就有超过 45 万印度人进入毛里求斯，1987 年毛里求斯有 70.1 万印度人，占其总人口的大约 70.1%；1987 年新加坡的印度人

---

① MHRD：International Cooperation Cell-Overview，2020 年 1 月 10 日，见 https://mhrd.gov.in/international-cooperation-cell。

② 凤凰国际 iMarkets：《联合国：全球移民超规模达 2.58 亿人印度输出最多》，2017 年 12 月 20 日，见 http://finance.ifeng.com/a/20171220/15878890_0.shtml。

③ 王晓文：《印度莫迪政府的大国战略评析》，《现代国际关系》2017 年第 5 期。

为 10 万，占其总人口的 3.83%。20 世纪 50 年代以后，澳大利亚开始成为印度人新的移民目的地。1961 年，印度移民澳大利亚的人数为 14167人，1971 年为 29212 人。[①] 而在 2013—2014 年度，据澳大利亚移民趋势报告的统计，这一数据大约为 4 万。[②] 因此，印度高校在毛里求斯、新加坡、澳大利亚都建有海外分校。比如，印度理工学院德里（IIT Delhi）与毛里求斯研究理事会合作成立了国际技术研究院（IITRA），新校区于2014 年 11 月在毛里求斯开始运作。该研究院提供计算机科学与工程等学科的全职和兼职博士学位。这所分校也计划在 5 年后开设本科课程，希望将 IITRA 建设成为世界性的研究中心。印度商学院斯皮·简管理与研究学院 2004 年建立了阿联酋迪拜分校，2006 年建立了新加坡分校，2012 年建立了澳大利亚分校。斯皮·简管理与研究学院迪拜分校是中东地区第一个全日制商学院，新加坡分校主要开设 MBA 项目和工商管理（BBA）项目。澳大利亚分校总投资达 4500 万澳元，计划第一年招生 120 名学生，到 2015 年增加至 700 名，学费每年 2 万多澳元。[③]20 世纪 70、80 年代以来，随着海外劳务输出，大量印度劳务人员移居阿联酋。据估算，目前约有 260 万印度人在阿联酋工作生活，约占阿联酋人口三成，他们每年给印度带来高达 120 亿美元的外汇收入。[④] 这些海外人员产生了巨大的海外教育需求。目前，有 6 所印度高校的海外分校选址阿联酋，其中 5 所选址迪拜。这些海外分校除提供学位课程外，也提供许多短期的英语、计算机等方面的语言和技能培训。

另外，除注重文化软实力及文化传播的国家战略外，印度高校海外分校选址于这些海外印度人聚集的国家和地区，还出于可持续发展的战略

---

① 张秀明：《海外印度移民及印度政府的侨务政策》，《华侨华人历史研究》2005 年第 1 期。

② 头条：《印度超越中国，成为澳洲移民人数最多的群体》，2016 年 8 月 9 日，见（2016-8-9）［2018-4-25］．https：//www.toutiao.com/i6316714539521933826/20。

③ 澳家海外：《印度商学院登陆澳洲，在澳洲开设分校》，2010 年 10 月 1 日，见 http：//www.aushome.info/migration/study_abroad/news/2010/1001/776.html。

④ 新华网：《莫迪首次访问阿联酋，为印度在中东谋划大战略》，2015 年 8 月 15 日，见http://www.xinhuanet.com/world/2015-08/15/c_128130049.htm。

考量。海外分校要成功举办，一个关键的因素是要有生源保证。选址于这
些海外印度人聚集的国家和地区，数量庞大的海外印度裔学生、海外务工
人员和每年20万的出国学生为印度海外分校提供了持续的生源。

三、区域布局侧重于经济利益方面的战略考量

印度高校海外分校的选址还比较重视经济效益的考量，一般会选择
在实施优惠政策、经贸发达和注重高科技发展的国家和地区开办海外分
校。这其中有两个原因：

原因一，海外办学是跨境办学，其开办的成功与否与所选国家和地
区的教育开放政策密切相关，印度高校海外分校在选址时比较注重这方
面条件的考虑。例如，在迪拜，国际学术城的海外分校享有100%的产
权所有权、100%的免税权和100%的资产与利润转出自由，这些优惠政
策可以保证海外分校的盈利空间。又如，印度高校之所以在新加坡建立
海外分校，是因为2001年受全球经济放缓影响，新加坡经济出现负增
长，陷入独立之后最严重的衰退。为刺激经济发展，新加坡政府提出"打
造新的新加坡"，努力向知识经济转型，并于2002年启动了"全球校园"
（Global house）计划，建造教育枢纽。为吸引更多的世界名校来新加坡开
办海外分校，新加坡提出了税金减免或提供土地租用等系列激励政策。截
至2015年，有9所国外大学到新加坡开办海外分校，其中包括美国芝加
哥大学布斯商学院（The University of Chicago Booth School of Business）、
德国慕尼黑工学大学（German Institute of Science And Technology-TUM
Asia）、法国高等经济商业学院（ESSEC Business School）和印度斯
皮·简管理与研究学院2015年在新加坡开办的斯皮·简全球管理学院（S
P Jain School of Global Management）等院校。

原因二，印度高校的海外分校主要是商学院和理工学院，选址于这
些国家和地区可以帮助印度高校更好地进入当地新兴市场的高增长性行
业，如零售业、房地产、物流以及高科技新兴产业等，有效解决学生的后
续就业问题。如，新加坡是全球经贸及科技发展的中心。据新加坡经济发

展局的资料，截至 2016 年，约有 4000 家企业在新加坡设立办事处，2015
年秋天在新加坡证交所上市的 708 家企业中，有 240 家来自海外。① 迪拜
是中东地区的经济和金融中心，也是东西方各资本市场之间的桥梁，支
柱产业包括物流、贸易、金融及旅游行业，是阿联酋的"贸易之都"。除
了大力发展贸易业、旅游业以外，迪拜也非常重视现代化的高科技产业。
2001 年，迪拜网络城（Dubai Internet City）建立后，短短 5 年内，有超过
835 家跨国大科技公司在此设点，包括微软、思科、西门子、甲骨文、惠
普、IBM 和佳能等世界顶级企业。② 印度高校海外分校选址于新加坡和阿
联酋迪拜，可以近距离地与这些跨国公司建立联系，从而在课程开发、学
生实习以及学生就业方面拥有独特优势，大大提升海外分校的吸引力。例
如，马尼帕尔大学 2000 年在阿联酋迪拜建立了分校，提供工程与信息技
术、管理、生物技术、室内设计、建筑和媒体等多个专业从本科生到研究
生的课程，开设了 36 个跨学科的学习项目，是中东地区领先的综合性大
学。目前，这所迪拜分校在全球 40 多个国家招收了 2000 多名学生。③ 又
如，印度斯皮·简管理与研究学院利用在迪拜、新加坡、澳大利亚分校
多个海外分校的资源优势，本科开设了全球工商管理与经济学士（Global
BBA）专业，该专业学生大一在新加坡——亚洲的经济和商务中心学习、
大二在迪拜——中东的商业金融中心学习，充分学习亚洲的商业知识，熟
悉亚洲的商业环境；然后大三、大四转到悉尼——澳大利亚的商业和金
融中心学习；所开设的全球商业硕士 Master of Global Business（MGB）专
业，该专业学生在新加坡和迪拜分校用 16 个月时间完成学业，其中还包
括 4 个月世界五百强的企业实习，所有课程设置都充分体现出国际特色和

---

① Financial Time：Global Strategy for Meeting Corporate Needs，2020 年 1 月 12 日，见
https：//www.ft.com/content/25f97700-ec67-11dc-86be-0000779fd2ac。
② 中华人民共和国商务部：《迪拜 2014 年经济增长 3.8%》，2015 年 5 月 26 日，见
https：//china.huanqiu.com/article/9CaKrnJLmB5。
③ Exam Updates. Manipal University Dubai Admissions 2020-Application Form，Fee，
Counselling Dates，Eligibility，Courses，2020 年 10 月 20 日，见 https：//examupdates.
in/manipal-university-dubai-admissions/。

实践特色。①

第四节　印度高校海外办学的特色

作为发展中国家，印度高校是如何在短暂的时间内取得海外办学比较突出的发展成就呢？考察其发展，这主要缘于印度高校充分利用自身资源和优势，对海外办学进行了比较精准的定位，在办学理念、专业及课程设置、质量保障方面形成了不同于欧美名校的办学特色。②

一、办学理念：以就业为导向的国际化教育

相比欧美名校，印度高校海外办学理念的特色是以就业为导向，为学生提供优质的国际化教育。例如，印度马尼帕尔高等教育学院（Manipal Academy of Higher Education，MAHE）是一所拥有多校园的印度高校。MAHE 在迪拜（阿联酋，简称 MAHE-D）和马六甲（马来西亚）都设有分校。马尼帕尔高等教育学院迪拜分校设置了五个学院，其中包括艺术与人文学院（Department of Arts & Humanities）、商学院（The School of Business）、设计与建筑学院（School of Design & Architecture）、工程与信息技术学院（School of Engineering & Information Technology）、生命科学学院（School of Life Sciences）。其专业设置横跨本、硕、博，还包括了证书类（Certificate）教育，并设有 7 类学科（即建筑与设计、艺术与人文、工程、信息科学、管理、媒体与传播、生命科学）和 35 个项目。为保证学生的就业，MAHE-D 与产业界建立了紧密的合作，使学生们能够将所学的理论知识运用到实际工作。其合作伙伴包括迪拜国际电影节（DIFF）、海湾电影节（GFF）、DC 书籍，沙迦国际书展（SIBF）、儿童

---

① S P Jain School of Global Management. Our Heritage，2018 年 05 月 31 日，见 https：//www.spjain.sg/discover/our-heritage。

② 曾晓洁、王小栋：《印度阿米提大学海外办学模式及特色研究》，《比较教育研究》2020年第 4 期。

国际电影节（CIFF）、阿联酋航空文学节（EAFoL）、印度驻迪拜总领事馆等。

又如，阿米提大学迪拜阿米提大学（Amity University Dubai）也明确提出："我们的目标是成为一所学术卓越的机构，在这个机构中，使用以知识为基础的教学方法，并通过实践，让学生找到适合的职业。我们的目标是为学生和员工提供具有创新性和创造力的环境，提供丰富的本科和研究生课程，加强与各行各业及社区的合作，为学生提供真正的国际化教育体验，为他们的未来成功做好充分准备。"[①] 阿米提大学伦敦分校（Amity University in London）其办学理念也是以就业为导向，专业设置主要侧重商科类职业教育。正如其 2018—2019 年的招生手册上所宣传的，"全球就业市场竞争非常激烈，学校教育的目的就是为学生提供实用的、可转移的技能，以帮助他们毕业后继续在工作中进一步获得发展"[②]。阿米提大学伦敦分校的最大特色就是导师指导下的小班授课，教学侧重课堂讨论与案例研究；非常注重导师与学生互动和密切关系的建立；注重教育实习，与伦敦众多大公司建有合作关系，以帮助学生了解职业领域最前沿的发展，为其职业发展提供更多比别人"领先一步"的机会。新加坡的阿米提全球学院（Amity Global Institute）也明确提出"以产业为导向"（Industry Oriented)[③] 的办学理念，培养相应的实用性人才。

正因如此，阿米提大学海外分校的建校地址，通常会选择一个城市的中心地带。如，阿米提大学毛里求斯分校就选址毛里求斯的埃贝尼数码城中心（Cybercity Ebene），该中心距首都路易港仅 15 公里，而埃贝尼城是非洲地区互联网信息中心（The African Network Information Centre），许多大型 IT 公司的总部也设立在此，该地区不仅拥有领先的跨国和国家 IT

---

① Amity University Dubai. About Amity，2019 年 9 月 21 日，见 https：//amityuniversity. ae/。

② Amity University in London & University of Boston，*PhD Programme Peosoectus*，London：Amity University in London，2018，p5.

③ Amity Global Institute：Overview，2019 年 9 月 21 日，见 http：//www.amitysingapore.sg/ Default.aspx。

公司，还是银行、金融机构和教育机构的腹地；阿米提大学海外分校选址迪拜，也是因为迪拜是中东地区的经济和金融中心、东西方各资本市场之间的桥梁，其支柱产业包括物流、贸易、金融及旅游行业，是阿联酋的"贸易之都"；阿米提大学海外分校选址新加坡，因为新加坡是全球经贸及科技发展的中心；其英国海外分校选择伦敦的学术中心布鲁姆斯伯里（Bloomsbury）文化圈，不仅因为此地是英国的文化重镇，更重要的是伦敦本身就是欧洲最大的金融中心。在这些地方选址建校，可以近距离地与许多跨国公司建立联系，从而在课程开发、学生实习以及学生就业方面拥有独特优势，极大地提升其海外分校的吸引力。

阿米提大学海外分校还设立专门的为学生提供实习的企业资源中心（Corporate Resource Centre），积极与国际知名公司花旗银行、阿布扎比商业银行（Abu Dhabi Commercial Bank）、底特律国家银行（National Bank of Detroit）、微软公司、合益咨询公司（HayGroup）、豪顿集团（Howden）、大都会人寿保险公司（Metlife，Inc.）等建立合作关系。在海外办学时，阿米提大学侧重与地方机构开展深度合作，仅伦敦阿米提大学就与英国商会（British Chambers of Commerce）、伦敦高等教育（London Higher）机构、英国推进高等教育（AdvanceHE）机构、英国国民医疗保健（National Health Service）机构、英国国际学生事务委员会（UK Council for International Student Affairs）、英印商务协会（UK India Business Council）等机构开展了合作，以保障学生毕业后都能找到工作。阿米提大学负责人表示，"就业是阿米提大学海外分校的一个巨大优势"①。

二、课程设置：特色鲜明的实用性、国际化课程体系

专业及学位课程设置是一个院校办学目标、价值追求和教育质量的直接体现。印度高校海外办学在课程设置方面具有两个鲜明的特色：

---

① 曹尔寅、Tecom：《印度最大教育集团分校：阿米提大学迪拜分校》，《留学》2015 年第 21 期。

　　第一，鲜明的实用性特色。例如，阿米提大学作为一个私立大学，其国际化办学很明显地体现出市场化趋向，在其海外分校及海外联合项目中，专业及课程设置都充分考虑全球经济及世界科技发展的人才需求。为培养高科技人才，迪拜阿米提大学开设了航空航天工程技术学士、信息通信技术学士和新兴领域的纳米科学、太阳能和替代能源等专业的技术学士课程；为培养商业及管理人才，迪拜阿米提大学本科专业开设了旅游管理、商学、工商管理（银行／保险方向）、工商管理（企业管理）、室内设计、司法科学、饭店管理、建筑学、土木工程、计算机科学、纳米技术、航空技术、原子能技术、电子通讯、太阳能／替代能源技术等专业课程。工商管理硕士（Master of Business Administration，MBA）课程包括：银行／保险方向、企业管理、酒店管理、公共关系／展会、零售管理、旅游管理、物流运输、房地产／城市基础设施建设、工商管理本科学位和工商管理硕士学位。而且，阿米提大学海外分校还充分考虑分校所在国的本土化人才需求，如阿联酋的旅游业是该国增长计划的重要组成部分，迪拜阿米提大学就开设了旅游管理、酒店管理学士课程；迪拜急需司法学专业人才，迪拜阿米提大学就开设了法学方面的学士课程，以培养相关人才。此外，为满足在职人员的学历教育要求，迪拜阿米提大学还提供半工半读专业：在职（Working Professional Mode，WPM）工商管理本科（Bachelor of Business Administration，BBA）和 MBA（WPM）在职工商管理硕士等。新加坡阿米提全球商学院除专业学位课程外，还开设了特许公认会计师协会（The Association Of Chartered Certified Accountants Courses，ACCA）会计与商业文凭、ACCA 考试—注册会计技师、ACCA 财务和管理会计中级证书、ACCA 财务与管理会计入门证书课程等。①

　　第二，鲜明的国际化特色。例如，马尼帕尔高等教育学院迪拜分校与法国、英国、美国、加拿大和印度的知名大学进行各种学术交流，并建立教育联盟。例如，MAHE-D 的媒体与传播专业学生与巴黎 EICAR 合作，

---

① Amity University Dubai：Academics，2019 年 9 月 21 日，见 https：//amityuniversity.ae。

开展硕士课程，并授予学生双硕士学位。同时，MAHE-D 还与印度国家建筑高级研究所合作，联合课程开发和教学实习。又如，阿米提大学不仅与外国院校合作开设专业及学位课程，而且还充分利用拥有多个海外分校的优势，开设跨国和跨校的专业学位项目。例如，迪拜阿米提大学最有特色的课程就是三国三校专业学位课程，包括 BBA 和 MBA，这两个专业的学生须分别在迪拜、美国和英国分校完成相关课程的学习。为培养国际化人才，新加坡阿米提全球学院开设了全新的国际物流与供应链管理学士学位课程。

又如，印度著名的商学院 SP Jain 全球管理学院（SP Jain School of Global Management，SPJGM）也称为 SP Jain 商学院，于 1981 年在印度孟买始创，2004 年建立了迪拜分校，2006 年建立新加坡分校，2012 年建立澳大利亚悉尼分校，目前拥有本科与硕士教学中心，本科专业为工商管理学士（BBA）与经济学学士（BEC）以及商务沟通学士（BBC）。硕士专业包括：全球商业硕士 Master of Global Business（MGB）全球工商管理硕士 Global Master of Business Administration（GMBA）行政管理硕士 Executive Master of Business Administration（EMBA）。SP Jain 全球管理学院充分利用海外分校资源，开创和提供跨国、跨校的本科和研究生课程。四年制本科课程让学生有机会在世界三大商业中心——新加坡 / 孟买、迪拜和悉尼——生活和学习。这有助于学生理解真实的商业世界——全球化、动态化和不断发展。这个课程包括一般商业、专业商业和文科。除了学术学习，这个项目还强调发展现实世界的商业技能——给予学生信心、知识和专业技能，使他们在国际环境中脱颖而出。2018 年 12 月 6 日，作为知名的世界三大大学排行榜的《泰晤士报高等教育》（*Times Higher Education*）报联合《华尔街日报》（*Wall Street Journal*）对全球多家商学院进行了分析，发布了 2018 年全球商学院排名。排名通过对课程资源、课程参与、就业结果、学习环境作出综合排名。在此次排名中，S P Jain 全球管理学院澳大利亚悉尼分校表现抢眼，在 1 年制的 MBA 课程中，击败瑞士顶级商学院 IMD，同样在亚洲地区击败 NUS 新加坡国立大学和澳洲墨尔本大学，排名全球第四。S P Jain 全球管理学院同样在新加坡和迪拜拥有校区，其 1 年制的 MBA 课程要求学生在悉尼、新加坡和迪拜分别学习。

三、质量保障：内外结合的教育质量保障体系

海外办学的质量保障是海外分校及海外联合学位项目可持续发展的重要因素。印度高校海外办学注重建立内外结合的质量保障体系。在内部质量保障体系方面，印度高校注重内部质量保障组织机构建设。例如，阿米提大学的内部组织建设很完善，阿米提大学建立了一个行政管理部门和 5 个委员会共同负责大学的发展规划及运营管理（如图 8.1），其中多个部门涉及质量保障方面。

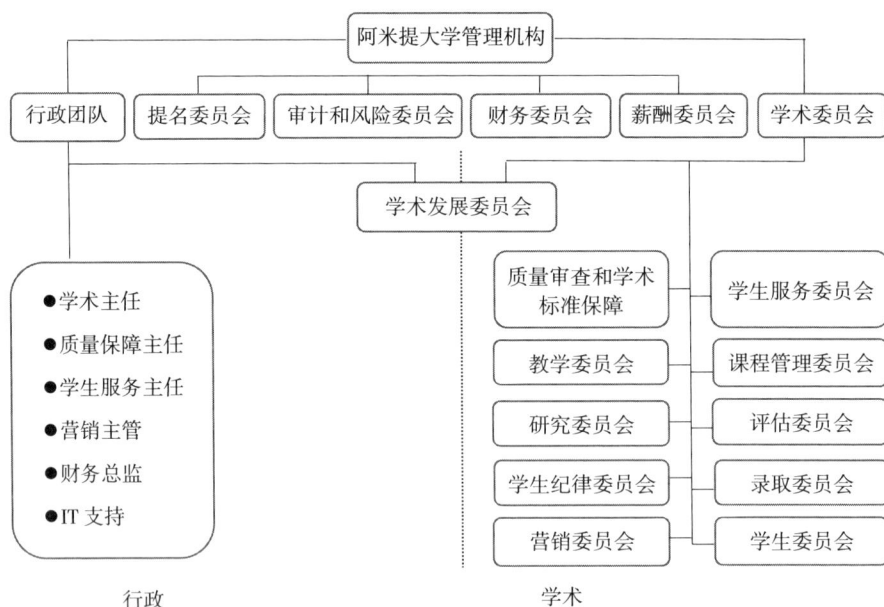

图 8.1. 阿米提大学管理机构图

资料来源：Amity University. Amity University in London-Governance. ［EB/OL］. (2019-09-21) ［2019-09-21］. https://static1.squarespace.com/static/5926a064d482e9754a4c3774/t/5c4b 3297352f53cfedc8f8b7/1548432023582/Amity+Structure.pdf.

从图 8.1 可见，阿米提大学在行政管理部门中专设了质量保障主任一

职，专门负责大学的质量保障，其学术委员会也专设了质量审查和学术标准委员会。阿米提大学海外分校也设置了完善的组织机构，如新加坡阿米提全球商学院设立了学术委员会，其责任是制定和审查私立教育机构所有学术事务的政策和程序，学术委员会还制定了一套标准，以确保私立教育机构提供的每门课程的学术品质，包括但不限于课程模块或科目的内容、课程的持续时间、适当的入学和毕业要求等；同时，至少每年要进行一次对有关政策和程序的审查和改进；另外还设立了考试委员会，责任为学校制定考试和评估程序，包括但不限于（a）考试卷和答案卷的安全性；（b）进行考试和评估；（c）监考人员和标记的职责和责任；（d）审查和评估标记的审核；（e）处理学生就考试或评估事宜提出的上诉。考试委员会还负责审批所有课程的设计和开发。

在外部质量保障方面，印度高校海外办学主要通过两个体系来实现。首先，海外分校的开办是跨境办学，海外分校所在国家和地区对分校的开办均有严格的办学要求和质量监管。海外办学不仅要得到本国政府的批准，也要获得国外政府的许可。例如，MAHE 进入迪拜时，需由印度大学拨款委员会（UGC）批准；印度政府人力资源开发部（MHRD）批准；迪拜政府知识与人类发展局（KHDA）许可。又如，在新加坡，所有外国分校均须以私人公司名义在新加坡商业注册局注册为"私立教育机构"，必须符合新加坡《私立教育法》的规范与要求。2009 年 9 月，新加坡国会通过立法，建立了专门针对私立教育机构的认证——"强化注册框架"（Enhanced Registration Framework）和"教育信托认证计划"（EduTrust Certification Scheme），作为私立院校必须遵守的办学资质和质量标准。所以新加坡阿米提全球商学院在最初的办学申报和后续办学过程中都必须遵守和达到新加坡的有关规定与标准，这从外部保障了海外分校的办学质量。

其次，印度高校的海外分校还积极参与印度国内、分校所在国以及一些国际认证组织的认证，通过认证来保障教育质量。因为认证审查机构都会遵循严格的程序，根据有关要求和标准来审查认证院校，帮助认证院校使用数据为决策、规划和改进提供信息，通过研究和反馈帮助院校提高教育质量。例如，迪拜阿米提大学积极参与了一系列认证，以证明大学致力于提升教育质量的有效性。迪拜阿米提大学参与了美国西部院校联盟（Western Association of Schools and Colleges，WASC）的认证。WASC是全美6个区域较权威的认证机构，为美国及美国以外的公立和私立高等院校提供认证服务。迪拜阿米提大学是阿联酋第一所获得WASC认证的私立大学。迪拜阿米提大学还申请了英国质量保证署、迪拜知识与人类发展署（Knowledge and Human Development Authority）以及印度国家评估和认证委员会（National Assessment and Accreditation Council，NAAC）的评估认证。此外，迪拜阿米提大学许多课程还获得相关组织的认可。例如，所有管理课程均获国际大学商业教育大会（International Accreditation Council for Business Education）认证，建筑课程获得美国认证协会（American Certification Institute）认证，酒店和旅游课程获联合国世界旅游组织教育质量认证中心（UNWTO-TedQual）认证，等等。迪拜阿米提大学的法律课程还获得了印度律师协会（Bar Council of India，BCI）的评估认证，是印度境外唯一获得BCI认证的此类课程，这个为期5年的综合法律课程采用跨学科的方法进行法律研究，培养专业从事贸易、并购和专利创造与注册等方面的法律人才。

又如，马尼帕尔高等教育学院在尼泊尔的分校马尼帕尔医学科学学院（Manipal College of Medical Sciences，MCOMS）成立于1994年，MCOMS在开班分校时，需得到尼泊尔医学委员会的认可。马尼帕尔高等教育学院的马来西亚分校马六甲马尼帕尔医学院（Melaka Manipal Medical College，MMMC）成立于1997年，其课程也需获得马来西亚联合认证委员会和马来西亚医学委员会的认可。这两所分校都被列入"世界卫生组织世界认可的第7版医学院目录"以及"外国医学毕业生教育委员会国际医学教育簿"（International Medical Education Directory of Educational Commission for Foreign Medical Graduates，ECFMG），同时，尼泊尔的分校马尼帕尔医学科学学院获得不列颠哥伦比亚省学生援助计划（British

Columbia Student Assistance Program，BCSAP），安大略省学生援助计划
（Ontario Student Assistance Program，OSAP），加拿大以及许多其他机构
的认可。马六甲马尼帕尔医学院的 MBBS 学位也得到了斯里兰卡医学委
员会（Sri Lanka Medical Council）的认可

第五节　印度高校海外办学的比较优势与存在问题

一、比较优势

作为高等教育国际化的后发国家和发展中国家，相比于欧美名校，
印度高校在海外办学方面也具有自己的独特优势。

（一）生源优势

印度高校的海外办学具有独特的一个优势是生源优势，主要表现为：
印度不仅拥有庞大的海外印度人数量，而且每年大约有 20 万的印度学生
海外求学，这为印度高校海外分校提供了充足的潜在生源。正如前文所
述，印度是输出移民人数最多的国家，全世界来自印度的移民为 1700 万
人。目前，海外印度人（包括海外移民和海外劳工）总数 2800 万，为世
界移民数量最多的国家。① 印度还是一个人口大国，现有人口 13.4 亿。而
且，印度的人口年龄结构比较年轻，据 2017 年的统计，印度人口年龄的
中位数为 27 岁。18 岁以下的人数占印度人口的三分之一。② "未来，印度
高等教育若保持 2007—2015 年期间的增长态势，到 2030 年，在学规模
将达到 6363 万人。结合人口变动来看，到 2030 年，印度将成为世界人
口最多且高等教育适龄人口最多的国家。"③ 据最新资料，印度高等教育入

---

① 凤凰国际 iMarkets：《联合国：全球移民超规模达 2.58 亿人印度输出最多》，2017 年 12
月 20 日，见 http://finance.ifeng.com/a/20171220/15878890_0.shtml。
② 中国新闻网：《美媒：2024 年印度将超中国成世界人口第一大国》，2017 年 8 月 15 日，
见 https://news.china.com/internationalgd/10000166/20170815/31099574_1.html。
③ 别敦荣、易梦春：《面向 2030 世界高等教育发展的主要趋势与战略选择》，[EB/OL]
（2018-01-18）[2021-10-11] https://www.163.com/dy/article/D8EGBZN00516RSOM.
html。

学率目前为 26%，在金砖国家中，印度只略领先于南非，远落后于俄罗斯（81.8%）、巴西（50.5%）、中国（50.0%），[①] 因此印度大学入学竞争十分激烈。在过去 10—15 年里，印度入学率增长缓慢，表列部落的高等教育尤其落后。印度政府的"教育质量提升和包容计划"（Education Quality Upgradation and Inclusion Programme）就指出了主要挑战，在接受高等教育的机会方面，印度地区和地区之间的差距持续存在。高等教育体系和机构必须认识到并适应不同学生群体的需求。印度政府制定了一个雄心勃勃的计划，到 2024 年要将高等教育入学率提至 40%。实现这一目标的唯一途径是在落后地区开设大学，并让那些经济弱势群体进入高等学府。印度人力资源与发展部（MHRD）提议，为了实现这一目标，在未来 5 年内投资 3033.8 亿卢比。[②]

正因如此，与欧美名校的海外分校主要招收国际学生不同，印度高校海外分校除招收国际学生外，还积极面向海外印度人及其子女，也积极招收有意愿海外求学的印度学生，这为印度高校的海外分校提供了比较充足的潜在生源，保障了印度高校海外分校的可持续性发展。而印度高校海外分校的国际化教育资源也吸引了不少印度学生。例如，印度孟买 29 岁的泰玛娜·乌斯曼（Tamanna Usman）曾在印度一所空乘学院担任企业培训师，她之所以选择参加 SP 贾殷管理中心（SP Jain Center of Management）的全球 MBA 课程，部分原因正是新加坡的诱惑——该课程于 2006 年在新加坡推出。乌斯曼表示，参加这个一年制 MBA 课程将在新加坡和迪拜分校各学习 6 个月，这会带给她国际经历。乌斯曼说，"我很了解印度，我需要走出去，体验外面的世界。"海外学习能够让她接触到那些在印度没有业务的企业。这一项目当时大约有 250 名学生，其中绝

---

① 三泰虎：《为什么上大学的印度人那么少》，2019 年 7 月 13 日，见 http：//www. santaihu.com/48018.html。

② 三泰虎：《为什么上大学的印度人那么少》，2019 年 7 月 13 日，见 http：//www. santaihu.com/48018.html。

大多数就来自印度。①

（二）高等教育特色资源优势

印度作为发展中国家，虽然高等教育的整体水平远不及欧美发达国家，但也拥有自己的一些优势。优势之一是印度拥有一些世界知名的理工学院、管理学院、商学院等特色高等教育优质资源，如印度理工学院（IITs）、印度管理学院（IIMs）和其他几所具有全球品牌价值的大学。印度理工学院世界闻名，据 2019—2020 QS 世界大学排名，在理工学院排名中，印度理工学院德里分校排名第 182 名（2019 和 2018 均为 172），印度理工学院坎普尔分校排名第 283 名（2019 第 283，2018 第 293 名），印度理工学院马德拉斯分校排名第 271 名（2019 和 2018 年均为 264）；在英国《金融时报》（Financial Times，简称 FT）2018 年全球 MBA 排名榜上：印度商学院（Indian School of Business，简称 ISB）名列第 8 名。印度商学院成立于 2001 年，总部位于海德拉巴（Hyderabad），是沃顿商学院（Wharton School）和凯洛格商学院（Kellogg School of Management）联合设立的一所非营利性质商学院，并在印度北部莫哈利设有分校区，是印度最好的私立精英式商学院。印度管理学院艾哈迈德巴德分校（Indian Institute of Management Ahmedabad）名列第 31 名，邦加罗尔分校（Indian Institute of Management Bangalore）为第 35 名。印度管理学院各分校的课程也非常有特色。例如，邦加罗尔分校一项为期 1 年课程密集的高阶硕士后学位（E-PGP），专为具有厚实工作经验的考生进修。邦加罗尔分校拥有丰富的学生国际交换计划，其学生可前往加州大学洛杉矶分校安德森管理学院、WHU-Otto Beisheim School of Management、伦敦商学院等世界名校，以拓展管理学的全球视野；加尔各答分校的管理学硕士项目（Master in Management）在 2014 年 Financial Times 的全球管理学硕士排名中列第 13 位。另外，相比欧美名校，印度高等教育成本也相对较低，高等教育

① Financial Time：Global Strategy for Meeting Corporate Needs，2020 年 1 月 12 日，见 https：//www.ft.com/content/25f97700-ec67-11dc-86be-0000779fd2ac。

机构也普遍使用英语作为教学语言。正是印度高校具有这些特色优势，尼泊尔、斯里兰卡、缅甸等南亚国家和阿联酋、毛里求斯、科威特、卡塔尔等国家出于提高自己国家高等教育水平以及建设教育枢纽的发展需求向印度发出请求，欢迎印度高质量的高等院校设立海外分校或国际校园。这为印度高校海外办学提供了非常好的未来发展机遇。①

二、存在的问题

自 20 世纪 90 年代印度政府积极推进印度高等教育国际化以来，印度高校在海外办学取得突出成绩的同时，也存在一些问题。比如，海外联合学位项目的发展不及预期、招生生源严重不足、与合作院校沟通渠道不畅、管理机制不健全等问题；合作建制海外分校因不确定因素，面临其长远合作缺乏稳定性等问题。尤其是以下问题更为突出：

（一）政府过度干预与高校自主权不足，影响印度公立院校的海外办学

在印度，政府对高等院校，尤其是公立院校的管理和干预过多，一直被印度教育界人士所批评。印度管理学院艾哈迈德巴德分校的前任校长巴库尔·多拉基亚（Bakul Dholakia）教授曾表示，目前政府对教育领域的控制，与 20 世纪 80 年代政府对工业的控制性质是相同的。只要这种干预还在印度的学院中盛行，就会阻碍这些学院的全球化。以印度管理学院为例，印度管理学院的人事任命一直是由印度总理来决定下任校长人选。有研究者在分析时指出：这好比在政治层面上，印度管理学院的人事任命相当于由美国总统决定加州大学洛杉矶分校或伯克利分校的下任商学院院长，抑或由英国首相决定谁来领导伦敦商学院（London Business School）。今天，印度管理学院艾哈迈德巴德分校、班加罗尔分校等学院都不再需要国家拨款，在财政方面自给自足。但不仅人事任命受到政府的干涉，甚至印度管理学院付给教员的薪资水平也由政府决定。多拉基亚教授表示，美

---

① B. Kumar. Government May Open IIT：IIM Campuses Abroad，2020 年 1 月 13 日，见 https：//www.hindustantimes.com/education/government-may-open-iit-iim-campuses-abroad/story-Qfha8qbjP5ekSYVYmbZZ0J.html。

欧企业的薪资是教授薪资的两倍。但在印度，这一差距是 10：1，全职教授的年薪约为 1.25 万美元。尽管印度管理学院艾哈迈德巴德分校和班加罗尔分校用顾问和高管教育工作来增加教授的薪资（多拉基亚教授估计，最高级教员的薪资是政府津贴的 7 到 8 倍），但仍然很难招到足够的师资来填补职位空缺。印度管理学院班加罗尔分校企业战略教授兼研究主席里希凯沙·克里希南（Rishikesha Krishnan）指出："吸引国际师资？想都别想。""我们一直主张，既然我们不靠政府拨款，那我们应该可以决定薪资，但我们一直在此问题上没有取得什么进展。我们希望在决定薪资水平时有更大的自主权，但这似乎不太可能。"校长多拉基亚教授表示："我们需要充分的自主权。"2005 年 4 月，他就如何实现学院的办学自主向印度政府提交了相关报告。他抱怨，"我任期一半的时间都花在跟踪这些问题上，但过去两年半，这个问题一直处于磋商讨论之中"。因此，服务完第一个任期，多拉基亚教授便从校长职位上卸任，不愿继任。①

尤其在招生方面，引起激烈争论的一个问题是，是否应当要求各大学将部分招生名额（27%）预留给来自贫困家庭的学生。（目前已有大约 25% 的名额留给了贫困生）据人力资源发展部（Ministry of Human Resource Development）最近公布的有关辍学人数的数据，在过去五年，多达 7248 名学生从"印度教育的圣杯"——印度理工学院辍学。虽然人力资源发展部表示，好的工作机会是研究生中途辍学的重要原因之一。但不少批评者指出，因为配额制度，印度理工学院每年有 5000 个预留名额。这意味着这些配额学生凭借他们的种姓而获得名额，而不是成绩，他们以最低的分数进入印度理工学院，当然不能适应理工学院的学习。② 印度管理学院也担心，如果这一规定得以实施，将降低入学学生的质量。班加罗

---

① Siteeditor：《IIM 印度管理学院》，2015 年 8 月 13 日，见 https：//www.franktop10.com/名人名事 /133292/。

② Sruthy Susan Ullas：Over 7000 Exit IITs in Last Five Years，Lose Coveted Tag，2020 年 1 月 24 日，见 https：//timesofindia.indiatimes.com/india/over-7000-exit-iits-in-last-five-years-lose-coveted-tag/articleshow/72431217.cms。

尔分校的教授们也持谨慎态度，尤其担心为了容纳额外的学生，招生人数将不得不增加，教员数量也需随之增加。而所有这一切最终又会回到教师的工资问题上，但经费现在已是一个问题。

在全球化过程中，印度管理学院的国际化发展也受到政府管理及相关法律的制约。例如，当艾哈迈德巴德分校考虑在海外开设分校时，由于是政府所建的公立院校，遭到印度法律的禁止。① 所以，尽管印度大学协会很早就建议政府推进印度高校在海外建立分校，印度政府也制定了一些相关政策，但除远程教育海外学习中心外，印度高校海外办学，尤其是海外分校的创办主力一直是印度的私立院校。正如印度学者在《印度有国际战略吗?》一文中所批评的，"印度政府利用其行政和监管框架，漫不经心地玩弄着国际化的各种利益相关者——学生、教师和机构。2004 年，在大学教育资助委员会（University Grants Commission）的支持下成立了两个学术委员会，以促进印度高等教育的海外发展。2009 年，这两个委员会制定了一份高等教育国际化行动计划。不幸的是，这两个委员会推荐的战略没有反映在印度的国际化战略中。新计划还提议成立了一个专业的国家机构——印度国际教育中心（India International Education Centre），从事国际化活动。希望这一拟议中的新机构不会在印度高等教育系统这个官僚主义迷宫中止步不前。"②

印度政府已意识到有必要改变这一情形。2012 年，印度人力资源发展联盟部长发表讲话说："政府已经批准阿米提大学在迪拜设立分校。现在，政府也允许印度管理学院（IIM）、国家理工学院（NIT）和印度理工学院在阿联酋开设海外分校。"③

---

① Financial Time：Global Strategy for Meeting Corporate Needs，2020 年 1 月 12 日，见 https：//www.ft.com/content/25f97700-ec67-11dc-86be-0000779fd2ac。

② P. J. Lavakare：Does India Have an International Higher Education Strategy?，2020 年 1 月 13 日，见 https：//www.universityworldnews.com/post.php? story=20130613141352202。

③ Education Insight：IIMs，NITs & IITs Might Introduce Campuses in UAE，2020 年 1 月 13 日，见 http：//www.educationinsight.in/2012/education-news/iimsnits-iits-might-introduce-campuses-in-uae/。

　　为更好地实现政府的外交战略，2015 年莫迪政府明确将高校海外办学作为政府外交政策的一部分，重新审视早些时候搁置的在其他国家设立国立大学高等教育的计划，明确提出要考虑在斯里兰卡、毛里求斯和阿联酋开设印度理工学院、印度管理学院等国立大学的海外分校。[①]

　　2019 年 6 月，受印度政府委托，一群知名专家起草了一份为期五年的高等教育愿景，他们重新提出了允许顶尖外国大学在印度设立分校的老想法，以提升印度的高等教育水平。6 月，人力资源发展部高等教育司完成了"教育质量提升与包容计划"（Education Quality Upgradation and Inclusion Programme or EQUIP，"装备计划"）的五年规划。在外国名校"引进来"方面，6 月 28 日发布的报告称，将"以开放的心态"重新审视《外国教育提供者法案》，将允许选择来自美国、英国、加拿大、澳大利亚等国家排名前 200 名的世界顶级大学在印度建立和运营分校。这将改变印度的高等教育格局。前几届政府都曾试图推动议会通过 2013 年提出的《外国教育提供者法案》（Foreign Education Providers Bill），但均未取得成效。目前，美国芝加哥大学（University of Chicago）、哈佛商学院（Harvard Business School）和弗吉尼亚理工大学（Virginia Tech）以及澳大利亚迪肯大学（Deakin University）等一些外国大学已获准开设教育研究中心，但这些机构都不允许提供学位教育。与此同时，在印度高校"走出去"方面，印度政府也将鼓励符合特定资格标准的印度著名公立和私立高等教育机构在选定的国家设立海外分校。教育部将提出"授权条款"，允许参与"印度留学"（Study in India）计划的顶尖印度院校在海外设立分支机构。"留学印度"计划是印度政府于 2018 年启动的一项国际学生资助计划，该计划选出了印度最好的 100 所大学，为国际学生提供了逾 2 万个留学印度的名额，为留学生提供奖学金。可以预计，印度政府这些新的促

---

①　B. Kumar. Government May Open IIT，IIM Campuses Abroad，2020 年 1 月 13 日，见 https：//www.hindustantimes.com/education/government-may-open-iit-iim-campuses-abroad/story-Qfha8qbjP5ekSYVYmbZZ0J.html。

进高等教育国际化的政策将进一步推动印度高校的海外办学。①

（二）印度公立院校海外办学动力不足，面临师资和经费不足的困境

师资和经费是保障印度高校海外办学的重要条件。相比于印度的私立院校，印度公立高校在海外办学所面临的师资和经费问题更加突出。新加坡政府曾邀请印度理工学院（IIT）在新加坡设立一个海外分校，尽管在几年前已基本达成协议，但因为师资短缺和资金来源有限，并没有取得任何实质性进展。印度理工学院德里分校院长指出，"为了成功建立一个国际校园，我们需要一个良好的师资队伍、完善的基础设施、充沛的资金，以及一个当地的合作伙伴"，但印度所有的理工学院至少缺少 2500 名教职员工，每一个印度理工学院都缺少 30% 的教师数量。师资短缺也是印度管理学院班加罗尔分校搁置国际化计划的一个原因。印度管理学院和印度理工学院放弃海外计划的另一个主要原因是资金短缺。作为政府资助的公立院校，它们不允许向市场收费。印度管理学院艾哈迈达巴德分校（IIM-Ahmedabad）早些时候曾表示有兴趣在迪拜或新加坡建立其首个海外分校。但有关部门不希望利用政府的资金在全球扩张。另外，班加罗尔和加尔各答的印度管理学院也给出理由，不愿冒险走出印度，它们更愿意把国内发展作为首要的目标："政府开设了 7 家新印度理工学院和 5 家印度管理学院。已有院校有责任与新院校合作，并指导和帮助其成长。我们更需要的是在国内强化品牌，而不是向国外扩张。"因此，虽然印度政府鼓励印度理工学院、印度管理学院等国立大学海外办学，但师资和经费依然面临严重欠缺的问题。②

（三）海外分校出现过度产业化、商业化问题

如上所述，印度海外分校大多为印度私立院校所建，因此进入世界高等教育市场，这些院校的部分海外分校出现了比较严重的产业化、商业

---

① S. Niazi. Proposed Vision for HE Revives Foreign Universities Bill，2020 年 1 月 13 日，见 https：//www.universityworldnews.com/post.php？story=20190704143203965。

② A. Mishra. IIT-Bombay-Building a Global Alliance，Staying Nationally Focused，2020 年 1 月 11 日，见 https：//www.universityworldnews.com/post.php？story=201205181446144887。

化问题。比如，印度阿米提大学美国分校就是如此。早在 2011 年，阿米提大学就尝试在纽约开设工科校园，但未成功；2014 年阿米提大学申请在加州开设一所非营利院校，以失败告终；2016 年 7 月，阿米提大学又计划收购临近波士顿的新英格兰艺术学院（New England Institute of Art）和教育管理公司（Education Management Corporation）旗下的纽约艺术学院（Art Institute of New York City），但由于马萨诸塞州官员的反对，收购计划再度败北。2016 年 10 月，阿米提大学斥资 2200 万美元，成功购买美国圣若望大学（St.John's University）占地 170 英亩的主校区，开始了美国分校的筹建。现在，阿米提大学还计划收购另两所位于波士顿的美国大学校园。对于阿米提大学在美的这种扩张方式，美国媒体提出质问："印度阿米提大学在美国的扩张是软实力输出的自发变化，还是资本全球化和教育产业化下的又一怪胎？"反对阿米提大学收购计划的马萨诸塞州总检察长莫拉·希利（Maura Healey）则形容阿米提大学是一个"对美国高等教育毫无经验的机构"，认为阿米提大学的收购"从一开始就是个坏主意"，"这些学生应当得到承诺给他们的教育，他们不应被视为收入来源，一旦无利可图就被放在一边"。①

　　美国宾州州立大学教育政策教授凯文·金瑟（Kevin Kinser）认为，阿米提大学的全球扩张反映出"以营利为目的的教育市场"已经真正敞开，"一间拥有许多资源的机构可能认为，这是一个在教育产业获得立足之地的便宜机会"。②美国学者阿特巴赫在分析高等教育的海外扩张时也曾指出："各国政府都把跨国教育视为增加高等教育收入的一条途径，各院校也是如此"，"在一些情况下，美国高等教育的海外扩张愈来愈明显地

---

① S. Senne. Massachusetts AG Pushes Back as Indian College Plans Expansion，2019 年 9 月 22 日，见 https：//www.wnycstudios.org/podcasts/takeaway/segments/ma-ag-maura-healey-wants-indias-college-expansion-plans-hold。

② S. Senne. Massachusetts AG Pushes Back as Indian College Plans Expansion，2019 年 9 月 22 日，见 https：//www.wnycstudios.org/podcasts/takeaway/segments/ma-ag-maura-healey-wants-indias-college-expansion-plans-hold。

表现出商业性质"。① 的确，国际教育市场作为经济全球化时代世界市场的一部分，高校海外分校的设立使高等院校直接加入到市场竞争的行业，也将高等教育朝着教育产业化和商品化方向推进。但应该强调的是，虽然海外分校一出现就带有商业和学术双重属性，但教育并不完全等同于其他商业产品，不能把教育的价值与其他商业价值混为一谈。在当今，高等教育国际化的重要性越来越凸显，国际化已深植许多大学的发展战略计划，如何在海外办学时规避过度产业化和商业化所带来的对教育的危害，消除人们对此的质疑，这不仅是印度高校海外办学必须认真思考和解决的问题，也是我国高等院校海外办学时需要警惕的一个问题。

第六节　印度高校海外办学的经验与启示

综上所述，自 20 世纪 90 年代以来，印度政府实施高等教育国际化政策，将高等教育纳入国家软实力建设和外交战略。尤其是，"2014 年莫迪（Narendra Modi）执政以来，逐渐抛弃之前的'不结盟'等政治遗产，而开始根据国家利益有选择地进行外交结盟，并抛弃独立初期奉行的'软实力'（soft power）和 20 世纪 60 年代开始奉行的'硬实力'（hard power）等外交理念，开始信奉'软''硬'结合的'精明实力'（smart power）。在援助 / 合作中，印度也毫不掩饰因为国家利益而向特定国家倾斜的需要。在此外交风格转换的过程中，高等教育在对外关系中的作用得到空前的重视，并逐渐在对外关系中拥有了话语权"② 。印度政府积极推进远程教育海外学习中心的建设，尤其是在非洲，远程教育海外学习中心已成为印非高等教育合作的特色项目，成为南南合作的典范；虽然在推进高校海外办学方面，印度政府之前对公立院校有许多限制，但印度私立院校走出国

---

① ［美］菲利普·阿尔特巴赫：《跨越国界的高等教育》，郭勉成译，《比较教育研究》2005 年第 1 期。
② 田小红、程媛媛：《印度对非高等教育合作的路径、特点及对中非高等教育合作的启示》，《比较教育研究》2020 年第 1 期。

门，积极进行海外扩展，海外办学发展卓有成效。而且，印度政府现在也开始改变有关政策，允许公立院校在选定国家开设海外分校，更加明确地将高校海外办学视为国家外交政策和战略的一部分。这必将为印度高校海外办学带来新的发展契机。同为发展中国家，同为高等教育国际化的后发国家，印度高校海外办学的经验可以为我国高校海外办学提供借鉴。

一、确立"全球校园"理念，海外分校与本土院校建设融为一体

印度高校在海外办学中，有明确的学校发展目标，并不是只把进入海外高等教育市场作为发展目标，招生国际学生，而是将海外分校的建设与本土院校的发展结合起来，确定建立"全球校园"的新理念，为学生提供真正"浸润式"的国际化教育。例如，印度阿米提大学具有强烈的使命感。阿米提大学校长阿图尔·肖汗（Atul Chauhan）在采访时表示，"印度的高等教育部门自身存在局限，致使师资短缺、教学质量低下、课程冗长、教学方法僵化、缺乏问责制、教研分离、行业参与度低，也缺乏必要的基础设施等。为了解决这些问题，印度需要加大高质量私立大学的推广力度，不断更新教学方式，促进多学科和跨学科研究，设计与行业保持一致的专业计划……从而改变印度传统教育制度"①。"高质量私立大学的推广"既包括国内的扩展，也包括海外的发展，这促使阿米提大学把海外分校的开办和阿米提大学自身的建设紧密结合起来，通过在海外多个地区选址建立"全球校园"，阿米提大学的目标是成为一所真正意义上的"国际化"院校，学校领导者认为只有学校自己国际化才能为学生提供真正的国际化教育。

二、精准设计人才培养目标，对接未来社会需求和学生就业需求

印度高校海外办学之所以发展较快，另一个成功经验是精准设计

---

① J. K. Taneja. Amity Education Group Plans to Spread Across the Globe In the Next 5 Years，2019 年 9 月 21 日，见 https://www.franchiseindia.com/education/Amity-Education-Group-plans-to-spread-across-the-globe-in-the-next-5-years.8998。

人才培养目标，对接未来社会需求和学生就业需求，确立了培养适应全球化发展的国际化人才和满足当地社会需求的实用性人才培养目标。例如，印度顶级商学院 SP Jain 全球管理学院（SP Jain School of Global Management，简称 SPJGM，也称为 SP Jain 商学院）于 2004 年在迪拜建立分校，2006 年在新加坡建立分校，又在悉尼开设了分校，并计划未来在西半球再建一所分校，其负责人尼蒂什·贾殷（Nitish Jain）表示，"世界正变得非常全球化"，"由于信息科技（IT）的发展和贸易壁垒的减少，企业正变得全球化。教育机构必须适应企业需求"，培养能适应全球化发展的国际化人才。目前，SP Jain 全球管理学院开设了前沿性的全球工商管理（Global BBA）、全球商业硕士（Master of Global Business，MGB）、全球工商管理硕士（Global Master of Business Administration，GMBA）等专业，在课程和教学设计中，利用拥有多个分校的优势，让学生拥有跨国、跨校的全球学习与实习经历，培养他们的全球视野，构建人才培养的国际维度。马尼帕尔高等教育学院在马来西亚的海外分校马尼帕尔国际大学（Manipal International University，MIU），目前设立了三个机构：基础和语言研究中心、管理和商业学院和科学与工程学院。马尼帕尔国际大学的本科根据马来西亚的人才需求，开设了商科、工程与科学三个本科专业和一个商科硕士专业。MIU 与许多组织合作，根据行业需求培养学生，帮助学生为就业做准备。Astro Malaysia 是马来西亚首屈一指的媒体和娱乐公司。它是马来西亚第一大在线媒体公司。马尼帕尔国际大学为学生提供机会参加 Astro 的实习和毕业生就业计划。同时，马尼帕尔国际大学还与 Celcom 公司开展合作，提高工程专业学生在通信服务行业的技能和能力；与马来西亚 Recron 公司合作项目，为工程专业学生提供实地培训；与马来西亚最大的土木工程承包商 MRCB 合作，为工程专业的学生提供企业实训。

三、确定高水平办学标准，注重完善质量保障体系

作为高等教育国际化的后发国家，印度高校在海外办学中确定了高

标准的办学标准，注重海外合作院校的选择，积极参与国际高等教育质量
认证，在内部建立质量保障的相关和专门机构，保障海外办学的教育质
量。例如，印度阿米提大学设定了高标准的办学定位，阿米提大学的开办
（包括海外分校）对标常春藤盟校的教育标准，开设全球公认的专业课程，
注重加强与世界一流大学和其他国家知名大学的合作，如和英国罗素集团
的大学以及中国的"双一流"大学积极展开合作等，同时积极参与美国、
迪拜、英国高等教育质量认证机构以及一些国际专业组织的认证。高标准
定位和获得国际认证使阿米提大学在较短的时间里确立了自己在印度私立
大学的地位，在海外教育市场打造了自己的教育品牌。[①]

四、设立专门国际事务管理机构，建立有效的海外办学管理机制

海外办学跨国、跨校，涉及复杂的国际政治经济关系和外国法律，
印度注重发展专门的管理机构和科学的管理机制，为此印度高校建立了国
际事务专门组织机构。例如，马尼帕尔高等教育学院（Manipal Academy
of Higher Education，MAHE）专门设立了国际事务合作办公室（Office of
International Affairs & Collaborations，OIAC），在咨询委员会的支持下，
由一个工作小组领导。该办公室集结了大学各个分校和其他重要学术组织
的行政管理者。国际事务合作办公室协助大学发展，同步海内外所有大
学、校区、机构的工作，促进多主体间的相互合作。其作用是在国际事务
工作中为教师、员工、学生提供所需的帮助，但不干预学院或院系的特色
发展。同时，国际事务合作办公室还将衔接每所学院的课程，使学生能够
跨学校流动，招收短期和长期的跨国学生，并为大学提供有价值的项目。
其具体职能为：职能一，资源服务中心。国际事务合作办公室将作为大学
重要的国际联络资源中心，建立海外大学、海外政府和国际组织间的合作
伙伴关系。国际事务合作办公室让更多的学生和教职工参与到国际研发项

---

① S. Senne. Massachusetts AG Pushes Back as Indian College Plans Expansion，2019 年 9 月
22 日，见 https：//www.wnycstudios.org/podcasts/takeaway/segments/ma-ag-maura-healey-
wants-indias-college-expansion-plans-hold。

目中，获得国际经费，促进国际融资，并与其他社会分享物质资源和智力资源。职能二，国际教育资源中心。OIAC 致力于整合国外留学、海外研究、跨境实习和全球其他教育的资源，其目标是帮助学生和教师跨越国界，到海外去学习交流。同时，它与全球合作机构一起管理学生的交流项目。职能三，为学生服务。国际事务合作办公室还提供校园住宿信息，满足国际学生、国际教职员工、访问者的要求。此外，国际事务合作办公室还管理全球学生和学者的互动来往，为所有交流的国际学生、教师和员工提供服务。

五、构建灵活、开放的合作模式，建立多元合作伙伴关系

印度高校海外办学采用灵活、开放、多种合作办学模式，与外国合作伙伴建立了多元的伙伴关系，充分利用各种教育资源，从而保证了海外办学的迅速发展。如，阿米提大学英国和新加坡海外分校在校舍方面与当地图书馆、政府机关、大学合作，减少了资金大量投入的压力与风险；在课程及教学方面，分专业与不同的英国院校合作，既解决了海外分校师资不足问题，也保障了教学质量，而且也有利于学校声誉的建立；在当地实习与海外实习方面，依托 AKC 集团雄厚的资金实力和全球商业网络，充分利用集团资源，分别与当地政府部门、社会组织、银行及跨国企业合作，不仅邀请有关专业人士来校讲课，而且也为学生提供各种难得的实习机会，构建了比较良好的发展生态，形成了独有的教育资源优势和教育特色。印度管理学院与法国、美国、加拿大的商学院、工商管理学院建立合作伙伴关系，共同开发双联学位课程。而且，印度高校在招生方面，也积极与国外的教育机构合作，开展招生宣讲、展览等各种活动，扩大学校知名度，增强学校竞争力。

第九章　中国高校海外办学研究

改革开放以来，我国日益重视教育在扩大对外开放中的作用，但在国际合作过程中以"引进"为主，国外高校在我国境内办学成为中外合作办学的主要形式，我国在国际教育市场上一直扮演着输入国的角色，长期处于教育逆差状态，与我国世界第二大经济体的地位很不相称。与此同时，发达国家通过教育输出不断向世界传播自身价值观念，而在国际上却鲜有"中国声音"，这与我国在国际社会的影响力不相符合。

近年来，随着我国综合国力以及国际影响力的不断上升，以及我国高等教育数量与质量的不断提升，为进一步改变教育逆差局面，推动中国教育理念、教育模式、价值观念的国际传播，推动教育"走出去"势在必行。高校赴境外办学作为打破"教育进口"与"教育出口"不平衡局面、进一步提高我国教育国际化水平以及国际影响力的重要抓手，在服务中国特色大国外交理念、构建人类命运共同体理念以及"一带一路"倡议、服务教育强国战略以及全面深化改革等国家战略方面发挥着巨大作用。

从中外合作办学的整体情况来看，"引进"与"输出"之间仍存在较大不平衡。据统计，截至 2018 年，受教育部认可、在我国境内举办的中外合作办学机构和项目已经覆盖了 28 个省级行政区域，总数逾 2600 个①，而直到 2019 年，我国高校在境外办学机构或项目举办仅有 128 个

---

① 姜泓冰：《高校境外办学研讨会举行》，《人民日报》2018 年 7 月 4 日。

（含25个审批后被取消的高校自主举办的机构与项目）①。同时办学区域大多分布在新加坡、马来西亚等东南亚地区，办学专业集中在汉语言文学、中医学、中药学等传统学科，我国海外办学的国际声望也相对较低。与此同时，英、美、澳等发达国家海外办学呈现上升趋势，凭借自身高等教育的实力和声望、国际化程度、广泛的资源等优势，海外办学已经成为其教育输出以及赢得国际教育市场的重要形式。若想在激烈的国际竞争中赢得主动，亟待加强对于我国高校海外办学活动的理论与实践研究，明确我国国家战略对于高校海外办学的期待和要求，了解我国高校海外办学当下的整体现状和发展水平，深入分析办学模式及运行机制，并从中汲取经验教训，更加科学、系统地推进高校海外办学。

第一节　中国高校海外办学的历史发展

适应经济全球化发展，教育国际化也成为历史的必然。我国高校海外办学的发展历程是与我国教育对外开放、积极开展中外合作办学的发展脉络密切相关，经历了人员的国际流动、以引进为主的合作办学和"引进"与"输出"并重的三个发展阶段。随着教育对外开放程度的不断扩大、国际化进程不断深化、内涵不断丰富，目前，海外分校逐渐成为我国高校国际化发展的一个路径选择。

一、20世纪80年代至20世纪末：以人员流动和项目输出为主的萌芽阶段

改革开放初期，邓小平首次在教育领域明确提出了社会主义现代化的要求，指出"教育要面向现代化、面向世界、面向未来。"②1985年5月，中共中央将这一方针纳入《关于教育体制改革的决定》，再次强调坚持教育"三个面向"对于"九十年代至下世纪初叶我国经济和社会发展"具有

①　林金辉：《中国高校到境外办学，如何走稳走好》，2019年11月12日，见 http：//www.eol.cn/news/xueshu/201911/t20191112_1692385.shtml。

②　《邓小平文选》第三卷，人民出版社1993年版，第35页。

重大意义①，实现教育领域的对外开放得到关注。改革开放伊始，我国就积极探索推动高等教育国际化，随着综合国力不断提升、全面开放新格局逐渐形成，我国成为高等教育国际化的重要参与者，实现了从积极融入者到重要参与者的转变。

这一时期对外开放的主要路径首先是人员的国际流动。1978年6月，邓小平发表留学讲话："我赞成留学生的数量增大……要成千成万地派，不是只派十个八个。"② 自此，中国拉开了人员国际流动的序幕，我国开始成为最主要的留学生源地国之一。其次是中外合作办学项目的出现。随着改革开放的不断深入、人员往来的日益密切，20世纪80—90年代，我国境内开始出现南京大学—约翰斯·霍普金斯大学中美文化研究中心（1986）、延边大学科学技术学院（1992）、上海交通大学中欧国际工商学院（1994）等较早的一批合作办学项目。在此推动下，"中外合作办学"成为我国教育领域的重要话语。1995年，国家出台《中外合作办学暂行规定》，对中外合作办学行为加以政策引导和约束。这一时期，政府层面的关注点一方面是大量派遣留学生和促进人员流动，另一方面也集中在引入中外合作办学方面，即"外国教育机构同中国教育机构在中国境内合作举办以中国公民为主要招生对象的教育机构的活动。"③ 这一时期，政府聚焦于"引进来"推动我国教育面向世界。

十一届三中全会确立了我国以经济建设为中心的发展战略，高校日益重视发挥高等教育的经济效益，开始自发探索海外办学模式。1998年，国家教委发布《关于招收自费外国来华留学生的有关规定》，指出被赋予自主权的高校能够直接面对国际留学生市场招收自费留学生。④ 部分高校

---

① 《中共中央关于教育体制改革的决定》，1985年5月27日，见 http：//www.moe.gov.cn/jyb_sjzl/moe_177/tnull_2482.html。

② 《邓小平年谱（1975—1997）》（上），中央文献出版社2004年版，第331页。

③ 《中华人民共和国中外合作办学条例》，2019年11月23日，见 https：//baike.baidu.com/reference/6994701/feeeBew3_GvbjMYfqxYSUdjOCSCd2EhXErj3AGK0A6qrvyOLBlW。

④ 蒙梓：《新中国来华留学教育历程》，2019年10月15日，见 http：//www.jyb.cn/rmtzcg/xwy/wzxw/201910/t20191015_267351.html。

为实现创收，积极响应政策号召，发展外国留学生教育。在积累了一定经验和资源的基础上，为进一步吸纳更多外国学生，以外国公民为主要招生对象海外办学逐步发展起来。但由于我国高校建设发展起步晚、自身能力有限，这一时期，我国高校主要依托汉语、中医等传统优势学科和专业开展海外办学活动；另一方面，海外办学形式单一，以项目制为主。例如，1988年南京中医药大学率先在葡萄牙和挪威开设中医专业；1996年南京大学在新加坡等东南亚国家开设中国语言文学专业；1997年北京中医药大学与英国米顿锡斯大学合作，联合举办中医学专业本科学士学位课程等。这些试验性活动为我国教育对外开放注入了活力，为其他高校海外办学提供了初步的经验借鉴。

这一时期，高等教育"走出去"主要有两种形式，一是高校海外办学开始萌芽，二是招收外国留学生来华接受教育，可谓在地"走出去"。但与之有关的政策法规很不完善。

二、21世纪前10年：孔子学院为主，海外分校形式开始出现

经过20多年的改革开放和发展，我国社会生产力、综合国力日益增强，人民生活水平日益提高，国际影响力也日益增强，"引进来"战略取得成效，为我国实施现代化建设第三步战略部署奠定了良好基础。① 进入21世纪，经济全球化趋势增强，科技革命迅猛发展，国际竞争更加激烈，为了进一步发展国际市场、增强国际话语权，实施"走出去"成为我国新时期各项事业的战略重点。2001年《国民经济和社会发展第十个五年计划纲要》将"走出去"作为一个重要的战略列入其中，指出要"坚定不移地扩大对外开放，在积极'引进来'的同时，实施'走出去'战略。"② 《2003—2007年教育振兴行动计划》提出要进一步扩大教育对外开放，在

① 朱镕基：《关于制定国民经济和社会发展第十个五年计划建议的说明》，《中华人民共和国国务院公报》2000年10月9日。

② 《中华人民共和国国民经济和社会发展第十个五年计划纲要》，2001年3月15日，见 http://www.gov.cn/gongbao/content/2001/content_60699.htm。

积极引进境外优质教育资源的同时，要加强其他中国特色学科和优势学科的对外教学工作，鼓励有条件的教育机构赴境外办学。① 在这一时期，我国高等教育仍以引进为主，但与此同时，"走出去"日益得到关注和重视。

2001 年，中国加入世界贸易组织，服务贸易总协议规定："教育服务是服务贸易的重要内容之一"②，而"教育服务"的多项条款旨在消除各国教育的封闭性，如"鼓励所有成员国到海外办学"③，以建立开放的教育服务市场。为履行协议国职责，以及满足我国高等教育体制实现更高水平对外开放的需要，政府层面加紧出台了相关政策法规。2002 年 12 月 31 日，我国颁布了《高等学校境外办学暂行管理办法》，对高等学校境外办学的定义、我国高校在海外办学的资格、责任、申请程序等作出了正式规定，高等学校境外办学活动进入有章可循的发展阶段。但由于新法规刚刚颁布，加之先前我国高校海外办学的经验较少，高校"走出去"的步伐缓慢。

此时，国际汉语热开始出现。在政府倡导和支持下，我国高校开始探索创办孔子学院这一海外办学新路径与新模式。2004 年《2003—2007 教育振兴行动计划》明确提出"要大力推广对外汉语教学，积极开拓国际教育服务市场"，"加强境外'孔子中文学院'建设"。④ 至此，由中国政府支持、中国大学主导、国外大学合作的孔子学院逐步在世界各国建立，且发展迅速，越来越多的高校参与其中。据统计，截至 2019 年，我国已在全球 162 个国家（地区）设立了 545 所孔子学院和 1170 个孔子课堂。⑤

---

① 《2003—2007 年教育振兴行动计划》，2004 年 2 月 10 日，见 http：//www.moe.gov.cn/jyb_sjzl/moe_177/201003/t20100304_2488.html。

② 《服务贸易与服务贸易总协定》，2020 年 9 月 13 日，见 http：//tradeinservices.mofcom.gov.cn/article/zhishi/jichuzs/200710/21614.html。

③ 《各国对教育服务贸易的承诺及其现状》，2020 年 9 月 13 日，见 http：//tradeinservices.mofcom.gov.cn/article/zhishi/jichuzs/200710/21614.html。

④ 中华人民共和国教育部：《2003—2007 年教育振兴行动计划》，2004 年 2 月 10 日，见 http：//www.moe.gov.cn/jyb-szl/moe_177/201003/t20100304_2488.html。

⑤ 《孔子学院/课堂·关于孔子学院/课堂》，2019 年 12 月 8 日，见 http：//www.hanban.org/confuciousinstitutes/node_10961.htm。

孔子学院作为政府官方主导、各方积极探索下的初期实体性海外办学形式，由于并不开展高等学历教育，根据《高等学校境外办学指南（试行）》规定，高校境外办学不包括非学历教育活动①，因此孔子学院不属于我国所规定的海外办学范畴，本报告不予详细阐述，但不可否认，孔子学院为我国高校海外办学积累了宝贵经验。

进入 21 世纪，开办海外分校成为教育国际化发展的一个新趋向。20 余年的中外合作办学以及非实体性的海外办学项目为我国高校探索建设海外分校奠定了重要基础，海外分校也逐渐成为我国高校国际化发展的一个路径选择。以 2002 年上海交通大学在新加坡云南园建立上海交通大学新加坡研究生院为标志，我国大学在境外开办了第一家实体性海外分校。紧接着，2003 年，北京语言大学在泰国曼谷建立北京语言大学曼谷学院；随后 2007 年，大连海事大学在斯里兰卡科伦坡建立大连海事大学斯里兰卡校区。这一时期海外分校的输出国集中于东南亚地区。相较于上一发展阶段以项目制开展海外办学活动为主，这一时期我国高校海外办学形式日趋多样化。

这一时期，无论海外办学项目还是建立海外分校，我国高校海外办学活动开设的专业仍主要集中在汉语、中医等传统优势学科，其他人文社科、理工科涉及较少，但培养层次有所提升。以江苏省为例，南京大学在新加坡和马来西亚开设了传播学、中文、MBA 和英语翻译等四个专业的博士项目和硕士项目，南京中医药大学在新加坡开设了中医专业的博士和硕士项目。②

三、2010 年以来：海外办学主体和模式呈现多样化态势

随着我国综合国力以及国际影响力的不断提升，基于先前在教育资

---

① 中国高等教育学会：《高等学校境外办学指南》（试行），2019 年 9 月 26 日，见 https://news.eol.cn/yaowen/201909/t20190926_1684905.shtml。

② 施蕴玉：《高校境外办学：江苏的现状、形势与对策》，《扬州大学学报》（高教研究版）2013 年第 6 期。

源"引进来"工作中积累的国际办学经验以及"走出去"的初步探索，这一时期，国家层面在保持"引进来"的同时，积极推进"走出去"步伐。2010 年 7 月，《国家中长期教育改革和发展规划纲要（2010—2020 年）》出台，明确提出要"推动我国高水平教育机构海外办学，加强教育国际交流，广泛开展国际合作和教育服务。"① 高校海外办学活动成为提升我国高等教育国际化办学水平、完善高等教育综合全面发展的重要路径，高校海外办学水平也成为高校办学质量的重要评价指标。这一时期，不仅政府层面高度重视，高校为满足国家高质量办学的期待与要求，提升自身国际、国内知名度，也积极开展海外办学活动。

这一阶段，自老挝苏州大学建立以来，不同于以往项目制办学以及诸如北京语言大学与泰国易三仓大学合作开办北京语言大学曼谷学院等合作办校模式，开启了中方高校独立办学的海外办学形式，随后创办的厦门大学马来西亚分校、北京语言大学曼谷学院等都属于此类。

2013 年 9 月和 10 月，习近平主席分别提出建设"新丝绸之路经济带"和"21 世纪海上丝绸之路"的合作倡议。为配合"一带一路"建设，2016 年教育部印发了《推进共建"一带一路"教育行动》，从加强学历学位互认沟通、畅通教育合作渠道、促进语言互通等多方面发力，积极推进我国高校境外办学活动。这一时期，海外分校发展态势积极，数量集中增加。2013 年之前我国仅有 4 所海外分校建立，而在 2013 年到 2018 年的 6 年中，我国已陆续建成 7 所海外分校。并且相较于之前，我国高校海外办学主要以新加坡、泰国等东南亚国家为主要输出地，清华大学在美国建立了全球创新学院，北京大学在英国建立了汇丰商学院牛津校区，北京师范大学、北京语言大学等国内知名高校也相继在英国、日本等欧美发达国家建立海外分校，开设专业也逐渐由传统优势学科为主，到探索开设经济与贸易、信息科技工程、自动化工程等新兴专业，海外分校快速发展。

① 国家中长期教育改革和发展规划纲要工作小组办公室：《国家中长期教育改革和发展规划纲要（2010—2020 年）》，2017 年 7 月 29 日，见 http://www.moe.gov.cn/srcsite/A01/s7048/201007/t20100729_171904.html。

　　与此同时，为加强与"一带一路"沿线国家的经济和文化交流，配合中资企业"走出去"、实施本土化人才培养战略，越来越多的高职院校加入到海外办学的行动中。2012 年只有为数不多的高职院校出于学校发展需要开始海外办学行动。上海医科高等专科学校在美国开设的芝加哥分校和广东顺德职业技术学院在马来西亚开设了烹饪学院可视为我国高职院校海外办学的开始。"一带一路"倡议提出之后，高职院校海外办学数量逐年增长，发展态势良好。2013 年之前仅有 2 所高职院校开展海外办学，而自 2014 年至 2019 年的 6 年中，我国已有 40 多所高职院校开始了海外办学的实践。由于职业教育与经济发展关系密切，校企合作传统深厚，我国高职院校在教育资源输出上具有独特的价值和地位，它们在"走出去"的过程中形成了自己的独特之处和创新机制，在助推"一带一路"倡议落实中发挥了不可替代的作用。高职院校的参与，使中国海外办学活动的主体呈现多元化态势，不同类型高校积极发挥各自优势，促进了我国高校海外办学类型的多样化发展。

　　但这一时期，受国家政府职能转变的影响，高校境外办学活动也经历了一定的政策空白期。2015 年 11 月，根据国务院"放管服"的要求，教育部决定取消境外办学审批，强调加强事中事后全流程监管，我国唯一一部规范高等学校境外办学活动的法规——《高等学校境外办学暂行管理办法》（2002 年 12 月 31 日颁发）被废止。2016 年，教育部下发《教育部办公厅关于落实国务院决定取消中央指定地方实施行政审批事项的通知》，要求"各级教育行政部门要坚决贯彻落实国务院取消行政审批的决定。对于国务院决定已经宣布取消的高等学校境外办学实施专科教育或者非学历高等教育审批、校外学习中心（点）审批……从国务院决定发布之日起，地方各级教育行政部门对上述事项一律不得继续开展行政审批，并对照国务院决定梳理和调整本级行政审批清单或者权力清单、责任清单。"① 据此，各省教育厅纷纷取消了之前所制定的省一级相关政策，如陕

①　中华人民共和国教育部办公厅：《教育部办公厅关于落实国务院决定取消中央指定地方

西省取缔《陕西省高等学校境外办学审批暂行规定》，四川省人民政府取消《高等学校境外办学审批》、河南省教育厅取缔《受理高校境外办学审核事项的有关规定》。据统计，截至 2018 年，取消审批前、经行政审批机关批准设立或举办的境外办学机构和项目为 102 个，其余 20 多个在政策等待时期成立。①

　　但政府废止旧法规、取消审批并非放任不管，关于中国高校海外办学的新法规仍在加紧制定，相关工作也在有条不紊地推进。2017 年 10 月，教育部召开"教育部境外办学工作座谈会"，指出要加强境外办学的政策支持和制度创新。同年 12 月，教育部向各省份和相关高校下发《关于调研高等学校境外办学情况的通知》，着重调研取消境外办学行政审批以来我国高校境外办学发展状况。《教育部 2018 年》工作要点也提出要研制鼓励和规范高等学校境外办学工作意见，2018 年 4 月教育部国际合作与交流司启动"高等学校境外办学研究"课题。2019 年 9 月，《高等学校境外办学指南（试行）（2019 年版）正式发布。但整体而言，适用于"走出去"办学的政策体系仍有待完善健全，缺乏相关配套政策。

第二节　中国推进高校海外办学发展的战略动因

　　高校海外办学与国家战略具有紧密的内在关联，是国家软实力的体现和文化输出的形式，是我国对接"一带一路"倡议、提升"文化自信"、传播中国文化、提高国际影响力和积极参与全球治理的重要举措。海外办学代表着高等教育国际化的最新进展和较高层次。高校开展海外办学活动，也是我国推动"双一流"建设的需要，海外办学的发展成为推动高等

　　实施行政审批事项的通知》，2016 年 3 月 8 日，见 http://www.moe.gov.cn/srcsite/A02/s5911/moe-621/201603/t20160316_2337。
①　张鹏：《〈高等学校境外办学指南〉计划今年底出台，教育国际化既要"请进来"，也要"走出去"》，2018 年 6 月 28 日，见 http://www.whb.cn/zhuzhan/xue/20180628/202072.html。

教育国际化、大学组织变迁的新路径，是我国全面深化改革、实现教育强国战略的时代需要。

一、服务中国特色大国外交理念的提出

作为国家发展战略体系中的重要一环，中国特色大国外交理念在全国人民代表大会、党代会等重要会议上被多次提到，并不断加以完善。2014 年 11 月 28 日，习近平在中央外事工作会议上讲话指出："中国必须有自己特色的大国外交。"[1] 党的十八大以来，以习近平同志为核心的党中央把握新时代中国与世界发展大势，开创性推进中国特色大国外交。中国特色大国外交理念旨在为和平发展营造更加有利的国际环境，维护和延长我国发展的重要战略机遇期，为实现"两个一百年"奋斗目标、实现中华民族伟大复兴的中国梦提供有力保障。[2] 党的十八大报告指出要积极开展"人文外交"[3]，人文交流在国家关系中的地位不断凸显，已与外交战略、经贸合作共同形成国家关系的三大支柱，对巩固我国地缘政治地位、维护国家利益的作用日益提升。[4] 教育作为人文交流和人才培养的重要途径，在推动人文外交的过程中具有不可忽视的作用。当前中国特色大国外交理念的政策框架包括构建新型国际伙伴关系、促进"一带一路"国际合作协议、推动构建人类命运共同体价值观等组成部分。其中，"一带一路"倡议、构建人类命运共同体两大政策框架都在实践层面上对教育对外开放提出了相应要求，高校海外办学成为推进中国特色大国外交理念实现的重要抓手。

（一）服务"一带一路"倡议的推行

"一带一路"倡议涉及政策沟通、设施联通、贸易畅通、资金融通、

---

① 《中央外事工作会议在京举行》，《人民日报》2014 年 11 月 30 日。

② 《中央外事工作会议在京举行》，《人民日报》2014 年 11 月 30 日。

③ 习近平：《携手建设中国—东盟命运共同体》，《人民日报》2013 年 10 月 4 日。

④ 习近平：《携手推进新时代中阿战略伙伴关系——在中阿合作论坛第八届部长级会议开幕式上的讲话》，《中华人民共和国国务院公报》2018 年 7 月 10 日。

民心相通五个方面，自实施以来，为世界各国及人民和我国各行各业都带来了巨大影响及发展契机。所谓"民心相通"，即是要通过广泛开展文化交流、学术往来、人才交流合作等，为深化双多边合作奠定坚实的民意基础。因此，教育在"一带一路"倡议中具有重要作用，加强沿线国家教育合作、共同行动是"一带一路"倡议的重要组成部分，既可以促进民心相通，又为共促"一带一路"提供人才支撑。为此，2016 年 7 月 13 日，教育部印发了《推进共建"一带一路"教育行动》，指出："有条件的中国高等学校开展境外办学要集中优势学科，选好合作契合点，做好前期论证工作，构建人才培养模式、运行管理模式、服务当地模式、公共关系模式，使学校顺利落地生根、开花结果。鼓励中国优质职业教育配合高铁、电信运营等行业企业走出去，探索开展多种形式的境外合作办学。"① 由此，教育成为促进中国与沿线国家民心相通，助力"一带一路"建设的主要途径。

　　"一带一路"倡议的提出，也为高职院校"走出去"提供了前所未有的契机。随着"一带一路"倡议的推进，我国境外投资增长加大了国际综合性人才的需求，为校企联合海外办学提供了重要契机。中国企业的海外投资迅速增长，尤其是"一带一路"沿线国家投资合作进展加快。根据商务部数据显示："截至 2016 年底，中国企业在沿线国家累计投资 185.5 亿美元，涉及企业 1082 家，总产值 506.9 亿美元；至 2017 年 5 月底，中国企业在东盟国家签订基础设施建设工程合同额累计达 2962.7 亿美元，双方企业合作实施了公路、铁路，电力、桥梁、港口、航空等大批互联互通项目；2018 年 1—8 月，我国境内投资者共对全球 153 个国家和地区的 4309 家境外企业进行了非金融类直接投资，累计实现投资 740.9 亿美元，同比增长 7.8%，其中 1—8 月，我国企业对'一带一路'沿线的 55 个国家有新增投资，合计 95.8 亿美元，同比增长 12%。"② 投资意味着建设与开

①　中华人民共和国教育部：《推进共建"一带一路"教育行动》，2016 年 7 月 15 日，见 http://www.moe.gov.cn/srcsite/A20/s7068/201608/t20160811_274679.html。

②　商务部新闻办公厅：《商务部召开例行新闻发布会（2018 年 9 月 13 日）》，2018 年 9 月

发，需要大量的跨国家、跨行业、跨学科的国际化综合性人才，而沿线国家大都为发展中国家，经济和教育不能满足当地就业的需求，我国高职院校"走出去"势在必行。

另一方面，"一带一路"背景下我国对沿线国家尤其是非洲国家基础设施援助加大，需要职业技术学校培养相关技术人才。建设国际社会基础设施，尤其是连接欧亚非的交通动脉，是"一带一路"倡议实施的第一步。目前中国在能源、机场、通信、公路、铁路、高铁、口岸、港口建设等领域处于世界一流水平。"一带一路"沿线国家特别是非洲国家经济发展还处于起步阶段，工业化和城市建设正处于发展的初级阶段。在基础设施建设过程中，一个重大问题是，由于技术人才短缺，当地基础设施实施和运行效率低下，非洲国家的建筑业和交通运输业面临人才萧条的困境，如果光靠中国的人才输出支撑远远不够。因此，亟须中国高职院校同步"走出去"，为中国企业在当地培养既懂中国技术和设备标准、又懂汉语和中国企业管理文化的技能型工人，以及熟悉对象国且精通国际经济运作规则的海外项目管理、运营、维护的全链条人才。与学术型高校相比，高职院校在服务企业"走出去"，培养专业对口的具有职业技术技能的专业性人才等方面具有天然优势，我国高职院校开展海外办学成为时代和历史必然。

国家"一带一路"倡议的提出为职业教育对外开放指明了新的思路与方向，2014 年《国务院关于加快发展现代职业教育的决定》进一步明确了高职院校走出去的战略，即"探索和规范职业院校到国（境）外办学，推动与中国企业和产品'走出去'相配套的职业教育发展模式，注重培养符合中国企业海外生产经营需求的本土化人才。"[①] 2016 年，中共中央办公厅、国务院办公厅发布的《关于做好新时期教育对外开放工作的若干意见》，进一步重申了上述内容，但同时特别强调要"稳妥推进境外

---

13 日，见 http://www.mofcom.gov.cn/article/ae/ah/diaocd/201809/20180902786609.shtml。

① 中华人民共和国国务院：《国务院关于加快发展现代职业教育的决定》，2014 年 5 月 2 日，见 http://www.gov.cn/zhengce/content/2014-06/22/content_8901.htm。

办学"。①

　　为贯彻落实职业院校"走出去"的国家战略，教育部制定了《高等职业教育创新发展行动计划（2015—2018 年）》和《推进共建"一带一路"教育行动》等重要文件。根据职业院校"走出去"尚处于摸索阶段的特点，教育部提出了"多种形式、多层次的海外办学思路，例如合作设立职业院校、培训中心，合作开发教学资源和项目，开展多层次职业教育和培训，培养当地急需的各类'一带一路'建设者。"② 同时，2020 年 9 月，教育部等九部门印发的《职业教育提质培优行动计划（2020—2023 年）》除了强调职业教育培养国际产能合作急需人才的任务，还提出培育一批"鲁班工坊"，推进"中文＋职业技能"项目，在"一带一路"沿线国家举办中国职业教育发展成果展，贡献职业教育的中国智慧、中国经验和中国方案，展示当代中国良好形象的具体要求。③ 这一思路拓宽了我们对于职业教育境外办学概念的理解，即海外办学不拘泥于"海外分校"这一种类型，"海外分校"的主要特征是需要建立一个实体机构，而海外办学的概念则更为宽泛一些，可以是实体院校和学历教育，也可以是培训中心和项目，是多层次的立体形态。高职院校"走出去"的本质内涵是最终将中国职业教育资源推向世界，扩大中国高职院校的国际影响力。

　　（二）服务人类命运共同体的构建

　　人类命运共同体是我国政府反复强调的关于人类发展和世界前途的新理念，构建人类命运共同体是中国在当今世界变革之大局的背景下提出的中国方案，也是中国特色大国外交理念的重要组成部分。2017 年 10 月

---

① 《中共中央办公厅、国务院办公厅印发〈关于做好新时期教育对外开放工作的若干意见〉》，2016 年 4 月 29 日，见 http：//www.gov.cn/home/2016-04/29/content_5069311.htm。
② 《中华人民共和国教育部：教育部关于印发〈推进共建"一带一路"教育行动〉的通知》，2016 年 7 月 15 日，见 http：//www.moe.gov.cn/srcsite/A20/s7068/201608/t20160811_274679.html。
③ 中华人民共和国教育部等九部门：《教育部等九部门关于印发〈职业教育提质培优行动计划（2020—2023 年）〉的通知》，2020 年 9 月 23 日，见 http：//www.moe.gov.cn/srcsite/A07/zcs_zhgg/202009/t20200929_492299.html？from=timeline。

18 日，习近平总书记在十九大报告中提出，坚持和平发展道路，推动构建人类命运共同体，并于 2018 年 3 月 11 日正式列入我国宪法。

关于构建人类命运共同体的实现路径，习近平总书记在博鳌亚洲论坛 2015 年年会开幕式上发表的主旨演讲《迈向命运共同体，开创亚洲新未来》中指出要"通过迈向亚洲命运共同体，推动建设人类命运共同体"①，而迈向亚洲命运共同体，首先要加强促进亚洲文明对话。时任教育部部长陈宝生在亚洲文明交流大会也指出："我们要在促进亚洲文明对话的进程中多做多行，其中着重指出要做深教育对话，让亚洲教育之桥建得更牢，充分发挥教育在文明交流互鉴中的基础性、先导性、引领性作用，在开放包容中更好地认识各种文明的价值，让教育为人类文明传承创新服务。"② 另外，为推动人类命运共同体建设，习近平主席在国事访问中多次提出中国东盟命运共同体、中阿命运共同体和中拉命运共同体等构想，在构建路径和努力方向上多次强调文明交流、人民沟通的重要性，同时指出加强教育领域交流合作的重要性。③④⑤ 这就要求不同文明加强交流，各国要坚持开放包容，通过做深教育对话，在交流互鉴中实现共同发展。对于我国来说，即要进一步扩大教育对外开放程度，在积极引进外国优质教育资源，吸收借鉴外国文明的同时，通过推进高校境外办学，设置中医、汉语言等传统文化课程，讲好中国故事，在此过程中加强文明对话，助推人类命运共同体建设。

---

① 习近平：《迈向命运共同体　开创亚洲新未来》，《人民日报》2015 年 3 月 28 日。
② 《亚洲文明对话大会"维护亚洲文明多样性"分论坛举行》，2019 年 5 月 16 日，见 http://www.gov.cn/xinwen/2019-05/16/content_5392123.htm。
③ 习近平：《携手建设中国—东盟命运共同体——在印度尼西亚国会的演讲》，《人民日报》2013 年 10 月 3 日。
④ 习近平：《携手推进新时代中阿战略伙伴关系——在中阿合作论坛第八届部长级会议开幕式上的讲话》，《人民日报》2018 年 7 月 10 日。
⑤ 习近平：《努力构建携手共进的命运共同体——在中国—拉美和加勒比国家领导人会晤上的主旨讲话》，《人民日报》2014 年 7 月 17 日。

二、满足全面深化改革的需要

（一）深化教育改革发展的需要

教育对外开放是我国教育改革发展的一个重要方向，而高校境外办学是新时期我国教育对外开放的主要组成部分。2010年颁布的《国家中长期教育改革和发展规划纲要（2010—2020年）》第十六章明确指出："要推动我国高水平教育机构海外办学，加强教育国际交流，广泛开展国际合作和教育服务。"[1]2012年，党的十八大会议召开，会议要求进一步扩大教育开放。时任中国教育部副部长的郝平在《推进教育发展改革的几点体会》中，进一步指出高校赴境外办学工作是我国教育文化"走出去"的重要环节，推动中国教育"走出去"战略是我国深化改革、进一步扩大教育对外开放、不断提高教育国际化水平的重点工作之一。[2]2016年，中共中央办公厅、国务院办公厅联合印发了《关于做好新时期教育对外开放工作的若干意见》，对做好新时期教育对外开放工作进行了重点部署，其中特别指出要"完善体制机制，提升涉外办学水平……通过鼓励高等学校和职业院校配合企业走出去，鼓励社会力量参与境外办学，稳妥推进境外办学。"[3]

（二）深化经济体制改革和文化体制机制创新的需要

当前我国发展进入新的阶段，改革进入攻坚区和深水区，全面深化改革、推动中国特色社会主义制度自我完善成为新时期的发展重点。2013年11月12日中国共产党第十八届中央委员会第三次全体会议通过了《中共中央关于全面深化改革若干重大问题的决定》，对我国的经济、政治、

---

[1]　中华人民共和国教育部：《国家中长期教育改革和发展规划纲要》，2010年7月29日，见 https：//www.ilo.org/dyn/youthpol/en/equest.fileutils.dochandle? p_uploaded_file_id= 272。

[2]　郝平：《推进教育发展改革的几点体会——在教育部党组学习贯彻党的十八大精神扩大会议上的发言》，2012年11月17日，见 http：//old.moe.gov.cn//publicfiles/business/ htmlfiles/moe/moe_176/201211/144979.html。

[3]　《关于做好新时期教育对外开放工作的若干意见》，2016年4月29日，见 http：//www. gov.cn/home/2016-04/29/content_5069311.htm。

文化等领域的若干重大问题做出了规定。

在深化经济体制改革方面，提出要构建开放型经济新体制，具体要求"引进来和走出去更好结合""国际国内市场深度融合""加快培育参与和引领国际经济合作竞争新优势"。① 自 2001 年中国加入世界贸易组织以来，签署的《服务贸易总协议》便规定"教育服务是服务贸易的重要内容之一"②，教育不单单是社会文化活动，也与市场保有紧密联系，具有一定经济功能。高校境外办学通过推动教育要素的国际国内流动，能够促进国际国内市场的进一步融合，同时这一新兴的国际化办学活动在交流互动过程中不断建设发展，以在教育领域培养国际经济竞争新优势，从而满足深化经济体制改革的需要。

在推进文化体制机制创新方面，要求提高文化开放水平以建设社会主义文化强国，激发全民族的文化创造活力，进一步深化文化体制机制改革。具体要求"扩大对外文化交流""鼓励社会组织、中资机构等参与孔子学院和海外文化中心建设，承担人文交流项目"③，以提高文化开放水平、增强国家文化软实力。孔子学院作为我国高校海外办学初期的主要探索模式，推进文化体制机制改革方面鼓励社会各方参与孔子学院和其他海外文化中心的建设，也正突显了高校海外办学对于实现文化体制机制创新的重要性与价值所在。与此同时，深化文化体制机制改革要求"扩大对外文化交流"，而自南京中医药大学在葡萄牙和挪威开设中医专业，再到海外办学多样化发展时期，北京语言大学东京学院、厦门大学马来西亚分校等海外分校，开设专业也多集中于汉语言、中国语言与文化等传统优势学科，高校海外办学活动在扩大对外文化交流层面所起的作用不容小觑。

---

① 新华社：《中共中央关于全面深化改革若干重大问题的决定》，《人民日报》2013 年 11 月 16 日。

② 《服务贸易与服务贸易总协定》，2020 年 9 月 13 日，见 http：//tradeinservices.mofcom. gov.cn/article/zhishi/jichuzs/200710/21614.html。

③ 新华社：《中共中央关于全面深化改革若干重大问题的决定》，《人民日报》2013 年 11 月 16 日。

三、服务教育强国战略的提出

党的十九大报告指出建设教育强国是中华民族伟大复兴的基础工程。[①] 而建设教育强国要求加快教育现代化、加快一流大学和一流学科建设等以优先发展教育事业，而这两大任务的实现对高等教育国际化提出了相应要求。

指导中国教育现代化的最新纲领性文件《中国教育现代化 2035》聚焦教育发展的突出问题和薄弱环节，重点部署了面向教育现代化的十大战略任务，其中之一就是要开创教育对外开放新格局，提出要"加快建设中国特色海外国际学校；鼓励有条件的职业院校在海外建设'鲁班工坊'；推进与国际组织及专业机构的教育交流合作；健全对外教育援助机制。"[②] 对高校赴境外办学提出了明确要求。

世界一流大学和一流学科建设的重点之一是"推进国际交流合作。加强与世界一流大学和学术机构的实质性合作，加强国际协同创新，切实提高我国高等教育的国际竞争力和话语权。"[③] 2017 年 1 月 24 日，教育部、财政部以及国家发展改革委员会联合印发《统筹推进世界一流大学和一流学科建设实施办法（暂行）》，明确较强的国际影响力表现为：在文化传承方面，具有较强的国际文化传播影响力；国际交流合作方面，与世界高水平大学学生交换、学分互认、联合培养成效显著，与世界高水平大学和学术机构有深度的学术交流与科研合作。[④] 有能力的高校在保证留学生教育的同时，开展境外办学活动以开拓海外教育市场，吸引更多的国际学生以辐射更多国家和地区，无疑是提升自身国际知名度及影响力的重要路径

---

① 习近平：《决胜全面建成小康社会　夺取新时代中国特色社会主义伟大胜利——在中国共产党第十九次全国代表大会上的报告》，《人民日报》2017 年 10 月 28 日。

② 中共中央、中国国务院：《中国教育现代化 2035》，2019 年 2 月，见 https://wenku.baidu.com/view/4a1d0b724b7302768e9951e79b89680202d86b38.html。

③ 《教育部有关负责人就〈统筹推进世界一流大学和一流学科建设总体方案〉答问》，2015 年 11 月 5 日，见 http://www.gov.cn/zhengce/2015-11/05/content_2961199.htm。

④ 《统筹推进世界一流大学和一流学科建设实施办法（暂行）》，2017 年 1 月 25 日，见 http://www.moe.gov.cn/srcsite/A22/moe_843/201701/t20170125_295701.html。

之一。

普通高校建设将"双一流"作为标杆，高职院校也有专属的"双高计划"。2019 年 4 月，教育部、财政部发布《关于实施中国特色高水平高职学校和专业建设计划的意见》（简称"双高计划"）。"双高计划"提出，要集中力量建设 50 所左右高水平高职学校和 150 个左右高水平专业群，打造技术技能人才培养高地和技术技能创新服务平台。"双高计划"对高职院校的国际化水平提出了明确的要求，即要建设一批"中国特色、世界水平的高职学校和专业群，到 2035 年，一批高职学校和专业群达到国际先进水平。"① 由此可见，职业教育国际化是促进"双高"建设的有力助手之一，"双高计划"的实施是全面提高我国教育现代化，建设教育强国的重要组成部分。

第三节　中国高校海外办学的类型与模式

海外办学，指一国的教育机构到其他国家提供教育服务的活动。② 由于我国行政区划将中国香港特区、中国澳门特区、中国台湾地区列为国境之内、关境之外，相比于海外办学，境外办学能够涵盖两岸四地的跨境办学活动，为便于政策适用及解释，政府层面的规范性术语，多将海外办学称为"境外办学"。2019 年 9 月，《高等学校境外办学指南（试行）》（以下简称《指南》）颁布，指南规定，在我国，境外办学是指"中国高等学校独立或者与境外政府机构、具有法人资格并为所在地政府认可的教育机构或其他社会组织合作，在境外举办以境外公民为主要招生对象的教育机构或者采用其他形式实施高等学历教育的教育教学活动。"③（注：招生对象

① 中华人民共和国教育部、财政部：《教育部财政部关于实施中国特色高水平高职学校和专业建设计划的意见》，2019 年 4 月 1 日，见 http://www.moe.gov.cn/srcsite/A07/moe_737/s3876_qt/201904/t20190402_376471.html。
② 金孝柏：《中国高校海外办学的路径选择》，《中国社会科学报》2018 年 10 月 11 日。
③ 中国高等教育学会：《高等学校境外办学指南（试行）》，2019 年 9 月 26 日，见 https://news.eol.cn/yaowen/201909/t20190926_1684905.shtml。

包括已获得境外公民身份的海外华裔）

据不完全统计，截至 2019 年 9 月，我国共有 21 个省、自治区、直辖市的 84 所高校开展海外办学活动，海外办学机构和项目共 128 个。[①] 高职院校作为高等教育的重要组成部分，在以普通高等院校为榜样积极开展海外办学活动的同时，由于职业教育的特殊性以及实际情况，高职院校在"走出去"的过程中形成了自己的独特之处和创新机制，形成了具有中国特色的海外办学路径，以下就普通高校和高职院校分别进行阐述。

一、普通高校

根据我国《高等学校境外办学指南（试行）》（以下简称《指南》）规定和国际上的惯例，我国普通高校的海外办学包括以实体机构为特征的海外分校，以及非实体性的以学历教育为目的的境外办学活动，由此普通高校海外办学主要分为两大类型：实体性的海外分校和非实体性的海外办学项目。基于对海外办学实践的梳理与统计，我国以非实体性的海外办学项目为主。

（一）实体性海外分校

根据"无国界高等教育观察者"（the Observatory on Borderless Higher Education，OBHE）以及"跨境教育研究团队"（Cross-Border Education Research Team，CBERT）两个海外办学专业研究机构有关海外分校的定义，海外分校界定因素可归纳为以下五个方面：以提供教育教学的外国高等教育机构的名义运营，所有权归属于或至少部分归属于该外国教育机构，具有办学实体，由外国高等教育机构提供完整的学术课程体系，由提供教育教学的外国机构为合格的学生颁发学位或学历证书。[②] 这一定义整合了研究海外分校的主要学者的观点，本研究主要采纳此定义，同

---

① 《中国高等教育学会就〈高等学校境外办学指南〉答记者问》，2019 年 9 月 27 日，见 http：//edu.people.com.cn/n1/2019/0927/c1053-31376352.html。

② Garrett R.，Kinser K.，Lane J.，Merola，R.，*Success Factors of Mature IBCs*，London：The Observatory on Borderless Higher Education，2017，p.71.

时海外分校作为海外办学的下位概念，根据我国对后者的规定，在中国语境下，海外分校还应该以境外公民为主要招生对象。根据定义，海外分校可以是一所大学，也可以是校属二级学院，主要与项目制海外办学相对。

我国普通高校开办的海外分校现状如下：

表 9.1　中国高校海外分校建设概况一览表（截止到 2019 年）

序号	分校名称	建校时间	所在地	开设专业	办学模式	学位项目数量
1	上海交通大学新加坡研究生院	2002	新加坡云南园	会计学、经济学、金融学、信息科技与技术、数据管理	校属二级学院	1
2	北京语言大学曼谷学院	2003	泰国曼谷	经济与贸易、商务汉语	校属二级学院	1
3	大连海事大学斯里兰卡校区	2007	斯里兰卡科伦坡	航海技术、轮机工程、海上安全与环境管理、交通运输规划与管理	独立校区	7
4	老挝苏州大学	2011	老挝万象	国际经济与贸易、会计学	具有独立校区	4
5	云南财经大学曼谷商学院	2013	泰国曼谷	国际商务、电子商务	校属二级学院	3
6	北师大—卡迪夫中文学院	2015	英国卡迪夫	中文	校属二级学院	1
7	北京语言大学东京学院	2015	日本东京	汉语言、汉英双语、国际经济与贸易、日汉翻译、汉语国际教育	校属二级学院	1
8	厦门大学马来西亚分校	2015	马来西亚雪莱莪州	海洋生物技术、中国文化研究、新闻学、商务管理学、经济学、计算机科学与技术、电子媒体技术学、新能源科学、传统中医药学	独立校区	18

续表

序号	分校名称	建校时间	所在地	开设专业	办学模式	学位项目数量
9	清华大学全球创新学院	2015	美国西雅图	数据科学与信息技术	独立校区	1
10	温州医科大学波兰华佗学院	2016	波兰卢布林	国际医学教育	校属二级学院	1
11	北京大学英国校区	2018	英国牛津	金融学、管理学、经济学	独立校区	3

资料来源：① 上海交通大学新闻中心：《上海交通大学新加坡研究生院（SJTU-APGI）在新加坡正式揭牌》，2019 年 11 月 28 日，见 https：//news.sjtu.edu.cn/jdyw/20191129/116827. html。②Observatory on Borderless Higher Education：*International Branch Campuses-Trends and Developments 2016*，2019 年 9 月 11 日，见 http：//www.obhe.ac.uk/ documents/view_details？id=1035。③ 尤铮等：《高校海外分校建设现状、挑战与经验探析》，《江苏高教》2019 年第 11 期。④《北京语言大学曼谷学院》，2015 年 6 月 4 日，见 http：//www.blcu.edu.cn/art/2015/6/4/art_15760_1148105.html。⑤《大连海大在斯里兰卡有个校区》，2017 年 12 月 18 日，见 https：//www.dlmu.edu.cn/info/1103/7071. htm。⑥ 徐丹：《副校长赵友涛率团赴斯里兰卡进行工作访问》，2019 年 8 月 23 日，见 http：//www.gx211.com/news/20190824/n15666162757466.html。⑦ 张若谷：《云南财大曼谷办学出手不凡》，《人民日报海外版》2019 年 9 月 11 日。⑧《曼谷商学院项目简介》，2019 年 4 月 10 日，见 http：//www.ynufe.edu.cn/pub/hwxy/jwbx/jbqk/ index.htm。⑨《刘延东副总理为北师大—卡迪夫中文学院揭牌》，2015 年 9 月 22 日，见 http：//wxy.bnu.edu.cn/gjjl/hzjg/201902.html。⑩ 北京师范大学文学院外事办公室：《我院教师前往英国卡迪夫大学推进北京师范大学—卡迪夫大学中文学院建设》，2018 年 12 月 19 日，见 http：//wxy.bnu.edu.cn/gjjl/hzjg/207005.html。⑪《北京语言大学东京学院揭牌首个国内重点高校日本分院开学》，2015 年 4 月 2 日，见 http：//world.people.com.cn/n/2015/0402/c157278-26789850.html。⑫ 北京语言大学东京校：《北京语言大学东京校喜迎 2017 年新生》，2017 年 4 月 11 日，见 http：//news.blcu.edu.cn/info/1011/2222.htm。⑬《厦门大学马来西亚分校》，2019 年 9 月 11 日，见 http：//www.xmu.edu.my/14692/list.htm。⑭《全球创新学院迎来首批毕业生》，2018 年 12 月 10 日，见 http：//www.xinhuanet.com/2018-12/10/c_1123833783.htm。⑮ 范晨等：《温医大走进欧洲开办波兰华佗学院》，2016 年 6 月 2 日，见 http：// zjjx.aheading.com：8114/UserData/HuoJiangGongGao/2017/06/474803.htm。⑯《北京大学英国设海外校区》，2018 年 3 月 27 日，见 https：//www.phbs.pku.edu.cn/2018/ media_0327/5025.html。⑰ 林卫光：《中国大学首次在发达国家独立建设自主管理实体办学：北京大学英国校区正式启动》，2018 年 3 月 27 日，见 http：//news.sciencenet. cn/htmlnews/2018/3/407094.shtm。⑱ 何师元：《北大汇丰商学院英国校区》，2018 年 4 月 3 日，见 https：//www.phbs.pku.edu.cn/2018/news_0403/5048.html。

对上述信息进行整合归类，我国海外分校项目地布局和分配情况如

图 9.1 所示。

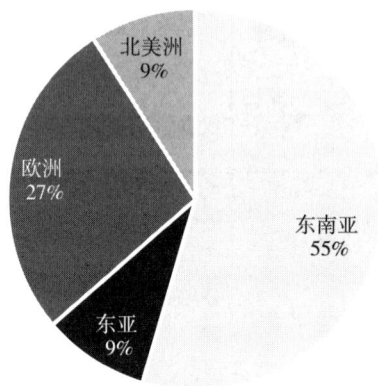

图 9.1 中国高校海外分校地区分布情况（截至 2019 年）

就目前状况而言，我国高校海外分校建设地区分布范围较广，但主要集中在东南亚地区，即输入国以亚洲国家尤其是东南亚国家为主。一方面，由于历史、地理等原因，东南亚作为世界华侨华人的主要聚居区，国内高校与其拥有一定的合作基础，便于初期对于海外办学活动的探索。如 20 世纪 50 年代厦门大学设立了中国高校第一个海外函授学院，为海外华侨华人提供远程教育，并于 2003 年初与马来西亚的最高学府马来亚大学结成姊妹校，厦门大学马来西亚分校便是在此合作基础上建成的。另一方面，东南亚国家作为东盟的主要成员国，东南亚地区战略意义显著，政治上，习近平总书记强调要"携手建设更为紧密的中国—东盟命运共同体"①；经济上，2019 年上半年，东盟已成为我国第二大贸易伙伴②，通过人文交流、教育合作促进民心相通，有利于我国与东盟共同体建设以及经贸合作不断深化。与此同时，东南亚地区内部发展差距大，许多国家总体上仍处于工业化发展初中期，发展需求迫切，自身教育水平难以培养所需人才。如，

---

① 习近平：《携手建设中国—东盟命运共同体——在印度尼西亚国会的演讲》，《人民日报》2013 年 10 月 4 日。

② 王念：《东盟成为中国第二大贸易伙伴释放哪些信号?》，2019 年 10 月 10 日，见 http://www.xinhuanet.com/world/2019-10/10/c_1125086882.htm。

老挝于 20 世纪末提出"革新开放"战略，急需培养改革创新人才，但其国内本科类高校数量少、师资较为薄弱，教学条件欠佳、培养层次也较低，难以培养高水平人才，老挝苏州大学这一海外办学项目一经提出，便受到老挝当局的极大重视。

另需注意的是，初期我国高校海外分校不约而同皆设立在新加坡、泰国等东南亚地区，而自北师大—卡迪夫中文学院建立以来，高校海外分校渐布欧洲，且日益成为海外分校的第二大分布区。分析其原因，一是由于欧洲国家教育水平较高，随着我国高校自身实力的不断增强以及国家、社会层面对于建设更高水平高等教育的期冀，高校走出亚洲，走入欧洲，能够在海外办学活动中加强与欧洲高校的交流合作，以促进自身教育质量的提升、便利区域研究的开展，提升自身教学科研水平；二是受"一带一路"倡议辐射带动影响。如中东欧作为连接欧亚的重要枢纽和通道，波兰具备独特的区位优势，是"一带一路"要地，温州医科大学选择在波兰卢布林建设波兰华佗学院，是为借助"一带一路"倡议所带来的政策红利①，引领大陆临床医学教育迈入世界。与此同时，英国作为"一带一路"倡议的积极响应者，北京大学选择赴英国牛津郡创建北京大学英国校区有良好的建设环境与发展环境，通过教育交流、人文对话可以反哺"一带一路"倡议在英的顺利实施。

办学形式方面，我国高校海外分校项目有三种办学形式：中方高校海外独立办学，如厦门大学马来西亚分校等；中外联合办学，即由中方高校与境外机构（通常是境外教育机构）共两方合作，校属二级学院类海外分校多为此种，如北师大—卡迪夫中文学院等；中方高校与两家及以上机构办学的多方合作形式，如清华大学全球创新学院。目前，我国仍以中外联合办学为主要的海外分校建设形式。

---

① 范晨等：《温医大走进欧洲开办波兰华佗学院》，2016 年 6 月 2 日，见 http://zjjx. aheading.com：8114/UserData/HuoJiangGongGao/2017/06/474803.htm。

表 9.2 中国高校海外分校办学形式一览表

办学形式	分校名称	合作机构
独立办学 （3 所）	老挝苏州大学	无
	厦门大学马来西亚分校	
	北京大学英国校区	
中外联合办 （7 所）	北京语言大学东京学院	日本株式会社 ISI
	上海交通大学新加坡研究生院	新加坡南洋理工大学
	北京语言大学曼谷学院	泰国易三仓大学
	大连海事大学斯里兰卡校区	斯里兰卡科伦坡国际航海工程学院
	云南财经大学曼谷商学院	泰国兰实大学
	北师大—卡迪夫中文学院	英国卡迪夫大学
	温州医科大学波兰华佗学院	波兰卢布林医科大学
多方合作办学（1 所）	清华大学全球创新学院	美国华盛顿大学、微软公司

我国已创建的 11 所海外分校，其项目数量及层次呈现以下状况（见图 9.2），以我国高校授予学历学位状况为主，11 所海外分校中，厦门大学马来西亚校区提供的海外教育项目最多，达 20 项；其次是大连海事大学斯里兰卡校区，开办项目数共 7 个；其余海外分校所提供的项目数均不超过 5 项。与此同时，大多海外分校提供学士学位项目，并且各海外分校本科项目占比较大，但新加坡上海交通大学研究生院、清华大学全球创新学院、温州医科大学波兰华佗学院以及北京大学英国校区仅提供硕士学位项目。另外，11 所分校中仅有大连海事大学斯里兰卡校区与厦门大学马来西亚分校开设了博士项目，海外分校的培养层次水平有待提升。但从总体来看，这些海外分校的学历教育涉及本科教育、研究生教育以及预科教育，学历教育层次较为丰富。

（二）非实体性的海外办学项目

我国国家统计局于 2011 年发布《十一五经济社会发展成就系列报告之十三：教育事业发展成就显著》，报告显示："截至 2010 年 12 月，全国

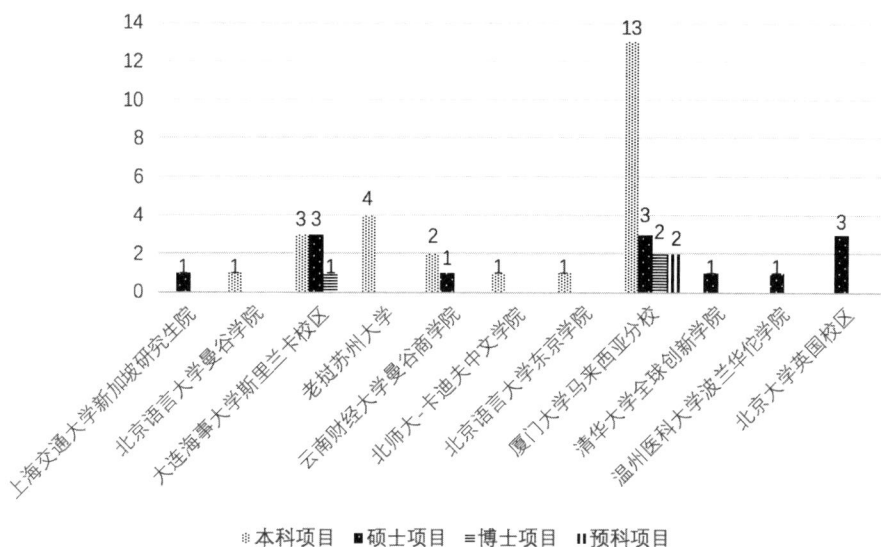

图例：※本科项目　■硕士项目　≡博士项目　Ⅱ预科项目

图9.2　中国高校海外分校项目数量及层次

23所高等学校举办境外办学项目达到56个。"[1] 2014年，我国教育部教育涉外监管信息网发表《境外办学的现状如何?》报道，指出，截至2014年上半年，我国普通高校共有经过教育部审批的境外办学项目72个（45个本科项目以及27个硕士及以上层次项目）。[2] 2019年9月，中国高等教育学会就《高等学校境外办学指南》答记者问时表示，据不完全统计，高校在境外设立和举办的办学机构和项目共128个[3]，结合前文对我国实体性海外分校数量梳理，推断我国非实体性海外办学项目约100余个。由此可见，项目制办学作为我国高校海外办学的重要模式之一，发展迅速。海外办学项目包括特许课程项目和联合课程项目两种。

1.特许课程项目

特许课程项目是指中国高校授权外国合作机构在其本国开设中国高

---

[1] 《"十一五"经济发展成就系列报告之十三：教育事业发展成就显著》，2011年3月10日，见 http://www.stats.gov.cn/ztjc/ztfx/sywcj/201103/t20110310_71325.html。

[2] 《境外办学的现状如何?》，2019年11月13日，见 http://jsj.moe.gov.cn/news/1/388.shtml。

[3] 《中国高等教学会就"高等学校境外办学指南"答记者问》，2019年9月27日，见 http://edu.people.com.cn/n1/2019/0927/c1053-31376352.html。

校学位或学历课程，学生不来中国高校学习，完成有关课程，考核合格便可以获得由中国高校颁发的学位或学历证书。以南京大学马来西亚传播学专业硕士教育项目为例，该项目由南京大学新闻传播学院与马来西亚传智国际学习机构合作举办，主要招生对象为马来西亚华人，致力于为马来西亚培养高层次的传播专业人才（适用于平面与电子媒介、互联网、广告、公共关系、信息管理行业），促进马来西亚与中国的交流与合作。该项目学制为 30 个月，其中 24 个月分为 6 个学期，以修读课程为主，剩下 6 个月撰写毕业论文，并需参与答辩。除毕业论文答辩以及毕业典礼需要赴南京大学完成，学生修读课程以及撰写论文完全在马来西亚。南京大学根据马来西亚华文教育的实际情况和社会需求，参照南京大学新闻传播学院的教学计划，派出高水平的具有丰富研究生教学经验和指导经验的教师赴马来西亚任教，面授全部 12 门课程，并负责指导学位论文。项目学员完成全部课程成绩合格并通过论文答辩之后，经南京大学学位委员会审查合格后将授予南京大学文学硕士学位。另外，南京大学马来西亚槟城韩江学院开设的中国语言文学硕士班是特许课程项目，学生需要在两年半的学制中修读 12 门课程并撰写毕业论文，其中课程皆由南京大学文学院委派副教授以上资格的教师赴马来西亚亲临授课，学生只需赴南京大学参加毕业论文答辩以及毕业典礼，之后经南京大学学位委员会审查合格授予南京大学文学硕士学位。①

2. 联合课程项目

联合课程项目是指两个或两个以上的高等教育机构同意联合开发可以由其共同开设的课程或教学项目，学生在各参与机构所在国分别完成一个阶段的学习，所修学分获参与高等教育机构的互认，并可相互转换。具体而言，联合课程根据学生获得的学位或学历证书情况又可以细分为两类：双联课程项目和双学位课程项目。

---

① 《南京大学马来西亚"传播学专业硕士班"招生简章》，2012 年 3 月 27 日，见 https：// jc.nju.edu.cn/b1/d2/c8614a176594/page.htm。

　　双联课程项目是指完成有关课程学习后，将获得中国高校颁发的学位或学历证书。如，南京中医药大学与新加坡中医学院合办的中医硕士学位项目（南京中医药大学新加坡中医硕士学位项目）是双联课程项目，南京中医药大学在新加坡中医师公会的组织下，与新加坡中医学院合作开展中医硕士学位项目，该项目主要面向获得新加坡中医专业高级文凭的群体招生，项目学生在新加坡中医学院以及南京中医药大学完成开设课程，科目考试合格并通过硕士学位论文答辩，将获得由南京中医药大学颁发的硕士研究生毕业文凭，通过南京中医药大学校学位评定委员会审核，授予相应学科的医学科学硕士学位。①

　　双学位课程项目，是指项目学生除了可以获得中国学校学位外，还可以获得其他参与机构所在国高校的学位。以我国南京审计学院、新加坡科技学院与格劳塞斯特郡大学（University of Gloucestershire）三方联合开展的国际会计、审计双学士学位项目为例，该项目面向马来西亚独立中学高中高三文、理、商科毕业生招生，学制共 4 年，学生在南京审计学院学习 2.5 年（双语学习中国会计、审计课程），再赴新加坡特许科技学院学习 1.5 年（全英文学习西方会计、审计课程），成绩合格者可以获得中国南京审计学院管理（审计学）学士学位、格劳塞斯特郡大学会计与金融（荣誉）学士学位以及新加坡特许科技学院专科文凭。② 值得注意的是，截至 2013 年，江苏省高校开展的双联课程项目数量 17 个，而同期仅有南京审计学院与新加坡、英国教育机构合作开展的国际会计、审计双学士学位项目 1 个双学位课程项目③，相较于双学位课程项目，双联课程项目更易于实施，其审核也更为简易。

---

① 《中医硕士学位 2017 年招生简章》，2019 年 10 月 18 日，见 http：//www.singaporetcm. edu.sg/cn/doc/jian_zhang_for_master.pdf。

② 《国际会计、审计双学士学位项目》，2019 年 10 月 18 日，见 http：//www.citech.edu.sg/ International%20Double%20Degree%20Brochure_Chinese%20Version.pdf。

③ 施蕴玉：《高校境外办学：江苏的现状、形势与对策》，《扬州大学学报》（高教研究版）2013 年第 6 期。

二、高职院校

经过一段时间的发展，高职院校海外办学已经取得了丰硕成果，设置和开办了诸多具有中国文化和职业技能特色的海外办学机构和项目，成为中国高等教育对外开放，海外办学的重要组成部分。我国高职院校海外办学虽然起步较晚，但发展速度快，近几年新增数量多。根据课题组实地调研和相关文献研究数据，据不完全统计，截至2020年9月，我国高职院校在海外开办的学校总计47所。相较于普通本科院校，高职院校海外办学活动范围分布较广，除了亚洲、非洲和美洲，还涉及大洋洲和欧洲。类型也较为丰富，按照办学主体分类，有院校合作办学，校企合作办学和多方主体合作办学三种类型。按照学校功能划分，高职院校海外办学有职业培训、语言培训和学历教育等类型。值得注意的是，中国高职院校在"走出去"海外办学的实践探索中，各校联合自主形成另一种路径，即凝聚力量，打造鲁班工坊，初步形成中国职业教育品牌。"一带一路"背景下鲁班工坊海外办学借鉴了孔子学院海外办学的成功模式，致力于打造职业教育领域的"孔子学院"。

虽然在实践探索中，我国高职院校海外办学形成的类型多样，但根据海外办学的定义和国际上相关规定，我国高职院校在海外进行学历教育时主要有三种形式：独立办学、校企联合和多方合作。独立办学是指中国院校独自走出去进行海外办学活动，可以是1所，也可以是多所学校联合，之所以说独立是因为在类别上只涉及学校一个主体。校企联合是指在类别上学校和企业双主体进行合作办学。多方合作主要是指学校、企业、政府以及行业、社会组织等联合进行办学。由于高职教育的特殊性，目前我国高职院校海外办学出现校企联合和多方合作办学两种极具中国特色的办学形式，高职院校的海外办学活动的具体名单如表9.3所示：

表 9.3　中国高职院校海外办学形式及分布

办学形式	名称	合作院校	合作企业或部门组织
院校合作办学(21所)	1.上海医药高等专科学校—芝加哥分校	美国芝加哥市立大学联盟	无
	2.宁波职业技术学院—中非(贝宁)职业技术教育学院	贝宁 CERCO 学院	
	3.天津渤海职业技术学院—鲁班工坊	泰国大城技术学院	
	4.山东外贸职业学院—太平洋路德大学海外分校	美国太平洋路德大学	
	5.金华职业技术学院—卢旺达穆桑泽国际学院	穆桑泽职业技术学院	
	6.柳州铁道职业技术学院—泰中轨道交通学院	泰国东北皇家理工大学	
	7.广州铁路职业技术学院—亚欧高铁合作学院	白俄罗斯国立交通大学	
	8.海南职业技术学院—海职院尼泊尔分校	尼泊尔全球旅游与酒店职业教育学院	
	9.无锡职业技术学院—无锡职业技术学院泰国达信分院	泰国达信学校	
	10.山东理工职业学院—山东理工职业学院澳大利亚分校	澳大利亚国立学院	
	11.福州职业技术学院—ISBAUK 学院马来西亚分校	马来西亚 ISBAUK 学院	
	12.北京农业职业学院—北京农业职业学院泰国分院	泰国披集农业技术学院	
	13.宁波职业技术学院—中斯丝路学院	斯里兰卡职业技术大学	
	14.天津中德应用技术大学—柬埔寨鲁班工坊	柬埔寨国立理工学院	

续表

办学形式	名称	合作院校	合作企业或部门组织
	15. 天津机电职业技术学院—葡萄牙鲁班工坊	葡萄牙塞图巴尔理工学院	
	16. 番禺职业技术学院—番禺职业技术学院珠宝学院分院	巴基斯坦无限工程学院	
	17. 郑州铁路职业技术学院—詹天佑学院	南非的东开普米德兰兹学院	
	18. 上海城建职业学院—上海城建职业学院曼谷分院	泰国曼谷邵瓦帕职业学院	
	19. 铜仁职业技术学院—老挝分校	老挝巴巴萨技术学院	
	20. 浙江纺织服装职业技术学院—中罗丝路工匠学院	罗马尼亚胡内多阿拉省国立杨库学校	
	21. 天津职业大学—南非鲁班工坊	南非德班理工大学	
校企联合（10所）	1. 顺德职业技术学院—顺峰烹饪学院	马来西亚 UCSI 大学	顺峰集团
	2. 山东科技职业学院—东非（乌干达）国际学院		潍坊华腾集团有限公司
	3. 天津轻工职业技术学院和天津机电职业技术学院—印度鲁班工坊	印度金奈理工学院	中国中天科技印度有限公司等 5 家印度中资企业
	4. 常州工程职业技术学院—缅甸曼德勒分校	缅中友好职业技术学院	中国有色达贡镍矿有限公司、中国海螺水泥缅甸公司联合
	5. 温州职业技术学院—亚龙丝路学院		亚龙智能装备集团
	6. 黄河水利职业技术学院—赞比亚大禹学院		中水十一局赞比亚下凯富峡施工局

续表

办学形式	名称	合作院校	合作企业或部门组织
	7. 无锡商业职业技术学院—柬埔寨西哈努克港工商学院		红豆集团与柬埔寨西港特区
	8. 贵州水利水电职业技术学院—亚龙丝路学院	柬埔寨马德望省理工学院	亚龙智能装备集团
	9. 无锡职业技术学院—泰中罗勇机电学院		浙江华立集团
	10. 天津城市职业学院—肯尼亚鲁班工坊	肯尼亚马查科斯大学	中国华为公司
多方合作（16所）	1. 北京信息职业技术学院—埃及苏伊士运河大学分院	埃及苏伊士运河大学	埃及 MEK 基金会
	2. 江苏海事职业技术学院—几内亚江苏海院韦立船员学院		中国赢联盟①和几内亚技术教育和职业培训部
	3. 河北软件职业技术学院—冲之学院	泰国吞武里商业学院	泰国教育部职业教育委员会曼谷职业教育中心、唐风国际教育集团
	4. 山东理工职业学院—孔子六艺学堂	泰国皇家制金学院	泰国曼谷职业教育中心、唐风汉语教育科技有限公司
	5. 福建信息职业技术学院—泰中国际学院	泰国因他猜商业学院、清莱职业学院	曼谷职业教育中心、唐风汉语国际教育集团
	6. 天津现代职业技术学院—巴基斯坦鲁班工坊		巴基斯坦旁遮普省技术教育与职业培训局、海尔集团巴基斯坦分公司、中国能源建设集团湖南火电巴基斯坦分公司等中资企业

---

① 由新加坡韦立国际集团、山东魏桥创业集团、山东烟台港集团、几内亚 UMS 集团 4 家组成了"中国赢联盟"企业联合体。

续表

办学形式	名称	合作院校	合作企业或部门组织
	7. 湖南交通职业技术学院—中泰国际学院	泰国杜西技术学院	泰国教育部职业教育委员会曼谷职业教育中心、北京唐风汉语教育科技有限公司
	8. 济南工程职业技术学院—海右国际学院	泰国杜西技术学院	泰国教育部职业教育委员会曼谷职业教育中心、北京唐风汉语教育科技有限公司
	9. 重庆城市管理职业学院—中泰（重庆）国际应用技术学院	泰国北柳职业学院	泰国曼谷职业教育中心和中部三区职业教育中心合作
	10. 天津铁道职业技术学院—吉布提鲁班工坊	吉布提工商学校	天津市人民政府、吉布提教育部、中国土木工程集团有限公司
	11. 北京工业职业技术学院赞比亚分院		中国有色矿业集团、中国有色金属行业协会
	12 哈尔滨职业技术学院赞比亚分院		
	13. 陕西工业职业技术学院赞比亚分院		
	14. 南京工业职业技术学院赞比亚分院		
	15. 广东建设职业技术学院赞比亚分院		
	16. 湖南有色金属职业技术学院赞比亚分院		

资料来源：笔者根据搜狐新闻聚焦职教板块分析整理而成，《30 所职校海外分校"落地开花"，2018 年职教扬帆海外纪实》，2018 年 12 月 22 日，见 https://www.sohu.com/a/283848369_214420。

　　在相关政策鼓励职业教育海外办学的背景下，高职院校海外办学呈现逐年增加趋势，发展前景广阔。我国高职院校海外办学起始于 2012 年上海医科高等专科学校在美国开设的芝加哥分校，同年广东顺德职业技术学院在马来西亚开设了烹饪学院。这可视为我国高职院校海外办学的首次尝试，拉开了高职院校海外办学的序幕。2012—2017 年属于起始阶段，这一时期小部分高职院校开始探索海外办学，6 年间总共有 13 所学校陆续开始了海外办学行动，处于平缓发展阶段。通过梳理数据发现，2017 年各大高职院校多以非学历教育的形式开展海外的办学活动，开设了 5 所海外语言中心或者培训基地。2018—2019 年属于快速发展阶段。尤其是进入 2018 年以后，海外办学数量较 2017 年 3 倍数增长，进入快速发展轨道。2018 年和 2019 年各大高职院校都在积极推进海外办学行动，两年各新增 16 所海外办学机构。在这期间，高职院校海外办学的快速增长与 2013 年我国发布"一带一路"倡议和积极推进"一带一路"建设密切相关。"一带一路"背景下，我国高等教育国际化进程不断加快，海外办学成为职业教育国际化发展的一个重要方向和途径。2016 年高职质量年报首次推出"高等职业院校服务贡献 50 强"榜单，2017 年增设"国际影响力 50 强"榜单，该榜单成为衡量高职院校办学质量的重要标准。在这一重要榜单的倒逼下，海外办学作为高职院校提升国际化的重要路径，成为职业教育领域的热点。并且，伴随"一带一路"倡议，"走出去"中资企业的数量进一步增多，对职业技术海外教育的需求日益加大，校企联合海

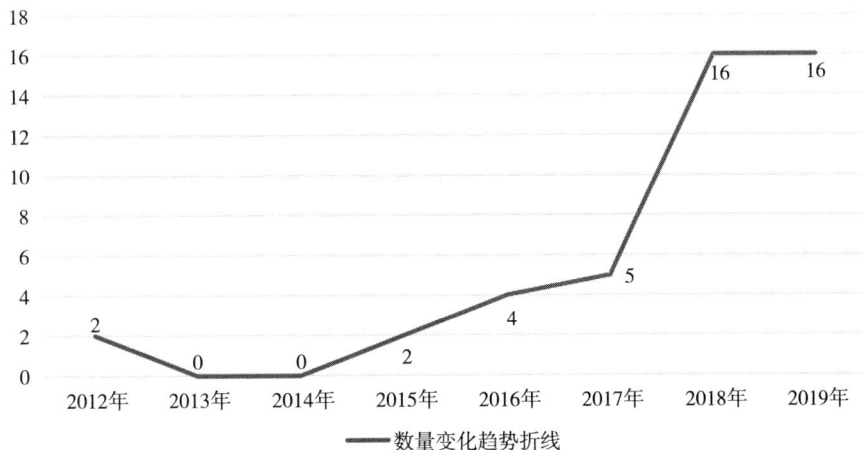

图 9.3　中国高职院校海外办学数量趋势图

外办学即可顺势而为。

在区域分布上，就目前状况而言，中国高职院校海外办学行动辐射地域范围较广，主要涉及亚洲、非洲、欧洲、北美洲以及大洋洲。虽然五个大洲都有涉及，但覆盖面积是不均衡的。在所有海外办学机构中，亚洲区域占 26 所，约占总比 56%，尤其是东南亚属于中国高职院校海外办学最集中区域，在整个亚洲区域中占比达到 77%。高职院校在泰国办学的活动为最高，有 12 所，其次为柬埔寨 4 所。其次是非洲国家，达到 16 所，占比约 34%。各院校在赞比亚办学活动频繁，为 7 所。虽然欧洲和北美洲以及大洋洲在早几年有所涉及，但是近几年东南亚和非洲是高职院校海外办学场地选择的"新宠"，而这主要缘于"一带一路"建设推进以来，我国与东南亚国家和非洲国家之间经贸合作的快速发展，进一步验证国家政策，尤其是"一带一路"倡议对高职院校海外办学的推动力。

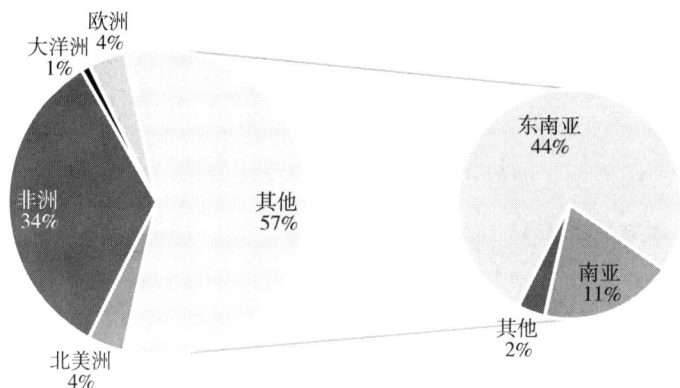

图 9.4　区域分布图

从整个高职院校海外办学的发展历程来看，非学历教育起着举足轻重的作用。目前针对海外办学有不同的概念界定，涉及不同的方面。对比高教学会和国际上对于海外办学的相关定义，非学历形式的办学活动并不属于海外办学的范畴。但是调研组根据实地调研，认为这一形式是海外办学的一个早期发展模式，很多高职院校正是通过前期的非学历教育办学活动积累了海外办学的经验，创造了海外办学的机会，因此有必要将其作为一种海外办学形式进行论述。

　　与按办学主体划分类型不同，根据办学功能，高职院校海外办学的非学历教育主要包括语言培训中心和职业技能培训基地或中心两种。语言培训中心多数是在"一带一路"背景下为加强国家间文化交流和中外职业技术教育合作而创建的。高职院校在"走出去"过程中，以汉语教学为突破口，依附外国大学或者根据海外中资企业汉语培训需求进行汉语教学，扩大海外影响力，进行非学历教育。例如，无锡职业技术学院开设的马来西亚管理与科学大学汉语中心，邢台职业技术学院在泰国开设的敏布里职业技术学院语言中心等。培训基地或中心一般是依托海外中资企业或国家援外项目，在企业内部为员工开展技术培训，进行语言培训而创设的非学历教育机构。这些中心和基地对于后期开展学历教育奠定了良好的基础。例如，为满足柬埔寨西港特区专业技术人才的语言需求，无锡商业职业技术学院在 2012 年与红豆集团联合成立了西港培训中心，为区内员工及周边村庄学生免费进行专业技能培训和语言培训。在此基础上，于 2018 年建成了海外大学柬埔寨西哈努克港工商学院。据不完全统计，截至 2020 年 9 月，高职院校的海外语言培训中心和职业技能培训基地或中心有 9 所，其中语言培训中心占 7 所，培训基地占 2 所。如表 9.4 所示：

表 9.4　高职院校非学历教育办学活动

办学形式	名称	合作院校	合作企业或部门组织
语言中心（7 所）	1. 重庆城市管理职业学院—柬埔寨经济管理大学职业教育中心		无
	2. 广东农工商职业技术学院—泰国学习中心、柬埔寨学习中心		
	3. 浙江经济职业技术学院—柬创院国际教育中心		
	4. 深圳职业技术学院—普罗夫迪夫大学—深圳职业技术学院职业教育培训中心	保加利亚普罗夫迪夫大学	
	5. 淄博职业学院—中国淄博职业学院—柬埔寨职业教育中心		

办学形式	名称	合作院校	合作企业或部门组织
	6.邢台职业技术学院—敏布里职业技术学院语言中心	泰国敏布里技术学院	
	7.无锡职业技术学院—马来西亚管理与科学大学汉语中心	马来西亚管理与科学大学	
培训基地（2所）	1.浙江交通职业技术学院—鲁班学校		浙江交工集团合作开展的属地化教育基地
	2.柳州城市职业学院—印尼中上汽通用五菱汽车教育培训基地	印尼西卡朗西部国立第一职业学校	上汽通用五菱印尼汽车有限公司

资源来源：笔者基于公众号"聚焦职教"的文章筛选整理。

第四节　普通高校海外分校办学机制与典型案例分析

一、海外分校运行机制分析

（一）融资模式

融资是创建海外分校的关键环节，根据我国高校开办海外分校的情况来看，当下融资模式有三种：第一，母校独资模式。如厦门大学马来西亚分校由厦门大学全资拥有，仅接受部分社会资助支持；老挝苏州大学，老挝政府不提供任何包括土地、经费等在内的资助，学校运营由母校独资支撑。第二，外部资助模式。如北京语言大学与日本株式会社ISI集团合作开办北京语言大学东京学院，由集团提供主要资金支持北京语言大学在东京的系列办学活动，包括校区建设、教师聘请、奖助学金发放等。第三，输入国提供办学设施模式。中外联合办学形式下的海外分校主要采用此种模式，如温州医科大学波兰华佗学院、北师大—卡迪夫中文学院、云南财经大学曼谷商学院等分别在卢布林医科大学、卡迪夫大学、泰国兰实大学的校址上开展办学活动。而利用合作模式进行融资并能够运用科学的运营方式保持收支平衡且有盈余，实现良性运用——这是海外分校成功的关键因素。目前越来越多的海外分校选择外部资助模式或输入国提供办学设施模式办学，以降低资金风险。

（二）治理结构

我国高校海外分校多由中方人员担任校长，如老挝苏州大学由苏州大学校长熊思东兼任校长，清华大学全球创新学院由原清华大学软件学院院长刘云浩担任校长，厦门大学马来西亚分校校长为厦门大学嘉庚学院院长王瑞芳，除此之外，北京语言大学东京学院、北师大—卡迪夫中文学院最高管理者亦由中方人员担任，以突显和保障分校的权属性。

由于赴境外办学，办学过程当中需要与当地进行沟通协商，加之促进本土化办学的需要，办学高校多将当地的语言文化、社会资源及运行方式纳入考虑范畴，往往会雇佣一定的当地人才共同参与海外分校的治理建设。但根据高校开办海外分校的战略定位不同，所开设的海外分校治理结构也存在一定区别。如清华大学全球创新学院的开设主要为满足清华大学国际化办学的需要，是清华大学在海外创办的分校，因此分校的治理体系以清华大学方的管理人员为主，由清华大学教职人员组成清华大学全球创新学院的管理层。而苏州大学借鉴 1990 年美国基督教监理会在苏州开办东吴大学堂（苏州大学前身）的经验，开办老挝苏州大学的初期愿景即为实现本土化办学，创建一所属于老挝的大学。故而该分校目前的管理团队由苏州大学人员以及老挝方面人员共同组成，双方占比也大致均衡。截至 2019 年，苏州大学已派 5 人负责该大学的管理运营，同时在当地聘请 5 位管理人员负责对外联络、后勤、签证居留、招生培训等一系列问题。老挝方面人员的工资由苏州大学发放。调研中，学校内部管理人员表示，随着分校规模的扩大，管理人员也将更多依靠老挝方面。与此同时，分校治理结构的复杂性与完备程度受办学规模与资金影响。如，老挝苏州大学由于资金问题严峻，聘请管理人员经费有限，加之办学规模较小，管理团队微小且管理模式简单。相较而言，办学规模较大且有着相对丰厚资金支持的厦门大学马来西亚分校，则实行董事会领导下的校长负责制的治理模式。

（三）培养模式

不论是独立办学、中外联合办学还是多方合作，这些分校在国内都有母体学校，除了学期中母校派遣教师赴国外校区授课，为了让学生充分体验中华文化以及感受真实的中国高校的教育模式、学习氛围，高校多会采用"N＋X"的培养方式，即部分学年／学期在海外分校学习，部分学年来华完成剩余学业。如，老挝苏州大学采用"1＋3"模式，学生第一年在老挝学习汉语以及老挝教育部规定的通识课程，从第二学年开始，到中国苏州大学学习汉语以及其他专业课程。北京语言大学东京学院也规定"学生可选择在东京分校完成全部学业，也可选择'1＋3'、'2＋2'或'3＋1'等方式来北京语言大学修读各种长短期课程"①。中外联合办学的温州医科大学波兰华佗学院采用"1＋3＋2"的合作培养模式，即学生第一学年基础课程、五六学年的临床课程学习以及实习在温州医科大学进行，第二学年至第六学年在设于卢布林医科大学下的波兰华佗学院进行医学课程的学习②；清华大学全球创新学院也明确规定："项目学制2—3年。培养计划的前15个月在美国西雅图GIX教研大楼进行，此后在中国清华大学完成培养计划的其余部分，包括完成硕士学位论文及答辩。"③

值得一提的是，厦门大学马来西亚分校在马来西亚政府的邀请下建成，为满足通过实现本土化办学以促进马来西亚成为区域教育中心的愿景，主办方厦门大学不仅遵循马来西亚大学学制，将厦门大学马来西亚分校的学制设置为一学年三学期（以4月、8月、12月为分隔），其学生手册也规定学生在厦门大学马来西亚分校完成学业，不需赴厦门大学学习。

（四）师资与招生

教师配置方面，中国高校作为海外分校的办学主体，出于专业教学

---

① 《北京语言大学东京学院》，2015年7月13日，见 http：//exchange.blcu.edu.cn/col/col9541/index.html。

② 《温州医科大学在波兰设立的分院今年10月开学》，2016年6月1日，见 http：//news.66wz.com/system/2016/06/01/104843713.shtml。

③ 《清华大学全球创新学院》，2019年9月22日，见 http：//gix.tsinghua.edu.cn/zs1/xmjs/index.htm#posi_1。

的需要，我国高校基本都会派遣母校教师赴海外分校任教。如厦门大学马来西亚分校 1/3 的老师来自厦门大学，清华大学派遣计算机系、法律系、能源系等多院系知名教授赴全球创新学院授课，云南财经大学也选派高水平师资到泰国承担教育教学工作，老挝苏州大学由于实行"1＋3"培养模式，苏州大学主要派出教师对学生进行汉语教学，以确保学生达到要求的中文水平。同时，出于国际化办学的战略定位以及本土化办学的目标定位，大多数高校会在输入地和全球招聘优秀教师。如厦门大学马来西亚分校除了 1/3 的本校老师之外，还在马来西亚和全球招聘优秀教师；老挝苏州大学由于规定学生需要在第一学年按照老挝的规定完成相关通识教育课程，因此也雇佣老挝国立大学的部分老师来兼授，并且其负责人表示，老挝苏州大学有意通过招聘来华留学归国人才以及全球招聘，最终实现老挝苏州大学师资队伍的本土化和国际化。另需注意，高校海外办学活动不仅涉及教育机构，其办学经费、实训场地等都离不开社会企业、组织的支持，故海外分校的师资还可能包括在企业、组织里工作任职的一线人员。如清华大学全球创新学院招聘来自微软、谷歌、百度、任天堂等知名国际企业与技术创新型初创企业导师，以培养学生具备面向市场的产品定义能力以及对交叉性前沿知识的理解和深入研究的能力。

出于本土化办学、国际化办学的考量，我国高校海外分校除了招收输入国当地学生之外，还招收来自其他国家的国际学生。如老挝苏州大学建校初期以招收老挝学生为主，但随着学校的发展，老挝苏州大学已着手准备招收老挝周边国家以及东南亚国家的学生；往届清华大学全球创新学院的学生除来自中、美两国之外，生源还分布于全世界 13 个国家和地区；温州医科大学波兰华佗学院，虽与波兰卢布林医科大学合作，但也面向欧美其他国家、亚洲地区招收国际学生。东南亚作为世界华侨华人的主要聚居区，随着"一带一路"倡议的开展，越来越多的中资企业也走进东南亚地区，相应地其员工子女的教育问题亟待解决。因此，为配合国家战略，为当地华侨华人提供学习机会亦成为我国高校东南亚海外分校的考量。以厦门大学马来西亚分校以及老挝苏州大学为例，厦门大学马来西亚分校的学生中有 1/3 来自中国（其中包含部分国内学生），老挝苏州大学也努力为老挝的中资企业员工子女以及当地的华侨子女提供学习机会。

与此同时，我国高校海外分校的招生规模不大。据统计，我国新兴建的海外分校，学生规模大都不超过 200 人，如云南财经大学曼谷商学院（112 人）[①]，清华大学全球创新学院（37 人）[②]，北师大—卡迪夫中文学院（15 人）[③]。造成招生规模小的原因，除我国高校自身实力有待提升，国际化办学水平有待提高之外，输入国本地高校以及欧美发达国家海外分校的高竞争力也影响着中国高校的招生活动。与此同时，资金也是影响分校招生规模的一大因素，如老挝苏州大学由于经费有限，计划建设的校区迟迟难以收工，至今仍在租用的公寓楼里开展教育教学活动，没有独立的校舍成为影响老挝苏州大学招生的一大难题。

在招生方式方面，目前存在考试制与申请制两种选拔方式，其中以申请制为主，如清华大学全球创新学院、北京大学英国校区等均采用申请制招收学生。老挝苏州大学，由于老挝国内没有国家统一的高等教育招生考试，在招生时一方面参考学生高中毕业会考的分数，另一方面设置自己的入学考试选拔学生。厦门大学马来西亚分校，面向中国招生时主要参考报考学生的高考成绩同时限招高考外语为英语的考生，而对于国际学生则主要采用申请制。

（五）文凭认证与质量保证

文凭认证方面，对于采用独立办学的海外分校，其文凭颁发根据分校的办学归属属性而定，如厦门大学马来西亚分校作为厦门大学全资拥有的海外分校，本质上还是中国的大学，其学生学习期满并达到有关培养要

---

① 《曼谷商学院项目简介》，2019 年 4 月 10 日，见 http：//www.ynufe.edu.cn/pub/hwxy/jwbx/jbqk/202585.htm。

② 《全球创新学院迎来首批毕业生》，2018 年 12 月 10 日，见 http：//www.xinhuanet.com/2018-12/10/c_1123833783.htm。

③ 北京师范大学文学院外事办公室：《我院教师前往英国卡迪夫大学推进北京师范大学—卡迪夫大学中文学院建设》，2018 年 12 月 19 日，见 http：//wxy.bnu.edu.cn/gjjl/hzjg/207005.html。

求的，可以获颁厦门大学相应的毕业证书和学位证书。① 尽管苏州大学校领导多次向江苏省政府、教育部国际司等上级部门汇报情况，但由于没有先例，教育部没有划拨学位名额供老挝苏州大学颁发，因此截至 2019 年，该校毕业生在 "1 + 3" 的培养模式下仅可获得苏州大学颁发的学历证书以及经过老挝政府认可的学位文凭。联合办学形式下的海外分校，经过审核合格的毕业生可以同时获颁母校以及合作学校的学位证书，如云南财经大学曼谷商学院毕业生，按要求完成学业且考核合格可以获得云南财经大学以及泰国兰实大学两所高校的学位。② 需要注意的是，获颁的国内外学位层次一般相同，但也要视项目具体情况而言，如温州医科大学开办的波兰华佗学院，与波兰卢布林医科大学采用 "1 + 3 + 2" 的合作培养模式，学生完成学业后，将获得温州医科大学 MBBS（医学学士）学位和卢布林医科大学的 MD（医学博士）学位。③ 目前我国仅有 1 所多方合作办学的海外分校，即清华大学全球创新学院，由于其第三合作方为微软公司而非可以颁发学历学位文凭的高等教育机构，参与其双硕士学位项目的学生，毕业预期获得清华大学 "数据科学与信息技术" 硕士学位（Master of Science in Engineering）以及华盛顿大学 "技术创新" 硕士学位（Master of Science in Technology Innovation）。

在质量保障方面，输入国官方语言为小语种的海外分校为保障教学质量会招聘派遣一定数量的语言教师对学生进行语言培训，并在毕业时对于学生的语言水平有一定的要求。如厦门大学马来西亚分校除中文、中医专业之外，其余采用全英文授课，因而为保障教学质量，根据马来西亚高教部的有关规定以及分校项目的相关课程标准，厦门大学马来西亚分校要求高考考生在录取一年内达到相应的英语能力考试成绩，英语成绩合格后

---

① 《厦门大学 2016 年本科招生章程》，2016 年 6 月 1 日，见 https：//zsb.xmu.edu.cn/b4/4b/ c5816a177227/page.htm。

② 张若谷：《云南财大曼谷办学出手不凡》，《人民日报海外版》2019 年 9 月 11 日。

③ 《温州医科大学在波兰设立的分院今年 10 月开学》，2016 年 6 月 1 日，见 http：// news.66wz.com/system/2016/06/01/104843713.shtml。

方可开始专业课程学习，否则只能学习免费的语言课程；① 老挝苏州大学采用汉语为教学语言，学生第一年需要在老挝学习汉语，后三年来到中国再继续强化，毕业时有规定的汉语水平要求。与此同时，海外分校所开设的课程也同时受办学高校、输入国以及输出国教育管理部门的监管。如老挝苏州大学在老挝开设的课程都需得到中国政府的审批，开设新的专业、培养计划等也都要向中国教育管理部门申报。除此之外，老挝苏州大学每年也会向老挝教育管理部门提供学生在苏州大学三年的学习成绩单以及在老挝一年的学习成果，学生的学分修读情况以及毕业资格受到老挝教育管理部门的审查。

二、海外分校典型案例分析

（一）老挝苏州大学

苏州大学最早可以追溯到 1900 年美国基督教监理会在苏州开办的"东吴大学堂"，后历经多次调整，先后更名为"无锡国学专修学校""江苏教育学院""江苏师范学院""苏州大学"。到目前为止，苏州大学已发展成为一所拥有哲学、经济学、法学、教育学、文学、历史学、理学、工学、农学、医学、管理学、艺术学等十二大学科门类的地方综合性大学（省属院校），是首批 2011 计划牵头高校（教育部 2011 年启动的一流大学创新项目）。

2011 年，苏州大学在老挝首都万象举办老挝苏州大学，是中国高校独资开办的第一所海外分校，也是老挝国内第一所外国大学。老挝苏州大学目前开设了国际经济与贸易、金融学、汉语言和计算机科学技术等四个本科专业，同时承办了汉语培训、HSK 汉语水平考试等活动。

1. 办学缘起与历程

苏州大学将国际化作为学校发展的重要战略，采取了一系列举措来

---

① 《厦门大学马来西亚分校》，2019 年 9 月 23 日，见 https://baike.baidu.com/item/厦门大学马来西亚分校/4457963。

推动这一战略的实现。先后制定了十一五、十二五、十三五发展规划，包含实现发展目标的具体措施，如对外国留学生数量、本校学生出国出境比例、教师出国比例等的具体要求，同时还包括海外办学、援外项目等一系列举措。在这一战略背景下，2006年全校外事会议提出，苏州大学要发展，可考虑"采取国际知名来推动国内一流"的发展战略。这一战略的提出源于校领导对于苏州大学的明确定位，即苏州大学是省属大学，不是部属大学，也并非985高校，在既没有办法享有部属大学所拥有的国家资源，也没有一定的地理位置优势的情况下，要想取得突破式发展，就要采取一种新路径，即通过由提升国际知名度来提高自己在国内的声望，建国内一流高校。

在苏州大学持续推进国际化的背景下，2006年赴老挝办学的契机出现。老挝作为东盟一员，于2003年获得2009年第二十五届东盟运动会的主办权。由于老挝经济发展落后，缺乏相关的场地、设备等条件，在获得主办权之后，老挝政府领导人向中国寻求帮助以完成前期准备工作。后经中、老两国政府协商，由中国政府帮助老挝建设主体育场以及相关设施。2006年11月19日，在时任中国国家主席胡锦涛和老挝国家主席朱马里的共同见证下，中国国家开发银行和老挝国家计划与投资委员会签署了中国帮助老挝建设第二十五届东盟运动会公园的框架协议。作为回报，老挝政府在万象周边规划十万平方公里土地，由中国在此开发建设万象新城。

应中国国家开发银行的邀请，苏州工业园区决定承担万象新城的开发建设任务，并提供融资支持。苏州工业园区从万象新城结构布局和综合发展考虑，对教育、医疗、商业等方面提出了一系列需求，因此邀请苏州大学加入开发项目，在万象新城建设一所高等学校。经协商讨论，苏州大学为深入推进办学国际化以及建设"国内一流，国际知名"高水平大学，决定积极响应苏州工业园区的邀请，走出国门，创办老挝苏州大学，成为中国高等教育海外办学的先行者。在合作模式方面，双方协商，办学所需场地、硬件设施由园区提供，苏州大学负责提供培养计划、师资、教学安排等。在一系列调研、筹备工作完成之后，2009年经老挝政府批准，我国教育部批复，老挝苏州大学正式开始创办。

为建设老挝苏州大学，2007 年苏州大学第一次派代表团赴老挝考察教育以及当地的社会发展状况，评估办学可行性。考察团发现：2007 年，老挝的发展水平仅相当于我国 20 世纪 80 年代的水平，土地面积相当于两个江苏省，人口也仅有 600 万左右，仍是当时世界最贫困的国家之一。老挝的"革新开放战略"急需培养高水平人才，但国内高等教育质量欠佳，本科类高校仅有 5 所，且学校师资薄弱、开设专业有限、教学条件欠佳、培养层次也较低。以老挝国立大学为例，其高学历教师人数较少，大部分都是本科毕业的讲师；虽然是一所综合性大学，但专业偏向极其严重，文科及农科专业较多，工科专业很少；校内实验室条件相当于我国国内的中学水平；硕士项目处于初期发展阶段。整体而言，老挝教育较为落后，革新开放急需改革创新人才。因此，老挝苏州大学项目被提交至老挝中央政治局讨论，受到老挝当局极大重视。2008 年，老挝领导人在总理府接见苏州大学代表团，表示将积极支持老挝苏州大学项目。在这样的背景下，考察团决议苏州大学到老挝办学有一定实践意义，且具备较高可行性，开始着手筹备建校。

一方面，苏州大学为筹建老挝苏州大学，2008 年在老挝建立了苏州大学驻老挝办事处；向老挝教育部提出正式申请，明确办学师资、选址事项，策划老挝苏州大学的筹建工作；另一方面，苏州大学在本部校区积极推进，自 2008 年开始，苏州大学专门设置奖学金（30 人）开始招收老挝留学生。校领导也再赴老挝访问，面见老挝总理和教育部长，双方开始互访，并陆续和老挝教育部以及其他部门签订协议。为得到老挝高层的支持，苏州大学经中国国务院学位办批准，2011 年同时授予时任老挝国家主席朱马里以及总理波松以名誉博士学位，并举办了盛大的仪式，此举经过媒体宣传，极大提高了苏州大学在老挝的知名度。

正在一切紧锣密鼓地进行时，苏州工业园区由于种种原因退出了老挝万象新城项目。面对主要合作方的退出，苏州大学依然选择坚持创办老挝苏州大学。

2.融资模式

虽然老挝政府十分支持老挝苏大项目，但由于政府经费缺乏，加之并无先例，缺乏可供参考的相关政策和制度保障，老挝政府只能将老挝苏大项目作为外商投资项目，无法提供包括土地、经费在内的任何资助，仅以较为优惠的价格租赁给苏州大学20多公顷土地，第一个租期为50年，之后可以续租25—30年，允许苏州大学在此建校。

面对这样的境况，老挝苏大筹建前期，采取外部资助的融资模式，但在合作方的选取上面临困难。一方面，既定合作方苏州工业园区撤走，国家开发银行委派云南建投接手该项目，但与新合作方的沟通协商并不成功。与此同时，万象新城项目名称与地址也发生变化，改为在赛色塔建立"赛色塔综合开发区"，苏州大学必须重新考虑校区选址以及建设资金等问题。面对这样的境况，苏州大学只得另寻合作方。由于苏州先锋木业当时的投资中心尚在老挝，双方很快建立了合作关系，并就董事会制度、分股等问题展开多轮协商，商定合作期间，先锋木业垫资代建综合楼、宿舍楼以及食堂三栋楼。双方协议待建成后，由苏州大学按照程序进行评估、审计以及工程质量验收，并偿还建设资金。但由于当时双方合作关系并未确立完善，先锋木业在建校时也并未聘请规范的工程队，导致审核资料缺乏，苏州大学至今无法验收，加之后期装修、购置设备的资金尚未到位，2016年已建成的校舍迟迟无法使用。目前，苏州大学只能另租一栋公寓作为临时校舍以及办事处，教学、办公、宿舍都在此解决。尽管如此，高昂的租金也让老挝苏州大学面临较大的资金压力。合作两年后，随着先锋木业逐步把投资重点撤出老挝移至印尼，老挝苏州大学失去了第二个合作伙伴。

目前，老挝苏大采取母校独资的融资模式。但由于苏州大学作为省属大学本身资金紧张，作为国家事业性单位，资金境外流通也存在困难，同时我国境外办学相关政策法规仍在建设之中，商务部、教育部也难以对其进行资金援助，因此，直到现在，老挝苏州大学的资金问题尚待解决，要建设、要发展的老挝苏大陷入僵局。

3. 治理结构

老挝苏州大学的管理团队由苏州大学人员及老挝方面人员共同组成。目前苏州大学已派去5人（其中1人延期退休一年）负责该大学的管理运营，同时在当地聘请5位管理人员负责对外联络、后勤、签证居留、招生培训等一系列问题。老挝方面人员的工资由苏州大学发放，有关领导表示，今后学校管理也将更多依靠老方人才。

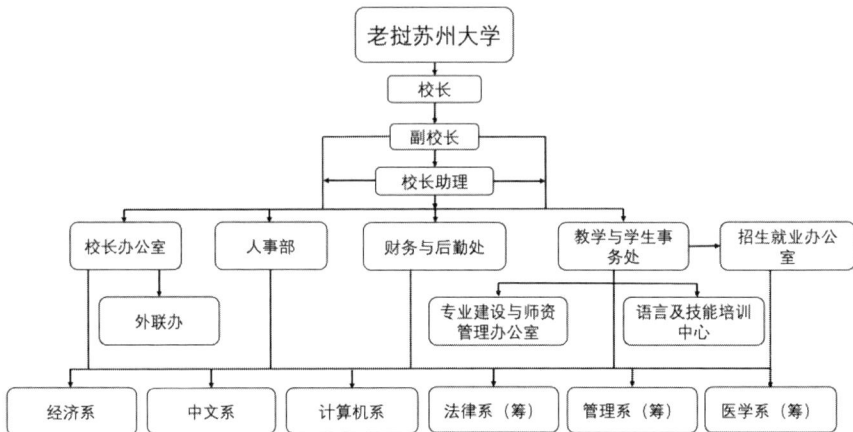

图9.5　老挝苏州大学组织结构图

4. 培养模式

老挝苏州大学现有本科学历教育，同时提供汉语培训以及汉语水平考试。

经老挝教育部批准，老挝苏州大学的培养层次可从本科直至博士研究生教育，但受制于经费、场地等问题，目前仅开设了国际经济与贸易、金融学、汉语语言和计算机科学技术等四个本科专业。经老挝教育部同意，在老挝苏州大学校园建成前，老挝苏州大学采取"1+3"模式，与中国苏州大学联合培养本科生，即学生第一学年在老挝学习汉语语言及老挝教育部规定的通识课程，从第二学年开始，到中国苏州大学学习汉语及专业课程。对于后三年来本部校区完成学业的老挝学生，苏州大学参照对于别国留学生的管理模式进行管理，上课、考试一般单独进行。对于留学生数量较少的专业，则会采用大班教学、混合教学，和中国学生的班级一起上课，不会单独开班，人数较多的专业则会采用单独授课。教学语言采用汉语，学生第一年需要在老挝学习汉语，之后三年来到中国之后再继续强化，毕业时有规定的汉语水平要求。如学生在四年内完成中国苏州大学和老挝苏州大学规定的全部课程，成绩合格，可获得中国苏州大学和老挝苏州大学分别授予的毕业文凭。

在汉语培训和汉语水平考试（HSK）方面，老挝苏州大学自2012年起设立语言培训中心，面向老挝社会举办各个层次的汉语培训班。每年平均举办4—5期培训班，每期400—500人左右，由苏州大学派遣教师赴老授课。老挝苏州大学还与老挝中资机构合作，为中资机构老方员工定制汉语培训课程，提供上门培训服务。汉语培训收费较低，以宣传为主要目的。2012年，老挝苏州大学获得中国国家汉办批准，设立汉语水平考试（HSK）海外考点，成为继老挝国立大学孔子学院之后的老挝第二个HSK考点。

5. 师资与招生

老挝不设国家统一的高考制度，高校招生一方面根据高中毕业会考的分数段选拔学生进入大学接受免费的高等教育，另一方面各大学设有独立的入学考试，如老挝国立大学每年最早进行入学考试，其他大学的入学考试时间一般会晚于老挝国立大学。老挝国内的学生一般在考取老挝国立大学失利的情况下，才会考虑老挝苏大这所外国独资高校。

目前老挝苏州大学由于校园及办学条件的限制，招生受到一定影响。从2012年开始，老挝苏大每年招收学生不逾百人，并且中途由于系列原因一部分学生还会流失。在办学规模上，本科生学历教育规模最小，汉语培训每年达四五百人次，汉语水平考试则可达每年七八百人次。

关于学生流失，一者由于老挝苏州大学作为私立高校，收费较高。由于老挝国内贫富差距大，大部分民众更倾向于接受免费的教育，故那些暂时没有拿到奖学金的高中毕业生往往会先来老挝苏大就读一学年，待拿到奖学金就转学至其他学校。二者，随着近几年我国对于高等教育国际化的重视，国内不少高校为实现国际化办学，也纷纷到老挝设置奖学金，提供各种学习项目，在一定程度上分流了部分生源，从而影响老挝苏州大学的招生。

师资方面，受招生规模的影响，苏州大学派去老挝的主要是汉语培训教师。同时由于受"1+3"模式的影响，老挝苏州大学的学生需要在第一年按照老挝的规定完成相关的通识教育课程，因此也雇用了老挝国立大学的部分老师来兼授。

自老挝苏州大学从 2012 年开始招生以来，2016 年第一批毕业的学生一部分继续留在中国攻读硕士学位，部分选择回国升学或就业。

6. 文凭认证与质量保证

和厦门大学马来西亚分校不同，老挝苏州大学不是中国的大学而是老挝的大学，因此尽管苏州大学校领导多次向省政府、教育部国际司等上级部门汇报情况，由于建校初期，我国到国外办大学没有先例，教育部也没有相关经验，更没有学位名额供老挝苏州大学颁发。因此截至目前，老挝苏州大学属于老挝的外资私立大学，毕业生可获老挝政府认可的文凭，而在"1+3"的办学模式下，毕业生也可获得苏州大学颁发的学历文凭。就教学质量的保障而言，老挝苏州大学主要受学校内部和国内教育管理部门与老挝教育管理部门外部的监管。老挝苏州大学在老挝开设的专业课程需要得到中国政府的审批，开设新的专业，相关培养计划等也要向中国教育管理部门申报。除此之外，老挝苏州大学每年也须向老挝教育管理部门提供学生在苏州大学的学习成绩单以及在老挝一年的学习成果，接受老挝教育管理部门的审查。

（二）厦门大学马来西亚分校

厦门大学马来西亚分校（Xiamen University Malaysia），于 2016 年正式办学，是厦门大学海外直属校区，也是第一所在海外设立的中国知名大学分校。厦门大学马来西亚分校归由教育部直属的厦门大学全资所有，学校现开设有预科、本科、硕士、博士等 20 多个项目，开设专业横跨中国语言文学、计算机科学与技术等传统学科与现代学科。

厦门大学马来西亚分校是中马两国高等教育合作新的里程碑，不仅为当地社会培养亟须的优秀人才，深化中马两国友谊，并持续助力"一带一路"建设。在中国十三届全国人大一次会议第三场"代表通道"集中采访活动中，全国人大代表、厦门大学校长张荣表示："厦门大学马来西亚分校建设顺利，未来将为'一带一路'合作倡议的实施输送更多高素质国际化人才。"① 自2016年首次招生以来，马来西亚各界对厦门大学马来西亚分校给予了很高的评价，厦大马校被誉为"一带一路"的璀璨明珠、中马高等教育合作的旗舰和新的里程碑。

1. 办学缘起与历程

20世纪初期，随着跨境教育的不断发展以及东南亚战略地位的不断凸显，英、澳等欧美发达国家率先赴马来西亚办学，推动马来西亚高等教育国际化发展。截至2018年，马来西亚已有来自160个国家的13万余名的国际学生②，马来西亚政府计划在2020年吸引20万名国际学生，成为区域教育中心③。与此同时，随着中国经济的崛起，中国在东南亚的影响力不断增加，此时马来西亚还没有中国大学设立的分校，马方政府希望引进中国优质高校赴马办学。早在2003年初，厦门大学与马来西亚的最高学府马来西亚大学结成姊妹校，厦门大学设立了专门的马来西亚研究所，马来西亚也设立了专门的中国研究所。正是这种学术互动，让厦门大学成为马来西亚学界较为熟悉的中国知名高校，奠定了一定的合作办学基础。2012年初，马来西亚高教部与中国教育部协商选定厦门大学为两国教育合作试点单位。出于促进自身国际化发展以及服务国家"一带一路"倡议

---

① 《[两会时间]"一带一路"成人大代表建议高频词》，2018年3月12日，见 https://www.yidaiyilu.gov.cn/xwzx/gnxw/49532.htm。

② Hazri Jamil，Wan Chang Da，Ooi Poh Ling：*Promoting Malaysian culture through internationalization*，2018年9月28日，见 https://www.universityworldnews.com/post.php? story=20180926100441404。

③ Fairuz Mohd Shahar：*M'sia targets 200,000 foreign students by 2020*，sees education as main revenue contributor，2017年1月19日，见 https://www.nst.com.my/news/2017/01/205617/msia-targets-200000-foreign-students-2020-sees-education-main-revenue。

的需要，厦门大学欣然接受这一决定，并于 2016 年建立厦门大学马来西亚分校。

厦门大学马来西亚分校是在中马双方政府的倡导与支持下不断建成的。2012 年 4 月，马来西亚首相拿督斯里纳吉在中国南宁主持中马钦州产业园开园仪式时向时任总理温家宝表示，欢迎厦门大学到马来西亚设立分校。2013 年 1 月，厦门大学校长朱崇实在马来西亚总理对华特使黄家定陪同下为分校选址。紧接着 1 月 21 日，在马来西亚首相的见证下，马方高教部部长正式向厦门大学校长移交马来西亚高教部的办学邀请函。同年 2 月份，在时任政协主席贾庆林和马来西亚首相拿督斯里纳吉的共同见证下，厦门大学与马来西亚征阳集团签署关于共同建设厦门大学马来西亚分校合作协议书。2013 年 10 月 4 日，在中国国家主席习近平和马来西亚首相拿督斯里纳吉共同见证下，中国国家开发银行、马来西亚征阳集团（又称"新阳光集团"）、厦门大学签署了中国国家开发银行全面支持分校建设协议。同年 10 月 25 日，时任厦门大学党委书记杨振斌主持召开了马来西亚校区建设领导小组会议，具体研究了马来西亚校区建设的若干问题，对各项任务进行了分工和部署。自此，马来西亚校区建设领导小组会议成为例会，每两周举行一次，及时决定并解决马来西亚校区建设中的问题。①

在领导小组以及相关工作人员紧锣密鼓的筹备下，2014 年 7 月 3 日，厦门大学马来西亚分校正式奠基，并于 2014 年 10 月 17 日正式动工。2015 年 11 月 13 日马来西亚教育部正式批准分校注册，12 月 3 日，分校宣布开始招生，接受学生和家长的咨询和报名，并于 2016 年 2 月 22 日，举办首批新生开学典礼，分校正式投入运行。

2. 融资模式

厦门大学马来西亚分校总占地面积 150 英亩，总建筑面积达 47 万平方米，总耗资约合 13 亿马币。厦门大学马来西亚分校由厦门大学全资所

---

① 余宏波：《马来西亚校区建设得到中马社会各界支持》，2013 年 11 月 13 日，见 https://xcb.xmu.edu.cn/2013/1117/c529a6944/page.htm。

有，属于母校独资模式，同时得到中马双方政府及集团企业的大力支持。在分校建设伊始，马来西亚国有企业森纳美集团以非常优惠的价格向厦大出让了约 900 亩土地，支持校区建设。2013 年 2 月，厦门大学与马来西亚征阳集团签署关于共同建设厦门大学马来西亚分校合作协议书，决定由征阳集团出资建设校区，供厦大租赁使用，15—20 年后归厦大所有。① 同年 10 月，中国国家开发银行、马来西亚征阳集团、厦门大学签署中国国家开发银行全面支持分校建设协议，该合作协议的主要内容包括中国国家开发银行从资金优惠贷款等方面全力支持厦门大学马来西亚校区的建设，马来西亚征阳集团从建设手续报批、项目管理等方面支持校区的建设。②

与此同时，分校的建设还接受部分社会捐资，马来西亚华人积极捐资助学，支持厦门大学马来西亚分校建设。马中华总商会署理总会长拿督戴良业协助处理校地购买、大学注册及一切相关事务③；2013 年初，李氏基金会（陈嘉庚先生之婿李光前先生创办）宣布成立"厦门大学马来西亚分校奖学金"，以帮助家庭困难的优秀学生④；2013 年底，马来西亚首富郭鹤年宣布向厦大马来西亚分校捐赠 1 亿马币（合 2 亿人民币），用于修建图书馆主楼建筑。⑤ 随后，李深静等马来西亚知名华人企业家也纷纷捐资支持分校建设。⑥

---

① 蒋升阳等：《为什么是厦门大学》，《人民日报》2013 年 2 月 21 日。

② 余宏波：《马来西亚校区建设得到中马社会各界支持》，2013 年 11 月 13 日，见 https://xcb.xmu.edu.cn/2013/1117/c529a6944/page.htm。

③ 《厦门大学马来西亚分校》，2019 年 11 月 23 日，见 http：//baike.baidu.com/link? url=Tc Xs VJnl CJcr-nanx KIy7a VRDSDOr-Z8BMg4RS4w5et7SUZk MN1Y_gc3r1g Q8h KMGc4zs8f PE7n Tq J6s Xrnv XK。

④ 《厦门大学马来西亚分校》，2019 年 11 月 23 日，见 http：//baike.baidu.com/link? url=Tc Xs VJnl CJcr-nanx KIy7a VRDSDOr-Z8BMg4RS4w5et7SUZk MN1Y_gc3r1g Q8h KMGc4zs8f PE7n Tq J6s Xrnv XK。

⑤ *RM100mil Boon for Xiamen University Malaysia Campus*，2013 年 10 月 5 日，见 http：// www.thestar.com.my/News/Nation/2013/10/05/RM100milboon-for-Xiamen-University-Msia-campus.aspx/。

⑥ 《厦门大学迎来 93 周年校庆 获赠捐款近 4 亿元》，2014 年 4 月 7 日，见 http：//news. xinhuanet.com/edu/2014-04-07/c_1110130963.htm。

关于分校所得盈利，厦门大学则表示，马来西亚分校的建设将继续陈嘉庚先生崇尚教育、无私奉献的精神，不以营利为目的，不带走一分钱，所有结余将全部用于分校学术研究和学生奖学金。① 虽然这种做法符合我国传统观念——教育目的不在赚钱致富，但由于厦门大学马来西亚分校没有获得当地政府的财务拨款，只能根据自身力量解决财务问题，这种做法对学校的财政收支平衡是一个很大的挑战，如何在这种情况下确保顺利招生、如何确定恰当的学费，对于分校而言也是一大难题。与此同时，分校的科研开展主要依靠厦门大学的资金支持，但教育部规定，所有项目经费只能在国内使用，这让分校也面临着不小的专项经费审批困难。②

3. 治理结构

马来西亚分校作为独立法人，是在马来西亚登记注册的一所大学，同时也是厦门大学的一个组成部分，因此管理模式实行董事会领导下的校长负责制。③ 现由厦门大学嘉庚学院院长王瑞芳担任分校校长，组织机构人员由中马双方组成。

4. 培养模式

厦门大学在多次开展实地调研，征求多方意见之后，确定分校首阶段（2013 年—2016 年 10 月）设 5 个学院，分别是信息科学与技术、电子工程、医学院、经济与管理以及中国语言与文化五个学院，下设电子、生物工程、化学工程、医学、咨询通讯科技、商业与经济、中文及中国文学等科系。计划第二期将设化工与能源、生物工程、海洋与环境、材料、动漫与传媒 5 个学院。④

厦门大学马来西亚分校旨在成为提供一系列本科、硕士和博士课程的综合性大学，目前已开设预科、本科、硕士、博士等 20 项项目（见表

---

① 《厦门大学马来西亚分校简介》，2019 年 11 月 4 日，见 https：//ice.xmu.edu.cn/info/1040/1952.htm。

② 吴倩：《穿越百年的中马教育回响——厦门大学马来西亚分校的办学故事》，2017 年 5 月 24 日，见 http：//paper.people.com.cn/rmrbhwb/html/2017-05/24/content_1777068.htm。

③ 蒋升阳等：《为什么是厦门大学》，《人民日报》2013 年 2 月 21 日。

④ 蒋升阳等：《为什么是厦门大学》，《人民日报》2013 年 2 月 21 日。

9.5）。除汉语言文学与中医学专业为中英文双语教学，其余专业均为英文教学。

表9.5　厦门大学马来西亚分校培养项目一览表

培养层次	项目名称
本科项目	中国研究（Chinese Studies）
	新闻传播学（Journalism）
	国际商务（International Business）
	会计学（Accounting）
	金融学（Finance）
	计算机科学与技术（Computer Science and Technology）
	软件工程（Software Engineering）
	电子媒介技术（Digital Media Technology）
	新能源科学与工程（New Energy Science and Engineering）
	中医学（Traditional Chinese Medicine）
	海洋生物学（Marine Biotechnology）
	化学工程学（Chemical Engineering）
	电气与电子工程学（Electrical and Electronic Engineering）
预科项目	科学基础（Foundation in Science）
	艺术与社会学基础（Foundation in Arts and Social Science）
硕士项目	能源技术（Energy Technology）
	中国语言文学（Chinese Language and Literature）
	商务管理（Business Administration）
博士项目	海洋生物学（Marine Biotechnology）
	计算机科学（Computer Science）

我国在中国语言与文化、中医药等专业方面具有得天独厚的优势，但由于9所英联邦马来西亚分校广泛开设数十种优势专业，并采用与母体学校学位挂钩的方式，厦门大学马来西亚分校开设的金融、国际商务、信息与通信技术等专业面临强劲的竞争。

上述专业中，除中医学专业的学生将在最后一学年前往厦门各大医院进行实习外，其他专业学生在马来西亚完成全部的学习计划，并且除汉语言文学与中医学专业为中英文双语教学，其余专业均为英文教学。除专业课外，在厦门大学马来西亚分校就读的国际学生还须完成马来语、马来西亚宪法、马来西亚国情、学术写作和社区服务等 5 门通识教育课程的学习方可毕业。①

5. 师资与招生

厦门大学马来西亚分校 1/3 的老师来自母校厦门大学，与此同时，分校还在马来西亚和全球招聘优秀教师，并且 80% 的教师拥有博士学位，教师除了日常教学工作之外，还需要开展科学研究，生师比保持在 15∶1 的比例。②

分校自 2016 年 2 月首次招生以来，目前已有约 5020 名学生在马来西亚分校就读，其中约有 1/3 的学生来自马来西亚本地，1/3 来自中国，另外 1/3 来自印度尼西亚、孟加拉国、埃及、赞比亚、韩国、日本、斯里兰卡、缅甸、哈萨克斯坦、土库曼斯坦和乌兹别克斯坦等 26 个国家和地区。③ 分校预期 2020 年前学生规模达 6000 人，最终学生规模达 1 万人。④ 建成后可容纳 1 万名学生的校区、低于其他在马办学的外国大学学费以及广阔的语言教育市场，都将为厦门大学马来西亚分校招生提供一定的吸引力，从而保证生源的可持续性。

分校设置的招生标准也十分灵活：来自马来西亚的学生要符合马来西亚政府要求的大学入学标准；来自中国的学生要符合两国政府要求的大学入学标准；来自其他国家（地区）的学生要符合中马两国政府要求的留学生入学标准。如对于中国学生，厦门大学马来西亚分校各专业仅限招高考

---

① 《厦门大学马来西亚分校简介》，2019 年 11 月 4 日，见 https://ice.xmu.edu.cn/info/1040/1952.htm。

② 蒋升阳等：《为什么是厦门大学》，《人民日报》2013 年 2 月 21 日。

③ 邬大光：《厦门大学马来西亚分校——中国高等教育走出去的先行者》，"一带一路"教育与区域发展研讨会报告，2019 年 7 月。

④ 《厦门大学马来西亚分校简介》，2019 年 11 月 4 日，见 https://ice.xmu.edu.cn/info/1040/1952.htm。

外语语种为英语的考生，且英语单科成绩须达到 120 分及以上（英语单科满分非 150 分省份，按照满分 150 分进行四舍五入折算）方可录取。根据马来西亚高教部的要求，厦门大学马来西亚分校每年有 3 个本科入学时间，分别为每年的 2 月、4 月和 9 月，中国学生统一在每年 9 月入学。①

6. 文凭认证与质量保证

学生学习期满并达到有关培养要求的，授予厦门大学相应的毕业证书及学位证书，在中马双方政府的支持下，毕业学生可获经由中国、马来西亚两国教育部认证的学历。

在质量保证方面，马来西亚政府从校园建筑到专业设置审核等方面都有严格要求，以保障办学质量。首先，在校园建筑方面，分校的主体建筑需要经过马来西亚官方检查和认证，才能取得办学资格证书；其次，马来西亚每一所国际分校的专业设置都必须保障教育质量，各科目都须经马来西亚政府的审批审核。在上述两方面，厦门大学马来西亚分校也不例外。分校于 2013 年起规划整体建设，校园主体规划通过层层审批至 2014 年秋季才开始动工，招生工作也至 2016 年校园主体建筑得到马来西亚官方检查和认证后，取得办学资格证书后方才开展；分校开设的各专业及相关科目，也在得到中马双方审核之后方可具体落实。与此同时，厦门大学马来西亚分校还须逐步完成马来西亚教育部所设定的各类等级认证。为保障高等教育机构的教学质量，马来西亚专门设置了高等教育机构级别评估制度，并且马方教育部对评级认证非常严谨，不受任何国家的干预和影响，等级认证主要根据分校运营的实际操作情况和确定的标准来决定。②该制度亦在一定程度上督促厦门大学马来西亚分校加强建设，并在此基础上保障了办学质量。

另外，根据马来西亚高教部 2018 年最新实施的国际学生英语要求规

① 《厦门大学马来西亚分校校历》，2019 年 11 月 22 日，见 http://www.xmu.edu.my/14702/list.htm。

② 郭洁：《厦门大学马来西亚分校办学之 SWOT 分析》，《西南交通大学学报》（社会科学版）2015 年第 6 期。

定，分校要求学生须在入学第一年期间达到一定的英语水平（雅思、托福、PTE 或 MUET）方可正式注册学位课程，开始学位课程的学习，达不到要求的学生，毕业时间将相应延迟。在英语为主要教学语言的背景下，分校对学生英语水平设置一定要求以保障教学质量。另外，根据马来西亚移民局的规定，原则上要求国际学生签证每年续签一次，续签学生需同时满足前一学年平均累计学分绩点不低于 2.0，各门课程的课堂出勤率均不低于 80% 这两项条件才能顺利续签，否则有可能因学业问题被遣送回国。①

第五节　高职院校海外办学创新机制与典型案例分析

与普通高校海外办学活动相比，高职院校海外办学时间短，办学经验有限和办学规模较小。由于高职院校的海外办学尚处于摸索阶段，但已发展出独具特色的办学路径，因此本节将结合具体案例探讨我国高职院校开展海外办学活动的创新机制。

一、不同办学模式典型案例分析

如果说"一带一路"倡议为高职院校"走出去"提供了良好的政策支持背景和踊跃办学的空间，那么我国各大高职院校的主动意识、创新精神和培育措施则为高职院校"走出去"闯出了一条新路，本节将以我国高职院校所创建的 4 种不同形式的海外学校为典型案例分析高职院校海外办学的创新机制。

（一）院校联合，对接培养——以无锡职业技术学院泰国达信分院为例

2018 年 7 月，无锡职业技术学院与泰国罗勇达信职业学校开展合作，在泰国达信职业学校成立分院，目的是使这所泰国中专毕业学生对接无锡

---

① 《厦门大学马来西亚分校 2019 年招收中国本科学生简章》，2019 年 6 月 16 日，见 https：//zs.xmu.edu.cn/2019/0616/c5816a371339/page.htm。

职院的大专学习。

1. 办学缘起与历程

无锡职业技术学院泰国达信分院的成立是基于无锡职业技术学院和泰国达信职业学校双方的教育需求和教育优势而建立的。为落实"留学江苏"计划，解决高职院校留学生生源问题，无锡职业技术学院进行了一系列前期交流、考察和调研。无锡职院从 2016 年开始与泰国泰中华文教育基金会进行交流，积极参与泰国教育展，与泰国罗勇教育厅厅长、当地学校校长校董等进行合作和交流。2017 年，与宁朗（泰国）有限公司合作建立了无锡职业技术学院——宁朗（泰国）公司人才培养基地。正是这些学术和办学活动，使无锡职院在泰国罗勇府有一定的名气和影响力，为后期办学奠定了良好的基础。经过前期的铺垫，2018 年，为进一步加强本土化职业技术人才培养，无锡职院找到了和当地学校合作开办分校进行联合培养学生人才，逐步推进海外办学的契机。泰国达信职业技术学校是一所集合中专和高职的综合学校，为了满足当地学生的学历需求和职业技能培训的就业需求，泰国达信学校积极参与无锡职院和宁朗（泰国）有限公司于 2017 年在泰国罗勇府联合举办的"'一带一路'走出去企业在泰中资企业人才培养及服务研讨会"，而该学校的校长作为罗勇府教育厅厅长也在积极推进联合办学事宜，最终，与无锡职院达成合作协议，于 2018 年7 月成立了无锡职业技术学院泰国达信分院。

在融资模式上，无锡职业技术学院泰国达信分院主要设立在泰国达信职业学校校园中，办学场地和设施都由达信职业学校出资建设，无锡职院主要以派遣师资的形式进行投资。

2. 办学模式

达信职业学校有中职和高中，学生毕业后直接升学进入到高职教育阶段，而无锡职院主要以联合办学者的身份参与，相当于两校联合培养高职学生。其办学模式为 1＋2 模式，即学生第一年在泰国学习，后两年来华在无锡职院学习。第一年学生在泰国本地的学习主要是由无锡职院派遣的教师教授。

第一年无锡职院派遣师资到泰国进行基础性专业知识的双语教学，为后两年在无锡的学习打下基础。因为教师进行双语教学，这就对无锡职院派遣的教师标准提出了较高要求。根据实际情况，目前无锡职院只从外语教师中进行筛选，经过选拔派遣驻泰教学。该分院生源主要是泰国达信分校中专的毕业学生对接大专学习，分院的招生标准是根据中国高职院校招收留学生的标准进行的。2020 年 9 月，该分院迎来第一批泰国本土学生入学。

3.专业和课程设置

无锡职业技术学院泰国达信分院开设了 4 个专业，分别是数控技术、机电一体化、电气自动化和旅游管理。分院根据这四个专业设置课程，以中方课程为主。据负责人介绍，课程设置的过程为：首先根据无锡职院各个专业的三年培养方案以及课程设置体系，提供给泰方做参考，如果无锡职院的本土课程开设符合泰方人才培养目标：比如技能培养目标，就直接按照无锡职院的课程体系进行授课；如果泰方需要提出适合当地人才发展目标的课程，双方也可以进行沟通，在原先基础上进行添加或者替换。

（二）校企合作，依托工业园区申办海外大学——以泰中罗勇技术大学和西哈努克港工商学院为例

校企合作、产教融合是职业教育"走出去"的重要途径，这也是高职院校的天然优势，与企业相辅相成，落实办学实践。下面就华立集团与无锡职业技术学院等院校联合申办的泰中罗勇技术大学与西哈努克港工业园区与无锡商业职业技术学院联合申办的西哈努克港工商学院为例对这一模式进行分析。

1.泰中罗勇技术大学

泰中罗勇技术大学是由泰中罗勇工业园联合无锡职业技术学院、浙江机电学院和浙江经贸学院联合申办。其中由于申报海外大学过程中泰方只要一个合作院校方，因此无锡职业技术学院还以主要注册学校的身份参与。

（1）办学缘起与过程

企业对本土人才的需求是校企合作海外办学的外在动力。由中国华立集团与泰国安德集团在泰国罗勇府共同开发的泰中罗勇工业园区，自成立以来，得到了中国和泰国政府的大力支持；罗勇工业园区有3万多名泰国员工，约占员工总数的90%；该园区预计容纳300家企业，为泰国提供10万个就业岗位。[1] 随着中国企业的大量入驻，对员工的需求大量增长，但当地经济和教育不能满足当地就业的需求。就企业而言，要想获得长远的发展需要注重本土化战略，培养本土化人才会节约成本，所以急需与高职技术院校合作对员工进行培训。

同时，企业对于合作院校的智力支撑能力要求较高，坚持一定的标准。无锡职业技术学院负责人表示，在选择合作院校时，罗勇工业园园主——浙江华立集团坚持高职院校全国排名前10的大学的标准，经过筛选选定浙江机电学院、浙江经贸学院和无锡职业技术学院3所学校。2017年底，校企联合申报了海外大学——泰中罗勇职业技术大学。

（2）招生标准、专业设置和培养模式

因为该海外大学是学历教育，需要泰国教育部批准，且学制以泰国的教育体制要求为准，所以泰中罗勇职业技术大学招生标准主要以泰国教育部的要求为准，招生对象主要是泰国高中毕业生。

各院校主要根据自己的专业特色和优势专业建设二级学院，所以目前泰中罗勇技术大学的专业主要有无锡职业技术学院泰中罗勇机电学院的三个专业，即机电一体化，计算机技术和机械制作与自动化。每个专业大概招生30个人

在培养模式上，泰中罗勇职业技术大学主要采取跨国分段、联合培养的模式进行教学，每年招生150人左右，学术短期交流150人，预计在校学历生常态将为350人左右，短期交流学生为150—300人。其学制为

---

[1]　林芮等：《"罗勇工业园驶入发展快车道"（共建一带一路）》，《人民日报》2019年3月2日。

1+2+1或者2+2模式，即1年国外学习＋2年国内学习＋1年国外学习，或者2年国外学习＋2年国内实习实训，最终通过学历互认制度拿到国内专科学历和国外本科学位学历。

（3）融资模式

在办学过程中，园区和企业的作用主要体现在协商领导和资金与场地支持方面。作为海外办大学的发起人，除了协调各个合作院校，泰中罗勇工业园园主浙江华立集团股份有限公司还就办学资质问题与泰国教育部进行接洽和协商。同时，该集团作为民营企业500强，本身资金实力雄厚，作为园主有场地优势，为海外大学提供办学场地、校舍以及一些基本的教学设备和实训设备；另外还承担教师来回机票、住宿费、一日三餐费用、课时费等具体经费。

院校在办学过程中以分院的形式参与办学，泰中罗勇职业技术大学实质上是一个"组合"院校，由无锡职业技术学院开设二级学院——机电学院，浙江机电和浙江经贸合办二级学院——丝路学院"组合"而成。合作院校主要提供智力支持，即软实力输出，表现为派遣专业教师进行教学、研发和设计专业课程，提供教学软件、专利性的材料、先进的技术等方面"软实力"的支撑，以及提供教师待遇方面的补助等。

这种模式的最大特点是，整合资源，合力办学，依托工业园区比单纯与一家企业合作更加具有优势，园区内有国内和国外的多家企业，人才需求量大，能够保证生源和毕业生就业，增加了为企业员工开展短期培训的机会，同时境外联合大学这一模式也整合了多家高职院校的优势专业和专业人员，比一所院校走出去办学效率更高，一所高职院校负责一个二级学院，对于国内高职院校的承担能力来说，也比较可行。

2.柬埔寨西哈努克港工商学院（Sihanoukville Institute of Business and Technology）

柬埔寨西哈努克港工商学院（以下简称"西港工商学院"）是由无锡商业职业技术学院与柬埔寨西哈努克港经济特区（以下简称西港特区）在多年合作的基础上联合申办的海外大学。西港工商学院是我国首个高职院校在海外成立的校企合作股份制应用型本科大学。

（1）办学动因

如果说中资企业对于本土化人才的需求是校企联合海外办学的根本原因，那么高职院校多年"深耕"培训经验则为"走出去"海外办大学提供了能力基础，使办学行为落地生根。柬埔寨西哈努克港经济特区是由中国红豆集团主导，联合中柬双方四家企业在国际港口城市柬埔寨西哈努克市市郊共同开发的国家级海外经济贸易合作区，它是我国 6 个"对外经济贸易合作区"之一，也是柬埔寨最大的外贸经济特区。随着"一带一路"建设的步伐不断加快，入驻西哈努克港经济特区的中国企业越来越多，为应对柬埔寨西港特区专业技术人才需求，无锡商业职业技术学院在 2012 年与红豆集团联合成立西港培训中心，为区内员工及周边村庄学生免费进行专业技能培训和语言培训，截至 2020 年累计培训 6 万余人次。① 正是多年的培训经验与合作默契，在此基础上促成了海外办大学的实现。

为了积极稳定地推动海外办学发展，2015 年，学校和红豆集团共同组建了海外办学项目组，密集展开考察调研、专家论证、政策沟通、材料申请等一系列准备工作，深入了解柬埔寨办学条件。历经 3 年，最终于2018 年经柬埔寨部长联席会议审议通过、洪森首相签批，取得了西哈努克港工商学院办学执照，正式获准建校办学。该学院集学历教育、职业培训、科技服务和人文交流四大功能定位于一体，以高等学历教育和职业培训为主，可颁发本科和专科学历证书。

（2）融资模式

作为办学方之一，无锡商业职业技术学院是西哈努克港工商学院的出资方之一。由于根据 2015 年我国出台的《境外办学管理条例》的相关规定，无锡商业职业技术学院作为国内公办院校在境外投资受到限制。为此，为了使学校的境外投资合法化，无锡商业职业技术学校下属企业——

---

① 赵丽：《无锡商业职业技术学院校领导赴红豆集团推进产学研合作与校企命运共同体共建》，2020 年 7 月 14 日，见 http：//www.wxic.edu.cn/wx/default.php？mod=article&do=detail&tid=11910。

江苏省教育超市与红豆集团共建了西港教育发展有限公司，双方各投资50%的资金，总共注册资金300万人民币，西港教育发展有限公司成为西哈努克港工商学院办学主体。

（3）专业与课程设置

目前结合无锡商职优势专业和当地需求，经柬埔寨当地审批开设了3个专业，分别是工商企业管理、物流管理和信息技术。校名"工商"二字体现无锡商职特色。无锡商职主要负责人表示，随着大学的建成与发展，未来规划战略上该校会继续开设更多二级学院。课程设置上主要是以中文课程为主，中文课程和当地通识课程组合。

（4）管理结构与师资队伍

学校的校董会主要由红豆集团人员和无锡商职人员组成。目前无锡商职已就办学事宜派遣由常务副校长、两个主任组成的核心管理团队在柬埔寨负责该大学的管理事项，包括前期的招生宣传等，所以可以保证无锡商职在办学上的参与。

该大学的教师队伍主要由无锡商职派遣本校教师和当地招聘的本土教师组成。因为该校是柬埔寨首个中文大学，纳入国民教育体系，所以当地的通识教育课程需由柬方老师上课。涉及专业课程类由中方老师上课，教师教学语言以中文为主。教师工资都由西哈努克港工商学院发放。

（三）"政行校企"多主体协同发力申办海外大学——以中国赞比亚职业技术学院为例

虽然同属于校企合作联合申办海外大学的模式，但是这种办学模式在主体上比单纯的校企合作多了一层行业协会领导的作用。行业在办学过程中所起的牵头、政策协商以及各方资源整合协调的作用不容忽视。由中国有色金属行业联合国内多所高职院校在赞比亚成立的中国赞比亚职业技术学院是这一类型的典型代表。

1. 办学缘起

2001年我国加入世贸组织以来，中国企业开启了走出去的步伐，作为国民经济发展重要基础，有色金属工业率先成为我国"走出去"发展的先行行业之一，目前已在 15 个"一带一路"沿线国家和地区开展了实质性的项目投资，有色金属行业在海外的企业，目前雇用了 50 万的国外员工，其在赞比亚的投资发展成为我国有色行业"走出去"的典范和旗帜，但是目前中国有色金属矿业集团在赞比亚的项目发展遇到了人才短缺的瓶颈，由于当地工人技能水平和职业素养较低，在设备使用和维护及技术应用等各方面遇到了很大的困难。加上赞比亚没有成熟的产业和完善的职业教育人才培养体系，整个赞比亚 1400 万人口只有 3 所公立大学，教学质量相对落后。

基于此，中国有色金属矿业集团向教育部提交了《有色金属行业开展职业教育"走出去"试点》的函，得到教育部的大力支持。经教育部推荐，中国有色金属工业协会确定北京工业职业技术学院、吉林电子信息职业技术学院、哈尔滨职业技术学院、南京工业职业技术学院（已经升级为应用型本科大学）、湖南有色金属职业技术学校、广东建设职业技术学校、陕西工业职业技术学校、白银矿冶职业技术学校 8 所职业院校为中国有色集团在海外企业员工提供职业教育与培训的试点学校。其中，北京工业职业技术学院，南京工业职业技术学院和陕西工业职业技术学校为国家示范学校，哈尔滨职业技术学院为骨干院校，广东建设职业技术学校为一般院校，其他如吉林电子信息职业技术学院、湖南有色金属职业技术学校和白银矿冶职业技术学校为行业类院校。

经过多方协同准备，中国—赞比亚职业技术学院（以下简称"中赞职院"）于 2019 年 4 月正式成立。中赞职院除了进行学历教育，还为中国有色集团海外企业员工提供技能培训。在中赞职院毕业后学生获得专科学历。这较之前赞比亚进行职业教育的学校发放的证书（相当于国内的中专技工学校）是一大进步。

海外办学并不是一蹴而就的，在这一过程中需要各个合作方相互沟通和协作，行业协会和企业负责办学的行政事宜，每个学校根据实际情况自行规划具体办学战略。这种模式最大的优势在于协同多方力量，尤其是行业协会的领导作用。行业协会的核心功能在于协调企业间、学校间、办学项目组与政府间的关系，促进企业与办学合作学校相互分工协作，促成各成员达成统一目标和行动，形成一种集群发展模式，有效增强了各学校间以及校企间的凝聚力，促进了办学落地、学校发展。

2. 管理结构

据相关负责人介绍，中赞职业技术大学的经营模式是混合办学模式。13个合作学校加上有色行业协会和有色集团，通过会议的形式协商产生董事会，选举出董事长，并通过全球招聘的形式聘请校长。目前校长由有色行业协会会长和有色人才培训中心梁赤民院长担任。校长工资由行业协会负责，所以梁院长工资由有色行会发放，各分院的院长工资由母校发放。目前学校管理层除了梁院长和翻译，还设置了招生处和院办公室负责办学事宜。

3. 专业标准和教学标准

因赞比亚缺乏相应的专业储备和技术标准，中赞职院的专业标准和教学标准主要由中国输出，但是赞比亚有独立的教育体系，中方办学需要得到输入国的批准，学校需要纳入当地教育系统，在标准制定过程中需要与赞方沟通，考虑当地实际情况，经过赞方成立审查小组审查之后作为国家标准推广实施。在标准得到赞方教育部批准之后，成为一种范本。2020年3月中国—赞比亚职业技术学院的五个专业标准得到赞比亚教育部的批准，其中北京工业职业技术学院牵头制定了自动化与信息技术专业标准，其余四个标准及制定院校为：机械制造与自动化专业标准（陕西工业职业技术学院承担制定），机电一体化专业标准（南京工业职业技术学院承担制定），机电设备维修及管理专业标准（哈尔滨工业职业技术学院承担制定），金属与非金属技术专业标准（湖南有色职业技术学院承担制定）。[①]

4. 教学资源与设备

对于职业院校来说，培养学生的实践能力，让学生进行实际操作是

---

① 《北京工业职业技术学院参加中赞职业技术学院 2019 年教学管理工作研讨会》，2019 年 3 月 26 日，见 http://www.gx211.com/news/20190326/n15535773098428.html。

非常重要的，学校的教学资源与设备至关重要。以中赞职业技术学院北工院分院为例，目前北工院赞比亚分院的设备主要来源于企业赞助、学校资源整合以及自筹。办学过程中，山东某企业捐助了北工院赞比亚分院200万元的设备，国家开放大学在赞比亚建立的教学点以投资300台计算机的形式捐助，同时汉办投资了3万元资金。设备准备的过程也遇到不少问题，例如北工院意欲通过本校已报废的设备运出去的方式进行循环利用，但由于我国现有制度对于资产有效利用的限制，该校只能通过学生实习耗材为由（不列入固定资产）投入了3万元。目前还存在例如路由器、交换机等设备严重缺乏问题亟待解决。

5. 专业设置

由于是多所院校联合办学，每个院校利用自身的优势专业建设海外大学，因此海外大学的专业设置呈现多样化的特点。目前中赞职院开设了6个专业、6个学院，即自动化与信息学院、建筑工程学院、机电设备维修与管理学院、矿物工程学院、机电一体化学院和机械制造与自动化学院各自开设一个专业。学生通过课程考试、修满学分后可获中赞职院的毕业证书，优秀毕业生能被优先推荐到当地中资企业就业。[①]

6. 师资队伍

中赞职院的教师队伍由中赞双方共同组成，目前有12个赞方教师和12个中方教师。赞比亚教师由原先技校的教师留任，中方教师由6个学院每个学院聘请2个教师驻赞负责各自在赞二级学院的教学事务。

中赞双方教师积极开展相互交流和学习。中方教师需要提前驻赞接受英语培训和学习。项目组即7个合作学校从2016年开始连续派遣了3期老师，每期大概在20—30人左右前往赞比亚。目前各学校派遣的大部分教师驻赞3—4个月，主要在该地大学接受英语培训，因为中国教师自身的英语教学水平有限，所以要提前驻赞接受培训。除了自己接受英语培

---

① 《梅花香自苦寒来——中国—赞比亚职业技术学院正式成立》，2019年4月19日，见 http://pt.gdcvi.net/news/155564477733660036.html。

训，教师们还承担着培训中国企业赞方员工的中文和职业技能以及中国员工英语的任务。也有个别教师长期驻赞负责除了教学之外的企业调研、实地考察和模拟教学等各项事宜。赞方教师也需要来华接受专业培训。例如为了更好地建设中赞职院自动化与信息学院，学院的两名赞比亚籍教师，来华进入到北京工业职业技术学院进行跟岗学习。中赞职院教师使用自行开发的工业英语教材，用英语进行教学。

7. 招生对象

中赞职业技术学院的主要招生对象为赞比亚高中毕业生，2019 年已经开始招生。学费一年 2200 克瓦查，约人民币 1500 左右。以北京工业职业技术学院——赞比亚分院为例，自动化与信息学院 2019 年已招全日制学生 16—17 个。目前采用申请制进行自主招生，申请者可凭借分等级的高中毕业成绩单以及相关材料申请，通过面试即可录取。由于还在办学初期阶段，实际上目前面试没有太高要求。该校当时申请人有 60 个人，经过筛选招收了 17 个学生。同时还招收大概 5—8 个企业工人进行职业培训，这个属于非学历教育。值得注意的是，由于中赞职院是在一所技校基础上开班，所以开办初期就有 200 个学生，避免了很多学校海外办学面临的初期生源不足的尴尬境地。

（四）树立中国职业教育国际品牌意识，打造鲁班工坊——以吉布提鲁班工坊为例

鲁班工坊原是由天津市首创的职业教育国际品牌，自 2016 年以来，天津市已先后在泰国、英国、印度、印尼、巴基斯坦、柬埔寨、葡萄牙建成 7 个鲁班工坊。在 2018 年 9 月中非合作论坛北京峰会上，在重点实施的"八大行动"中，在"能力建设行动"方面中国领导人作出要在非洲设立 10 个鲁班工坊，向非洲青年提供职业技能培训的承诺。2019 年 3 月，非洲首家鲁班工坊在吉布提学校建成，是一项完成中国对非承诺的具体举措。吉布提鲁班工坊采用"政校企"合作模式，由天津市人民政府、吉布提教育部、天津铁道职业技术学院、天津市第一商业学校、吉布提工商学校及中国土木工程集团有限公司（以下简称"中土集团"）共建。吉布提

鲁班工坊经吉布提教育部批准，纳入吉布提国民教育体系。

1. 办学缘起

"走出去"中资企业的人才需求和吉布提经济社会发展规划是促成吉布提鲁班工坊建成的主要原因。中资企业中土集团建设和运营的跨国电气化铁路——亚吉铁路（埃塞俄比亚—吉布提），是中国铁路成套技术标准对外输出的典范，"一带一路"倡议的标志性成果。但是铁路建成之后中土集团需要考虑人才本土化的问题，特别急需大批量的运营和维护整条铁路的本土化铁道专业人才。

吉布提"2035 愿景"的发展要求促成吉布提鲁班工坊的建成。2014年吉布提发布了"2035 愿景"，即打造成为全球性航运中心、商业中心、金融中心，吉布提将完成非洲规模最大、最先进的自由贸易区建设。要想打造商业中心和物流中心，吉布提商贸物流类技术技能人才需求旺盛。

2. 专业设置

吉布提鲁班工坊的专业设置体现出明显的实用性特点。吉布提鲁班工坊的一期专业主要开设铁道类、商科类两个专业大类，其中铁道类设置了铁道运营管理和铁道工程技术两个专业，商科类设置了国际贸易、物流管理两个专业。铁道类专业的设置弥补了吉布提职业教育在该领域的空白，主要为亚吉铁路培养对口专业人才。而商科类专业是在原有职业院校基础上提高教学质量和水平，为吉布提港口及自贸区发展提供专业人才支撑。

3. 课程与教材

根据铁道类专业设置和当地学生的基础知识和能力偏弱的现实情况，吉布提鲁班工坊的课程设置采用循序渐进的原则。吉布提鲁班工坊第一学期开设了两门专业外语和一门铁道概论共三门课程。从第二学期开始，逐步开设铁路实操方面的专业骨干课程，而且在每门课程最后增设选修模块，学生可以根据自己的兴趣和自身能力进一步深入学习。[1]

教材主要由天津老师因地制宜进行编制，因中土集团的工作语言是

---

① 袁立：《非洲首个鲁班工坊：设立、作用和意义》，《国际工程与劳务》2019 年第 12 期。

英语，但吉布提通用语言是法语，所以吉布提鲁班工坊目前编制了中英法三语教材。教材编制过程中严格按照实际情况，综合考虑亚吉铁路的实际和吉布提现有的铁路设备状况，以及参考中土集团提供的亚吉铁路各项技术参数。其中吉布提鲁班工坊的《铁道概论》通过了吉布提教育部的认证，成为正规教材出版。

4. 设备与教学

由中方投资引进吉布提鲁班工坊的先进教学设备大大提高了吉布提职业教育水平和质量，也成为吸引当地学生的重要因素。吉布提鲁班工坊设有室内实训室、室外铁道工程教学区和叉车技术训练实训区以及校外实训基地，打造了室内与室外、校内与校外、学校与企业相结合的技术技能人才培养空间布局。

在铁道运营沙盘教学区，老师利用沙盘完成亚吉铁路设备认知、接车发车、故障排除等多个模块的教学任务，并且整个教学过程都是在亚吉铁路的真实环境模拟下，以项目为引导，分小组完成作业。[①]

在物流商贸实训区，采用了企业全景感知实训、物流仓储模拟实训和企业模拟经营认知实训，使学生真切感受到最现代化的物流和商贸，有力地提升了吉布提物流、商贸类专业建设水准和教学质量。

5. 师资与招生

由于吉布提相关师资储备的缺乏，因此吉布提鲁班工坊师资问题主要由天津市通过教师培训解决。为了克服语言困难和易于当地学生理解，提高教学效率，天津市合作学校采用首先对当地教师进行一对一培训，接受培训后当地教师对当地学生进行培训的方法。为了保证师资培训的质量和效果，天津市要求当地教师接受培训后接受检测和测试，即需要当地教师向中方培训教师进行课堂授课和实践操作演练，同时测试当地教师培训之后的理论掌握和技能操作能力及其教学能力和课堂组织能力。当地教师完成培训测试合格后，既可获得中方颁发的培训证书，又可获得吉布提教

①　袁立：《非洲首个鲁班工坊：设立、作用和意义》，《国际工程与劳务》2019 年第 12 期。

育部颁发的技能合格证书。只有完成这一系列的检测、测试和拿到证书后，当地教师方可进行授课。

除了派遣中方教师到吉布提对本土教师进行培训，天津市还按年度邀请吉布提方教师来津接受培训。2020 年，天津已经完成对 7 名教师的培训，其中在吉布提当地培训教师 3 人，邀请到津培训 4 人，该师资队伍已经符合鲁班工坊第一学期开课的要求。此外，吉布提鲁班工坊的教师培训还采用远程教学系统进行交流。

根据招生的现实情况，两个专业大类分开招生。铁道类专业由天津市，中土集团和吉布提工商学校共同负责招生。招生标准为英语基础较好，具有高中学历且基础知识扎实的学生。招生方式采用笔试加面试。根据该标准和方式，目前铁道类专业已顺利完成 24 名学生的招生工作。而工商类专业的生源为吉布提工商学校的现有学生。吉布提工商学校作为当地最大的职业院校，因缺乏高职教育的现实需求，一定程度上保证了吉布提鲁班工坊的生源和质量。

二、高职院校海外办学特点分析

高职院校在"走出去"办学的过程中，探索出了自己独特的办学方式和模式，形成了自己的办学特点。

（一）政策驱动、行业引领

从高职院校开展海外办学的实践来看，政府的政策驱动发挥了巨大作用，在大国外交、人类命运共同体和"一带一路"倡议的整体战略框架下，高职院校迈出了"走出去"的坚实步伐，国家政策的支持和引导是职业院校"走出去"海外办学的重要前提。而在政策执行中，地方战略进一步明确了不同地区学校"走出去"的重点区域布局，例如北京工业职业技术学院重点在非洲，无锡的两所高职重点在东盟地区。

高职院校在"走出去"海外办学过程中，除了政府政策的驱动，行业引领也是我国高职院校"走出去"的重要特色。行业组织介于政府、企业和学校之间，处在横向和纵向联系的交汇点，对上可以为政府决策提供专业性的建议，对下有利于协调企业和学校之间的合作，在办学过程中发挥了牵头引领、政策协商以及各方资源整合协调的重要作用，形成办学合力，共促职业教育海外办学。例如职业教育"走出去"的首个试点项目——中赞职业技术学院，就是通过有色金属工业人才中心的引领和协调，有色金属工业协会、全国有色金属职业教育教学指导委员会等组织的有效组织，形成了多主体的工作机制。① 其主导作用还体现在在境外办学中承担重要的领导和规划角色。共建中赞职业技术学院的 6 所学校加上有色行业协会和有色集团，通过会议的形式协商产生董事会，选举出董事长，通过全球招聘的形式聘请校长，目前是由有色行业协会会长和有色人才培训中心主任担任，各学院院长组成管理机构。②

（二）校企合作，相互促进

作为直接支撑经济发展的一种教育类型，在参与并服务国家"一带一路"倡议中，企业和职业院校是携手走出去的天然同盟者，两者的相互依存、相互促进的关系主要体现在以下几点：

第一，企业走出去直接推动了职业教育"走出去"，正是由于企业遇到缺少本土技术技能型人才和管理人才的难题，高职院校才有了"走出去"的动力和方向，也为深化产教融合提供了广阔的空间，在以企业需求为导向、为中国企业在沿线国家的建设提供技术与智力支撑的同时，职业教育也投身到了全球教育治理的行动中，促进了我国现代职业教育国际化发展蓝图的构建。

第二，海外中资企业是高职院校"走出去"办学的坚强后盾，海外学校的基础设施建设，例如校舍，基本教学设备皆需要依靠企业提供。泰中罗勇工业园、西哈努克港以及中国有色金属矿业集团经过多年的海外实践，与当地政府建立了良好关系，了解当地文化，为后期合作办学提供很

---

① 赵鹏飞等：《"一带一路"背景下职业教育校企协同海外办学模式探索》，《中国职业技术教育》2017 年第 18 期。
② 周萍：《"一带一路"背景下高职院校境外办学存在的问题与路径研究》，《当代教育实践与教学研究》2019 年第 18 期。

好的基础。企业参与校园建设，避免了职业院校孤军奋战。① 对于职业院校来说，培养学生的实践能力十分重要，而学生进行实际操作必须有相应的设备。目前中赞职业技术学院各分院的设备主要来源于企业赞助和整合资源以及自筹，山东某企业捐助了价值 200 万元的设备。

第三，办学是一项教育事业，离不开学校的参与，企业的教育和办学经验有限，必须依靠高职院校进行人才培养，保障海外学校的内涵建设和运行。在校企协同海外办学模式中，学校和企业发挥不同的作用：企业负责校园场地和硬件建设，负责提供培训需求；学校负责专业设置、课程和专业标准开发，师资提供、教学管理与运行、教学资源设计与开发、专业标准制定等方面。② 因此，必须发挥职业院校的办学优势。

（三）以汉语教学为突破口以扩大影响力，逐步推进海外办学

与普通高校相比，无论是从学校本身的办学能力还是品牌效应来说，高职院校都不占有优势。高职院校在海外办学方面采取了一种"迂回"路线实现"曲线"办学路径，即以汉语教学为突破口，一种是利用合作关系依附于国外大学进行汉语教学，增强学校影响力，逐步实现海外办学目标，以无锡职业技术学院在马来西亚科学管理大学开设的语言培训中心为例，从 2018 年 4 月开始在马来西亚管理科学大学设置了汉语中心，长期外派老师进行汉语教学。这种形式依附性较强，派遣教师以直接参与对方教学计划中的汉语教学或开办汉语培训班形式进行。但也正是这种"缓和"的方式，使高职院校在汉语教学的基础上积累了生源基础。据马来西亚管理科学大学汉语中心的教师介绍，当地学生学习汉语的积极性很高，选课人数不断增加，同时以汉语中心为桥梁，吸引了不少当地学生进一步到无锡职业技术学院学习。另一种是利用驻外中资企业语言培训需求，打开语言＋技能培训路径，逐步积累经验，扩大影响力实现海外办学。以无

① 周萍：《"一带一路"背景下高职院校境外办学存在的问题与路径研究》，《当代教育实践与教学研究》2019 年第 18 期。
② 周萍：《"一带一路"背景下高职院校境外办学存在的问题与路径研究》，《当代教育实践与教学研究》2019 年第 18 期。

锡商业职业技术学院设立的西哈努克港语言培训中心为例。2012 年为了配合红豆集团在柬埔寨聘用的大量当地员工的语言需求，该校在柬埔寨建立了汉语中心，开展了为期一个月的汉语初级、汉语中级、现代企业管理和英语听说能力培训。汉语培训中心给集团培训员工，不仅有利于企业生产正常运行，还有利于提高员工个人收入，促进当地经济发展，并且这种影响是明显而长久的，这就有利于形成学习汉语的热潮，为后期办学打下了良好的口碑基础。据无锡商职院负责人介绍，正是经过语言中心的培训，许多柬埔寨员工产生想要来中国学习汉语和技能，获得更高层次即学历教育的需求，这就进一步增强了海外办学的适切性和合理性。

高职院校在国外工业园区或中资企业开办的汉语培训，将语言培训与技能培训，提升员工在中资企业的就业能力相结合，直接为"一带一路"项目和中资企业服务，这与孔子学院较为单纯的汉语学习和中国文化传播的培养目的有显著不同，也为孔子学院的发展提供了一个新思路。例如，北京工业职业技术学院在中赞职业技术学院的基础上，设立了中国第一个由高职院校主办的独立的孔子课堂，该孔子课堂以职业教育为特色，服务"走出去"的中国企业和当地社会，以汉语、文化和工业汉语教学为主要任务。[①] 中赞职业技术学院虽然实现了海外办学，但是为了进一步推进海外办学工作，职业教育的孔子课堂的开设将进一步扩大中赞职业技术学院的影响力，为海外办学后期的进一步发展如招生方面奠定良好的基础。

（四）多所职业院校联手共建海外大学，形成优势互补的合作共建机制

无锡职业技术学院、无锡商业职业技术学院和北京工业职业技术学院在海外办学的过程中都出现了与其他院校合作创办"海外大学"这一特殊的模式，即多所院校在一个平台下分别建立一个二级学院，形成一所海

---

① 《全国首家高职院校孔子课堂在赞比亚成立》，2019 年 8 月 3 日，见 https：//baijiahao. baidu.com/s? id=1640817149194201147&wfr=spider&for=pc。

外大学。例如泰中罗勇职业技术大学就是由三所高职院校共同打造，即无锡职业技术学院、浙江机电学院和浙江经贸学院，各高职院校以分院的形式参与办学，无锡职业技术学院开办的二级学院为泰中罗勇机电学院，浙江两所合开设的二级学院为泰中罗勇丝路学院。西港工商学院最初由无锡商业职业技术学院与红豆集团合办，之后江苏大学、江苏师范大学、江苏农牧科技职业学院、江西工业贸易职业技术学院也会加入进来，开办不同专业和学院。北京工业技术学院与国内六家高职院校共同打造了中国—赞比亚职业技术学院。这种"集中优势，抱团成行""多校＋多企业"联合走出去的模式，好处是汇聚合作院校优质教育资源，形成强强联合、优势互补的合作共建机制和职教联盟平台，形成抱团互利互惠的工作机制。①这种模式的特点是开放性，吸引更多学校共同参与办学，共建海外大学。各学校只负责一个学院，在能力上比较可行。

（五）充分利用当地现有资源

我国高职院校走出去海外办学除了紧紧依靠中资企业和自身力量，还充分利用和整合了当地现有的资源。主要包括使用当地的适当的物质资源和学习资源，依托海外院校现有的校园设施开展教育教学，包括教室、办公室和部分现有的师资等。例如在赞比亚私立中职——卢安夏技工学校的基础上，整合现有资源改造升级，并利用该技校原有 200 名学生，12个老师的生源和师资条件，投入先进设备和输送优秀师资，即 6 个学院每个学院聘请了两个一共 12 个中方老师，成立了中赞职业技术学院。无锡职业技术学院泰国达信分院利用泰国达信职业技术学校的校舍、实训实验室和毕业生等现有资源，解决了办学的主要问题。

（六）学历教育与非学历教育相结合

高职院校海外办学不同于普通高校海外办学，由于其技能培训特点以及"走出去"过程中对企业的依赖性决定着高职院校需要从教育培训等

---

① 周萍：《"一带一路"背景下高职院校境外办学存在的问题与路径研究》，《当代教育实践与教学研究》2019 年第 18 期。

非学历教育起步，基于此，逐步开展学历教育以进一步满足员工的学历教育需求。高职院校"走出去"以企业需求为导向，主要满足海外中资企业的员工技能培训，以为企业培养技能人才为目标，这就决定着高职院校海外办学从培训等非学历教育开始。但是，随着高职院校逐步在海外建立起正规的大学，为当地应届高中生和员工提供学历教育将成为新的使命，学历教育将对招生、师资、课程、专业设置与标准、实践环节等提出更高的要求。

高职院校提供为沿线国家的学历教育与非学历教育体现出境内外相结合的特点。一方面在海外学院和培训中心提供学历教育与非学历教育，把国内优质教育资源送出去，同时还把留学生吸引进国内进行短期培训、交流和学历教育，向政府申请来华留学生奖学金名额，使他们有机会来华接受职业教育，更好地学习中国技术，体验中国文化，最终成长为中国企业在东道国的骨干技术人才和管理人才。

（七）以现代技术传播为依托的"大文化"输出观

随着中国在世界上的影响力加深，职业教育由于其技能培养特点突出有效避免国际上对于中国在意识形态和文化上的误解和无端指控。例如孔子学院目前发展遇到困境，在国际上面临中国"文化入侵"的误解，汉办需要转变路径，发展方式需要转型。北京工业职业学院与中赞职业技术学院合作，成立了全国第一家职业院校型的孔子学院，即"职业技能＋汉语培训"的孔院，拓展了孔院的发展方向，突破了文化输出的局限，同时可以利用汉办的支持，解决派出教师的工资问题；也避免了职业教育单纯的技术输出，提升了职业教育培训的层次和内涵。

第六节　我国高校海外办学面临的挑战与发展战略建议

近年来，随着"一带一路"的不断深化，中国高校在"走出去"方面进行了大量积极的探索，虽然取得不错的成效，但是在"走出去"的过程中也存在着不少的困境与挑战。

一、我国高校海外办学面临的挑战

（一）我国高校海外办学缺乏政府层面的宏观部署和体系建设

如前所述，为加快实施经济国际化发展战略，满足"一带一路"倡议、构建人类命运共同体、全面深化改革以及教育强国战略等发展的需要，我国急需促进高等教育国际化内涵不断丰富、进程不断深化。高校海外办学作为高等教育国际化的新兴发展形式，在服务国家战略、促进高校内涵式发展可发挥重要作用，受到高校和政府的广泛关注。但就目前我国高校海外办学的现状而言，我国政府对于高校境外办学活动缺乏宏观部署和体系建设。

宏观部署，主要体现在政府层面对高校海外办学的布局缺乏方向上的指导。总体上来说，我国高校海外办学还处在起步阶段，经验不足，缺乏宏观战略规划和相关的制度设计，各高校出于各自需求与考量奔赴不同国家和地区办学，造成我国高校海外办学活动布局分散，难以形成集中优势服务国家战略。

体系建设，主要体现在准入机制、市场监管机制以及质量保障机制等方面。老挝苏州大学管理人员多次表示，希望政府能够出台相应的境外办学指南并配套建立和完善相应的机制，以鼓励支持和引导规范高校境外办学，推动我国高校境外办学的可持续发展。如，政府可采用招投标方式来把握准入门槛，通过对不同国家的境外办学面向中国高校设立投标项目，鼓励优质高校参与海外办学，政府选定高校，委托办学；建设或委托相应的质量保障与监管部门，加强对现有海外办学机构的监管，以充分保障中国海外办学的质量。目前，《高等学校境外办学指南（试行）》已编制完成，虽然对我国高校海外办学活动从可行性分析、筹备建设、教育教学、组织管理等环节都进行了完备的规定，但仍未有相应的执行部门予以落实。

这不仅不利于我国高校海外办学活动稳健发展，也直接影响到"一带一路"倡议的实施。2016 年 7 月 13 日，出于服务"一带一路"倡议的考虑，教育部印发了《推进共建"一带一路"教育行动》，指出："实施

'丝绸之路'合作办学推进计划。有条件的中国高等学校开展境外办学要集中优势学科，选好合作契合点，做好前期论证工作，构建人才培养模式、运行管理模式、服务当地模式、公共关系模式，使学校顺利落地生根、开花结果。"① 尽管这一文件对高校海外办学提出了相关期待及要求，但截至目前我国仍未设置专门的管理部门支持"一带一路"教育行动，负责对有意助力"一带一路"倡议的高校海外办学活动进行资格监管、资金审批等事项，造成省、部属高校海外办学资金、学位审批等部门管理混乱，甚至导致办学停滞。

（二）资金问题仍是我国高校海外办学面临的最大挑战之一

融资是创建海外分校海外办学的关键环节，无论是普通高校还是高职院校，经费问题始终是制约我国高校走出去海外办学的最大挑战之一。

第一，资金来源路径单一，缺乏稳定长期的投资。虽然国家"鼓励民间资金与我国境内学校合作赴境外办学"②，但是，在实际的办学过程中，由于在境外创办高水平的大学需要相当规模和可持续稳定的资金投入，企业往往在前期投入场地和基础设施建设后，后续办学投入就显得乏力。如有情怀、有能力的中资企业在老挝数量较少，这使老挝苏州大学的建立在资金获取方面面临多重挑战，即使我国高职院校开展海外办学时确实是与相关企业、产业园区或行业合作。采用大部分资金和设备由企业提供，教师、教学标准和管理等由高校提供的合作模式，也仍然显得后劲不足。同时"一带一路"沿线国家经济相对落后，当地居民收入相对较低，难以支付较大的教育成本，学校也就很难依靠学费支撑。

第二，我国商务部、教育部目前尚未就高校走出去进行海外办学的资金管理建立明确的责任归属，部门之间缺乏合作，这导致高校尽管有意愿"走出去"办学推动我国高等教育国际化发展、服务国家战略，却难以

---

① 《推进共建"一带一路"教育行动》，2016 年 8 月 11 日，见 http：//www.moe.gov.cn/srcsite/A20/s7068/201608/t20160811_274679.html。

② 莫玉婉：《"走出去"办学：高职院校国际化发展路径简论》，《职业技术教育》2016 年第 1 期。

从教育部、商务部获得国家资金支持，造成"有心无力"的困境。地方政府的支持也非常有限，北京市政府基本上没有设立专项资金以支持高职院校海外办学费用，江苏省政府有一些补贴，但是远远不够。

第三，我国高校的自身投资能力也非常有限，在进行海外办学过程中遇到资源"走出去"受限问题。首先，境外资金投入受限。2015 年出台的《境外办学管理条例》严格限制了国内公办院校在境外投资。我国大部分高校属于国家事业性单位，如厦门大学、苏州大学等，也面临资金出境的困难。以厦门大学马来西亚分校为例，分校的科研开展主要依靠本部的资金支持，但我国教育部门规定，高校财政经费只能在国内使用，尽管该分校拥有中马双方政府的支持，但这也让其面临着不小的专项经费审批困难。[①] 而为了使学校的境外投资合法化，高职院校境外办学投资只能采用一些迂回战术，例如无锡商业职业技术学院通过其下属企业——江苏省教育超市与红豆集团共建西港教育发展有限公司，以西港教育发展有限公司作为主体来发展海外办学，但操作起来相当困难。其次，现有制度对于国有资产不允许异地使用，更不能异国使用的规定，使得许多资产不能有效利用，这就对我国高职院校的设备走出去有很大的限制。因为按规定我国高校的设备都是固定资产，即使已经不再使用也不能自由处理，需要统一报废，尤其是北京地区。最后，院校尤其是高职院校参与境外办学的主要形式是派出师资，经费不足也限制了师资"走出去"的步伐。按照相关规定，人员因公出国（境）经费列入"三公经费"而受到限制。虽然国家出台了《关于加强和改进教学科研人员因公临时出国管理工作的指导意见》，提出实施差别管理，即教学科研人员出国执行明确的学术交流任务，单位与个人的出国批次数，团组人数在外停留天数可根据实际需要安排[②]，但

① 吴倩：《穿越百年的中马教育回响——厦门大学马来西亚分校的办学故事》，2017 年 5 月 24 日，见 http://paper.people.com.cn/rmrbhwb/html/2017-05/24/content_1777068.htm。
② 《关于加强和改进教学科研人员因公临时出国管理工作的指导意见》，2016 年 5 月 11 日，见 https://cwc.swjtu.edu.cn/__local/2/78/D3/0D551F88F9F4A8552B50BCA63C8_841 68940_7A0E7.pdf。

是这一政策落实到地方层面就大打折扣，难以实行，除非教师有自己的科研项目或者横向课题。

（三）发展起步晚，竞争压力大

我国高校海外办学起步较晚，而英美澳等发达国家高校海外办学历史悠久，且拥有较好的国际声誉和品牌吸引力，我国高校海外办学面临巨大的竞争压力。就老挝苏州大学而言，老挝家长在择校时，往往会优先选择收费较低的本国公私立高校，仅有少数富人家庭会选择设在当地的外国私立高校。然而，由于老挝苏州大学建校时间晚，在当地尚未积累起信誉和口碑，因此这部分群体也会优先选择其他外国私立高校，造成老挝苏州大学招生规模较小，学生流失严重的局面，难以实现可持续发展。厦门大学马来西亚分校尽管拥有中马双方政府的支持，也面临着此种境况。除了当地 20 所公立大学外，马来西亚还拥有 68 所私立大学和私立大学学院，另外还有 10 所外国大学分校，其中包括澳大利亚开设的科廷大学砂拉越分校（Curtin University，Sarawak Campus）、马来西亚莫纳斯大学（Monash University Malaysia）、斯威本科技大学砂拉越分校（Swinburne University of Technology Sarawak Campus）以及英国开设的 5 所海外分校，包括马来西亚赫瑞—瓦特大学（Heriot-Watt University Malaysia）、马来西亚纽卡斯尔医药大学（Newcastle University Medicine Malaysia）、诺丁汉大学马来西亚校区（The University of Nottingham Malaysia Campus）、马来西亚南安普敦大学（University Of Southampton Malaysia Campus）、马来西亚雷丁大学（University of Reading Malaysia）。这些分校在学生管理与服务、专业设置及教学安排等方面都有着充分的考虑和安排，这些分校不仅在学习环境方面，能够确保提供优质的校园设施和服务，在课程方面，也能够提供全面且与当地市场相吻合的课程项目。处于发展起步阶段的厦门大学马来西亚分校难以与之匹敌，面临着巨大的办学压力。

高职院校除了面临国外高校的压力，还要面临我国普通高校的压力，目前的相关政策规定使高职院校在与普通院校的竞争中并不占优势。根据《中外合作办学条例》有关中外合作办学项目的审批与活动规定，中外合作办学项目的办学层次和类别，应当与中国教育机构和外国教育机构的办学层次和类别相符合。① 这就严格限制了高职院校的办学活动范围。相关负责人表示，在海外办学的发展过程中，由于我国高职院校的教育层次属于大专，与本科院校相比和竞争，在吸引境外留学生方面处于劣势地位。这一现象尤其在江苏省表现突出，因为江苏省政府额外提供留学生奖学金，并且将留学生数量作为评估的一个指标。这就导致部分原本在职业院校学习的留学生被相邻的本科院校吸引，职业院校生源中断。

（四）高校盲目办学，缺乏客观理性分析

随着国家对于高等教育国际化要求的不断提高，部分高校盲目追求国际化开展海外办学活动。如苏州大学在"国际知名，推动国内一流"的国际化战略推动下，着手创办老挝苏州大学。不仅在缺乏合作交流基础的情况下便盲目应允苏州工业园的邀请，还在可行性评估不足的情况下贸然开展办学活动，行动前仅对老挝当地经济、教育发展水平及状况进行评估，而未对自身实力进行评估，更未建立风险管控机制，造成资源浪费，办学质量不高甚至办学活动一度面临停滞。在老挝苏大的管理层看来，走出去办学就是国际化，而不充分考虑是否可以办起来以及如何才能办好等问题。在越来越多的高校、职业学校纷纷走出国门办学的今天，单一的去别国办学或许难以成为评判一所高校国际化水平的指标，高校实现国际化不仅要走出去，还要走得稳、走得好、走得有方向，而这就需要高校在开展行动前要进行充分的评估分析，并建立一定的质量保障和风险管控体系。

而除了在国际化指标的驱动下盲目办学，厦门大学马来西亚分校则为继承陈嘉庚先生崇尚教育、无私奉献的精神，乐观决定办学不以营利为目的，不带走一分钱，所有结余全部用于分校学术研究和学生奖学金。虽然此种传承优秀传统的初衷可嘉，但母校没有考虑到，厦门大学马来西亚

---

① 《中华人民共和国中外合作办学条例实施办法》，2004 年 6 月 2 日，见 http：//old.moe. gov.cn/publicfiles/business/htmlfiles/moe/moe_621/201412/180471.html。

分校并没有获得当地政府的财务拨款，只能根据自身力量解决财务问题，这种做法对处于发展初期的分校的财政收支平衡是一个很大的挑战，而如何在这种情况下确保顺利招生、确定恰当的学费以及提升办学质量，促进分校的可持续、高质量发展都是一大难题。

国际化指标同样也是高职院校的"指挥棒"，尤其是在每年发布的《中国高等职业教育质量年度报告》中明确强调国际影响力50强评价指标压力的倒逼下，各大高职院校争相"走出去"海外办学，质量参差不齐，形成一种无序状态。事实上由于历史和现实的局限，高职院校在大规模走出去实施跨国管理上还存在着经验不足，特别是在领导能力、组织能力、管理能力和传播能力方面的不足。例如在"走出去"的师资队伍方面，一方面数量不够，另一方面质量无法保证，海外分校的建设对教师提出了更高的语言，技术，教法等方面要求。这全都需要办学之前进行系统客观理性的评估。另外，在讨论海外办学师资问题时容易忽略中国教师是否能直接在当地授课问题。由于前期缺乏相关调研，北京工业职业技术学院就遇到教师目前无法授课问题。赞比亚曾经是英国殖民地，赞比亚教育体系沿用的是英国的教育体系，在当地任教需要取得当地教师资格证，一些公共通识课例如科学课等，除了需要教师资格证还需要获得专门的资格证书。因当地法律体系完善，因此中方教师目前去只能是通过对赞方教师进行指导的方式进行教学，主要从事企业培训。负责人表示目前正在通过各种渠道协商，需要政府去沟通。

（五）我国高校海外办学质量难以保障

目前，我国为大力发展境外办学项目，已经取消了海外办学的行政审批，缺少准入门槛，这就造成高校只要有意愿走出去，即便自身并没有能力，都可以赴境外办学，往往导致办学质量不高甚至办学停滞等状况。另一方面，赴海外办学的高校良莠不齐，部分办学质量不高但财力雄厚的高校往往会采取"恶意降价"等方式提供更多优惠来争抢生源，导致其他高校生源流失、缺失，长此以往，办学质量较高但经济能力较弱的高校将会退出海外办学这一领域。而当国外教育市场仅剩低质量的中国教育项目，不仅高校难以与欧美等发达国家的海外办学活动竞争，也将会影响中国高等教育在当地的形象与口碑，从而在国家层面影响中国品牌的打造。

这一现象在高职院校中表现得尤为明显。由于一些职业院校对自身能力缺乏明确清晰的分析，在能力不足、可行性分析不到位的情况下，盲目跟风建立海外分校，追求指标，后期因缺乏相应的能力储备，草草了之。尽管高职院校在"一带一路"沿线国家开展海外办学中扮演着重要角色，但它们毕竟实力资源有限，面临着摊子大、后劲不足等风险，使办学质量难以保障。

另外，在高校海外办学质量保障方面我国还缺乏办学中后期的质量保障与监管，主要表现为政策设计滞后以及机制缺乏。目前我国高校海外办学还处于初级的蓬勃发展阶段，国家大力鼓励，但是对海外办学的质量缺乏相应的评估和评价，评估无疑是控制和保证办学质量的有效手段。无论是国家还是民间组织，对于高职院校海外办学都没有相应的专门措施和规定。2012 年教育部办公厅发布的《关于加强涉外办学管理的通知》主要针对我国中外合作办学中的一些问题提出解决办法，基本不涉及海外办学的内容，这表明对海外办学质量保障关注不够。① 正是没有相应的评价体系，既无法对做得好的高职院校给予肯定反馈、鼓励以及更多的支持，也无法及时制止盲目跟风"走出去"海外办学的院校。以厦门大学马来西亚分校为例，其较高的办学质量较大程度得益于马方严格的质量监管体系，马来西亚从校园建设、等级评估认证到毕业资格审核等，都交付相应的机构负责，严格遵循各部分的系统流程，以保障设在当地的外国海外高校的办学质量，相较而言我国在海外办学质量保障方面所做的努力较为缺乏。

---

① 周萍：《"一带一路"背景下高职院校境外办学存在的问题与路径研究》，《当代教育实践与教学研究》2019 年第 18 期。

二、我国高校海外办学发展战略建议

(一) 办学理念：明确目标，坚持海外办学的教育属性和文化属性

纵观各国的海外办学历史和现状，各国的高等教育扩张具有明显的商业性质。在探究海外办学的战略动因时，经济动因是促使大多数国家开始现代意义上海外办学的主要原因。在 20 世纪 80 年代初经济危机的背景下，英语国家高校通过海外办学这一形式获得客观的经济收入。并且随着办学主体的多元化，使得海外办学的营利性进一步张扬。办学逐利使得办学质量无法保障，损坏了高校海外办学的声誉，不利于海外办学的可持续发展，例如美国第二阶段在日本办学的失败教训。因此，在海外办学过程中如何规避过度产业化和商业化所带来的对教育的危害，消除人们的质疑，这不仅是各国高校海外办学必须认真思考和解决的问题，也是我国高等院校海外办学时需要警惕的一个问题，这就需要回归海外办学的教育属性和文化属性；另一方面，虽然海外办学也是一项重要的外交战略，例如俄罗斯和印度，以及"一带一路"倡议下我国高校的海外办学，但也使得输入国家更加谨慎地面对教育输入，增加海外办学困难。因此要切实以构建"人类命运共同体"为基本出发点，将海外办学具有的外交价值聚焦于文化和教育的层面，坚持海外办学文化性和教育性的根本属性，将海外办学与政治外交和军事外交去耦。同时与教育援助相结合，坚守教育的公共性。唯此才能消除人们对海外办学过于政治化和商业化的质疑，实现海外办学的可持续发展。

(二) 顶层设计：政府成立专门的管理机构，建立科学的管理制度体系

进行顶层设计是充分发挥政府职能在海外办学过程中的作用的主要手段。首先需要政府成立专业的管理机构，作出符合实际情况的设计安排，协助高校海外办学事务相关事宜，提供资源服务等方面的保障；其次，需要持续跟踪研究现行海外办学制度设计的适应性和走势，及时更正海外办学过程中制度设计与实践层面的不适应性，需要更多实践层面的实证研究，帮助制度设计进行调适，使之越来越科学化。

（三）办学准备：积极稳妥，加强办学所涉事项的信息收集工作，增强决策科学性

"走出"本国出去海外办学是一项复杂的工作，海外办学涉及的信息工作繁杂多样，不仅需要研究本国的相关信息，例如目前我国的海外办学的规模统计，学生人数，学生结构，各种办学模式的数量与规模，证书和学位的发放等方面精确的信息，还需要加强外国教育信息的收集。一方面需要健全世界各国或地区的高等教育和学位制度的信息系统，努力建成各类学位的信息查询系统，帮助高校在办学准备中鉴别优质资源[1]，以防高校在寻找海外办学伙伴时盲目甚至被骗；另一方面还需收集各国国家的和国际教育市场发展的信息，加强对输入国的法律等方面的研究，帮助高校有效办学，实现办学目的的最大化。

（四）办学过程：注重调动社会力量，丰富办学投资渠道和投资形式

融资是海外办学"生死攸关"的关键问题，具有可持续的资金来源支持是高校实现海外办学的基础。当前中国海外办学以援助和文化交流、扩大国际影响为主，大学投资多由中国方面全部负责，这给中国大学造成了很大的财政负担，也影响了高校海外办学的积极性，同时也违背了2019 年《境外办学指南》中的"防控风险、量力而行"的基本原则。纵观 7 国海外办学的资金来源，大多数选择外部资助模式或输入国提供办学设施模式，用这种合作模式来降低资金风险，这也是其他高校海外办学成功的关键因素。所以，除了加大政府对海外办学专项资金的投入，还需要通过宣传，吸引社会民间力量的加入，丰富办学投资渠道和投资形式，形成海外办学的可持续发展。

（五）质量保障：坚持高质量办学标准，建立多维的质量监督保障体系

质量保障一直是海外办学的核心议题。教育输出国对其教育机构海外办学质量的关注源于对其声誉的担忧[2]，因此各国纷纷通过制定质量保

---

[1]　顾建新：《跨国教育发展理念与策略》，学林出版社 2008 年版，第 306 页。

[2]　冯国平：《跨国教育的国际比较研究》，上海人民出版社 2009 年版，第 293 页。

障体系以维护海外办学利益。英美澳印度等国都建立了内外部质量相结合的多维质量保障体系，这也是它们海外办学取得成效的原因。国家层面的办学质量保障是促进国际认可的重要手段，在政府主导型的高等教育系统中，评估往往成为控制质量的有效手段。[①] 这就要求处于政府主导的高等教育系统中政府发挥相应的职能和作用，包括制定的海外办学的实施准则或者行为准则，确定海外办学的标准。这是输出国为本国高校在海外办学制定质量保障程序的最常用的工具。[②] 虽然我国教育部指导中国高等教育学会研究制定的《高等学校境外办学指南（试行）》已于2019年9月颁布，为我国高校海外办学相关政策制度体系的建立提供了重要基础，但这只是第一步，并且只是一个框架性的体系基础，未来需要持续跟进。同时，由于目前我国海外办学正处于初步阶段，对于已经开始办学的活动还需要进行质量评估，只有进行质量评估，才能对办得好进行嘉奖和鼓励，对办得不好的进行帮助或者及时止损。对于如何进行评估，评估的程序、方式等等都需要具体的规划。

（六）进一步加强全球汉语的推广工作，为海外办学扫清语言障碍

语言地位是一个国家综合国力的象征，纵观全书7个国家海外办学的发展历程和发展现状，可以看出欧美主要英语国家——英美澳加之所以能在全球范围内走在海外办学的前列，其语言优势是主要原因之一。相比之下，虽然同作为高等教育强国，德国和俄罗斯的海外办学却受到语言问题的限制。所以，必须进一步加快汉语的国际推广工作，对外除了继续深化孔子学院的发展路径，加强汉语国际推广志愿者队伍建设，还需加大对外宣传力度，多途径扩宽来华留学生的招生渠道，提高学历生源比例，提高来华留学质量；对内应加强师资队伍建设，鼓励高校培养优质对外汉语教师，尤其是提高海外办学高校的专业教师的对外汉语能力。在全球化背景下，海外办学是一项我国需长期坚持的事业，只有打好语言基础，减少办

---

① 顾建新：《跨国教育发展理念与策略》，学林出版社2008年版，第278页。
② 顾建新：《跨国教育发展理念与策略》，学林出版社2008年版，第294页。

学过程中的语言障碍，海外办学才有源源不断的动力，为后续可持续发展保驾护航。

（七）根据总体办学情况，建立大学合作网络，实施集群创导式发展战略

集群创导（Cluster Initiative）是一种新型的区域发展战略，它通过特定的政策机制为处于萌芽阶段的企业创造良好环境，激励企业产生，带动地区经济发展，从而增强区域竞争力，是许多国家制定经济政策、推动区域经济发展的一个关键要点。鉴于海外办学无论是输出国还是输入国，在地域分布上的不平衡性以及各高校办学能力的差异性，国家可以实施重点扶持，优先发展的集群创导型的战略措施。即对发展较成熟、有潜力的海外办学高校，国家以资金和政策的方式重点扶持和推广；对在海外办学已经取得突出成就的地区和高校群，实施特殊的优先发展战略。这些优先发展地区和高校可以采取集群发展以及集群创导模式，创建海外办学集群发展特区或试验区，提升海外办学的竞争力和办学水平，促进有条件的高校和地区超常规快速发展。

（八）积极参与国际性或区域性的质保和学分互认机构，建立与世界各国尤其是英语国家之间的学历互认和学分转换机制

虽然近些年我国高等教育的国际认可度在上升，但不得不承认还有很大的进步空间，海外办学依靠品牌吸引显然不具备竞争优势，且我国高校在海外办学过程中遇到的学历、文凭和学位的互认问题日益突出。纵观国际，一些发达国家或地区较早地建立了学分互认体制为其后高等教育国际化和海外办学发展提供基础和便利。欧洲地区1997年通过了《欧洲地区高等教育资格互认公约》（简称《里斯本互认公约》），联合国教科文组织与欧洲理事会还联合制订了《关于评定外国资格的标准和程序的建议》，欧洲还建立了两大资格认可网络：欧盟的国家学术资格认可信息中心和泛欧洲的欧洲学术认可与流动信息中心网络。欧洲学分转换系统和文凭附件等旨在增加透明度、促进认可进程的机制对跨国教育资格的认可也产生了重要影响。

　　为了海外办学能行稳致远，实现可持续发展，必须消除这一障碍。因此我们必须在提升我国高等教育质量的基础上，"内修"的同时，积极主动地参与国际性和区域性的质量保障机构和学分互认体系，只有参与才有话语权，才能建立与其他国家的学历互认和学分转换体制；才能适时而为，便于对外宣传推广，提升我国高等教育的国际认可度，提高海外办学的效率。

　　（九）提升高校的教育质量，建立专业学科的竞争优势，将海外办学纳入高校整体发展规划

　　近年来，国家和政府对海外办学愈加重视，将海外办学纳入高校整体发展规划是高校的未来选择之一。欲想通过海外办学提升学校国际化的高校需要明确自己的整体发展规划和优势。高校在"走出去"之前，首先应该清晰明确自己的专业优势，加大力度培育和建立专业学科的竞争力；其次，将海外办学需要的必备条件，如教师培养，相关管理人才培养等纳入高校整体规划布局中进行统筹安排，最后高校需要建立专责部门，调动额外的人力资源负责海外办学相关事务。

　　（十）鼓励高校开发和创新针对海外教育的课程，实行英文或双语授课

　　"走出去"海外办学对高校的教师、管理人员都提出来较高的要求。通过调研发现，许多高校在海外办学过程中出现教师教学、管理人员沟通的语言困难。高校尤其是高职院校盲目地走出去，对于必备海外办学能力缺乏必要的积累和锻炼，会引发不适。因此不妨鼓励有意向海外办学的高校开发和创新针对海外教育的课程，采取分步走战略，通过前期英文或双语授课不断进行能力积累和教学适应，这也有利于降低海外办学的成本和风险，符合稳步推进海外办学的原则。

第十章　比较、总结、建议

诚如以上各章所述，在过去的几十年间，特别是20世纪80年代以来，全球化、新自由主义和高等教育国际化的发展潮流推动了海外办学的迅猛发展。[①] 为了在全球高等教育市场占有一席之地，许多国家纷纷加入海外办学的浪潮，在推动海外办学快速发展的同时，也加剧了各国在该领域的竞争。以国家战略和一流大学发展为出发点，我国高等教育国际化亦从教育引进为主转向引进与输出并重的新格局。目前，我国高校海外办学正处于蓬勃发展阶段，为了推动我国高校更好地"走出去"，构筑起完善的海外办学政策法规体系和有效的运作机制，学习和借鉴其他国家在海外办学方面的有益经验是十分必要的。基于此，本章将围绕高校海外办学动因与战略、历史发展阶段特点、办学类型、运行机制、区域布局战略、面临的主要挑战等方面对美、英、澳、德、加、俄、印度7国进行横向比较，提炼与总结该领域的有益经验与发展趋势，提出针对我国高校海外办学发展的战略性建议。

---

① Moutsios S. *International organisations and transnational education policy*，Compare，2009，39（4），pp.469-481.

第一节　高校海外办学发展动因与战略

各国开展海外办学的动因不是单一的，它是政治、经济、文化、学术多种因素相互叠加的结果，不同国家和地区海外办学各具特色，海外办学动因侧重点也有所不同，呈现出多样化的特点。对于美、英、澳、加这些优势国家，经济动因占主导地位，而对于德、俄以及印、中这些新兴国家，服务大国战略、扩大国际影响、参与国际竞争是主因。各国基于不同的海外办学发展动因，也都提出了各自的海外办学发展战略。

一、经济动因：高校经费、教育产业与国际教育贸易

（一）经费紧缩下的利益驱动

经济作为高校海外办学的动因与西方发达国家教育经费紧缩密切相关。20 世纪 70 年代后半期，美国联邦政府高等教育财政经费削减，激发了高等教育机构经费的变革。进入 20 世纪 80 年代，美国里根政府实施新联邦主义教育政策，减少教育经费预算，大幅度减少联邦教育开支，改革教育拨款模式，美国高校经费不足问题日益凸显。而此时，亚洲国家对美国高等教育需求的潜在经济价值为美国高校海外办学、收取高额学费，以谋取经济利益产生了极大的拉动作用。同样，英国在撒切尔政府期间，推行新自由主义经济政策，减少政府公共开支，削减高等教育经费，鼓励高校拓展收入来源，也为英国大学尝试开办海外分校，获取收入来源的诱因之一。20 世纪 70 年代，国际石油危机使澳大利亚经济遭受重创，澳大利亚政府不得不削减高等教育经费，改革高等教育的资助政策。经济收入也是加拿大大力发展包括海外办学在内的国际教育产业的主要原因①。从 20 世纪 70 年代末开始，随着加拿大政府对高等教育部门财政拨款的不断削

---

① Bozheva A M. *From neoliberal to supra-neoliberal：Canadian education industry formation*，International Journal of Qualitative Studies in Education，2020，33（5），pp.549-582.

减①，高校不得不通过科研成果转化、发展国际教育等手段来增加额外收入，确保学校的正常运营②。

（二）教育市场化、产业化、教育贸易服务的理念驱使

20 世纪末，世界贸易组织（World Trade Organization，简称 WTO）倡导各个国家开展国际教育贸易服务，WTO 推动的《服务贸易总协定》一定程度上赋予了以经济为驱动的海外办学的行为合法性。以英国为例，英国早在梅杰政府时期，就加入世界贸易组织，并签订《服务贸易总协定》，积极将教育纳入国际服务贸易体系。布莱尔政府同样强调高等教育的经济目标，2004 年发布《置世界于世界一流教育之中》国际教育发展战略报告，强调教育要最大限度地为国际贸易和经济发展服务。卡梅伦政府在 2013 年提出新的国际教育战略《国际教育：全球增长与繁荣战略地图》，并指出，2008—2009 年，英国教育出口值约为 141 亿英镑；2011年，这一数字高达 175 亿英镑。③ 可以说，英国政府一直高度重视对高等教育的经济功能。加拿大也将教育国际化置于国家经济发展的优先地位，并于 2013 年 11 月发布了《全球市场行动计划》，还相继出台了两份教育国际化发展战略，即 2014 年的《加拿大国际教育战略：利用知识优势推动创新与繁荣》（*Canada's International Education Strategy：Harnessing Our Knowledge Advantage to Drive Innovation and Prosperity*）以及 2019 年最新颁布的《立足成功：加拿大国际教育战略（2019—2024）》（*Building on Success：Canada's International Education Strategy（2019—2024）*），积

① Fisher D，Rubenson K，Bernatchez J，et al. *Canadian federal policy and postsecondary education*，Centre for Policy Studies in Higher Education and Training，Fac. of Education，University of British Columbia，2006.

② Knight J. *A Time of Turbulence and Transformation for Internationalization. CBIE Research No.14*，Canadian Bureau for International Education（CBIE）/Bureau canadien de l'éducation internationale（BCEI）. 220 Laurier Avenue West，Suite 1550，Ottawa，Ontario K1P 5Z9，1999.

③ 王璐、王世赟：《英国高校海外分校发展状况与办学实践研究——以赫瑞瓦特大学迪拜分校为例》，《外国教育研究》2018 年第 9 期。

极招收国际留学生，开展海外办学等。德国大规模的海外办学活动也是在 2000 年服务贸易总协定（GATS）谈判开始后。加入服务贸易总协定不久，德国政府就提供海外办学专款，鼓励大学在国外开展教育活动，提出了两项长期资助措施：德意志学术交流中心的德国高校海外学习项目、联邦职业技术教育研究所推出的"职业教育国际推广"（international Marketing ofVocational Education，简称 iMOVE）。俄罗斯作为传统教育大国，自苏联时期便有教育出口项目。苏联解体后，俄罗斯在欧洲、亚洲、中东等地区均有其高等教育分支机构。俄国学者认为重视教育出口，通过教育的市场化和产业化、大量招收国际学生，将教育发展成为支柱产业则可成为支持俄罗斯向创新型社会过渡的有效基础。2000 年《俄罗斯联邦政府关于教育兴国思想的决议》也强调：教育的战略目标与俄罗斯社会的发展密切相关，其中包括为将与世界经济融为一体的、具有高度竞争能力及投资吸引力的发达市场经济提供人力资本保障。

二、政治动因：国家安全、国家发展战略与文化软实力

政治因素的驱动主要指政府借助高等教育来服务于自己国家安全和发展战略等方面的政治目的。一直以来，高等教育的国际交流被看成是国家外交政策的重要工具，尤其是加强国际理解，减少文化冲突，维护国家之间的和平以及培养具有国际视野的人才，加强人力资源贮备等。高等教育常常被看成是"对未来政治和经济关系的一种外交投资形式"[①]。

（一）高校海外办学作为海外扩张、维护国家安全的工具

就西方发达国家而言，在海外办学动因中，政治因素一直非常突出，进入 21 世纪后，这类学校的集中建设地点又明显地打上了美国地缘政治的烙印。19 世纪初，美国的宗教力量借由政治力量推动的殖民扩张在海

---

① Knight J. *Asia Pacific Countries in Comparison to Those in Europe and North America*：*Concluding Remarks in Internationalization in Higher Education*：*in Asia Pacific Countries*，Knight，J. and H. de wit（ads）Amsterdam：European Association for International Education，1997，p.9.

外建立了一批教会大学，成为美国高等教育海外办学的先驱。这些办学者
力主推广美国的文化价值观和社会制度，体现了美国新教徒积极主动传播
"福音"的"走出去"的基因，以及对美国文明深信不疑的"文化自信"。
20 世纪末及进入 21 世纪后，美国相继在阿富汗、中亚等国家和地区建立
了阿富汗美国大学（AUAF）、亚美尼亚美国大学（American University of
Armenia，AUA）、吉尔吉斯斯坦中亚美国大学，这些学校也都打上了美
国地缘政治的烙印。就美国而言，无论是其国民经济发展，还是国际政治
关系和军事布局，西亚和中东都是其重要战略地区。"9·11"事件后，利
用资本主义自由经济和民主价值观潜移默化地"渗透"阿拉伯国家也成为
美国中东策略的重要组成部分，教育作为增进人员往来、促进文化交流
的有效路径，成为美国在该地区的外交手段和文化手段。当然，随着其
海外办学的发展，这些国家也开始重视海外办学的经济利益，如前面介
绍所提及的德国、俄罗斯及印度的一些政策变化。英国在大英帝国时期
（1857—1947 年），为了培植和控制殖民地的文化教育，确立了为每个殖
民地培养大学教师的目标。为此，英国在殖民地建立了大量的高等教育机
构，英国一方面向海外大学不断派遣教师，另一方面又接受殖民地的学生
在英国本土接受教育。二战后，英国殖民地纷纷独立，但英国继续在高等
教育海外办学方面投入大量资金，以扩大英国在新兴独立国家和英联邦国
家的政治影响和长远利益。①

　　20 世纪 70 年代以前，政治动因推动澳大利亚国际教育起步。二战
之后，在苏联和美国为了遏制对方在发展中国家的影响力，开始把高等
教育援助作为对外势力渗透的重要方式这一国际背景下，澳大利亚也为
了扩大自己的政治影响，政府于 1950 年出台了"科伦坡"教育援助计划
（Colombo Plan），向来自南亚和东南亚发展中国家的学生提供巨额援助性
奖学金，以鼓励海外学生赴澳留学。这一计划一方面推动了澳大利亚高校
发展的国际化进程，另一方面也是基于国家和地区安全利益的考虑。从地

---

① 兰军：《跨境教育研究》，中国社会科学出版社 2012 版，第 221—222 页。

缘上看，亚洲、东南亚国家在地理上与澳大利亚相邻近，处理好与邻近国家外交关系有助于澳大利亚保障自身安全，提高国际地位，同时，在苏美冷战背景下，一些东南亚国家在走上独立道路后为了改善国内贫穷落后的状况，必然要就加入美国为首的资本主义阵营还是加入苏联为首的社会主义阵营作出选择。澳大利亚为了阻挡东南亚国家卷入共产主义，承担起了阻挡共产主义渗透、维护南亚和东南亚地区安全的重任。这一系列教育援助活动和"引进来"的教育政策也在无形之中建立起并加深了澳大利亚与南亚、东南亚国家的关系，并且扩大了澳大利亚教育的影响力，为之后海外办学的启动和实施奠定了关系以及地缘基础。

（二）高校海外办学作为传播自身价值的途径

加拿大高等教育机构在扩大其国际影响方面承担着重要的角色。英属哥伦比亚大学时任校长斯蒂芬·杜普（Stephen Toope）指出，世界各国政府都已经认识到了高等教育在"知识外交"中的重要作用①。通过开展海外办学活动，加拿大高校可以展现它们国家的文化软实力，增强教育输入国对加拿大文化的理解，由此强化加拿大与教育输入国之间的双边关系②。

德国历来将文化和教育政策作为其外交政治的"第三支柱"，而跨国高等教育是科学政策、文化和教育政策、发展合作三者的交叉点。③ 国家间的教育合作，可以促进政治、经济、文化等全方位的交流。特别在经济全球化的今天，教育仍然是文化共同理解的重要载体④，开展跨国高等教育，不仅能够传递教育理念，也可以促进不同文化的交流和理解。此外，

---

① Toope，S：*Strengthening Education and Research Connectivity between Canada and Asia*：*Innovative Models for Engagement*，2019 年 12 月 18 日，见 http：//www.ceocouncil.ca/wp-content/uploads/2012/08/Strengthening-education-and-research-connectivity-between-Canada-and-Asia-Stephen-Toope.pdf。

② Knight J. *A Time of Turbulence and Transformation for Internationalization*. CBIE Research No. 14 ［M］. Canadian Bureau for International Education（CBIE）/Bureau canadien de l'éducation internationale（BCEI）. 220 Laurier Avenue West，Suite 1550，Ottawa，Ontario K1P 5Z9，1999.

③ DAAD，TransnationaleBildung in Deutschland ［R］，2012：10.

④ 袁琳：《德国高等教育国际化研究》，博士学位论文，西南大学，2011 年。

德国跨国高等教育在初期带有教育援助的性质，是德国作为国际大国承担国际责任的体现。

（三）高校海外办学作为服务大国发展战略的助推力器

印度作为人口大国，早在尼赫鲁时代就提出了"有声有色的大国"梦想，随着经济的快速发展和综合国力的显著增强，印度政府更是雄心勃勃地提出了大国发展战略。① 2014 年印度大选，莫迪提出要建设一个"强大、自立、自信的印度"，并在国际社会获得应有的地位。2015 年 2 月，莫迪政府提出要让印度发展成为"全球领导大国"（A Leading Power）②，即成为和其他大国平起平坐的世界大国。为实现大国发展战略，莫迪政府非常重视教育及文化的作用，将其作为"软实力"纳入印度的大国发展战略。2014 年莫迪政府提出了以共同文化为纽带的文化项目——"季风计划"（Project Mausam），旨在从宏观与微观两个层面增强印度在印度洋地区文化圈中的文化影响力。③ 基于印度与南亚邻国都有共同宗教文化渊源，莫迪政府在南亚援助中大打宗教牌，倡导"佛教外交"（Buddhist Diplomacy）。

对于中国而言，政治考量主要指政府借助高等教育来服务于自己国家安全和发展战略等方面的政治目的。一直以来，高等教育的国际交流被看成是国家外交政策的重要工具，尤其是加强国际理解，减少文化冲突，维护国家之间的和平以及培养具有国际视野的人才等。高等教育常常被看成是"对未来政治和经济关系的一种外交投资形式"④。包括海外办学在内

① Indian Press Information Bureau. Prime Minister's Office "PM to Heads of Indian Missions"，2019 年 12 月 26 日，见 http：//pib.nic.in/newsite/PrintRelease.aspx？relid=115241。
② 王晓文：《印度莫迪政府的大国战略评析》，《现代国际关系》2017 年第 5 期。
③ 陈菲：《"一带一路"与印度"季风计划"的战略对接研究》，2015 年 12 月 1 日，见 http：//opinion.hexun.com/2015-12-01/180904703.html。
④ Knight J. *Asia Pacific Countries in Comparison to Those in Europe and North America：Concluding Remarks in Internationalization in Higher Education*；in Asia Pacific Countries，Knight，J. and H. de wit（ads）Amsterdam：European Association for International Education，1997，p.9.

的高等教育国际化往往需要国家层面的政治因素的驱动和支持才得以实现和继续。当前，中国特色大国外交理念的政策框架包括构建新型国际伙伴关系、促进"一带一路"国际合作协议、推动构建人类命运共同体价值观等组成部分。其中，"一带一路"倡议、构建人类命运共同体两大政策框架都在实践层面上对教育对外开放提出了相应要求，高校海外办学成为推进中国特色大国外交理念实现的重要抓手，同时深化经济体制改革和文化体制机制创新也要求高校积极推进海外办学。

三、教育动因：一流大学建设与高等教育国际竞争力

国际化水平是衡量世界一流大学的重要尺度，也是高等教育发展的必然趋势。二战后，德国大学衰落，美国取代德国成为世界高等教育中心。德国政府通过提高大学国际化水平等手段来增强大学的科研实力和国际竞争力。德国联邦教育与科研部（BMBF）秘书托马斯·雷切尔（ThomasRachel）在 2010 年 6 月的德意志学术交流中心"高等教育无国界——德国高校跨国教育项目"主题大会上指出：国际交流和合作是建立一流大学、一流科研以及实现创新的前提条件。[①] 打造世界一流大学必须要扩大教育开放，开展国际教育合作，吸引一流人才。2017 年，德国政府出台了最新的"教育、科学和研究国际化战略"，旨在应对全球化、数字化、欧洲科研合作等方面面临的一系列新挑战。德国大学也纷纷出台了自己的国际化战略，设置了国际化目标及措施，并逐渐使其制度化。而海外办学是德国高校实施国际化战略的重要组成部分。这是由于德国高等教育受到非欧洲国家尤其是美国高等教育的冲击，海外办学是德国高校增强大学的科研实力和国际竞争力，实施国际化战略的重要组成部分。

在我国，一流大学建设与国际化密切相关。建设教育强国要求加快

---

① Thomas Rachel，Rede bei der DAAD-Tagung，Hochschulbildungohne Grenzen-Projekte deutscher Hochschulen im Ausland"，2017 年 10 月 25 日，见 https：//www.daad.de/medien/hochschulen/projekte/studienangebote/pstr-rede__hochschulbildung_ohne_grenzen_210610_mit_foto.pdf。

教育现代化、加快一流大学和一流学科建设等以优先发展教育事业，而这两大任务的实现在高等教育国际化方面提出了相应要求。2010 年颁布的《国家中长期教育改革和发展规划纲要（2010—2020 年）》明确指出："要推动我国高水平教育机构海外办学，加强教育国际交流，广泛开展国际合作和教育服务。"① 指导中国教育现代化的最新纲领性文件《中国教育现代化 2035》，部署了面向教育现代化的十大战略任务，其中之一便是要开创教育对外开放新格局，提出要加快建设中国特色海外国际学校。世界一流大学和一流学科建设的建设重点之一便是"推进国际交流合作。加强与世界一流大学和学术机构的实质性合作，加强国际协同创新，切实提高我国高等教育的国际竞争力和话语权。"②

　　鉴于高等教育国际化在提升国家人才、科技发展竞争力以及文化软实力等方面的重要作用，印度政府也积极推行高等教育的国际化政策，尤其是 20 世纪 90 年代推行"全球化和市场化"改革以来，印度政府更是加快了印度高校国际化推进的步伐。2001 年，印度大学协会在迈索尔大学举办了"印度高等教育国际化"圆桌会议，专门讨论促进印度高等教育国际化的机制问题。会议最后通过了《迈索尔声明》。③《迈索尔声明》明确提出：在新的"知识时代"，高等教育国际化已是一个不争的事实；应充分认识到国际化对改善高等教育质量的促进作用；高等教育的国际化有利于印度海外文化的传播，具有积极的政治经济效益；政府、学术机构和印度大学协会应采取必要的步骤来促进印度的高等教育国际化。2002 年，印度政府成立了印度海外教育促进委员会，推动印度高校与其他国家的合作④，

---

① 《国家中长期教育改革和发展规划纲要》，2010 年 7 月 29 日，见 https：//www.ilo.org/dyn/youthpol/en/equest.fileutils.dochandle? p_uploaded_file_id=272。

② 《教育部有关负责人就〈统筹推进世界一流大学和一流学科建设总体方案〉答问》，2015 年 11 月 5 日，见 http://www.gov.cn/zhengce/2015-11/05/content_2961199.htm。

③ Subrata Kumar Mitra. *Internationalization of Education in India：Emerging Trends and Strategies*，Asian Social Science，2010，p.107.

④ 彭慧敏：《印度高等工程技术教育改革的经验、问题与启示》，《复旦教育论坛》2008 年第 3 期。

印度大学拨款委员在"十五"高等教育发展规划期间（2002—2007）专门设置了印度海外高等教育项目，积极推进印度高校与其他国家高校的合作与师生交流，支持印度高等教育机构的海外扩张。[①] 2007 年印度大学拨款委员会发布"十一五"高等教育发展规划（2007—2012），提出要进一步加强高等教育的国际化，支持印度高校的海外发展。在"十二五"高等教育发展规划（2012—2017）中，印度政府提出支持高校建立专门的国际中心，以提升高校的国际化发展水平。在全球化背景下，印度一些高校也将开办海外分校作为提升学校国际声誉及国际竞争力的未来发展方向，积极开办海外分校。

在英国，为提升高校国际化水平，保证境外合作办学的质量，1999年制订了《高等教育海外合作办学学术质量和标准保障的实施准则》（*Code of Practice for the Assurance of Academic Quality and Standards in Higher Education：Collaborative Provisions*），为跨国高等教育服务提供了规范化的支持，加快了高等教育市场化的进程，鼓励大学到海外输出高等教育，扩大教育服务贸易。

综上所述，在所研究的案例国家中可以明显地看出，美、英、澳、加四国由于英语的语言优势、优质教育资源的丰富、国家政策的大力支持等，在海外办学中具有明显的优势，在教育贸易服务中获取了可观的经济利益。相比之下，美、英、澳、加四国海外办学的经济动因最为突出，而对于德国、俄罗斯，尤其对于中国、印度开展海外办学的新兴国家，在海外办学早期阶段获取经济利益并非其直接动因，政治及教育动因更为突出。当然，今天德国、俄罗斯也开始重视经济利益。可见，不同时期各个国家高校海外办学的动因是不断变化和丰富的，随着海外办学的发展，各国相关海外办学的战略及政策也随之调整。

---

① 　彭慧敏：《印度高等工程技术教育改革的经验、问题与启示》，《复旦教育论坛》2008年第 3 期。

第二节　高校海外办学历史发展的阶段特点

一、19 世纪：海外办学起始期——美国教会海外办学与英国海外殖民地办学

作为高等教育强国，毫无疑问英国和美国是海外办学领域的先行者和领先者。美国海外办学的历史可以追溯到 19 世纪下半叶传教士到许多殖民地国家的传教办学。虽然这一时期海外办学的主导者是教会力量，但是教会的办学实践也为二战之后美国高等教育机构的海外办学迅速恢复并发展提供了基础、借鉴和参考。18 世纪后半叶至 19 世纪中期，美国在本土高等教育体系迅速发展的同时，19 世纪初期，美国的宗教力量掀起了一场"外国传教运动"（The Foreign Missionary Movement）。新教福音派（Evangelical Protestantism）主张维护《圣经》权威、积极主动地传播"福音"、走平民化路线，率先迈开了向美国本土以外传教的步伐。在南亚、东亚、太平洋海岛、非洲等地区，美国新教徒主导建设的面向幼童和青少年的教会学校应运而生。1870 年后，随着传教士认识到，培养基督教事业的高级人才只能靠高等学校才能实现[1]，提升教育层次成为了他们的办学选择。第一次世界大战前后，美国在海外举办的教会学校数量增多，前期的一些基础教育学校逐渐增设高等教育，教会大学开始出现。1835 年创立于黎巴嫩首都贝鲁特（Beirut）的美国女子学校（American School of Girls）是海外教会学校的代表之一，该校于 1933 年升级为黎巴嫩美国大学（Lebanese American University，LAU），成为现存最古老的美国海外教会大学。在我国教育史上产生过重要影响的圣约翰大学、金陵大学等也正是建成于这一时期。

英国高校海外办学的萌芽阶段自 19 世纪中叶开始，主要以英国海外

---

[1] 赵厚勰、陈竞蓉主编：《中国教育史教程》（第二版），华中科技大学出版社 2018 年版，第 158—159 页。

殖民地办学为主，伦敦大学开创了英国海外办学的先河。1858 年，伦敦大学面向无法到校参加课程的殖民地和世界各地的学生建立了校外学位（External Degree）制度；1865 年，伦敦大学首个海外中心在毛里求斯成立。英国由于其坚实的高等教育基础，英国大学海外办学的发展自 19 世纪中叶开始至今已有 160 多年的历史，英国最初鼓励高校海外办学的原因是为了发挥其国际影响力，巩固自身地位。大英帝国时期（1857—1947 年），英国为了培植和控制殖民地的文化教育，确立了为每个殖民地培养一大批大学教师的目标。为此，英国在殖民地建立了大量的高等教育机构。由此，英国一方面向海外大学不断派遣教师，另一方面又接受殖民地的学生在英国本土接受教育。当时的伦敦大学还专设殖民教育系，专门研究殖民教育的发展，为殖民地培养教师和教育行政人员。"二战"后，英国殖民地纷纷独立，但英国继续在高等教育海外办学方面投入大量资金，以扩大英国在新兴独立国家和英联邦国家的政治影响和长远利益。①

这一时期的主要特点呈现出美英两国出于海外扩张的政治野心，开始世界各地发展教育，美国的教会大学已经具有海外办学的基本特征，但还不是现在意义上某个大学的分支机构。

二、二战后—20 世纪末：海外办学发展期——更多发达国家加入海外办学行列

二战以后，国际秩序的缓和使得美国的跨境教育活动得以恢复。1962 年，巴黎美国大学（American University of Paris，AUP）落成，成为第一所在欧洲建立的美国大学。与宗教力量主办的教会大学不同，巴黎美国大学由个人发起，仅在建设初期得到教会的支持。办学目的也与教会大学迥异，主要为长期旅居欧洲和法国的美国公民子女提供教育服务，一般而言，学生在巴黎接受两年的学历教育后将回到美国本土完成本科学位。随着美国驻军的削减、教育需求的剧变，1975 年，巴黎美国大学转型为法国主管

---

① 兰军：《跨境教育研究》，中国社会科学出版社 2012 版，第 221—222 页。

的高等教育机构。①"二战"后，学生人数激增、公立社区大学出现、师范学院扩充学术内容升级为大学，美国高等教育逐步迈进大众化的阶段。此时，美国高等教育机构对学术研究的重视上升到前所未有的高度，美国高等教育逐渐赢得广泛的国际认可，成为一个全球品牌。② 1955年，约翰·霍普金斯大学（Johns Hopkins University）高级国际问题研究院（School of Advanced International Studies，SAIS）在意大利博洛尼亚（Bologna）建立了欧洲中心（SAIS Europe），成为美国大学在欧洲建立的第一个全日制研究生教育和学位授予机构③，拉开了二战后美国大学主导下高等教育海外办学活动的序幕。成立于该时期的类似机构还包括：纽约大学马德里学术中心（New York University Madrid Academic Center，西班牙马德里，1958年）、罗马天普大学（Temple University Rome，意大利罗马，1966年），圣路易斯大学马德里校区（Saint Louis University Madrid Campus，西班牙马德里，1967年）、纽约大学巴黎学术中心（New York University Paris Academic Center，法国巴黎，1969年）等。上述机构初步显露了美国大学主导下海外办学的两种普遍模式：一是海外研究机构，包括研究中心、研究院、学术中心等，例如纽约大学的两个海外中心；二是海外校区，例如天普大学在罗马建立的机构，以及圣路易斯大学的马德里校区等。

　　20世纪50年代以前，澳大利亚的国际人员流动是自发的、零散的，尚未形成有组织的人员跨国教育流动。政府于1950年出台了"科伦坡"教育援助计划（Colombo Plan），向来自南亚和东南亚发展中国家的学生提供巨额援助性奖学金，以鼓励海外学生赴澳留学，这一计划推动了澳大利亚高校发展的国际化进程。澳大利亚之所以对南亚、东南亚这些发展中

---

① The American University of Paris：History of AUP，2019年07月25日，见 https://www.aup.edu/about/history-of-aup。

② Thelin J R. A History of American Higher Education（Second Edition）[M]．Baltimore，Md.：Johns Hopkins University Press，2011，260-261.

③ Johns Hopkins University School of Advanced International Studies. Mission & History-Defining International Relations for 75 Years，2019年7月25日，见 https：//sais.jhu.edu/about-us/mission-history。

国家开展援助，主要是基于其对于国家和地区安全利益的考虑。在教育援助上，澳大利亚在"科伦坡"教育援助计划开始的前 10 年提供了约 3125 万英镑信贷，此外拨出 325 万英镑作为奖学金，提供给亚洲大学生，让他们在澳大利亚的大学、师范学院和专业技术学院学习。[①] 1951—1965 年，澳大利亚共接收来自 15 个国家的 5500 名学生和培训者。随着 1966 年"白澳政策"[②] 的废除以及 1972 年惠特兰领导的劳工党"取消学费"政策的出台，赴澳留学的国际学生越来越多，到 1968 年，受"科伦坡"计划资助的学生和受训人员高达 9400 名[③]，澳大利亚也初步建立起来了国际学生教育体系。这一系列教育援助活动和"引进来"的教育政策也在无形之中建立起并加深了澳大利亚与南亚、东南亚国家的友好关系，并且扩大了澳大利亚教育的影响力，为之后海外办学的启动和实施奠定了地缘基础。

　　加拿大高校的海外办学活动起源于二战后的海外教育发展援助。20 世纪 50 年代之后，为了展现反对帝国主义霸权，支持创建公平、公正世界秩序的国际形象，加拿大开始实行柔性外交政策，这种外交政策在教育领域表现为对外实施教育援助。[④] 加拿大高校开始与第三世界国家的高等教育机构进行交流与合作，帮助它们进行教育能力建设。1961 年，在加拿大外交部[⑤] 外部援助办公室[⑥]（External Aid Office of Department

---

① 张天：《澳洲史》，社会科学文献出版社 1996 年版，第 364 页。

② 白澳政策（White Australia Policy）：它是澳大利亚联邦政府在 1901 年确立的反亚洲移民的种族主义政策的统称。在这一政策下，只许白人移居，而许多华人没有移居的资格或者因受不了被欺压，被迫离开澳大利亚。

③ 李志良：《南十字照耀在星空》，知识出版社 1991 年版，第 83—84 页。

④ Trilokekar R D, Kizilbash Z. *IMAGINE*：*Canada as a Leader in International Education. How Can Canada Benefit from the Australian Experience*？，Canadian Journal of Higher Education，2013，43（2），pp. 1-26.

⑤ 该部门在 20 世纪 80 年代与外贸部（Department of International Trade）合并为一个部门，并在 1995 年正式更名为外交外贸部（Department of Foreign Affairs and International Trade）。该部门后来又经历了数次分裂与合并，从 2015 年 11 月开始，法定名称被确立为外交、贸易与发展部（Department of Foreign Affairs, Trade and Development），公开指定名称是加拿大全球事务局（Global Affairs Canada）。

⑥ 该机构于 1968 年更名为加拿大国际开发署（Canadian International Development Agency），后者沿用至今。

of External Affairs）的资助下，英属哥伦比亚大学（University of British Columbia）与马来西亚的马来亚大学（University of Malaya）合作设立了会计学和商务管理专业的姐妹项目，由此成为加拿大第一个参与海外办学的高等院校。① 此后，加拿大高校的海外办学活动逐渐增多，到20世纪60年代末，英属哥伦比亚大学等大学与印度、肯尼亚、泰国、卢旺达、突尼斯、加纳、牙买加、尼日利亚等亚非拉国家的高校合作设立了十多个姐妹项目。② 从20世纪90年代起，特别是1995年世界贸易组织（World Trade Organization）在《服务贸易总协定》（*General Agreement on Trade in Services*）中将教育列为可以进行贸易的服务类型之后，加拿大高校开始强调海外办学的经济价值。③ 高等院校的管理者们主张通过与私营部门、国际金融机构合作或者向受教育者收取学费的方式开展海外办学活动。④ 为了满足不同学生群体多样化的教育需求，加拿大高校参与海外办学的方式也变得丰富起来，不仅包括最初的姐妹项目，还包括海外分校、远程教育、特许培训等许多不同的形式。⑤

　　二战后，20世纪70年代末到苏联解体是俄罗斯高校海外办学的起步阶段，这一时期其海外办学的动因是政治动因——通过教育援助来维系社

---

① Shute J. From here to there and back again：International outreach in the Canadian university[M] //New world of knowledge：Canadian universities and globalization. IDRC，Ottawa，ON，CA，1999.

② Shute J. From here to there and back again：International outreach in the Canadian university[M] //New world of knowledge：Canadian universities and globalization. IDRC，Ottawa，ON，CA，1999. pp. 21-44.

③ Humphries J，Knight-Grofe J，McDine D. *A world of learning：Canada's performance and potential in international education*，Canadian Bureau for International Education，2012.

④ Humphries J，Knight-Grofe J，McDine D. *A world of learning：Canada's performance and potential in international education*，Canadian Bureau for International Education，2012.

⑤ Shute J. *From here to there and back again：International outreach in the Canadian university*，New world of knowledge：Canadian universities and globalization. IDRC，Ottawa，ON，CA，1999. pp. 21-44.

会主义阵营。在两极对峙、冷战的背景下，苏联的海外办学多集中在社会主义阵营和第三世界国家，旨在提供教育援助、培养经济建设人才，并输出意识形态、拉拢这些国家对抗西方。应该说，苏联时期的高校海外办学已经形成了一定的特色与规模。其中比较有代表性的是其开设的理工学院，如：喀布尔（阿富汗）理工学院、孟买（印度）理工学院、仰光（缅甸）理工学院、科纳克里（几内亚）理工学院、金边高等技术学校（柬埔寨）、安纳巴（阿尔及利亚）矿业和冶金学院，等等。当时，这些苏联在海外开设的理工学院培养近 3 万名学生，几乎所有学生接受的都是全日制培训。[1]20 世纪 90 年代初苏联解体至 21 世纪头十年是俄罗斯海外办学在政府主导下的积极拓展阶段。苏联解体后，俄罗斯全面继承了苏联主权及主要资源，为实现高等教育国际化、推动经济社会发展，俄罗斯在高等教育领域不断进行改革，其中也包括海外办学的变革。由于苏联解体，原来的兄弟 15 个加盟共和国现在都作为平行的主权独立国家出现在世界舞台，这使得在这些独联体国家、波罗的海国家办学也属于海外办学，这直接影响到俄罗斯海外办学的数据规模。20 世纪 90 年代中期以后，原苏联一些加盟共和国中出现了俄罗斯高等院校的分支机构。

英国在撒切尔政府（1979—1990 年）期间，推行新自由主义经济政策，减少政府公共开支，削减高等教育经费，鼓励高校拓展收入来源[2]，这成为英国大学将海外办学作为收入来源的诱因之一；梅杰政府（1990—1997 年）期间，英国作为欧盟成员国之一加入世界贸易组织并签订《服务贸易总协定》，参与到教育服务的国际贸易体系中来，为英国高校发展海外办学提供了有利的条件。1997 年英国成立了高等教育质量保障局（the Quality Assurance Agency，QAA）。1999 年，QAA 制订了带有行业自律性质的《高等教育海外合作办学学术质量和标准保障的实施准则》

---

①　А.Л.Арефьев.*Тенденции экспорта российского образования*，Москва：Центр социального прогнозирования и маркетинга，2010：100.

②　易红郡、缪学超：《英国高等教育市场化趋向：经费筹措视角》，《清华大学教育研究》2012 年第 3 期。

(*Code of Practice for the Assurance of Academic Quality and Standards in Higher Education：Collaborative Provisions*)，为跨国高等教育服务提供了规范化的支持，加快了高等教育市场化的进程，鼓励大学到海外输出高等教育，扩大教育服务贸易，不少高等教育机构都制定了国际化的战略，越来越多的高校加入到了海外办学的大潮。

改革开放以来，出于教育全面开放的战略考量，中国也积极探索推动高等教育国际化，出现以项目输出的海外办学活动。

这一时期呈现出以下特点：

1. 从办学主体、办学内容、办学选址等方面，二战后美国高等教育海外办学从宗教性、殖民性向教育性、学术性的重要转向；办学者从宗教团体向大学主导的转向。

2. 澳大利亚，加拿大和俄罗斯三国积极开展海外办学活动，这类国家的海外办学都起步于二战之后，随着国际形势的影响和处于扩大国家影响力的需要，国家采用教育援助的方式加强自己与第三世界国家的联系和交流，为后期现代意义上的海外办学启动积累了经验和奠定了基础。

3. 俄罗斯继承苏联解体前的海外办学遗产，积极推动在加盟共和国的海外办学活动，同时积极拓展在独联体之外国家的海外办学活动。

4. 对于新加入海外办学的发达国家来说，以政治驱动为主，但在新自由主义思潮引领下，海外办学逐渐成为发达国家高校获取经济利益的重要手段之一。

三、2000 年至今：海外办学兴盛时期——发达国家积极扩张，发展中国家开始加入

进入 21 世纪，在高等教育国际化的浪潮下，海外办学发展迅速，参与的国家和学校数量都呈现稳定增长的趋势，围绕跨国高等教育（TNHE）、海外分校（IBC）等关键词的学术研究成果层出不穷，极大丰富了海外办学的理论体系，夯实了海外办学的学理基础。

美国高等教育海外办学延续了二战以来形成的主要特征：美国大学为

主导、办学阵地以亚洲为中心、海外办学机构和海外办学项目为主要模式。随着高等教育海外办学机构和项目在全球范围内的广泛建立，行业竞争也愈演愈烈。因此，一些美国大学开始关注如何在质量和创新上探索海外办学新的增长点；此外，在教育信息技术的辅助下，海外办学能够依托的技术手段不断迭代更新，为创新和变革带来了更多可能。在形式多样的办学活动中，"海外分校"（IBC）成为新世纪以来跨境高等教育中增长最快的部分①，成为新进入亚洲国家的美国大学普遍采用的办学模式，例如纽约州立大学、乔治梅森大学在韩国开办的校区，罗彻斯特理工学院在迪拜开办校区。同时，办学项目仍然是与海外分校并行的主要的模式之一。

英国高等教育在政府相关战略的推动下也进入海外办学的兴盛时期，海外办学的规模迅速增大，海外办学类型不断多元化，其中海外分校这一模式发展也最为迅速。以2016—2017年为例，英国有138所高校参与海外办学，遍及228个国家和地区。在英国境外攻读学位或项目的学生有707915人，从2013—2014年到2016—2017年增长了11.2%，是英国境内国际学生数量的1.6倍。与此同时，开设海外分校成为这一时期助推高等教育国际化发展的重要手段之一。在这20年间，英国高等教育机构陆续设立了海外校区，且有多个院校开设多个海外分校的情况。如赫瑞瓦特大学于2005年在迪拜开办了分校，又于2013年在马来西亚开设了分校。曼彻斯特大学分别于2002年、2004年、2005年、2006年、2012年在美国、巴西、新加坡、迪拜、中国（香港）开设分校。在全面推进海外办学的同时，英国高校还推出完备的质量保障措施来确保海外办学的质量，这也是英国海外办学，尤其是海外分校良性发展的重要原因。

经过20世纪末的快速发展，由于自由市场化的弊端，澳大利亚海外办学项目的质量参差不齐，海外办学出现了许多的问题。为此，澳大利亚政府以及一些大学自治机构将重点转向保障海外办学的教育质量，陆

---

① Wilkins S., Huisman J. *The International Branch Campus as Transnational Strategy in Higher Educatio*, Higher Education, 2012, 64 (5), pp.627-645.

续出台了一系列规范教育质量的政策以及法律条文，例如《跨国教育质量战略》（*The Transnational Quality Strategy*）（2005）、《国家高等教育批准程序协议》（*National Protocols for Higher Education Approval Processes*）（2006）。2008 年，澳大利亚国际教育司委托澳大利亚国际教育协会（the International Education Association of Australia，IEAA）编写了《良好的跨境教育：提供者指南》（*Good Practice In Offshore Delivery：a guide for Australian providers*），旨在协助澳大利亚所有教育部门的跨国教育从业人员在实施跨国教育计划方针方面取得良好效益。2016 年 4 月 30 日，澳大利亚政府发布了第一份有关国际教育发展的国家战略蓝图——《国家国际教育战略 2025》（*National Strategy for International Education 2025*）。该战略强调，为了充分实现国际教育事业的潜力，澳大利亚需要借助合作伙伴关系和创新这两大强有力的重要支柱开展海外办学，把高质量的国际教育传播到全世界。

进入新世纪以来，加拿大政府重视加强对海外办学数据的统计与分析，注重加强对其的科学规划与指导，2009 年开展了一项有关加拿大后中等教育机构海外办学情况的调查[①]，并以此为依据于 2012 年发布了《国际教育：加拿大未来繁荣的关键》（*International Education：A Key Driver of Canada's Future Prosperity*）。针对海外办学，该报告提出要"鼓励加拿大高校与国外教育机构建立伙伴关系"，"增加加拿大教育服务在海外提供的数量"[②]。2014 年，出台了首份专门指导国际教育发展的政策报告《国际教育战略：利用知识优势，推动创新与繁荣》（*Canada's International Education Strategy：Harnessing our knowledge advantage to drive innovation*

---

① Government of Canada. International education：Knowledge export，2019 年 12 月 13 日，见 https：//www.international.gc.ca/education/knowledge_exports-exportation_des_connaissances.aspx？lang=eng。

② Government of Canada. *International Education：A Key Driver of Canada's Future Prosperity*，2019 年 12 月 13 日，见 https：//www.international.gc.ca/education/assets/pdfs/ies_report-rapport_sei-eng.pdf。

and prosperity)①。由这一系列政策看出，加拿大政府在这一阶段对海外办学指导的重点在于在发展规模的同时要加强质量的发展。值得一提的是，这一时期海外分校这一模式并不是加拿大海外办学的重点。

21 世纪的 20 年间，俄罗斯的高等教育国际化经历了恢复再到放缓平稳阶段。头十年俄联邦政府对内面临国家社会转型危机、对外顺应全球化浪潮，在教育领域积极同国际接轨，制定颁布一系列保障俄罗斯高等教育国际化、市场化的政策法令，将俄罗斯高等教育国际化提升到国家战略的高度，其中包括对恢复海外办学的批示。据俄联邦教育科学部统计，2007—2008 学年俄罗斯共在 45 个国家开设 10 所联合大学和学院、50 所境外分校和 190 所分支机构。其中，国立大学共设立 129 所，非国立大学设立 121 所，培训超过 95000 名学生，这些境外教育分支机构分布在亚洲、欧洲、中东和拉丁美洲。② 21 世纪第二个十年期间是俄罗斯海外办学的放缓平稳发展阶段，这一阶段俄罗斯海外办学的形式逐渐走向规范，一些代表处、培训中心等非严格意义上的海外分校被合并、关闭，尤其是停止了在美洲、非洲的办学活动，这导致俄罗斯海外办学的数据规模有所下降。但是俄联邦政府对于海外办学的目的、职能提出更加明确详细的要求。

这一时期，海外办学的兴盛全貌还表现为德国以及中国和印度两个发展中大国的加入。二战后，德国出于教育援助目的，在发展中国家开始了一些零星的海外办学项目，但其大规模的海外办学活动则是在 2000 年后开始推进的。20 世纪 90 年代，大学国际化逐渐成为德国高等教育发展的重要话语，被视为促进科研和教学发展的重要手段，不论是国家还是高等教育机构都将国际化提升到了战略发展的地位。为了吸引国际人才，

---

① Government of Canada. *Canada's International Education Strategy：Harnessing Our Knowledge Advantage to Drive Innovation and Prosperity*，2019 年 12 月 25 日，　见 https：//www.international.gc.ca/education/assets/pdfs/overview-apercu-eng.pdf。

② А.Л. *Арефьев.Тенденции экспорта российского образования*，Москва：Центр социального прогнозирования и маркетинга，2010：99.

提升自身的国际影响力，德国高校不断地和世界上其他大学开展合作和交流，而海外办学是德国高校实施国际化战略的重要组成部分。在 2000 年开始的服务贸易总协定（GATS）谈判后，德国政府就开始提供海外办学专款，主要通过两项长期资助项目来推进海外办学，即德意志学术交流中心的德国高校海外学习项目和联邦职业技术教育研究所推出的"职业教育国际推广"（international Marketing of Vocational Education，简称 iMOVE）。21 世纪的头十年，由于政府的重视与支持，德国海外办学开始向规模化发展。德国海外办学的一个基本特征是，海外教育机构的建立不是基于学术需求，而是基于德国国际化战略框架内的政治考量，它建立在已经存在的国家关系以及合作的基础上。很多海外办学项目不是或很少由大学教授或校友等学校成员（师生员工层面）提议发起，而是更多地基于政府的政策决策。这一时期由于联邦政府部门的资助和协调，德国海外办学日益体现政治化的倾向。德国跨境教育快速发展，出现了更多的参与者，更多样的办学形式，更加复杂的伙伴关系。

新世纪以来，印度政府实施高等教育国际化政策，将高等教育纳入国家软实力建设和外交战略。印度政府积极推进远程教育海外学习中心的建设，尤其是在非洲，远程教育海外学习中心已成为印非高等教育合作的特色项目，成为南南合作的典范；虽然在推进高校海外办学方面，印度政府之前对公立院校有许多限制，但在近 20 年，印度私立院校走出国门，积极进行海外扩展，海外办学发展卓有成效。而且，印度政府现在也开始改变有关政策，允许公立院校在选定国家开设海外分校，更加明确地将高校海外办学视为国家外交政策和战略的一部分。这必将为印度高校海外办学带来新的发展契机。

进入 21 世纪，为进一步发展国际市场、增强国际话语权，实施"走出去"成为中国新时期各项事业的战略重点。20 余年的中外合作办学以及非实体性的海外办学项目为我国高校探索建设海外分校奠定了重要基础，海外分校也逐渐成为我国高校国际化发展的一个路径选择。以 2002 年上海交通大学在新加坡云南园建立上海交通大学新加坡研究生院为标志，我国大学在境外开办了第一家实体性海外分校。21世纪前10年高校"走出去"的步伐缓慢。近10年来，国家层面在保持"引进来"的同时，积极推进"走出去"步伐，海外办学在这一时期进入迅速发展阶段。高校海外办学活动成为提升我国高等教育国际化办学水平、完善高等教育综合全面发展的重要路径，高校海外办学水平也成为高校办学质量的重要评价指标。尤其2013年提出"一带一路"倡议以来，从加强学历学位互认沟通、畅通教育合作渠道、促进语言互通等多方面发力，政府积极推进我国高校境外办学活动。这一时期，我国海外分校发展态势积极，数量集中增加。同时，中国高职院校也积极加入到海外办学，并形成了自己的独特之处和创新机制。高职院校的参与，使中国海外办学活动的主体呈现多元化态势，不同类型高校积极发挥各自优势，促进了我国高校海外办学类型的多样化发展。同时，2019年9月《高等学校境外办学指南（试行）》（2019年版）正式发布，关于高校海外办学的新法规出台使我国高校海外办学活动更加有序。由此看出，在这一时期中国政府高度重视海外办学的科学规划和战略指导。

这一时期国际高校海外办学呈现以下特点：

1. 21世纪以来，从办学主体来看，高等教育的海外办学由以欧美主要英语国家为中心向边缘扩散，虽然英、美、澳、加、俄仍然是主要领导者，仍处于核心位置，但是印度和中国等发展中国家一改作为主要接收国的角色，积极参与海外办学，成为这一时期推动海外办学兴盛发展的重要力量。

2. 进入21世纪，海外办学质量保障问题凸显，美国、英国、澳大利亚、加拿大和俄罗斯的海外办学逐渐由重规模到重质量的价值理性过渡。英、澳、加通过成立海外办学专门小组、加强对海外办学的数据统计与分析等举措进一步加强对海外办学的科学指导与质量监控。而俄罗斯主要通过合并或关闭非严格意义上的海外分校等手段进一步规范海外办学活动。

3. 非英语国家德国出于提升高等教育国际化，吸引国际人才，重建德国高等教育国际影响力的需要，政府和高校积极开展海外办学活动。由于政府的重视，海外办学政治化倾向明显。

4.印度和中国等发展中国家通过积极参与海外办学并创建海外分校，成为高等教育国际化发展的新增长点，打破了海外办学中发达国家"一枝独秀"的局面，至此海外办学走向"百花齐放"。

5.海外分校的兴起，成为高校深入推进海外办学、促进高等教育国际化的重要抓手。现阶段，虽然海外办学类型多样，但"海外分校"成为海外办学最核心的实践模式。美、英、澳、俄是创建海外分校的先行者和主要领导者。美国、英国、澳大利亚和俄罗斯的高等教育机构都纷纷在国外建立分校，同时也大量提供海外学位项目。作为发展中国家，中国和印度在短期内取得海外办学比较突出的成就，主要通过近20年的努力建立了几十所海外分校。由此也可看出，中国和印度高等教育将海外分校作为其开展海外办学、发展高等教育国际化的主要手段。但在各国积极建立海外分校的同时，目前德国的海外分校只有个位数可以看出其海外办学重点不在海外分校这一类型上。

第三节　高校海外办学区域分布和办学类型

一、区域布局

基于前面各章的研究发现和分析，各国海外办学在区域上的分布如表10.1：

表10.1　各国海外办学区域分布

输出国	区域分布	主要输入国家
美国	机构占比：亚洲（58%）、欧洲（38%）、北美洲（15%）非洲（2%）南美洲（1%）大洋洲（1%）	中国、卡塔尔、阿联酋、新加坡、法国、西班牙、德国、意大利、英国等
英国	生源占比：亚洲（48.7%）非洲（22.5%）欧盟（10.9%），中东（9.6%），北美（4.6%），非欧盟的其他欧洲国家和地区（2.8%），澳大利亚（0.6%）以及南美（0.4%）	按学生人数：马来西亚（74180名）占比10.5%；中国（69885名，占比9.9%），新加坡（48290名，6.8%），巴基斯坦（43870名，6.2%），尼日利亚（32925名，4.7%）

续表

输出国	区域分布	主要输入国家
澳大利亚	亚洲（高度集中于东亚）	马来西亚、新加坡、中国大陆和中国香港
德国	中东和北非（61.1%）亚太（19.7%），中欧和东南欧（10.7%），东欧和中亚（8%），拉美（0.4%），南部非洲（0.1%）	学生人数：埃及（40.2%）、约旦（13.5%）、中国（10.5%）、阿曼（6.1%）、土耳其（4.7%）、越南（4.0%）、罗马尼亚（2.2%）新加坡（2.1%）等
加拿大	亚洲	中国（51%）、印度（13.3%）、新喀里多尼亚（4.8%）
俄罗斯	独联体国家（61%）、其他亚洲国家（22%）	独联体国家：哈萨克斯坦共和国和吉尔吉斯斯坦共和国 亚洲：中国和越南等
印度	亚洲、非洲、欧洲、美洲	印度周边国家和海外印度人人数多的国家
中国	亚洲、非洲、欧洲	以东南亚为主，高职院校在非洲办学活动活跃

　　从上表可以看出，亚洲是世界各国大学海外办学的最大聚集区域，尤其是以英国、美国、澳大利亚、加拿大为主要代表的英语国家，在亚洲的办学活动占据了其海外办学总量的一半以上。在亚洲区域内，中国、马来西亚、新加坡、卡塔尔、阿拉伯联合酋长国、吉尔吉斯斯坦、哈萨克斯坦等国家是这些国家海外办学区域布局的重点目标国。本研究认为，亚洲成为海外办学最大聚落地区的原因有三：

　　第一，亚洲经济持续增长加大了高等教育需求，给欧美国家海外办学提供机遇。二战后，亚洲大部分国家赢得了民族独立。20世纪七八十年代以来，以东亚为龙头的亚洲经济快速发展。根据亚洲开发银行发布的报告显示，亚太地区经济总量占全球的比重由1960年的12.7%增长到2015年的31.0%。① 与此形成鲜明对比的是，在亚太地区经济持续增长的

――――――――――

① ADB Key Indicators 2016，见 https：//www.adb.org/sites/default/files/publication/204091/ki2016.pdf。

同时，北美和欧洲的经济总量占全球的比例却呈现日益减少的趋势，亚洲经济的持续高速增长无疑给欧美国家带来更多的发展机遇。大部分亚洲国家注重高科技发展，并且实施教育优惠政策、教育开放程度高。21世纪以来，马来西亚、新加坡、卡塔尔、阿拉伯联合酋长国等多个亚洲国家确立了建立区域教育枢纽的发展目标。[①] 为了实现这个目标，它们极力邀请美国、英国、澳大利亚、加拿大等国家的高等教育机构赴其境内办学，并且承诺为它们提供强有力的政策和资金支持。曾有美国学者不无骄傲地说：美国大学发现，到别国办分校并不需要花太多钱，很多输出项目都受到所在国的邀请、推动甚至是财政支持。[②] 也有加拿大学者指出，亚洲市场十分看重品牌，亚洲人只认为美国和英国的大学是最好的。[③] 这些因素导致亚洲成为西方国家高校海外办学最主要的分布区域。

第二，地缘政治及国家安全也是影响海外办学区域分布的一个重要战略考量因素。例如，1991年苏联解体后，各加盟共和国纷纷独立，中亚五国连接欧亚独特的地理位置、丰富的能源资源，使中亚从政治、经济、安全角度看具有重要的战略意义。美国先后提出"大中亚计划"和"新丝绸之路计划"。2020年2月3日，美国又发布了《美国中亚战略2019—2025》。英国、德国也高度重视该地区，都制定了相应的中亚战略。面对中亚地区这一地缘政治版图的巨变，作为中亚地区的传统大国，"俄罗斯极为务实地制定并实施了新的中亚战略。该战略利用欧亚经济联盟，巩固俄罗斯在后苏联空间的优势，确保中亚的政治安全，并利用俄罗斯在中亚深厚的政治经济根基和诸多传统资源，重建它与中亚的特殊关系，恢复其世界强国地位。"[④]

---

① Knight, J. (2011). Education hubs: A fad, a brand, or an innovation. *Journal for Studies in International Education*, 15 (3), 221-240.

② Dessoff A. Branching Out [J]. International Educator, 2007, 16 (02): 24-30.

③ 孙端：《加拿大专家：开设分校不应是加拿大大学国际化的主要途径》，《世界教育信息》2012年第25期。

④ 杨鹏飞：《俄罗斯中亚战略的现实基础与政治使命》，2018年11月14日，见http://ex.cssn.cn/gjgxx/gj_els/201811/t20181114_4775385.html。

以上国家纷纷采取举措加强与中亚国家的教育交流与合作，也积极开展海外办学。美国积极加强对中亚国家的教育影响，不仅通过基金会开展一些文化教育活动，而且在吉尔吉斯斯坦建立了美国中亚大学；英国在哈萨克斯坦和乌兹别克斯坦各建立了 1 所大学；德国在哈萨克斯坦建立了哈萨克斯坦—德国大学。俄罗斯在中亚建立的海外分校最多，共计 16 所，包括：在哈萨克斯坦的莫斯科大学哈萨克斯坦分校（阿斯塔纳）、圣彼得堡工会人文大学阿拉木图分校；在吉尔吉斯斯坦建立的吉尔吉斯—俄罗斯斯拉夫大学、莫斯科企业与法律学院比什凯克分校、吉尔吉斯—俄罗斯教育学院、俄罗斯普列汉诺夫经济大学比什凯克分校；在塔吉克斯坦建立的俄罗斯—塔吉克斯拉夫大学、莫斯科大学杜尚别分校，莫斯科动力学院杜尚别分校、莫斯科钢铁学院杜尚别分校；在土库曼斯坦建立的俄罗斯国立石油天然气大学阿什哈巴德分校；在乌兹别克斯坦建立的莫斯科大学塔什干分校、俄罗斯普列汉诺夫经济大学塔什干分校、俄罗斯国立石油天然气大学塔什干分校、国立莫斯科企业管理学院和莫斯科税务学院。[①] 澳大利亚和印度海外办学的区域分布也充分体现出两国对地缘政治和国家安全的考量。澳大利亚与亚洲地理位置相近，因此将东南亚国家和中国作为海外办学的重点目标，而印度作为南亚国家，奉行着"周边第一"的外交政策，在尼泊尔开办了马尼帕尔医学院。

第三，出于外交和文化传播的战略考量。随着亚太地区在全球经济发展中的持续抢眼表现，各国都认识到亚洲的重要性，特别是中国"一带一路"倡议提出以来，世界各国更加重视其自身在亚洲地区的影响力。美国、英国、德国、俄罗斯等国重新制定亚洲战略，加强与亚洲国家的外交访问，注重通过教育加强与亚洲各国的联系和交流，建立持久深入的影响，发展海外办学也成为这些国家一个重要的政策选项。另外，作为海外办学的新兴国家中国和印度，自身处于亚洲，由于地理优势、历史渊源以

---

① 杨恕：《亚高等教育概况》，2018 年 1 月 3 日，见 http://c.360webcache.com/c？m=d6999 626863bd。

及外交和文化等诸多因素的影响，也将一些亚洲地区作为海外办学的重点布局区域。如，印度拥有 2800 万海外印度人。[①] 在亚洲，新加坡是印度人移民海外的一个主要目的国，阿联酋、沙特阿拉伯是大量印度劳务人员移居的国家。印度政府将这些海外印度人看作是一项重要的外交资源。印度海外分校选址于海外印度人聚集的国家和地区，可以很好地加强与海外印度人的联系，培养海外印度人对印度的认同和了解，使之成为印度外交及文化传播的宝贵资源。目前，有 6 所印度高校的海外分校选址阿联酋，其中 5 所选址迪拜。在新加坡也建立了商学院。东南亚是华人华侨聚集地，因此中国也将东南亚作为主要的海外办学选址地区之一。

二、海外办学类型

跨国办学活动的多样性给教育研究和办学实践带来一定的挑战和困扰，国际上按照不同的划分维度把海外办学分为不同的类型。处于蓬勃发展时期的海外办学，发展类型多样繁杂，基于前各章节对各个国家的办学实践探索，本研究将高校海外办学主要分为三种类型：一是海外远程在线教育，包括在线课程项目和在线学位项目；二是海外项目制办学，包括双联项目、联合学位项目和特许项目；三是海外教育机构办学，包括海外教育中心或学习基地、海外二级学院、海外分校、海外大学四种。具体详情可见以下表 10.2：

表 10.2 各国高校海外办学主要类型

办学类型	主要特点	子类型	案例学校
海外远程在线教育	国外学生通过远程教育形式获得输出国的高等教育	在线课程项目	英国开放大学； 澳大利亚南昆士兰大学；查尔斯·斯塔特大学； 俄罗斯信息技术网络大学； 印度开放大学
		在线学位项目	美国印第安纳大学

---

① 联合国：《全球移民超规模达 2.58 亿人印度输出最多》，2017 年 12 月 20 日，见 http://finance.ifeng.com/a/20171220/15878890_0.shtml。

办学类型	主要特点	子类型	案例学校
海外项目制办学	海外机构注册，通过面授或者混合模式实施课程和项目，教育资格证书或学位证书可以由教育输出国、输入国联盟合作伙伴颁发或二者联合颁发	双联项目	澳大利亚科廷科技大学与中国东北财经大学国际商学院双联项目； 加拿大阿尔伯塔大学与法国北方高等商学院、日本名古屋商学院大学以及德国奥托贝森管理研究院设置了三个双联硕士学位项目
		联合学位项目	加拿大滑铁卢大学滑铁卢大学与中国、英国、德国、伊朗、伊拉克、尼德兰等国高校合作设置了50个联合学位项目； 印度卡哈拉格普尔理工学院与新西兰奥克兰大学建立的联合博士学位课程； 印度坎普尔理工学院和纽约大学坦顿工程学院的计算机或电气工程专业联合博士学位项
		特许项目	澳大利亚维多利亚工艺大学授权马来西亚双威学院开设会计、银行与金融、国际贸易、市场行销、国际旅游等特许课程项目，学生完成学业可获授予维多利亚工艺大学商业学士学位； 南澳大学特许马来西亚学邦理工学院开设电脑与资讯科学专业，学生可获南澳大学电脑与资讯科学学位
海外教育机构办学	教育机构跨越国家边境，以实体的形式在他国存在，提供教育服务	海外教育中心或学习基地	印度英迪拉·甘地国立开放大学在亚洲和非洲的35国家开展了联合办学，设立了41个国外学习中心
		海外二级学院	美国卡耐基梅隆大学海因茨信息系统与公共政策学院在澳大利亚设立的卡耐基梅隆大学澳大利亚分校
		海外分校	英国赫瑞瓦特迪拜分校 美国卡耐基梅隆大学非洲分校 俄罗斯莫斯科国立大学—阿斯塔纳分校
		海外大学	德国开罗德国大学 俄罗斯吉尔吉斯斯坦—俄罗斯斯拉夫大学

（一）海外远程教育类型

随着现代信息通信技术的快速发展，远程教育已成为许多国家高等教育的一种主要形式。从入学人数看，俄罗斯远程教育学生占高等教育学生最高，将近50%，加拿大的比例将近30%，澳大利亚占比18.7%，如果把澳大利亚开放大学联盟的招生人数加进来，这个比例可能超过 20%；印度占比 16.1%，美国有 14.9% 的学生所有课程都是远程开放教育课程，而选修至少一门在线课程的则有近 32%；英国的比例至少是 7.7%；德国的比例最低，是 5.5%（包括应用技术大学［Fachhochschulen］和哈根远程大学［FernUniversitat］）。① 因此，一些国家如俄罗斯、德国、英国、印度等国把海外远程教育也作为海外办学的一种类型。其中，印度的海外远程教育具有代表性，成效显著。2009 年 2 月 26 日印度正式启动泛非电子网络计划，主要目的是借助信息技术，由印度的一流大学或其他教育机构向非洲学生提供高质量的远程教育（Tele-education）服务，以满足非洲国家对于技术和人才的需求，从而推动非洲国家的能力建设。截至 2015 年，已有 48 个非盟成员国加入了这一计划，先后加入泛非电子网络计划的印度高等教育机构包括印度科学学院、英迪拉·甘地国立开放大学、阿米提大学、印度理工学院、比尔拉科技学院、德里大学、马德拉斯大学等。印度政府规划将与非洲的一流大学合作，建立 53 个远程学习中心，并且提供所有必需的硬件和软件，计划拟在五年内向 1 万名非洲学生提供免费的高等教育。② 2011 年印非论坛第二次首脑会议召开，时任印度总理曼莫汉·辛格（Manmohan Singh）宣布印度将创建印非虚拟大学（India－Africa Virtual University，IAVU），以进一步满足非洲对印度优质高等教育资源的需求。印度在非海外远程教育取得积极成效，泛非电子网络计划被誉为"南南合作的典范"。虽然海外远程教育办学类型目前还不是主要的一种海外办学类型，但这次全球蔓延的新冠疫情对跨境教育带来了新的挑战，可以预计未来海外远程教育将获得新的发展机遇和增长动力。

（二）项目式办学

项目式办学是目前最广泛的海外办学类型，在每个国家的海外办学

---

① ［美］阿德南·卡尤姆、［美］奥拉夫·扎瓦克奇—里克特、肖俊洪：《世界远程开放教育概况》，《中国远程教育》2019 年第 4 期。

② 胡勇：《印度对非发展合作中的能力建设——以泛非电子网络计划为例》，《印度洋经济体研究》2016 年第 5 期。

活动中占有最大比例。英国的项目式办学占有其总的办学活动的 44.7%；加拿大 60 所高校的海外办学活动中，63% 的高校提供双学位项目，45% 的高校提供联合学位项目；德国的特许课程和联合课程总共占比 45.7%；开展特许项目和联合课程也是澳大利亚的主要海外办学类型之一。这种办学类型简单高效，易于沟通，节约成本。输出国只需要以品牌、师资、管理经验的投入，便可以达到规模经营的目的，而且可以在短期内获得回报。但这种课程也因为主要在输入国完成学习，质量是否达到输入国课程的质量水平，遭到质疑。

（三）实体机构类型

海外分校这一类型的学校是近些年最引人瞩目的海外办学形式。根据英国研究机构无边界高等教育观察组织（The Observatory on Borderless Higher Education，简称 OBHE）最新统计数据，近几年高校海外分校数量的增长幅度年均在 15% 左右。[1] 在过去 10 年间，美国、英国和澳大利亚的高等教育机构都纷纷在国外建立分校和提供学位项目，到目前为止全世界大约有 200 多所海外分校运行，在举办海外分校的国家中，前五名的输出国及其数量分别为：美国 81 所、英国 44 所、法国 31 所、俄罗斯 23 所、澳大利亚 14 所[2]，德国和印度的海外分校有自己的特色。海外分校的办学主体一般为输出国高校，分校得到了所在国政府的支持。按照办学形式，海外分校又可分为独立办学，输入国与输出国双主体办学以及除了输入国和输出国双方还有其他第三方利益主体参与的多主体办学。

采用海外大学这一办学类型的主要国家是德国和俄罗斯。德国的海外大学占其海外办学活动的49.6%[3]，并且这一类型办学由德国首创[4]。至今

① OBHE：International Branch Campuses Trend and Development 2016，2019 年 5 月 20 日，见 http：//www.obhe.ac.uk/documents/view_details? id=1035。

② 尤铮、王世赟：《高校海外分校建设现状，挑战与经验探析》，《江苏高教》2019 年第 11 期。

③ DAAD：Wissenschaft Weltoffen 2018，2020 年 6 月 6 日，见 http：//www.wissenschaftweltoffen.de/wwo2018/index_html。

④ 这种模式被德国教育专家乌特·兰岑多夫（Ute Lanzendorf）称为 "German-backed

德国建立了 5 所海外大学，且成效卓著。例如，开罗德国大学是德国支持的最大跨国高等教育项目。俄罗斯为了扩大在独联体国家的文化影响力，政府间签订办学协议，斯拉夫大学和莫斯科占星学院两所学校在独联体国家设立了 5 所大学，且办学成效突出，例如吉尔吉斯斯坦—俄罗斯斯拉夫大学获得吉尔吉斯斯坦高等院校中排名第一位的成绩。海外大学一般为输出国和输入国双方多主体联合开办全新大学，这种类型的优点在于既可以提高输出国高校的影响力，又可以规避组织上和财务上的风险。①

　　与其他国家相比，项目制办学是我国目前高校海外办学的最重要模式；另外，海外二级学院和海外分校及校区处于起步阶段，数量较少，海外远程教育类型更是欠缺。截至 2019 年 9 月，我国共有 21 个省、自治区、直辖市的 84 所高校开展海外办学活动，海外办学机构和项目共 128 个。②其中，项目制为 100 项左右，海外办学项目包括特许课程项目（如南京大学马来西亚槟城韩江学院开设的中国语言文学硕士班是特许课程项目）和联合课程项目（南京中医药大学与新加坡中医学院合作的中医硕士学位项目）两种。我国职业院校海外办学很有特色，且成效显著。根据课题组实地调研和相关文献研究数据，据不完全统计，截至 2020 年 9 月，我国高职院校在海外开办的学校总计 47 所。其中中外院校合办 21 所，如宁波职业技术学院—中非（贝宁）职业技术教育学院；校企联合办学 10 所，如无锡商业职业技术学院—柬埔寨西哈努克港工商学院；多方合作办学 16 所，如天津铁道职业技术学院—吉布提鲁班工坊。

University""foreign-backed University"，DAAD 将其称为"德国制造"（made in Germany）。

① Ute Lanzendorf, *Foreign-Backed Universities*：*A New Trend*，2017 年 10 月 27 日，见 https://ejournals.bc.edu/ojs/index.php/ihe/article/viewFile/8015/7166。

② 人民网：《中国高等教育学会就〈高等学校境外办学指南〉答记者问》，2019 年 9 月 27 日，见 http://www.haijj.com/jiaoyuxinde/41220.html。

第四节　高校海外办学运行机制

在海外办学过程中，由于政治、经济、历史文化传统以及教育管理制度等方面的不同，各国实现海外办学的形式和路径有所不同，办学模式也各具特点。更因办学类型多样化导致的办学模式多元化给总结研究带来的困扰，因此本小节将基于前述章节的具体案例分析，就海外办学实体类型中最受关注的海外分校在治理机构与经费来源、教学对象与招生制度与专业设置等方面进行总结与国别比较分析。

一、治理结构

在所研究的对象国中，海外分校根据办学主体的不同又可分为独立建制海外分校和合作建制海外分校。所谓独立建制海外分校，指办学主体只有输出国院校一方，如德国纽伦堡大学韩国釜山分校、美国天普大学日本校区、英国赫瑞瓦特大学迪拜分校、印度阿米提迪拜分校、澳大利亚卧龙岗大学迪拜分校、我国厦门大学马来西亚分校等。这种独立建制海外分校的治理结构有两种：一是单独设立管理机构和团队，如对于麦吉尔大学日本工商管理项目和西安大略大学艾维亚洲校区这样的由加拿大高校独资创建的海外分校，麦吉尔大学管理学院和西安大略大学商学院分别为它们单独创建了一个由母校教师领导的5—10人管理团队，分校自主决定海外分校发展的相关事务；还有一种就是沿用母校的管理方式，海外分校接受来自母校的内部监督与管理，如印度阿米提大学迪拜分校、我国厦门大学马来西亚分校。

所谓合作建制海外分校，是指海外分校有两个及多个办学主体，如上海纽约大学、加拿大北大西洋学院卡塔尔校区、澳大利亚莫纳什大学马来西亚分校等。这种合作建制海外分校一般采用董事会/理事会领导下的校长负责制，成立由多元利益相关者组成的学校董事会/理事会，设立校长、教务长、院长/系主任/学术机构负责人、大学评议会、各类教工委员会、各类行政工作部门，由校长全面统筹学校工作为例，治理结构比较复杂。如，莫纳什大学马来西亚分校内部成立了董事会，由莫纳什大学马来西亚分校的教务长兼副校长（pro-vice chancellor）与双威集团执行董事（Executive Director）共同主持。科廷大学马来西亚分校为了回报马来西亚砂拉越州政府对于分校建设与运行给予的财力与物力的支持，同意州政府参与其分校的管理，并有权任命马来西亚科廷大学董事会主席和马来西亚科廷大学理事会主席。理事会的成员中有许多马来西亚州政府代表。

二、经费来源

融资是创建海外分校的关键环节，根据各国高校开办海外分校的情况来看，其融资模式有三种：母校独资模式（多见于 2000 年以后）、外部资助模式（多见于 2000 年以后）、输入国提供办学设施模式（多见于 2005 年以后的海湾地区）。[①] 目前，各国发展海外办学越来越倾向于选择外部资助模式或者是输入国提供办学设施模式。英国的诺丁汉大学马来西亚分校的融资模式是外部资助模式（与东道国私营企业合资）。赫瑞瓦特大学迪拜分校，美国纽约大学阿布扎比和上海的两个校区，以及加拿大社区学院举办的海外教育项目和海外分校中的 82% 都属于输入国提供办学设施的融资模式。除了墨尔本皇家科技学院越南分校是由母校独资设立外，澳大利亚其他的海外分校也都属于输入国提供基础设施模式。德国大部分的跨国教育活动是通过德意志学术交流中心的"跨国教育——海外高等教育项目"开展的，办学活动资金来自项目资金，但是项目资助是有期限的启动资金，并不是长期的。在资助结束后，办学项目还是依靠外部资助。

总的来说，除了政府作为主导力量推动的海外办学活动，例如俄罗斯和德国，其他主要欧美国家高校的海外办学目前主要以外部资助和输入

---

① 王璐、王世赟：《英国高校海外分校发展状况与办学实践研究——以赫瑞瓦特大学迪拜分校为例》，《外国教育研究》2018 年第 9 期。

国提供基础设施为主。融资形式或者说办学的经费来源直接影响甚至决定了高校的海外办学的成功与否，并不能囿于某一种固定的经费来源，各国高校办学实践证明只有丰富办学经费来源多样性，才能保障办学的可持续性发展。

三、招生对象与策略

充足的、可持续的生源是海外办学的关键。海外办学尤其是海外分校的生源除了以输入国的学生为主外，还面向全球进行招生，体现鲜明的国际化和多样性特点。例如美国的阿布扎比和上海纽约大学的招生体现出高申请、低录取、国别多样化的特点。英国诺丁汉大学马来西亚分校在2016年的4698名学生中，有3532名马来西亚人，1166名来自85个国家的国际学生，充分体现了其国际性和多样性。[①] 值得注意的是，印度和俄罗斯高校在办学过程中，不仅仅招生国际学生，还积极面向居住海外的本国人。尤其是印度，高校创办海外分校不仅积极招收海外印度人，而且也将目标瞄准有出国留学意愿的印度学生，进一步拓展了海外分校的生源。

在招生策略上，各大学首先都注重精准定位，明确目标学生群体。如卧龙岗大学迪拜分校针对迪拜拥有众多外来务工人员，但根据迪拜的教育政策，这些外籍人员及其子弟无法入读本地公立学校，陷入相对受限的入学困境，便将卧龙岗大学迪拜分校的招生对象定位于阿联酋的外籍人员，以此获得了广阔的生源，奠定了分校的发展基础。其次注重宣传和服务。在确定目标群体之后，加大宣传，提高学生服务。加拿大高校的海外教育项目和海外分校会通过线上线下的不同渠道，在目标群体易接触的环境投放广告，介绍其办学优势、申请要求、录取程序等相关信息。英国赫瑞瓦特大学迪拜分校和澳大利亚莫纳什大学马来西亚分校、卧龙岗大学迪拜分校都有多渠道的宣传活动，吸引生源。赫瑞瓦特大学迪拜分校举办一

---

① QAA：UK collaboration in Malaysia：institutional case studies-University of Nottingham，2020 年 12 月 6 日，见 http://www.qaa.ac.uk/en/Publications/Documents/University-of-Nottingham-Malaysia-Campus-AOP-ICS-10.pdf。

系列市场活动，如学校博览会、开放日、校内开放支持系统等吸引学生。莫纳什大学马来西亚分校会定期开放校园，欢迎学生入校参观，并且发放广告和宣传图册来从视觉上吸引未来学生。卧龙岗大学迪拜分校则是在主楼设立了巨大的学校名称牌以及在城际巴士和电视上做广告，从视觉上吸引学生和家长的注意力。

四、师资配置

师资配置是办学质量至关重要的一部分。纵观主要英语国家海外分校的师资配置，教职员工主要来自于两个渠道：一是从母校借调的教职员工；二是专门为海外教育项目或海外分校招聘的教师。来自第二个渠道的教师类型比较多样，既包括从教育输入国招聘的教师，也包括从全球招聘的教师；既包括全职教师，也包括兼职教师。例如，阿布扎比纽约大学的专职教员规模超过 300 人，一共来自 45 个国家和地区，绝大多数在全球顶尖大学获得最高学历。[①] 截至 2018 年，上海纽约大学的师资规模达 200 余人，来自 20 多个国家和地区。海外分校聘用分校所在国的员工是各大分校的首选，因为这既有利于减少沟通成本，又利于教学的开展，而且相比于依靠母校调遣老师，其操作性强，便于管理。例如，莫纳什马来西亚分校截至 2019 年招募教职员约为 919 名，来自 36 个国家，其中外籍教职员所占比例约为 30%，65% 为当地员工。当然，不同国家海外分校师资配置的情况各有不同。加拿大高校就主要采用母校教师，在加拿大高校举办的所有海外办学活动中，从母校借调的教学人员与在教育输入国招聘的教学人员比例相当。[②]

---

①　NYU Abu Dhabi. UAE Highlights Report 2018-2019 [R] . Abu Dhabi, the UAE：NYU Abu Dhabi，2019：5.

②　Association of Universities and Colleges of Canada. *Canada's Universities in the World*；*AUCC Internationalization Survey*，2020 年 1 月 4 日，见 https：//www.univcan.ca/media-room/publications/canadas-universities-in-the-world-survey.

五、专业设置

专业设置是高校海外办学时必须考虑的重要内容之一。专业设置是否符合输入国经济社会发展的需要将会直接影响境外分校的招生、经费筹集、办学声望并最终决定境外分校办学的成败。① 所以，各国高校海外分校专业设置的特点之一是以输入国人才市场需求为导向，具有鲜明的实用性。例如，上海纽约大学所开设的专业与主修方向包括金融学、经济学、生物科学、电子信息工程、计算机科学与技术、数字媒体技术、应用数学等应用型专业。澳大利亚大多数海外分校也大都开设商业类、信息技术类、管理类、工程类、金融与会计类等实用性较强的专业，心理学、哲学等思辨性较强的人文专业只在小部分海外分校开设，并不能成为大部分澳大利亚海外分校专业和课程设置的首选。加拿大卡尔加里大学卡塔尔校区之所以设立护理专业，是因为卡塔尔政府在 2030 年国家愿景中提出要建设"一个能够维持自身发展、为所有人提供高质量生活的先进社会"的发展目标。俄罗斯莫斯科国立大学在独联体或原苏联加盟共和国建立了数十所分校，在专业设置方面，莫大根据各国经济发展状况和人才需求，量体裁衣设置相对实用型专业，目的是使在校学生能够尽快服务于本国的经济建设，促进国家发展进步。② 印度阿米提大学海外分校也充分考虑分校所在国的本土化人才需求，如阿联酋的旅游业是该国增长计划的重要组成部分，阿米提大学迪拜分校就开设了旅游管理、酒店管理学士课程；迪拜急需司法学专业人才，阿米提大学迪拜分校就开设了法学方面的学士课程，以培养相关人才。③ 德国高校应用科学大学（Fachhochschue）在海外分校办学中以开设实践导向的工科专业为主，以保证所培养的人才可以和当地劳动力市场更好地对接。

---

① 王光荣、骆洪福：《世界高等学校发展境外分校的现状分析——基于 C-BERT 数据分析》，《宁波大学学报》（教育科学版）2017 年第 6 期。

② 王光荣、骆洪福：《世界高等学校发展境外分校的现状分析——基于 C-BERT 数据分析》，《宁波大学学报》（教育科学版）2017 年第 6 期。

③ 曾晓洁、王小栋：《印度阿米提大学海外办学模式及特色研究》，《比较教育研究》2020 年第 4 期。

海外分校专业设置的另一个鲜明特点是充分利用母校优势学科和专业。在母校优势专业的基础上开设，不仅可以充分利用母校资源，发挥品牌效应，还可以避免办学中走弯路，减少重设专业失败的风险。例如英国的诺丁汉大学马来西亚分校各学院、专业教学的运行和结构是由母校的各学院负责建设的。赫瑞瓦特大学迪拜分校的专业与课程设置涵盖了工程类、能源类、计算机科学类、设计类、管理类的各个学科，而这些领域既是母校的优势专业，也是迪拜当局近年来大力扶植的并急需人才的热门行业，与阿联酋当地经济发展需求和就业市场相契合。[①] 印度高校的海外分校也充分围绕自身在计算机、工商管理以及医药等专业的优势设置分校的课程。

六、质量保障

政府和高校都十分重视海外分校的教育质量保障。政府主要是通过颁布一系列的质量保障政策来规范海外分校的质量保障工作。如澳大利亚政府 2005 年发布了《跨国教育质量战略》(*The Transnational Quality Strategy*)，英国高等教育质量保障局（QAA）1999 年制订了《高等教育海外合作办学学术质量和标准保障的实施准则》(*Code of Practice for the Assurance of Academic Quality and Standards in Higher Education*：*Collaborative Provisions*)，均表明了政府对确保海外办学教育培训质量的重点关注。

国外高校海外分校办学注重建立内外结合的质量保障体系。在内部质量保障体系方面，这些高校注重内部质量保障组织机构建设。如澳大利亚莫纳什大学成立了海外质量保障委员会（The Offshore Quality Assurance Committee，OQAC），制定有关文件、对海外分校的课程及教学活动进行持续的质量检查与评估。印度阿米提大学在行政管理部门中专设了质量保

---

① 王璐、王世赟：《英国高校海外分校发展状况与办学实践研究——以赫瑞瓦特大学迪拜分校为例》，《外国教育研究》2018 年第 9 期。

障主任一职，专门负责大学的质量保障，其学术委员会也专设了质量审查和学术标准委员会。阿米提大学海外分校也设置了完善的组织机构，如新加坡阿米提全球商学院设立了学术委员会，其责任是制定和审查私立教育机构所有学术事务的政策和程序，学术委员会还制定了一套标准，以确保私立教育机构提供或提供的每门课程的学术品质。

在外部质量保障方面，高校海外办学主要通过两个体系来实现。首先，海外分校的开办是跨境办学，海外分校所在国家和地区对分校的开办均有严格的办学要求和质量监管。例如，在新加坡，所有外国分校均须以私人公司名义在新加坡商业注册局注册为"私立教育机构"，必须符合新加坡《私立教育法》的规范与要求。2009年9月，新加坡国会通过立法，建立了专门针对私立教育机构的认证——"强化注册框架"（Enhanced Registration Framework）和"教育信托认证计划"（EduTrust Certification Scheme），作为私立院校必须遵守的办学资质和质量标准。其次，许多海外分校都通过参加外部质量认证，来保障其教育质量。例如，阿米提大学迪拜分校积极参与了美国西部院校联盟（WASC）的认证、英国质量保证署、迪拜知识与人类发展署（Knowledge and Human Development Authority）的评估认证，所有管理课程均获国际大学商业教育大会（International Accreditation Council for Business Education）认证，建筑课程获得美国认证协会（American Certification Institute）认证，酒店和旅游课程获联合国世界旅游组织教育质量认证中心（UNWTO-TedQual）认证，等等。澳大利亚海外分校也积极参与跨国教育全球联盟（Global Alliance for Transnational Education，GATE）的资格审核和认定。莫纳什大学马来西亚分校的课程获得跨国教育全球联盟评审合格的证书。科廷大学马来西亚分校则参与了国际标准化组织（International Organization for Standardization，ISO）——这一全球的非政府组织的资格审评，并且于2013年获得了ISO 9001：2008认证。通过积极参与外部组织的资格审定，海外分校不仅证明了自己的实力，而且也有利于提高海外分校的声誉。

第五节 高校海外办学面临的主要挑战

海外办学属于跨境办学，不论是国家的多样性还是办学的复杂性，都使高校海外办学形态迥异。各国在办学过程中的困难和挑战也不尽相同，但是通过前面几章的细致分析，从中可以发现一些共性问题和突出问题。

一、国际形势变化导致外部政治风险加大

首先，新冠肺炎疫情全球蔓延、美国特朗普政府以及拜登政府实施"美国优先"的单边主义外交政策、英国脱欧等因素导致全球化发展进程严重受阻。另外，不同文化间的冲突以及人们的文化偏见也为海外办学带来了不少的政治风险与舆论压力。例如，在当今政治阴影下，中美、中澳、中英、中印等国关系恶化，一些国家"去中国化"行动不断，中亚、南亚、中东、非洲及拉美某些国家政权更替和政局不稳也带来政治动荡，与中国的关系存在不确定性。另外，由于欧美一些国家的意识形态偏见，不断将中国教育国际交流与合作项目正常运作政治化、污名化和妖魔化，甚至关停孔子学院，限制和撤销大批中国留学生签证，我国高校境外办学面临的外部政治风险日益加大。例如，2008年8月俄格战争后，格鲁吉亚退出独联体，俄罗斯在格鲁吉亚的海外办学活动变得艰难，有些海外分校停止办学。又如，美国一些媒体和一些教育人士基于其文化偏见和价值立场的负面认知认为，引进西方大学数量最多的阿联酋、新加坡等亚洲国家多为专制政府领导的威权政体，不具备适合西方高等教育发展的"民主"土壤，继而反对美国大学在这些国家的海外办学活动。如耶鲁大学在新加坡建立耶鲁—新加坡国立大学学院（Yale-NUS College）时，就招致耶鲁大学一些教师的强烈反对。

二、教育体制和治理体系差异导致利益冲突与对接错位

世界各国高校有着不同的教育体制和治理体系，输出国与输入国教育体制的不对接、错位和治理体系的冲突成为跨国高等教育发展的一大难题。比如，土耳其的本科学制 4 年，要求获得 240 个学分，而德国的本科为 3 年，要求 180 个学分，特别是在联合学位项目中，不同的学分要求带来许多问题；又如，我国职业院校属于专科层次，但俄罗斯不承认相应文凭，导致高职院校在俄罗斯的海外办学难以开展；在赞比亚，所有院校教师必须获得赞比亚的教师资格方可任教，这导致中国教师无法在赞比亚直接担任教学工作。另外，由于世界各国对国外高校在其境内开展海外办学的政策复杂多样，且又处于不断的变化之中，这为高校海外办学增添了许多困难。例如，由于印度国会始终未能通过允许境外高校在印度建立海外分校的法案，导致不少有意进入印度办学的外国高校不得不改变计划。如加拿大约克大学舒立克商学院与印度各级政府开展了大量的协商工作，但最后也只能无限期地搁置在印度建设分校的计划。

三、国际高等教育市场发展带来激烈的竞争

随着海外办学的快速发展，任何国家高校的海外办学都面临激烈的竞争。一方面，美国、英国和澳大利亚作为传统的教育输出强国在国际高等教育市场占有绝对优势。据有关统计数据，截至 2017 年 1 月，全球正在运营的 247 所海外分校有 77 所由美国高校创办，38 所由英国高校创办，14 所由澳大利亚高校创办。这三个国家高等教育机构创办的海外分校数量占全球海外分校总量的一半以上。① 相比这三国高校海外办学巨大的优势，德国、印度、俄罗斯、中国等国高校在全球国际教育市场的竞争中则处于劣势地位，其高等教育品牌的国际知名度有待提高，要进入更多的国际高等教育市场面临很大的竞争压力；另一方面，中国、印度等发展中国

---

① Cross-Border Education Research Team：Fast facts，2020 年 1 月 4 日，见 http：//cbert. org/。

家也开始转变单一的教育进口国的角色，开始海外办学，跨国教育的输入输出格局正在改变，这给传统的教育输出强国也带来竞争压力。另外，在某些区域和国家，由于外国办学高校的不断进入，导致海外办学竞争日趋激烈。例如，在中亚，美国、德国、土耳其、日本等国家的大学正在越来越多地与俄罗斯竞争高等教育服务市场。在马来西亚，中国高校的进入也使澳大利亚海外分校倍感竞争压力。

四、缺乏持续稳定的资金来源，面临较大金融风险

海外办学，尤其是创办海外分校需要高额的成本投入，稳定的经费来源是其可持续发展的关键因素。各国高校海外办学的经验表明，选择外部资助模式或输入国提供办学设施模式是比较可行的方案，但是如何吸引投资者目光，持续获得东道国支持而不受政治等其他因素的影响也是需要考虑的问题。很多办学机构用实践表明，没有稳定可持续的资金来源，巨大的金融风险会使办学主体面临着巨大的财政损失。例如，新南威尔士大学在新加坡的分校仅仅维持了两个月，即造成了 3800 万美元的损失；密歇根州立大学迪拜分校已经损失了数百万美元，2010 年起停止招收本科生，该校能否继续办下去还是个未知数。[①]

五、办学师资、生源问题突出，严重影响境外办学可持续发展

境外办学在师资方面的突出问题是如何保障海外分校的师资水平和稳定。一是我国能够胜任境外教学的合格师资少，远不能满足高校境外办学的需求；二是受制于签证管理以及一些地方和高校教学科研人员出国配额限制、僵化的审批程序影响，师资派出困难。其他国家高校海外分校由于学术及专业发展和职称晋升问题，也存在母校外派师资困难、师资不稳定的情况。生源是学校办学的核心，即使学校硬件软件设施齐备，没有生源办学就无从谈起。由于缺少前期调研和经验，不少学校面临着开学之后

---

① 熊建辉：《境外办学"走出去"还要"走得稳"》，《海外华文教育动态》2016 年第 11 期。

招生不足的情况。有的海外分校为了保证生源，甚至存在降低标准的情况，因而学生、家长和用人单位等主要利益相关者对分校的教育质量难免持有一定的怀疑[①]，这就使分校招生陷入恶性循环。乔治梅森大学拉斯海马分校、密歇根州立大学迪拜分校、印度普纳大学拉斯海马分校都因招生数量不足在三年之内关停。[②] 同时，随着海外办学浪潮的兴起，更多海外分校的创办以及本土高校的竞争，使得海外分校面临着不仅与同行争抢生源，还要与当地教育机构竞争生源的压力。

六、非英语国家海外办学存在突出的语言障碍问题

在品牌竞争力上，英语国家，如美国、英国、加拿大、澳大利亚等国高校具有天然的语言竞争优势，这使得非英语国家增加了需要加强本国高校的实力以及增强国际宣传的压力。德国虽然具有高等教育品牌效应的优势，但因为其海外办学起步晚，数量有限，且因为办学模式、德语在海外办学的语言障碍等问题使其同样面临着海外办学传统强国的竞争压力。

同样，其他非英语国家都面临着语言问题。英语的影响是世界性的，是世界上使用最广泛的语言。由于英美曾是亚洲主要的殖民势力，英语至今都是许多亚洲国家的官方语言之一，例如新加坡、马来西亚和印度等。即使不是官方语言，许多国家的英语教育水平高，例如中国和韩国等。英语主要国家在亚洲甚至其他地区进行办学，教学语言均为英语，沟通障碍减少。相比之下，非英语国家在海外办学的过程中需要将本国语言转换成英语进行教学，输出国管理层在与当地人员进行沟通时也需要翻译，这对无论是教师还是管理人员提出了更高的沟通能力和语言技能要求。德国、中国高校海外办学、俄罗斯在中亚之外国家的办学都面临语言障碍这一突

---

① Stephen Wilkins, Melodena Stephens Balakrishnan, Jeroen Huisman.Student Choice in Higher Education Motivations for Choosing to Study at an International Branch Campus, Journal of Studies in International Education，2012，16（5）：413-433.

② 尤铮、王世赟：《高校海外分校建设现状、挑战与经验探析》，《江苏高教》2019 年第 11 期。

出问题。

七、过度产业化、商业化导致质量监管问题突出

源于经济利益的驱动，一些国家高校在海外办学中出现过度产业化、商业化问题。如印度海外分校大多为印度私立院校所建，为追求利益最大化，一些院校在资本支持下开始无序扩张。比如，印度阿米提大学美国分校早在 2011 年就尝试在纽约开设工科校园，2014 年计划在加州开设一所非营利院校，2016 年 7 月又计划收购新英格兰艺术学院（New England Institute of Art）和教育管理公司（Education Management Corporation）旗下的纽约艺术学院（Art Institute of New York City），但均遭反对，因为美国有关管理机构认为这些分校无疑只是将学生视为收入来源。印度阿米提大学在美国的扩张是资本全球化和教育产业化下的又一怪胎。澳大利亚一些私立营利性高等教育机构在开展国际合作项目的过程中，为了追求利益，达到自己的商业目的，也不惜通过发布虚假广告，夸大自己的教学实力和所颁发的文凭价值来招收更多学生，沦为"文凭作坊"，严重破坏了澳大利亚大学高校的国际声誉，澳大利亚高等教育机构管理面临着严峻的挑战。

第六节　中国高校海外办学战略发展建议

一、加强顶层设计，管控风险，优化布局

从国际经验来看，由于海外办学涉及国家利益，因此不少国家也都纷纷制定海外办学的相关战略，如澳大利亚、加拿大、英国；建立相关机构，并拨付支持经费，如德国通过德意志学术交流中心对海外办学项目提供资助；采取有关监管举措，如澳大利亚。我国高校海外办学目前处于起步阶段，尤其是在后疫情时代，在复杂的国际形势与我国"一带一路"建设的背景下，我国境外办学更应加强国家层面的顶层设计：一是做好和扩大中国与其他国家的教育交流合作及学历学位互认协议，充分利用中国—

东盟中心、上海合作组织等区域平台，为境外办学提供良好的制度环境和保障机制。二是正确预判国际格局的变化趋向和潜在的办学风险，制定应对重大事件的应急预案，防范东道国政治军事危机、双边关系重大变化、自然灾害、师生安全事故等风险。结合"一带一路"的建设需要及现有的教育交流与合作基础，确定我国高校境外办学的重点发展区域以及不同的推进策略。在区域布局上，优先推进在东盟地区的境外办学，可以中外院校合办为主，实体机构和项目共进；继续加强与东亚日本、韩国的境外办学项目合作；在欧洲，继续办好在英国、意大利的海外校区，拓展在法国、德国、中东欧国家的境外办学合作项目；在非洲，以配合企业"走出去"为重点，汇集行业、企业、高职院校多方资源选点建校；在中亚、中东和拉美积极拓展现有的教育交流，为境外办学奠定更坚实的基础。三是协调和汇集教育、外交、商务、文化等部门资源以及铁路、有色行业资源，为高校境外办学提供保障支持。

二、制定资金新政，提供国家经费，鼓励社会和企业团体投资境外办学

海外办学经费筹措的国际经验表明，海外办学需要建立多渠道、多元化的经费来源，才能保证海外办学的顺利开展。我国现阶段海外办学资金管理政策供给不足，高校境外办学资金缺乏、资金出境困难问题突出，已成境外办学发展的瓶颈，急需制定新的资金新政，变革管理，明确规范经费来源，建立多主体、多渠道、多层次的经费筹措机制。一是，将境外办学纳入教育援助规划，对在非洲、东盟等低收入国家的境外办学提供国家经费支持；二是在来华留学、"一带一路"奖学金、中国政府奖学金、孔子学院奖学金中为部分优选的境外办学机构和项目设立专门的外国学生奖学金，部分解决境外办学的资金问题，提升我国境外办学的吸引力；三是教育部门与其他有关政府部门协商，尽快出台新的境外办学资金和资产出境审批、境外使用管理办法；四是制定税收优惠政策，鼓励社会和企业团体投资境外办学。

三、坚持错位发展，突出我国境外办学的比较优势，打造"中国品牌"

相比欧美高校的世界声誉和国际竞争力，作为发展中国家，虽然印度其高等教育的整体水平远不及欧美发达国家，但充分利用理工学院、管理学院和医学院等一些特色优质教育资源以及相对较低的高等教育成本，积极有成效地推进高校的海外办学；德国利用自己应用科技大学的特色，也开拓了与其他欧美高校不一样的海外市场。我国高校境外办学也应借鉴印度、德国高校的经验，充分利用比较优势，扬长避短，推行错位竞争的策略，切实对接境外办学目的国的经济发展与人才需求，才能争取发展机会和空间。

1. 积极支持高职院校境外办学，以"鲁班工坊"为抓手，优先打造境外办学的中国职教品牌。欧美高校境外办学以综合院校为主，职业院校境外办学比较少，中国高职院校境外办学竞争小，发展空间大。同时，鉴于"一带一路"沿线国家的经济发展规划和人才需求层次，发展境外职业教育可以有效对接东盟、中亚、非洲等许多国家的教育需求；伴随"一带一路"建设，大批中国企业走出去，也急需当地的大批技术人才。2019年10月，我国又出台《国家产教融合建设试点实施方案》，为高职院校的境外办学提供了新的发展机遇和政策支持。

2. 汇集我国特色和优势教育资源，优化专业设置，创新办学模式，提升我国境外办学的竞争力。我国高校境外办学要用好中文语言、中医医学教育等特色资源，扩大境外办学的规模，提升教育的层次；鼓励有条件的高校，利用自身优势学科积极开设高铁、通讯、工业制造、电子商务、农业、旅游、法律、金融等方面"一带一路"建设所急需的专业；创新境外办学模式，借鉴中外合作办学院校经验，打通境外办学与境内院校的资源共用渠道，设立境外教育＋中国境内教育的"3＋1""2＋2"等人才培养模式，解决我国高校境外办学教育资源不足问题，"留学中国"又可增加我国高校境外办学对外国学生的吸引力，提高境外办学的竞争力。

3. 充分利用我国在线高等教育资源，积极创新和开拓海外远程在线教育。尤其是这次疫情的全球蔓延进一步提出了高等教育数字化转型与发展在线教育的紧迫性，慕课与在线教育为数万高校提供了教学解决方案，稳定了正常的教学秩序。特别是，这次疫情下我国成功开展了远程中文教学项目，在60余所中方高校的共同努力下，为122个教学机构提供了5万余课时的远程中文课程。① 未来，应制定政策和提供资金支持鼓励清华大学、北京大学等名校充分利用在线资源，探索远程海外办学。

四、拓宽高校境外办学招生渠道，改进教师派出及聘用机制，保障境外办学的可持续发展和教育质量

生源是高校境外办学可持续发展的基础。目前，我国高校境外办学对外国学生吸引力不及欧美院校，可借鉴印度高校境外办学经验，境外分校可招收居住海外中国公民的子女以及有留学海外需求的中国学生。在师资派出方面，简化派出教师工作期间的签证，实施一次申请可多次往返签证；政府和高校建立奖励机制，增加派出教师的薪酬，设立职称评定专门计划。可以从"引进来"和"走出去"两方面入手加强国际化师资队伍建设。"引进来"即面向全球招聘，聘请当地教师以及优先考虑有海外留学背景的教师；"走出去"即从加强本校原有教师的培训入手，加强教师出国研修和国际交流，加强教师在海外中资企业的培训和实习。

五、坚持高质量办学标准，建立多维的质量监督保障体系

质量保障一直是海外办学的核心议题。教育输出国对其教育机构海外办学质量的关注源于对其声誉的担忧②，因此各国纷纷通过制定质量保障体系以维护海外办学利益。英美澳印度等国都建立了内外部质量相结合的多维质量保障体系，这也是它们海外办学取得成效的原因。国家层面的

---

① 中外语言合作交流中心：《"迎接挑战、抓住机遇"探索国际中文远程教育新路径——远程中文教学师资支撑与培养论坛顺利召开》，2020年12月12日，见 http://www.chinese.cn/page/#/pcpage/article？id=388。
② 冯国平：《跨国教育的国际比较研究》，上海人民出版社2009年版。

办学质量保障是促进国际认可的重要手段，在政府主导型的高等教育系统中，评估往往成为控制质量的有效手段。[1] 这就要求处于政府主导的高等教育系统中政府发挥相应的职能和作用，包括制定海外办学的实施准则或者行为准则，确定海外办学的标准。这是输出国为本国高校在海外办学制定质量保障程序的最常用的工具。[2] 虽然我国教育部指导中国高等教育学会研究制定的《高等学校境外办学指南（试行）》已于 2019 年 9 月颁布，为我国高校海外办学相关政策制度体系的建立提供了重要基础，但这只是第一步，并且只是一个框架性的体系基础，未来需要持续跟进。同时，由于目前我国海外办学正处于初步阶段，对于已经开始办学的活动需要进行质量评估，因此需要进一步规划和确定评估的程序、方式等。

六、积极参与国际性或区域性的质量保障评估，建立和完善学历互认和学分转换机制

虽然近些年我国高等教育的国际认可度在上升，但不得不承认还有很大的进步空间，海外办学依靠品牌吸引显然不具备竞争优势，且我国高校在海外办学过程中遇到的学历、文凭和学位的互认问题日益突出。纵观国际，一些发达国家或地区较早地建立了学分互认体制，为其后高等教育国际化和海外办学发展提供基础和便利。欧洲地区 1997 年通过了《欧洲地区高等教育资格互认公约》（简称《里斯本互认公约》），联合国教科文组织与欧洲理事会还联合制订了《关于评定外国资格的标准和程序的建议》，欧洲还建立了两大资格认可网络：欧盟的国家学术资格认可信息中心和泛欧洲的欧洲学术认可与流动信息中心网络。欧洲学分转换系统和文凭附件等旨在增加透明度、促进认可进程的机制对跨国教育资格的认可也产生了重要影响。因此我们必须在提升我国高等教育质量的基础上，"内修"的同时，积极主动地参与国际性的和区域性的质量保障机构和学分互

---

[1] 顾建新：《跨国教育发展理念与策略》，学林出版社 2008 年版。

[2] 顾建新：《跨国教育发展理念与策略》，学林出版社 2008 年版。

认体系，只有参与才有话语权，才能建立与其他国家的学历互认和学分转换体制；才能适时而为，便于对外宣传推广，提升我国高等教育的国际认可度，提高海外办学的效率。

七、进一步加强全球汉语的推广工作，为海外办学扫清语言障碍

语言地位是一个国家综合国力的象征，纵观全书 7 个国家的海外办学的发展历程和发展现状，可以看出欧美主要英语国家——英美澳加之所以能在全球范围内走在海外办学的前列，其语言优势是主要原因之一。相比之下，虽然同作为高等教育强国，德国和俄罗斯的海外办学却受到语言问题的限制。所以，必须进一步加快汉语的国际推广工作。第一，加快孔子学院原有办学模式的改革，重点面向"一带一路"沿线国家，优化孔子学院（课堂）布局。第二，积极推动更多国家将汉语教学纳入国民教育体系，推动孔子学院与所在大学和当地社区深度融合、内生发展。第三，拓展办学功能，根据当地需要建立农业技术、职业培训、文化交流等不同特色的孔子学院，深化教师、教材、教学法"三教"改革，加强评估和督导，提高办学质量和水平。①

---

① 马箭飞：《办好孔子学院　贡献中国智慧》，2018 年 1 月 24 日，见 http://www.jyb.cn/zgjyb/201801/t20180124_942900.html。

后　记

　　本专著是在教育部人文社会科学重点研究基地重大项目"中国高校海外办学战略"（项目批准号：16JJD880011）的研究基础上形成的成果，项目由北京师范大学国际与比较教育研究院承担，在研究院各位同事的共同努力下合作完成。

　　全书各章的分工如下：第一章：王璐、尤铮；第二章：尤铮；第三章：王世赟；第四章：邹靖；第五章：荆晓丽；第六章：肖军；第七章：王玥；第八章：曾晓洁、王小栋；第九章：王文静、邱武霞；第十章：王璐、曾晓洁、邱武霞。

　　因水平所限，书中错误在所难免，敬请学界同仁批评指正。

作　者

2021 年 6 月